KB175063

한국인을 위한 미중관계사
- 6·25한국전쟁에서 사드 갈등까지

한국인을 위한 미중관계사

– 6·25한국전쟁에서 사드 갈등까지

주재우 지음

경인문화사

나의 아버지, 故 朱鶴中 博士任의 영전 앞에 바칩니다.

"Give peace a chance"
—John Lennon

중국이라는 나라에 가서 유학을 한다는 게 참 재밌을 거라는 단순한 생각으로 나는 중국에 갔다. 그렇게 멋모르고 중국 땅을 밟은 게 1990년 8월 말이었다. 가본 사람은 보기 힘들었고 중국에서의 유학은 생각지도 못하던 시절이었다. 다만 대학 2학년 때 중국 근현대사라는 수업을 석학(Vera Shwarcz)한테 듣고 '중국이 재밌구나'라는 생각에 중국어를 잠시 배웠을 뿐이었다. 근데 나보다도 중국의 매력에 더욱 흠뻑 빠지신 분이 계셨다. 우리 아버지였다. 차 안에서 카세트테이프로 중국어를 독학하시겠다며 출퇴근길에 매일 들으시고, 출장으로라도 중국에 가보시겠다며 기꺼이 이직까지 하셨다. 이직을 하자마자 실제로 1988년 5월에 첫 출장으로 북경에 가셨다.

이후 우리 부자(父子)는 중국에 대해 간간이 이야기를 나눴다. 많지 않은 이야기들이었다. 기억에 남는 것도 없다. 스포츠 기자가 되겠다던 나는 아버지와의 상의 끝에 마음을 접었다. 당시 우리나라 스포츠 시장이 너무 협소했기 때문이다. 당시 우리는 미국에서 살고 있었는데, 아버지는 내게 미국에 남을 거면 그렇게 하라고 하셨다. 그런데, 그렇게 미국에서 배수가 될 뻔 했던 내가 무심코 내뱉은 한 마디가 내 인생을 바꿨다.

"대학원에 가서 중국 공부 좀 해볼까 합니다" 했더니 아버지도 동의하셨다. 영국과 미국의 몇 개 대학원에 지원서를 냈고, 합격 연락이 왔다. 그런 와중에 서울에서 전화가 한 통 왔다. 아버지는 다짜고짜 중국에 가보라고 하셨다. 그때까지도 나는 아무런 생각 없이 "중국이라구? 오, 예!" 한 마디만 내뱉은 채 중국행 준비를 시작했다.

그런데 대학 졸업 무렵에 천안문사태가 터졌던 1989년 6월이었다. 중국의 어느 학교도 당해 연도에 유학생을 받지 않았다. 영국 대학원 입학을 이미 포기한 나는 또 백수가 될 처지였다. 하는 수 없이 우선 대만으로 중국어를 공부하러 가기로 했다.

대만에서 1년 동안 중국어를 공부하고 북경으로 향했다. 북경이, 아니 중국이 그렇게 낙후됐을 줄은 상상도 못한 채였다. 그 전에 중국에 대해서는 아버지와 여러 차례 대화를 나눈 적이 있지만 구체적인 중국인의 생활상이 대화의 소재가 된 적은 없었다. 나의 식견이 짧은 탓에 대화도 지극히 피상적이었다. 중국의 음식, 중국인, 북경의 분위기, 북경의 물가, 중국 경제의 발전상 등이 대화의 주요 소재였는데, 가담항설 수준의 이야기만 나눴다.

그렇게 준비 없이 북경에 가서 생활하다보니, 살다 살다 이런 나라는 처음 봤다는 말이 절로 나왔다. 수업에 들어갔다. 교재가 없었다. 교수님의 강의를 다 받아 적어야 했다. 의자는 긴 나무 판때기에 폭은 10센티 내외짜리였다. 학우들과 주르르 열 맞춰 옹기종기 앉아야만 했다. 유리창의 창틀은 나무였고, 그나마 유리는 대부분 깨져 있었다. 겨울엔 난방도 없었다. 받아쓰기를 하는 내 손은 세 시간 수업 가운데 한 시간도 안 돼 꽁꽁 얼어붙었다. 쓰는 만큼 호호 불어야 했기에 손도 입도 바빴던 시절이었다.

이 책을 쓰면서 느끼는 건 격세지감이다. 교재도 없이 가르치고 배우던 중국이 이제는 모든 자료를 온라인으로 제공해준다. 한국의 연구실에서도 신문기사부터 학술논문, 그리고 심지어 e-book까지 인터넷으로 볼 수가 있다. 『모택동 선집』부터 『주은래 연보』까지. 이런 놀라운 변화가 아니었으면 집필 자료를 구하러 발품을 수도 없이 팔아야 했을 것이다. 대학원 시절 교재 하나를 상해에 가면 구할 수 있다는 말에 상해까지 갔던 것처럼 말이다. 그러나 이제는 안방에서 거의 모든 중국 자료를 볼 수 있게 됐다.

그렇게 27년이 흐르는 동안 중국은 세계 최강국으로 부상하고 있다. 미국을 따라잡아 가고 있다. 미국이 중국을 경계해야 하는 시대에 살고 있다. 이제는 미래가 궁금해진다. 중국의 부상이 계속될 것인가. 미국은 중국을 언제까지, 그리고 어떻게 견제할 것인가. 견제의 과정에서 두 강대국의 충돌은 끝내 불가피한가. 27년 전에는 가히 상상도 못했던 질문들이다.

미국과 중국, 중국과 미국, 두 강국 사이에 살면서 우리는 선현의 말씀을 피부로 느끼고 있다. 강대국 사이에서 수많은 갈등을 하면서 살고 있다. 그동안 우리가 이 같은 갈등을 못 느낀 이유는 단순했다. 냉전 체제 속에서 중국은 '죽(竹)의 장막'을 치고 있었고 미국은 우리에게 안보의 우산을 씌워줬기 때문이다. 미국이 놓아준 울타리 내에서 우리는 우리의 '진영'에서 잘 살기만 하면 되었다. 중국을 포함한 공산국가와의 교류 단절로 우리에게 중국은 그네들의 세상(공산진영)에서 살고 있는, 베일에 싸인 나라 불과했다. 북한과 합세해 남쪽으로 내려오지만 않으면 되는, 경계에 가득한 눈으로 바라봤던 존재였다.

그러나 냉전의 종결로 진영 체제가 무너지면서 세계화가 시작되었다. 우리와 중국의 교류도 일어났다. 그러면서 때론 중국이 미국보다 더 가깝게 느껴지고 나라 관계가 더 긴밀해지기도 했다.

이 과정에서 우리는 딜레마에 빠지기 시작했다. 선택의 딜레마가 발생할 때마다 우리 사회는 홍해 바다가 갈라지듯 양분된다. 중국이냐 미국이냐를 놓고 설전도 왕왕 벌어진다. 대한민국 사람으로서 눈뜨고 보기 안타까운 장면들이다.

우리가 우리끼리 설전을 벌일 때 불행하게도 이들은 웃고 있다. 이들은 알기 때문이다. 우리에게 돌 하나 던지면 얼마나 큰 파장이 발생하는지를. 그래서 해가 갈수록 이들은 우리에게 더 많은 돌을 던지고 있다. 그네들이 던지는 돌은 우리를 생각해서 던지는 게 아니다. 우리를 교란시키고 우리 사회를 혼란에 빠뜨리기 위한 것이다. 우리가 옥석을 구분하지 못하고 우왕좌왕하는 사이에 그네들은 우리의 옥석을 다 채가기 바쁘다. 그리고 그네들끼리 나눠먹는다.

우리가 그네들의 옥석을 분간 못하고 우리의 옥석을 알아차리지 못할 때 우리는 손해를 볼 수밖에 없다. 그 손해는 보이지 않는 것부터 물질적인 것까지 총 망라될 수 있다. 설전을 벌이기 위한 준비 작업에 투자하는 시간부터 정신적 번뇌, 사회적 비용과 물리적·감정적 상처, 물질적 손실까지 다 포함된다. 그럴 수밖에 없는 게 그네들은 돌을 던지기 전에 자기네들끼리 사전 교감과 소통을 갖고 소위 말하는 '짜고 치기'를 하기 때문이다.

이 책의 목적은 하나다. 지난 70여 년 동안 두 강대국이 각자의 국익을 위해 어떤 식으로 지금까지 '소통'해 왔는지를 소개하는 것이다. 그렇다고 이 두 대국의 행실을 음모론으로 치부하는 것은 아님을 명확히 해두고 싶다. 음모를 공모한 적이 없었다는 사실 때문이다. 단지 우리가 그네들이 우리 뒤에서 자기네들끼리, 또한 내부적으로 우리와 결부되는 문제를 어떻게 인식하고 논의하고 협상해왔는지를 정작 우리가 모르는 게 죄라면 죄였을 것이다.

지금도 안 늦었다. 왜냐하면 이 두 강대국 사이에서 우리가 겪을 일이 더 많이 있을 것이기 때문이다. 이제 시작에 불과하다. 우리는 이 두 나라가 던지는 돌에 더 이상 현혹되지 말아야 한다. 내가 이 책을 내는 이유가 이것이다. 또, 더 이상은 우리가 미국이나 중국에 대해 안 다는 식으로 경거망동하지 말아야 할 것이다.

우리는 더 신중해져야 한다. 신중하다 못해 더 음흉해져야 한다. 속내를 드러내지 말아야 한다. 이들이 돌을 던지는 이유는, 이들이 우리를 필요로 하기 때문이다. 우리가 먼저 약자를 자처할 필요는 없다. 미리 나설 필요도 없다. 우리는 때를 기다렸다가 나서도 늦지 않기 때문이다. 그럴 때 우리에게 레버리지가 생긴다.

시간을 끌어도 좋다. 결정을 늦게 해도 좋다. 두 강대국에게 우리의 입장을 미리, 빨리 말할 필요도 없다. 그네들을 더 안달이 나게 만들어야한다. 급하게 할 필요가 없다. 우리가 '만만디'가 될 수 있는 여유를 찾아야 한다. 주변을 둘러보라. 이들에게 우리보다 더 유용하고 값진 이웃국가들이 누가 있는가. 여기에 우리 레버리지가 있다.

우리는 우리 자신에게 너무 겸손하다. 너무 과소평가를 한다. 이제는우리 자신에 대한 자긍심과 자부심을 가질 때가 되었다. 이런 자신감을가지고 좀 더 여유 있게 사고하고 행동할 수 있는 시대가 우리에게 왔다.우리의 시대가 왔다고 해도 과언이 아닐 정도다.

21세기 외교의 방편은 대화와 협력이다. 대화를 할 수 있기 위해서는상대방을 알아야 한다. 말은 쉽다. 내가 내 마음도 모르는데 남의 맘을어떻게 알 수 있을까. 그래서 우리는 더 신중하고 더 겸손해져야 한다.상대가 원하는 바를 확실하게 알 때 협력할 수 있다. 그래야 우리는 우리의 손해를 최소화할 수 있고 우리의 국익을 극대화할 수 있는 협력을 이끌어낼 수 있다.

시대를 막론하고 외교에서 최악의 독배는 나르시시즘에 빠지는 것이다. 나르시시즘은 상대방을 못 보게 만든다. 자기 세상에 빠지게 하는 묘한 약이다. 자기만의 세상에 빠져들면 소통이 어려워진다. 그러다보면사회성 장애를 유발해 대외적인 협력도 불가능해진다.

더 최악의 상황은, 나르시시즘으로 인해 자기만의 지엽적인 정보세계에 갇혀 세상을 제대로 바라볼 수 없게끔 된다는 것이다. 자기애를 북돋아주는 사람들의 말만 들리고, 또 들을 수밖에 없기 때문이다. 창조적인생각을 할 수가 없다. 자기애에 상처를 주는 소리는 틀린 소리라고 거절한다. '다르다'는 소리로 생각할 수 없게 만든다. 그런 여유마저 빼앗아가버리는 게 나르시시즘이다.

미국과 중국, 두 강대국의 국내외 정책 결정 과정을 보면 이견을 틀린것으로 판단하는 경우는 매우 드물다. '다르다'라는 표현을 흔히 쓴다. 다르기 때문에 이견(異見)을 한 번 더 곱씹을 수 있다. 역설적으로 들리겠지만 이것이야말로 열린 자세라고 할 수 있다. 특히 사회과학에서는 틀린 답이란 없다. 다를 뿐이다. 정답이 없기 때문이다.

이견이 존재할 수 있는 이유는, 그 이견의 기반도 사실에 입각한 것이기 때문이다. 틀린 경우는, 사실무근에 기반을 둘 때만 틀린 것이다. 이해를 잘 못할 수는 있다. 이해를 잘 못한 것은 틀린 것이 아니다. 이해를 잘 못한 것은 습득한 정보의 범위가 다르기 때문이다. 아는 만큼 보이고 보이는 만큼 안다는 게 우리 선현의 말씀이다.

미국과 중국을 대할 때 먼저 우리가 이 두 나라에 대해 얼마나 잘 알고 있는지 자문자답부터 해야 한다. 우리 자신에게 솔직해져야 한다. 미국과 중국을 더 잘 알기 위해 더 많이 공부해야 한다. 우리같이 자원이 없는 나라는 인재 밖에 없다. 인재에게는 지식이 무기다. 그리고 우리에게 무기 하나를 더 제공하기 위해 이 책을 감히 써봤다. 대한민국에 중국 건국 이후의 미중관계를 전면적으로 다룬 무기가 없었기 때문이다.

이 책은 나의 처녀작이다. 처음 쓰는 책이라 부족한 점이 많다. 이제 시작하는 만큼 앞으로 책의 완성도를 더 높이기 위한 독자들의 많은 질타와 지도편달을 기대하면서 이 책을 선보인다. 출판 경험이 없는 나를 믿어주시고 출판의 기회를 주신 경인문화사의 한정희 사장님께 깊은 감사를 드린다. 편집에 노고를 아끼지 않으신 출판사의 김환기 이사님과 직원 여러분들께도 감사드린다.

또한 이 책의 원고를 서언부터 결론까지 한 글자 한 글자 교정을 다 봐주느라 대학 마지막 방학을 내 연구실에서 지내준 우리 학교의 박찬미 제자에게도 무한한 감사를 표한다. 그리고 항상 진심어린 응원과 격려를 보내주시는 유장희 부총장님, 김진현 장관님, 류동원 교수, 이주형 교수, 박태균 교수, 정종호 교수, 정낙근 박사, 양평섭 박사, 주펑(朱鋒) 교수, 탕스핑(唐世平) 교수, 쩡용녠(鄭永年) 교수, 왕페이링(王飛靈) 교수 등에게도 진심어린 감사를 드린다. 여담이지만 책도 한번 안 써본 나에게 중국 외교 60년사를 통째로 연구할 것을 독려하며 늘 도전 의식을 불어넣어

주시는 조영남 교수에게도 감사드린다.

첫 작품이기에 북경대학교 지도교수이신 량쇼우더(梁守德) 교수님과 그 가족들, 그리고 지난 1월에 작고하신 박세일 교수님의 가르침에 깊은 감사를 드리며 이 책을 드린다. 무엇보다도 나를 위해 살아준다고 할 수 있을 정도로 헌신적인 집사람 노미와 아들 혁이에게 감사의 마음을 전한다.(KHU-20140104).

2017년 8월
저자 주 재 우

차 례

제1장

미중관계의
몇 가지 전제

> 21세기, 미국과 중국은 과연 한판 붙을 것인가?
> 미국과 중국 사이에서 우리의 등은 터질 것인가?
> 등이 안 터지려면 철갑새우가 되어야 하나?
> 우리의 철갑은 어디서 찾아야 하나?
> "언더 더 씨(under the sea)", 심해로 잠수해야 하나?

　지난 몇 년 동안 세간에 화두가 되었던 질문들이다. 아직도 이 질문의 해답에 대한 논쟁이 이어지고 있다. 그러나 해답은 여전히 요원해 보이고, 미국과 중국은 한판을 준비하기 위한 경쟁에 열을 올리고 있다. 그리고 이들 두 마리 고래 사이에서 우리 한반도는 새우마냥 등이 터지고 있다.

　그 대표적인 예로 아시아인프라투자은행(AIIB)의 가입과 고고도미사일방어체계(THAAD) 배치 문제 등이 있다. 결국 AIIB는 가입했지만 미중 양국의 눈치를 끝까지 보다가 가입 마감 하루 전날에 가입하는 해프닝을 벌였다. 사드도 우여곡절 끝에 포대의 일부를 배치했지만 완전체가 아니기 때문에 앞으로 미중 사이에서 더 많은 곤혹이 뒤따를 것이 자명하다.

　우리의 등을 미중 두 대국 사이에서 어떻게 보호할 수 있을까? 우리는 흔한 말로 '지피지기면 백전백승'을 읊어대며 미국과 중국을 잘 알면 보호할 수 있다는 생각을 가지고 있다. 그런데 현실정치에서는 왜 우리 스스로를 보호하지 못할까? 왜 우리의 국익에 따라 결정을 못하고 미중의 눈치를 봐야 할까? 언제까지 눈치를 봐야 할까? 언제까지 미중 양국의 한마디에 일희일비해야 할까?

：미중관계에 대한 자아성찰

　결론은 우리가 미국과 중국을 아직도 잘 모르고 있다는 현실로 귀결된다.

앞서 언급한 예만 해도 미국과 중국이 우리에게 압력을 행사하는 이유의 원천만 알아도 그 많은 사회비용을 치르지 않아도 됐을 것이다. 우리는 미국이나 중국의 제안에 먼저 사회가 양분화 되고 반대를 위한 반대, 찬성을 위한 찬성 간의 논쟁으로 적지 않은 사회비용을 지불했다. 이 문제를 놓고 우리가 얼마나 많은 토론과 회의를 했는가? 이게 다 돈이 들어가는 행사다.

미국이 우리의 AIIB 가입에 반대하는 연유만 정확히 알았더라도 2년 넘게 사회적 비용을 치르지는 않았을 것이다. 미국이 과거 다른 나라가 다른 지역에서 설립한 지역개발은행 문제에서 취한 입장이나 과거 이력만 알았어도, 우리 사회가 홍역을 치르는 일은 없었을 것이다. 우리 사회는 미중 앞에서 늘 '친중' 아니면 '친미'일 뿐이다.

미국은 어떠한 나라가 어떠한 지역에서 지역개발은행을 설립하면 즉각 반대한다. 모두 반대했었다. 최초로 설립되었던 라틴아메리카개발은행(Intra-Latin American Development Bank)부터 AIIB이전의 마지막 은행이었던 유럽개발은행(EBRD)까지 모두 반대했었다. 이유는 간단하다. 미국의 외교는 행정부의 외교가 아니다. 즉, 대통령의 외교가 아니다. 미국의 외교는 의회가 모든 결정권을 가지고 있는 의회외교다.

미국이 개발은행에 참여하기 위해서는 지분 확보가 필요하고 그 지분의 재정적 지원은 의회가 결정한다. 그래서 미 대통령과 행정부는 우선 반대하고 시간을 벌어 가입 당위성과 정당성을 준비해야 한다. 의회의 동의를 받은 후에만 가입이 가능하다. 미 의회의 동의 조건은 개발은행의 지배구조가 미국의 가치와 이념, 즉 자유(liberty), 민주주의, 투명성, 정직성(integrity) 등을 수렴하는지가 관건이다.

이를 관철하기 위한 미 행정부의 작업이 뒤따른다. 이 작업이 짧게는 6개월(EBRD) 길게는 10년 이상(아프리카개발은행, AfDB) 걸린 경우도 있었다. 미국이 결코 AIIB를 중국이 설립한 이유로만 반대한 것이 아니다. 미국은 AIIB의 지배구조에 대한 중국의 구상을 심하게 의심할 수밖에 없는 처지였고 여기에 동맹국들이 동참하지 않기를 바랐다.

사드도 마찬가지다. 중국도 사드가 북한의 미사일 위협 때문에 배치된다는 사실을 너무나 잘 알고 있다. 사드가 주한미군의 필요에 의해, 주한미군기지 내에 배치된다는 사실도 너무나 잘 알고 있다. 그리고 주한미군기지에 주한미군을 위해 배치되는 것에 중국이 항의한 적은 없었다.

그런데 어느 날 갑자기 사드가 한국 것이 되었다고 한국정부가 나서기 시작했다. 한국정부는 미국의 동맹국으로서 거들어줘야 한다는 생각이었다. 그러다가 중국의 반발과 항의가 거세졌다. 이에 우리 정부도 안보주권을 운운하며 맞섰다. 결과는 중국의 호된 보복이었다.

여기서 한 가지 짚고 넘어가야 할 사실이 있다. 미국은 지난 70년 한미동맹 역사에서 주한미군기지에 배치하는 무기(체계)를 사전에 공개하면서 진행한 적이 거의 없었다. 주한미군기지는 우리의 치외법권지역으로 한국의 주권 밖의 영역이다. 즉, '미국의 땅'이다.

그래서 미국은 무기의 반입이나 가족의 출입국을 포함한 미군 관련의 모든 활동을 우리에게 '보고' 할 의무와 책임이 없다. 대상이 안 된다. 국내에서의 이동 때 한국정부의 협조가 불가피할 경우에만 '통보'가 이뤄져 왔다. 이는 주한미군지위협정(SOFA) 10조와 14조, 그리고 한미상호방위조약 4조에서 규정된 사항이다.

그런데 미국의 행동이 이상해졌다. 사드의 필요성을 2013년부터 간헐적으로, 공개적으로 운운하기 시작한 것이다. 2014년에 들어와서는 공개적으로 사드 배치의 필요성을 발언한다. 2015년에는 사드 배치의 불가피성을 들고나온다. 전무후무한 미국의 행태였다.

왜 미국은 과거와 같이 비밀리에 무기체계의 배치를 진행하지 않았나? 혹자는 부지가 필요했기 때문이라고 말한다. 그러면 다른 혹자는 무기체계의 규모가 유사 이래 전무후무한 규모라고 반박할 것이다. 어차피 너무 커서 들통 날 것이라는 얘기다.

그런데 여기서의 문제는 미국의 동아시아 지역에 대한 정책과, 이를 수반할 군비 구축의 입장이 강화된 사실을 간과한 점이다. 단순히 미사일 방어체계(MD) 수립 계획을 관철하기 위한 것이 아니다. 우리는 2013년부터 미국의 국방예산 감축을 위한 자동예산삭감(세퀘스터, sequester) 발동에 현혹됐었다.

미국이 연방재정의 만성 적자를 만회하고자 시도한 것이었다. 향후 10년 동안 연방예산에서 1조 2천억 달러를 삭감하고 국방예산도 10년 동안 5,000

억 달러를 삭감하는 것이 목표였다.

그러나 이는 미국의 '재균형전략'의 의미와 무관하다. 미국의 모든 군비 계획은 장기적으로 수립되어 오늘날, 그리고 향후 10년 동안의 사업은 이미 몇 년 전부터 진행 중이기 때문이다. 최소한 미국 군수산업의 생산력은 예산의 자동 삭감 영향을 받지 않는다.

미국의 재균형전략의 핵심 목표는 향후 미국의 지역 리더십을 100년 동안 견지하기 위한 기반을 닦는 것이다. 이를 위해 미국이 집중하는 전략은 두 가지다. 하나는 동아시아지역에 더 많은 군사력을 배치하는 것이다. 다른 하나는 역내 미국 동맹국 간에 동맹관계를 맺게 하는 것이다. 즉, 미국이 1955년에 '못다 이룬 꿈(unfinished business)'을 다시 시작하려는 것이다.

1955년 미국은 당시 동남아조약기구(SEATO, 1954)를 매개로 양자 동맹 체계(hub and spokes)를 역내 동맹국 간의 동맹 체계(intra-alliance system)로 전환시키려 했었다. 이런 정책이 실패한 이유는 영국 등 미국의 전통적 동맹국의 반대가 있었고 무엇보다 일본의 참여가 실질적으로 불가능했기 때문이다. 일본은 2차 세계대전의 패전국이자 전범국이었기 때문에 '평화 헌법'과 미일 안보조약이 일본의 대외적 군사 활동을 불허하고 있었다.

미국이 오늘날 말하는 동맹관계(체제)의 강화는 양자 동맹 관계의 강화를 의미하는 것이 아니다. 기존의 것도 강화하는 동시에 동맹국들 간에 모종의 동맹 성격의 관계를 쌓으려는 것이다. 실제로 일본과 호주 - 뉴질랜드 - 미국의 동맹체제(ANZUS)가 연계 중에 있다. 동남아지역 역내 국가 간의 군사관계를 강화하는 것도 이의 방증이다. 오바마정권 말기에 우리와 일본 관계의 개선 압박 이유도, 한일 군사비밀정보의 보호에 관한 협정(일명 '군사정보보호협정', GSOMIA)의 체결도, 미국의 재균형전략에 근간한다.

미국은 앞으로 중국을 견제하기 위해 미일동맹과 한미동맹을 더 적극적으로 활용하려 할 것이다. 이 과정에서 일본의 군사적 역할이 더 확대될 것이다. 한국은 동아시아에서 미군의 전초기지로서의 역할이 더 증대될 것이다. 이는 한반도가 미군의 요새화 전략에서 관건 지역이 될 것이라는 의미다.

여기서 우리는 중국이 우려하는 바를 추측할 수 있다. 중국은 미군이 한반도의 주한미군기지에 더 많은 무기체계를 배치하는 것을 극도로 우려한다.

그러나 이는 미국의 동아시아 군사전략에서 주한미군의 평택기지와 제주도의 강정 해군기지의 역할이 주한미군의 상시전진배치와 전력투사의 전초기지로서 불가피한 결과다. 결국 중국은 우리가 앞으로 어떠한 입장에서 이를 대처할지에 대한 계획을 알고 싶어 하는 것이다.

미중의 세계관과 지리적 요소

외교는 상대적인 것이다. 국가는 자신을 어떻게 인지(conceive)하고 상대국을 어떻게 인식(perceive)하는지에 따라 판단한 반응을 행동으로 보여준다. 행동의 결과로 나타나기까지 국가는 관념(idea)을 가지고 자신의 주변 환경에 대한 정보를 수집하고 분석한다.

정보를 수집하는 과정은 두 가지 경로로 이루어진다. 하나는 자신의 인지 능력으로 국제적 위상, 국력과 주변 정세를 분석 평가하는 것이다. 다른 하나는 상대방이 자신을 인식하고 자신이 상대방을 인식한 정보를 분석 평가하는 것이다. 인지와 인식한 정보를 이야기하기 전에 가장 중요한 것은 수집한 정보를 처리하는 관념을 아는 것이다.

미국과 중국은 어떠한 관념을 가지고 세상을 바라볼까. 즉, 그들은 어떤 망원경을 가지고 세상을 바라볼까. 대륙 사람이 광활한 광야 위에 서서 세상을 바라보는 방식과, 섬나라 사람이 드넓은 바다를 바라보며 세상을 바라보는 방식은 분명 다를 것이다.

자신이 서 있는 위치는 곧 자신만의 독특하고 고유한 관념으로 이어진다. 이는 꽤 견고하다. 수 천 년 동안 변함없이 한 자리에서 형성된 것이기 때문이다. 국가는 사람의 집과 달라서 지리적 이동이 불가능하다. 북핵 위기가 아무리 무섭더라도 우리는 유럽이나 중남미로 이사하지 못한다. 관념은 이처럼 불변하는 지리 위에 싹을 틔운 것이라 그 뿌리가 대단히 깊고 두텁다.

중국은 전통적 대륙국가다. 미국은 전통적 해양국가다. 이 두 나라가 모두 지리적으로 대륙에 위치하고 있다. 그러나 동아시아의 관점에서 보면 중국은 대륙국가고 미국은 엄연히 해양국가다.

미국이 자국의 이익을 위해 동아시아로 원정을 오면서 해양국가로 인식된 것이다. 중국은 수 천 년 동안 중원제국으로 군림하면서 아시아의 대륙국가로 존재해 왔다. 이 두 나라의 지리적 위치가 매우 대조적이기 때문에 서로의 동아시아에 대한 전략도 상당히 대조적인 양상을 보일 수밖에 없다.

우선 중국의 세계 관념부터 살펴보자. 중국은 세계 4위의 면적(9,569,901km^2)을 가진 전통적인 대륙국가다. 육상 국경을 접하고 있는 국가만 해도 러시아, 북한, 몽골, 카자흐스탄, 키르기스스탄, 타지키스탄, 파키스탄, 아프가니스탄, 인도, 네팔, 부탄, 라오스, 미얀마와 베트남 등 14개국이다.

중국의 해상 국경선은 1만 4,500km로 세계 10위다. 그러나 북극이나 북극 지역에 해안선을 가진 나라와 섬나라를 제외하면 미국 다음으로 가장 긴 해안선을 가진 국가가 된다. 해상 국경선을 마주하는 있는 나라는 한국, 북한, 필리핀, 베트남, 말레이시아와 브루나이 등 6개국이다.

중국이 육상과 해상의 국경을 접하는 국가는 총 18개국이다. 비록 과거에는 이렇게 많은 주권국가들이 존재하지 않았지만 대신 수많은 부족국가와 일본의 '류큐(유구, 오늘날의 오키나와)' 왕국과 수많은 왕국(조선, 베트남 등)이 인접국가로 존재했었다. 이들은 중국 조공체제 질서의 주요 구성원이었다.

이렇게 많은 지역국가에 둘러싸인 대륙국가는 세계 어디에도 없었다. 유럽의 전통적 대륙국가인 독일(프러시아)이나 프랑스제국도 이렇게 많은 국

〈그림 1 : 중국 주변 국가 별 국경선 길이〉

중국의 인접 국가
(국경선 길이, km)

❶ 몽골(4710)　　❽ 북한(1334)
❷ 러시아(4354)　❾ 키르기스스탄(1096)
❸ 미얀마(2000)　❿ 부탄(600)
❹ 인도(1700)　　⓫ 파키스탄(500)
❺ 카자흐스탄(1753)⓬ 라오스(500)
❻ 네팔(1415)　　⓭ 타지키스탄(400)
❼ 베트남(1347)　⓮ 아프가니스탄(92)

출처 : 〈800자로 본 중국 ⑤ 이웃국가 세계 최다〉, 『중앙일보』, 2007년 11월 14일.

가로 둘러싸인 적이 없었다. 로마제국이나 그리스제국도 반도의 위치에서 출발해 대륙을 평정하고 통합한 세력이었다.

이런 지리적 여건으로 중국은 역사적으로 자신이 세계의 중심이라고 인식할 수밖에 없었다. 중국의 세계 관념은 이런 전통적 대륙국가의 관점에서 출발한다. 자기가 중심이고 변방의 나라나 부족은 주변국이다. 그리고 이들과의 평화로운 유대관계가 자국의 평화와 안정의 밑바탕이었다.

재미있는 것은 중국의 전통적 대외관이 오늘날에도 유효하다는 점이다. 중국이 주변국과의 관계를 중시하는 것도 이런 맥락에서다. 결국 중국에게 있어 주변 국제 환경의 평화와 안정이 오늘날 중국 발전의 필수불가결한 전제조건이라는 말이 거짓은 아니다.

중국이 위협적인 존재로 느껴질 때 주변국은 연합이나 동맹을 추구했었다. 주변 지역의 세력 조합이 중국을 위협할 수 있는 수준에 달할 때 중국의 반응은 주변국과의 분쟁 혹은 주변국과의 안보 딜레마로 나타났다.

역으로 중국이 군비 경쟁이나 무력충돌을 피하고 싶었던 이유는, 이것이 중국 내부 불안의 원천이 되고 전쟁은 중국의 힘을 소진시키는 주요 원인이 되었기 때문이다. 어느 쪽이든 중국은 자국에게 유리한 질서가 흔들리는 것을 여전히 달가워하지 않는다.

비근한 예로 중국은 건국 이후 특히 군사적·정치적·사상적 갈등으로 인해 외세에게 포위를 경험한 바 있다. 50년대 초 한국전쟁을 계기로 60년대 말까지 미국의 포위망을 경험했다.[1] 60년대 말부터 80년대까지는 소련의 포위망에 둘러싸였다. 21세기에는 미국의 '재균형전략(pivot to Asia 또는 rebalancing strategy)'으로 인해 또 한 번의 포위망이 구축될 조짐에 적지 않은 우려를 하고 있다.

결국 적지 않은 역사 경험 덕에 중국은 전통적 대륙 국가로서 주변국이 외세와의 유대나 연합, 또는 동맹 관계를 강화하는데 노이로제가 있을 수밖

---

1 미국의 중국 포위망에 대한 중국의 전략적 인식이 중국 인민해방공군의 소조(小組)에 의해 1969년 4월에 논의되었다. Dong Wang, Grand Strategy, Power Politics, and China's Policy toward the United States in the 1960s, Diplomatic History, Vol. 41, No. 2, 2017, p. 18.

에 없다.[2]

전통적 해양국가로 분류되는 미국의 세계 관념도 실은 대륙의 성격이 농후하다. 미국은 지리적으로 북미대륙에 위치한 국가이고 그 면적$(9,826,675km^2)$은 세계 3위다. 그러나 중국과 달리 미국과 접경하는 나라는 멕시코와 캐나다, 단 두 나라에 불과하다. 미국이 전통적 해양국가로 규정된 이유는 태평양과 대서양 두 대양 한 가운데에 위치하고 있기 때문이다.

이런 지리적 상황과 조건에서 미국이 해외 국익을 추구하기 위해서는 원정이 필수불가결했다. 원정 부대가 발달할 수밖에 없었다. 그래서 미국은 전통적으로 육군보다는 해군과 공군을 더 중시했다. 현재 이들의 무기력과 군사권이 육군보다 더 강한 이유다. 더불어 미국의 최강 공군력이 해군에 속한 것도 이런 이유에서다.

이 같은 지리적 위치 때문에 원거리의 해외 국익을 효율적으로 수호하고 극대화하기 위해서 미국은 역내 거점국과의 관계에 집중할 수밖에 없었다. 그리고 이는 오늘날 '동맹'의 개념으로 그 구조를 이루고 있다. 미국에게 역내 동맹체제는 미국의 역내 국익 극대화에 제일 관건이 되는 요소라고 해도 과언이 아니다.

미국이 하와이를 부속하고 필리핀을 식민화한 이 모든 사실들이 위에서 언급한 전략적 사고와 무관치 않다. 오늘날 일본을 동맹체제의 축으로 설정하고 한국, 필리핀, 호주, 뉴질랜드, 싱가포르와 태국을 동맹의 기반으로 삼고 베트남 등 다른 지역으로 실질적 동맹을 확대해나가는 것도 이런 전략적 사고에서 출발한 것이다. 미국의 최종 목표는 이들 동맹국 간의 동맹 연대를 강화해 하나의 결정체를 만드는 것이다.

결국 미국의 동아시아 전략은, 중국에게는 자국에 대한 포위망을 구축하는 동시에 중국을 억제하기 위한 전략으로 비쳐진다. 미국의 역내 거점이 중국의 주변국이 될 수밖에 없는 지리적인 상황에서 이들 국가가 중국 주변의 열도국가(일본, 필리핀 등)이거나 반도국가(한국, 베트남, 싱가포르 등)이기 때문이다. 이들 국가에서의 미군과 동맹국의 전략적 전진배치능력(forward

---

2 陶文釗 著, 『中美關係史 1949~1972(中卷)』(上海：上海人民出版社, 2004), p. 102.

deployment capability)과 전력투사능력(power projection capability)의 증강을 위한 노력은, 중국에게는 당연히 자국을 억제하기 위한 포위 전략으로 인식될 수밖에 없다.

미국이 중국의 주변에서 동맹국들과의 유대를 강화하는 행위는 역내 영향력의 증강은 물론 이를 기반으로 역내 국제관계에서 중심이 되겠다는 의지의 실천이다. 그리고 미국은 역내 국익의 극대화를 위해 영향력과 리더십을 강화할 수밖에 없다. 결국 중국은 미국의 영향력 확대와 공고화 노력을 자국의 주변 안보 환경 흔들기로 인식할 수밖에 없다.

이런 미중 간의 관점의 차이로 인해 중국은 주변 지역에서 '외세'가 출현하는 것을 극도로 경계한다. 그 결과 중화인민공화국 건국 이후부터 지금까지 중국의 지상 최대 국가 과제 중 하나는 주변 지역에서의 '외세' 축출이다. 중국이 한반도에서의 주한미군 철수와 한미동맹 해체를 강하게 주장하는 이유가 바로 여기에 있다.

미국의 대중 전통 인식 : 문제는 경제다 바보야!

미중관계는 200년이 넘는 역사를 가지고 있다. 그리고 200년 동안 미국이 중국에 가진 관심은 단 하나다. 경제. 중국시장의 장악이다. 중국에서의 미국의 이익을 극대화하는 것이다. 이는 미국의 대중국 정책의 출발점이자 최대 지상의 목표다. 그리고 미국의 중국관계에서 유일하게 불변한 인식이다.

1784년 8월, 미국의 '중국 황후(皇後, Empress of China)'호 상선이 6개월간의 긴 항해 끝에 중국 광동성의 황푸(黃埔)에 도착했다. 이때 이뤄진 첫 교역이 미중관계의 개막을 알렸다. 1840년 아편전쟁으로 영국과 중국은 1842년 〈남경조약〉을, 미국과 중국은 1844년에 〈망하(望厦)조약〉을 맺는다. 망하조약이 미국에 보장한 무역 특혜는 남경조약의 것과 같았다. 즉, 미국과 영국의 대중국 무역 조건이 동일했다.

미국의 중국 정책은 처음부터 중국시장을 장악하는 게 최종 목표였다. 정책 기조는 그러나 협력을 강조했다. 미국의 대중국 정책 기조는 두 가지 정책을 통해 입증됐다. 하나는 1861년에 주중 미국공사를 통해 밝힌 '협력 정책'이다. 다른 하나는 1899년 소개된 '문호개방 정책'이다.

미국은 다른 제국주의 열강과 달리 중국의 경제이익을 최우선시 하는 것으로 대륙에 첫 발을 내디뎠다. 첫 번째 미국의 공식 대중국 정책은 1861년 미국의 첫 주중 공사로 부임한 사무엘 쇼(Samuel Shaw)가 선언한 '협력 정책'이었다.

이 협력 정책의 목표는 중국 내에서의 미국의 경제이익 극대화였다. 이를 위해 채택된 전략은 두 가지였다. 하나는 제국주의 열강의 일원으로서 영국과 프랑스 등 기타 열강들과의 협력을 통해 그들의 정책을 따르면서 중국에서 자신의 이익을 극대화하는 것이었다. 동시에 중국 청나라 조정과 협력을 통해 중국과의 갈등을 감소시키면서 미국의 대중국 영향력을 확대, 강화하는 것이었다.

미국의 중국 접근법은 기타 열강과 달랐다. 가장 주목할 부분은 조약이 윤허하는 범위 밖의 권익을 추구하지 않는다는 점이었다. 중국과 체결한 조약에 경의를 표한다는 의미를 내포했다.

또한 중국의 영토 완정에 대한 존중의 의미로 조차지 밖의 중국 영토 주권을 침해하지 않겠다는 입장을 견지했다. 서양의 문화와 문물을 전파할 때도 이의 수용을 강요하지 않았다. 미국은 중국의 전통과 문화부터 먼저 이해하고 자기네 것을 전파하겠다는 생각을 기본적으로 가지고 있었다.

다른 열강과 다른 미국의 이런 태도에 중국은 깊은 인상을 받았다. 열강으로부터 위협을 느낄 때 청 조정은 미국에게 종종 도움을 요청했다. 일례로 청프전쟁, 청일전쟁 때 미국의 중재를 호소한 바 있다.

미국의 두 번째 대중국 정책은 '문호개방 정책'이었다. 이 정책의 기조는 공평하고 공정한 협정을 통해 중국시장을 서구의 마구잡이식 약탈로부터 구제하는 것이었다. 이 정책을 중국에 관철하기 위해 미국과 영국이 사전 협의를 가졌다. 누가 먼저 이 정책 구상을 제안했는지는 오늘날까지도 논쟁거리다. 많은 중국 역사학자들은 미국이 먼저 제안하고 협의를 주도했다고 평가한다.

미국의 의도는 중국이 조약국에 대한 모든 책임을 회피할 수 없도록 함정을 파는 것이었다. 중화제국의 완정을 확보하는데 미국이 도움이 되었다는 사실에는 의심의 여지가 없다. 그러나 중국은 그 대가로 모든 국제적인 책임을 준수해야 했다.

미국의 이런 움직임은 세 가지 단계로 설명이 가능하다. 우선 미국은 다른 제국에 비해 후발주자였다. 따라서 이익을 확대하는 대신 이미 차지한 이익을 보호하는 데 주안점을 둘 수밖에 없었다. 그리고 중국을 사이에 둔 열강들 간의 경쟁 속에서 자연히 미국에겐 중국시장을 장악하는 것이 곧 세계를 제패하는 것이라는 의식이 싹트기 시작했다.

중국의 의화단 운동이 전개되던 시기 미국은 중국 청나라에게 1899년과 1900년에 '문호개방'의 각서를 두 차례 제시한다. 첫 번째 각서엔 미국의 원칙이 기술되었다.

> 첫째, 미국 공민의 이익은 자국이 장악한 중국의 세력 범위 내에서 어떠한 강국 때문에 배타적인 대우를 받아 손해 보는 것을 원하지 않는 것이 간절한 소망이다.
> 둘째, 중국시장이 세계 상업계에 개방을 유지하길 간절히 바란다.
> 셋째, 북경에서 국가가 연합 또는 협조적 행동을 취하면서 청나라정부의 긴급한 행정개혁이 적극 추진될 수 있도록 지지하길 희망한다.

1900년의 두 번째 각서는 각국에게 "중국 영토와 행정의 실체를 유지할 것"에 대한 동의를 요구했다. 조약과 국제법이 보증하는 각 우호국의 모든 권리를 보장하자는 것이다. 그리고 전 세계와 중화제국이 동등하고 공평한 무역을 진행하는 원칙을 보장하자는 것이다.

문호개방 정책은 미국정부가 자유시장 이론을 이용한 중요한 조치로 이는 자유무역체제를 구축하는 시금석이 되었다. 1903년 〈미중상약〉을 통해 비즈니스 간 보호하는 조항을 규정했고 중국에게 지적재산권을 보호해야 한다는 이념을 이때부터 심어주기 시작했다.

문호개방 정책을 견지한 미국은 실천과정에서도 정책의 정신을 살리기 위해 노력했다. 일례로, 미국은 신축조약 체결로 얻은 배상금의 일부를 중국 유학생의 미국 유학을 지원하는 데 할애했다. 1909년부터 매년 100여 명의 중국 유학생을 미국에 보냈었다. 5년째 되던 해부터는 매년 50명을 지원했다. 미국의 사업은 이 자금이 다 고갈될 때까지 계속되었다. 청나라는 이에 대한 반응으로 북경에 미국 갈 중국 유학생을 교육하기 위한 예비학교를 세웠는데, 이 학교가 청화대학교의 전신인 청화학당이다.

미국은 중국시장의 의미를 일찍이 깨우쳤다. 중국시장의 장악이 곧 세계의 제패라는 인식을 19세기 중엽부터 가지게 됐다. 당시 미 국무장관(1865~1869년)이었던 윌리엄 수어드(William H. Seward)는 먼로주의 구현 후 아시아 시장의 장악을 모토로 중국시장을 겨냥하는 정책을 본격적으로 펴기 시작했다.

이때부터 미국의 '해상제국'의 꿈이 본격적으로 추진되기 시작했다. 미국은 해상제국이야말로 진정한 제국의 길이고 아시아의 장악이 미래의 전리품임을 확신했다. 아시아가 미래 세계의 주요 무대가 될 것이라는 인식이 일찍이 미국 속에 싹텄다. 그리고 그 아시아의 중심에는 잠자는 용 중국이 있었다.

미국은 아시아라는 세계 제1의 시장을 장악만 할 수 있다면 영국으로부터 세계 경제의 주도권을 빼앗아올 수 있다는 확신을 가지고 있었다. 이 같은 의미에서 미국은 중국의 지정학적 전략 가치보다 시장으로서의 경제적 효용성과 가치를 더욱 중시했다.

중국을 경제적으로 장악하기 위해 미국은 하와이를 부속시켰고, 1898년에는 스페인 전쟁의 승리로 필리핀을 할양받았다. 이 모든 것이 중국을 염두에 둔 외교적 책략이었다. 미국에게 이들 도서는 세계의 패권을 장악할 수 있는 거점이었다.

미국의 중국시장 장악을 위한 경제적 행보는 1869년부터 본격화되었다. 수어드 국무장관은 주중 미국공사관에 보낸 전보에서 중국 내의 무역, 철도 건설과 전신 등의 방면에서의 사업을 적극 추진할 것을 명령했다.

약 100년 후, 미국의 중국 관계 정상화의 주된 동인은 안보였다. 그러나 중국시장의 잠재력이나 중국에서의 경제이익을 경시한 것은 아니다. 미국이 공개적으로 중국 관계 정상화에서 경제이익을 강조하지 못한 것은 냉전 때문이었다. 냉전이라는 시대적 이유로 인위적인 경제제재 및 금수 조치가 설정되었던 것이다. 그러다 냉전 체제 하에서 이 모든 제재의 빗장을 거둘 수 있었던 것은 중국의 개혁개방 정책 채택 때문이었다.

중국의 개혁개방 이후 미국의 대중국 정책의 본색이 드러났다. 안보이익

보다는 경제이익이 정책의 중심이 되었다. 중국시장을 장악하려는 미국인의 염원은 천안문사태 이후 중국의 최혜국대우(Most-favored-nation treatment, 이하 MFN) 지위 갱신 문제를 인권문제와 결부하려 했던 시도를 반대했다.

미 의회의 시도를 때로는 미 행정부와 대통령이, 미 행정부나 대통령의 시도를 때로는 미 의회가 반대한 사례가 이를 잘 입증한다. 미 대통령은 행정명령으로 미 의회의 엄격한 기준을 피해가려 했다. 미 의회는 미 재계의 압력에 마지못해 상정한 법안을 미 대통령의 행정명령으로 대체했다. 결국 미국은 1994년에 MFN과 인권문제를 분리하기로 결정한다.

그렇다고 미국이 중국에서의 경제이익 확보에만 혈안이 된 이기적인 국가는 아니다. 미국이 중국의 개혁개방을 장려하고 중국과의 경제 교류와 무역의 활성화를 촉구한 데는 정치적인 이유도 있었다. 미국 외교의 최대 지상목표는 세계의 민주화다. 미국의 가치, 즉 자유(freedom), 인권(liberty), 민주주의(democracy)와 시장경제(market economy)를 전파해 세계를 민주주의 사회로 만드는 것이다. 이에 중국도 예외는 아니다.

미국은 중국의 개혁개방을 중국에서 자신의 지상 최대 목표를 실현시키는 매개로 적극 활용한다. 이를 위해 중국을 국제사회에 융화시켜 민주주의 사회와 동화하게끔 적극 유도하고 있다. 더불어 이를 통해 중국 내에서 자국의 경제이익을 극대화하기 위해 중국의 변화 또한 적극 도모하고 있다. 중국에 경제무역제도 개혁과 이를 위한 정치 개혁을 줄기차게 요구하는 것 역시 자국의 목표 실현을 위한 사전 단계인 셈이다.

결국 미국의 대중국 꿈은 하나다. 중국을 민주주의 국가로 탈바꿈시켜 미국의 제도권에 편입하게 하는 것이다. 그래서 미국은 중국을 이 방향으로 유인하기 위한 정치적 공세를 만만치 않게 전개하고 있다. 2005년 미국이 중국에게 '책임 있는 국가'가 될 것을 요구한 사건이 그런 예라 할 수 있다. 중국은 미국의 이러한 모든 노력에 대해 '화평연변(和平演變, 비정치적 수단으로 정치적 변질 목표를 달성하려는 책략)'의 모략으로 비판한다.

미국만 중국에서의 경제이익을 중시하는 게 아니다. 중국도 미중관계에서 자국의 경제적 이익을 지극히 중시한다. 중국의 대미 정책 핵심 목표 역시 경제다. 중국이 가장 많은 해외직접투자(FDI)를 받는 국가도 미국이고 중국에게 가장 큰 해외시장도 미국이다. 그리고 가장 큰 무역흑자 대상국이다.

미중 경제 관계의 관점에서 보면, 미국이 경제적으로 안정되어야 중국에도 매우 이로운 국면이 형성된다. 이는 다시 말해 오늘날 미중관계의 경제적 불균형 구조를 중국이 달가워하지 않는다는 의미다. 특히 장기적으로 중국은 미중 경제 관계의 구조가 균형을 찾기를 희망한다. 이는 곧 미중 양국이 앞으로 협력을 강화할 수밖에 없는 현실적 이유를 의미한다.

미중 경제 관계의 구조가 장기적인 불균형을 유지하고 미국의 경제와 시장이 더 퇴보하면 중국 경제에도 심대한 타격이 올 것이 자명하다. 미국 시장의 구매력 저하는 중국에게도 불리하다. 장기적으로 미중관계가 균형을 회복해야 중국에도 이득이라는 말이다. 결국 균형을 찾기 위한 미중 양국의 노력이 지속될 것이다. 미중 양국이 협력을 강조할 수밖에 없는 이유를 엿볼 수 있는 대목이다.

⋮ 중국 외교의 꿈 : 대국의 자리매김

중국 외교의 지상 최대 목표는 1949년 중화인민공화국 건국을 기준으로 지난 100년(1840년 아편전쟁~건국) 동안 겪은 수모와 굴욕을 극복하고 중화민족의 옛 명예와 명성을 회복하는 것이다. 즉, 국제사회에서 대국으로서 자리매김(positioning)을 제대로 하는 것이다. 오늘날 이 지고지순한 목표가 시진핑 총서기에 의해 '중국의 꿈'으로 표현되고 있다.

중국 외교의 꿈은 마오쩌둥(毛澤東) 때부터 추구됐다. 그는 중국의 '대국(大國)화'에 상당히 집착했다. 중국이 대국으로 인정받고 인식되어야 한다는 강박관념을 가졌다. 그래서 건국 이후 중국 외교의 핵심 내용은 대국으로서 자리매김하기 위한 투쟁의 연속이다. 결과적으로 이 일련의 투쟁 목표와 과정을 꿰면 중국의 꿈이 된다.

건국 직후에는 '세계의 혁명 중심' 국가가 되기 위해, 냉전의 절정기에는 '제3세계 국가'의 중심이 되기 위해, 그리고 냉전 후에는 어떠한 '대국'이 되어야 하는지에 대해 고민을 거듭해왔다. 궁극적으로 중국은 과거 '세계의 중심'

의 영광을 회복함으로써 아편전쟁 이후 겪은 수모와 고통을 완전히 극복해 세계적인 대국으로서 자리매김하길 원한다.

중국은 일찍부터 국제사회로부터 '대국'으로 인정받고 싶어 했다. 실제 대국으로 인식은 되었다. 당시 대국의 정의 기준이 간단했기 때문이다. 영토, 인구, 자원과 철강 생산량의 규모가 대국의 여부를 결정했다. 그래서 미국을 위시한 서구 열강이나 소련도 중국을 대국으로 인정했었다. 아시아의 대국을 넘어 세계적인 대국으로 중국은 이미 당시부터 인정받고 있었다.

그러나 중국은 그냥 대국을 원치 않았다. 대국 앞에 형용사가 붙기를 원했다. 정치 대국, 군사 대국, 경제 대국 등 모든 분야에서 대국으로 자리매김하고 싶었다. 그러나 대다수의 영역에서 능력이 부족했기에 이를 순차적으로 달성해 나갈 수밖에 없었다.

대국화의 영역별 순서를 결정하는 데에는 두 가지 요인이 크게 작용했다. 하나는 시대적 상황이고, 다른 하나는 대내적 여건이었다. 시대적 상황에 따라 중국이 선택한 대국화의 영역은 당시 중국이 처한 국내적 상황과 밀접한 관계가 있었다. 이에 근거한 중국의 판단 결과는 1961년에 드러난다. 중국이 대국으로 인정받기 위해 우선 군사와 경제에 집중해야 한다는 것이었다.[3]

중국이 첫 번째 대국화로 선택한 영역은 군사 분야였다. 냉전의 시작과 함께 세계가 미국의 민주주의 진영과 소련의 공산주의 진영으로 나뉘면서 이른바 '양대 진영'이 형성되었다. 양대 진영의 극심한 정치적·사상적 대립으로 모두가 3차 세계대전의 발발 가능성을 우려했다. 이 와중에 발발한 첫 전쟁이 한국전쟁이었다.

한국전쟁 이후에도 중국과 미국 간 무력대결은 종식되지 않았다. 한국전쟁부터 두 차례의 대만해협 위기사태까지, 매 4년마다 중국은 미국으로부터 핵공격의 위협을 받았다.[4] 잦은 위협 속에 중국은 자연스레 군사 대국으로 자리매김 해야겠다는 생각을 하게 된다. 즉, 핵보유국이 되기로 결정한 것이다.

---

3 Dong Wang, Grand Strategy, "Power Politics, and China's Policy toward the United States in the 1960s," Diplomatic History, Vol. 41, No. 2, 2017, p. 4.

4 姜長斌, 劉建飛, "接觸与開放：架起中美相互理解的橋梁-從美國几次制訂核打擊計划談起", 『國際經濟評論』, 2000年, 1期, pp. 54~58.

50년대 중반부터 중국은 핵개발 지원을 받기 위해 소련과 투쟁했다. 약 10년이 지난 1964년 1월 마오쩌둥은 프랑스 의원단들에게 '중국도 (핵)폭탄을 가져야 한다. 왜냐하면 힘을 의미하기 때문이다. 이는 진리다'라고 하면서 중국 군사 대국의 꿈을 공표했다.[5] 결국 1964년 9월 첫 핵실험에 성공한다. 핵보유국 즉, 군사 대국으로 자리매김하는 데 성공한 것이다.

두 번째 대국화 영역은 정치 분야였다. 중국이 본격적으로 정치 대국화를 모색한 것은 스탈린 사후, 그리고 소련의 핵개발 지원 약속을 얻은 후부터였다.[6] 중국의 군사 대국화 욕망이 더 강했기 때문에 소련의 약속을 확보하기 전까지 마오쩌둥은 소련공산당 총서기 흐루쇼프와 정치 대국화 야욕을 타협할 수밖에 없었다.

이후 1960년 초부터 마오는 정치 대국화, 즉 공산진영의 수장이 되어 중국을 공산주의 혁명의 선도자로 이끌고자 했다. 그의 정치 대국화 논리는 흐루쇼프가 마오 자신보다 어리고 공산혁명의 경력도 자기보다 모자란다는 사실에 근거했다. 중국의 정치 대국화 욕망은 결국 중·소 균열의 이데올로기 요인으로 작용했다. 비록 공산진영에서의 소련의 영도적 지위를 완전히 대체하지는 못했지만 최소한 대등한 위치로 인정받는 데는 성공했다.

세 번째 대국화 욕망은 국제적인 대국으로 부상하는 것이다. 즉, 제3세계 진영에서 중국의 자리매김을 확실히 하는 것이었다. 비록 중국이 주장하듯 제3세계의 리더가 되겠다는 것은 아니었지만 대신 제3세계의 권익과 이익을 대변하는 세력이 되겠다는 의미였다. 그러나 제3세계 외교에서 평등하고 동등한 관계의 원칙을 견지했던 중국이 그들의 리더가 되겠다는 것은 어불성설이었다.

중국이 국제적인 대국으로 인정받는 데 제3세계가 관건이라고 판단한 근

---

5 Wang, "Grand Strategy, Power Politics, and China's Policy toward the United States in the 1960s," p. 11.

6 마오쩌둥의 정치대국의 야욕은 그러나 일찍이 감지되었다. 존 스튜어트 전 주중 미 대사에 따르면 마오는 '아시아의 레닌'이 되고 싶어 했었다. Thomas J. Christensen, "Worse Than a Monolith : Disorganization and Rivalry within Asian Communist Alliances and U.S. Containment Challenges, 1949~69," Asian Security, Vol. 1, No. 1, 2005, p. 80.

거는 이들이 UN을 비롯해 국제사회에서 차지하는 비중이 3분의 2에 달했기 때문이다. 이는 중국이 주장하는 국제관계의 민주주의 원칙에서 다수의 지지를 확보하는 전략적 사고에서 출발한 것이다. 그리고 그 효과를 중국은 UN 의석 회복 과정에서 확인했다.

국제 대국으로 발돋움하겠다는 중국의 야망은 70년대 이후부터 본격적인 행보를 시작했다. 그 결과 중국은 '비동맹운동(Non-alignment movement)'과 '77집단(77 Group)' 등에서 한때 주도적인 역할을 수행했다. 오늘날까지도 중국은 자신을 제3세계의 대국으로 정의하면서 이들의 권익과 권리를 대변하는 역할을 자임하고 있다.

마지막으로 중국이 꿈꾸는 대국의 형상은 경제 대국이다. 이는 개혁개방 정책 채택 이후부터 여전히 진행 중인 꿈이다. 중국은 경제 대국으로 자리매김 하기를 오래 전부터 갈망했었다. 군사 대국이나 정치 대국 이전에 중국은 경제 대국이 되고 싶어 했었다.

이는 중국이 소련 '일변도(一邊倒)' 정책을 채택한 이유 중의 하나였다. 큰 포부를 안고 1차 5개년 경제발전계획을 수립했다. 예상 밖의 경제적 성과와 중·소 분열의 시작은 중국에게 독립적 발전이 가능하다고 현혹시켰다. 현혹된 결과는 '대약진 운동'의 시작이었다.

대약진 운동 첫 해의 성과 역시 기대 이상의 것이 되면서 유명한 일화가 나왔다. 마오쩌둥은 소련에 가서 본래의 15년이 아니라 2년 내에 영국을 따라잡고 미국도 곧 추월이 가능한 경제 강국이 될 것이라고 호언장담했다. 그러나 이후의 결과는 참담했다. 대규모 아사자의 출현과 피폐해진 경제는 문화대혁명을 낳았다.

약 20년 동안 중국의 경제 발전은 없었다. 중국 경제가 피폐해질 대로 피폐해진 상황에서 중국은 문화대혁명의 종결과 동시에 개혁개방을 채택한다. 경제 발전을 통한 경제 대국으로서의 자리매김 노력이 본격화된 것이다.

그 결과 오늘날 그 꿈의 일부를 이뤘다. 명실상부한 세계 경제의 2대 강국 반열에 올랐다. 경제 대국으로서의 자리매김이 절반 이상의 성공을 거두었다. 중국은 2021년의 '샤오캉사회(少康社會)'와 2049년의 '대동사회(大同社會)' 구현으로 경제 대국으로의 자리매김은 완성될 것이다.

중국은 대국으로 자리매김 하기 위해 다양한 전략을 시도했었다. 때로는 소련과도 손을 잡아보고, 때론 독자적인 노선(예컨대 '대약진운동'이나 '문화대혁명')도 걸어봤다. 그리고 결국 '개혁개방'을 통해 국제사회와의 공조 전략을 채택하기에 이르렀다. 그래도 중국은 아직 자신의 자리매김이 완성되었다고 생각하지 않는다. 그리고 이 자리매김이 끝날 때까지 이른바 '도광양회 유소작위(韜光養晦 有所作爲)', 즉 자신을 드러내지 않고 때를 기다리며 실력을 기르되 할 수 있는 것은 하겠다는 것이 오늘날 중국 외교의 기본적인 전략이다.

미중관계는 이런 자리매김을 둘러싼 싸움의 연속이다. 미국의 기본 목표는 기존의 자리를 수호하는 것이다. 즉, 미국의 패권적 지위를 절대 유지하는 것이다. 2009년 9월 당시 힐러리 클린턴(Hillary Clinton) 국무장관은 '아시아 회귀 전략(Pivot to Asia)'을 통해 21세기 미국 외교의 목표를 '향후 100년 동안 미국의 수위(primacy) 지위를 견지하는 것이다. 미국은 이 세기(世紀)를 반드시(must) 이끌 수 있고(can lead) 이끌어 나가야(will lead)한다'라고 표현했다.

반면 아직 자리매김이 확실하게 안 된 상황에서 2004년 당시 중국의 원자바오 총리는 해외공관장회의에서 '도광양회 전략이 앞으로 100년간 더 유지되어야 한다'고 역설했다.[7] 그의 발언은 중국이 어떻게 자리매김 해야 하는지에 대한 중국공산당의 고뇌가 역력히 드러나는 것이었다.

중국의 자리매김의 의미는 '생존 공간' 차원에서의 공간 확보를 의미하는 것이 아니다. 중국이 침략이나 강제적 수단을 동원하여 생존을 위한 공간을 확충하거나 확대하려는 것 역시 아니다. 다만 자신의 자리매김을 위한 공간 확보를 원하는데 이것을 대국으로서 자신의 활동 영역과 범위를 확대하고 확충하려는 의미로 설명하고 있다.

미국은 자리를 공고화하려 하고 중국은 새롭게 자리매김 하려고 한다. 양자의 목표가 상충하는 가운데 상대의 의도와 행위를 바라보는 양국의 인식은 응당 다르게 나타날 수밖에 없다. 그리고 이런 인식의 차이가 양국 관계에 갈등을 야기하는 오해나 오인(misperception)의 원천이다.

다시 말해, 중국이 대국으로서 성장하려고 노력하는 가운데 다른 대국이

---

7 "解讀韜光養晦政策：仍是中國對外戰略自覺選擇", 『世界新聞報』, 2005年09月07日; "外交學院院長吳建民点評2005中國外交4大問題", 『新京報』, 2005年12月28日.

발목을 잡는 형국이다. 중국의 대국 야욕은 이들에게 위협과 도전으로 인식된다. 그리고 중국은 이 과정에서 기존 대국의 행위나 태도를 폄하하는 발언도 한다. 과거에 미국이 중국을 최대 위협으로 인식한 바 있고 소련도 중국을 최대 위협국으로 인식했었다.

중국 역시 이 두 강대국을 자신의 최대 위협 존재로 각각 다른 시기에 인식한 바 있다. 이런 인식 변화의 틀 속에서 중국의 이들 강대국에 대한 정책 기조와 전략 목표도 상응하게 변화했다.

중국은 이들의 위협 속에서 국익의 가장 기본적인 목표인 생존권 확보를 위해 다양한 전술적 변화를 도모했다. 소련과 동맹을 맺어 보기도 했다. 미국과의 관계 정상화를 통해 소련에 공동 대응하는 전술도 택해봤다. 또한 미국의 자본민주주의 진영에서 미국과의 동맹에 불만을 가진 세력과 소련에 대한 불만 세력을 공동으로 연합해 이른바 '중간지대'를 구축하려는 전술적 노력도 시도해봤다.

식민통치에서 독립한 일련의 신생독립국가와의 연대 전술을 통해 미국과 소련이 지배하고 있는 세계질서를 개편하기 위한 노력도 시도했었다. 냉전 후 미국이 유일한 초강대국으로 우뚝 서자 중국은 국제체제의 다극화, 즉 다양한 강국 세력의 존재를 인정하면서 이들을 국제 체제를 구축하는 독자적인 한 축으로서 인식하기 시작했다. 그리고 중국은 새로운 인식을 바탕으로 이들과의 공조를 통해 새로운 국제질서를 창출하려고 아직도 노력하고 있다.

미국과 중국이 국익 추구 전략을 수립하기 전에 먼저 냉정하게 평가하는 것이 있다. 이런 평가 부분은 오늘날 미국과 중국 관계의 기반을 형성하고 양국 관계가 개진되는 기본적인 프레임워크로 작용한다. 미중 양국은 국제체제 속에서의 자신의 위치, 위상과 역할에 대해 심각하고 냉정하게 사고한다.

미국의 외교 목표는 지금의 국제질서를 견지하는 가운데 자국의 패권적 위치·위상과 역할을 공고히 하는 데 필수불가결한 국익을 확보하는 데 초점이 맞춰져 있다. 중국의 외교 목표는 가시적인 차원에서 우리가 상식적으로 알고 있는 국가이익을 추구하는 데 맞춰져 있는 것처럼 보인다. 그러나 중국의 최대 외교 목표는 오늘날의 국제질서 속에서 자신의 자리매김을 하는 데 역점을 두고 있다. 이 자리매김이 완성되어야 중국의 꿈의 마지막 목표인 중화질서의 구축을 실현할 수 있기 때문이다.

┇ 미중관계는 다차원, 다층적이고 매우 입체적이다

우리가 미중관계 속에서의 한반도의 운명을 논할 때 가장 많이 하는 말이 있다. 우리의 전략 사고가 다차원적이고 다층적이며 입체적이고 유연해야 한다는 것이다. 이는 미중관계가 그만큼 복잡하다는 현실과 사실의 방증이다. 우리는 이를 머리로는 이해하는데 행동을 하지 못하고 있다. 아니 그런 전략도 짜지 못한다. 그래서 우리의 현실은 미중 양대국 사이에서 등만 계속 터지고 있다.

그럼에도 불구하고 우리는 아직도 청일전쟁, 갑오전쟁 시대가 재현될까봐 두려워한다. 우리의 주변 4강이 너무 센 나라이기 때문에 그런 두려움이 자연스러울지도 모른다. 그러면서 여기 저기 눈치 보며 나타나는 행동의 결과는 사대주의라는 비판에서 자유롭지 못하다.

결국 우리의 대미·대중 외교는 왜 아직까지도 한계를 보일 수밖에 없느냐는 질문이 자연스럽게 대두된다. 왜 일차원적인 사고의 굴레에서 벗어나지 못하고 있나. 왜 대중 전략을 짜면서 미국의 반응을 의식할 수밖에 없는가. 왜 한미동맹의 틀 안에서 대중 전략을 짜려 하는가. 왜 중국 관계에서 한미 관계의 손익계산을 하고 있는가.

다시 말해, 미국과 중국이 우리 전략사상에서 '독립변수가 아닌 종속변수가 될 수는 없는가'라는 질문을 하게 된다. 미중 양국의 눈치를 안 보고 우리 국익에 부합하는 정책 결정이 정말 불가능한 것일까. 왜 그네들 앞에서 우리의 국익 주장을 하지 못할까.

갑오전쟁, 일제 강점기, 한국전쟁 등과 같은 과거의 치욕을 겪어보지 못한 10대 경제 대국, 10대 군사 대국, UN안보리 이사국, 한류 문화 대국의 세대로서 납득이 안 가는 질문들이다. 자원이 없는 나라에서 자란 경제발전 세대는 우리의 강점이 인재라고 교육을 받았다. 교육을 통해 얻은 지혜가 우리 자리매김의 터전이 된 것이다. 이처럼 지혜로운 민족이 정작 외교에서는 지혜롭지 못한 것이 안타까울 뿐이다.

미중관계의 다차원성, 다층성과 입체성은 무엇을 의미하는가. 미중관계 전략을 짜는 데 있어 미중 양자 관계의 틀만 보는 것은 비현실적이라는 의미다. 미중 양국의 관계는 국제체제라는 큰 틀 안에서 작동한다.

변수는 중국의 국제적 위상이다. 이슈에 따라 중국은 세계적인 국가이자 지역 대국이다. 그렇기 때문에 이슈에 따라 중국의 위상을 정의하고 그 정의에 따라 미중 양국의 전략적 사고 범위를 우리도 폭넓게 보고 이해해야 할 것이다. 우리가 미중을 바라보는 시각의 반경도 그만큼 비례하여 움직여야 한다는 의미다.

가장 대표적인 예로 1992년 미국이 대만에 F-16기 150대의 판매를 결정한 이유 중 하나는 중국의 중동 미사일 판매에 대한 보복 조치였다. 대만에 대한 미국의 군사 지원 결정이나 대만해협을 둘러싼 미중의 대결이 이 사건의 유일한 촉매제는 아니었다. 아시아의 서쪽 중동지역에서 벌어진 미중 양국 갈등의 불똥이 대만해협으로 튄 것이었다.

동북아지역을 놓고 보면 미중관계의 동력의 틀은 매우 다차원적이다. 역사적으로 미중관계는 최소한 3각 이상의 편대 속에서 움직여왔다. 미중소(러) 이외에도 미중일, 중소(러)일, 미소(러)일, 미중과 인도, 중소(러)와 인도, 미중과 베트남, 중소(러)와 베트남, 미중소(러)와 베트남, 미중과 대만, 미중과 남북한, 미중소(러)와 남북한, 미중과 인도와 파키스탄, 미중과 동남아국가 등과 같은 다차원적인 다자간의 관계 속에서 진행되어 왔다.

이런 다자관계 속에서 미중관계가 진화될 수밖에 없는 큰 요인은 앞서 언급한 미국과 중국의 지리적 위치 때문이다. 전통 대륙국가인 중국과 전통 해양국가인 미국의 이익 갈등이나 충돌이 제3자나 제3의 국가와 밀접하게 연계될 수밖에 없는 구조 때문이다.

이런 구조 속에 먹이사슬이 존재한다. 모든 국가들이 전략적 취약점을 안고 있다. 그 취약점을 모든 국가들이 다차원적인 전략 사고를 가지고 공격한다. 취약점에 대한 레버리지를 행사하는 것이다. 먹이사슬의 존재를 적극 이용하는 전략이다.

일례로, 중국의 먹이사슬에서 가장 큰 아킬레스건은 일본이다. 중국은 무슨 연유에서인지 전통적으로 일본을 가장 두려워한다. 중국이 청나라 시절부터 1950년까지 러시아와 세 차례나 동맹조약을 맺은 이유도 일본을 견제하기 위해서였다. 그래서 미국은 중국과 관계 정상화를 논의할 때 '일본 카드'를 쓰면서 중국을 압박했다.

일본도 중국의 먹이사슬 구조를 너무나 잘 알고 있다. 일본의 입장에서 중국의 아킬레스건은 소련(러시아)이다. 일본 역시 외교안보 영역에서 '소련(러시아) 카드'를 종종 활용했다. 중국이 일본과 소련(러시아)이 가까워지는 것을 두려워하기 때문이다.

그럴 가능성은 거의 없지만, 일본은 중국으로부터 외교안보 이익을 얻고자 소련(러시아)과 가까워지는 시늉이라도 하면서 중국을 압박했다. 대표적인 사례가 1978년에 있었던 중일 평화조약의 조기 체결이었다. 중국이 이 조약의 체결을 미루고자 할 때 일본은 쿠릴열도(북방 4도) 영토문제 해결과 '소련 카드', 즉, 소련과의 평화조약 체결로 압박했다.

이렇게 다양한 외교 카드를 구비해야 미중관계에 다층적으로 접근할 수 있다. 우리는 미국과 중국에 접근할 때 다층적이지 못하다. 오로지 국가원수에 의존하는 경향이 많다. 그리고 최고지도부는 실무급을 불신한다. 실무급에 아무런 결정권이 없다. 아니 의사결정권은 없어도 된다. 그러나 최소한의 협상권은 있어야 한다.

오늘날처럼 외교 분야의 이슈가 다양하고 과다한 상황에서 모든 것을 수장이 혼자 결정할 수는 없다. 실무진에서 최대한의 협상권을 가지고 협상에 임해야 최선의 결과를 도출해낼 수 있는 기반을 마련할 수 있다. 수장은 최종 결정을 하고 합의사안을 공식화하면 된다.

대표적인 예가 미중경제전략대화다. 여기서는 70여 개의 관련 부처와 위원회가 모두 동시다발로 대화와 협상을 한다. 그렇다고 모든 부처의 장관과 위원회의 위원장이 참가하는 것이 아니다. 각 부처와 위원회의 실무 책임자들이 협상에 임한다. 그리고 자국의 국익에 부합하고 이익을 극대화할 수 있는 기반 닦기에 집중한다. 그러나 우리의 실무 책임자에게 이런 기반을 닦을 권한이 부여될 가능성은 희박하다. 권위주의적 하달식 업무체계의 맹점이 강력하게 작용하기 때문이다.

그러나 주변 4강의 대중국 외교나 대미국 외교를 보면, 다양한 분야 내에서 다층적으로, 즉 수장에서부터 실무진에 이르기까지 분업화된 체계에서 일사천리로 함께 움직이면서 이익의 극대화를 위한 모든 기반을 마련하기 위해 협동하는 것을 볼 수 있다. 미국이 중국 외교에서 활용하는 인재의 풀은 그야말로 다층적이고 다양하다. 경제, 교육, 군사, 정당 등 다양한 분야에서의 실무진과 전문가는 물론 전직 고위인사와 수장까지 동원한다. 이들이 추구하는 공통의 목표는 하나다. 문제 해결을 위한 실마리를 다양하고도 다층적인 경로를 통해 얻고자 하는 것이다.

우리 외교는 아직까지도 전문가나 실무진 중심이 아닌 측근 외교, 비선 외교, 정상 외교에 의존한다. 이런 외교 수단에 의존하다보면 사대주의라는 비판에서 자유롭지 못하다. 자승자박이다. 우리의 미국과 중국에 대한 시각과 사고의 반경을 확대하기 위해서는 다층적이고 다차원적인 사고가 전제되는데, 상기한 외교 수단은 이를 속박한다.

대통령 측근이 문제가 아니다. 상대국에게 공신력 있는 인사가 필요하다. 비선이 문제가 아니다. 과거 냉전시대에는 비선으로 접근하는 게 유효했었다. 그러나 오늘날과 같이 사회가 정보통신의 발달로 투명도가 향상된 상황에서 비선을 통한 접근 방식은 위험부담이 굉장히 크다. 밝혀져서 기대한 결과를 획득하지 못하면 지탄받을 수밖에 없다. 그렇다고 정상외교가 다는 아니다. 국가 정상이 모든 것을 다 협상하고 결정하는 시대가 아니다. 이는 중국공산당도 일찍이 깨달은 사실이다. 중국에서 의사결정을 책임지는 이른바 '소조위원회(小組委員會)'의 설립이 날로 증가하는 이유다.

∷ 한국은 여전히 고민 중

미국과 중국 사이에서 일련의 '압박'을 받으면서도 우리는 아직도 머리를 긁고 있다. 미중관계가 악화되면 다른 나라 사람들은 전쟁이 발생할지에 대해 갑론을박을 한다. 그런데 우리는 어느 나라의 편에 설지를 놓고 설왕설래하고 있다. 이제는 편 가르기에서 벗어나 우리의 안보와 국익을 지키기 위한 자주적 전략을 짜야 하지 않을까.

그러면서 우리 전문가들이 내놓은 소위 '답'은 그야말로 추상적이다. 이들 답에는 공통분모가 있다. 바로 한미동맹이다. 이를 기반으로 부상하는 중국에 대응하는 방법을 찾으려 한다. 그러나 한계를 느꼈는지 다른 방법도 최근에 소개되고 있다.

언론지상에서는 부상하는 중국을 '올바르게' 다루는 법을 다양한 사례로 소개하고 있다. 미국이 중국을 다루는 법부터 베트남, 싱가포르, 북한 등의 나라들이 중국을 다루는 전략까지 다양한 기법(?)이 소개되고 있다. 문제는 우리가 처한 지리적·지정학적·지경학적 상황과 환경이 그들과는 다르다는 점이다. 우리가 실제로 활용할 만한 사례가 거의 없다.

어쨌든 우리 전문가들은 한미동맹을 기반으로 한 대미·대중 전략을 나름의 전술적 개념으로 소개하고 있다. 몇 가지 예를 살펴보자.

연미화중(聯美和中) : 미국과 연맹을 강화하고 중국과 협력함
맹미견중(盟美牽中) : 미국과의 동맹을 강화하고 중국을 견제함
선미후중(先美後中) : 미국 먼저, 중국 나중
결미연중(結美聯中) : 미국과 결속하고 중국과 연합함
연미연중(聯美聯中) : 미중 양국과 연맹을 강화함
연미방중(聯美防中) : 미국과 연맹을 강화하고 중국을 방어함
연미통중(聯美通中) : 미국과 연합하고 중국과 통하는 전략
구동축이(救同縮異) : 중국과 차이점을 줄여가는 실리적 방책

그리고 '구동존이(求同存異, 차이를 인정하며 같은 점을 추구)' 등과 같은 것이 연쇄적으로 소개된 바 있다.

그러나 '구동존이'를 제외하고 이 모든 사고가 우리의 미국과 중국에 대한 신뢰 수준에 차이가 존재한다는 사실을 엄연히 인정하면서 출발한다는 것이 문제다. 미국과 중국에 대한 우리의 신뢰가 차별화된 상황에서는 효과적인 전략적 사고가 나올 수 없다. 결국 미중 사이에서 최선의 생존 해법이라고 단정하기에는 상기한 전략적 개념들 속에 치명적인 내적 결함이 존재할 수밖에 없다. 이는 두 나라에 대한 우리의 전략적 균형을 처음부터 잡을 수 없게

만든다.

'구동존이'의 경우 지금까지 역내 국가가 역사문제를 덮어두고 가려는 것과 같은 행태와 별반 차이가 없다. 과거 우리나라 산아제한 정책의 슬로건('덮어놓고 낳다보면 거지꼴을 못 면한다!')가 상기되는 부분이다.

구동존이를 한반도의 경우에 적용하면 한중 간에 첨예한 입장 차이를 보이는 한국의 안보문제를 우선 덮고 가자는 셈이다. 그 결과 오늘날 한중 간의 안보 협력 수준은 경제 수준에 미치지 못하고 있다. 그러다보니 한중 안보 협력이 거지꼴의 양상을 면하지 못하고 있다. 안타깝게도 장기적인 시간을 두고 점진적으로 해결해 나가기에는 한반도 및 한국의 안보문제에는 긴박한 것이 너무나도 많다.

미중 사이에서 우리의 문제는 이런 다양한 전략적 개념에 있는 것이 아니다. 근본적으로 우리에게 있다. 우리가 우리 스스로의 입장과 목표를 정하지 못한 채 미국과 중국에 대한 전략을 만들겠다는 것 자체가 어불성설이다.

우리 스스로가 미국과 중국에 대한 이해가 부족한데 어떻게 우리의 대미·대중 목표나 입장을 정할 수 있겠는가, 라고 반문하고 싶은 대목이다. 목적의식이 없고 입장 정리가 되지 않은 상황에서 우리가 대미·대중 외교를 휘황찬란한 어휘로 묘사하는 것 자체가 속빈 강정이다.

그래서 이 책은 미중관계의 진화과정 소개를 통해 우리가 보다 현명한 전략적 사고와 판단을 하는 데 도움이 될 수 있는 지침서가 되고자 한다. 특히 미중관계가 앞으로 무력충돌을 피할 수밖에 없는 이유를 양국 간의 긴밀한 소통의 역사로 설명하고자 한다. 미중이 서로를 어떻게 대했는지에 대한 사례를 직접 판독함으로써 우리가 대미·대중 전략을 수립하는 데 있어 보다 다차원적이고 입체적이며 유연한 전략적 사고를 함양하길 기대한다. 결론은 은감불원을 기억하며 '박쥐(사대주의)'가 되는 것을 최대한 지양해야 할 것이다.

제2장

한국전쟁과 미중관계의
기틀 확립

한국전쟁은 미국과 소련 등 강대국이 북한 김일성 정권의 남침 야욕 및 그 의지를 과소평가한 배경 속에서 발발했다. 미국은 1948년 대한민국 정부 수립 후 남한이 스스로 생존할 것이라는 판단 하에 이듬해인 1949년에 주한 미군을 모두 철수시켰다. 이런 미국의 판단은 한국에 대한 미국의 경제 및 군사 정책 조정에서 드러났다. 이는 당시 미국의 동북아지역에 대한 정책과 맥을 같이했다.[1]

비단 한국 뿐 아니라 대만에 대한 미국의 정책도 내용 면에서 유사했다고 봐도 과언이 아니다. 경제적인 면에서 1950년 1월 19일 미국 의회는 한국 국가 재건에 필요한 경제 지원을 1억 5,000만 달러에서 6,000만 달러로 대폭 삭감한다.[2] 국방에서도 미국이 1950년 1월 12일에 발표한 동아시아의 안보전선, 즉 이른바 '애치슨라인(Acheson Line)'에서 한반도와 대만을 제외한 사실

---

1 해리 투르만 미 대통령은 1950년 1월 5일 대만과 관련해 두 가지 입장을 발표한다. 하나는 중국 영토 내에서 세력영향권(sphere of influence)이나 외국 통제 하의 정권 수립을 모색하지 않을 것이라는 입장이다. 다른 하나는 중국 영토 내의 특권 (privilege)이나 권리(rights)를 주장하지 않을 것이라는 입장이다. 이는 대만에 군대를 주둔시키지도 않을 것이고 군사력을 동원해 현재 상황에 개입하지도 않을 것임을 천명한 셈이다. 중국에 대해서도 이를 똑같이 적용하면서 대만에 대한 군사 정보를 제공하지 않겠다는 입장이었다. 주의할 것은 일본에게 '강탈(stolen)'당한 대만이 대륙에 반환(restore)되어야 한다는 점을 명확히 했다. 그러자 1월 6일부터 소련은 중국에게 대만의 UN의석이 불법적인 사실로 드러났으므로 이를 다시 탈환해야 한다고 부추기고 나섰다. 그리고 1월 8일 중국은 UN의석에 대한 자신의 입장을 UN에 전문을 보내 처음 밝힌다. Harry S Truman, "Statement On Formosa," January 5, 1950, http：//china.usc.edu/harry-s-truman-%E2%80%9Cstatement-formosa%E2%80%9 D-january-5-1950 (검색일：2016년 2월 23일). 중국의 UN의석 탈환과 관련 소련의 종용과 중국의 행동 개시에 관해서는 沈志華, "斯大林,毛澤東与朝鮮戰爭再議-根据俄國檔案文獻的最新証据", 『史學集刊』, 2007年9月, 第5期, p. 56 참조.

2 "Korean-Formosan Aid," in CQ Almanac 1950, 6th edition, 223~24 (Washington, D.C.：Congressional Quarterly, 1951), http：//library.cqpress.com/cqalmanac/cqal50-13 77531(검색일：2016년 2월 19일).

이 보여주듯 이들 국가의 국방 지원에 관심이 없었다.[3]

그만큼 냉전 초기 한반도의 전략적 가치는 미국에게 거의 무의미한 것이었다.[4] 왜냐하면 당시 UN의 신탁통치가 끝나면서 남북한에 신생 정권이 수립됨과 동시에 한반도가 분단되었기 때문이다. 미국은 남북한이 이미 갈라섰기에 미군을 철수시킨다 해도 아무런 문제없이 '현상 유지'가 될 것이라고 판단했다.

무엇보다 당시 한국이나 북한이나 재정적·물질적·경제적·군사적 자원은 없다고 봐도 무방할 정도였다. 즉, 전쟁을 일으킬 만한 여력이 부족했다. 때문에 이승만의 북진 통일이나 김일성의 적화 무력통일이나 모두 실현 가능성은 극히 적어 보였다. 둘의 야욕은 미군과 소련군이 주둔했을 때만 유효한 것이었다.

소련과 중국도 북한의 무력통일 능력을 비슷하게 판단했다. 김일성이 한반도의 적화 통일을 위해 외교적으로 소련과 중국의 간을 오래전부터 보고 있었지만 그들의 관심과 지원 가능성은 만무해 보였다.

당시 소련의 관심은 온통 유럽 내 미국의 군사적·외교적 움직임에만 집중되어 있었다. 그리고 이에 대응해 소련은 동구 공산진영 내부의 결속력과 단결력 강화를 위해 공산진영의 통치에만 전념했다. 실제로 소련은 동구 위성국가의 재건과 발전을 위해 당시 미국의 '마셜 계획'과 유사한 경제 지원 정책에 모든 정력을 쏟아 붓고 있었다. 이때까지만 하더라도 미국과 소련은 각자의 진영에서 군사적 지원을 하거나 동맹을 구축하기에는 상당한 부담을 느

---

3 당시 미 국무장관 딘 애치슨(Dean Acheson)은 미국의 태평양 방어선이 일본 본토 및 류규심(오늘날 오기나와)에서 필리핀까지라고 공표했다. 이들의 밖어는 미국이 책임지겠지만 나머지 국가는 '먼저' 자기 스스로 지는 대신 UN이 차후에 질 수 있다는 입장을 명확히 했다. "The text of extemporaneous remarks made by Hon. Dean Acheson, Secretary of State before the National Press Club," Washington, D.C., January 12, 1950, https : //www.trumanlibrary.org/whistlestop/study_collections/korea/large/documents/pdfs/kr-3-13.pdf(검색일 : 2016년 2월 19일).

4 박태균의 분석에 의하면 미국에게 원조가 필요한 나라 18개국 중 한국은 5위, 안보의 중요성으로 봤을 때 16개국 중 15위, 모든 종합적인 것을 고려하면 한국은 16개국 중 13위에 불과했었다고 한다. 박태균, 『한국전쟁』(서울 : 책과함께, 2005), 126~138쪽 참조.

김일성과 마오쩌둥과 스탈린

끼고 있었다.

중국 역시 1840년 아편전쟁 이후 약 100여 년 동안 끊임없는 외세와의 전쟁, 국민당과 공산당의 내전('국공내전'), 일본의 침략전쟁(1937~1945)과 재개된 국공내전(1946~1949) 등으로 국가 자원이 모든 면에서 궁핍하다 못해 거의 고갈된 상황이었다. 이런 역사적 흐름 속에서 1949년 10월 1일 중화인민공화국의 건국 선언은 전국을 '평화'로 들뜨게 만들었다. 모두들 100년 만에 평화가 찾아왔다고 기쁨에 충만해 있었다. 중국공산당이 대만을 제외한 중국 대륙을 통일하고 새로운 나라와 정권을 세움으로써 이제야 중국에 평온이 찾아왔다고 모두가 굳게 믿고 있었다.

중국공산당도 100년 동안의 전쟁과 혼란을 마치고 이제 본격적으로 중국인의 안위와 안녕을 위해 국가 재건과 발전에 집중하고자 하는 염원이 컸다. 실제 이를 실현하기 위해 마오쩌둥(毛澤東)은 건국한 지 두 달 만에 모스크바로 출국한다. 소련으로부터 경제적·군사적 도움을 확보하기 위함이었다. 자국의 국가 발전과 건설을 위해 소련의 경제원조, 자금, 차관, 기술과 전문가 인력 등을 제공받기 위한 협상 길에 오른 것이다.

그러나 기대만큼 일이 순조롭게 진행되진 않았다. 이오시프 스탈린(Joseph

Stalin)과의 협상은 두 달 이상 지체될 정도로 쉽지 않았다. 그래도 마오쩌둥은 귀국하지 않고 끝까지 협상에 임했다. 그에겐 소련의 지원이 그 무엇보다도 절실했기 때문이다.

마오쩌둥이 소련에 체류하는 동안 김일성이 1950년 1월 13일 스탈린과 면담 요청을 한다. 스탈린과 한반도의 통일 문제를 협의하고, 소련의 지원 의사 여부를 타진하기 위해서였다. 그리고 마오쩌둥 출국 후 4월 10일 김일성은 모스크바에 도착해서 열흘 이상의 협상을 가진다. 협상에서 스탈린은 미국의 간여를 우려했으나 김일성의 남침 계획을 지지하기로 결정했다. 협상 후 스탈린은 김일성에게 마오쩌둥에게 가서 이 사실을 알리고 지원을 요청할 것을 명했다.[5]

마오쩌둥은 귀국 후 3개월이 지난 5월 김일성의 북경 방문 때 비로소 그의 남침과 무력통일 계획의 심각성을 알게 되었다. 그가 소련에 체류하는 동안 스탈린은 김일성의 계획에 대해 아무 말도 하지 않았었다.

김일성의 계획을 알게 된 마오쩌둥은 매우 난처했다. 그는 북한이 남침할 경우 미국의 '개입'은 불가피하다고 생각했다. 그리고 미국의 개입은 비단 북한뿐 아니라 중국의 안보에도 최악의 위협으로 다가올 것이 자명했다. 마오쩌둥은 심각하게 이 문제를 고민할 수밖에 없었다.

이유는 두 가지였다. 하나는 중국이 북한을 지원할 수 있는 여력의 유무였다. 다른 하나는 북한의 남침으로 전쟁이 발발할 경우, 이것이 전면전으로 치닫는 것을 막을 수 있는지 그 가능성을 진단하는 것이었다. 만일 전쟁이 전면전으로 확대되어 중국이 북한의 지원국으로 전쟁에 연루될 경우, 미국의 전쟁 대상국으로 전락되는 것은 매우 자연스러운 귀결이었다. 때문에 후자는 특히 더 관건적인 문제였다.

후자의 문제는 이후 현실화되었다. 한국전쟁이 실제로 발생한 후 세계 초강대국인 미국이 연합군과 함께 북진해 북한군을 연파하고 압록강까지 인접해오면서 북한의 무력통일 계획은 거의 수포로 돌아가고 있었다. 중국은 개입을 결정하기 전에 모든 상황의 변수를 고려하지 않을 수 없었다. 미국의

---

5 沈志華, "斯大林, 毛澤東与朝鮮戰爭再議-根据俄國檔案文獻的最新証据", p. 57.

군사 계획에 중국 동북지역에 대한 직접적인 진군이 포함되어 있는지, 이 지역의 위기 상황을 대만의 장제스(蔣介石)가 무력통일의 기회로 활용할지 등과 같은 모든 군사적·전략적 상황 전개 가능성을 판단해야만 했다.[6] 이런 상황이 개진되면 중국은 자연스럽게 미국에게 남북으로 협공을 당할 수밖에 없었다.

┇미중소 모두가 원하지 않았던 전쟁

김일성의 무력통일 계획이 공산 세계에 알려진 것은 1949년 3월부터였다. 1949년 3월에서 4월까지 모스크바를 방문하는 동안 그는 스탈린에게 남침을 통한 무력통일 계획을 소개하고 소련의 지원 가능 여부를 타진했다. 중국과는 1949년 4~5월에 이 문제를 협의했다.

스탈린은 무력통일 계획에 소극적이었으나 대북 군사 지원에는 긍정적이었다. 남침을 반대한 이유는 주한미군의 철수가 불확실한 상황에서 북한의 군사력을 주한미군이 있는 남한의 군사력보다 열세라고 판단했기 때문이다. 대신 북한이 요청한 대량의 무기와 군사 장비의 원조는 수락했고 이를 제공하기로 6월초에 약속했다.[7]

그러나 1949년 6월 한반도 내에 지대한 변화가 발생한다. 바로 미국이 주

---

6 미국은 한국전쟁이 발발하자 대만의 장제스정부에게 대륙에 대해 어떠한 군사적 행동도 하지 말 것을 경고했다. 대만문제의 해결은 태평양지역의 평화가 회복되고 일본 문제가 해결 된 뒤로 보류했다. UN에서 논의하는 방법도 고려중이었다. 한국 전쟁은 미국정부의 대만문제 인식에 변화를 가져다주었고 이후 공개적으로 '대만 지위 미결론'을 선전하는 계기가 되었다. Department of State, American Foreign Policy 1950~1955 : Basic Documents, Vol. 1 (Washington, D.C. : Department of State, 1957), pp. 2539~2540, https : //babel.hathitrust.org/cgi/pt?id=mdp.390150176 71572;view=1up;seq=48 (검색일 : 2016년 2월 19일).

7 그러나 1년 후 스탈린은 1950년 4월 김일성에게 지원 반대 입장을 밝혔다. 그는 소련으로부터 지원을 받을 기대를 하지 말라고 전했다. 특히 강력한 반격을 받을 시 도와줄 수 없다면서 마오쩌둥에게 도움을 요청하라고 단도직입적으로 말했다. 스탈린도 이미 외세(미국)의 개입과 반격을 예측했음을 방증하는 대목이다. Sergei N. Goncharov, John W. Lewis, and Xue Litai, Uncertain Partners : Stalin, Mao, and the Korean War (Stanford, CA : Stanford University Press, 1993), p.145.

한미군을 철수시켜 버린 것이다. 그리고 이는 한반도의 전력 구조에 일대 변화를 가져왔다. 미군의 철수로 남한의 군사력은 급격하게 축소되었다.

이와 함께 이승만의 북진 야욕은 수그러들고, 김일성의 무력통일 야욕은 이전보다 더 확대되었다. 김일성은 자연히 "먼저 선수를 치는 자가 이긴다"는 관념에 사로잡히게 된다. 중국과 소련으로부터 병력, 무기와 군사 장비를 충원 받으면 충분히 승산이 있다는 확신이 그를 채우기 시작한 것이다.

초기 작전 내용은 먼저 옹진반도를 점령하고, 그곳을 기점으로 동진하여 개성 부근까지 진군한 뒤 남한 내의 일부를 우선 점령하는 것이었다. 그리고 남침과 동시에 남한의 노동당 세력('남노당')이 봉기와 반란을 일으켜 공산 세력과 합류해 남한을 정복하는 것이었다.

김일성은 이 같은 계획을 들고 9월 3일 소련 대사관을 방문한다. 소련 대사관은 9월 하순 이를 소련공산당 중앙정치국에 전달했다. 그러나 김일성에게 전해진 건 소련공산당의 반대 의사였다.

소련의 반대 이유는 세 가지였다. 첫째, 스탈린은 오로지 한반도의 세력 균형(balance of power)과 현상 유지(status quo)에만 관심이 있었다. 1948년 12월 북한주둔 소련군이 모두 철수했고 1949년 6월엔 주한미군이 모두 철수했다. 아직 중국 대륙의 공산혁명은 종결되지 않았고 그 사이에 미국은 국민당과 공산당의 중재에 적극 나서고 있었다.

이런 상황에서 향후 동북아의 권력 구조는 미국에 의해 짜여질 것이 자명했다. 소련은 미국의 움직임에 촉각을 곤두세울 수밖에 없었다. 당시 소련이 중국공산당을 지지하는 입장에서 결정적인 원조와 지원을 통해 공산혁명의 승리를 견인하긴 했지만, 중국이 자신의 수하로 들어오는 것에 아직은 회의적이었다.

신생국가 북한의 미래 역시 불투명했다. 다시 말해 스탈린은 미국 세력이 철수한 한반도와 중국 대륙에서 권력의 공백이 어떻게 채워질 것인가를 예의 주시하고 있었다. (미국은 국민당과 공산당의 중재에 실패하자 1950년 1월 14일 중국에서 모든 외교관을 철수한다.) 그래서 당시 소련의 극동지역에 대한 최우선 외교 과제는 중국과의 동맹 결성에 있었다.

둘째, 당시의 북한은 전쟁을 수행할 만한 군사적·정치적 능력과 준비가 부족하다고 판단했기 때문이다. 김일성이 무력통일 계획을 1949년 3월에 처음 소개했을 때만 해도 주한미군의 철수가 제대로 이루어질지에 대한 확신이 없었다. 주한미군이 남한에 버티고 있는 이상 북한의 남침을 통한 무력통일 방침은 무력해 보였다.

같은 해 6월 미군의 철수에도 소련의 판단은 매한가지였다. 왜냐하면 남침 전면전으로 갈 경우 이는 오히려 미국에게 다양한 방식으로 한반도에 개입할 수 있는 빌미를 제공할 수 있기 때문이었다. 소련은 대신 북한에게 우선 군사·정치적 역량을 극대화하는 데 집중하고, 남한에서의 유격전을 개진하고 해방구를 설립하면서 범국민적인 무장 기의를 일으킬 수 있는 능력과 역량을 준비하는 데 주력하라고 제안했다. (이 전략은 훗날 중국의 북베트남에게 프랑스와의 휴전과 정전협상 때 권고되었던 전략으로 재활용되었다.)

마지막으로, 당시 소련은 중국과의 동맹 관계 수립에 모든 외교적 노력을 쏟아 붓고 있었기 때문이다. 그러나 협상이 난항을 겪으면서 동북아의 다른 문제에 신경을 쓸 겨를이 없었다. 중소 동맹의 협상 과정에서 제일 큰 난제는 소련이 국민당정부와 청나라 조정과 맺은 이른바 '불평등 조약'의 폐기 문제였다.

1월 26일 모스크바를 방문한 중국대표단이 제시한 조약 내용의 핵심은 중국의 따리엔(大連)과 뤼순(旅順)의 사용권과 경영권, 그리고 중국창춘철도(中長鐵路)의 소유권과 경영권의 취소 등이었다. 중국은 소련이 모든 권리를 포기하고 중국에 양도할 것을 주장했다.

그러나 소련은 이의 일부, 경영권이나 자유사용권을 요구했다. 협상은 소련이 중국 동부 지역의 모든 이권을 포기하는 문제에 집중됐다. 1월 28일 극적으로 중국과 소련 간에 합의가 이루어졌다. 소련은 결국 과거 중국과의 '불평등 조약'을 모두 폐기하기로 결정했다.

북한이 중국과 비공식적으로 남침 계획을 상의한 것은 1949년 4~5월이었다. 비공식으로 진행한 이유는 당시가 신중국 이전의 시기였기 때문이다. 북한은 당시 이 문제의 논의를 위해 전권대표로 북한 인민군 정치부 주임 김일을 북경에 파견했다. 김일성은 신중국 건국 이전에 중국에게 군사적 지원을 요청하는 것이 무리라는 것을 이미 잘 알고 있었다. 대신 중공군 소속의 조

선인 병력을 귀환시켜 자국의 군사력에 충원시키는 대안을 고안해냈다.

마오쩌둥과 중국공산당 지도부는 김일성의 '조선 국적 병력의 귀환'요구를 수락했다. 그리고 중공군에 잔류하고 있던 조선인 군인과 그들이 소속된 부대의 모든 무기와 장비를 함께 북한으로 보내기로 결정했다. 중국의 대북 군사·무기와 장비 지원이 간접적으로 이루어진 셈이다. 중공은 이런 조치가 북한을 남한의 침략으로부터 방어하는 데 유용할 것이라는 판단으로 사신들의 결정을 정당화했다.

1949년 7월부터 1950년 8월까지 중국 인민해방군에서 복역 중인 조선인 병력 총 5만여 명이 북한으로 귀환했고 북한 인민군에 편입되었다. (UN연합군 본부의 추산에 따르면 한국전쟁 발발 이전에 귀환 조치된 조선인 병력이 약 14만여 명에 달했다.) 정확한 통계는 아니지만 중국 일부 자료에 따르면 북한으로 귀환한 조선군 5만 명 중 30%가 한국전쟁 때 전사했으며, 30%는 포로가 되었다. 20%는 다른 부대로 전출되어 북한에 잔류했고, 나머지 20%는 1953년 종전 후 1957년까지 중국으로 되돌아갔다.[8]

1950년 전쟁 당시 기준 북한 병력 규모가 이들을 포함해 총 19만여 명이었기 때문에 이들 조선인 병력의 귀환은 상당한 규모였다. 이들 대부분은 주로 중국 동북지역에서 일본과 국민당에 대항하면서 풍부한 유격전 경험을 쌓은 군인들이었다. 이들 중엔 유능한 장교관급 인사도 다수 포함되어 있었다. 이들은 한국전쟁 때 북한 인민군 내에서 중책을 맡았다.

---

8 周立軍, "揭秘中國人民解放軍中的朝鮮師", 『文史精華』, 2003年 第8期, p. 34.

장교관급 인사들 모두 중국 동북지역에서 활동했고 중국공산당, 조선 연합세력군, 또는 의용군 출신이었다. 그중 사단 및 여단급 이상의 간부 출신들은 북한 인민군의 지휘관급에 임명되었다. 일례로, 제1군단 단장에 김웅, 제2군단 단장에 김무정, 제2사단장에 최현, 참모장에 허파, 제3사단장에 이병호, 총참모장에 장평산, 제4사단장에 이권무, 제6사단장에 방호산, 제7사단장에 최인 등이 임명되었다.[9] 그러나 이들은 훗날 1956년 북한의 '종파사건'에서 주요 숙청 대상이 되었다.

중국이 조선인 병력과 부대의 귀환을 결정한 배경에는 3가지 고려사항이 있었다. 첫째, 조선인 병사들이 귀국하고 싶어 했다. 둘째, 중국공산당이 자국군의 재정비와 군비 지출의 감축 문제를 고려해 내린 결정이었다. 마지막으로 이른바 '국제주의'적 입장에서 북한의 혁명 정권에 대한 동정과 지지가 관건적으로 작용했다.[10]

김일성에게 이들의 귀환은 중대한 군사 전략적 의미가 있었다. 북한군은 전쟁 경험이 거의 없었기 때문에 이들의 오랜 전투 경력과 전쟁 경험은 김일성에게 천군만마를 안겨준 것과 같았다.

그러나 마오쩌둥은 이들의 귀환이 북한의 남침 야욕을 충당시킬 목적으로 사용되지 않기를 원했다. 그는 김일 편으로 김일성에게 조선인 병력과 함께 보내진 무기와 군사 장비를 남침에 사용하지 말 것을 신신당부했다. 그의 결정은 남침을 위해서가 아닌 일종의 혁명적 도의상 내린 것이었기 때문이다.

마오쩌둥이 자신의 선물이 남침의 무기로 사용되지 않길 바란 데에는 두 가지 이유가 있었다. 하나는 정세가 유리할 때 무력통일을 시도해야 승산이 있다는 전략적 판단이었다. 다른 하나는 북한이 남침할 경우 미국의 개입이 자명한데 당시 중공군 대부분이 남부지방에 집중되어 있어 신속한 지원이 어려웠기 때문이다. 즉, 우회적으로 남침을 반대하고 중국의 지원 거부 의사를 밝힌 것이다.

김일성이 중국에게 공식으로 무력통일 계획을 밝히고 군사 지원을 요청한

---

9 周立軍, "揭秘中國人民解放軍中的朝鮮師", p. 34.
10 공산 '국제주의' 원칙을 간략하게 설명하면 혁명의 승리를 달성한 국가들은 해방 투쟁하는 인민을 지원할 의무가 있다는 것이다.

것은 1950년 2월 14일 중소동맹조약 체결 이후였다. 그는 1950년 5월 13일 북경을 방문해 그의 계획과 결정을 직접 전했다. 중국은 1949년 4월 김일의 방중 이후부터 한국전쟁 발발까지 총 네 차례에 걸쳐 북한의 남침에 반대하는 입장을 밝혔다. 무엇보다 한반도에서 전쟁이 발발하면 제국주의 국가(미국)가 개입할 것이 불 보듯 뻔했기 때문이다. 마오쩌둥의 이런 예측을 김일성은 당시 믿지 않았다.[11]

그밖에 중국이 반대를 표명한 이유는 다음과 같이 중국의 대내외적인 관점에서 세 가지로 정리해 볼 수 있겠다. 첫째, 중국의 통일 과업이 아직 완성되지 않기 때문이다. 국민당이 대만으로 도주하면서 대만과의 통일은 중공의 최대 국정 과제가 되었다. 이를 위해 1949년 10월 하순부터 대만 해방을 위해 진먼다오(金門島, 금문도)를 공격했으나 얼마 가지 않아 곧 중단했다.

대만 해방은 상륙작전을 통해서만 가능한데 이를 위해선 무엇보다 뛰어난 해군력과 공군력이 필요했다. 당시 중국의 해군과 공군에겐 이만한 능력이 없었다. 무엇보다 이들의 능력을 향상시켜 줄 지원과 원조를 획득하는 게 관건이었다. 그 대상은 소련이었다. 1950년 1월 중소동맹 협상 과정에서 마오쩌둥은 직접 이 문제를 거론했다. 스탈린은 마오의 요청을 받아들이며 종전의 반대 입장에서 지지하는 입장으로 선회했다.

스탈린이 입장을 바꾼 이유는 간단했다. 정세가 중국에게 유리하게 변했다고 판단했기 때문이다. 미국은 대만 국민당정부에 대한 지원을 점점 꺼리는 대신 일본과 서구에 집중하고 있었다. 스탈린은 마오쩌둥의 대만 해방 계획에 동의를 표하면서 3억 달러의 차관 제공을 결정했다. 상륙작전을 위해선 해군력과 공군력의 증강이 필수 조건이었기 때문에 중공은 미래를 위해 대만 해방 사업을 1951년 이후로 잠시 보류했다.

우리는 한국전쟁 발발로 미 7함대가 대만해협으로 파견되면서 대만의 중립화가 이루어졌고, 이러한 상황이 중국의 결정 지연에 결정적인 영향을 미

---

11 Evgueni Bajanov, "Assessing the Politics of the Korean War, 1949~1951," Cold War International History Project Bulletin, No. 6/7, 1995~1996, pp. 88~89, https://www.wilsoncenter.org/sites/default/files/CWIHP_Bulletin_6-7.pdf (검색일 : 2016년 3월 8일).

친 것으로 알고 있다.[12] 한국전쟁 발발 후 개진된 사태의 일정과 순서를 봤을 때 아니라고 할 순 없다.

미국은 6월 27일 미 7함대를 대만으로 파병했다. 그리고 다음 날인 6월 28일 저우언라이(周恩來)는 UN사무총장에게 미 7함대의 대만해협 배치를 공식 항의했다.[13] 그런데 이것이 끝이었다. UN 항의 이후로 중국은 어떠한 대응도 보이지 않았다. 자연히 미국은 중국이 전쟁에 개입할 의사가 없는 것으로 인식했다. 특히 6월 30일 마오쩌둥과 저우언라이가 육군 병력의 예편 사업을 지속해서 진행하라는 것 역시 이 같은 미국의 인식에 한 몫 거들었다.[14]

물론 현실적인 이유도 있었다. 당시 중국이 군사적으로 준비가 부족했기 때문이다. 중공군의 재정비와 전력 강화는 1950년 상반기부터 시작되었다. 때문에 당시의 중공군은 세계 최고의 화력을 갖고 있던 미군에게 함부로 대응할 수가 없었다. 8월 11일 천이(陳毅)는 준비 부족을 사유로 대만의 해방전쟁을 1951년 이후로 연기할 것을 중국공산당 중앙군사위원회에 제언했다. 위원회는 이를 수용했다.

둘째, 당시 중국에겐 소련과의 동맹관계 수립 외에 또 다른 외교 과제가 있었기 때문이다. 바로 UN안전보장이사회(안보리)의 상임이사국 의석을 회복(대만에겐 '강탈')하는 것이었다. 당시 그 의석의 주인은 대만이었다.

중국공산당이 중국 대륙을 통일하고 신정부와 신정권을 창출하는 동시에 중화인민공화국을 건국하면서 이 의석의 주인을 두고 일대 공방전이 펼쳐지기 시작했다. UN에서 중국을 대표하는 주체가 중화인민공화국이 되어야 한

---

12 Allen Whiting, "U.S. Crisis management vis-a-vis China," in Michael D. Swaine and Zhang Tuosheng, (eds.), Managing Sino-American Crises : Case Studies and Analysis (Washington, D.C. : Carnegie Endowment for Peace, 2006), p. 218.

13 저우언라이는 "미국의 중국영토 대만의 침략 반대 성명"을 내고 대만이 중국 영토의 일부이고 대만은 항일 전쟁 이후 이미 중국에 귀환된 것이 사실임을 명확히 알렸다. 그리고 미국의 '대만 지위 미확정'론을 비판했다. 이로써 중국은 처음으로 국제사회에 중국의 공식 입장을 선언했다. 盧寧, "也談影響中國出兵朝鮮決策的因素", 『當代中國史研究』, 2005年 12卷 第5期, p. 89.

14 마오와 저우는 〈軍委, 政務院關於1950年復員工作的決定(군사위원회, 정무원의 1950년 제대 공작에 관한 결정)〉를 하달하면서 군 병력을 제대시킬 것을 명했다. 雷英夫, "抗美援朝戰爭幾個重大決策的回憶", 『黨的文獻』, 1993年, 第6期, p. 76.

다는 이의 제기가 1950년 1월부터 본격적으로 개진되기 시작했다.

소련은 중국이 대만이 갖고 있던 의석을 탈환하는 데 적극 지지했다. 지지하다 못해 UN이 소련의 주장을 거부하자 소련은 즉각 UN의 모든 활동에 불참했다. 한국전쟁 발발 후 채택된 UN결의안 역시 소련의 결석 덕에 만장일치로 통과될 수 있었다.

셋째, 국가 재건과 경제 발전에 주력해야 했던 당시 중국의 국내 상황 때문이었다.

상기했듯이 미국은 한반도의 분단 현상이 계속 유지될 것이라고 확신했다. 그래서 주한미군 철수 이후로 한반도문제에는 관심도 없었고 신경도 쓰지 않았다. 미국은 서구와 일본의 재건에만 주력하고 있었다.

동북아에서 일본을 제외한 미국의 최대 관심사는 중화인민공화국을 합법적인 정부와 국가로 승인하는 문제였다. 중국공산당이 수립한 공산주의 국가이긴 했지만 미국의 경제적 이익과 지역에서의 지정학적 전략 이익 때문에 놓치고 싶지 않았던 것 역시 사실이었다.

그러나 이 모든 것이 수포로 돌아갔다. 왜냐하면 중국이 소련과의 동맹을 선택했기 때문이었다. 그래도 미국은 끝까지 희망을 놓지 않았다. 1949년 12월부터 진행된 중소 양국 간의 동맹 협상이 상당한 고전을 면치 못하자 서방 언론들은 중소관계에 의구심을 품기 시작했다. 동시에 미국 국무원은 장제스 정권을 포기하고 중국과의 관계 정상화를 노려보자는 바람을 넣었다.

가능성이 조금이나마 보이는 상황에서 미국은 중국에게 마지막 바람을 담은 메시지를 보냈다. 1950년 1월 5일 트루먼 미 대통령은 대만문제와 관련하여 미국의 입장을 밝히는 연설을 했다. 그는 대만이 중국의 영토이며 만약 대만해협에서 무력충돌이 발생하면 이를 중국의 내전으로 간주할 것이고 그렇기 때문에 미국은 개입할 수 없다는 입장을 밝혔다.[15] 이는 스탈린을 자극시키는 한편 중국에게 관계개선의 의사를 표명하는 연설이었다.

그러나 중소 동맹의 체결과 함께 중국은 미국의 손을 떠났다. 중국을 완전히 상실했다고 생각한 미국 내에서는 이의 책임을 묻는 공방이 펼쳐졌다. 이

---

15 U.S. Department of State, The U.S. Department of State Bulletin, Vol. XXII, No. 550 (Washington, D.C. : Office of Public Communication, January 16, 1950), p. 79.

때 미국 상원의원 매카시가 미 국무부와 국방부 내부에 공산주의자가 존재하며 이들의 조언과 잘못된 정책이 이런 사태의 결정적인 요인으로 작용했다고 강력하게 비판했다.

그의 주장은 미국 내의 반공주의 사상에 불을 붙였으며 미국정부는 공산주의자와 친중 인사를 소탕하기 위해 대대적인 반공 운동을 펼쳤다. 즉, 미국식 이념전쟁, 이른바 '매카시즘(McCarthism)'이 시작된 것이다. 이 전쟁으로 무고한 시민들이 공산주의자나 친중 인사로 낙인찍혀 사형당하거나 구금되었다. 매카시즘은 한국전쟁이 끝나고 1950년대 중반에서야 청산되었다.

주한미군 철수 후 김일성은 한반도의 무력통일 준비에 박차를 가했다. 그러나 전쟁을 원한 건 김일성이었을 뿐, 미중소 3국 중 누구도 이 전쟁을 원하지 않았던 사실은 여러 정황적 증거들을 통해 충분히 유추 가능하다.

1949년 9월 하순 소련에게 거절당한 김일성은 바로 중국에게 무력통일의 지지와 지원을 호소했다. 그러나 결과는 같았다. 김일성의 무력통일 야욕에 대한 스탈린과 마오쩌둥의 입장이 같다는 것이 증명된 셈이다. 두 지도자는 김일성의 조국 통일 필요성의 주장에는 찬성하지만 무력통일에는 반대하는 일치된 입장을 보였다.

소련 외무차관 안드레이 그로미코(Andrei Gromyko)는 1949년 10월 26일 마오쩌둥에게 전문을 보내 소련이 김일성을 지지할 수 없는 이유를 상기시키면서 중국의 입장을 재차 확인했다. 마오쩌둥은 소련과 같은 입장이라는 것을 10월 21일자 전문에서 이미 밝혔다고 설명했다. 스탈린은 11월 5일 마오쩌둥에게 전문을 보내 다시 한 번 양국의 입장이 일치하다는 것을 재확인했다.

이로써 명백한 사실은, 최소한 1949년 11월까지 스탈린과 마오쩌둥은 김일성의 남침을 지지하지 않았다는 것이다. 그리고 마오쩌둥은 연말에 소련을 방문할 때까지 북한에게 최소한 4번이나 남침 반대 입장을 전했다.

그러나 1950년에 들어오면서 스탈린과 마오쩌둥의 입장은 현저히 다르게 나타나기 시작했다. 1950년 1월 스탈린이 먼저 입장을 바꿨다. 그러나 마오쩌둥은 이 같은 사실을 5월 13일 김일성의 방중으로 알게 되었음에도 불구하고 남침 계획에 반대하는 입장을 고수했다.

전쟁 발발 후 6개월도 안 되어 미중소 세 나라가 정전을 논의하기 시작한 사실 역시 정황증거로서 그들이 전쟁을 원치 않았음을 증명한다. 미국은 1950년 11월 9일 국가안전보장회의(NSC, 이하 '국가안보회의')가 제출한 메모를 근거로 북한을 폭격하는 것이 중국의 개입 결정에 영향이 없을 것으로 결론 내렸다.

이에 근거하여 애치슨은 스웨덴을 통해 북경과 대화를 시도했다. 그러나 실패했다. 그리고 이튿날인 11월 10일 저우언라이는 UN 안전보장이사회(이하 '안보리')의 한반도문제 협상 초청을 수락했다. 중국 협상단은 16일에 도착하기로 돼 있었으나 24일에야 도착했다. 미국은 UN에서 중국과의 직접 대화에 많은 기대를 걸었다.

1950년 12월 5일 아프가니스탄, 인도, 이집트와 파키스탄 등 13개국은 북경에게 중국인민지원군의 남하 진격을 38선에서 중단할 것과 휴전 중에 당사국 간의 회의를 소집해 최종 해결책을 모색할 것을 제언했다.[16] 미국 설득 작업은 영국이 맡았다.

12월 3일 영국 총리 클레멘트 애틀리(Clement Attlee)는 워싱턴에서 한반도와 대만에서의 미군 철수와 신중국의 연합국 의석 회복을 종전과 맞교환하는데 동의할 것을 종용했다. 그리고 12월 14일 미국을 포함한 13개국의 주도하에 모두가 만족해 할 휴전 기반을 마련하기 위한 목적으로 이른바 '3인위원회'가 조직되었다.[17]

미국이 의외로 순순히 임한 이유 중 하나가 중공군의 개입 규모가 미국의 상상을 초월했기 때문이다. 일례로, 12월 6일 맥아더는 한반도에 이미 26만 8,000명의 중공군이 투입됐는데 이들 외에도 55만 명이 압록강 건너에 대기 중이고 중국에는 400만 이상의 무장군이 있다고 관측했다. 중국의 개입은 실

---

16 그러나 중국은 13개국의 외교 중재 노력에 불신이 컸다. 우선 이들 배후에 미국이나 제국주의 세력의 존재를 의심했다. 그 다음으로 이들의 정치적 입장을 의심했다. 일례로, 미군과 UN연합군이 38선을 넘어 북진했을 때는 아무 반응이 없었다가 중국군이 38선을 넘어가니까 시비를 거느냐는 식의 불만을 토로했다. Chen Jian, Mao's China and the Cold War (Chapel Hill, NC : The University of North Carolina Press, 2001), p.92.

17 William Stuek, The Korean War : An International History (Princeton, N.J. : Princeton University Press, 1997), pp. 136~140.

로 감당하기 힘들 지경으로까지 변모해 있었다.

UN회원국의 노력 덕에 1951년 1월 13일 UN은 한국전쟁의 휴전과 관련해 논의할 결의안을 채택하고 본격적인 논의를 시작했다. 이 결의안은 북한에게 먼저 휴전하고 담판에 응할 것을 요구했다. 그리고 미국, 소련, 영국, 중국, 프랑스, 인도, 이집트 등 7개국이 참가하는 이른바 '7국회의'가 발족되었다.

중국 역시 조기 종전을 원했던 것으로 보인다. 한국전쟁에 공식 개입한 지 두 달이 채 안 된 12월 7일에 UN이 제시한 정전안 상정에 동의했기 때문이다. 그리고 12월 22일 저우언라이도 휴전을 공식 제기했다. 전쟁 발발 6개월도 채 안 되어 한국전쟁을 조기에 종결하고 싶다는 미중소 3국의 의사가 확고히 밝혀진 것이다. 동시에 이는 이들이 원치 않은 전쟁을 부득이하게 했다는 사실을 밝혀주는 대목이기도 하다.[18]

⁝ 중국의 개입 결정

한국 시각 1950년 6월 25일 새벽 4시 북한의 남침이 시작되었다. 그 다음 날인 한국 시각 6월 26일, 미국 시각 6월 25일에 UN안보리가 소집되었다. 미국은 안보리 회의에서 북한을 침략국으로 규정하고 북한의 즉각적인 철수와 UN회원국이 UN의 모든 결의를 지지할 것을 요구하는 결의안을 통과시킨다.

이틀 뒤 UN안보리는 대한민국 방어에 필요한 원조의 제공과 침략국의 격퇴와 지역의 평화와 안정의 수복을 위한 결의안(제82호)을 통과시켰다. 이를 기반으로 7월 7일 UN연합군의 파병이 결정된다. 이 모든 과정에서 소련은 빠져 있었다. 소련이 1950년 1월 13일부터 대만의 UN의석에 시비를 걸면서 UN을 보이콧했기 때문이다.

결과론적으로 소련의 UN안보리 결의안 논의의 불참은 자신에게 전략적으

---

18 정전협정 협상 시기의 소련도 전쟁의 조속한 종결을 원했다. 스탈린 사망 후 소련 지도자를 승계한 니키타 흐루쇼프는 정접협정의 조기 타결을 원한 나머지 모든 것에 중국과 동의하는 입장으로 일관했다. 吳冷西, 『十年論戰 : 1956~1966 中蘇關系回憶錄』(北京 : 中央文獻出版社, 1999), p. 328.

로 유리하게 작용했다. 소련은 불참함으로써 자신의 입장을 밝힐 필요가 없는 대신 결의안의 합법성에 시비를 걸 수 있게 되었다. 만일 소련이 참석해 부결권을 행사하지 않았더라면, 북한을 비롯한 사회주의 국가들에게 모종의 배신감을 심어줄 수도 있었다.

역으로 부결권을 사용했을 경우, 서방세계에 소련은 평양의 배후세력임이 탄로 날 수 있는 여지를 줄 수 있었다. 그리고 이 경우 소련은 미국과 국제사회로부터 비판 세례를 받게 될 터였다. 스탈린은 이를 원하지 않았다.

소련과 중국의 한국전쟁 참여는 프로레슬링 경기에서 '태그 팀(tag team)' 매치, 즉 한 팀의 두 선수가 번갈아 가면서 상대팀의 두 선수를 상대하는 방식처럼 이루어졌다. 전쟁 초기에는 소련이 북한을 적극 지원했다. 군사 고문단을 파견하고 군용 물자를 제공했다. 그러나 UN연합군의 반격과 인천상륙작전의 성공으로 북한군이 38선 이북으로 후퇴하면서 소련의 역할은 중국으로 교체되었다. 그러나 소련이 중국에게 약속한 군사적 지원이 제대로 이루어지지 않아 중공군은 고전을 면치 못했다.

소련은 한국전쟁 발발 당시 북한 지원 문제에 있어 매우 적극적인 태도로 일관했다. 북한 인민군을 위해 즉각 3,000명의 군사 고문을 파견했다. 이들은 북한군의 훈련을 책임졌을 뿐 아니라 작전 계획도 수립해줬다. 이들 외에도 전쟁 초기 소련은 북한에게 대대적인 군사 물자의 지원을 아끼지 않았다.

1950년 7월 1일 스탈린은 북한주재 소련대사를 통해 김일성에게 두 가지 전문을 보냈다. 소련은 북한의 탄약과 기타 군사 장비에 대한 지원 요구를 완전히 만족시킬 것이며, 탱크를 비롯한 기타 군사 장비와 무기를 모두 제공할 것이라는 내용이었다. 1950년 소련이 북한에게 제공한 군사 물자는 8억 7,000만 루블(약 2억 1,750만 달러)에 달했다.[19] 그리고 7월 5일 스탈린은 중국에게 중국군의 개입 시 공중 엄호를 제공할 것이라고 약속했다.

스탈린의 전폭적인 지지와 지원에는 한국전쟁이 속전속결로 끝날 것이라는 신념이 크게 작용했다. 스탈린은 북한군이 서울을 점령하고 잠시 휴식을 취하는 것이 미국에게 북한 영토를 공중 폭격할 수 있는 기회로 작용할 수

---

19 Sergei N. Goncharov, John W. Lewis, and Xue Litai, Uncertain Partners : Stalin, Mao, and the Korean War (Stanford, CA : Stanford University Press, 1993), p.147.

있으므로 계속 남진할 것을 요구했다.[20] 그는 북한에게 하루 빨리 남한을 해방시키는 것이 미국의 공격 기회를 원천 봉쇄하는 최선의 전략이라고 부추겼다.

소련의 군사적 지지와 지원은 비밀스럽게 이루어졌다. 스탈린이 소련의 참전 증거를 남기고 싶지 않아 했기 때문이다. 그는 한국전쟁을 김일성의 소행으로만 인류사에 남기고 싶었던 것이다. 그래서 그는 북한군이 38선을 넘어 남하할 때 소련의 군사고문들을 모두 38선 이북으로 철수시켰다.

그러나 미군의 본격적인 개입으로 전시 상황이 북한에게 불리하게 돌아가기 시작하자 소련은 군사고문들을 다시 남하시켜 북한군을 도왔다. 곧바로 도운 건 아니었다. 스탈린은 처음에는 반대하다가 몇몇 파견 조건이 충족된다는 전제 하에 군사고문들의 남하를 허락했다. 몇몇 조건이란, 흔적을 남기지 않기 위해 이들을 소련의 '프라브다(眞理報, Pravda)' 통신사의 기자로 위장시키는 것과, 이들의 주둔 지역을 북한 인민군 제2사단과 총참모부로 제한하는 것이었다.

8월 28일 스탈린은 북한 공군이 최전선에 집중할 것을 지시했다. 동시에 북한 공군력의 강화를 위해 전투기를 더 제공하기로 결정했다. 스탈린은 승리 쟁취는커녕 일부 지역에서 격퇴당하는 바람에 땅으로 떨어져 버린 김일성의 사기를 진작시키기 위해 정치적 지원을 아끼지 않았다.

그는 소련의 내전과 2차 세계대전의 경험으로 김일성을 격려하면서 북한의 전쟁은 아시아에서의 제국주의 전쟁과 해방운동의 선구자 역할을 수행하는 것이라고 찬양했다. 그러나 소련의 지원과 지지는 한국전쟁 초기, 인천상륙작전 때까지만 유효했다.

이후 북한에 대한 지원과 지지는 중국의 몫이 되었다. 소련이 직접적으로 중국의 개입을 압박한 것은 아니었다. 그러나 미국을 위시한 UN연합군의 참전에 중국도 민감해질 수밖에 없었다. 마오쩌둥이 가장 우려했던 미군의 개입이 실제로, 그리고 본격적으로 이루어졌기 때문이다. 중국은 7월부터 한반도 상황을 예의주시하면서 참전 가능성에 대비하기 시작했다.

만약을 대비해 중국공산당의 중앙군사위원회는 7월 7일과 10일에 〈동북

---

20 沈志華, "中蘇聯盟與中國出兵朝鮮的決策-對中國和俄國文獻資料的比較研究", 『當代中國史研究』, 1996年, 第5期, p. 28.

변방의 방어에 관한 결정(關于保衛東北邊防的決定)〉을 통과시킨다. 이 결정 안에 따라 중국공산당은 4개 군, 3개 포병사단과 3개 공군단 등 25만 5,000명의 병력으로 '동북 변방군'을 조직하고, 8월 5일까지 동북지역(심양)에 이들의 집결을 명령했다. 그리고 13일에 동북 국경지역의 수호 임무를 부여했다.

전세가 역전되면서 중국 지도자들의 우려는 현실이 되었다. 북한 인민군이 낙동강 지역의 한미 연합 방어전선에 저지당하자 중공 중앙은 8월 4일 정치국 회의를 개최했다. 회의에서 마오쩌둥은 "미 제국주의가 만약 승리하고 득의양양해지면 우리(중국)를 위협할 것이다. 북한을 안 도와줄 수 없게 되었으며 반드시 도와줘야 한다. 적당한 시기를 결정하여 지원군의 방식으로 (북한을) 지원해야 한다. 그때까지 철저한 준비를 해야 한다"라는 선언을 내뱉었다.[21] 이는 그가 미국의 반격을 얼마나 심각하게 우려했는지를 여실히 보여주는 대목이다.

저우언라이 역시 유사한 주장을 펼쳤다. 그는 중국이란 요소가 전쟁의 승리에 관건적인 요소가 되는 동시에 전쟁의 성질을 국제적인 것으로 바꿀 수 있기 때문에 보다 철저히 대비해야 한다고 역설했다. 두 지도자의 발언은 중국의 개입 결정이 임박했음을 시사하는 것이었다.

8월 23일 중공중앙군사위 참모본부의 전쟁국(戰爭局)에서 분석한 내용을 토대로 마오쩌둥과 저우언라이는 동북 전선 방어군의 전투 준비 태세를 9월 말까지는 마치는 것으로 결정했다. 또한 북한과 소련에게 적군이 인천 같은 곳에 상륙작전을 펼 수 있다는 가능성을 경고하기로 했는데 특히 북한에게는 추가로 최악의 상황에 대비할 것을 주문하기로 결정했다. 마지막으로 참모부와 외교부는 한국전쟁의 전세에 대해 긴밀히 연락을 취할 것을 약속했다.

8월 25일 제47차 정무회의에서 저우언라이는 이 같은 결정에 근거해 한국전쟁이 더 지속될 가능성을 시사했다. 이튿날 열린 제2차 국방회의에선 북한에 대한 원조를 중대한 국제 투쟁의 문제로 정의했다. 마침내 저우언라이는 전쟁의 장기화를 고려해 파병 작전의 수립을 지시했다. 그리고 파병될 병력의 전쟁 대상은 '미 제국주의'로 규정됐다.

---

21 逢先知, 金沖及 編, 『毛澤東傳, 1949~1976, Vol. 1』 (北京 : 中央文獻出版社, 2003), p. 109.

9월 15일 인천상륙작전의 성공으로 스탈린은 다급해졌다. 9월 18일 스탈린은 평양으로 기밀 전문을 보내는 한편, 한반도로 파견된 군사고문에게 낙동강 전선의 북한군 4개 사단을 서울 외곽지역으로 철수시키라고 명령했다. 같은 날 그는 소련의 국방부장에게 평양 방어를 목적으로 극동시베리아지역(프리모르스키, 영문으로는 자루비노Zarubino 지방과 블라디보스토크)에서 소련 공군의 전투기 몇 개 중대, 레이더와 방공부대의 출동을 명한다. 그리고 소련의 무력부대 부 총참모장에게 낙동강 전선의 모든 부대를 철수하여 서울의 동쪽과 동북쪽을 방어할 것을 지시하고 평양 방어에 집중할 것을 명령했다.

연합군과 미군이 38선을 넘어 진격할 때 다급해진 김일성은 급히 스탈린에게 직접적인 군사 원조를 요청했다. 그러나 스탈린은 육군 파병을 거절했을 뿐 아니라 공군 지원도 약속대로 이행하지 않았다. 그는 오히려 인천상륙작전의 원인을 따지는 데만 급급했다. 작전의 전략적 의도와 의의를 무시하고 부정한 군사고문의 안일한 태도가 이번 사태의 원인이라고 지적하며 이들을 대대적으로 질책했다.

역전된 전세는 중국에게도 상당한 군사적 압박으로 작용했다. 중국군의 파병 문제가 눈앞에 닥친 문제로 급부상했다. 저우언라이는 중국주재 북한대사 이주연을 만나 북한의 요구 사항을 먼저 물었다. 이 대사는 중국군의 파병을 요청했다. 28일 정치국은 다시 회의를 개최해 스탈린에게 소련의 공군 지원을 요청하는 서신을 보내기로 결정했다. 10월 1일 김일성은 박헌영을 북경으로 보냈다. 그는 김일성의 서신을 마오쩌둥에게 전하는 자리에서 중국군의 참전을 정식으로 요청했다.

그러나 중국은 끝까지 한국전쟁 개입을 피하려 몸부림쳤다. 여러 외교 채널과 언론매체 등을 이용해 미국에게 이 같은 의사를 전하기 위해 백방으로 뛰어다녔다. 중국은 자신들의 심각하고도 진중한 입장이 미국의 북진 의사를 억제시킬 수 있을지도 모른다는 희망을 가지고 있었다.

중국정부가 중공군 파병을 결정하기 전인 9월 21일 중국은 우선 주중 인도대사 파니카(K.M. Panikkar)와 미팅을 가졌다.[22] 중국은 파니카에게 UN이 중

---

22 중국이 이른바 '인도 채널'과 연결된 이유는 7월 21일 정무원 제42차 정무회의에서 저우언라이가 외교 보고를 할 때 밝혀졌다. 주중 인도대사 파니카가 한국전쟁의

국의 정당한 대표성을 인정하지 않기 때문에 UN이 요구하는 어떠한 의무와 책임도 다하지 않을 것임을 명확히 전했다.

9월 25일 중국 임시 참모총장 녜룽전(聶榮臻)은 파니카에게 미국의 중국 동북지역에 대한 폭격을 참지 않을 것이며, "미국이 38선을 넘으면 절대 수수방관할 수 없고 전쟁이 비록 중국에게 막대한 손실을 입히겠지만 한 나라의 독립을 수호하는 것엔 희생이 따르기 때문에 어떠한 손해를 입더라도 미국의 침략 행동을 저지해야 한다"는 결의를 미국 측에 전할 것을 당부했다.[23] 이는 일종의 경고성 메시지였다.

파니카는 중국의 경고에 담긴 심각성을 느낄 수 있었다. 중국은 전쟁 개입으로 자국의 경제 발전이 8~10년 늦어지는 손해를 입더라도 전쟁에 개입할 결의가 충만했다.[24] 인도정부는 중국의 입장을 즉각 미국정부에 전달했다.

9월 29일 중국은 미국이 38선을 넘어 북진하기로 결정한 사실을 알게 된다. 중국공산당 중앙위원회는 미국에게 전쟁을 확장하지 말라고 엄중 경고했다. 9월 30일 저우언라이는 연설을 통해 미국정부에게 경고를 날렸다. 그는 "중국 인민들이 평화 애호주의자이기 때문에 평화를 침해하는 그 어떠한 외국 세력에 저항하는 것을 두려워하지 않는다. 제국주의자들이 우리(중국) 이웃국가를 야만적으로 침략하는 것을 수수방관하지 않겠다"는 결의를 명확히 강조했다.[25] 중국의 목적은 미국정부가 중국의 한국전쟁 참전 가능성을 과소평가하지 않기를 희망한 데 있었다.

10월 1일 'UN연합군'이 38선을 먼저 넘었다. 같은 날 중국은 김일성의 군사 지원 요청을 받는다. 이틀 뒤인 3일 한국군이 뒤따라 38선을 넘었다(아직 미군은 넘지 않았다). 그날 저우언라이는 중국이 수수방관하지 않고 개입할

중재를 통해 이를 국지전으로 제한하는 데 도와줄 용의를 밝히면서 연락이 왔다는 것이었다. 徐達深, 『中華人民共和國實錄』, 第1卷 (上) (長春 : 吉林人民出版社, 1994), p. 296.

23 紫成文, 趙勇田, 『板門店談判』 (北京 : 解放軍出版社, 1989), p. 74.

24 중국은 건국 초기에 중국의 국가 재건을 위해 최소한 3~5년의 시간이 소요될 것으로 전망했다. 中華人民共和國國外交部 編, 『周恩來外交文選』 (北京 : 中央文獻出版社, 1990), p. 29.

25 中華人民共和國外交部 編, 『周恩來外交文選』, pp. 23~24.

것이라고 선언했다. 그는 다시 주중 인도대사 파니카를 불러 미군이 38선을 넘어 전쟁을 확장할 시 개입이 불가피하다고 엄중 경고했다.[26] 38선이 마지노선이라는 것을 공개적으로 선포한 셈이다.

인도정부는 이 소식을 영국과 공유하면서 이것이 중국이 보내는 최후의 통첩이라 전했다.[27] 미국은 영국을 통해 통첩을 받는다. 마오쩌둥은 니콜라이 로신(Nikolai Roshchin) 주중 소련대사를 소환해 중국의 지원군 파병은 매우 엄중한 결과를 초래할 것이고, 중공 중앙 대부분의 지도자들이 신중해야 할 필요성에 무척 공감하고 있다는 입장을 모스크바에 전할 것을 촉구했다.

그러나 미국은 저우언라이와 중국의 경고를 신중하게 받아들이지 않았다. 중국의 경고는 경고로밖에 안 들렸다. 무시할 순 없지만 권위적이거나 정책적 성격의 것으로 인식되지는 않았다. 대신 블러핑(bluffing, 허세)으로밖에 안 들려 미국은 더 많은 정보와 소식을 기다려봐야 한다는 입장을 견지했다. 미국은 중국의 의도를 제대로 파악하지 못하고 있었다.

이 모든 것이 당시의 냉전 상황이 빚어낸 직접적인 소통 채널의 부재 때문이었다. 그렇지만 중국의 소통 방식 역시 비판으로부터 자유로운 것은 아니었다. 중국과 저우언라이의 경고 메시지가 대부분 구두로 전해졌기 때문이다. 때론 《인민일보》의 사설을 통해서 문건화 되었지만 이런 경우는 극소수에 불과했다.

그럼에도 불구하고 미국 일각에서는 중국의 경고를 심각하게 받아들였다. 일례로, 당시 국무부 중국국 국장 에드먼드 클럽(O. Edmund Clubb), 극동아시아차관보 리빙스턴 머천트(Livingston Merchant)와 동북아사무국의 알렉시스 존슨(U. Alexis Johnson) 등은 중소가 3차 대전을 준비하고 있음을 느낄 수 있을 정도로 엄중한 경고라고 주장했다. 그러나 그들의 주장은 또 다른 극동아시아 차관보 딘 러스크(Dean Rusk)를 설득하지 못했다.

10월 15일 해리 트루먼(Harry Truman) 미국 대통령을 수행한 러스크는 웨

---

26 K. M. Panikkar, In Two Chinas : Memoirs of a Diplomat (London : Allen and Unwin, 1955), p. 110.

27 U.S. Department of State, Foreign Relations of the United States, 1950, vol. 7 (Korea) (Washington, D.C. : U.S. Government Printing Office, 1976), p. 850.

이크 아일랜드(Wake Island)에서 UN연합군 총사령관이던 더글러스 맥아더 (Douglas MacArthur)와 조우한다. 그 자리에서 맥아더는 중국의 개입 가능성이 매우 희박하고 만약 개입하더라도 중국에 완승을 거둘 수 있다고 강력히 주장했다.

미군은 중국의 경고에도 불구하고 계속 북진을 감행했다. 미국이 당시 중국의 경고를 상당히 과소평가했다는 방증이다. 미국의 의사결정권자들은 중국이 미국에 대적할 수 있는 상대가 아니라고 판단했다. 또한 당시 중국의 최대 국가적 관심사는 국가 건설과 국내 안정 회복이었기 때문에 북한 사태를 주변 문제로만 치부하고 있을 것이라는 자신감에 차 있었다.

더구나 워싱턴은 당시 대내적으로 중국을 침략하거나 공산 정권을 위협할 의사가 없다고 대대적으로 선전하고 있었다. 특히 미국이 대만을 '중립화'하는데 성공했지만, 이는 국민당정부가 대륙을 침공하는 것을 허락하는 처사가 결코 아니라는 입장을 명확하게 밝혔다.

미국이 중국을 오판하는 데 더욱 결정적이었던 요소는 중소 동맹 관계에서 중국이 소련에 종속되었기 때문에, 소련의 행동과 지침을 따를 것이라는 구조적 문제가 상종한 사실이다. 즉, 중국이 소련과 동맹국이기 때문에 소련이 개입을 안 하면 중국도 당연히 개입하지 않을 것이라 판단했다.

더욱이 소련은 미군의 38선 초월이나 북한과 소련 접경지역에 소재한 원유저장소에 대한 포격에도 태평했다. 어떠한 반응도 보이지 않았다. 오히려 소련은 UN에서 정전을 제안하고 있었다. 게다가 소련 외교관은 뉴욕에게 친근했다. 결국 소련과 중국의 이러한 행위, 그리고 중소동맹 관계의 비전형적인 행동 유형이 미국으로 하여금 자국의 판단을 확신하게 만들었다.

또 하나 미국이 자신의 전략적 판단을 과신할 수 있었던 것은 중국이 경고문에서 개입 의사를 명확하게 밝히지 않고 모호성을 유지했기 때문이다.[28] 중국은 명확히 '개입'이란 단어를 쓰지 않았다.

9월 27일 미 합동참모본부(JCS)는 맥아더에게 38선 이북의 북한군을 파괴할 것을 명령한다. 당시 맥아더 장군은 한반도 통일을 목표로 추수감사절 이

---

28 林利民, 『遏制中國 : 朝鮮戰爭與中美關係』 (北京 : 時事出版社, 2000), pp. 176~182.

전까지 전쟁을 끝내고, 크리스마스 이전까지 모든 미군 장병을 귀가시킬 것을 호언장담했다. 그리고 혹시 모를 중공군의 개입을 사전에 방지하기 위해 핵폭탄 투하까지 적극적으로 고려해달라고 트루먼 대통령에게 요청했다.

맥아더는 중국군의 진입을 사전에 차단하고자 종전의 압록강 유역 5마일 이내의 비행 금지령과 폭격 금지령 해제를 요청한다. 11월 7일 트루먼, 애치슨, 미 국방장관 조지 마셜(George Marshall)과 합참도 모두 동의했으나, 영국을 위시한 동맹국이 모두 반대하는 바람에 요청은 거절되었고 미국의 정책에도 변화가 일었다.[29] 동맹국들은 중국이 공격당하면 소련의 개입이 자명하다고 판단했다. (그리고 호사다마인지) 중공군 개입 후 몇 주도 안 되서 서울은 소련의 개입 없이 다시 적군에 넘어갔고 연합군은 38선 이남으로 격퇴되었다.

스탈린은 북한의 지원 요청에 대한 답신을 10월 1일에서야 보냈다. 그의 답변은 직접적인 군사 지원을 제공할 수 없다는 것이었다. 스탈린은 북한의 직접적인 군사원조 요청을 단호하게 거절하면서 마오쩌둥에게 이를 전가했다. 스탈린은 마오쩌둥에게 파병할 것을 요청하면서 파병군을 인민지원군의 형식으로 진행할 것을 독려했다. 그리고 북한에게 중국과 우선 협상하는 것에 동의하는 입장을 밝혔다. 즉, 자기보다는 중국에게 먼저 요청하라는 의미였다.

소련의 거절에 김일성은 다시 한 번 중국에게 지원 요청을 할 수밖에 없었다. 이 과정에서 마오쩌둥은 스탈린과의 합의 하에 또 다시 중국군 소속의 조선인 병력과 그들이 사용하고 소지했던 무기 및 군사 장비를 함께 귀환시키는 조치를 결정했다. 북한의 중국군 지원 요청에 대해 중국정부는 9월 22일 "중국에 거류 중인 조선 인민은 귀국하여 조국을 수호할 응당한 권리가 있다"는 공개 성명을 발표한다.[30] 이를 통해 중국은 중국 인민이 북한 인민의 미국과의 투쟁을 지지하는 결의를 표명하는 동시에 미국이 북한을 침공한 것에 대한 일종의 경고성 메시지를 전했다.

이 대목에서 우리는 북한에 파견된 중국인민지원군의 상당수가 조선인으

---

29 영국의 역할은 중요했다. 미국의 동맹국으로서 미국과 전략적 상의 대상국이었을 뿐 아니라 미국의 대중국 전략을 전쟁 기간 동안 짜면서 이를 북경과 협상하는 임무도 가진 나라였다.

30 沈志華, "中蘇聯盟與中國出兵朝鮮的決策-對中國和俄國文獻資料的比較研究", p. 32.

로 구성되었다는 당시의 소문이 어느 정도 사실이었다는 것을 엿볼 수 있다. 당시 UN연합군은 중국이 파병한 병력 중 조선인의 수를 약 15만 명으로 계산했다. 중국 지도부에서 나온 일련의 발언들을 보면 어느 정도 일리 있는 계산임을 알 수 있다.[31]

북한의 지원 요청에 대한 중국의 반응은 오늘날까지도 논란거리다. 마오쩌둥이 한국전쟁 개입 문제를 둘러싸고 대내적으로 지도부와 열띤 논쟁을 펼친 결과 개입을 결정한 것으로 알려져 있으나, 대외적으로는 파병을 최대한 유보하고 보류하려는 입장을 피력했기 때문이다. 이 과정에서 마오쩌둥은 자신의 입장을 담은 회신 전문 두 통을 작성했다. 그리고 그 기록물은 중국과 소련이 각각 소장하고 있다.

중국이 소장한 사료는 마오쩌둥이 수기로 작성한 것이나 그의 서명이 빠져 있다. 양상쿤(楊尚昆)은 이 전문을 가오깡(高崗)과 쩡화(鄭華)에게 발송하면서 장부에 자신을 발송자로 기록했다. 발송 시간은 새벽 2시로 기재되어 있다. 무엇보다 전문은 중국 지원군의 파병 결정 사실을 파병 부대의 규모, 파병 날짜와 초기 단계의 작전 계획 방안 등 구체적인 설명으로 기술하고 있다. 이에 근거해 세계는 1995년까지 마오쩌둥 스스로가 중국의 참전 결정을 10월 2일에 내린 것으로 이해했다.

그러나 1995년 12월 러시아연방 대통령기록원이 보관하고 있던 마오쩌둥의 전문이 공개되면서 논란이 시작되었다. 러시아가 공개한 전문은 중국 공산당이나 정부가 보낸 것이 아니었다. 러시아가 소장한 이른바 '마오쩌둥이 10월 2일 스탈린에게 보내는 전문'은 주중 소련대사 로신이 마오쩌둥으로부터 받은 전문을 10월 3일 스탈린에게 보낸 것이었는데, 이는 마오쩌둥의 회신을 기술한 것이있다. 즉, 마오가 직접 작성한 것이 아니라 마오의 회신을 로신이 받아 작성한 것이었다.

10월 2일의 마오쩌둥의 수기 전문이 스탈린에게 전해지지 않은 이유에 대

---

31 1950년 12월 6일 맥아더의 추산에 따르면 한반도 내의 중국 인민지원군은 26만 8천 명이었고 55만이 더 중국 동북지역에 대기 중이었다. 이 밖에 중국은 당시 4백만의 병력을 가지고 있었다. Allen Whiting, "U.S. Crisis management vis-a-vis China," *Ibid.*, p. 227.

해 추측해 보자면, 당시 중국 내의 의견이 분분해 합의를 도출하기 어려운 상황에서 최종 결정이랍시고 공식전문을 보내기는 어려웠을 것이다. 그래서 아마 당시의 외교 관례에 따라 협의 차원에서 작성한 전문초안을 로신에게 보낸 것이 소련에 전달·보관되었을 것이다. 혹은 전문이 작성되었을 때 마오쩌둥의 개인적인 의견이 기술되었지만 이것이 공개화·공식화될 경우 발생할 수 있는 정치적·외교적·군사적 파장 때문에 스탈린에게는 로신을 통해 비공식적으로 전달되었다고 추론할 수도 있다.[32]

후자일 가능성이 높은데, 러시아 공개 전문이 로신의 주관적인 의견과 평가가 첨삭되어 보내진 것으로 나타났기 때문이다. 일례로, 로신은 마오쩌둥의 회신을 전하면서 스탈린에게 보고하기를 중국 지도자들의 한국전 개입 문제에 대한 최초 입장이 소극적인 것에서 적극적인 것으로 변했으며, 시간이 주어지면 5~6개 사단이 아닌 더 많은 전투 사단을 준비해 파병할 수 있을 것이라고 평가하면서 중국의 참전 가능성을 전망했다. 더불어 로신은 스탈린에게 마오쩌둥이 보낸 전문 내용은 최종 결정이 아니라는 점을 명확히 했다. 그는 단지 임시적으로 작성한 것이라는 마오쩌둥의 발언을 구체적으로 언급하는 것을 잊지 않았다.[33]

10월 2일자의 중국과 러시아가 보관하고 있는 각각의 기록물에서 아래와 같은 세 가지의 공통된 내용을 발견할 수 있다. 우선 마오쩌둥은 당시 극도로 불리한 상황에서 중국이 몇 개 사단을 보낸다고 해서 전세는 해결될 것 같지가 않고 오히려 UN연합군에게 격퇴되는 역효과가 일어날 수도 있다는 우려를 심각하게 피력했다.

둘째, 중국군의 개입은 미국과의 공개적인 교전으로 이어질 것이 자명하기 때문에 소련마저 전쟁에 연루될 수 있다는 의견을 담았다. 마오쩌둥은 또한 당시 중국공산당 내부의 분위기도 명확히 전했다. 중공 중앙의 많은 지도자들이 이 문제를 더 신중하게 생각할 필요가 있다는데 동의하는 분위기라고

---

32 10월 1일 마오쩌둥의 전문의 진위 여부에 대한 상세한 분석은 沈志華, "中蘇聯盟與中國出兵朝鮮的決策-對中國和俄國文獻資料的比較硏究", pp. 34~36 참조.
33 沈志華, 『朝鮮戰爭 : 俄國當案館的解密文件』(北京 : 中央硏究院近代史硏究所, 2003), pp. 576~577.

전했다.

마지막으로 마오쩌둥은 최선의 선택이 인내를 가지고 상황을 더 지켜보면서 당장 파병을 하지 않고, 중국군의 역량을 더 증강시켜 승산이 있을 때 다시 고려해 보는 것이라고 밝혔다. 즉, 지금은 때가 아니니 좀 더 기다리며 실력을 쌓자는 것이었다. 그러는 동안 북한이 일시적인 후퇴(실패)를 감수해야겠으나, 전투 방식을 유격전으로 전환해 더 지켜볼 필요가 있다고 제언했다.

마오쩌둥은 중국이 최종 개입 결정을 내리기 전에 스탈린과 협의할 것을 약속했다. 받아들일 경우 저우언라이와 린뱌오(林彪)를 그의 요양지에 급파하여 중국과 북한의 상황을 직접 보고하겠다는 의사를 전했다.

사실상 마오쩌둥은 그때까지도 입장을 확정짓지 못한 상황이었다. 10월 1일 스탈린의 정식 참전 요청이 있기 전에 마오쩌둥은 이 문제를 중국 지도자들과 논의한 사실이 없다. 10월 1일 소련의 요청을 접한 뒤에야 마오쩌둥은 중앙서기처의 긴급회의를 소집하고 며칠에 걸쳐 회의를 진행했다. 이 회의의 참석자들은 마오쩌둥, 주더(朱德), 류사오치(劉少奇)와 저우언라이였다. 의견 일치를 보지 못하자 중앙서기처 확대회의를 다음날 개최했다. 확대회의에는 고위급 군지도자들이 참석했다.

논의 후 마오쩌둥은 가오깡에게 긴급히 전문을 보냈다. 가오깡이 북경으로 와서 회의에 참석할 것을 지시하고 언제든 동북의 군대가 출격할 수 있게 철저히 준비할 것을 명령했다. 10월 2일 오후 중난하이(中南海, 중국 최고지도자의 관저)의 구넨탕(顧年堂)에서 개최된 확대회의에서 마오쩌둥은 북한에 파병하는 것은 매우 긴요한 사안이므로 펑더화이(彭德懷) 원사가 참석한 상태에서 회의를 재개하기로 결정한다. 재개 날짜는 4일로 잡혔다. 이때까지만 해도 마오쩌둥은 펑더화이의 입장을 선혀 모르고 있었다.

10월 4~5일 중난하이의 펑츠유안(豊澤園)에서 정치국 확대회의가 개최되었다. 그러나 역시 의견 합의를 보기에는 매우 어려운 상황이었다. 대부분의 지도자들이 개입을 반대했기 때문이다. 회의의 전반적인 분위기는 부득이한 경우가 아니면 이번 전쟁을 피하는 것으로 의견이 모아졌다.

개입 반대의 이유는 우선 중국군의 무기와 장비가 매우 열악했고, 미국과의 교전이 전쟁을 국제전으로 확대시킬 수 있고, 국가 재건 사업에도 악영향

중국의 항미원조 열사탑

을 미칠 수 있기 때문이었다. 이에 마오쩌둥도 이견은 없었다. 그가 당 지도부의 참전 보류 의견에 동참한 이유는 소련의 지원 여부가 불확실했기 때문이다. 마오쩌둥은 소련의 군사적 지원 없이 북한을 돕기 위한 참전은 하지 않겠다는 입장을 고수하고 있었다. 이런 당 지도부 내의 상황으로 마오쩌둥이 한국전 개입의 보류 입장을 10월 1일 전문을 통해 스탈린에게 이미 암시한 이유를 엿볼 수 있다.

그러나 확대회의 폐회 즈음에 마오쩌둥은 소련의 지원이 불투명한 상황임에도 불구하고 결국 한국전쟁 참전을 결정한다. 이때 '항미원조 보가위국(抗美援朝 保家衛國)'의 참전 슬로건이 채택되었다.

그의 결정에는 다음과 같은 세 가지 이유가 핵심적이었다. 첫째, 김일성의 계획이 소련의 지원과 승인을 받았기 때문이다. 둘째, 중국이 이미 '해방전쟁'을 통해 중국대륙을 통일했는데 마오쩌둥이 김일성에게 같은 전략으로 한반도를 통일하는 것을 만류하기가 어려웠다. 마지막은 공산 '국제주의' 원칙에 따른 도의적 책임감 때문이었다.[34]

10월 6일 저우언라이는 중국공산당의 원로 지도자, 국무원과 군부회의를 주재하면서 지원군의 파병을 논의했다. 이 자리에서 그는 중국 지원군의 개입 당위성과 정당성을 중국이 원해서가 아닌 선택의 여지가 없는 사실로 설명했다. 이미 마오쩌둥이 결심한 상황에서 중국이 당면한 문제는 이제 전쟁

---

34 Zhang Baijia, "China's role in the Korean and Vietnam Wars," in Michael D. Swaine and Zhang Tuosheng, (eds.), Managing Sino-American Crises : Case Studies and Analysis (Washington, D.C. : Carnegie Endowment for Peace, 2006), p. 183.

압록강을 건너는 중공군

을 어떻게 승리로 이끄느냐, 하는 것이었다.

중국 지도부가 파병 문제를 한창 논의하는 가운데 미군이 결국 38선을 넘었다. UN연합군과 한국군보다도 늦은 10월 7일의 일이었다. 10월 8일 마오쩌둥은 즉각 인민지원군에게 파병 명령을 내리고 이를 김일성에게 통지했다. 같은 날 저우언라이와 린뱌오는 흑해로 날아간다. 스탈린으로부터 지원 약속을 확인하기 위해서였다. 그러나 스탈린이 갈피를 못 잡으면서 중국군의 파병도 지연되었다. 스탈린은 중국의 결심을 더 확인하고 싶어 했다.

결국 10월 19일 스탈린의 지원 보장 없이 펑더화이는 지원군을 이끌고 압록강을 건넌다. 5일 후 스탈린은 중국의 의지를 확인하고 이에 흡족했는지 공중 엄호를 약속했다. 그러나 실제 소련의 공중 엄호는 이북 지역의 통신 시설을 보호하는 데만 투입되었고 중국의 지원군 전투에는 나서지 않았다. 앨런 화이팅(Allen Whiting)에 따르면 10월 31일 소련 미그기가 북한 상공 전역에 나타났다고 한다. 그러나 인민지원군은 10월 25일에 이미 첫 전투를 시작한 상태였다.

앞서 봤듯이 마오쩌둥의 파병 결정은 결국 현실주의 논리에 근거한 것이었다. 그는 대국들이 중국에 밀고 들어오면 중국은 안보도 국가의 명예도 위엄도 모두 다 상실할 것이라고 강조했다. 개입하는 것(involvement)은 큰 이득을 가져다주나, 피하는 것은 더 큰 손해만 입을 수 있다는 논리였다. 그렇기 때문에 중국이 반격하면 적은 중국을 공격하지 못할 것이고, 오히려 내부적 갈등만 더 격화되어 더 이상의 전진은 없을 것이라고 중국의 개입 정당성을 장담했다.[35] 더군다나 강대국이 맘대로 할 수 있게 방조하는 것은 마오쩌둥의 눈에 중국의 안보를 방기하는 것과 같았다. 그러므로 중국이 북한의 주변지역이나 이웃국가로서 제국주의 국가들의 횡포를 보고만 있을 수 없다는 논리가 복선으로 깔려 있었다. 중국의 외교가 왜 현실주의적인지를 단편적으로 볼 수 있는 대목이다.

⁞ 소련의 대중국 지원 철회

마오쩌둥의 한국전쟁 기본 전략 목표는 속전속결이었고 반드시 승리하는 것이었다. 그의 속전속결에 대한 신념은 10월 23일 첫 전쟁을 앞둔 펑더화이에게 보낸 전문에서도 잘 나타난다. 그는 첫 전쟁(10월25일~11월 5일)을 승리로 이끌어 내서 미국으로 하여금 중국과 외교적 협상을 모색할 수 있게 하라고 주문했다.[36] 이튿날 저우언라이도 정치협상회의에서 UN의 범위 내외에서 미국이 협상을 원하게끔 만들어야 한다고 강조했다.

이 같은 목표를 달성하기 위해서는 소련의 군사적 지원과 원조가 중국군 개입의 필수불가결한 전제조건이었다. 마오쩌둥은 특히 소련의 공군 지원이 관건이라고 판단했다. 그래서 그는 소련의 원조와 지원 약속을 기다릴 수밖에 없었다.

소련의 공중 엄호 지원을 직접 논의하기 위해 마오쩌둥은 스탈린이 당시 체류 중이었던 흑해로 저우언라이를 급파했다. 논의 결과 두 지도자는 일단

---

35 中共中央文獻研究室, 中國人民解放軍軍事科學院, 『周恩來軍事文選』, p. 75.
36 中共中央文獻研究室, 『毛澤東文集 第6卷』 (北京 : 人民出版社, 1992), pp. 92~93.

중국의 파병을 잠시 보류하고, 김일성에게 북한을 떠날 것을 건의하기로 합의했다. 둘의 합의 사항은 10월 11일 마오쩌둥에게 전문을 통해 전해졌다.

이 전문에서 김일성의 중국이나 극동지역으로의 후퇴 이유를 중국군의 군사력 부족(탱크도 없고 대포도 부족하다는 이유 등)과 소련의 공중 엄호 준비 부족으로 설명했다. 저우언라이는 소련 공군이 준비하는데 최소한 두 달이 걸릴 것으로 봤다. 반면 소련 군부는 시간이 더 걸린다는 입장이었다. 비행기를 더 생산하고 파일럿(중국 파일럿 포함)을 훈련시키기까지 최소한 6개월은 걸릴 것이라고 설명했다.

만약 한 달 내에 무리해서 파병한다 해도 38선 이북 지역의 방어선은 무너지고 미국이 점령할 것이 자명했다. 스탈린과 저우언라이는 개입 준비를 하는 동안 북한군 일부를 원산과 평양으로 철수시켜 유격전에 집중하는 동시에 나머지를 중국 동북지역으로 옮겨와 재정비할 것을 추천했다. 이에 마오쩌둥은 12일 오후 3시 30분에 로신을 통해 그들의 결정에 동의한다는 의사를 전했다.

그러나 중국의 입장이 갑자기 바뀌었다. 마오쩌둥은 13일 중난하이에서 중공 중앙정치국 긴급회의를 소집해 개입 문제를 재 논의했다. 저녁 9시에 중국은 개입하는 것으로 입장을 번복했다. 회의 종결과 함께 로신은 스탈린에게 이 사실을 알렸다. 마오쩌둥이 긴급회의에서 '자신의 결정'에 대해 재 논의하는 시간을 가졌고, '북한을 응당 도와줘야 한다'는 신념을 확고히 가지게 되었다고 전했다.

여기서 자신의 '결정'의 의미는 파병을 강력히 주장한 것이 마오쩌둥 본인 자신이었다는 의미다. 소련이 적시에 공군을 출동시키지 못하고 중소 지도자들이 이미 북한을 포기하기로 결정한 상황이지만 그는 개인적으로나마 고립무원에 있는 북한군과 함께 미군과의 일전을 불사하겠다는 결의를 다졌다.

이 과정에서 소련에게도 석연치 않은 부분이 하나 있다. 소련은 8월에 벨로프의 항공사단(소련 공군 제64군단)을 중국 동북지역에 준비시켜 두었다.[37] 그런데 저우언라이가 흑해로 스탈린을 방문했을 때 그는 갑자기 마음

---

37 소련의 유일한 한국전 참전 군대였던 제64군단은 2~3개 전투비행사단, 1개 독립 야간전투비행연대, 1~2개 해군전투비행연대, 2개 고사포사단, 1개 고사탐조등연대

을 바꾼다. 그 이유는 무엇일까?

소련은 이미 중국군의 공중 엄호를 확약한 바 있다. 7월 2일 저우언라이는 주중 소련대사를 통해 "마오쩌둥은 이미 서울을 엄호하고 인천 지역에 강력한 저항 부대를 구축하여 미군의 인천 상륙을 저지해야 한다는 생각을 하고 있다"고 전했다. 이미 마오쩌둥은 당시 미군의 상륙작전 지역으로 인천의 가능성을 점치고 있었다.

마오쩌둥은 이후 미군의 두 가지 작전 가능성에 대비해야 했다. 하나는 상륙작전이었고, 하나는 38선 이북으로 북상하는 것이었다. 이에 대비해 중국은 심양지역으로 이미 3개 군, 병력 12만을 집결시켰다. 이런 상황에서 저우언라이는 소련의 공중 엄호 의향을 확인하는 질문을 던진 것이다.

7월 5일 스탈린은 로신을 통해 저우언라이에게 소련이 최선을 다해 공중 엄호를 해줄 것이라고 전했다. 스탈린은 13일 다시 로신을 통해 중국 지도자들에게 소련 공군의 엄호 제공을 재확인해주면서 구체적인 투입 전투기의 수(124대)까지 언급했다. 22일 역시 같은 경로를 통해 스탈린은 소련 전투기 사단의 중국 배치 지역까지 확인해줬다.

그는 심양지역의 배치 계획을 설명하고 그중 2개 군단은 안산(鞍山)에, 1개 군단은 랴오양(遼陽)에 배치해 중국 인민지원군을 엄호하는 동시에 중국의 심양, 안동, 무순 등지의 공업지역을 방어하는 임무까지 포함하는 계획도 설명해줬다. 마오쩌둥은 이를 근거로 참전을 강력하게 반대하던 펑더화이를 설

및 1개 항공장비사단으로 편제됐다. 당시 군단장은 벨로프 항공근위소장이었으며 참모장은 IS 수스린 대좌(대령), 정치담당 부사령관은 IS 마카로프 대좌가 각각 맡고 있었다. 전쟁 기간 중 한국전에 참여한 64군단 예하부대는 전투비행사단 12개, 야간전투비행연대 2개, 해군전투비행연대 2개, 고사포사단 4개, 고사탐조등연대 2개, 항공장비사단 2개와 지원부대 등을 포함해 모두 20여 부대에 달한다. '제64전투비행군단사' 자료에 따르면, 소련군은 1950년 11월 1일 오후 1시 45분 예하 제72전투비행연대 소속 미그 15 전투기 5대를 한반도 상공에 출현시키며 처음 전쟁에 개입한다. 소련군의 참전 목적은 앞서 한국전쟁에 참전한 중국군을 엄호하는 일. 제64군단의 '수행작전 및 전투'라는 문서는 "1950년 11월부터 한국전쟁 종전 시까지 수풍댐, 단둥(丹東)의 압록강 철교, 평양과 원산에 이르는 북한의 보급로 등을 포함한 중국 북동부의 주요 산업 및 행정 중심지를 방호하는 임무를 수행한다"고 적고 있다. 〈소련군 한국전 참전 '미군機 1,309대 격추'〉, 『경향신문』, 2004년 6월 22일.

득할 수 있었다. 소련의 약속을 믿은 저우언라이는 7일과 10일에 국방회의를 개최했고 회의석상에서 동북전선방어군(Northeast Frontier Defense Army)의 준비를 논의했다.

그러나 3개월 뒤 스탈린은 흑해에서 저우언라이와 만나는 도중 갑자기 마음을 바꿨다. 가장 결정적인 계기는 10월 8일 2대의 미군 전투기 F-80이 소련 빈하이 지구의 쑤하야시(市) 부근 비행장을 소멸시킨 경고성 사격이었다. 이는 미군 전투기가 처음으로 38선을 넘어 소련 지역까지 침공한 사건이었다. 이 사건으로 스탈린은 중국군 개입 문제와 소련군의 엄호 문제에 대해 더욱 신중해질 수밖에 없었다.

실제로 미군이 한국전쟁에 참전한 후 7월 8일부터 8월 29일까지 미국은 다양한 종류의 비행기를 동원해 소련의 극동지역 영공을 수시로 침공했다. 8월 27일엔 B-29폭격기까지 날아왔으나 폭격은 없었다. 이에 소련은 시종일관 침묵으로 대응했었다. 9월 4일 중국 뤼순(旅順) 기지에서 비행 훈련을 하던 무장 해제의 폭격기(폭탄과 어뢰 미장착)가 11대의 미군 전투기에 피격당했다. 중국은 처음으로 미국에 공식 항의했다.

미국의 의도는 소련의 간을 보기 위한 것이었다. 그리고 10월 19일 미국은 8일 날 소련 비행장을 사격한 사실을 인정했다. 그러나 미국은 미군 전투기가 항로를 잘못 인지한 실수의 결과라고 하면서 직접적인 책임을 회피했다. (미국은 오폭이나 무력 사고가 있을 때마다 실수나 과오라고 하면서 책임을 종종 회피해왔다. 중국에 대한 마지막 오폭이 있었던 1999년에도 미국은 오래된 지도 때문에 목표물을 오인하여 발생한 사건이라며 유고주재 중국대사관 오폭 사건을 무마시키려 했었다. 미국의 유사한 변명의 패턴이 상기되는 내목이나.) 결국 미국에게 한 방 맞은 스탈린은 한국전 개입 문제에 있어 자신감을 크게 상실했다.

10월 13일 마오쩌둥은 중국 육군이 먼저 출동할 것을 통보했고 소련에게 두 달 후 공중 지원을 보장할 것을 요청했다. 스탈린은 마지못해 이를 받아들였다. 그러나 소련의 공군이 북한의 상공에서 교전하는 일은 없을 것이라는 입장을 명확히 했다. 실제로, 소련 미그기는 10월 31일 중국 인민지원군이 UN연합군에 대한 1차 진격에 성공한 이후에야 압록강 상공에 나타났다.

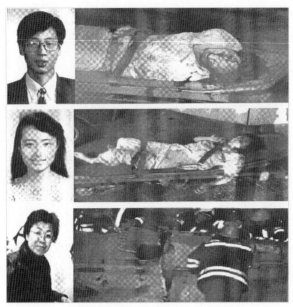

유고주재 중국대사관 폭격의 희생자들

⋮ 중국의 38선 이남 진격 문제

9월 27일 미국 합동참모본부(JSC)는 맥아더에게 38선을 넘어 38선 이북의 모든 북한군을 소멸시키라고 명한다. 그러나 사실상 이 지시에는 몇 가지 조건이 있었다. 우선 중국 동북지역이나 소련 접경지역을 침공하지 않을 것과 원칙적으로 한국 육군이 아닌 외국 육군이 중국 동북 국경지역에 투입되어서는 안 된다는 것이었다. 그리고 38선 이북에서 공군과 해군 작전을 실시할 때 소련이나 중공군의 목표 지역에서 발각되었다고 해도 중단해서는 안 된다는 것, 만일 그들이 북한을 수복하겠다는 경고를 날리고 행동하면 즉각 워싱턴에 보고해야 한다는 것 등이었다.[38]

맥아더가 이를 숙지한 상황에서 10월 7일 미군이 38선을 넘었다. 이에 마

---

[38] Dean Acheson, Present at the Creation : My Years in the State Department (New York : Norton and Co., 1969), p. 452~453.

김일성과 대화하는 펑더화이

오쩌둥은 바로 다음 날인 8일 중국 인민지원군 조직을 명령했다. 펑더화이는 10월 19일 군대를 이끌고 압록강을 도강하기 시작했다. 그리고 10월 25일 첫 교전이 이뤄지면서 '인민지원군'의 한국전 참전이 공식화되었다. 현재 중국에서는 이 날을 한국전 참전일로 기리고 있다.

'인민지원군'과 관련하여 두 가지 질문이 나올 수 있겠다. 중국은 왜 정규군인 인민해방군을 참전시키지 않았을까? 왜 '인민지원군'이라는 명목 하에 개입했을까? 그 이유와 논리는 간단하다. 정규군과 부대를 참전시키지 않았다는 공식적인 근거가 될 수 있기 때문이다. 즉, 미국을 위시한 UN연합군과의 교전을 공식화하지 않겠다는 전략적 계산이 내포되어 있었다. 중국은 미국과의 전쟁을 공식화하지 않음으로써 국제사회의 질책을 피하려는 다분히 정치 외교적인 계산을 한 것이다. 중국 인민들이 자발적으로 참여한 전쟁이기 때문에 전면전으로의 확대도 방지할 수 있다는 군사 전략적 논리 역시 내재되었다.

그래도 지원군의 38선 이남으로의 진격은 국제적 논쟁에서 자유롭지 못하다. 중국은 인민지원군의 개입 마지노선을 UN연합군과 미군의 38선 초월로 천명했다. 역으로 지원군이 38선까지 진격했을 때 역시 계속해서 남진할 것인지에 대한 문제가 자연스럽게 대두되었다. 이는 중국 지도부에게도 고민거리였다. 즉, 자신이 주장했던 38선의 유지를 위배하고 북한의 전쟁 목표인 한반도 무력통일의 실현을 위해 38선을 넘어 끝까지 동참해야 하는지를 놓고 심각하게 고민할 수밖에 없었다.

이에 동의한 인물은 마오쩌둥, 김일성과 스탈린이었다. 정작 야전사령관이었던 펑더화이만 이를 반대했다. 저우언라이는 중북소 지도자의 결정을 38선의 무의미론으로 정당화했다. 그는 12월 11일 주중 인도대사 파니카와의 대화에서 미국이 이미 38선을 넘었었기 때문에 이 선은 이제 아무런 의미가 없어 중국이 더 이상 존중할 필요가 없다는 입장을 전했다.[39]

중국 인민지원군의 총 지휘관인 펑더화이는 두 개의 전투로 병사의 피로도와 부상자가 급증했고 탄약과 식량의 보충이 없는 상황에서 더 진격하는 것은 상당한 무리라고 주장했다.[40] 그는 1950년 12월 8일의 전문에서 적군을 섬멸하지 못하거나 38선을 넘어도 서울을 점령하지 못하는 것은 안 하느니만 못하니, 38선 이북 수 십리 지역에서 잠시 진군을 멈추고 그 이듬해 봄에 다시 전쟁을 치르자고 제안했다. 네룽전 원사는 펑더화이의 전문을 받고 그의 상황 분석에 동의하며 마오쩌둥에게 다음 교전을 두 달 연기하자고 제언했다.

그러나 그의 제언은 스탈린과 마오쩌둥의 반대에 부딪치게 된다. 이들은 모두 정치적인 이유를 들었다. 두 사람의 목적은 미국과 제국주의를 무릎 꿇게 하는 것이었다. 즉, 먼저 종전이나 강화를 모색하게 만드는 것이었다. 이에 스탈린은 외무차관 그로미코를 통해 그의 의중을 전했다. 그는 '철이 뜨거울 때 계속 쳐야 한다'는 식의 입장이었다. 즉 공격이 최선의 방어라는 의미였다. 계속 공격해서 무릎을 꿇게 만들어야 한다는 것이었다.

마오쩌둥도 기본 입장은 같았으나 대외적 정치 상황의 변화에 민감해졌다. 미국이 UN에서 중국을 한국전쟁의 간여국으로 상정한다는 소식이 들렸기 때문이었다. 이런 상황에서 미국을 협상으로 끌어내기 위해서는 지구전도 감수해야 한다는 입장으로 변했다. 마오쩌둥은 원래 펑더화이에게 측은지심을 느

---

39 Panikkar, In Two Chinas : Memoirs of a Diplomat, p. 118; 紫成文, 趙勇田, 『抗美援朝紀實』 (北京 : 解放軍出版社, 1987), pp. 69~70.
40 두 번째 전역의 전투 기간은 11월 7일에서 12월 24일까지였다.

껴 소강전으로 자신의 군인들이 재충전하길 원했다. 그러나 상황이 바뀌었기 때문에 그의 마음도 변할 수밖에 없었다.

펑더화이는 선택권이 없었다. 그리고 마오쩌둥은 즉각 제3전역을 실행하기 위해 38선 이남으로 신속하게 돌파할 것을 명령했다. 12월 13일 마오쩌둥은 펑더화이에게 보낸 전문에서 미국과 영국이 중국군에게 38선 이북에서 정지할 것을 요구한 사실을 알고 있으나 그들의 의도가 군대의 재정비와 반격의 기회를 준비하기 위한 것이 아닐지 의심된다고 전했다. 마오쩌둥은 38선 이남 진격 명령을 굽히지 않았다.

12월 19일 펑더화이는 마오쩌둥에게 다시 전문을 보내 휴식과 재정비의 필요성과 전쟁의 어려움을 다시 한 번 강력히 피력했다. 그는 두 번의 승리로 한국전쟁의 속전속결이라는 맹목적이고 낙관적인 결과를 기대하는 정서가 만연해 있고, 소련대사가 미군이 급속도로 후퇴하는 것을 보고 중공군의 급 진격을 요구하고 있으며, 북한도 이를 기대하고 있는 상황에서 매우 회의적인 입장을 밝혔다.

12월 21일과 26일 마오쩌둥은 펑에게 전보를 보내 그의 의견에 완전히 동의한다고 전했다. 즉 38선을 넘어 한 차례의 전투를 치루고 난 다음 재집결해서 모든 군(북한 인민군 포함)을 수십 킬로미터 지역으로 후퇴시킨 후 휴전하는 전략으로 선회했다. 이때 이미 UN에서 한국전쟁 휴전에 대한 논의가 본격 시작된 것이 마오의 입장 변화에 크게 작용했다. 북한주재 소련대사 겸 군사고문단장 라주바예프는 이에 불만을 표시했다.[41] 두 달의 휴식 때문에 남노당의 유격대가 진압당할 경우 적절한 대책이 없었기 때문이다.

이 같은 우려에도 불구하고 마오쩌둥이 예측했듯 제3차 전투(12월 31일~1월 10일)의 승리로 중국군과 북한군이 38선을 넘어 서울을 점령했다. 그러나 펑더화이의 예측대로 UN연합군은 이미 수립된 철수 계획에 따라 철수했기 때문에 북중 연합군은 이들에게 큰 손상을 입힐 만큼의 타격을 주지는 못했다. 오히려 펑의 예측대로 중국 인민지원군의 실질적인 전투력만 더 쇠약해지는 역효과를 냈다. 이런 상황에서 그는 1951년 1월 8일 지원군 부대의

---

41 개전 당시인 6월 25일의 북한 주재 소련 대사는 스티코프 중장, 군사고문단장은 바실리예프 중장이었다.

휴식령을 내렸다.

그러나 실상은 정전협상 타진을 요구하는 연락이 북경에 빗발쳤다. 3차 전투가 벌어지기 전부터 북경에서는 정전 조건에 대한 논의가 분주하게 일어나고 있었다. 1950년 12월 7일 새벽 3시 저우언라이는 급하게 로신 대사를 만났다. UN사무총장 라이와 인도, 영국과 스웨덴 대표가 중국 대표 우슈취안(伍修權)에게 한 번이 아닌 계속해서 중국의 정전 조건을 들어보자고 연락해왔음을 알렸다. 협상의 주도권과 우위를 점하기 위해 저우언라이는 로신에게 중국정부가 협상의 조건을 다음과 같이 서면 형식으로 제시하려는 입장을 전했다. 중국의 조건은 다음과 같다.

첫째, 모든 외국 군대가 한반도에서 철수해야 한다. 둘째, 미군은 대만과 대만해협에서 철수해야 한다. 셋째, 한반도문제는 한국인(조선인)들이 스스로 해결해야 한다. 넷째, 중화인민공화국 대표가 UN의 대표로 참석하고 장제스 대표는 퇴출되어야 한다. 다섯째, 4대국 외무장관회의를 소집하여 일본과의 평화조약을 준비한다. 저우언라이는 이 같은 조건을 우 대표에게 전하기 전에 소련정부와 상의하고 싶다는 의사를 전했다.[42]

스탈린은 중국의 정전 조건에 모두 동의한다는 입장을 신속히 밝혔다. 또한 이 모든 조건이 수용되지 않으면 군사행동을 멈출 수 없다는 전제조건을 덧붙이라고 제안했다. 그러면서도 그는 중국이 이 조건을 제안하는 것을 잠시 유보할 것을 요구했다. 먼저 미국과 UN이 제시하는 조건을 들어보자는 것이었다.

스탈린은 중국이 그들의 요구조건에 어떻게 반응해야 하는지 그 대응 방안의 초안을 아주 상세히 잡아주었다. 소련의 전문을 받은 저우언라이는 12월 8일 UN의 중국 특별대표단 우 대표와 그의 고문 차오관화(喬冠華)에게 전문

---

42 중국의 조건은 이미 7월 12일 저우언라이가 개인적으로 준비했다. 그리고 이후 두 달 동안 자주 이를 인용하면서 한국전쟁의 종전을 종용하는 조건으로 제시되었다. 紫成文, 趙勇田, 『抗美援朝實』, p. 47. 중국이 첫 번째와 세 번째 조항을 정식으로 국제무대에 처음 선언한 것은 11월 11일 UN안보리에서 발표된 외교부 성명을 통해서였다. 이미 그때부터 중국은 반격의 승리로 전쟁을 종결할 것을 구상하기 시작했다. 世界知識出版社 編輯, 『中華人民共和國對外關係文件集, 1949~1950』(北京：世界知識出版社, 1957), p.170.

을 보내 담판 과정에서 조급한 태도를 보이지 말라고 충고했다.

이후 미중소와 UN은 전쟁을 진행하는 동시에 종전(휴전) 협상에 임하는 기이하고도 선례에 없는 양상을 보였다. 그리고 그 결과는 2년 반 이상이라는 시간의 소모였다. 이 과정에서 벌어진 유격전의 규모와 지속 기간(duration), 그리고 휴전 협상의 진행 사실은 미중소 3국에게 한국전쟁이란 원하지 않았던 전쟁임을 방증한다.

ː 한국전쟁의 의미

한국전쟁이 인류사에서 가지는 의미는 상상을 초월한다. 한국전쟁의 종결로 냉전체제가 확고해졌다는 사실은 삼척동자도 다 안다. 얄타체제로 세계가 동서 양대 진영으로 분할된 상태에서 한국전쟁은 특히 동아시아지역 분단국가들의 분단이 더 고착화되는 결과를 가져왔다. 한반도의 남북한, 대만해협의 중국과 대만, 인도차이나반도의 남북베트남의 통일 희망이 거의 사라졌다 해도 과언이 아니었다.

이들의 분단은 한국전쟁 이전부터 존재했지만 본격적으로 고착화된 것은 한국전쟁 이후였다. 한국전쟁 이후 미국과 소련 등 냉전체제의 수장들이 본격적으로 분단의 틈을 파고들기 시작했기 때문이다. 그러나 분단은 동아시아에 국한된 것이었고 반면 냉전은 전 지구적인 것이었다. 그렇다면 세계의 냉전은 어떻게 시작되었을까?

세계 군사적 의미에서의 냉전도 한국전쟁 이후에 본격적으로 진행되었다. 미국이 서구의 '민수주의 진영'을 군사적 의미에서 '진영(陣營)화'한 것도 한국전쟁 이후의 일이다. 소련이 동구에 '위성국가'를 세우면서 '사회주의-공산주의'진영을 군사화한 것도 한국전쟁 전후의 일이었다. 그렇다면 왜 한국전쟁 이후로 냉전체제가 본격적으로 수립되었던 것일까?

이유는 간단하다. 제2차 세계대전이 종결된 후 미국은 유일한 세계 초강대국으로 우뚝 섰지만 냉전체제를 이끌 여력이나 의지가 없었다. 물론 우리가 알고 있다시피 포츠담선언을 통해 유럽 내에 동서진영이 구축되고, 동아시아에서 상기한 분단국가들이 위탁통치의 방식이든 내전의 결과이든 분단되면서 냉전체제가 그 형태를 갖췄다는 것은 사실이다.

그러나 이렇게 진영이 구축되었음에도 불구하고 이들 진영의 군사화를 이끌 견인 세력이 아직은 존재하지 않았다. 즉, 냉전시기의 초강대국이었던 미국과 초강대국으로 부상하고 있던 소련의 정치적 의지와 경제적 여력이 문제였다.

세계가 두 개의 상반된 이념을 기반으로 동서로 양분됐지만, 이들 진영을 미국과 소련의 세력 범위로 완전히 편입시키기는 데엔 이들 강대국들의 확고한 의사와 여유로운 능력이 수반되어야 했다. 그러나 현실은 이론과 달랐다. 강대국에겐 그럴 의지도 여력도 없었다. 대신 2차 세계대전으로 피폐해진 유럽 국가들의 재건을 지원할 용의는 확실히 있었다. 그러나 이들의 방위를 책임질 의지와 여력은 없었다.

그래서 강대국들은 그들의 세력 범위를 우선 경제 블록의 형태로 선을 그었다. 이는 그들이 유럽을 방어나 무력 대치를 표방하는 무장으로 승화시킬 의지가 없었다는 사실을 방증한다. 2차 세계대전을 겪은 후 미국과 소련으로서는 그럴 필요성을 절감하지 못했다.

미국은 유럽 재건을 돕고자 했으나 지원할 수 있는 재정과 경제 여력에 한계가 있었다. 때문에 같은 가치관을 공유하는 국가를 중심으로 이념과 경제권을 형성해 부흥시키겠다는 전략을 세웠다. 소련 역시 미국과 비슷한 상황이었다. 소련과 동구의 국제공산당 정보기구 코민포름(Cominform)이 바르샤바조약기구(Warsaw Treaty Organization 또는 Warsaw Pact) 보다 먼저 탄생한 것은 바로 이 때문이었다.

두 강대국이 각자 진영의 경제 재건에 도움을 줄 수는 있었지만 이들을 각각 무장시켜 세력화하기에는 동력이나 동기가 없었다고 해도 과언이 아니었다. 이들을 진영화해 미국과 소련의 리더십에 부속시키기 위해서는 이들을 결속시킬 수 있는 무언가가 필요했다. 그러나 당시엔 그것이 부재했다. 즉, 공동의 적이 없었다.

두 강대국이 비록 서로 다른 이념과 가치를 추구하지만 냉전시기에 연출되었던 '적국'으로서 서로를 대면하게 될 것이라고는 당시 그 누구도 상상하지 못했다. 당시 미국과 소련은 각자가 지원하는 진영이 자신에 의존하고 자신을 따를 것이라는 생각 하에 새로운 세계 질서를 구상하고 있었다. 그러나 정작 현실적으로 이들을 자신의 리더십에 예속시키는 것과 같은 구체적인 구상은 장기적인 것으로 미뤄두고 있었다. 세계대전이라는 '후유증'과 '피로감' 때문이었다.

그러나 1950년 6월 25일 새벽 4시 한반도에서 일어난 불씨가 이 모든 현실을 180도 전복시켜버렸다. 한국전쟁의 정치적·외교적·군사적·경제적·역사적 의미는 우리의 모든 상상을 초월한다. 정치적으로는 세계를 이념적 대립 체제에서 군사적 대립진영으로 바꿔 놓았다. 외교적으로는 양대 진영이 군사적으로 대립하면서 두 진영 간 교류와 소통이 단절되어 버렸다.

경제적으로는 양대 진영 내부의 국가 경제 건설이 본격화되었고 서구와 일본이 강대국으로 부상할 수 있는 발판이 마련되었다. 그리고 역사적으로 세계적인 전쟁이 발발하지 않으면서 그러나 '차가운 평화(cold peace)'의 시기가 시작되었다.

마지막으로 군사적 의미에서 한국전쟁은 그야말로 군사 방어 전략과 전쟁의 패러다임을 바꿔버렸다. 즉, 기존의 세계 군사 패러다임의 근본과 방위체계의 개념을 바꾼 것이 한국전쟁이었다.

첫째, 한국전쟁은 이념의 갈등이 전쟁을 일으킬 수 있는 직접적인 동인이 될 수 있다는 사실을 입증했다. 과거의 전쟁은 영토 확대를 통한 부와 권력의 축적이 목적인 팽창주의 전쟁이었다. 그러나 한국전쟁으로 민주주의나 공산주의 같은 이념의 갈등과 대립이 국제적인 전쟁의 발발로 이어질 수 있다는 사실이 처음으로 입증되었다.

중국의 국민낭과 공산당의 내전은 엄격히 말해 이념을 기반으로 한 권력투쟁의 싸움이었다. 양 당이 서로 다른 이념을 가지고 있긴 했으나, 전쟁을 일으킨 직접적인 동인은 권력이었다. 2차 세계대전의 파시즘(Fascism) 역시 인종우월주의에서 출발한 내부 통치 이념이자 정치적 수단이었지, 전 세계의 '파시스트화'가 전쟁의 직접적인 동인은 아니었다. 단지 파시스트 정권이 '생활공간(living space)'의 확장을 위해 세계 정복을 꿈꾸면서 일으킨 전쟁이었다.

반면 한국전쟁은 서로 다른 이념으로 분단된 두 '국가'가 각자의 이념을 무기삼아 상대를 무력으로 정복해 분단된 영토를 통일한 뒤 자신의 이념으로 새롭게 통일된 국가를 세우겠다는 의도와 목적으로 발생한 전쟁이었다.

둘째, 미소 강대국에게 자신의 세력 범위에 대한 안보 의지(commitment)를 확고히 하는 계기가 되었다. 이전까지 미국은 유럽의 안보를 책임지려는 의지가 그리 많지 않았다. 미국은 이른바 '북대서양조약(North Atlantic Treaty)'을 1949년 4월 4일에 체결했지만 이를 기구화(organization) 하는 것에 매우 유보적인 태도로 일관해왔던 터였다.

미국이 이 조약을 기구화하기 위해서는 서구 진영의 군사화 의지가 전제되어야 했다. 그러나 미국은 그렇게 할 필요성을 절박하게 느끼지 못했을 뿐 아니라 그럴 만한 재정적 여력도 없다고 스스로 판단했다.

그러나 한국전쟁으로 공산진영과의 첫 대리전을 겪은 후 미국 내에서는 동맹의 군사화 필요성이 대두되었다. 1955년 북대서양조약이 오늘날 우리가 알고 있는 군사적 동맹 기구(organization)로 변모한 것도 이때였다. 즉, 'NAT'가 'NATO'로 바뀌었다.

냉전 초기 미국은 동맹의 군사화 추진에 매우 유보적이었다. 이유는 독일과 일본에 있었다. 이 두 패전국의 재무장을 미국 자신도 반대하고 나아가 국제사회도 수용하지 못할 것이 자명했기 때문이다. 그리고 기타 동맹 대상 국들(프랑스, 영국, 필리핀, 대만 등)은 군사동맹국으로서 임무와 책임을 수행하기에 능력과 역량이 부족하다고 판단했다. 이들의 급선무는 국가 재건과 경제개발에 있었다.

또한 당시 유일한 핵보유국으로서 미국에 감히 도전장을 내밀 국가가 없을 것이라는 안일한 태도도 동맹 체제 구축 지연에 한몫 거들었다. 핵은 당시 세계전략의 지배를 보장하는 절대적 요인이었다. 그러나 이런 전략 사고의 기조는 1949년 소련의 핵개발 성공과 함께 본질적인 변화를 겪게 된다.

한국전쟁은 냉전 체제가 하나의 체제로서 자리매김 하는데 필요한 모든 전제 조건을 충족시켜준 국제적 사건이었다. 미국과 소련은 전쟁 이후 양대 진영의 완성도를 높이기 위해 재정적으로나 군사적으로, 정치적으로나 외교적으로 동맹국가나 위성국가를 적극 지원하기 시작했다. 그러면서 자연히 강대국 및 양대 진영 간의 군사적 대립이 첨예하게 나타나기 시작했다.

미국은 동맹국과 자유진영을 공산주의의 확대와 공산화의 확장 위협으로부터 방어하는 데 총력을 기울였다. 이런 위협요소는 소련이 미국과의 세력 범위 싸움에서 수적인 열세를 극복하기 위해 이른바 '국제주의'의 기치 아래 제3세계 지역과 국가에 공산혁명을 수출하는 과정에서 자연스럽게 파생되어 나왔다. 그리고 이런 소련의 행보에 중국이 동참하기 시작했다.

셋째, 한국전쟁으로 전쟁의 패러다임 중 전장의 개념이 완전히 바뀌어 버렸다. 냉전시대부터 오늘날까지 만연하는 '국지전'이라는 전쟁 개념이 현실적으로 가능하다는 사실을 한국전쟁이 입증했다. 한국전쟁은 참전국의 수가 세계 전쟁의 규모를 방불케 했음에도 불구하고 전장이 전 지구적인 차원으로 확산되지 않고 국지전으로 제한될 수 있다는 사실을 처음으로 증명했다.

이전까지만 해도 세계는 두 차례의 세계대전을 겪으면서 국지전은 있을 수 없다고 믿어왔다. 국지전이 발생하더라도 주변 강국이나 세계 대국의 개입과 연루가 불가피하므로 전장의 범위 역시 대륙이나 대양 또는 세계로까지 확산되어 세계적인 차원의 전쟁으로 귀결될 수밖에 없다는 게 당시의 믿음이었다.

실례로 한국전쟁 당시 미국은 중국은 물론 소련과의 전면전도 불가피하다고 판단했었다. 중국과 소련 역시 전쟁이 한반도에 국한될 수 없다고 확신했었다. 최소한 중국 동북지역까지 확산될 수 있다고 생각했고 더 나아가 동북아지역으로 확대될 것이 자명하다고 믿었었다. 여기서 문제는 미국이 전장이 확대될 경우 한반도 또는 그 주변지역에 핵폭탄을 사용할 것을 심각하게 고려했다는 사실이다.

그러나 불행 중 다행히도 한국전쟁은 한반도를 벗어나지 않았다. 대국 간의 전장이 한반도라는 지리적 범위를 초월하지 않았다. 그러면서 전쟁이 전장의 본래 범위를 초월하지 않는 범위 내에서 진행이 가능하다는 사실을 깨닫게 된다. 즉, 세계 강대국들은 전쟁을 제한된 지역에서 치를 수 있는 노하우를 터득한 셈이다.

훗날 베트남전쟁이 인도차이나반도를 벗어나지 않고 그 지역에 국한된 것도 한국전쟁과 같이 국지전이 현실적으로 가능하다는 인식이 고착된 덕이었다. 전쟁이 끝난 후 마오쩌둥은 "한국전에서도 미국이 이기지 못했는데 어떻게 감히 세계 전쟁을 감수할 수 있겠느냐"며 미국 발발의 세계전쟁 가능성을 일축한 적이 있다. 이 역시 이런 의식에서 출발하지 않았을까 유추해볼 수 있는 대목이다.

당시 강대국들이 베트남전쟁을 국지전으로 제한하기 위해 일정 정도의 자제력과 억제력을 발휘한 것 역시 국지전으로 전쟁을 종결짓는 데 한몫했다. 한국전쟁에서는 소련이 직접적인 군사적 개입을 회피했다. 베트남전쟁에서는 미군의 지상군이 북베트남지역으로 진입하지 않겠다는 일종의 전쟁 마지노선(위도 20도선)의 약속을 지켰다. 중국 역시 북베트남을 군사적으로 지원했지만 중국군의 직접적인 무력 개입을 자제했다.

마지막으로 한국전쟁은 중국이 야심차게 준비하던 아시아에서의 '국제공산당 정보기구(코민포름, Cominform)' 창설 야욕을 꺾어버렸다. 마오쩌둥의 코민포름 구상은 아시아의 공산화에 중국이 주도적인 리더십을 발휘해 아시아 공산진영의 지도자가 되겠다는 것이 핵심이다.

그의 구상이 구체화될 수 있었던 역사적 배경에는 두 가지 사건이 있었다. 하나는 중국공산당의 혁명 승리였고, 다른 하나는 한국전쟁에서의 '승리'였다. 그는 이 두 가지 사건에서 얻은 경험과 교훈을 아시아의 공산화 운동에 접목시켜 이를 성공으로 이끄는 데 앞장서고 싶어 했다.

마오쩌둥은 1947년 12월 국공내전의 승기가 공산당으로 기울기 시작하면서부터 본격적으로 아시아, 특히 서남아와 동남아에서 공산혁명의 승리를 이끌기 위한 국제적 리더 역할을 구상하기 시작했다. 1년 후, 1948년 12월 25일 마오쩌둥은 중국공산당 중앙위원회에서 중국공산당이 아시아 버전의 코민포름 구축을 지원하자는 입장을 밝혔다.[43]

그리고 이 문제를 이듬해 2월 3일 중국을 방문한 소련공산당 정치국 상무위원 아나스타스 미코얀(Anastas Mikoyan)과 본격 논의했다. 당시 마오쩌둥이 염두에 둔 아시아의 공산당은 인도차이나반도, 시암(Siam왕국, 오늘날 태국), 필리핀, 인도네시아, 버마(오늘날 미얀마), 인도, 말레이시아, 북한과 일본에 존재하던 공산당이었다.

마오쩌둥이 소련의 긍정적인 반응을 확인한 후 이 같은 구상을 제일 처음

---

43 毛澤東, 『毛澤東文選』 (北京 : 人民出版社, 1967), pp. 1155~1156.

으로 밝힌 상대는 북한으로, 1949년 5월 북한 노동당 김일이 중국을 방문했을 때였다. 당시 중국은 이미 버마, 말레이시아, 인도차이나반도 등의 공산당으로부터 긍정적인 답을 들은 터였다. 중국공산당이 당시에 관계를 가지고 있던 나라의 공산당이 몽골, 태국, 인도차이나, 필리핀과 북한이었기 때문에 이들의 호응은 마오쩌둥을 고무적으로 만들었다.[44] 특히, 중국공산당은 UN 한국통일부흥위원회의 구축을 아시아 내 공산국가와 공산당과의 관계를 확장하는 기회로 이용하여 아시아에서의 위상을 제고하려 했다.

이후 아시아 판 코민포름의 구상을 구현하기 위한 첫 번째 단계로 중국공산당 대외연락부를 1950년 8월에 설립했다. 그리고 코민포름 구축 관련 모든 임무와 책임을 당의 통일전선부에서 대외연락부로 모두 이관했다. 중국공산당의 혁명 경험과 승리, 공산주의 이론 등을 교육하기 위해 1952년부터 마르크스주의-레닌주의 연구소를 운영했다. 결국 이런 노력을 긍정적으로 평가한 스탈린은 1951년 5월 초대 중국공산당 대외연락부 부장 왕쟈시양(王稼祥)과의 회담에서 중국 중심의 아시아 공산 동맹 구축 계획을 소개했다.[45]

그러나 이 모든 계획은 무산되었다. 가장 큰 이유는 한국전쟁 이후 미중소의 외교 노선이 대화와 평화로 전환되었기 때문이다. 제네바회의를 앞두고 미중소 3국은 국제분쟁과 갈등을 대화를 통해 해결하고자 하는 의지가 강해졌다. 특히 중국과 소련은 민주자본 진영과 평화공존을 모색하고자 하는 정책적 분기점에 도달했다. 즉, 한국전쟁의 후유증이 중국의 아시아에서의 공산진영 리더의 꿈을 접게 만든 셈이다.

한국전쟁의 미중관계에 대한 의미

미중관계에서 한국전쟁의 의미는 상당히 크다. 오늘날 미중관계 운영방식

---

44 Zhihua Shena and Yafeng Xia, "Leadership transfer in the Asian revolution : Mao Zedong and the Asian Cominform," Cold War History, Vol. 14, No. 2, 2014, pp. 199~200.

45 Zhihua Shena and Yafeng Xia, "Leadership transfer in the Asian revolution : Mao Zedong and the Asian Cominform," p. 206.

의 근간이 되었다. 즉, 미중 양국은 한국전쟁에서의 크나큰 출혈을 통해 앞으로 양국 간의 대화와 소통을 강화시키고, 최대한 (무력) 충돌을 피해야 할 필요성을 절감하게 된 것이다.

이런 교훈을 거울삼아 미중 양국이 오늘날 양국 관계에 '협력과 갈등'이 공존한다는 사실을 강조하는 것이 공언(空言)이 아니다. 미국과 중국은 특히 대화와 협력 방면에서 한국전쟁 이후 직접적인 대화와 소통을 강화하기 위한 방안을 끊임없이 모색해왔다. 미중 양국이 입장 차이에서부터 갈등적인 사안에까지 대화를 통해 전략 방안을 강구하는데 주력하는 것도 한국전쟁이 계기로 작용했다.

미중 양국이 대화와 협력을 강구하는 가장 큰 이유는 최대한 양국 간의 물리적 충돌을 피하기 위해서다. 두 나라는 한국전쟁에서 두 나라의 무력충돌이 양국에게 어떠한 큰 국가적 손해를 입히는지 몸소 경험했다. 미중 양국은 국력 소모는 물론 근현대사에서 가장 큰 인적 희생을 겪었다.

경제적 손실도 막대했다. 특히 중국의 손실은 국가재건사업의 지연을 의미했다. 중국은 건국 이후 추진하기로 예정했던 경제 발전과 통일 등 중대한 국가사업을 뒤로 미룰 수밖에 없었다. 1차 5개년계획이 1951년부터 시작될 예정이었으나 이는 1953년 한국전이 끝나고서나 가능했다.

중국이 받은 정치적 대가 역시 막대했다. 중국공산당은 대만과의 통일 문제를 1950년 여름 무력으로 진행할 예정이었다. 그러나 이 또한 한국전쟁으로 인해 미뤄지면서 중국은 오늘날까지 분단으로 남아 있는 상황이다. 전쟁이 없었다면 중국은 무력통일을 위한 해군력과 공군력, 그리고 상륙작전 능력을 증강시키는 데 집중했을 것이다.

한국전쟁이 양국에게 손실만 입힌 건 아니었다. 상술했듯 한국전쟁의 결과로 미중 양국은 직접적인 대화와 소통을 할 수 있는 채널을 실질적으로 구축하기에 이르렀다. 이것이 1955년에 발족된 미중 대사급 회담이다.

혹자는 대사급 회담이 이데올로기나 입장 차이 등의 이유로 왕왕 경색국면에 빠지면서 제 기능을 하지 못했다고 평가한다. 그러나 대사급 대화채널은 최고지도자 간의 직접적인 대화 채널이 만들어지는 해인 1971년까지 미중 양국 관계의 정상화와 무력충돌의 회피를 가능케 한 소통의 매개체 역할을 충실히 해냈다.

물론 미중관계 정상화 논의까지의 길이 순조롭게 진행된 것은 아니었다. 몇 번의 위기 상황이 있었다. 그러나 결과적으로 두 나라가 충돌을 피할 수 있었던 가장 큰 이유에는 대사급 대화채널이 있었다.

이 채널은 양국의 무력충돌 가능성을 최소화 시킬 수 있는 당시 최선의 대화 창구였다. 1950년 1월 미중관계 단교 때부터 1954년 제네바회의까지 미중 양국이 서로의 입장이나 의도를 알 수 있었던 유일한 방법은 제3국을 통한 메시지의 전달이나 언론매체의 기사나 보도를 통해서였다.

특히 1954년 1차 대만해협 위기사태로 미중 양국의 의지와 다르게 위기 상황이 발생하자 양국은 기존의 대화채널이 가진 한계를 극도로 느끼게 된다. 이후 직접적인 대화채널을 가동함으로써 양국은 상대방을 잘못 인식하거나 오해하는 것을 최소화할 수 있게 되었다. 결국 미중 양국이 협력과 갈등, 경쟁과 소통이라는 모토 하에 오늘날까지 '평화적인' 관계를 유지 발전시켜나갈 수 있는 기반을 한국전쟁이 마련해줬다 해도 과언이 아닌 셈이다.

제3장

미중 고위급 접촉 개시와
중국의 이미지 개선의 모순

미국과 중국은 한국전쟁으로 두 가지 귀중한 교훈을 얻었다. 하나는 소통을 더욱 강화해야 한다는 것이었다. 다른 하나는 "벼룩을 잡기 위해 초가삼간을 태우지 말아야 한다"는 것이었다. 이를 위해 양국은 한국전쟁 휴전 후 다양한 경로를 통해 소통하기 시작했다. 소통의 가장 큰 목표는 양국에게 막대한 손해를 가져다 줄 것이 자명한 일을 사전에 방지하는 것이었다. 이런 양국의 노력은 한국전쟁 이후 오늘날까지 지속되고 있다. 더불어 이는 오늘날 미중 양국이 건설적이고 협력적인 관계의 유지를 위해 견지하는 기틀이다.

이 같은 교훈 이외에도 특히 중국은 한국전쟁을 세계 전쟁의 가능성을 일축(put off)시킨 계기로 인식하기 시작했다. 휴전이 합의되기 전 1953년 6월 5일 저우언라이는 원로 외교관들과의 회의석상에서 이런 인식을 소개했다. 그는 한국전쟁을 통해 '일반 전쟁(a general war)'을 피할 수 있다는 확신이 섰다고 역설했다.[1]

저우언라이의 확신은 전쟁 후 두 강대국 사이에 이른바 '중간 지대(intermediate zones)'가 형성되었다는 마오쩌둥의 대외 인식에 기인했다.[2] 20

---

1 Shu Guang Zhang, "Constructing 'Peaceful Coexistence' : China's Diplomacy toward the Geneva and Bandung Conferences, 1954~55," Cold War History, Vol. 7, No. 4, 2007, p. 510.

2 마오쩌둥은 '중간지대'의 전략 개념을 1946년에 소개했다. 그러나 이 개념이 중국 외교에서 그 진가를 발휘한 것은 중소분쟁 초기에 일어나기 시작한 1956년 전후다. 수에즈운하 사건으로 마오는 민족주의 국가들에게 단결을 호소한다. 민족주의 국가들이 단결하여 제국주의에 맞서자는 의미였다. 마오는 미 제국주의와 소련의 수정주의 사이에서 중국의 외교적 공간을 중간지대의 개념으로 묘사했다. 두 진영 밖에서 민족주의의 세력이 중립적으로 존재할 수 있는 기반을 의미했다. 이후 이는 '일조선', '일대편', '통일전선', '3개 세계' 등의 기본 골자가 되었다. 1946년 개념 소개 관련 자료는 毛澤東, 『毛澤東選集』, 第4卷 (北京 : 人民出版社, 1991), pp. 1193~1194 참조. 1954년도의 개념 소개는 中華人民共和國外交部 中共中央文獻研究室, 『毛澤東外交文選』 (北京 : 中央文獻出版社, 1994), pp. 159~162 참조.

세기 중반 아시아, 아프리카 그리고 라틴아메리카에서 수십 개의 신생 독립 국가들이 줄지어 탄생했다. 새로운 국가의 등장은 자연스레 강대국 간의 영입 전쟁을 야기했다. 이런 세태 속에서 마오쩌둥은 중국이 신생국들과 독립적 연대를 형성함으로써 강대국에 대항할 수 있는 세력으로 성장하는 것이 가능하다고 생각했다.

한국전쟁이 끝나고 난 후 중국은 새로운 연대를 실현하기 위한 외교적 노력에 주력했다. 여기엔 중국이 한국전쟁으로 인해 지연된 국가 재건 사업을 조속히 시작하기 위해 외교적 정당성을 마련하고자 한 의도도 내재되었다고 할 수 있다. 왜냐하면 같은 회의에서 저우언라이는 당시 중국 외교의 초점이 평화공존과 평화경쟁에 맞춰졌다고 설명했기 때문이다. 이는 제도와 이념이 다른 국가와 평화적으로 공존하는 동시에 평화적으로 경쟁하며 경제 발전을 일궈나가겠다는 의미였다.

그의 이런 구상은 1954년 8월 12일 외교부 회의석상에서 구체적으로 소개되었다. 서구와의 관계개선을 설명하면서 그는 중국 외교의 방점이 정치 선전 내용에서는 평화를, 경제 정책에서는 대외 무역을 강조하는 것으로 전환되었음을 공식화했다.[3]

미국과 중국은 소통과 대화의 강화를 양국 관계 발전의 명제로 삼으면서 다른 한편으로는 서로를 견제하는 전략도 동시에 추구했다. 미국은 동아시아에서 자국의 전략 이익과 외교 목표(즉, 민주주의 진영 구축과 진영 내 국가의 민주화 구현 등)를 달성하기 위해 공산주의 억제 정책을 적극 개진했다.

군사적으로 한국전쟁 이후 동아시아의 국가와 일련의 방위조약을 체결하면서 중국과 소련을 견제하기 위한 오늘날의 동맹체제, 즉 '허브 앤 스포크(hub-and-spokes)' 시스템을 구축했다. 이는 자전거 바퀴처럼 미국이 중심에 있고 동맹국을 바퀴의 살로 연계하는 체제이다. 경제적으로는 동맹국에 대한 지원과 원조를 강화하는 동시에 중국과 북한 등 전쟁을 치른 국가나 공산국에 대해 강력한 제재 조치를 추가했다.

중국은 미국의 동아시아 정책이 자신에게 더 불리하게 강화되면서 고립

---

3 中華人民共和國外交部 編, 『周恩來外交文選』 (北京: 中央文獻出版社, 1990), p. 81.

상황이 더 깊어지는 불리한 국면을 맞이한다. 한층 더 강화된 경제제재와 정치적 고립 상황에서 탈피하기 위해서는 우선 중국 근해에서의 주권을 회복하는 것이 급선무였다. 즉, 대만 국민당정부가 점령한 저장(浙江)성 열도에서부터 푸젠(福建)성 열도까지를 탈환하는 것이 우선 목표로 부상하게 됐다. 이 열도를 탈환함으로써 중국 무역에 필요한 항해 노선을 다시 장악하겠다는 속셈이었다.

군사적으로 미국의 동맹체제가 결성되고 미군의 존재감이 확연해지는 상황에서 미국의 군사적 위협은 중국에게 나날이 현실로 다가왔다. 이를 타파할 수 있는 전략적 선택은 두 가지였다. 하나는 외교적인 평화적 해결이었고, 하나는 소련의 지원을 통해 국방 현대화를 꾀하는 동시에 핵무기 개발을 통해 군사력을 강화하는 것이었다. 이런 전략적 사고의 결과 중국은 1958년부터 본격적으로 핵무기 개발을 추진했다.

중국은 미국의 핵 위협과 강력한 재래식 무기의 병력 앞에서 핵무기의 필요성을 절실하게 깨달았다. 마오쩌둥이 핵개발에 집착하게 된 가장 큰 이유는 50년대에만 세 차례(1950, 1954, 1958) 발생한 미국의 핵 위협 때문이었다.[4] 미국은 한국전쟁, 1954년 1차 대만해협 위기사태와 1958년 2차 대만해협 위기사태 등 총 세 번씩이나 중국에게 핵무기를 사용하는 문제를 심각하게 고려했었다. 이는 중국에게 크나큰 위협으로 다가올 수밖에 없었다.

이후 중국의 핵개발을 가속화시킨 것은 1969년 중소 국경 무력분쟁 때 발생한 소련의 핵 위협이었다. 거듭된 주변 강대국의 핵 위협은 중국으로 하여금 핵 억지력 강화의 필요성을 통감케 했다. 중국은 이 상황을 자신이 핵무기를 개발할 수밖에 없었음을 정당화하고 합리화하는 데 근거로 사용했다.

---

4 50년대 중국이 미국으로부터 받은 핵 위협은 총 5번이다. 첫 번째, 두 번째, 세 번째가 모두 한국전쟁 기간 동안이었다. 첫 번째 위협은 1950년 11월 30일 중국군의 제2전투 시기에 투르먼 미 대통령이 기자회견에서 핵무기 사용을 고려하고 있다고 밝혔을 때다. 두 번째 위협은 1951년 4월 미군의 핵폭탄 폭격기가 괌에서 준비하고 있었을 때였다. 그러나 명령이 떨어지지 않았다. 세 번째는 1953년 1월 아이젠하워 대통령이 취임하면서 한국전쟁 종결을 위해 핵무기 사용을 준비한다고 했을 때였다. 네 번째는 1955년 1월 중국인민해방군이 1차 대만해협 위기사태 때 저장성의 일강산도를 점령했을 때 미국정부가 중국에 핵 타격을 신중하게 고려했을 때였다. 다섯 번째는 1958년 2차 대만해협 위기사태였다.

오늘날 북한의 핵개발 이유와 일맥상통하는 부분이다. 북한은 90년대 중반까지 한국에 배치된 주한미군의 전술 핵무기에서 핵개발의 당위성과 정당성을 주장했다.

미국은 항상 중국을 대국으로 인식했다. 과거 대국의 개념은 비교적 간단했다. 국력의 규모가 대국을 결정했다. 국력의 구성 요소는 인구수, 영토면적, 자원매장량 및 생산량과 군사력(병력)이었다. 이런 개념에서 보면 미국은 중국에 처음 진출한 19세기말부터 중국을 대국으로 인식할 수밖에 없었고 실제 그렇게 인지했었다.

그러나 이후 중국공산당이 중국을 통일하고 정권을 장악하고 공산화에 성공하면서 중국의 위상도 변화를 겪게 되었다. 미국의 눈에 중국은 더 이상 일반적인 대국이 아니었다. 이제 중국은 공산주의 대국이자 미국의 국익에 상당히 위협적인 대국이 되었다.

비록 당시 중국의 경제력은 매우 열악한 수준이었지만 인구는 5억여 명에 달했고 국토면적은 세계에서 3번째로 컸으며 병력도 400만 이상의 대군이었다. 자원도 당시 기준으로 자급자족이 가능할 정도였다. 석유와 천연가스만 생산이 안 되었을 뿐 다른 모든 자원을 국내에서 조달할 수 있었다.

미국이 중국을 날카로운 눈으로 예의주시하게 된 또 하나의 큰 요인은 중소 동맹관계였다. 동맹이란 이름으로 제공된 소련의 경제적·군사적 지원과 정치적 지지는 중국의 국력과 위상을 빠른 속도로 높여주었다. 중국은 이에 힘입어 아시아의 공산 대국으로 자리매김할 수 있었다. 그리고 이를 바탕으로 아시아 국가에 대한 혁명 수출에 속도를 올릴 수 있었다. 중국은 자연스럽게 동아시아에서 미국의 국익과 안보이익에 가장 큰 위협을 주는 나라로 부상했다.

미국은 중국이 아시아에서 벌이고 있는 혁명 수출과 민족해방운동 등을 저지하기 위한 방어선(저지선) 구축이 시급했다. 한국전쟁을 계기로 동아시아 국가와 체결한 일련의 동맹조약들은 이러한 방어선의 상징이었다. 미국은 일본, 대만, 한국, 필리핀, 태국, 호주, 뉴질랜드 등 동아시아를 비롯해 그 주변국들과도 동맹조약을 맺었다. 이후 이 지역 내 집단안보체제의 구축을 위해 첫 삽을 떴는데 그것이 오늘날 '동남아시아국가연합(ASEAN)'의 전신이었던 '동남아조약기구(SEATO, 시토)'였다.

시토는 1954년 9월 8일에 발족했다. 회원국은 미국, 영국, 프랑스, 호주, 뉴질랜드, 태국과 필리핀이었다. 처음에는 순수하게 역내 국가들의 경제 재건과 국가 발전을 목표로 조직된 지역경제협력체였다. 그러나 중국의 후원에 힘입은 반정부 공산세력의 혁명 시도가 인도차이나반도와 인도네시아 등지에서 빈번하게 일어나자 역내 정국도 불안해지기 시작했다.

결국 인도차이나반도에서 일대의 사건이 터져버렸다. 베트남 내 공산세력이 베트남 북부를 탈환하는 데 성공하면서 베트남이 한반도와 마찬가지로 남북으로 분단되어버린 것이다. 공산세력은 베트남만 휩쓸지 않았다. 캄보디아와 라오스에도 공산세력의 확산이 급진적으로 이루어졌다. 인도네시아의 혁명 시도도 끊이지 않았다. 결국 미국은 1954년 4월 7일부터 아이젠하워가 주창한 이른바 '도미노' 이론에 의거해 역내 공산세력의 급진적 확산으로부터 비공산국의 순차적 공산화를 저지하기 위해 역내 비공산국가들과 동맹체계를 구축하기 시작했다.

그러면서도 미국은 중국과의 소통을 강화하는 데 집중했다. 미국과 중국 모두 상대와의 소통과 대화의 채널을 강화하고 확대하는 데 주력했다. 그 결과 미중은 직접적인 대화채널을 구축하는 데 성공한다. 시작은 1954년 미중 양국 간에 이루어진 최초의 고위급 조우였다. 이를 계기로 미중 양국은 이듬해 제네바에서 대사급 회담을 최초로 성사시킨다. 대사급 회담의 개최 결정에는 미국 내 중국에 대한 인식의 변화가 큰 영향을 미쳤다.

1954년 7월 40%의 미국인이 중국을 적국으로 인식했으나 47%가 중국을 우호적으로 대해야 할 것이라고 응답했다. 또한 8월에는 82%의 응답자가 중국 정부와 아시아 문제에 관해 모종의 협의를 달성하는 게 좋은 아이디어라는 입장을 보였다.[5] 이런 국내 인식 변화로 미 국무장관 존 덜레스(John Dulles)는 기자회견에서 중국과 양자회담을 가질 수 있다는 입장을 처음으로 밝혔다.

미중 양국의 대사급 회담을 촉발시킨 사건은 1954년 11월 중국최고군사법원이 11명의 미군 무장부대 요원과 육군 소속 민간인 직원 2명에게 간첩 혐

---

5 熊志勇, 『中美關係60年』 (北京 : 人民出版社, 2009), p. 76, 78. 2년 후인 1956년 5월에 미국인 80%가 미중 외교장관 회담을 지지했다. 같은 책, p. 81.

의를 이유로 중형을 내린 것이었다. 미국은 우방국 15개국을 동원해 UN에서 이를 해결하려 했다. 그러나 UN 비서의 중재 노력에도 불구하고 문제는 해결되지 않았다. 1955년 5월 영국과 인도도 중재에 나섰다. 그리고 이때 저우언라이는 미국은 물론 국민당과도 담판을 할 용의가 있다는 입장을 처음으로 공개했다. 마침내 7월 13일 영국의 중재 하에 미중 간의 첫 고위급 회담이 시작되었다.

8월 1일 중국의 폴란드주재 대사 왕빙난(王炳南)과 미국의 체코슬로바키아 주재 대사 존슨(Johnson)이 제네바에서 첫 대사급 회담을 개최했다. 첫 회담은 40일 동안 14차례 개최됐다. 9월 10일 협의가 체결되었다. 회담과 협의의 주요 내용은 양국에 잔존하고 있던 국민들의 귀국 문제였다. 양국은 이들의 귀국 권리를 인정하고 적당한 조치를 모색해 최대한 조기 귀국시키자는 데 합의했다. 그리고 영국과 인도가 이들의 귀국을 돕기로 했다.

그러나 이후 대사급 회담은 미중 양국의 국내외 사정으로 1958년 7월까지 재개되지 않았다. 재개된 가장 큰 이유는 2차 대만해협 위기 때문이었다. 이후 1970년까지 바르샤바에서만 총 63회의 대사급 회담이 개최되었다.

미중 대사급 회담은 수없는 경색과 중단, 그리고 재접촉과 재개의 과정을 겪었다. 수많은 우여곡절 속에서 미국과 중국은 1955년부터 1970년까지 15년 동안 무려 136회의 대사급 회담을 개최했다. 이슈도 미국의 대중국 금수 조치 해제 문제에서부터 민간 교류, 그리고 회담 개최 당시 당면한 양국의 중대 현안까지 다양했다. 그럼에도 불구하고 케네디와 존슨행정부까지 미국의 대중국 정책의 기본 노선은 중국을 억제하는 것이었다. 이는 1959년 12월 미 국가안보회의가 제시한 새로운 중국 억제 정책에 근거한 것이었다.

당시 미 행정부는 중국공산당 정권의 공고화라는 가정 하에 중국의 영향력 확대를 저지하고, 중소관계에 긴장을 조성해 중국의 확장 야욕을 억지하는 것에 초점을 맞추고 있었다. 구체적 전술은 인도차이나반도에서 중국을 곤경에 빠뜨리고, 소련과 핵 금지 조약을 체결해 중국의 핵무기 실험을 방지하고, UN에서의 의석 회복 노력을 저지하고, 인도네시아정부에 대한 원조를 증대해 중국공산당의 지원 세력을 효과적으로 저지하고 말살시키는 것이었다.

회담을 거치면서 양국은 서로를 더 잘 이해하려 하기 보다는 위기 사태나 당면 문제에 대한 해결의 실마리는 물론 협력할 수 있는 기회를 포착하는 데 회담의 방점을 찍었다. 협력 기회의 포착이 실질적인 양국의 협력을 의미하는 것은 아니다. 대신 양국이 공동으로 인식하는 범위 내에서 협력할 수 있었다는 의미다. 이것이 가능했던 것은 직접 대화가 직접적인 인적 교류와 접촉을 통해 이뤄졌기 때문이다. 이는 미중 양국이 1955년부터 직접적인 무력충돌과 전쟁을 피할 수 있었던 가장 큰 직접적인 요인으로 작용했다.

⚇ 제네바회의와 미중 고위 인사의 첫 조우

한국전쟁 정전협정의 실질적인 이행 사항과 인도차이나반도에서의 프랑스 철수 이후의 문제를 논의하기 위해 1954년 4월 26일 제네바회의가 개최되었다. 중국은 소련의 요청으로 미국, 소련, 영국, 프랑스 등 이른바 '대국 열강'들과 자리를 함께했다. 중국 외교에서 역사적으로 매우 유의미한 사건이었다. 건국 이후 최초의 공식적인 다자회의 참석이었다. 제네바회의는 중국에게 첫 다자외교의 장이었다. 또한 건국 이후 '대국 열강'으로서 처음 인정받으며 참석한 국제적인 회의였다. 중국이 염원하던 '대국'의 지위를 국제사회로부터 드디어 인정받은 것이다.

미중관계의 관점에서 제네바회의는 중국이 처음으로 미국과 동등한 입장에서 첫 공식 협의를 벌인 사건이기도 했다. 그래서 중국은 이 회의의 참석을 앞두고 사전 준비에 열을 올렸다. 중국에게 이 회의는 다자적인 회의인 동시에 미국과의 양자 회의의 의미도 있었다. 한반도문제와 인도차이나반도 문제는 다자 차원에서 진행될 것이었지만 신중국 건국 이후 미중 양국 간에 잔존하는 문제가 많았기 때문에 양국의 입장 확인이 필요했다.

다자 차원에서 중국의 준비는 소련 및 베트남과의 긴밀한 사전 협의 하에 진행되었다. 회의 개최 한 달 전인 1954년 3월부터 중국은 다자외교에 임하는 자세와 태도, 다자협상에서의 전략과 다자회의 내에서 양자협상의 접근 전략 등에 대해 만반의 준비를 했다. 1954년 4월 첫 3주 동안엔 저우언라이를 모스크바로 보내 소련과 두 번의 사전 회의를 가졌다. 소련과 중국은 같이 협력할 것을 확인했다. 회의에서 소련 외무장관 뱌체슬라프 몰로토프(Vyacheslav MolotovMolotov)는 저우언라이에게 한두 개 정도의 문제만 해결될 것이니 많은 기대를 하지 말라고 조언했다. 그럼에도 중국은 북한과 베트남의 참석으로 더 큰 결과를 기대할 수 있다는 긍정적인 희망을 전했다.[6]

중국은 제네바회의 참석 사실에 매우 고무되었다. 실질적인 결실이 있을 것으로 기대했다. 이런 중국의 희망적이고 낙관적인 태도는 4월 19일 인도대사 라가반(N. Raghavan)과의 회담에서도 피력되었다. 저우언라이는 제네바회의가 실패하지 않도록 최선의 결과를 올리는 데 최대한의 외교적 노력을 할 의지를 강력하게 보였다. 그리고 인도에게 중국의 활약상을 세심히 관찰하고 피드백과 조언을 해줄 것을 당부했다.

제네바회의에서 중국의 기본적인 전략은 두 가지였다. 첫째, 대국 간의 모순을 적극 이용하는 것이었다. 미국, 프랑스와 영국의 불일치 사항을 자신에게 이롭게 활용하는 것이었다. 그러면서 기회가 있을 때마다 영국과 프랑스, 그리고 중립국들과 접촉하는 것이었다. 둘째, 해결하기 쉬운 의제부터 해결하면서 최소한 잠정적인 합의를 도출해내는 것이었다. 즉, 작은 결실이나마 얻는 회의가 되도록 최선을 다하는 것이었다.[7]

중국은 또한 제네바회의에서 서구와의 적극적인 외교를 통해 그들의 경제제재와 미국의 정치적 고립 정책을 타파할 수 있는 기회가 마련되기를 희망했다. 그러나 이보다 더 현실적인 목표는 대국 간의 협의를 통해 국제문제가 해결될 수 있다는 선례를 남기는 것이었다.

그래서 중국은 인도차이나 문제에 있어서만큼은 베트남 분단 상황을 현 수준으로 유지하는 것에 초점을 맞췄다. 중국의 이 같은 태도엔 몇 가지 역사적 배경이 있었다. 첫째, 한국전쟁 휴전 후 중국은 국내문제에 집중하고 싶었다. 모든 국내 자원을 국가 재건과 이를 수반하는 1차 5개년계획에 집중 투입하고 싶었다. 그리고 대만의 해방 문제도 해결하고 싶었다.

둘째, 한국전쟁에서 경험했듯이 중국은 베트남의 디엔비엔푸(Dien Bien Phu)의 함락 과정에서 미국의 군사적 개입 가능성을 우려했다. 중국은 미국

6 Zhang, "Constructing 'Peaceful Coexistence'," *Ibid.*, p. 514.

7 中共中央文獻硏究室 編, 『周恩來傳』(北京 : 中央文獻出版社, 1998), pp. 1112~1114.

제네바회의 모습

의 개입을 최대한 막기 위해 모든 것에 협의할 의향과 의지가 있었다. 즉, 당시 말미로 치닫던 베트남 독립 전쟁에 미국이 개입하는 최악의 상황에 대비하기 위해 한국전쟁 때와 마찬가지로 중국의 국경지역을 마지노선으로 설정해 미군의 진격을 방지하려는 목적이 복선으로 깔려 있었다.

셋째, 중국의 외교 기반이 '평화공존'임을 확고하게 알리면서 평화적 국가 이미지를 극대화해 미국의 당시 대중국 금수조치(trade embargo)와 경제제재(economic sanctions)에 대한 돌파구를 마련하고 싶어 했다. 즉, 미국에게 중국의 새로운 평화적 이미지를 심어줌으로써 미국의 대중국 경제 봉쇄 전략에 긍정적인 변화가 생기기를 기대했다.

1954년 4월 20일 저우언라이는 200명 이상의 중국 대표단을 이끌고 기대와 희망에 부푼 채 제네바에 도착했다. 그러나 정작 회의가 개최된 첫날 중국을 대표한 저우언라이 총리가 미국 측 대표 존 덜레스(John Dulles) 국무장관과 악수하기 위해 손을 내밀었을 때 그가 받은 건 덜레스의 무관심이었다. 그는 저우언라이를 그냥 지나치면서 그의 손을 무색하게 만들었다. 눈길조차 없었다. 결국 첫 공식 석상에서의 미중 간의 만남은 미국의 일방적인 무시 속에서 시작되었다. 한국전쟁의 휴전 협상 때보다 더 차가운 냉기가 돌았다.

자존심이 상할 법도 하건만 저우언라이는 냉정을 잃지 않았고 준비해온 생각과 전략을 거침없이 개진했다. 그중 하나가 '평화공존 5항 원칙'을 소개하는 것이었다. 5월 12일 인도차이나반도 문제를 논의하는 3번째 회의석상에서 저우언라이는 미국의 당시 아시아 정책의 골자인 '아시아인들끼리 싸우게 하는(using Asians to fight Asians)' 전략에 대항하는 방책으로 '평화공존 5항 원칙'을 소개했다. 그러나 덜레스는 아무 내색도 하지 않았다.[8]

한반도문제가 회의 주제로 떠올랐을 때 한국전쟁의 당사국인 미국과 중국은 별다른 결실을 얻지 못했다. 중국은 북한에 대한 영향력이 미미했고 소련이 한반도문제를 성급하게 다루려 하지 않으면서 미국과의 첫 협상은 아무런 결실 없이 종료되었다.

회의 개최 8일 만인 4월 28일 저우언라이는 마오쩌둥에게 미국이 해결을 원하지 않고, 프랑스가 한반도문제를 논할 입장도 아니고, 영국은 사안에 대해 발언하길 원치 않고 있다는 회의적인 상황을 보고했다.

5월 17일 마오쩌둥은 저우언라이에게 모든 외국군을 한반도에서 철수시킨 후 몇 개의 중립국 관할 아래 남북한 종합 선거를 개최하자는 입장을 견지하라고 지시했다.[9] 6월 15일 결국 아무런 소득 없이 한반도문제에 대한 협의가 종료되었다.

인도차이나반도 문제에 관한 회의에서 프랑스는 조급함을 보였다. 한반도문제에서는 소련이 주도하는 대로 따라갔지만 인도차이나반도 문제에선 중국이 운전대를 잡았다. 이유는 간단했다. 당시 소련은 베트남을 포함한 인도차이나반도 문제에 대해 관심이 없었다. 모든 것을 중국에 일임했다고 해도 과언이 아니다.

이는 1950년 1월 호치민의 방소와 소련과 베트남민주공화국(Democratic Republic of Vietnam, 북베트남 또는 베트콩)의 수교 모두가 중국의 부탁으로

---

8 Qiang Zhai, China and the Vietnam Wars, 1950~1975 (Chapel Hill, NC : The University of North Carolina Press, 2000), p. 55.

9 中共中央文献研究室, 『周恩来外交文選』, pp. 74~78.

저우언라이와 프랑스 총리의 회견

성사된 사실에서 역력하게 나타났다. 스탈린이 중국의 부탁을 받아들인 데는 소련 외교부의 설득이 있었다. 소련 외교당국은 소련주재 중국대사관이 베트콩 관련 모든 업무를 대신 처리할 것이라고 귀띔해주었다.

이 같은 상황에서 북한 다음으로 중국이 가장 많은 지원과 원조를 제공한 상대가 베트남 공산당(Communist Party of Vietnam, CPV)이었다. 중국은 베트남 공산당을 지원하기 전 사전 준비로 베트남 정세에 대한 연구 분석 작업을 1950년 상반기부터 진행했다. 그리고 1951년 2월부터 베트콩을 본격적으로 지원하기 시작했다. 북경은 베트남 공산당에게 군사 자문관부터 수천 톤에 달하는 수백 대의 차량, 식량, 무기, 의류와 휘발유를 제공했다. 이런 중국의 지원과 원조가 프랑스군 격퇴에 밑거름이 되었다.

1950년 4월부터 중국은 북베트남에 파견할 군사 고문단을 준비하기 시작했다. 이들의 임무는 두 가지였다. 하나는 북베트남의 군대를 재정렬·재정비하는 것이었고 다른 하나는 프랑스와의 전쟁에서 이길 수 있는 전략 계획을 수립하는 것이었다. 79명의 장교로 구성된 중국 군사 고문단은 '남중국 실무 그룹'이란 명의로 8월 북베트남에 도착했다.

저우언라이의 프랑스와의 협상 전략은 프랑스의 의사를 읽고 이를 수용하는 것이었다. 즉, 조속한 평화적 해결을 원하는 프랑스의 정곡을 찌르겠다는 전략이었다. 그는 영국이 이에 적극 동조할 것이라고 확신했다. 이의 전초전으로 저우언라이는 베트남에게 프랑스 포로군 858명을 석방하라고 요구했다. 프랑스에게 위안을 주기 위한 전술이었다.

그리고 본격적인 협상에 나섰다. 그는 베트남과 소련의 대표단 간에 회동을 주선했다. 또한 영국 외교부장관과의 세 번의 회담, 그리고 프랑스 외교부장관과의 한 차례 회담을 통해 의견 조율에 성공했다.

중국의 노력이 통했는지 프랑스는 중국에게 만족스러운 조건을 제시한다. 베트남의 일시적인 분할과 국제통제위원회의 관할 하에 라오스와 캄보디아의 중립화와 자결권을 보장하는 조건에서 평화적 해결을 수용하는 것이었다. 나아가 6월 23일 프랑스 총리는 저우언라이에게 인도차이나반도에 군사기지를 구축하려는 미국의 어떠한 노력도 지원하지 않겠다는 입장을 전했다.

저우언라이는 이런 조건에 흡족했으나 베트민(Vietminh)의 반대를 우려해 회의 도중인 7월 3~5일 중국 광시성의 류저우에서 호치민과 회담을 갖는다. 저우언라이는 호치민에게 중국의 원조와 지원을 담보로 프랑스의 조건을 수용할 것을 요구했다. 그리고 위도를 기준으로 베트남의 분할도 수용할 것을 제안했다.

호치민은 이를 받아들였고 7월 7일 마오쩌둥도 이를 승인했다. 다만 마오쩌둥은 저우언라이에게 소련의 동의도 구할 것을 요구했다. 7월 10일 저우언라이는 제네바 회항 길에 모스크바를 경유했고 소련의 동의도 얻어낸다. 제네바 도착 후 프랑스는 분단선을 위도 18도로 주장했고 중국과 베트남은 16도 선을 요구했다.

결국 17도 선에서 합의가 이루어졌다. 7월 21일 인도차이나에 대한 제네바 합의문이 채택되었다. 이 합의문은 즉각적인 휴전, 베트남의 분할과 라오스와 캄보디아의 중립화를 보장하는 내용이었다.

미중 양자 차원에서 양국이 당면한 과제는 신중국 건국 이전에 양국에 잔류하고 있던 교민들의 귀환 문제였다. 신중국 건국 이후 중국에 구류 중이던 미국인은 모두 83명이었다. 그중에는 1953년 1월 중국 상공에서 삐라를 뿌리던 미군도 있었다. 이들은 임무 수행 도중 중국 북부지역에서 피격을 당해 착륙했고 체포된 후 중국 법원으로부터 장기 수감의 판결을 받았다.

미국에 구류 중이던 중국 유학생은 120명이었다. 1949년에서 1950년 5월까지 천여 명 이상이 귀국했고 남아 있던 434명 중 314명이 이후 귀국했다. 그러나 나머지 120명은 출국이 금지된 상황이었다.[10] 자국민 귀환 문제를 위해 미중은 6월 5일 첫 대면식을 가졌다. 양측은 저우언라이와 덜레스 때와는 다르게 악수를 했다.

이후 미중은 6월 5일, 15일, 20일과 21일 총 4차례의 협상을 가졌다. 미국 측은 구금된 미국인의 명단을 중국 측에 제출하면서 이들의 조기 귀환을 요구했다. 이에 중국은 그들의 범죄 형량을 다시 검토해 감형이나 조기 석방을 고려해 보겠다고 했다. 그 전까진 구류 중인 미국 교민과 군 요원들이 중국의 적십자사를 통해 가족들과 편지나 작은 소포를 주고받을 수 있게 조치하겠다고 그 자리에서 전했다. 중국 측은 조기 석방할 미국인 6명의 명단을 미국 측에 건넸다.

중국에 구류 중인 미국인에 대한 논의는 비교적 순조롭게 진행되었다. 중국이 크게 반대나 불만을 표하지 않았기 때문이다. 그러나 미국에 구금 중인 중국인의 귀환 문제는 달랐다. 미국이 난색을 표했기 때문이다. 미국에 체류 중인 중국 유학생의 대부분이 미사일, 원자력과 무기 설계 등의 전문가였기 때문에 미국으로선 그들의 귀환을 쉽게 허가해 줄 수 없었다.

그중에는 훗날 중국에서 '미사일의 아버지'라고 일컬어진 첸쉐썬(錢學森) 박사도 포함되어 있었다. 그래서 이들의 귀국 문제 해결에는 시간이 걸렸다. 1955년 9월 17일 첸 박사가 추방되면서 많은 이들도 이를 전후해 고향 땅을 밟을 수 있었다.[11]

중국은 제네바회의를 통해 새로운 국가 이미지를 구축했다고 자부한다.

---

10 熊志勇, 『中美關係60年』 (北京 : 人民出版社, 2009), pp. 70~72.
11 첸쉐썬은 중국이 핵 강국으로 발돋움하는 데 기초를 닦은 인물이다. 핵탄두를 수송할 수 있는 미사일 발사체를 완성한 장본인이다. 그의 일대기를 그린 책이 한국에서 번역 출판되었다. 아이리스 장 지음, 이정훈 옮김, 『중국 로켓의 아버지 첸쉐썬』 (서울 : 역사인, 2013).

신중국이 호전적이 아닌 자애로운(benevolent) 국가임을 세계에 알릴 수 있는 좋은 기회였고, 인도차이나반도 문제에서 합의를 도출함으로써 목표를 달성했다고 주장한다. 나아가 합의 과정에서 적극적이고 유연한 자세로 책임감 있게 화해의 가교 역할을 충실히 이행했다고 자평한다. 그리고 그 결과 냉전 정치에서 '정상'적인 국가와 대국으로 인정받게 되었다고 주장했다.[12]

1954년 7월 6일 저우언라이가 제네바에서 귀국한다. 그리고 다음날 그는 정치국 확대회의에 참석해 제네바회의의 성과를 두 가지로 설명했다. 하나는 '통일전선' 정책 전략이 유효했다는 것이다. 프랑스, 영국, 동남아 국가와 인도차이나반도 국가들과 연합해 미국을 고립시킴으로써 목표를 달성하려는 전략이 유효했다는 것이다.[13]

다른 하나는 국제 긴장국면이 비군사적 수단, 즉 외교협상을 통해 해결될 수 있다는 사실을 확인한 것이었다. 외교의 수단으로 미국의 세계 패권 확장 야심을 억제할 수 있었다고 평가했다. 이 같은 고무적인 분위기에서 얻은 자신감은 중국이 반둥회의에서 평화공존 5항 원칙을 국제사회에 관철시킬 수 있는 기반이 되었다.

격양된 분위기 속에 중국은 처음으로 문호 개방을 정책 의제로 상정했다. 문호 개방이 정치적 고립보다 중국의 국익에 더 부합하고 유리하게 작용할 것이라는 신념을 얻은 덕이었다. 7월 7일 저우언라이는 같은 확대회의에서 이제는 마오쩌둥이 건국 초기에 채택한 "집안을 청소한 후 손님을 다시 불러들인다(打掃幹淨屋子, 再請客人進門)"는 외교 원칙에서 문호 개방으로 전환할 적당한 때가 왔다고 제안했다. 중국의 명성과 위상이 개선되고 제고된 상황에서 소련 역시 국제무대에서 중국이 더 적극적으로 참여하고 행동할 것을 기대하고 있기 때문에 개방은 불가피해졌다는 논리를 개진했다.[14] 이에 마오쩌둥 역시 동의했다.

그의 구상 배경에는 중국의 평화공존 원칙이 영국과 인도에 의해 수용된 사실과 프랑스와 동남아국가와 협상이 잘 되어 얻은 신뢰감이 있었다. 그는

---

12 Zhang, "Constructing 'Peaceful Coexistence'," p. 518.
13 中共中央文獻研究室 編, 『周恩來年譜』(北京 : 中央文獻出版社, 2007), p. 395.
14 中共中央文獻研究室 編, 『周恩來傳』, p. 1147.

지금이 중국과 수교할 의사가 있는 국가와 실무적인 외교 관계를 발전시켜 나갈 기회라고 평가하면서 문호 개방의 필요성을 합리화시켰다.

중국 외교의 주요 대상은 자연스럽게 남아시아와 동남아 국가로 집중되었다. 이들 국가는 수천 년을 중국 중심의 질서에 종속되어 살아왔다. 때문에 다른 나라보다도 중국에 대한 부정적 이미지가 강했다. 더욱이 중국이 공산혁명을 승리로 이끈 후 이들은 중국의 공산주의 확산 노력에 심한 불안감과 우려를 가지고 있었다. 특히 중국이 이들 국가의 화교를 통해 공산혁명을 촉발시키려는 노력이 자행되면서 중국에 대한 공포감은 더욱 커져만 가고 있는 상황이었다.

건국 이후 마오쩌둥은 아시아 공산진영의 맹주로 올라서기 위해 아시아 코민포름 설립에 열을 올렸다. 이를 위해 당시 중국공산당은 1951년부터 남아시아에서 일본까지 12개국(인도차이나반도의 3개국 포함)의 공산당에게 공산혁명의 성공 노하우를 한창 전수 중이었다. 중국의 야심 찬 계획은 다양한 방식의 지원과 원조를 통해 이루어졌다.

1952년부터 중국공산당은 3년 과정으로 이들 지역 국가의 공산당을 교육하기 시작했다. 첫 교육 프로그램에 참가한 나라는 베트남, 호주, 뉴질랜드, 파키스탄, 인도네시아, 말레이시아, 태국, 버마(미얀마)와 일본 등이었다. 특히 일본 공산당의 교육 참가자는 당시 전후 중국에 잔존하고 있던 당원까지 포함되어 그 수(1,500여 명)가 넘쳐 났다. 1955년 첫 졸업생을 배출한 후 중국은 일본 공산당원에 대한 교육 프로그램에만 변화를 기했다. 교육 기간을 3년에서 2년으로 단축시키고 교육 장소도 북경이 아닌 텐진(天津)과 타이구(太古)로 변경했다.

중국공산당은 또한 이들의 공산혁명 노력을 군사적·재정적으로 지원했다. 군사적인 지원의 대표적인 예로 뒤에서 기술되듯이 베트남의 사례가 있으며 앞장에서 봤듯이 중국인민해방군 내의 조선 국적 군의 북한 귀환도 이의 일환으로 진행되었다고 한다. 재정적 지원의 대표적인 사례는 일본 공산당이었다. 중국의 당시 재정 능력을 감안하면 중국이 직접 재정을 지원한 것은 아니었다. 소련이 마련한 재정이 중국을 통해 일본 공산당에 전해졌던 것이다.

소련은 중국과 동구 사회주의 국가와 함께 이른바 '국제펀드', 즉 '좌익 노동자 지원의 국제 무역 조합 펀드(International Trade-Union Fund for Helping Left-Wing Workers)'를 조성했다. 이 펀드에서 일본 공산당에 대한 지원금이 전달된 것이다. 1955년 4월 18일 소련공산당의 최고 간부회는 일본 공산당에 25만 달러를 지원하기로 결정했다. 그러나 1958년부터 소련공산당이 직접 지원 사업을 관장하게 되었다. 그 이유는 1956년 10월 19일 일본과의 관계가 정상화되었고 공동성명문을 발표함으로써 양국의 전쟁 관계 상황이 정식으로 종결되었기 때문이다.[15]

그러나 중국의 아시아판 코민포름의 꿈은 제네바회의 종결과 함께 끝나고 만다. 중국은 제네바회의 이후 국제정치와 세계질서를 새롭게 인식하기 시작했다. 공산혁명의 노선보다는 평화와 대화의 노선이 가진 전략적 가치와 중요성을 더욱 중시하기 시작했다. 7월 7일 정치국 확대회의에서 저우언라이의 문호 개방의 필요성을 경청한 마오쩌둥은 현 정세가 완화되어가고 있는 와중에 사회체제가 다른 국가와의 평화공존은 소련의 원칙이자 중국의 원칙이므로 이것이 국제관계에서 준수되어야 하는 시기가 도래했음을 천명했다.

이 같은 인식의 변화로 중국공산당 최고지도부는 아시아판 코민포름의 필요성이 잠식되었다 판단하고 포기했다. 중국공산당의 포기 결정은 곧바로 실천에 옮겨졌다. 일례로, 그해 10월 중국은 소련공산당과 함께 말레이시아 공산당에게 공동 명의의 메모를 보내면서 혁명의 성공을 위해 무력 투쟁을 포기하고 평화 노선을 채택할 것을 요구했다.

제네바회의는 중국 외교에서 '처음'이라는 수식어가 많이 붙는 중국 외교사에서 중대한 의미를 지닌 사건이었다. 중국이 처음으로 참석한 공식 국제 협상 회의였고 처음으로 개진한 다자외교의 장이었다. 그리고 중국이 국제사회로부터 건국 이후 처음으로 대국의 지위와 위상을 인정받은 자리였다. 제네바회의의 '성공'적 결실에 힘입어 중국은 더 적극적으로 다자외교를 개진하게 된다.

이듬해인 1955년 4월 인도네시아 보고르(Bogor)에서 개최된 '아프리카·아시아 회의', 즉 '반둥회의(Bandung Conference)'는 중국이 인도 및 버마와 함

---

15 Zhihua Shen and Yafeng Xia, "Leadership transfer in the Asian revolution : Mao Zedong and the Asian Cominform," Cold War History, Vol. 14, No. 2, 2014, p. 211.

께 개최한 또 다른 다자외교의 장이었다. 비록 독자적으로 한 것은 아니었지만 인도 및 버마와 함께 중국이 주도한 첫 공식 국제회의였다. 즉, 중국이 처음으로 정부 차원의 국제 다자 회의의 주최국이 된 셈이다.

⦂ 평화공존 5항 원칙 주장의 모순 - 1차 대만해협 위기사태와 미중 갈등

한국전쟁에서 미국과 전쟁을 치른 중국은 평화에 목말라 있었다. 1840년 1차 아편전쟁 이후 100년 넘도록 중국엔 평화가 거의 없었기 때문이다. 외세와의 식민전쟁이 1911년 중화민국 건국 때까지 끊이질 않았다. 이후 평화가 찾아올 것을 기대했으나 1921년 공산당이 창당된 후 이른바 '국공내전'이 1927년부터 본격화되었다. 10년 뒤 일본의 제국주의 전쟁으로 말미암아 중국은 1937년부터 1945년까지 '항일전쟁'을 치르게 된다. 그리고 이 전쟁이 끝나기가 무섭게 국민당과 공산당의 2차 내전이 1949년까지 지속되었다.

국공내전은 국민당의 패배로 1949년에 종결되었고 10월에 중화인민공화국이 설립되었다. 새로운 나라의 건국의 기쁨과 환희도 잠시, 평화가 찾아왔다는 착각은 1950년 6월 한국전쟁으로 또 다시 산산이 부서져 버리고 만다. 그리고 3년의 전쟁을 겪었다. 100년이 넘는 전쟁으로 중국의 국가경제와 사회생활은 피폐해질 대로 피폐해졌다. 그렇기 때문에 신중국은 하루 빨리 평화롭고 안정적인 삶을 갈망하는 중국인들에게 안식처가 되고 싶어 했다.

이런 역사적 배경 속에서 이른바 '평화공존'의 개념이 중국 외교에 도입됐다. 내전의 가능성이 희박해진 가운데 외세의 위협으로부터 해방되고 외세와의 전쟁을 피하기 위한 고육지책이었다.

'평화공존'의 개념이 중국 고유의 것은 아니었다. 레닌이 10월 혁명으로 소비에트공화국을 건국한 후 비슷한 맥락에서 고안해 낸 개념이었다. 중국은 레닌의 평화공존 개념을 한 번 더 업그레이드한 장본인이었다. 단순하게 국가와 사회 제도가 다른, 이념이 다른 국가들이 전쟁을 피하고 평화롭게 공존하자는 개념에서 이를 구현하기 위해 수반되어야 할 원칙을 중국이 고안해낸 것이다.

중국은 평화로운 공존을 위해 세계가 다섯 가지의 원칙을 존중하고 준수해야 한다고 주창했다. 즉, (1)영토주권과 영토완정을 존중, (2)상호 불가침, (3)내정 불간섭, (4)국가 간 상호호혜(互惠)하면서 발전할 것, (5) 이 모든 전제 조건을 준수하면서 평화롭게 공존하자는 것이었다.

대내적으로 중국은 이미 1953년 6월에 이 개념을 소개했다. 저우언라이는 중국의 원로 외교관들과 함께한 자리에서 중국은 이제 국제 분쟁이 평화적 협상을 통해 해결되어야 하고, 제도가 다른 나라와 평화공존과 평화경쟁을 실천하는 것을 선전해야 한다고 설명했다.

대외적으로는 이 원칙이 1953년 12월 31일 중국을 방문한 인도 대표단에게 처음 소개되었다. 이후 중국은 인도와 버마의 협조 아래 이 개념이 국제관계의 규범이 될 수 있도록 노력했다.

이의 첫 행동 방침으로 저우언라이는 1954년 1월 9일 아시아의 무력 분쟁에 연루된 '모든 강대국'이 역내 평화 회복을 위해 '협의(consult)'할 것을 제언했다. 이는 1953년 9월 28일 소련이 5대 강국 평화회의 개최를 호소한 것을 간접적으로 지지하는 발언이었다. 저우언라이의 제언에 소련 외교부장 몰로토프는 1월 말 베를린에서 5대 강대국의 평화회의를 개최하자고 다시 한 번 제창했다. 이에 영국과 프랑스도 동조하며 이 5대 강대국에 중국까지 포함시켜 한반도와 인도차이나반도 문제를 논의하자고 재청했다. 이것이 1954년 개최된 제네바회의의 의식 기반이 되었다.

중국의 평화공존 원칙이 외부의 도움 없이 태어난 것은 아니었다. 인도와 버마의 지도자들과 수많은 협의와 논의 끝에 완성되었다. 중국의 평화공존 개념이 생성되기 시작한 것은 저우언라이가 한국전쟁 이후 인도의 네루 수상과 첫 회담을 가지면서부터였다. 중국은 제네바회의 이후 지역 주변 국가와의 관계개선을 외교 목표로 설정한 다음 그 우선 대상을 인도와 버마로 선정했다. 그리고 인도 네로 수상의 첫 방문 초청에 응했다.

저우언라이의 1954년 6월 25～28일 뉴델리 행은 신중국 건국 이후 중국 지도자의 첫 비공산국가 공식 방문이었다. 방문 기간 동안 저우언라이와 네루는 6차례의 회담을 가졌다. 저우언라이와 네루의 공식회담의 표면적인 목적은 티베트 문제에 대해 공통된 인식을 모색하는 것이었다. 그러면서 공동의 인식을 갖기 위해서는 같은 입장을 취할 수 있는 정치적 기반, 즉 공동의 원칙이 필요함을 깨닫게 된다.

10월에는 네루가 북경을 답방한다. 마오쩌둥은 네루를 접견하는 자리에서 양국이 5개 원칙을 확산시키고 국제관계의 지배 원칙이 될 수 있도록 규범화하는 데도 앞장설 것을 촉구했다.

때마침 네루는 아시아에 중립적이고 외국의 군사기지와 개입 또는 침략이 부존하는 '평화 지대(peaceful zone)' 창출 구상을 세계에 제안하고 있었다. 저우언라이는 지지 의사를 밝혔다. 이와 더불어 그는 평화공존 5항 원칙을 인도뿐 아니라 역내 국가인 버마, 인도네시아, 파키스탄, 스리랑카, 라오스, 캄보디아 및 기타 동남아 국가와의 관계에 적용하고 싶다고 전했다.

이런 원칙을 관철하기 위해 수반되어야 할 것이 신뢰 구축인데 이의 시작으로 저우언라이는 중국 화교의 이중 국적을 더 이상 허용하지 않겠다는 입장을 전했다. 이는 상술했듯 중국 화교들의 행위로 비공산국가 내 공산혁명에 대한 불안감이 팽배한 상황에서 중국정부가 그들과의 관계를 끊어 이 같은 불안감을 종식시키겠다는 의미로 혁명 수출을 금하겠다는 뜻이었다.

네루와의 공식 회담을 마치고 저우언라이는 버마를 방문(1954. 6)했다. 그리고 버마 수상 우누(U Nu)와 두 차례의 회담을 진행했다. 우누와의 회담에서 저우언라이는 뉴델리에서 밝힌 중국공산당의 혁명 수출 금지 입장을 재확인했다.

그러나 중국의 평화 외교 공세도 난항을 피할 수 없었다. 중국의 평화 외교 구상은 미국의 아이젠하워(Eisenhower)정부와 장제스정부가 방위조약을 논하기 시작하면서부터 심각한 도전에 당면한다. 미국의 대만 방위 조약은 장제스정부에 군사적 지원과 원조를 제공하는 동시에 중국에 대한 해양 봉쇄선을 중국 광동성 연해지역과 베트남의 통킹만(Tongkin Gulf)까지 연장하는 내용을 포함하고 있었다. 중국은 미국의 조치를 미국의 대중국 침략 전선의 확장으로 간주했다.

1954년 8월 12일 중국 외교부 공작회의에서 그 의미가 공표되었다. 저우언라이는 미국이 한반도, 베트남, 대만을 통해 중국을 침공할 수 있는 전선 구

축을 구체화하고 있다고 당시의 위협 의식을 전했다. 한반도와 인도차이나반
도에서의 전쟁이 종료된 상태에서 대만은 미국의 유일한 화약고로 인식됐다.
저우언라이는 미국이 대만을 통해 광란의 전쟁을 일으킬 수 있으므로 지금이
대만 해방의 적기라고 선언했다.

이후 중국은 대만과 연해 도서를 해방하기 위한 전쟁 준비 태세에 들어간
다. 미국과 대만의 방위조약 체결을 저지하기 위한 압박이었다. 7월 15일자
《인민일보》 사설은 미국과 대만이 체결한 방위조약의 의도를 비판했다. 즉,
다른 아시아 국가와 연계하려는 의도가 농후하다고 비판했다. 그래서 체결할
경우, '지속적이고 엄중한 결과'를 맞이할 것이라고 엄중 경고했다.

7월 23일자 《인민일보》 사설에서 마오쩌둥은 중국의 경고를 공식화시켰
다. 그는 "대만의 해방을 반드시 원한다(一定要解放臺灣)"라는 제목의 사실을
통해 대만문제의 해결을 위해 무력 수단을 동원하기로 결정했음을 전국에 알
린다.

1954년 8월 마오쩌둥은 화동군구에게 절강성에 위치한 다쩐다오(大陳島)를
침공할 준비를 명령하고 진먼에 대한 대규모 폭격 준비도 지시한다. 특히 후
자를 통해 대만에게 공산당의 해방 결의와 힘을 과시하는 것이 이번 공세의
목적이었다.

제3장 미중 고위급 접촉 개시와 중국의 이미지 개선의 모순 111

이것이 8월부터 시작된 제1차 대만해협 위기사태다. 주변에 평화적 외교 공세를 하고 있던 중국의 입장에서 무력 공세라는 모순적인 결정은 결코 쉽지 않은 선택이었다.

그러나 미국은 언론매체를 통해 전해진 중국의 경고가 가진 엄중성과 심각성을 제대로 파악하지 못한 듯했다. 한국전쟁의 역사적 교훈을 새 정부(아이젠하워행정부)가 아직 숙지하지 못한 듯했다. 아이젠하워와 덜레스 미 국무장관은 중국의 경고를 자신들이 격퇴해야 할 공산주의의 공세로 치부했다. 그들은 미국과 대만의 방위조약이 중국 내전에 주는 군사 전략적 함의를 제대로 깨닫지 못한 듯했다.

이런 미국의 태도는 8월의 미국 국가안보회의의 극동아시아 정책검토 보고서(NSC-5429)에서 적나라하게 드러났다. 동 보고서는 전쟁 발발 직전 단계에서 모든 수단을 통해 소련과 동급인 중국의 역량을 감소시킴으로써, 아시아에서 공산주의의 확장을 힘으로 저지해야 한다고 제언했다.[16]

이에 미국 국가안보회의는 극동지역 정책의 중점을 중소 동맹의 균열에 두기로 결정한다. 동시에 중국공산당의 역량과 권위를 감축시키고 미국의 아시사에서의 전략적 이익을 위험을 감수하면서 수호는 하되, 전쟁을 주도하지 않는 범위에서 진행하기로 결의했다. 즉, 아시아에서 전쟁을 일으키지 않는 범위 내에서 공산주의의 확장을 억제한다는 것이었다.

한편 마오쩌둥은 미국과 대만을 압박하기 위해 진먼과 마주(馬祖) 도서를 폭격하기로 결정했다. 그러면서 이를 발판삼아 대만에 상륙해 대만의 '해방'을 달성한다는 것이 초기 계획이었다. 미국은 중국의 공세에 어떻게 대응해야 할지 심각한 고민에 빠져들었다. 즉, 중국과의 전쟁을 불사할 만큼 대만의 작은 도서 방어가 미국 국익에 가치가 있는지에 대한 전략적 가치 판단 문제에 봉착한 것이다.

중국은 대만 폭격을 준비하면서도 외교 경로를 통해 미국의 대중국 적대정책이 변할 것을 기대했다. 8월 24일 마오쩌둥은 영국의 노동당 대표단을 만나는 자리에서 미국에게 (1) 7함대의 철수, (2) 동남아 조직기구의 중단과

---

16 NSC 5429 "Review of U.S. Policy in the Far East," August 4, 1954, https ://history. state.gov/historicaldocuments/frus1952-54v12p1/d283 (검색일 : 2015년 6월 11일).

집단평화공약 체결, (3) 일본의 무장 중단 등을 요구했다. 중국정부는 미국과의 긴장관계가 지속되는 것을 원치 않는다는 입장을 명확히 전해주고 싶었다. 그러나 중국의 기대와는 다르게 미국은 9월 2일 동남아집단방위조약을 체결한다.

그리고 이튿날인 9월 3일 중국은 진먼에 대규모 폭격을 가행했다. 이날에만 약 5,000여 발의 포탄을 발사했다. 4일 미국 중앙정보국은 중국공산당의 무력도발을 미국의 의도를 한 번 떠보기, 즉 간을 보기 위한 것으로 잠정 결론짓는다. 이에 따라 대만 공군은 6일부터 샤먼(廈門)을 공격했다. 이로써 1차 대만해협 위기사태가 전면 폭발했다.

9월 9일 아이젠하워는 콜로라도에서 휴가 중이었고 덜레스 국무장관은 필리핀을 방문 중이었기 때문에 당시 부통령이었던 닉슨이 국가안보회의를 주재했다. 그러나 수장이 없는 상황에서 아무런 결론을 내지 못했다.

12일 아이젠하워의 주재 하에 국가안보회의가 열렸다. 여기서 매파들은 필요에 따라 핵무기를 중국에 사용할 것을 선전했다. 그러나 매튜 리지웨이(Mathew Ridgeway) 장군과 찰스 윌슨(Charles Wilson) 국방장관이 반대했다. 아이젠하워는 미국의 명예냐 대만의 사기냐는 끔찍한 딜레마에 빠지게 된다. 중국의 도발을 묵인해 대만과 이들 도서 모두를 잃을 것인지 아니면 이를 위해 중국과의 전쟁, 특히 핵까지 연루될 수 있는 전쟁을 치를 것인지가 미국의 최대 고민거리였다. 즉, 대만의 가치가 미국의 국익에 얼마만큼의 가치가 있느냐를 가늠해 보는 것이 당시 미 행정부의 최대 과제였다.

미국은 결국 연해도서 때문에 중국과의 전쟁에 연루될 수는 없으나, 공개적으로 이들 도서의 방기를 표명하는 것 역시 할 수 없다는 것으로 입장을 정리했다. 미국으로서는 극단적 진퇴양난의 함정에 빠진 셈이었다. 미국이 이들 도서에서 철수하는 건 곧 주변 동맹국의 안보 심리에 치명적인 타격을 가하는 것이었다. 반대로 미국이 이번 무력 사태에 개입하면 이는 곧 중국공산당과의 전쟁을 의미하는 것이었다.

어느 쪽이든 장제스와 이승만을 제외한 세계인으로부터 비판을 피할 수 없었다. 그래서 미국은 이 사안을 UN에 상정하기로 결정한다. 아이젠하워는 중국공산당이 주장하는 '순수한 내정 문제'를 국제화하여 중국에 압박을 가하면 위기 사태가 자연스레 중단될 것이라고 기대했다.

미국은 전략적 계산에 소련 요인을 고려하지 않을 수 없었다. 미국이 판단하기에 소련이 부결할 경우, 이는 곧 중국이 UN안전보장이사회(안보리) 대다수 회원국의 의사에 위배하는 행동을 했다는 것을 스스로 인정하는 셈이었다. 반대로 소련이 부결하지 않으면 미국이 중국과 전쟁을 치를 필요 없이 진먼다오를 자연스럽게 방어하고 보호할 수 있게 될 터였다. 미국은 어떻게든 이번 딜레마를 다른 쪽으로 떠넘기고 싶었다.

17일 중국의 메시지가 영국을 통해 미국에 다시 한 번 전해졌다.

중국의 메시지는 진먼 때문에 미국과 전쟁하기를 원하지 않으며 이 섬에 대한 중국공산당의 영유권 사실을 인정하는 것이 이번 사태를 종결시킬 최선의 방법이라는 것이었다.[17] 즉, 협상을 통해 진먼을 평화적으로 중공에게 양도하는 대신 대만과 펑화이에 대한 중국의 무력 사용을 금지하는 것이었다. 중국의 메시지를 받은 미국은 대만을 설득하기 위해 대만에게 안보 보장 카드를 제시한다. 이는 안보동맹 조약이었다. 11월 2일부터 시작된 대만 안보 동맹 조약의 협상은 12월 2일까지 9차례의 협상을 거친 후 워싱턴에서 체결되었고 10일 조약을 교환했다.

미국의 종전과 평화적 해결 모색 노력에도 불구하고 10월 10일 중국은 UN에 발송한 통지문에서 '중국' 대만에 대한 미국의 군사적 개입을 비판했다. 그리고 저장성의 대진군도(大陳群島, 다천Dachen island)와 일강산도(一江山島, 이지앙샨다오Yijiangshandao) 연해지역의 도서를 '해방'할 것을 선포했다. 비록 선전포고는 됐지만 중국도 미국과 모종의 협상 기회를 내심 기다리고 있었다. 그래서 영국 등 3국을 통해 입장을 전달하려고 했던 것이다.

그러나 이듬해 1월에 들어서면서 상황은 더욱 심각해졌다. 중국이 1월 17일 일강산도를 점령하는 상륙작전에 성공한다. 그리고 중국은 1955년 1월 28일 주중 핀란드 대사를 통해 미국에게 중국의 최후통첩을 전했다. 미국의 호

---

17 Niu Jun, "Chinese Decision Making in Three Military Actions Across the Taiwan Strati," in Robert S. Oiss and Jiang Changbin (eds.), Re-examining the Cold War U.S.-China Diplomacy, 1954~1973 (Cambridge, MA : Harvard University Press, 2001), pp. 309~310.

전성 때문에 세계전쟁의 위험이 도사리는 가운데 중국의 선택은 한 가지 뿐이라는 것이다. 그리고 중국이 말하는 그 하나란 전쟁을 원하지 않으나 침략을 받으면 반드시 반격해야 하는 것이었다.

이런 상황에서 미국은 1월 18일 긴급회의를 열고 진먼을 제외한 모든 도서에서의 대만군 철수를 미군이 도와주고 대신 진먼에 대한 방어를 강화하는 결의안을 채택한다. 1월 24일 미 의회는 〈포르모사 결의안(대만결의안, Formosa Resolution)〉을 통과시킨다. 이는 대만과 펑후 도서를 무력 침공으로부터 즉각 대응하는 데 미군의 동원을 허용하는 법안이다. 즉, 대만이 적의 공격을 받아 군사적 대응이나 반격을 필요로 할 때 미 대통령이 미 의회의 사전 승인 없이 미군의 군사적 개입과 공세, 공격을 즉각 명령할 수 있다는 "무제한(unlimited)"적인 권한을 부여한 법안이다.

한반도 유사 사태 시 미군의 행동 제약과 비교할 수 있는 대목이다. 한반도 유사시 주한미군은 미 의회의 사전 승인을 받아야 군사 행동을 할 수 있다는 게 원칙이다. 즉, 주한미군은 미 의회의 승인 없이 38선 이북으로 진군할 수 없다. 한때 논란이 되었던 북한 붕괴나 유사 시 남한에 대한 개입 문제에서 우리 정부가 놓친 부분이다. 그러나 중국은 자동 개입 조항이 북중 동맹조약에 포함되어 있어 유권해석을 통해 즉각적이고 자동적인 개입이 가능하다. 우리의 현실은 다르다. 한 가지 예외가 있다면 미 대통령이 통수지휘권자로 선전포고를 할 경우다.

그래서 미 대통령이 한반도 유사시에 모든 책임을 지겠다는 의지가 있을지 의구심이 드는 게 사실이다. 결국 주한미군의 군사적 반격 행동은 제약을 받을 수밖에 없다. 그런데 더 큰 문제는 우리 군에 있다. 전시작전권이 없는 우리 군으로서는 독자적인 반격이나 군사적 대응(특히 북한 영보로의 신군)을 하는데 더 큰 제약을 받을 수밖에 없기 때문이다. 결국 우리가 북한 붕괴나 유사 시 개입하는 문제는 공허한 이야기였고 우리는 상당한 사회적 비용을 다시 한 번 지불했다.

이런 구조적인 이유 때문에 북한 붕괴로 한반도에 유사 사태가 발생하면 주한미군이나 우리 군의 개입이 더더욱 자유롭지 못하고 역할이 불확실하고 불투명해질 수밖에 없다. 결국 우리도 이에 대비해 미국과 협의함으로써 대만

결의안과 같은 법안의 마련이 필요하다. 이를 위해 미 의회를 설득해야 한다.

1월 24일 덜레스는 대만 군대가 다쩐다오에서 안전하게 철수할 수 있도록 소련의 외교부장 몰로토프에게 중국이 폭격을 잠정적으로 중단할 것을 요청했다. 또한 이 과정에서 미국과의 충돌을 최대한 피할 것을 요청했다. 30일 미국은 중국의 최후통첩 소식을 그제서야 전해 듣고 7함대에게 다쩐에서 대만군의 철수를 도와주되 중국 연해 3해리 내의 항해는 금할 것을 명령했다.

한국전쟁의 마지노선(압록강변 5km)을 상기한 부분이라고 할 수 있겠다. 그리고 적대적 의도의 폭격이 없을 경우 반격을 금할 것도 명했다. 2월 5일 미 국무원은 이를 실시할 것을 선언했고, 7일 장제스도 다쩐다오에서의 철수와 진먼·마주로의 이군, 그리고 새로운 전략을 준비한다는 입장을 선언했다. 8일부터 12일까지 다쩐다오의 주둔군에 대한 대대적 이송이 진행되었다.

몰로토프로부터 소식을 전해들은 마오쩌둥은 이동 중의 미군과 장제스 군에 대한 공격 금지를 명했다. 대신 아주 작은 열도에만 폭격을 허용했다. 그리고 2월 12~14일에 인민해방군이 다쩐다오를 접수했고 25일 대진군도와 일강산도 지역을 모두 '해방'시켰다. 즉, 이 지역의 주권을 회수했다.

1차 대만해협 위기사태로 중국이 보여준 무력 행위는 지금까지 진행한 평화 외교와는 모순적인 모습을 적나라하게 드러냈다. 저우언라이는 대만해협에 폭격을 가한 후 9월에 원로 외교관들과 조우하면서 미국의 개입이 없었으면 외교적 투쟁을 벌였을 것이라는 아쉬움을 토로했다.

사태 종결 후 중국은 자신의 '진정한 의도'를 외부적으로 알리기 위해 네루와 우누를 북경으로 초청한다. 10월 19~27일 네루는 북경을 방문해 마오쩌둥 및 저우언라이와 4차례의 긴 회동을 가졌다. 우누는 12월 초에 중국을 방문했다.

중국은 인도와 버마의 수장들에게 중국의 모순적인 모습을 '반제국주의'의 관점에서 이해해줄 것을 당부했다. 그리고 중국의 평화공존 5항 원칙이나 국제 갈등의 평화적 해결을 견지한다는 입장은 불변하다고 강조했다.

저우언라이는 네루와의 회담에서 미국의 개입 행위를 '테러'로 규정하고 중국이 무력 행위를 통해 전하고 싶은 메시지는 두 가지라고 설명했다. 하나는 항해와 국제 교역에 대한 봉쇄를 절대 수용할 수 없다는 입장을 밝히는 것이었다. 그리고 다른 하나는 대만의 '중립화' 시도와 침략을 절대 용인할 수 없다는 입장을 명백히 강조하기 위한 것이었다.

저우언라이는 우누가 외신에 중국의 대만문제에 대한 입장을 인용하는 것을 허락한다. 즉, 대만 및 부속 도서에서 미군이 모두 철수해 긴장국면이 완화되면 대만의 '평화적' 해방이 가능하다는 의사였다. 중국이 처음으로 대만에 무력이 아닌 '평화적' 해방의 가능성을 시사한 사건이었다. 그리고 중국이 미국과의 대만문제 협상에서 시종일관 주장하는 평화적 해방의 필수불가결하고 불변한 전제조건을 미군 철수로 결정한 것도 이때였다.

중국 지도자의 설명이 설득력이 있었는지 네루는 1954년 12월 31일 북경을 재방문한다. 그는 중국 방문 전에 이른바 '콜롬보 파워(Colombo power)', 버마, 스리랑카, 방글라데시와의 협의를 통해 중국을 이듬해 4월 18~24일 동안 인도네시아 보고르에서 개최할 아프리카-아시아 반둥회의에 초청할 것을 결정했다. 그리고 이 소식을 가지고 북경을 방문했다.

네루의 방중 약 2주 동안 저우언라이와 협상을 통해 중국과 인도 양국은 평화공존을 지향하고 5원칙을 양국 관계의 원칙으로 채택하는 데 합의했다. 평화공존 5항 원칙이 중국의 대외관계 원칙으로 현실화될 수 있는 기회가 창출된 순간이었다.

평화공존의 이념을 실천하기 위해 네루는 반둥회의가 개최되기 전 대만해협 위기사태를 중재하는 데 나선다. 그는 중국의 무력 폭격 사태가, 개선된 중국의 국가 이미지에 미칠 역효과를 진심으로 우려했다. 네루 수상은 UN의 주관 하에 아시아 국가들이 국제회의를 개최해서 문제를 해결하자고 제안했다.

네루의 제안에 저우언라이는 2월 6일 그에게 중국이 대만문제에 관한 국제회의에서 미국과 직접 대화할 의사가 있다고 시사했다. 단, 대만 참여의 배제를 조건으로 내세웠다(그리고 1954년 10월 네루가 다시 북경을 방문했을 때 이를 세계에 알리는 것에 합의했다). 버마의 우누 수상도 12월 방중에서 평화공존 5항 원칙을 양국 관계의 기본원칙으로 채택하는 데 합의했다.

： 반둥회의와 중국 국가 이미지 개선의 외교적 투쟁

반둥회의는 1954년 12월 버마, 스리랑카, 인도, 인도네시아와 파키스탄 등 5개국의 총리가 주창하면서 개최 결정이 이루어졌다. 1955년 4월 18일 인도네시아 반둥에서 개최되었고, 아프리카, 아시아와 라틴아메리카 등지에서 29개국이 참석했다. 일본도 초청받아 참석했지만 이스라엘, 대만, 한국, 북한과 몽골은 초청받지 못했다. 초청은 받았으나 참석하지 않은 나라는 중앙아프리카연방이었다. 참석한 나라 중 22개 나라가 미국의 경제원조 수혜국이었고 중국의 수교국은 6개국에 불과했다.

반둥회의는 아시아와 아프리카 국가가 주도한 회의로 서방 국가 없이 개최된 첫 회의였다. 그래서 미국은 당연히 초청받지 못해 참석할 수 없었다. 워싱턴은 그러나 이 회의의 의미와 함의에 관심이 컸기 때문에 회의의 진전을 현지에서 관찰할 수 있도록 조치를 취했다.

미국이 가장 우려한 것은 중국공산당이 회의를 공산주의의 선전장으로 이용해 공산국가와 비공산국가들이 단결하는 표상이 되도록 시도할 것이라는 점이었다. 관찰 결과는 보고서 형식으로 미 국무성에 제출되었다. 이 보고서에서 눈여겨볼 만한 대목은 저우언라이의 인품·성품과 외교력에 대한 호평이었다.[18]

이 회의의 개최 배경에는 전후 아시아와 아프리카 지역에서 신생 독립 국가들이 속출하면서 이들이 자신들의 존재를 국제적으로 알리는 한편 위상을 드높이고자 하는 바람이 있었다. 왜냐하면 그들의 눈에 제국주의는 아직 기승을 부리고 있고 이들의 착취는 자본주의라는 이름으로 여전히 만연한 상황이 국제적으로 연출되고 있었기 때문이다. 주최국들이 달성하고자 한 목표는 하나였다. 그들은 이번 회의를 통해 제국주의 국가들의 기만을 만천하에 알리고 이에 공동 대응할 수 있는 외교적 기반을 마련하고자 했다.

중국은 이런 목적을 구체화시킬 복안을 두 가지 가지고 있었다. 하나는 최선책으로 아시아와 아프리카 국가가 평화 공약이나 평화 선언을 채택하는 것

---

18 Guy J. Pauker, "The Bandung Conference," (Cambridge, MA : Center for International Studies, MIT, August, 1955), pp. 14~15.

반둥회의 모습

이었다. 그리고 그 내용에는 평화공존 5원칙, 반식민주의, 평화 요구, 전쟁 반대 등을 담는 것이었다. 차선책은 이를 공약성의 공보 형식으로 채택하는 것이었다.[19]

중국은 이들과 연대를 조성해 두 번 다시 제국주의의 희생양이 되지 않기 위한 결의를 확인하고 실천하는 방안을 공동으로 모색하기 위해 노력했다. 그러나 이들과 연합세력을 구축하는 데 실패했다. 참가국들이 원하지 않았기 때문이다. 그들은 단지 문제의식을 공유하는 국가들과 연대를 조성해 '반제 국주의'와 '평화공존'이라는 두 마리 토끼를 잡기 위한 것이 참석의 주된 목적 이었다. 즉, 반제국주의는 평화공존의 전제조건이었고 평화공존만이 반제국 주의의 구현을 보장할 수 있는 전략수단으로서 의미를 내포하고 있다는 것이 었다.

중국 외교사에서 반둥회의의 가장 큰 의의는 하나다. 중국 외교의 중추적 원칙이라고 할 수 있는 '평화공존 5항 원칙'의 기틀이 전 세계에 소개되었다 는 것이다. 물론 평화공존의 개념이 중국 고유의 것은 아니고 처음 소개된 것도 사실이다. 이 개념을 처음 사용한 이는 소련 혁명 지도자였던 레닌이었 다. 이는 훗날 소련 외교에서 흐루쇼프에 의해 미국 및 서구와의 평화공존이 모색되었던 이론적·사상적 기틀이 되었다.

중국의 반둥회의 참여 목표는 한 가지였다. 평화 수호 세력이라는 이미지

---

19 謝益顯, 『當代中國外交史』(北京 : 中國靑年出版社, 2009), p. 100.

를 다시 재확인 시켜주는 동시에 미국의 대중국 봉쇄 정책을 약화시키는 것이었다.

중국의 전략적 의도는 세 가지였다. 첫째, 반제국주의 입장을 피력하면서 국제적 동정과 지지를 확보하는 것이었다. 중국은 미 제국주의를 비판하고 노골화하는 입장을 강력하게 표현하는 동시에 신중국이 국제정치에서 책임감 있고 자비롭게 행동할 수 있는 능력을 갖추고 있음을 만천하에 알려주고 싶어 했다.

둘째, '평화공존'의 주장을 미국과 미 동맹국 간의 관계를 약화시키는 외교적 무기로 활용하고자 했다. 중국은 이 같은 전략적 구상의 실현 가능성을 제네바회의 등에서 영국, 프랑스와 독일이 미국의 호전적 정책을 반대한 데서 찾았다.

셋째, 중국이 고립 상황으로부터 탈출하기 위해서는 서구와의 관계개선이 관건이었다. 그래서 세계 평화를 선전하고 대외 무역을 촉진하기 위해 중국은 서구 국가와의 연합전선 구축을 대안으로 생각하기에 이르렀다.

이 같은 맥락에서 중국이 반둥회의에서 추구한 외교적 전략 목표는 네 가지였다. 첫째, 새로운 아시아의 정체성(identity)을 확립하는 것이었다. 중국은 호전적인 이미지에서 탈피해 자애로운(benevolent) 형상을 부각시키는 것을 최대 목표로 삼았다. 이를 위해 우호적 협력을 강조하면서 이런 협력 관계의 기초가 평화공존 5항 원칙에 있음을 확신시키고자 했다.

둘째, 중국이 대외적으로 확장할 의도나 동기가 없다는 점을 강조하는 것이다. 즉, 대만해협의 긴장국면을 완화하기 위해 중국은 협상을 통해 평화적으로 해결할 의지와 의사가 있음을 강력히 피력하는 것이었다. 더불어 중국은 경제적으로도 확장 의사가 없음을 명확히 하고자 했다. 마오쩌둥은 1954년 8월 영국 노동당 대표단과의 회담에서 그의 관점을 설명했다. 그는 중국 경제가 두 가지 자산, 즉 광활한 영토와 방대한 인구에만 의존하는 내향적인 것이기 때문에 대외적으로 세력을 확장할 만한 인센티브가 없다는 점을 강조했다.

셋째, 신생 독립국과 같은 처지의 중국으로서 반제국주의 운동의 공동 추진의 필요성을 강조하는 것이었다. 제국주의의 군사적 확장 의지에 타격을 주기 위해 중국은 핵무기와 대량살상무기(WMD)의 폐기와 생산 중단을 주장하는 전략을 펼치기로 했다. 마지막으로 중국은 세계가 문화적·정치적·사회적으로 다양하다는 사실을 인정하는 국가임을 알리는 것이었다. 그래서 중국 당국은 회의에서 공산주의에 대한 논쟁이 부적당하다고 판단하고 이의 선전이나 찬양을 삼가기로 결정했다. 단, 논쟁이 있을 때 피하지 않겠다는 입장을 가지고 임하기로 했다.

한 가지 확실한 것은 중국이 이 회의를 자신의 정치적·외교적 이익을 달성하는 장으로 활용하려 하지 않았다는 사실이다. 일례로 당시 중국의 최대 외교 목표가 UN 상임이사국의 의석 회복이었음에도 불구하고 중국은 이에 대한 지지를 호소하거나 회의를 설득의 장으로 활용하려 들지 않았다. 이념과 정치체제의 차이에 대해 시비를 걸지 않는다는 입장 역시 확고했다.

그러나 반제국주의의 연장선상에서 중국은 이번 회의가 공통의 식민 경험과 경제적 함의를 같이 논의하면서 미국의 신식민주의(neo-colonialism)의 부상 가능성에 대한 대응을 공동으로 모색하는 장으로 승화하길 바랐다. 이를 위해 중국은 '구동존이'를 기본전략으로 삼았다. 그래야만 국제관계의 기본원칙으로서 평화공존 5항 원칙이 현실적으로 설득력 있게 수용될 수 있었다.

그럼에도 불구하고 중국은 평화공존 5항 원칙의 수용을 적극 주장하지도 않았고 강력하게 설득하려 들지도 않았다. 이견을 존중하고 자신의 의견이나 가치를 강요하지 않는 중국 외교 원칙의 지침 때문이었다. 대신 회의가 채택한 공동성명서에 원칙의 내용이 투영된 것으로 만족했다.[20]

중국은 소기의 목적을 달성하기 위해 구조적 난제를 극복해야만 했다. 29개 참가국 중 무려 23개 나라가 중국과 외교관계가 없었다. 많은 국가들이 중국과 접촉해본 적도 없었다. 오히려 대부분의 국가가 당시에 대만과 수교를 맺고 있었다. 그리고 정치적으로나 사회적으로나 대부분의 국가는 '신중국'을 두려워하거나 '신중국'에 의심이 많았다. 더 큰 난제는 몇몇 나라가 미국과 동맹관계를 맺었거나 수교 과정 중이었기 때문에 중국에 대해 매우 적

---

20 평화공존 5항 원칙의 이름으로 선언문에 채택되지는 않았다. 그러나 선언문을 구성하는 10개 원칙에 중국이 주장하는 평화공존 5항 원칙이 녹아들어갔다. '세계 평화와 협력 촉구 선언' 부분에서 10개 원칙이 선언되었다.

대적이었다는 점이다.

당시 저우언라이는 관심의 대상이었다. 왜냐하면 아시아의 가장 큰 공산주의 국가였기 때문이다. 그런 중국이 대만과의 통일을 위해 무력도 불사하겠다는 입장을 견지하고 있었다. 이런 배경 때문에 중국이 반둥회의의 정신에 위배되는 세력이 아니냐는 의구심이 회의 개최 전부터 참가국들 사이에서 팽배했다.

나아가 중국은 세계 공산혁명의 성공을 위해 공산주의 국가들이 적극 추진했던 국제주의운동의 핵심 회원 국가였고 무엇보다 제3세계에 공산혁명을 수출하는 데 앞장서고 있었다. 중국은 혁명 수출에 매우 공세적이고 적극적이었다. 중국으로부터 지원을 받은 게릴라 혁명전과 공산운동은 중국을 일부 제3세계 국가에서 불안한 국면을 조성하는 직접적인 원인 제공자로 낙인찍히게 만들었다.

그래서 회의 개최 첫날부터 저우언라이는 비공산국가의 혹평과 비판의 대상이 되었다. 특히 필리핀 등 미국의 동맹 국가들이 중국의 비판에 앞장섰다. 그들의 비판 내용은 간단했으나 집중적이었다. 대만에 무력도발을 일삼고 세계 공산화의 기치 하에 무력혁명을 끊임없이 수출하는 중국이 세계와 지역의 평화와 안보에 불안 요인이라는 것이다. 그런 중국이 어떻게 세계에 평화롭게 공존하자고 호소할 수 있는지, 그러면서 어떻게 그리도 모순적인 태도와 행동을 보일 수 있는지와 같은 비판이 저우언라이에게 빗발쳤다. 저우언라이가 평화공존을 주창하는 것은 세계 공산화의 완성을 위해 시간을 벌려는 꼼수에 불과하다는 신랄한 비평이 끊이지 않았다.

마침내 첫날 발언권을 이튿날로 미룬 저우언라이의 발언이 시작되었다. 그는 냉담하게 그리고 침착하게 자신의 나라가 생각하는 평화공존의 당위성과 필요성, 그리고 정당성에 대해 일장 연설을 했다. 연설 과정에서도 비공산국가의 흥분은 가라앉질 않았다. 그럼에도 그는 냉정을 잃지 않고 준비한 사상을 전파하는데 주력했다.

그의 인내와 노력 덕인지 연설이 끝날 때쯤 모든 국가들은 이미 그에게 설득당해 있었다. 연설 중에도 비판을 쏟아내던 국가들까지 그에게 공감하는 입장으로 선회하면서 회의는 무탈하게 마무리되었다. 그의 연설 핵심 요지는

반둥회의에서 기조연설을 하는 저우언라이

영토주권과 미국 개입의 부당함에 초점이 맞춰져 있었다.

저우언라이는 대만의 해방 문제를 영토에 대한 주권 행사라는 고유의 권리로 설명하면서 중국과 대만 사이의 문제가 본질적으로 내정문제라는 논리를 강력하게 피력했다. 때문에 미국이 중국 인민해방군의 해방 시도를 저지하기 위해 대만을 점령하는 것은 긴장을 상승시키는 직접적인 원인이자 문제를 국제화시키는 근원이라고 주장했다.

중국은 대만문제의 국제화를 막기 위해 미국과 대화할 의사가 있다고 표명했다. 그러나 미국이 원하는 것은 대만군의 진먼과 마주에서의 철수와 중국 인민해방군의 대만 해방 포기를 맞교환하는 것이었다. 저우언라이는 미국이 이런 식으로 대만의 군사 점령을 정당화하고 있으며, 중국이 '두 개의 중국'이라는 현실을 수용하게 만들고 있다며 호소했다.

저우언라이는 중국의 '대만 해방'만 언급하면서 대만의 '무력' 해방 언급은 피하는 것으로 중국 입장의 진실성을 전하려고 노력했다. 나아가 그는 중국이 대만을 해방하는데 모든 수단을 동원할 권리가 있다고 설명하면서 그 모

저우언라이와 인도의 네루 총리

든 수단에는 '평화적 수단'이 포함되었다고 강조했다. 즉, 무력 수단 대신 평화 수단을 부각시킴으로써 주변 지역의 안보 우려감을 불식시키려 했다.

그는 미국이 대만에 대한 개입과 침략을 포기하고 모든 미군을 철수하면 대만의 평화적이고 점진적인 통일이 가능하다고 강력하게 어필했다. 또한 회의 폐막 전날인 23일 연설에서는 중국은 미국과 전쟁을 원하지 않고 중국정부가 극동지역의 긴장 완화를 위해 미국정부와 대화할 의지가 있다고 강조했다.

주변국의 중국 공산주의 확산 정책에 대한 우려를 불식시키기 위해 저우언라이는 회의에서 인도네시아와 중국 화교의 이중 국적을 허용하지 않는다는 조약을 맺었다. 이에 태국과 필리핀 대표단도 쌍수를 들고 환영했다. 경제 협력의 모색 방안으로 저우언라이는 자력갱생과 아프리카-아시아만의 고유 발전 경험을 강조하면서 경제원조에 정치적 조건을 달지 않는 것이 발전 중국가의 경제 협력의 기본원칙이 되어야 한다고 강력히 표명했다. 저우언라이는 구동존이의 전략이 신생독립국 간의 경제 협력 관계를 촉진하는 원동력이 될 수 있다고 어필했다.[21]

---

21 劉磊, "萬隆會議與中國同亞非國家的經貿關系", 『中共黨史研究』, 2010年, 第7期, pp. 70~77.

반둥회의에서 외교관으로서의 저우언라이의 진가가 빛을 발했다. 오늘날까지 중국 최고의 외교가, 중국 최고의 지략가, 중국 최고의 협상가 등으로 표현되는 저우언라이에 대한 칭송이 이 회의를 통해 만들어졌다. 미국의 관찰자도 그의 대응 방식이나 태도에 대해 극한 찬사를 아끼지 않았다. 이를 입증이라도 하듯 저우언라이의 외교력은 회의 폐막 후 1959년까지 총 10개국과 수교하는 결실을 올렸다.[22]

░ 평화적 이미지 투영 노력의 결정적 모순 - 중국의 핵개발 결정

50년대 중국은 미국의 직접적인 핵 위협을 세 차례나 받았다. 미국의 핵무기 보유와 군사적 위협이 중소 동맹을 결정짓는 관건 요인 중 하나였다면, 미국의 핵무기 사용 위협은 중국의 핵무기 개발을 촉진시킨 근본적인 원인이었다.[23] 안 그래도 당시 중국 지도자들은 중국의 재래식 무기와 능력이 해상과 공중에서 미국의 위협으로부터 스스로를 보호하기에는 역부족이라는 인식을 가지고 있었다. 미국의 핵 위협에 세 번씩이나 노출되면서 중국은 결국 국가로서 생존하기가 상당히 어렵다는 전략적 판단에 이르게 된다.

안보적 열세의 상황에서 중국은 어떠한 대가를 지불해서라도 소련의 안보 보장이 절실했다. 동시에 자국의 안보 방어 능력을 신속하게 제고하기 위해 중국은 선진 무기와 군사기술을 소련으로부터 확보하는 것이 최선이자 유일한 선택이라고 판단했다. 소련의 군사 원조를 조속히 확보하는 것 역시 급선무였다.

그러나 역시라는 것이 재미닌 게 중국이 믿었던 소련과 이 문제를 협상하는 과정이 난항을 겪으면서 오히려 이는 중소관계의 분열을 유발한 주원인이

---

22 熊志勇, 『中美關係60年』, pp. 133~134.
23 1차 대만해협 위기사태 종결 후 아이젠하워는 미국의 핵 위협을 공개했다. 3월 16일 그는 동아시아에서 전쟁이 발생하면 미국은 총알처럼 핵무기를 사용할 것이라고 천명했다. Roderick MacFarquhar, Sino-American Relations, 1949~1971 (New York : Praeger Publisher, 1972), p. 102.

되었다. 중국은 소련의 도움을 받아 원자탄, 장거리 탄도미사일과 핵잠수함 등 선진 무기를 개발하려고 했으나 이것이 양국의 갈등을 조장하면서 중소관계가 긴장에서 파멸로까지 가는 데 결정적인 요인으로 작용했다.

한국전쟁과 제1차 대만해협 위기사태 동안 미국의 핵 위협을 받은 후로 중국은 핵무기 개발의 필요성을 극도로 중시하기 시작했다. 나아가 북경 지도부는 핵무기 개발을 중국의 중대한 국가이익으로 규정했다. 이런 배경 속에서 중국은 국가 군사 전략을 대폭 조정하면서 '적극적 방위 전략 사상'을 확립했다. 이 사상의 핵심 전략은 제한적 핵 타격 능력으로 외부 군사 위협을 퇴격하는 것이었다.

중국의 핵개발 결정에는 두 가지 인식의 변화가 있었다. 하나는 국가의 안보에 절대적으로 필요하다는 인식이 생겨난 것이었다. 마오쩌둥은 중국의 핵개발 당위성을 "더 많은 비행기와 대포를 원하는 동시에 원자탄도 원한다. 오늘날 세계에서 우리(중국)가 더 이상 조롱거리가 되지 않기 위해서 이 무기가 없어서는 안 된다"는 것으로 설명했다.[24]

다른 하나는 국제적 지위에 대한 인식의 변화였다. 마오쩌둥은 제국주의가 "우리를 무시하는 것이 우리가 원자탄이 없기 때문"이라고 합리화했다. 그러므로 중국은 "반드시 원자탄이 있어야 하고 하루빨리 수소탄도 개발해야 한다"고 주장했다.[25] (여기서 우리는 북한이 오늘날 구사하는 논리와 이유가 중국과 매우 유사하다는 점을 주목할 필요가 있다.)

마오쩌둥은 1958년 6월 중앙군사위 확대회의에서 "원자탄은 매우 큰 물건이다. 이것 없이 존재하기는 불가능하다. 좋다. 우리도 하나 만들어야 한다. 원자탄, 수소탄, 대륙간 탄도미사일을 만들자. 내가 보기에 10년 노력하면 가능할 것이다"라고 핵개발 의사를 처음으로 공개적으로 강력하게 피력했다.[26]

그러나 사료에 의하면 마오쩌둥의 핵개발 야욕은 이미 1차 대만해협 위기 때 표출되었다. 마오는 1955년부터 이 문제를 내부적으로 꺼내기 시작했다.

---

24 中共中央文獻研究室, 『建國以來毛澤東文稿』 第6冊 (北京 : 中央文獻出版社, 1992), p. 86.
25 Tracy B. Strong and Helene Keyssar, "Anna Louise Strong : Three Interviews with Chairman Mao Zedong," The China Quarterly, No. 103, 1985, p. 500.
26 周均倫, 『聶榮臻年譜』 下卷 (北京 : 人民出版社, 1999), p. 644.

1월 15일 마오쩌둥은 중공 중앙서기처 확대회의에서 첸산창(錢三强)과 리스광(李四光)의 핵공업 개발 보고를 청취한 후 "과거 몇 년 동안 많은 일들이 있었다. 그 결과 이 문제에만 집중할 시간이 없었다. 그러나 이 문제는 항상 신경을 써야 한다. 이제 그 시간이 되었다. 지금 소련이 우리(중국)를 원조해 주고 있기 때문에 우리는 반드시 이를 실현해야 한다"면서 핵개발 문제의 긴요함을 처음 시사했다.[27]

같은 회의에서 마오쩌둥은 또한 모든 관련 부처가 이 사업에 집중할 것을 결정했다. 2월 18일 펑더화이는 〈1954년 군사 공작 보고〉를 마오쩌둥에게 서면으로 보고하면서 '핵무기의 점진적 연구와 생산'의 필요성을 설명했다.

하루빨리 핵 원자의 연구와 핵무기 개발을 진행하기 위해 중국은 중앙 차원의 영도기관을 설립했고 이를 수반할 기관을 관련 과학 분야 중심으로 신설했다. 이와 관련 저우언라이는 1956년 4월 11일 마오쩌둥과 중공 중앙에 보내는 서한에서 '통일적으로 계획 있게 원자력 공업과 항공공업을 개발하기 위한 원자력위원회와 항공공업위원회의 설립'을 건의했다. 그 결과 핵개발 사업을 전면적으로 관장하는 중앙 차원의 기관으로 두 위원회가 설립되었다. 이들은 핵공업 개발 사업을 규획하고 지도하면서 전면적인 계획을 수립하는 책임을 맡았다.

원자력위원회를 국무원에 귀속시키면서 주임으로 천원(陳雲), 부주임으로 궈모뤄(郭沫若), 리푸춘(李富春), 리스광(李四光)과 송런치옹(宋任窮) 등을 임명했다. 항공공업위원회는 국방부 소속으로 주임에 니에룽쩐(攝榮臻), 부주임에 황커청(黃克成), 자오얼루(趙尒陸) 등을 임명했다. 중공 중앙정치국은 이 두 위원회의 설립을 비준했다. 5월 26일 저우언라이는 중공 중앙군사위원회 회의에 참석하여 중공 중앙을 내표해 미사일 무기 개발 결정을 선언한다. 이를 위해 동 회의에서 양 위원회의 사업을 수반해줄 미사일기기관리기구(국방부 5국)와 연구기관(국방부 제5연구소)의 설립을 결정한다.[28]

---

27 羅榮興, 『請曆史記住他們 : 中國科學家與"兩彈一星"』(廣州 : 暨南大學出版社, 1999), pp. 57 ～58.
28 周恩來軍事活動編寫組, 『周恩來軍事活動紀事(1918～1975)』 下卷 (北京 : 中央文獻出版社, 2000), pp. 384～385, 388.

7월 28일 저우언라이는 중국의 핵원자력 공업 건설과 발전 문제에 관해 마오쩌둥과 중공 중앙에 서면보고를 했다. 개발의 속도, 투자 유치 문제와 기술 간부의 배양 등의 문제에 관한 보고였다. 그는 이 사업을 보다 완성도 있게 추진하기 위해 필요한 기본 전략 조치와 원자력 공업 관련 기관의 설립 등과 같은 구체적인 내용을 제안했다. 11월 16일 제1차 전국인민대표자대회 상임위원회 제51차 회의에서 제3기계공업부의 신설을 결정하고 핵공업의 건설과 개발을 관장하게 했다. 그리고 항공공업위원회의 송련치옹을 부장(장관)으로 임명하고 류지에(劉杰)를 부부장(차관)으로 임명했다.[29]

중국이 원자력을 개발하는 초기 단계에서는 군부의 역할이 매우 중요했다. 오늘날 밝혀진 사료에 따르면 중국군이 핵무기 개발을 적극적으로 재촉했다고 해도 과언이 아니다. 중국 군부는 중국이 자신만의 핵전력을 갖춰야 한다고 강력하게 주장했다. 1954년 9월 9일 펑더화이는 소련의 초청으로 류보청(劉伯承)과 군사대표단을 이끌고 소련의 원자탄 투하 실험 군사 훈련을 직접 참관했다. 훈련이 끝나고 소련 부장회의의 주석이 펑더화이에게 핵폭탄 투하 조종에 쓰였던 금 열쇠를 선물로 증정했다.

1956년 3월 6일 중앙군사위원회 확대회의에서 펑더화이는 〈조국 수호의 전략 방침 보고서〉를 보고하면서 신식무기의 중요성(즉, 핵무기, 미사일과 신식무기 등), 그리고 이를 설계하고 제조하는 문제를 의제로 상정했다. 논의 과정에서 그는 군 기계와 각종 기술병종이 반드시 자국만의 군사기술연구기관에 의해 개발되어야 한다고 역설하면서 이 같은 기관의 설립 필요성을 주장했다. 나아가 국무원이나 국방부 직속으로 항공과 미사일 연구기관을 설립하고 핵무기 연구기관이 설립되어야 한다고 강조했다.

4월 12일 씨에롱쩐은 〈12년 내 중국의 과학과 국방 수요 연구 프로젝트의 초기 단계에 대한 의견〉을 발표하면서 중국 인민해방군의 무기 장비의 발전 규획에 대한 의견을 제시했다. 열원자력을 응용하여 원자력의 평화적 이용과 결합하면 소형 핵탄두, 핵잠수함과 군용 원자력동력로의 연구개발이 가능하다는 설명이었다. 이 제언은 결국 향후 발표된 〈1956~1967년 과학기술발전

---

29 周恩來軍事活動編寫組, 『周恩來軍事活動紀事(1918~1975)』 下卷, pp. 394~395.

장기 규획 강요(초안)〉에 기본 내용으로 포함되었다.[30]

중국은 핵무기 개발 전략 방침 및 계획을 확정지었으나 곧 더 큰 문제에 봉착하게 된다. 그것은 소련의 정치적 지지와 경제적·기술적·군사적 원조와 지원을 확보하는 것이었다. 1956년 4월 중국인민해방군 총참모장 장아이핑(張愛萍)은 중앙군사위원회에서 〈12년 내 과학과 국방수요〉 보고서를 제출했다. 그가 특히 강조한 부분은 미사일과 원자탄에 대한 연구를 집중적으로 진행하는 것이었다.

장아이핑은 이를 위한 소련과의 국제 협력 문제를 처음으로 언급했다. 소련군의 군사과학기술연구기관이 중국군의 과학 연구 사업에 전면적으로 협조할 수 있도록 유인할 필요성을 강조했다. 그는 가까운 시일 내에 소련으로 항공, 미사일 대표단을 보내 양국이 전면적인 협력관계를 구축할 수 있는 협상을 벌일 것을 건의했다.

공개된 자료에 의하면 중국이 소련에게 제일 처음으로 중국의 핵개발 도움을 요청한 것은 1954년 10월 3일 흐루쇼프가 중국을 방문했을 때였다. 때마침 회담에서 흐루쇼프가 마오쩌둥에게 또 어떤 요구사항이 있느냐고 물었을 때 마오쩌둥은 그에게 "우리는 원자력, 핵무기에 관심이 있다. 왜냐하면 전쟁이 일어나면 우리 스스로를 보호해야 하기 때문이다. 만약 당신이 이런 무기를 우리에게 주지 않으면 원자탄을 제조할 수 있는 기술을 제공하는 것도 괜찮다"고 했다.[31]

흐루쇼프는 이에 어떠한 반응도 보이지 않았으나, 마오쩌둥에게 그런 생각을 포기하라고 권고만 했다. 왜냐하면 당시 중국에는 핵무기를 제조할 수 있는 공업 기반이나 경제적 능력이 없었기 때문에 잠시 소련의 핵우산에 의존하는 것도 괜찮은 전략적 옵션이라고 생각했기 때문이다. 그러나 그는 3개월 뒤 입장을 번복한다.

흐루쇼프는 1955년 1월 17일 마오쩌둥에게 보낸 전문에서 평화적 이용을 위한 원자력 개발을 원조할 의사가 있음을 표명했다. 즉, 평화적 용도를 위한 원자력 연구의 촉진을 위해 중국에 과학·기술과 공업 분야의 도움을 제공하

---

30 周均倫, 『聶榮臻年譜』 下卷, p. 575.
31 師哲, 『在歷史巨人身邊』 (北京 : 中央文獻出版社, 1991), pp. 572〜573.

겠다는 것이었다. 그러나 중국은 이를 평화적 원자력과 미사일 기술을 발전시킬 수 있는 돌파구로 간주하고 핵무기 개발에 필요한 소련의 전면적 지지를 확보했다고 해석했다.[32]

이에 고무된 저우언라이는 31일 국무원 제4차 전체회의를 소집하여 소련의 건의를 검토했다. 그는 회의에서 소련이 평화적 이용의 원자력 발전에 도움을 준다는 것은 좋은 일이라고 평가하면서 중국이 원자탄을 만들어 낼 것이기 때문에 미국이 중국을 협박해 놀라게 하려 해도 더 이상 놀라지 않을 것이라고 격정적으로 감정을 표현했다.

┋ 새끼 호랑이를 키우다 - 소련의 중국 핵개발 지원 결정

소련이 중국의 핵개발 야욕에 지지하는 입장으로 선회한 데는 몇 가지 이유가 있었다. 주지하듯이 1954년 10월 마오쩌둥이 핵개발 의사를 처음 표명했을 때 흐루쇼프의 입장은 매우 회의적이고 부정적이었다. 그러나 그는 중국의 강력한 의지, 소련의 국내외 정치 요인과 군사 전략 등의 다양한 이유로 마음을 바꿨다.

첫째, 중국의 핵개발 의지는 너무나도 강력해 소련 지도자들로 하여금 이를 부정할 수 없는 현실로 받아들이게끔 했다. (북한과 동일한 면을 보여주는 대목이다.) 중국은 핵개발을 위해 소련에 우선적으로 의존하고 소련의 지원을 극대화하는 전략으로 접근했다. 그러나 핵개발의 가속화를 위해 중국은 모든 경로를 통해 필요한 자료와 기술을 확보하는 전략을 이미 결정한 상태였다. 다시 말해 이념과 사상의 차이가 중국의 핵개발 의지를 꺾거나 저해할 수 없다는 의미였다. 중국은 이미 핵개발을 위해 서구와의 관계개선도 불사하겠다는 강력한 입장을 견지하고 있었다.

흐루쇼프가 생각했을 때 중국의 핵개발 의지는 그만큼 강하고 확고한 것이었다. 그래서 그는 차라리 '지원'이라는 수단을 통해 이의 진척 과정을 직

---

32 周恩來軍事活動編寫組, 『周恩來軍事活動紀事(1918~1975)』 下卷 (北京 : 中央文獻出版社, 2000), pp. 355~356.

접 파악하는 것이 소련에게 더 전략적으로 득이 될 것이라 판단했다. 즉, 중국의 핵개발 과정에 어느 정도의 영향력과 통제력을 발휘함으로써 중국의 핵개발 진전 과정을 손바닥 보듯 훤히 다 보고 아는 것이 모르는 것보다 낫다는 전략적 인식이 크게 작용한 것이다.

둘째, 흐루쇼프는 국내외적으로 진행한 정치적 투쟁에 있어 중국의 지지를 필요로 했다. 그는 1956년 헝가리에서 반공산주의 혁명이 일어났을 때 처음으로 소련군을 동원해 무력으로 이를 진압하는 데 성공했다. 그러나 소련의 이런 행위로 공산세계는 술렁이기 시작했다. 소련은 다른 위성국 공산당의 동요를 막는 동시에 세계 공산당 회의에서 자신의 행위를 정당화하고 휘청거린 위치를 다잡아야 했다.

흐루쇼프는 이러한 자신의 목적을 달성하는 데 마오쩌둥과 중국의 지지가 관건이라고 판단했다. 스탈린이 1953년 사망한 후 마오쩌둥의 공산세계에서의 위상과 위치가 가장 높았기 때문이다. 즉, 가장 시니어 리더로 인정받고 있던 상황이었다.

반면 흐루쇼프의 소련공산당 내에서의 정치적 입지는 약했다. 스탈린 사망 이후 소련공산당 내에서 권력 투쟁이 벌어졌는데 이 과정에서 그는 원로 지도자였던 게오르기 말렌코프(Georgy Malenkov, 스탈린 사망 후 흐루쇼프 전에 공산당 서기장을 2년 역임한 인물)와 몰로토프(스탈린의 오른팔이자 흐루쇼프 정권 초기의 외무장관 역임)를 '반동'주의라는 이유로 숙청하지 않을 수 없었다. 이게 끝이 아니었다. 그는 당시 군부의 핵심인물 중 하나였던 게오르기 주코프(Georgii Konstantinovich Zhukov) 원사(당시 소련 지상군 총사령관)도 1957년 10월에 숙청해 버렸다.

흐루쇼프는 1957년 여름에 중국의 원자탄 제조 지원 결정을 주도적으로 하면서 이의 대가로 중국의 정치적 지지를 요구했다. 그는 그해 가을에 있을 소련 건국 40주년 국경절과 세계 공산당 노동당 대표자 대회에서 중국의 정치적 역할과 영향력을 그의 당내 입지를 공고히 하고 공산세계의 동요를 막는 데 적극 활용할 전략적 계산을 세웠다. 더욱이 그가 사회주의 진영 내의 단결을 강화하고 소련의 사회주의 진영 내에서의 영도적 지위를 더 공고히 하려는 선언을 발표할 계획을 세우고 있었기 때문에 중국의 정치적 지지는

중국을 방문한 흐루쇼프

그에게 매우 중요했다.

흐루쇼프가 중국의 지지를 고대할 때 마오쩌둥은 다른 생각을 가지고 있었다. 그는 당시 향상된 자신의 공산세계에서의 국제적 위상과 정치적 입지를 활용해 흐루쇼프와 동등한 공산세계의 지도자가 되고 싶었다. 때문에 마오쩌둥은 그의 선언문에 이견이 많았다. 훗날 이런 마오쩌둥의 공산세계에서의 정치적 자존감이 흐루쇼프와의 이념 충돌의 근본 요인이 됐다. 또한 이는 중소관계를 악화시킨 결정적인 요인 중 하나가 되었다. 그러나 마오쩌둥은 우선 그의 핵개발 야욕을 실현하기 위해 흐루쇼프의 정치적 딜을 수용한다.

흐루쇼프의 정치적 조바심은 1957년 10월에 진행된 중국 핵무기 원조 담판에서 역력히 나타났다. 협상에서 흐루쇼프는 니에롱쩐에게 중국이 핵무기 개발을 원하면 소련은 원자탄 제조를 위한 기술 자료를 비롯해 원자탄의 샘플까지 제공할 수 있다는 적극적인 지원 입장을 전했다. 이 소식을 들은 마오쩌둥은 흐루쇼프가 제시한 군사-정치 딜을 수용하기로 결정했다.

10월 15일 중소 핵개발 협정이 체결되자 마오쩌둥은 11월에 개최되는 소련공산당의 모든 정치행사에 직접 참여할 것을 통보했다. 이로써 1957년 모스크바 세계 공산당 회의 이전에 중국은 소련과 핵무기 개발 관련 소련의 모든 지원을 협정문의 형식으로 보장받는 데 성공했다.

셋째, 1957년부터 소련의 외교정책에 큰 변화가 생기기 시작했는데 그 변화는 서구, 특히 미국에 대한 화해정책이었다. 흐루쇼프정부의 외교 노선이 서구와의 평화공존을 모색하는 것으로 전환되면서 서구와의 긴장 관계를 완화시키는 것이 외교 전략 목표로 급부상했다.

화해 전략으로 흐루쇼프는 미국과의 핵실험 금지 조약 담판에 적극 임하기로 결정했다. 이 과정에서 그는 중국의 지지 확보가 다시 한 번 관건이라고 생각했다. 그러나 중국의 핵개발 야욕을 고려하면 절충이 필요했다. 그는 중국의 핵개발 지원을 거절하면 중국이 소련의 서방과의 핵실험 금지 조약 담판에 대해 그 저의를 심각하게 의심하게 될 것이라는 고민에 봉착한다.

실제 1959년 소련이 핵실험 금지 조약 담판을 이유로 중국의 핵개발에 대한 지원을 중단하자 중국은 강력하게 반발했다. 이는 중국 지도자들이 중소 관계의 분열이 불가피하다고 판단하게 된 결정적 계기 중 하나로 작용했다.

결국 중국의 지지를 확보하는 제일 효과적인 방법은 당분간 중국에게 핵개발 기술의 제공을 보장하는 것이었다. 중국의 의심과 핵위협에 대한 불안을 불식시키기 위한 것이었다. 그렇지 않으면 중국은 핵개발 목표를 관철하기 위해 어떠한 전략적 행동도 불사할 것이 자명했다. 그리고 소련은 이를 우려했다.

마지막으로 흐루쇼프는 중국 핵무기 개발 지원을 통해 소련의 군사적 이익을 얻고자 했다.

흐루쇼프가 주도한 중국 핵무기 개발에 대한 지원 문제는 소련공산당 중앙의 내부, 특히 소련 군부 내에서 시종일관 중대한 정쟁의 대상이었다. 이를 반대하는 세력이 만만치 않게 존재했다. 소련 군부의 반대를 극복하기 위해 흐루쇼프가 꺼내든 카드는 소련군의 전략적으로 부족한 부분을 중국에서 충당하자는 것이었다. 그것은 소련함대 및 삼수성이 원해로 뻗어나가는 데 부족한 설비와 시설을 중국에 설립해 충족시키겠다는 계산이었다.

흐루쇼프는 핵개발 기술 지원에 대한 군사적 대가로 하이난다오(海南島)에 '장파송신국'을 구축하고 중국과 '연합함대'를 조직해 중국 군항을 자유롭게 사용할 생각이었다. (당시 군사위성이 오늘날과 같이 발달하지 않았고 GPS도 없었던 시절이었기 때문에 전파로 교신할 수밖에 없었다. 소련은 인도양과 태평양으로 진출하기 위해 전파송신국이 중국에 하나 필요했다.)

그러나 그의 의도나 구상과는 다르게 중국의 반대가 강력했다. 기본적으로 중국은 군사시설 및 설비의 소유권을 외국에 부여하는 것에 극력 반대하는 입장이었다. 허용할 경우 외국군의 간섭과 개입이 자명했기 때문이다. 절충안으로 중국은 소련의 차관을 통해 이를 우선 공동으로 구축하되 소유권은 중국이 갖는 방안을 제시했다. 소련은 당연히 이를 반대했고 결국 장파송신국 구축과 연합함대 계획은 무산되었다.

중국은 소련의 마음이 바뀌기 전에 소련의 지원 의사를 바로 타진했다. 우선 소련에 원자력 발전 개발 계획을 총체적으로 수립하는 데 도움을 줄 것을 요청했다. 1956년 1월 3일 저우언라이는 리푸춘을 시켜 소련에게 중국의 원자력 공업 장기 계획과 원자력 공업의 기반 구축 등과 같은 두 가지 방안에 대해 도움을 청할 것을 요구했다. 저우언라이는 당시 소련주재 대사 류샤오(劉曉)에게 소련이 초청한 극동핵연구원 건설 문제 회의에 참석할 의사를 전하라고 지시했다.[33]

또한 저우언라이는 류사오치를 통해 회의 기간 동안 소련과 중국의 원자력 발전 사업에 대한 지원 문제를 협의할 것을 요청했다. 중국의 대표단은 당시 지질부 부부장 류지에와 첸산창 등으로 구성되었다. 협상은 계획대로 진행되었고 7월에 중소 양국은 〈소비에트사회주의공화국 연맹과 중화인민공화국의 원자력 공업 건설 방면 기술 원조 제공 협정(초안)(關於蘇維埃社會主義共和國聯盟爲中華人民共和國在建立原子能工業方面提供技術援助的協定(草案)〉을 체결했다.

이후 이의 후속 조치로 중공 중앙은 1956년 8월 17일 소련공산당 중앙에게 전문을 보내 미사일 개발에 필요한 기술을 전면적으로 지원해줄 것을 요구했다. 그러나 소련이 9월 13일 답문에서 기술 인력 배양이 우선적으로 진행되어야 한다고 답변해 문제 인식의 차이가 드러났다. 미사일 기술이 복잡하고 이를 이해하는 인력이 중국에 부족하다는 것이 소련의 논리였다. 그래서 기술을 전수하기 위해서는 이를 이해할 수 있는 기술자가 우선적으로 확보되어야 한다는 것이었다. 그 다음에 연구기관이나 생산기지를 구축하는 것이 순서라고 설명했다.

---

33 周恩來軍事活動編寫組, 『周恩來軍事活動紀事(1918~1975)』下卷, pp. 383~384.

이에 따라 소련공산당 중앙은 1957년 중국 유학생 50여 명을 먼저 받아들이기로 결정했다. 나중에 중국으로 미사일 기술자를 양성할 소련 전문가들을 파견하기로 결정했다. 소련은 전문가들 편으로 중국 미사일 전문학교 설립 계획과 교육용 샘플 기술과 기술 설명서를 중국에 보냈다.

소련의 협조에도 불구하고 중국은 노심초사했다. 핵개발과 미사일개발 모두가 상당한 시간을 요구하기 때문에 이를 단축하기 위해서는 소련에만 의존하지 말아야 한다는 인식이 맹아하기 시작했다.

1956년 10월 12일 씨에롱쩐은 관련 부문의 책임자들과 소련의 협력사항들을 면밀히 분석한 후 15일에 저우언라이와 펑더화이에게 〈중국의 핵무기 개발 기본 방침〉이란 이름으로 보고서를 올렸다. 동 보고서는 전문가 배양의 필요성을 인정했지만 소련이 지원하는 것과 중국이 실질적으로 당장 필요로 하는 것과는 상당한 괴리가 있다는 결론이었다.

소련의 지침에 따라 전문 인력 문제부터 해결하면 핵과 미사일 개발까지 7~8년 이상 오랜 시간이 소요될 것이라는 평가였다. 무엇보다 이 경우 중국의 국방 현대화를 위한 군사 과학기술 수준의 제고에도 시간적·물리적 차질이 빚어질 것이 자명하다고 분석했다.

이런 계산 하에 보고서는 소련의 지원을 극대화하는 동시에 다른 외국과의 협조도 모색할 것을 제언했다. 여기서 언급한 외국은 사회주의 국가들 뿐 아니라 서구 자본주의 국가까지 포함하는 것이었다. 서구 자본주의 국가와 수교를 하지 않은 상황에서 그들의 기술을 이전해오는 것이 현실적으로 불가능했으나 중국은 그들의 연구 결과 자료의 수집, 미사일의 샘플과 측정기 구매 등으로 일정부분 가능하다고 판단했다. 보고서의 건의사항들은 중국의 핵개발 문제를 해결하기 위한 사상적 전략 지침서가 되었다. 구동존이의 사상에 입각한 실용적 접근 전략으로 문제 해결을 위한 행동에 정당성을 부여했기 때문이다.

그러나 중국의 우선 목표는 어디까지나 소련으로부터 핵개발 기술 및 기타 지원을 최대한 많이 확보하는 것이었다. 이의 구체적인 논의를 위해 중국 공산당은 7월 22일에 중국 협상 대표단을 소련에 파견하기로 결정하고 이를 소련에 통지한다. 소련은 8월 24일 이를 수용하는 답신을 보냈다.

중국 협상단은 1957년 9월 7일 씨에롱쩐을 대표로 모스크바에 도착했다. 환영 만찬에서 미코얀 소련공산당 중앙위원회 부장회의 제1부주석은 씨에에게 중국이 반드시 핵무기와 미사일을 갖춰야 진정한 대국이 될 수 있다고 강조하면서 소련이 최선을 다해 중국을 도와줄 것을 천명했다.

정식 협상은 9월 10일부터 시작되었다. 협상은 군사, 핵, 미사일, 비행기와 라디오 등 5개 소조로 나눠서 진행되었다. 협상이 일사천리로 진행되면서 5일 뒤인 9월 15일에 〈중국과 소련정부의 신식무기와 군사기술장비의 생산과 중국의 종합적 원자력 공업 건설 협의서(초안)(中華人民共和國政府和蘇維埃社會主義共和國聯盟政府關於生産新式武器和軍事技術裝備以及在中國建立綜合性原子工業的協議(草案))〉가 작성되었다. 그리고 중국과 소련공산당의 내부적 검토를 거쳐 10월 15일에 협의서가 체결되었다. 이른바 〈국방신기술협정서(國防新技術協定)〉로도 알려진 이 조약 체결 이후에도 중국은 소련의 10월 혁명 40주년 행사의 참석 대가로 소련과의 주요 군사 협력 문제의 해결을 기대했다.

마오쩌둥이 생각한 소련과의 군사 협력 문제는 중국군의 선진화와 현대화에 초점이 맞춰져 있었다. 그는 중국의 국방 현대화에 있어 특히 소련의 힘을 빌려 중국의 해군과 공군을 대대적으로 개선시키고 싶어 했다. 핵개발 관련 그의 소련에 대한 기대치는 중국의 원자력 공업, 핵무기 생산, 핵무기 수송 도구, 군사항공 공업의 구축과 잠수함 제조 등에 대한 적극적 지원을 확보하는 것으로 이어졌다. 이를 협의하기 위해 마오쩌둥은 소련의 행사 참석 때 펑더화이를 수장으로 하는 중국군사우호방문단을 동행시켰다.

이에 화답하듯 흐루쇼프는 펑더화이와의 회담에서 중국의 요구를 기본적으로 들어주기로 결정한다. 원칙적으로 소련의 극동 해군과 공군이 중국에 지원하는 것에도 동의했다. 12월 11일 중소 양국은 모스크바에서 양국의 군사 협력 합의서를 체결한다.

이의 후속조치로 1958년 1월 18일 중소 양국은 중국 과학기술의 장기적인 발전 계획의 추진을 위해 모스크바에서 〈중국의 중대 과학기술연구에 대한 지원과 공동 진행에 관하 협의서(關於共同進行和蘇聯幫助中國進行重大科學技術研究的協議)〉를 체결한다. 협의서를 통해 중국의 2차 5개년계획(1958~1962년) 기간 동안 양국이 공동으로 진행하거나 소련의 도움으로 중국이 진행하는 중대 규모의 과학기술 프로젝트 122개가 선정되었다.

이로써 중소 간 핵무기 제조 관련 기술 제공의 과감한 합의가 이루어졌다. 이는 중국에게 매우 고무적인 사건이었다. 중공 중앙은 중국이 비록 대국이기는 하나 낙후한 대국이기 때문에 원자탄의 보유와 생산이 독자적으로 불가능하다는 현실을 비관할 수밖에 없던 처지였다. 그러나 소련의 과감한 결정으로 중국은 이제 최소한의 원자탄이나마 제조할 수 있다는 희망을 가지게 된다.

소련에게도 외국에 원자탄 개발 지원을 협약한 것은 역사적으로 처음 있는 일이었다. 소련이 이런 결정에 도달할 수 있었던 당시의 이유는 소련이 중국을 제일 신뢰했고 전략적으로 제일 필요로 했기 때문이라는 흐루쇼프의 전략적 계산이 있었다. 그러나 이 같은 중소 양국의 신뢰와 상호 전략적 필요성은 곧 색을 바래기 시작했고, 1958년 이념적 갈등의 소용돌이에 빠지면서 60년대에 양국 관계는 끝내 분열의 길에 들어섰다. 그러면서 소련은 1959년 6월에 핵개발을 위한 모든 기술이전 사업을 중단시키고 이듬해 8월에는 모든 핵 기술자를 철수시켰다.

∷ 중국의 북한 주둔군 철수와 주한미군 철수 문제

1957년 말 북중은 중국 인민지원군의 철수 문제를 상의할 때 철수 자체가 미국에 대한 정치적·외교적 압박 공세가 될 수 있다고 생각하면서 이를 한반도문제의 정치적 해결을 모색하는 계기로 활용하고자 했다. 11월 철수 문제에 관해 의견을 나누는 자리에서 마오쩌둥은 김일성에게 한반도의 정세가 안정되었고 중국 인민지원군은 사명을 다했으니 이제 완전히 철수하겠다고 말했다.

이후 북중 양국은 철수의 구체적인 일정에 대해 논의했다. 12월 16일과 25일 김일성은 마오쩌둥에게 두 차례 서신을 보냈다. 김일성은 중국 인민지원군의 철수와 관련 두 가지 방안을 제시했다. 하나는 한반도에서 모든 외국군을 철수시키자는 조선인민정부의 성명 발표에 중국정부가 적극적으로 호응하는 것이었다.

또 하나는 조선최고인민회의가 UN에 서신을 보내는 동시에 소련이 UN에게 이에 상응하는 행동을 취할 것을 주장하도록 하는 것이었다. 소련과의 협의를 거친 후 마오쩌둥은 첫 번째 방안을 선호하는 의사를 전했다.

그 이유인즉 소련이 UN에서 UN이 동일한 행동을 취할 것을 주장하면 UN의 모든 회원국이 소련·중국·북한을 적대시할 수 있는 빌미를 제공할 수 있기 때문이었다. 실질적으로 UN이 연합군을 조직해 파병했으나 직접 참전한 국가는 소수에 불과했기 때문에 동정여론의 소지가 있다는 것이 마오쩌둥의 논리였다.

그러므로 마오쩌둥은 김일성에게 1954년 제네바회의 당시 북중 양국이 공동으로 주장한 것에 근거하여 UN과 중국 인민지원군의 철수에 관한 공개성명을 발표하고, 남북 쌍방이 대등하게 한반도 내 자유선거 문제를 논의하자고 제안하고, 외국군이 완전 철수한 뒤 일정 기한 내에 중립국의 감독 하에 한반도에서 자유선거를 실시하자고 주장하는 것이 더 좋을 것이라고 답했다.

중국은 북한이 성명을 발표한다면 이를 즉각 지지하는 동시에 UN군의 전면 철수 또한 요구할 것이라고 전했다. 중국정부의 이러한 구상은 중국 인민지원군의 철수 정책을 확정 짓기 위함인 동시에 철수 후 한반도의 구체적인 정치 안배를 구현하기 위한 것이었다. 이후 한반도 철수와 통일문제를 둘러싸고 미중은 외교전을 시작하는 동시에 이를 주도했다.

중국 측의 건의에 따라 1958년 2월 5일 북한정부는 모든 외국군의 철수와 한반도의 평화통일 문제에 대한 성명을 발표하고 중국정부는 즉각 지지 성명을 발표했다.

계획대로 2월 14~21일 동안 저우언라이와 천이가 이끄는 대표단이 북한을 방문한다. 북중 양국은 이 기간 동안 연합성명을 발표하면서 중국정부는 북한의 건의에 완전히 동의한다는 공식 입장을 밝혔다. 그리고 1958년 이전에 중국 인민지원군을 완전히 철수하겠다는 결정을 선포했다. 북중은 협력 하에 주도적으로 여론 공세를 적극 개진했다. 이 선언이 있은 후 중국은 영국에 중국의 성명문을 미국에 전해달라고 부탁했다.

참고로 영국은 1954년 제네바회의를 시작으로 미중 양국 간에 메시지를 전달해주는 임시 채널로 움직이고 있었다. 영국이 미중 간 연락을 담당하게 된 데에는 우선 미국과는 이미 오래전부터 관계가 있었으며, 중국과는 1954년 4~6월 제네바회의 기간 동안 중국 측 대표단과 주도적으로 접촉해 대표 부급의 외교관계를 수립한 덕분이었다.

북중 양국의 제안은 우선 프랑스, 그리스, 뉴질랜드와 이태리 등 UN에 참여한 국가들의 관심을 끌었다. 이들은 미국의 입장을 물었으나 미국정부는 명확한 입장을 내놓지 않았다. 2월 14일 기자회견장에서 미국 국무원의 대변인 링컨 화이트(Lincoln White)는 북중 성명 중 '자유선거' 부분에 대해서만 미국의 입장을 언급했다. 그는 이 자유선거가 한반도 통일 문제에 관건이며 미국도 한반도가 자유선거를 진행하는 것을 지지한다는 입장을 밝혔다. 그러나 철수 문제에 대한 언급은 없었다.

미국의 입장에서는 철수가 미국의 극동 전략에 미칠 영향을 고려하지 않을 수 없었다. 그리고 한반도의 철수가 미국에 가져다 줄 정치적 영향도 무시할 수 없었다. 미군의 입장은 분명했다. 중국이 북한에서 철수하더라도 미군은 남한에서 절대 철수할 수 없었다. 극동지역에서 위협적인 군사력을 보유·유지하는 것이 필요했다. 최근 한국에 주둔하고 있는 미군 두 개 사단을 전방에 배치하려는 상황에서 미군이 앞으로 극동지역의 정세를 위압할 수 있는 세력이 되어야 한다는 논리였다.

미 국무원의 기자회견이 있기 전인 1958년 2월 7일 중국정부는 인민지원군의 철수를 선포하는 동시에 미국을 위시한 UN이 한반도에서 모두 철수할 것을 제의했다. 이른바 '외국군'의 철수 후 외부 세력의 간여가 없는 상황에서 한국인이 스스로 평화적인 방식을 통해 통일을 달성해야 한다고 주장했다. 그런데 문제는 중국군은 완선히 철수한 반면 미군은 철수하지 않은 것이다.

UN은 8차 총회에서 한국전쟁을 논의하기 위해 한반도문제에 관한 두 개의 결의를 채택했다. 그중 하나가 한반도문제 정치회의의 참가국을 규정하는 것이었다. 결의는 한국전쟁에 참가한 모든 국가로 규정했으나 중국은 배제되었다. 미국은 교전국에만 국한해야 한다는 입장을 고수했다.

중국 측은 중국을 포함해 남북한과 더불어 소련과 인도 등 중립국도 참석해야 한다고 주장했다. 중국은 〈정전협정〉의 제60조 규정을 근거로 들며 UN

과 중국 인민지원군 등 모든 외국군의 철수가 선행된 후 평화적으로 한반도 문제를 해결하고 나머지 문제는 차후에 의논하는 것이 준수되어야 한다고 주장했다.

2월 22일 미국 공군참모장 토머스 화이트(Thomas White)는 한반도 철수 문제를 더 전면적으로 분석하는 보고서를 제출했다. 그는 보고서에서 한반도에서의 완전 철수에 반대하는 입장을 명확히 견지해야 하며, 중국이 북한에서 철수하는 것이 중국의 대남 위협 감소를 의미하는 건 아니라고 주장했다. 미군과 UN의 철수는 오히려 미국의 아시아 동맹국의 안보에 위협을 가져다 줄 수 있다는 것이다. 그는 감축의 마지노선을 1959년까지 20% 미만으로 설정했다.

나아가 화이트는 미국의 핵무기 또는 공중기술역량을 감축하면 한반도에 잔류하고 있는 UN과 미국, 그리고 한국의 지상군은 적의 돌발적인 군사공격의 위험에 노출될 수 있고 결과는 예측하기 어려울 것이라 전망했다. 또한 미 육군 사단을 철수하는 것은 공군의 화력, 핵무기 또는 지원군에만 의존하겠다는 것인데 이는 본토 부대의 침공에 대한 저항심을 꺾을 수 있다는 전제 하에만 성립된다는 것이다.

또한 중국이 북한에서 철수하는 것은 북한의 아시아 자유국가를 침략할 수 있는 역동성만 증진시켜줄 뿐이라고 설명했다. 결론적으로 화이트는 중국의 철수에 대한 반응으로 만약 미국의 주둔 군사력을 조정하기로 결정하면 감축이지 철수는 절대 아니라고 재차 강조했다.

미 국무부의 입장도 그와 일치했다. 국무부의 입장은 주로 정치적 영향을 고려한 데서 출발했다. 국무부는 중국이 북한에서 철수하는 목적을 자국에 유리한 환경을 조성하여 대국회의를 개최한 뒤, 한반도문제를 빌미로 통일문제에 있어서 미국과 자유국가진영을 불리하게 선동하는 데 있는 것으로 판단했다. 자유세계진영의 한반도 통일 문제의 입장을 동요시키고 자국의 이미지를 개선함으로써 서방세계에 더 큰 압력을 가할 것이라는 의미였다. 즉, 중국군의 철수는 이른바 중국 공산주의자의 침략이 종결되었다는 것을 알릴 수 있는 정치적 호기로 이용될 가능성이 농후한 것으로 분석했다.

미국은 2월 한 달 동안 공군, 국무원과 의회와 수많은 검토 회의를 거친

후 3월 4일 UN 참전국 15개 국가들과 함께 입장을 조율하기 시작했다. 이때 미국이 제안한 방안은 중국의 제언에 대응하는 것이었다. 즉, UN의 남한 주둔 목적을 명확히 하는 것이었다.

미국이 제시한 방안을 보면, UN 결의에 따라 하나의 독립적이고 민주적인 통일 한반도가 확립되기 위해서는 UN의 감독 하에 자유선거를 실시하고 이로써 합법적인 국회를 설립한다. 북한과 중국이 자유선거에 동의하고 중국이 북한에서 철수하는 것을 환영하는 입장을 밝힌다. 북한이 제안하는 중립으로 구성된 감독기관이 선거를 진행하는 것에 대해 UN의 프레임워크 내에서 수용이 가능하다는 전제를 제시한다 등이었다.

또한 미국은 UN이 한반도의 통일을 책임진다는 전제는 모든 문제의 전제가 된다는 말로 중국과 북한이 제기한 UN의 철수 문제에 대한 직답을 회피했다. 결국 미국의 입장은 두 달 동안의 준비 끝에 4월 9일 영국의 북경주재 대표부를 통해 16개국 명의의 성명서로서 중국에 전해졌다. 중국도 기존의 원칙과 입장을 견지하겠다는 태도로 이를 수용하지 않았다.

15개 UN 참전 국가들은 5월 6일 중국의 첫 반응 이후 7월까지 이 문제를 재조율하기 위한 협상을 진행했다. 결과는 미국이 제안한 기존 원칙의 고수였다. 결국 문제는 UN으로 넘겨졌고 11월 11일 13차 UN총회의 제1위원회에서 뉴질랜드 등 13개국이 한반도문제 결의안을 투표에 부칠 것을 제안했다. 결과는 찬성 54표, 반대 9표, 기권 18표로 미국의 원칙 입장이 다시 고수되었다.[34]

중국은 10월 25일 북한 내 주둔한 인민지원군을 전부 철수했다. 미국의 원칙이 견지되는 상황에서 중국은 마지막 외교적 노력을 개진했다. 우선 영국을 통해 미국은 정치적 협상으로 한반도 통일을 구현하려는 입장을 견지하는데 이는 미군을 철수할 용의가 없다는 것을 의미한다.

중국은 UN 소련대표를 통해 한반도문제의 평화적 해결을 위해 UN국가들의 입장 재조정을 요청했고 이에 적극적인 조치를 호소했다. 그러나 한반도 문제는 이후 곧 교착상태에 빠지고 만다. 12월까지 중국과 북한의 외교 공세가 이어졌고 UN 철수 문제를 둘러싸고 미중 간의 선전 공방전이 1959년까지

---

34 馮東興, 任東來, "1958年中國從朝鮮撤軍與中美外交交涉", 『當代中國史研究』, 2010年 2期, p. 87.

지속되었기 때문이다.

1959년 9월 미국의 국가안전보장회의는 5913/1호 문건을 근거로 아시아에서 공산당 정권이 수립되는 것을 최대한 저지하는 정책을 추진했다. 특히 중공 정권의 발전을 저해하려고 부단히 노력했다. 아시아의 공산 정권, 특히 중공의 역량과 지위를 약화시키려는 노력이 끊이지 않았다.[35]

그러나 마오쩌둥은 이에 굴하지 않고 1958년 북한에서의 철수를 선언한 후 국제 정세가 전례에 없는 수준으로 중국에게 유리한 방향으로 발전하고 있어 조만간 "동풍이 서풍을 잠재울 것"이라고 호언했다. 그러면서 그는 각국의 인민들이 제국주의에 대한 투쟁을 견지하면 제국주의의 모든 침략과 전쟁의 음모가 다 격퇴될 것이라고 호언했다. 한국전쟁으로 소통의 중요성을 절감한 미국과 중국이었건만 그들의 진심어린 소통은 아직 요원해 보였다. 그리고 세계는 또 다른 전쟁과 함께 1960년대를 맞이하게 된다.

---

35 "STATEMENT OF U.S. POLICY IN THE FAR EAST : General Considerations," September 25, 1959, https : //history.state.gov/historicaldocuments/frus1958-60v16/d48 (검색일 : 2015년 6월 11일).

제4장

베트남전쟁과 미중관계

1960년 인도차이나반도에서는 세계가 우려한 일이 터지고야 말았다. 갑작스레 터진 것은 아니었다. 제네바회의 이전부터 이미 인도차이나반도는 불안의 씨앗을 잉태하고 있었다. 당시 프랑스를 대체해 반도를 장악하려 한다는 미국의 야욕이 공공연하게 드러나고 있었기 때문이다. 중국은 이 같은 상황을 매우 우려했다. 한국전쟁 때 중국은 미국과 맞닥뜨리는 것을 극도로 우려하며 최대한 피하려고 노력했다.

미국이 인도차이나를 장악하겠다는 건, 다시 말해 중국과 미국이 늘 얼굴을 맞댄 채 살아야 한다는 의미였다. 중국은 인도차이나반도 문제에 촉각을 곤두세울 수밖에 없었다. 제네바회의 동안 중국은 한반도문제보다 인도차이나반도 문제를 해결하는 데 더 매진했다. 중국의 우려대로 회의에서 합의된 UN 감독 하의 베트남 자유선거는 결국 이행되지 않았고 월남에는 친미정권이 들어섰다.[1]

미국은 한반도와 마찬가지로 베트남을 분단해 분단선 이남지역에 친미정부를 수립한 뒤 북베트남 공산주의 세력의 반도 점령을 저지하려고 했다. 중국은 북베트남 호치민 정권의 주된 후견인으로 정치·외교·군사·경제 등 모든 영역에서 아낌없는 지원과 원조를 제공했다. 앞서 언급했듯이 중국이 호치민의 후견이 된 배경에는 소련의 무관심과 무책임이 있었다.[2]

---

1 1950~1970년대에 대한민국에서는 베트남공화국(남베트남)을 월남(越南)으로, 베트남민주공화국(북베트남)을 월맹(越盟)으로 지칭했다. 이 책에서 베트남은 월남을 지칭한다. 베트콩과 북베트남은 공산세력이자 월남의 적국을 의미한다.

2 소련이 베트남전쟁에 대해 거리를 둔 이유는 서구와의 평화공존 모색의 정책(이른바 '3화 정책')으로 인한 정치적 딜레마에 빠졌기 때문이었다. 전쟁에 직접 개입하는 것은 독트린의 정신과 원칙을 위배하는 처사였다. 개입을 회피하는 것은 공산국제주의를 위배하는 것이었다. 소련은 전자를 선택한다. 이 같은 딜레마는 브레즈네프가 1965년 정권을 잡은 이후에도 유효했다. 소련의 결정은 행동으로 나타났다. 1963년 북베트남을 지원하던 외국인 기술부대의 총 인원에서 소련의 비중이 60%에서 15%로 하락했다. 반면 중국의 인원은 28%에서 80%로 급상승했다. 같은 해 기준

당시 소련은 베트남과 인도차이나반도에 무관심했을 뿐만 아니라 이 지역 공산주의 운동의 의무와 책임을 중국에 일임하고 있었다. 물론 중국이 아무런 욕심 없이 후견인 역할을 자처한 것은 아니었다. 아시아 코민포름의 설립국이자 아시아 공산주의 운동의 리더가 되고 싶은 욕망이 있었던 중국으로서는 베트남의 후견인이 되는 것이 전략적으로 좋은 선택이었다.

미국의 반공 노력에도 불구하고 1960년 남베트남민족해방전선(NLF)이 결성되어 월남정부와 미군에 대항하는 전쟁을 일으켰다. 즉, 남베트남민족해방전선이 베트남의 무력통일을 목표로 무력혁명을 추구하는 반군세력으로 등장한 것이다. 그리고 1964년 8월 7일 통킹만 사건으로 미국의 베트남전쟁 개입이 본격적으로 시작되었다. 이후 베트남전쟁이 생각보다 장기화되고 전세가 불리해지자 미국은 1954년 조인된 동남아조약기구(SEATO) 회원국 태국과 필리핀, 1951년에 결성된 태평양안전보장조약(ANZUS) 체결국인 호주와 뉴질랜드, 그리고 한국에게 파병 요청을 하면서 이들을 전쟁에 끌어들였다.

미국과 그의 동맹국들이 참전하면서 베트남전쟁은 국제전으로 확대되었다. 중국은 전쟁에 연루되는 것을 최대한 피하고자 했다. 무엇보다 미국과 만나는 것을 최대한 피하고 싶었다. 미국의 바람 역시 마찬가지였다. 미국이 전쟁을 확장시키지 못한 근본적인 이유 중 하나가 중국 참전이나 군사적 개입 가능성에 대한 두려움이었다.

미중 양국은 서로의 개입이나 확전을 방지하기 위해 언론매체는 물론 대사급 회담 등과 같은 모든 직간접적인 소통 매체를 적극적으로 동원했다. 각자의 입장을 명확히 전하는 동시에 서로의 입장을 읽어내는 데 그들 모두 주력했다. 미중 양국 간의 정식 협정은 없었지만 양국의 전쟁 가능성을 봉쇄하는 마지노선, 즉 위도 20도 선을 쌍방이 준수할 의사가 있는지 여부를 확인하고 재확인하는 데 모든 외교적 노력을 다했다.

소련의 북베트남에 대한 중기기 수출 규모도 1962년에 비해 20% 하락했고 1964년의 규모는 1963년 대비 또 30% 감소했다. 陶文釗 主編, 『中美關係史(1949～1972)』 中卷, (上海：上海人民出版社, 2004), p. 251, 253; King C. Chen, "North Vietnam in the Sino-Soviet Dispute, 1962～64," Asian Survey, Vol. 4, No. 9, 1964, pp. 1029～35; and Edgar Snow, "Interview with Mao," The New Republic, February 27, 1965, pp. 17～23.

다행히도 미국은 약속대로 위도 20도 이북지역에 지상군의 침투나 투입을 허용하지 않았고, 중국도 전투 병력을 북베트남에 파견하지 않았다. 중국은 대신 북베트남의 전쟁 능력을 향상시키기 위해 공병대와 군사자문관만 파견했다.[3] 그러나 만약의 사태에 대비해 중국은 베트남의 접경지역인 윈난성(雲南省)과 광시성(廣西省)에 육군과 공군 병력을 대기시켰고 군사 기지를 확대하거나 신설하는 등 만반의 준비태세를 갖추고 있었다.

베트남전쟁으로 1960년의 서막이 오르자 아시아 국가들은 '미국과 중국이 전쟁을 벌이지 않을까' 하는 걱정으로 60년대의 전반기를 보냈다.[4] 통킹만 사건이 훗날 미국의 조작극으로 밝혀졌지만 당시 이 사건을 빌미로 미국의 참전이 본격화되면서 중국의 베트남 정책 및 전쟁에 대한 입장 역시 근본적인 변화를 겪게 된다. 미국과 중국의 베트남 개입이 본격화 되면서 양국의 대사급 회담은 중단되었고 대신 상호 비방 공세가 시작되었다. 공세는 날로 격해져 갔고 양국 관계는 자연스레 상당한 긴장국면에 접어들었다.

1960년대는 베트남전쟁을 제외하고서도 미국과 중국 각자에게 상당히 의미 있는 시기였다. 우선 미국을 보자면, 존 F. 케네디 대통령이 미국 역사상 두 번째로 암살되었다. 그리고 린든 존슨(Lyndon B. Johnson) 부통령이 그 자리를 대신했다. 케네디 대통령 생전에 미국은 1962년 쿠바 미사일 사건으로 미국이 주변 지역에서 소련의 핵위협에 노출될 수 있다는 사실에 경악을 금치 못했었다.

1968년 존슨은 대선에 실패한다. 그리고 닉슨이 새로운 미 대통령으로 선출되었다. 새로운 행정부의 출범은 미국의 대아시아 정책에 본질적인 변화를 가져왔다. 닉슨 대통령은 베트남전쟁의 종결과 미군의 조기 귀환을 이루기

---

3 중국의 북베트남 지원은 1962년 여름부터 시작되었다. 중국은 230개 대대를 무장할 수 있는 무기와 장비를 무상으로 원조했다. 柴成文,『三大突破 : 新中國走向世界的報告』(北京 : 解放軍出版社, 1994), p. 230.

4 미국은 1961년 5월 14일 베트남에 첫 파병을 한다. 그 규모는 400명의 군사기술병과 100명의 군사 고문들이었다. Zhang Baijia, "'Resist America' : China's Role in the Korean and Vietnam Wars," in Michael D. Swaine and Zhang Tuosheng (eds.), Managing Sino-American Crises : Case Studies and Analysis (Washington, D.C. : Carnegie Endowment for International Peace, 2006), p. 197.

위해 중국과의 관계개선을 모색하기 시작한다. 이런 취지를 담은 닉슨의 외교 독트린이 1969년 7월 25일 한국전쟁 19주년을 맞는 해 괌(Guam)에서 발표되었는데, 이것이 그 유명한 '닉슨 독트린' 혹은 '괌 독트린'이다.[5] 닉슨정부는 중국과의 고위급 대화를 성사시키기 위해 적극적으로 움직였다.

중국에게도 1960년대는 유의미한 시기였다. 정치·외교·군사·경제 등의 분야에서 많은 사건과 변화가 나타났기 때문이다. 우선 정치적으로 1963년 정풍 운동이 '문화대혁명'의 시작을 예고했다. 문화대혁명은 1966년 본격적으로 시작되어 69년에 정점을 찍은 뒤 다소 누그러지긴 했으나 1976년 9월 마오쩌둥이 사망할 때까지 지속되었다.

외교적으론 1950년대 후반부터 시작된 소련과의 분열이 1965년에 종지부를 찍었다. 소련은 중국을 견제하기 위해 중국과의 국경지역에 대대적인 병력을 배치시켰다. 양국의 군사적 긴장관계는 1969년 3월 우수리(Usuri) 강에서 발발한 전바오다오(珍寶島) 국경분쟁으로 절정에 달했다.

소련이 중국을 견제하기 위해 군사적 포위망을 좁혀오자 중국은 미국보다 소련을 자신의 최대 위협국으로 정의하기에 이르렀다. 소련의 포위망은 중국 국경지역을 극심한 불안으로 몰아넣었다. 소련은 중소 국경분쟁 갈등에 대비해 1960년대 초부터 중국 신장 지역에서 몽골까지 군대를 배치시켜 중국을 조여가고 있었다.

중국과 국경을 두고 분쟁을 점치는 건 소련뿐만이 아니었다. 당시 중국은

---

5 닉슨 독트린의 전문, http://cf.linnbenton.edu/artcom/social_science/clarkd/upload/Nixon%20Doctrine.pdf (검색일 : 2016년 1월 24일). 닉슨의 괌 연설은 "Joint Remarks in Guam with Newsmen," July 25, 1969, Public Papers of the Presidents of the United States : Richard Nixon, 1969, pp. 544~547 http://quod.lib.umich.edu/p/ppotpus/4731731.1969.001?view=toc, (검색일 : 2016년 1월 24일). "The Guam Doctrine : Asian Nations Voice Anxiety," New York Times, June 29, 1970. 닉슨과 키신저의 독트린에 대한 입장을 간략한 자료로 "29. Editorial," Foreign Relations of the United States, 1969~1976, Vol. I, Foundations of Foreign Policy, 1969~1972, https://history.state.gov/historical documents/frus1969-76v01/d29 (검색일 : 2016년 1월 24일)을 참조. 닉슨은 자신의 아시아 문제를 아시아인이 해결해야 한다는 원칙과 베트남전쟁의 베트남화가 미군 철수를 의미하는 것으로 해석되는 것을 부정했다. 이와 관련된 분석은 Jefferey Kimball, "The Nixon Doctrine : A Saga of Misunderstanding," Presidential Studies Quarterly, Vol. 36, No. 1, 2006, pp. 59~74.

인도와도 국경 문제를 겪고 있었다. 중국과 인도 간 국경문제 갈등이 불거지면서 긴장국면이 무력분쟁으로 승화될 가능성이 커졌다. 소련은 1962년 중국을 견제하기 위해 인도로 군사고문단을 파견했다. 여러 문제들로 관계가 경색 국면에 처해 있긴 했지만 당시 중국과 소련은 동맹관계였다.

그런데 사회주의 국가이자 중국의 동맹국인 소련이 비사회주의 국가인 인도를 지지하고 나선 것이다. 이는 실로 중소관계에 엄청난 악영향을 미쳤다. 이런 상황에서 베트남전쟁은 늘 중국에게 고민거리였다. 미국과의 직접적인 무력충돌을 기다리는 시한폭탄 같았기 때문이다. 중국에게 1960년대는 건국 이래 최악의 안보 시기였다.

중국으로서는 소련의 군사적 위협과 포위망을 극복하기 위한 전략적 돌파구가 필요했다. 그런데 이때 미국이 손을 내민 것이었다. 중국은 그 손을 뿌리치지 않았다. 결과론적으로 중국이 미국의 손을 잡으면서 소련의 위협에 공동 대응하는 전략을 수용하게 된 것은 자연스러운 귀결이었다.

물론 이 과정에서 내부적인 반발이 없었던 것은 아니었다. 미국과의 전략적 관계개선에 반대했던 대표적인 인물이 바로 마오쩌둥이 자신의 후계자로 지명한 당시 중국의 국방장관 린뱌오였다. 그가 반대한 이유는 잘 알려져 있지 않다. 그러나 정황적으로 볼 때 마오쩌둥을 승계할 공산혁명 1세대의 장군이기 때문에 사상적으로 융통성을 발휘하기 힘들었을 것이다.

쿠바 미사일 사건, 브레즈네프 독트린, 몽골과의 군사협정, 중국 국경지역의 군비 증강, 베트남전 개입 등 소련이 일련의 확대 정책을 매우 공세적으로 개진하면서 미국은 전략적으로 수세적인 입장을 취할 수밖에 없었다. 미국이 독자적으로 대응하기에는 역부족이었기 때문이다. 특히 베트남전쟁이 장기화되면서 미국은 군사적으로나 재정적으로 소련 억제 정책을 마음 놓고 펼수 없었다. 결국 이런 미국과 중국의 전략적 이익 계산이 맞아 떨어짐에 따라 양국은 공통의 전략 목표를 위해 관계 정상화를 모색하는 절충점을 찾게 되었다.

1960년대 중국의 경제 상황은 매우 피폐했다. 1957~58년의 대약진운동이 실패로 끝나고 소련과의 관계가 악화일로에 접어들면서 소련의 대중국 경제 지원과 원조도 1960년에 모두 중단되었다. 엎친 데 덮친 격으로 베트남전쟁의 장기화로 인해 경제적으로 어려운 상황에서도 북베트남에 대한 원조는 계속되어야 했다. 북베트남과 북한의 후견인 역할을 수행하면서 국민 경제는 최악의 상황을 겪는 희생을 감수해야 했다.

다행히 1960년대 중반 중국 경제에 두 가지 희소식이 전해졌다. 하나는 1965년 소련의 차관을 모두 상환함으로써 부채가 없는 국가가 된 것이었다. 다른 하나는 1955년부터 시추를 시작한 헤이룽장성(黑龍江省) 다칭(大慶) 유전의 석유 생산이 1963년부터 본격화된 것이었다. 이로써 중국은 석유 자급자족의 시대를 맞이하게 되었다.

군사적으로는 1964년 10월 16일 신장(新疆) 위구르(Uigur)자치구 타클라마칸 사막에서 첫 핵실험에 성공했다. 미국, 소련, 영국, 프랑스 다음으로 핵실험에 성공한 핵보유국이 된 것이다. 이후 중국은 핵탄두, 핵 발사체와 핵 발사체 개발에 더욱 박차를 가했다. 이런 괄목할만한 성과와 대내적인 발전은 중국에게 더할 나위 없을 만큼의 자신감, 자존감과 자부심을 불어넣어 주었다.

하늘을 찌를 듯한 자신감에 편승해 중국은 북베트남의 공산혁명에 더 적극적으로 나서게 된다. 1965년 4월 중국은 북베트남과 지원부대 파병 협정을 체결한 후 총 32만여 명의 병력을 종전 때까지 파견했다.[6] 이 중 5,000명 이상이 사망했다. 원조 물자는 200억 달러를 초과했다.[7]

중국이 첫 핵실험에 성공하자 미국과 소련은 불안감을 감추지 못했다. 미국은 중국의 핵무기 개발이 상당한 진척을 보이자 정밀 타격과 선제 공격 등의 방법을 동원해 억지시키는 전략을 고려했다.[8] 1964년 4월 22일 이 같은 전략을 처음으로 구체화시켰다. 이 계획에는 미국의 중국 핵시설에 대한 직접적인 공격과 대만을 활용하는 등 두 가지 전술을 포함했다. 대만 군과 관련해서는 대만 공군을 정밀 타격에 투입하거나 대만 군을 낙하시키는 것이었다. 마지막 전술은 중국 내의 간첩을 활용하는 방안이었다.[9]

---

6 1967년 한때 그 규모는 17만 명으로 최고조에 달했었다. Whiting, "China's Role in the Vietnam War," *Ibid.*, p. 74.

7 熊志勇,『中美關係60年』(北京：人民出版社, 2009) p. 131.

8 詹欣, "美國對華核戰略与一九六九年中蘇邊界冲突",『中共党史研究』, 2011年, 第10期, pp. 76~84.

9 Walt Rostow, Policy Planning Staff, U.S. Department of State, to McGeorge Bundy,

8월부터 소련과 미 정보국은 중국의 핵실험이 언제든 가능하다고 경고하기 시작한다. 그리고 결과적으로 핵실험 한 달 전인 9월 15일에 미국은 중국 핵시설의 선제타격을 고민한다. 논의 끝에 미국은 선제타격을 포기한다.[10] 미국이 포기한 이유는 소련의 협조가 없었기 때문이다. 대신 핵실험에 성공한 중국에 대한 사후 대응을 논의했다. 중국에 대한 억제정책이 무의미해진 상황에서 최종 선택은 중국과의 관계개선으로 귀결되었다.[11] 북한이 핵개발 성공 이후 미국과 관계개선을 기대하는 심리의 역사적 근거를 볼 수 있는 대목이다.

소련에게 마오쩌둥과 같이 신뢰할 수 없고 불안한 지도자의 수중에 핵탄두가 주어졌다는 사실은 상당히 곤혹스러운 일이었다. 오늘날 김정일과 김정은을 바라보는 세계의 시선이 당시의 소련과 비슷하다는 것을 알 수 있는 부분이다. 소련은 1969년 중소분쟁이 고조에 달할 때 중국의 핵개발이 더 이상의 진전을 보이지 못하도록 핵시설을 정밀 타격하는 방법을 심각하게 검토했다. 브레즈네프를 미국으로 보내 이 계획에 대해 논의할 것을 지시했다. 미국의 반대로 소련의 무력 해결 방법은 끝내 무산되었다.

⋮ 전쟁 초기의 미국 입장

린든 존슨은 케네디 대통령의 피살로 1963년에 대통령직을 승계했다. 그의

"The Bases for Direct Action Against Chinese Communist Nuclear Facilities," April 22, 1964, enclosing report with same title, April 14, 1964, Top Secret Source. LBJ Library, National Security File, Countries, box 237, China Memos Vol. I 12/63-9/64. http : //nsarchive2.gwu.edu/nukevault/ebb488/docs/ Doc%2016%204-22-64%20R%20Johnson%20bases%20for%20direct%20action.pdf (검색일 : 2015년 8월 2일).

10 "Memorandum for the Record," September 15, 1964, http : //nsarchive2.gwu.edu/NSAEBB/NSAEBB38/document16.pdf (검색일 : 2015년 8월 2일).

11 이를 정당화한 것은 두 가지 이유였다. 하나는 중국의 UN의석 회복 가능성이 케네디행정부 시기 내로 점쳐졌다. 다른 하나는 중국이 12개 이상의 나라에 핵을 확산시킬 수 있기 때문이었다. Memorandum From James C. Thomson, Jr., of the National Security Council Staff to the President's Special Assistant for National Security Affairs (Bundy), October 28, 1964, https : //1997~2001.state.gov/www/about_state/history/vol_xxx/60_69.html (검색일 : 2015년 8월 2일).

베트남 정책은 기본적으로 케네디행정부의 것을 계승하는 것이었다. 케네디 행정부의 베트남 정책의 목표는 크게 두 가지였다. 하나는 월남이 '스스로를 도울 수 있게 도와주되 과도한 군사적 간여는 최대한 피하는 것이었다.[12] 다른 하나는 '중국 억제'였다. 존슨행정부는 '공산주의의 도미노식 확산' 논리에 근거하여 미국의 인도차이나반도 정책 기조를 확실히 수반해 줄 수 있는 방안 마련에 분주했다. 왜냐하면 당시의 전세가 월남 반군세력인 남베트남민족해방전선(NLF)에 유리하게 돌아가고 있었기 때문이다.

미국 국가안보회의는 '1964년 3월 17일 국가안보 행동메모(National Security Action Memorandum 288 of 17 March 1964)'에서 동남아지역 및 인도차이나반도 국가들이 도미노처럼 공산주의로 물들 수 있다는 가능성을 재확인했다. 이 행동 메모는 당시 미 국방장관 로버트 맥나마라(Robert S. Mc Namara)의 베트남 방문 보고에 기인한 것이다.[13] 미국이 월남을 독립적인 비공산국가로 생존할 수 있도록 보장하지 못한다면, 인도차이나반도의 모든 국가들(베트남, 라오스, 캄보디아 등)이 공산화될 것이라는 게 보고서의 핵심이었다.

맥나마라의 보고서는 인도차이나반도가 공산화되면 지역 내 미국의 반공세력에 대한 영향력이 완전히 상실될 것이라고 우려했다. 맥나마라는 버마도 공산진영에 편입될 것이고, 인도네시아는 말레이시아에 먹힐 것이고, 태국은 좀 버티겠으나 심각한 압박을 받을 것이라는 최악의 시나리오까지 제시했다. 결국 동남아의 공산화는 필리핀을 동요시킬 것이고, 인도를 공산주의의 위협에 노출시킬 것이고, 호주와 뉴질랜드, 그리고 한국과 일본에게 지대한 영향

---

12 이 목표를 위해 1961년 미국은 베트남에 3,000명 규모의 군사지원부대만 파견했었다. 1962년 말 월남의 군사고문 규모는 1만 1,500명으로 증가했고 1963년 11월에는 1만 6,000명의 규모가 되었다. 그러나 베트콩의 '대규모 보복'이 일어나자 1961년부터 정식 군대의 파병을 검토하기 시작했고 11월 3일에 8,000명의 군인 파병을 논의했다. 陶文釗 主編, 『中美關係史(1949～1972)』 中卷, (上海：上海人民出版社, 2004), p. 245, 247, 255.

13 "Memorandum From the Secretary of Defense (McNamara) to the President," Foreign Relations of the United States, 1964 - 1968, Volume I, Vietnam, 1964, March 17, 1064, https：//history.state.gov/historicaldocuments/frus1964-68v01/d84, (검색일：2016년 1월 28일).

을 미칠 것이라는 결론이 도출되었다. 이것이 당시 미국이 내세운 도미노식 공산화의 논리였다.

미 중앙정보국(CIA)만큼은 이견을 보였다. 중앙정보국은 캄보디아를 제외하고 월남과 라오스가 급속히 공산화되어도 다른 나라들의 공산화는 쉽게 이뤄지지 않을 것이며, 메모에서 언급된 것은 최악의 시나리오 상황에만 국한된 것이라고 설명했다. 중앙정보국의 의견 역시 동 메모에 기록되었다.

1964년 베트남의 상황이 악화되면서 미국의 정책도 바뀌었다. 상황이 이렇게 되자 미 국방장관 맥나마라는 "남베트남 행동 계획(Plan of Action for South Vietnam)" 보고서에서 미국의 패전 가능성에 대한 우려를 밝혔다.[14] 그는 패전 우려를 미국의 전쟁 목표를 냉소적으로 재해석하는 방식으로 표현했다. 미국 목표의 70%는 수치스러운 패전을 피하고, 20%는 월남을 중국에 빼앗기는 것을 방지하는 것이고, 나머지 10%가 월남 국민의 행복과 자유를 보장하는 것이라고 설명했다.

1965년 초 동남아의 도미노 위협은 미국의 전략적 옵션을 세 가지로 제한했다. 첫째는 베트남민주공화국(북베트남)을 직접 공격하는 것, 둘째는 협상, 셋째는 월남에 지속적인 개입을 하는 것이었다. 미국은 이들 중 첫 번째와 두 번째 옵션을 정책 방침으로 결정했다. 그리고 1965년 2월 13일 존슨 대통령은 북베트남에 대한 지속적이나 제한적인 폭격 작전을 승인한다.[15] 3월 2일 북베트남에 대한 미국의 대대적인 폭격이 이뤄졌다. 이 폭격의 작전명은 일명 '롤링 썬더(Rolling Thunder)' 작전이었다.

이후 미국의 북베트남에 대한 전략은 또 한 번의 변화를 겪는다. 우선 전략의 목표는 전쟁의 승리였다. '롤링 썬더' 작전 실행 3개월이 지났지만 여전히 미국은 하노이를 협상 테이블로 이끌어내지 못하고 있었다. 그러자 존슨 대통령은 1965년 5월 13~18일 북베트남 폭격의 일시적인 중단을 명령한다.

---

14 "Plan Action for South Vietnam," September 3, 1964, The Pentagon Papers, Gravel Edition, Vol. 3, pp. 556~559, https : //www.mtholyoke.edu/acad/intrel/pentagon3/doc188.htm (검색일 : 2016년 1월 17일). 제2조 참조.

15 이 작전이 제한적이었다는 의미는 미국의 북베트남 폭격 대상을 위도 19도 이남지역과 선별된 군사 목표물로 국한했기 때문이다. 베트남은 1954년 제네바회의에서 위도 17도를 기준으로 분단되어 있는 상황이었다.

그는 새로운 작전이 필요하다고 판단했다.

새로운 전략을 구상함에 있어 존슨이 가장 중요하게 여긴 것은 베트콩의 반응이었다. 북베트남 폭격을 비롯해 베트남전쟁과 관련된 일련의 선택(미군력 증강 등)을 결정함에 있어 그들의 반응이 관건이었기 때문이다. 중단되긴 했지만 '롤링 썬더'작전의 무자비한 폭격에도 하노이는 반응이 없었다. 그해 여름 베트콩의 대규모 반격이 시작되었다.

북베트남의 반격에 존슨 대통령은 미군의 규모를 7만 명으로 증대할 것을 승인한다. 그리고 5주 후인 1965년 7월 존슨은 12만 5,000명의 미군 병력을 추가 투입할 것이며 필요할 시 더 투입하겠다는 입장을 밝혔다.[16]

'썬더 롤링' 작전 효과가 기대에 미치지 못하자 1년 후 미 국무장관 딘 러스크(Dean Rusk)는 미국의 월남 핵심 목표를 두 갈래 길로 비유했다. 하나는 북베트남이 월남을 무력으로 점령하는 것이고, 다른 하나는 북베트남이 월남의 운명을 정하지 못하게 미국이 보장하는 것이었다.

그러나 문제는 이 목표의 전제 조건이었다. 즉, 최대한 전면전을 피해야 하는 것이었다. 존슨 대통령은 러스크의 주장을 수용하지 않았다. 그는 오히려 1965년 하반기부터 미국의 공중 폭격을 점차 확대하고 강화하고 있었다. 맥나마라는 존슨의 공중 폭격 확장에 동의하는 한편 제한적 폭격을 강력히 추천했다. 소련이나 중국의 연루 가능성을 의식한 발언이었다.

제한적 폭격전임에도 불구하고 미국의 투입 병력은 계속 증가하기만 했다. 1965년 말 투입된 미군 병력은 이미 18만 명을 넘었다. 1966년에는 이 두 배 규모의 병력을 투입할 계획이었다. 전쟁은 적군이 누그러질 때까지 무한대로 확장되고 있었다.

1965년 말이 되자 남베트남민족해방전선은 승승장구했고 미군은 시상선이 불가피한 상황이 되었다. 윌리엄 웨스트모얼랜드(William C. Westmoreland) 장군은 1967년 중반까지 미군의 병력 규모를 37만 5,000명 수준까지 증가시켜줄 것을 요청했다. 이에 존슨은 결국 병력 증가를 승인한다. 그러면서 베트남전쟁은 패전이 미리 예측되었음에도 불구하고 장기전으로 치닫는다. 결

---

16 Frank E. Rodgers, "Sino-American Relations and the Vietnam War, 1964~66," The China Quarterly, No. 66, June 1976, p. 294.

국 베트남의 공산화와 이의 파급효과로 보였던 아시아의 공산화 도미노 현상을 우려한 결과였다. 그리고 닉슨은 베트남전의 지구전을 막기 위한 결심을 가지고 대선에 출마한다.

▮ 중국의 북베트남 '혁명전쟁' 적극 지원 시작

중국의 국가이익은 모든 외국 세력의 개입을 반대하고, 국가이익을 보호하면서 통일을 이루고, 경제건설을 하고, 국력과 위상을 신장함으로써 결국 아시아와 세계에 중국의 리더십을 구축하는 것이다. 인도차이나반도에서 중국의 국익은 북베트남의 안보이익과 일치했다. 즉, 통일·위상·국력·경제개발과 무엇보다도 최상의 이익인 외세의 개입을 종결하는 것이었다. 하노이는 아시아의 리더십엔 관심이 없었지만 인도차이나반도에서의 리더십엔 욕심이 있었다.

미국과 북베트남의 전쟁은 1963년 11월 응오딘지엠(Ngo Dinh Diem, 吳廷琰) 정권의 붕괴와 함께 가속화되었다. 응오딘지엠은 1954년 미국의 지원으로 총리가 되었고, 1956년 국민투표로 공화국을 선포한 후 대통령에 취임했다. 그는 지주층과 군부, 경찰 세력을 기반으로 강력한 반공정치를 실시했다. 그러나 그 덕에 민심을 잃은 그는 1963년 즈엉 반 민(Dương Văn Minh, 楊文明)의 군부 쿠데타로 살해됐다.

같은 해 12월 북베트남 노동당 중앙위원회 9차 회의가 개최되었다. 동 회의에서 북베트남 공산당은 '국제적 사명'을 논한 뒤 월남에 대한 침략을 결정하는 한편 사회주의 진영의 단결과 중소 분쟁의 해결을 호소했다. 마오쩌둥은 이미 응오의 붕괴를 1963년 여름에 예견했으나 호치민은 이에 신중한 입장이었다. 북베트남의 상징적인 인물이긴 했지만 호치민의 정치 기반은 비교적 약한 편이었다. 때문에 그는 월남의 중립화를 위해 사이공 당국과 협의를 하고 싶어 했다.

중국과 소련이 이데올로기 투쟁으로 관계가 악화되었을 때 베트남은 마오쩌둥의 군사적 전략에 동의하면서 흐루쇼프의 '평화공존'과 '평화경쟁'의 정책에 반대했다. 미국의 개입이 증강하자 호치민은 1964년 '특별정치회의'를 열고 월남에서의 '미국의 공세'에 대한 대응방안을 논의했다. 논의 내용은 공개되지 않았지만 이후 중국의 행보로 봐서 중국의 지원 확보 문제가 논의되었던 것으로 보인다. 이는 1964년 8월 2~4일 미국의 폭격에 중국이 미그-15와 미그-17 중대를 하노이에 즉각 파견한 사실에서 방증된다.

통킹만 사건 발발 이후 중국은 8월 6일 《인민일보》 사설을 통해 북베트남에 대한 공격은 중국에 대한 공격으로 베트남 인민들과 공동 대응하는 결의를 비쳤다.[17] 그리고 곧바로 윈난성과 광시성에 새로운 전투 비행장을 건설하기 시작했다. 이 시점에서 중국과 북베트남의 미국에 대한 입장은 일치하게 되었으나 소련의 흐루쇼프 정권은 여전히 하노이를 무시했다.

이런 상황에서 마오쩌둥은 베트남전쟁에 대해 이른바 '3불(三不) 원칙'을 제언했다. 이 원칙은 간단히 말해, 소련과의 공동 행동 반대(不), 미중 전쟁의 반대(不)와 베트남전쟁의 평화회담을 반대(不)하는 것이었다. 원칙의 논리는 간단했다. 먼저 마오쩌둥은 미국이 북베트남으로 전쟁을 확대시키지 않을 것이라 믿었다. 이미 한국전쟁으로 양국 모두 상당한 출혈을 경험했고 그로부터 교훈을 얻었기 때문이다. 다음으로 마오쩌둥은 자신의 믿음에 의거해 미국이 중국을 침공하지만 않으면, 미국과의 전쟁은 피할 수 있다고 판단했다. 판단의 실현화에 있어 필수 조건은 소련의 개입을 막는 것과 북베트남이 베트남을 조속히 통일시키는 것이었다.

이 원칙을 둘러싸고 중국 지도부 내부에서는 뤄루이칭(羅瑞卿)을 중심으로 한 매파(반대파)와 린뱌오의 온건파(찬성파) 사이에 의견 대립이 발생했다. 린뱌오가 승리하면서 내부의 이견 충돌은 정리되었다. 온건파가 승리한 덕에 마오쩌둥이 제시한 이른바 '3불 정책'이 베트남전쟁의 정책으로 채택되었다. 앞서 약술한 3불 정책을 좀 더 구체적으로 설명해 보자면 아래와 같다.

첫 번째 원칙은 소련이 1965년 2월에 제안한 '공동 행동(united action)'을 반대하는 것이었다.[18] 소련의 공동 행동은 소련의 베트남전의 군사적 개입을

---

17 "U.S. Aggression against Viet Nam Democratic Republic Means Aggression against China," Peking Review, No. 32, August 7, 1964, pp. ii~iii; 『人民日報』, 1964年 8月 6日.

의미했다. 이에 북베트남 총리 겸 외무장관이었던 판 반 동(范文同, Pham Van Dong)은 지지를 보냈다.

중국은 반대했다. 중국의 입장에는 국내 정치적 요인이 컸다. 중국은 소련과 상당한 정치적 갈등을 겪고 있었고 갈등의 원인을 소련으로 돌리고 있는 상황이었다. 공동 행동의 수용은 소련과의 화해 의사로 오해받을 수 있었고, 설사 오해일지라도 이는 마오쩌둥의 '반소 정책'이 실패했다는 인상을 국내에 심어줄 수 있었기 때문이다.

무엇보다 마오쩌둥이 가장 우려한 것은 공동 행동을 빌미로 중국의 군사 주권을 침해하려들 소련의 야욕이었다. 그는 공동 행동을 수용하면 소련군이 중국에 주둔하게 될 것이고 이는 곧 소련군이 중국군에 영향력을 발휘하는 결과를 불러올 것이라고 확신했다. 왜냐하면 당시 소련 당국은 이를 관철하기 위해 일본 공산당까지 동원해서 중국을 압박했기 때문이다.

협상이나 제언이 아닌 압박의 수단으로 중국에 영향력을 발휘하려는 사실은 그만큼 중소관계가 악화되었음을 방증한다.[19] 마오쩌둥은 끝까지 이를 거부했다. 북경 당국은 1965년 4월에 소련의 군대와 군사 지원 물자를 베트남으로 수송할 때 중국의 영토와 영공의 경유를 한때 허용했었다. 그러나 얼마 안 된 11월에 이를 번복했다.

두 번째 반대의 원칙은 베트남 때문에 중국이 미국과의 전쟁에 연루되는 것을 반대하는 것이었다. 중국은 건국 이후 시종일관 매우 공세적인 반미 선

---

18 소련 총리 코시긴은 1965년 2월 북경을 방문해 다음과 같은 다섯 가지 제안을 했다. (1) 소련군의 중국 경유권 보장; (2) 윈난성의 한 개 또는 두 개의 활주로 사용권과 500명의 소련 병력의 비행장에서의 주둔권 보장; (3) 중국에서의 비행 회항권 보장; (4) 4,000명의 소련 군 인사들의 중국 경유 베트남 이동 허용; (5) 제안과 미래 문제에 대한 구체적 논의를 위한 소련, 중국, 베트남 3국 회담 개최 등이었다. The Editorial Departments of Remnin Ribao and Hongqi, "Refutation of the New Leaders of the CPSU on 'United Action'," Peking Review, No. 46, November 12, 1965, pp. 10~21.

19 11월 8일 저우언라이는 호치민에게 소련의 북베트남 원조 의도를 의심한다면서 그 이유를 세 가지로 설명했다. 첫째, 중국을 고립시키려는 목적이 있다. 둘째, 미소관계 개선을 위한 것이다. 셋째, 중국에서나 베트남에서 나쁜 행동으로 중국을 난처하게 만들 목적이라는 것이었다. 陶文釗 主編, 『中美關係史(1949~1972)』 中卷, p. 266, 각주 ① 참조.

전을 펼치고 있었다. 그러나 미국과의 전쟁 문제에 있어서만큼은 최대한 이를 피하자는 입장을 견지하고 있었다. 마오쩌둥은 이를 1965년 1월 에드거 스노(Edgar Snow)에게 전했고 9월엔 린뱌오를 통해서 한 번 더 전했다.

마오는 자신의 메시지가 스노를 통해 미국으로 전해지길 바랐다. 자국의 입장을 미국에 전하려는 중국의 노력은 이후에도 꾸준히 전개되었다. 1966년 4월 저우언라이는 정식 성명을 통해 중국이 미국을 자극하는 군사적 행동이나 도발을 선도(initiate)하는 경우는 없을 것이라고 분명히 밝혔다.

중국이 미국을 도발하는 군사적 행동을 일절 하지 않을 것이라고 밝힌 당시의 이유는 세 가지였다. 첫째, 북베트남이 아직까지 미국의 직접적인 침공을 받지 않았다. 둘째, 하노이 정권이 위험에 처하지 않았다. 셋째, 하노이의 개입 요청이 없었기 때문이다.

이외에도 마오쩌둥이 1928년부터 가진 개인적인 신념이 또 다른 요인으로 작용했다. 그는 미국이 간여된 위기 사태에서 항상 제3자, 3국을 의식하는 전략적 사고를 가졌었다. 그 사고의 기본은 중국은 미군에 견줄 수 있는 세력이 아니며 미중 양국 간의 전쟁은 양국에게 막대한 해를 입힌다는 사실이었다. 이 과정에서 유일하게 이득을 취하는 쪽은 소련이라는 게 그의 결론이었다.

마오쩌둥은 소련의 '공동 행동' 방안에 담긴 저의를 의심하지 않을 수 없었다. 그의 눈에 소련의 제안은 베트남과 중국 사이를 벌려 놓으려는 시도로밖에 비쳐지지 않았다. 베트남전쟁으로 미소관계가 얼어붙은 마당에 중국이 소련의 방안을 수용하면 소련은 자신의 세력을 확장하고자 북베트남과 공조하면서 중국을 밀어낼 것이 자명했기 때문이다.

간단히 말해, 굴러온 돌(소련)이 박힌 돌(중국)을 밀쳐내고 인도차이나반도를 자신의 세력권으로 편입시키려는 의도로밖에 보이지 않았다. 마오쩌둥의 전략 판단에 따르면 소련과 공동으로 행동하는 것은 소련에게만 이로운 것이었다. 마오쩌둥의 소련에 대한 이 같은 전략적 입장의 견지는 향후 미중관계 정상화에 유리하게 작용하는 근간이 되었다.

베트남민주공화국(북베트남)은 마오쩌둥의 원칙을 존중하는 입장을 유지하면서도 만약을 대비해 중국의 후견인 역할을 확인하고 싶어 했다. 북베트남의 기대는 마오쩌둥의 '3불 원칙'이 채택되기 전인 1964년 2월 11일에 공산당 기관지 《난단(Nhan Dan)》을 통해 이미 드러났다. 미국의 북베트남 침공은 중국에 대한 선전포고라는 것이었다.[20]

그러나 한편으로 하노이 당국은 미국이 북베트남을 침공하지 않을 것이라는 확신이 있었기 때문에 중국의 참전 필요성이 없다고도 언급했다. 어떻게 보면 호치민의 이런 발언에는 북베트남 영토에 대한 미군과 중국군의 진입을 모두 사전에 방지하겠다는 고도의 전술적 사고가 깔려있었던 셈이다.

더 나아가 그의 발언은 월남에서 전투를 벌이고 있는 반군 세력과 북베트남의 개연성을 인정할 필요가 없어지는 결과가 되어 버린 셈이었다. 호치민이 그래도 중국을 후견인으로 상정하고 중국의 연루 가능성을 강조하면서 미국과 사이공 당국이 북베트남을 침공할 수 있는 정당성을 잠식시킨 셈이 되어 버렸다.

마오쩌둥이 견지한 세 번째 반대의 원칙은 베트남의 평화회담 반대였다. 1963년 여름 쿠데타 이후 중국의 월남에 대한 입장이 정치 투쟁에서 군사투쟁으로 바뀐다. 그러면서 중국은 1963~64년 동안 베트콩에게 무기를 지원하는 유일한 외부세력이 되었다. 북베트남에 대한 미국의 공중 폭격이 시작되면서 마오쩌둥은 미 공군의 침공에 직접 대항하지 않는 대신 5만 명의 공병대와 기술부대를 보내 피폭지역의 재건을 도와주었다.

1965년 가을이 되면서 중국의 북베트남에 대한 원조의 패턴이 자리를 잡게 된다. 북경 당국은 베트남전쟁의 지속이 자국의 안보 전략에 유리하다고 판단하게 된다. 우선 이번 전쟁이 대외적으로 미국과 소련이 추구하던 데탕트 분위기를 망치는 데 일조할 수 있다고 인식했다.

또한 베트남전쟁이 제3세계 국가의 해방운동에 있어 좋은 표본이 될 수 있다고 확신했다. 뿐만 아니라 전쟁 자체가 중국 국내외에서 반미감정을 고조시킬 수 있는 호기가 될 수 있다고 자신했다. (이는 한국전쟁 동안 북한이 첫 후퇴할 당시 마오쩌둥이 김일성에게 권고한 휴전 후 남한 내부의 노동당 세력의 혁명에 의존하라는 권고와 맥을 같이한다.)

---

20 Chen, "Hanoi vs. Peking," *Ibid.*, p. 811.

호치민과 저우언라이

　상술한 북경의 판단 중 특히 마지막 내용은 미국 내의 반전 운동을 자극함으로써 미국에게 또 다른 국가적 어려움을 더 가중시킬 수 있었던 사실로 반증되었다. 중국이 주장했던 공산세계가 평화적 세력이고, 민주자본주의 국가들이 제국주의이자 평화의 파괴자라는 논리의 정확성이 이번 베트남전쟁으로 다시 입증될 수 있다는 의미였다. 다시 말해, 반미감정이 고조될수록 공산주의가 평화를 사랑하는 세력이라는 주장이 더 설득력 있게 작용한다는 것이다.

　이런 맥락에서 호전적이고 평화를 파괴하는 미국과의 평화회담은 중국에게 어불성설이 되었다. 중국은 베트남민주공화국에게 평화회담의 조건이 아직 성숙치 못한 상황이기 때문에 최후의 승리를 위해 끝까지 싸울 것을 독려했다. 이런 마오쩌둥의 확신은 스노와의 회견에서도 드러났다. 그는 스노에게 전쟁이 장기화될수록 미국이 흥미를 잃어버릴 것이고 결국 단기간 내에 철수할 것이라는 확신을 밝혔다.

베트남전 참전을 독려하는 중국의 지원 포스터

이유는 하노이정부의 속전속결 전술의 실패에 있었다. 북베트남은 원래 1963년 12월 노동당 중앙위원회에서 월남에 대한 공격 전략을 미국이 아닌 사이공을 겨냥하는 것으로 결정했었다. 그리고 이런 인민 전쟁이 2차 '8월 혁명'으로 이어져서 결국엔 사이공 정권이 전복될 것으로 기대했다. 그러나 전쟁이 예상과 달리 더 크고 더 급진적으로 확대되기 시작하면서 하노이가 미국과의 평화협상을 수용하는 것이 '항복'의 의미로 해석될 수밖에 없는 상황이 연출되어 버렸다. 그래서 1965년까지만 해도 하노이 당국은 미국의 평화협상 제언을 거절했다.[21]

호치민과 판 반 동은 앞으로 10년, 20년은 더 싸울 각오가 되어 있다고 강조하면서 하노이에게 항복은 절대 없다고 역설했다. 북경 역시 베트남에서 미국이 격퇴당하는 것을 확실히 보고 싶어 했다. 그러나 미국의 폭격이 더욱 가중되고 월남에서의 전쟁이 속전속결될 기미가 보이지 않자 호치민은 조급해졌다.

결국 호치민은 전쟁의 속결을 위해 소련의 지원이 필요하다는 전략적 판단에 이르게 되었다. 당시 중국은 북베트남의 후견인을 자처하면서도 미국과의 전쟁 기피를 이유로 직접적인 무력 지원을 피하고 있었기 때문이다. 중국이 소련의 공동 행동 방안을 거절한 지 3주가 지난 후 호치민은 사적으로 마오쩌둥에게 소련과의 공조 필요성을 어필했다. 그러나 호치민에게 돌아온 건 마오의 거절이었고, 북경에 대한 호치민의 원망은 자연스레 커져만 갔다.

1966년 호치민은 중국을 무시하고 소련에 대한 독자적인 행보를 결정한다. 그는 소련의 지원을 수용했다. 그해 1월 소련의 지원 문제와 관련해 소련공산당 최고 간부회(Presidium)의 알렉산더 셸레핀(Alexander N. Shelepin)이 베트남을 방문한다. 1966년 2월 르 둑 토(Le Duc Tho, 黎德壽)를 위시한 지도부는 1963년 12월 9차 전당대회에서 채택한 '인민의 전쟁' 전략을 재검토하기 시작했다.

검토 결과 하노이는 북경이 소련의 '공동 행동'을 반대했다는 이유를 들어 북경으로부터 더 독립적인 행보를 취하기로 결정했다. 후속 조치로 북베트남은 소련으로부터 100대의 미그-17기와 21대의 전투기를 접수했다.[22] 하노이에 대한 미국의 폭격이 거세지자 소련은 중국에 제시한 '공동 행동'의 방침을 바르샤바조약 국가들과 함께 하기로 23차 소비에트 공산당 회의에서 결정했다.

그러나 전세는 북베트남에게 더욱 불리하게 전개되었다. 결국 1967년 북베트남의 외교부장 응엔 두이 트린(Nguyen Duy Trinh)은 평화협상에 대한 의지

---

21 Patrick J. McGarvey, Visions of Victory : Selected Vietnamese Communist Military Writings, 1964~1968 (Stanford, Calif. : Stanford University, Hoover Institution, 1969), pp. 3~57.

22 Chen, "Hanoi vs. Peking," p. 813.

를 처음 공표했다. 북베트남의 평화협상 의지는 강력했다. 이후 1967년 10월 과 1968년 1월에 같은 의사를 대외적으로 재차 공표했다. 이런 평화 러브콜에 미국 존슨 대통령이 안 넘어갈 리 없었다. 1968년 3월 31일 존슨은 북베트남에 평화회담을 제안했다. 하노이 당국은 4월에 이를 수용했다.

⫶ 전쟁을 피하기 위한 미중 양국의 노력

중국은 1964년 말까지만해도 인도차이나반도에서 일어나는 일을 심각하게 우려하지 않았다. 1964년 《인민일보》의 신년사에서도 국제상황이 중국 인민에게 매우 유리한 상황이라 평가했고 베트남전쟁은 언급조차 없었다. 사실 중국의 북베트남에 대한 지지 발언도 외교적 수사에 불과했다. 아마도 중국 역시 전쟁이 호치민의 말대로 속전속결로 끝날 것으로 예상했던 것 같다.

3월에 중국 외교부장 천이는 베트남민주공화국 외교부장 쑤안 투이(Xuan Thuy)에게 전문을 보내 중국의 첫 공식 지지선언을 전했다. 중국은 북베트남의 베트남 해방투쟁을 지지하고 있고 이에 대한 관심이 날로 증대하고 있다고 설명했다. 그러면서 중국은 미 제국주의의 개입으로 우려스러워진 남베트남의 상황을 예의주시하고 있고 미국의 침략전쟁이 확대되는 것을 강력히 반대한다고 전했다.[23]

그러나 4월에 들어서 중국 지도자들은 새로운 위협 요소를 감지했다. 미국이 전쟁을 한 단계 더 끌어올리는 것은 물론 대만 국민당정부가 군대를 동원할 계획을 준비하고 있다는 정보가 전해진 것이다. 중국은 특히 후자에 대해 수수방관할 수 없다는 입장을 《인민일보》 사설을 통해 강력히 피력했다.

이 같은 대만의 개입 가능성에도 불구하고 중국은 전쟁에 개입할 용의가 없다는 사실을 세계에 알린다. 7월 말 천이 외교부장은 북경주재 외국인 특

---

23 Zhang Baijia, "'Resist America' : China's role in the Korean and Vietnam Wars," in Michael D. Swaine and Zhang Tuosheng (eds.), Managing Sino-American Crises : Case Studies and Analysis (Washington, D.C. : Carnegie Endowment for International Peace, 2006), p. 200.

파원과의 인터뷰에서 중국에겐 전쟁을 시작할 능력도, 의도도 없다고 설명했다. 그러나 베트남의 상황에 대한 우려는 심각하다고 전했다.

그는 중국이 전쟁에 연루될 가능성에 대해 단 하나의 변수만을 지적했다. 바로 미국의 행동 범위였다. 중국은 미국이 북베트남을 침략해 베트남과 중국의 국경지역이 위험에 처하면 개입이 불가피하다는 입장을 명확히 전달했다. 한국전쟁 때와 똑같은 입장이었다. 이에 미국은 1964년 6월 20일자 《뉴욕 타임스》를 통해 동남아에서 공산주의의 확산을 무력적으로 막기 위해서라면 중국과의 전쟁도 불사하겠다는 입장을 밝혔다.

인도차이나반도에서의 긴장 상황이 나날이 증폭되는 가운데 중국의 북베트남에 대한 지지와 지원 의사는 1964년 7월 19일 《북경리뷰(Peking Review)》라는 공산당 잡지를 통해 재확인되었다. 그러면서도 중국공산당은 잡지를 통해 중국이 아직까지 한 명의 병력도 파병하지 않았다는 사실을 미국에게 상기시켰다. 모든 것에 자제력이 필요하듯이 이 전쟁에서도 자제력을 발휘할 것을 명확히 짚고 넘어가는 것으로 결론을 맺었다.

1964년 8월 발생한 통킹만 사건이 미 공군의 북베트남에 대한 공중 폭격을 정당화하는 사례로 활용되자 중국은 북베트남을 보호하기 위해 미그-17기 1개 중대를 하노이로 급파한다.[24] 그해 가을 미 국무성의 극동아시아 연구 분석실의 주임(Director of the State Department Office of Research and Analysis for the Far East) 알렌 화이팅(Allen Whiting)은 이런 중국의 대응을 시간(timing)이나 위치(location)의 관점에서 보면, 베트남을 향한 미국의 위협 확대에 직접적이나 일시적으로 반응한 것에 불과하다고 분석했다.

이렇듯 1964년 말까지 중국은 미국에게 베트남 때문에 미국과 전쟁할 수 없다는, 전쟁하고 싶지 않다는 신호를 재차 보냈다. 다만 동맹이 외세의 침략으로부터 스스로를 방어할 수 있게끔 해주기 위해 지원은 계속될 것이라는 입장도 같이 밝혔다. 그러나 미국은 북베트남에 대한 공중 폭격을 계속해서 증강시켰고 미 공군기는 중국의 하이난다오(海南島) 일대에서 잇따라 비행했다.

---

24 통킹만 사건은 미국이 본격적으로 베트남전에 군사적 개입을 위해 만든 자작극임이 나중에 밝혀졌다. 사건의 진실 면모에 대한 분석은 박태균, 『베트남전쟁』, (서울 : 한겨레출판, 2015), 163~171쪽 참조.

중국정부가 평가한 것처럼 중국이 보내는 신호를 제대로 이해하지 못한 탓인지 미국이 보인 일련의 행동들은 중국에게 적지 않은 실망감을 안겨주었다. 미중 양국이 서로의 목표를 알고 이해하게 되면서 오인을 방지하고 의도치 않은 충돌을 피할 수 있게 되기까지는 1년이 걸렸다.

1965년 미국이 베트남에서 공세를 급진적으로 확대하자 긴장국면은 한층 더 강화되었고 전쟁 역시 새로운 국면을 맞이했다. 북베트남에 대한 미국의 공중 폭격은 쉴 새 없이 일어났다. 그리고 이런 와중에 소련 총리 코시긴이 2월 11일 하노이를 찾았다. 그는 소련이 북베트남의 안보를 외면할 수 없다는 입장을 밝힌다. 두 달 후 북베트남 공산당 제1서기 레주안(黎筍)의 방소(4월 10~17일) 때 북베트남의 지원 요청이 있고 필요할 시 소련군도 참전하겠다는 약속을 공동성명문에 반영했다.[25]

여기에 5월에 중국정부는 미국의 북베트남에 대한 공격은 중국에 대한 공격과 같다고 으름장을 놨다. 이는 중국의 파병 의도가 함축되어 있는 엄중한 경고성 메시지였다. 중국과 소련의 북베트남에 대한 군사 지원 의지가 결연해지자 존슨 대통령은 2월 25일 북베트남에 대한 지속적인 폭격을 승인했다.

미국은 중국의 경고성 메시지의 의미를 정확히 파악하기 위해 폴란드의 수도 바르샤바에서 대사급 회담을 요청한다. 이 자리에서 미국은 자국의 입장을 중국 측에 밝혔다. 미국의 폭격은 북베트남의 영토를 점령하기 위한 것도 아니고 북베트남을 파괴하기 위한 것도 아니라는 것이었다. 또한 북베트남의 정권 전복이나 중국을 공격하기 위한 것도 아니라는 것이다. 대신 미국의 의도는 북베트남의 월남 정복을 저지하기 위해서라고 해명했다.[26]

미국은 또한 국제통제위원회(International Control Commission)의 캐나다 대표 블레어 시본(Blair Seaborn)에게 3월 베트남을 방문할 때 이 같은 자국의 입장을 다시 한 번 전해달라고 부탁했다. 시본은 미국의 요청을 수락하고 약속한 대로 베트남에게 미국의 메시지를 전했다. 그러나 베트남은 이미 중국이 대사급 회담을 통해 받은 미국의 메시지를 전달받았다.

---

25 夏義善, 『蘇聯外交六十五年紀事』 (北京 : 世界知識出版社, 1987年), p. 18, 25.

26 Kenneth T. Young, Negotiation with the Chinese Communist : The United States Experience, 1953~1967 (New York : McGraw-Hill, 1968), pp. 268~269.

미국과 중국은 언론매체 뿐 아니라 다양한 외교 채널을 이용해서 자신의 목적과 의도를 전하는 데 주력했다. 바르샤바 대사급 회담에서 미국은 북베트남에 대한 공세가 확장되었지만 이를 중국에 대한 위협으로 인식하지 말아 줄 것을 수차례 당부했다. 1965년 말 미국은 같은 회담에서 미국의 의도가 중국을 침략하거나 북베트남을 파괴하는 것이 아니라는 점을 명백히 전했다.

중국 외교부장 천이는 1965년 3월 28일 북베트남 외교부장에게 보내는 답신에서 중국의 직접적인 군사적 지원은 중국군으로 이뤄질 것을 공식화했다. 그러나 한국전쟁과 마찬가지로 이 답신에는 의아스러운 점이 많았다. 일단 지원의 주체가 중국정부가 아닌 중국 인민이었다. 둘째, 약속된 건 무기와 물자 지원이었는데 갑자기 군대를 보낼 준비가 되어 있다고 통보한 점이다. 셋째, 군이 준비되면 파병한다는 입장이었다.

이 모든 것이 당장 이뤄지기보다는 미래 지향적인 의미를 내포하는 것으로 해석될 수 있는 부분이다. 다시 말해, '지금 당장 지원해 주겠다'가 아니라 '언젠가 지원해 주겠다'는 의미로 해석될 여지가 있다는 말이다. 동시에 이는 그만큼 중국이 미국에게 조심스럽고 신중하게 자국의 입장을 보내려한 시도로 볼 수 있다.

중국의 이런 지지 메시지에는 새롭게 등장한 대외적 요인이 동기가 된 것으로 보인다. 이전까지 인도차이나반도에 무관심했던 소련이 이때부터 북베트남에 대한 지원과 원조를 공언하기 시작한 것이다. 1965년 2월부터 소련은 북베트남의 방어 능력 향상을 위한 몇 가지 조치들을 선언했다. 소련은 중소분쟁에 있어 북베트남의 지지를 확보하기 위해 중국과 경쟁하는 동시에 동남아에서 중국의 영향력에 도전하겠다는 의사를 공표한 것이다.

사실상 중국은 4월부터 북베트남 파병에 대한 열의가 식었다. 이의 원인은 대내외적으로 벌어진 새로운 변화들에서 찾아볼 수 있다. 우선 내부적으로 베트남 문제를 두고 의견이 양분되었다. 미국의 확전이 급진전되고 베트남의 내부 상황이 점점 더 불투명해지면서 지원을 보류하자는 의견이 세력을 얻기 시작했다.

대외적으로는 몇 가지 요인이 있었다. 첫째, 베트남 정책에 새로운 국면을 조장하려는 존슨행정부의 노력이었다. 베트남전쟁에서 존슨 대통령이 제일 우려한 것은 중국의 민감한 반응이었다. 그래서 그는 중국의 반응 수준을 제어하기 위해서라도 폭격을 축소시킬 필요가 있다고 판단했다. 그러나 그의 판단과는 달리 미군의 공습은 실제 축소되지 않았다.

둘째, 중국은 제3세계와 공동으로 소련에 대응하는 전략을 추구했다. 중소분쟁이 격화되면서 중국은 소련을 제외한 제3세계 국가와 사회주의 진영 국가에게 단합을 촉구했다. 소련이 수정주의 국가인 동시에 확장주의를 추구하는 패권국가인 만큼 제3세계의 주권과 독립을 수호하기 위한 전략구상이었다. 즉, 이들 제3세계 국가와 '연합전선'을 형성하는 전략이었다.

중국은 이를 실현하기 위한 장으로 제2차 반둥회의를 생각했다. 회의는 1961년에 개최될 예정이었으나 베트남전쟁으로 1965년으로 연기되었다. 뜻밖의 변수가 생겼다. 제3세계 국가들이 중국의 전략 구상에 반대를 표명한 것이다. 이들에게는 미 제국주의와 소련의 수정주의에 대응하는 임무 자체가 버겁게 느껴졌기 때문이다. 특히 미국의 베트남전쟁에 공동으로 반대하는 것은 무의미한 일에 불과했다.

당황한 중국은 체면 살릴 구실 찾기에 바빴다. 그래서 고안해 낸 방책이 미 제국주의나 소련에 대한 비판이 우선 의제가 아닐 경우 연기하는 것이 좋다는 변명으로 개최하지 않는 것이었다.[27] 그리고 중국은 1965년 말, 1996년 초 북베트남에 대한 지원을 감축하기로 결정한다. 이런 중국의 입장 변화는 미국의 것과 비슷한 시기에 이뤄지게 되어 양국 간의 관계개선의 신호가 되었다.

셋째, 1965년 9월 인도네시아의 군사 쿠데타로 인도네시아 공산당이 척결되었다. 이는 중국의 제3세계 정책에 있어 또 하나의 치명타였다. 결국 1965년 말 즈음에 제3세계 국가와 연합전선을 형성해 미국의 베트남 개입전에 대응하려 했던 전략적 옵션은 완전히 물 건너 가버렸다.

중국은 미국의 지속되는 베트남 공격에 4월 2일 파키스탄 채널을 이용해 중국의 베트남 정책의 세 개 방침을 미국에 전한다. 저우언라이는 파키스탄을 방문하면서 세 개 방침을 다음과 같이 설명했다. 첫째, 중국은 미국과 전

---

27 "Chen Yi's press conference in Peking on 29 September 1965," Peking Review, No. 41, October 8, 1965, pp. 10~11.

쟁하기 위해 도발하지 않는다. 둘째, 중국의 말을 믿어도 좋다. 셋째, 중국은 이미 준비되었다.[28] 이는 미국과의 전쟁을 피하려는 희망과 전쟁을 베트남에 제한시키자는 의미였다.

그러면서 그는 5월 28일 인도네시아의 제1부총리와의 회담에서 한 가지 방침을 더 추가한다. 이는 미국의 대중국 선전포고의 정의 개념이었다. 즉, 중국에 대한 폭격 행위를 선전포고로 간주할 수밖에 없다는 것이었다. 다시 말해, 이 부분을 회피해달라는 부탁이었다.[29]

결국 중국은 베트남전쟁에 대한 전략을 재정비해야 했다. 1964년 9월 마오 쩌둥이 미 제국주의와 소련의 수정주의의 대응전략이 구체화되기 시작했기 때문이다. 그는 일본, 독일과 이탈리아 등을 운운하면서 이들과의 통일전선을 선전했다. 1965년 5월에 들어서 중국 전국인민대표자대회(전인대) 상임부 위원장 펑전(彭眞)도 제국주의에 유화정책을 꾀하는 것은 항복하는 것과 같아 투쟁이 견지되어야 한다고 선언했다. 이런 통일전선의 구상은 국방부장 린뱌오의 〈인민전쟁만세(人民戰爭萬歲)〉라는 글을 통해 1965년 9월에 정식 전략 노선으로 확정된다.[30]

이런 상황에서 베트남전쟁에 대한 분위기 전환이 이뤄졌다. 4월 20일 전인 대는 베트남 지원 관련 결의안을 통과시킨다. 이 결의안은 대내외 청중에게 주는 메시지였다. 대내적으로는 전쟁 확대에 대한 중국인들의 대비 태세 강화를 호소했다. 중국 인민들의 사상 교육과 국방을 강화하고, 미국 침략자들이 사태를 더 긴장시켜가는 가운데 베트남 인민이 중국을 필요로 하고 있으므로, 준비 태세가 완비되면 중국은 베트남 인민과 함께 미 제국주의를 척결하기 위한 전쟁을 수행할 것이라는 내용을 담았다.

대외적인 메시지는 중국의 군사적 개입의 조건들을 나열했다. 이 메시지는 뤄뤄이칭 장군이 1965년 6월에 북베트남 반티엔둥을 북경에서 회견했을 때 재확인되었다. 이 내용을 접한 미국이 제대로 판단하기에는 모호한 점이 너무 많았다. 무엇보다 모든 것이 조건부였다. 중국이 지원 결정을 내리게

---

28 劉武生 編, 『周恩來軍事文選』 第4卷 (北京: 人民出版社, 1997), pp. 508~515.

29 Zhang, "'Resist America'," *Ibid.*, p. 217.

30 熊志勇, 『中美關係60年』, p. 119.

된 책임을 모두 미국에 전가시키고 있었다.

뤄가 전한 메시지는 다음과 같다. 첫째, 미국이 지금처럼 마지노선을 넘지 않고 북베트남에 공중 폭격만 가하고 북베트남이 독립적인 전쟁을 치를 수 있으면 중국은 현재대로 지원만 할 것이다. 둘째, 미국이 해군과 공군을 이용해 남베트남의 베트남민주공화국 진공을 지원하면 중국도 공군과 해군을 파병해 북베트남의 작전을 도울 것이다. 셋째, 미국의 지상군이 북진하면 중국도 지상군을 북베트남의 보충군으로 파견할 것이며 필요 시 작전에 투입할 것이라는 점이다.[31]

그는 작전 전략으로 세 가지 방침을 설명했다. 첫째, 중국 공군이 연루될 경우 중국 '지원' 조종사들이 작전을 수행할 것이라는 점이었다. 둘째, 베트남의 공군기지에 중국 조종사와 전투기를 배치하고 거기서 참전하는 것이다. 세 번째는 이른바 '안동'모델이라고 해서 한국전쟁의 작전 전략 개념이었다. 즉, 중국 공군이 자국의 기지에서 왕래하며 공중전에 가담하고 지상군이 필요할 시 중국에서 이들이 파병되어 참전한다는 것이었다.[32]

더 모호했던 점은 베트남의 요청을 개입의 조건으로 내세우고 있었다. 마지막으로 준비 태세가 갖춰지면 파병할 것이라고 말하고 있었다. 결의안에서 중국은 자기 행위의 근거나 동기를 남에게서 찾고 있었다. 이 같은 메시지에서 미국이 중국의 의도를 제대로 파악하기란 어려운 일이었다.

이런 상황에서 5월 중국공산당 중앙위원회 위원이자 부총리이며 인민해방군의 총참모장이었던 뤄뤠이칭은 군사적 접근 방법에 대해 회의적인 의견을 내면서 협상을 완전히 배제할 수 없다고 주장했다. 그리고 이를 '적극적 방어'라는 개념으로 포장했다. 방어선을 도시나 자연 획정 지역(산악지역) 같은 곳에 구축하자는 개념이었다.

비록 군 장성 개인의 의견이었지만 당시 중국공산당과 인민해방군 내에서 회의적이고 비관적인 분위기가 형성되기 시작했음을 시사하는 대목이라고 할 수 있겠다. 그러나 소련이 베트남에서 지원을 통해 영향력을 증가하기 시

---

31 Chen Jian, Mao's China and the Cold War (Chapel Hill, NC : The University of North Carolina Press, 2001), pp. 219~220.
32 Ibid., p. 220.

작하면서 중국도 역으로 북베트남에 대한 원조와 지원을 증강시킬 수밖에 없었다. 결국 1966년 상반기에 중국은 북베트남으로 3~5만 명의 공병부대를 추가 파견한다.[33]

베트남으로 추가 지원을 보내는 와중에도 중국은 다시 한 번 미국에게 전쟁할 의사가 없음을 전한다. 1965년 9월 중국 외교부장 천이는 기자회견에서 미국이 중국을 공격할 것에 우려는 하지만, 중국은 절대로 그와 같은 행동을 주도적으로 하지 않을 것이라고 밝혔다. 미국과의 직접적인 전쟁을 원하지 않는다는 입장을 직설적으로 표현한 것이다.

중국의 우려는 당시 베트남전쟁의 전세 판단에 근거한 것이었다. 중국은 미국이 베트남에서 거의 패전 직전에 이르렀기 때문에 인도차이나반도 전체와 중국에까지 공격을 더 확대할 것으로 봤다. 천이는 만약 미국이 중국을 공격하는 사태가 발생하면 중국은 최후의 승리까지 싸울 것과 이를 위한 만반의 준비를 공언했다. 1965년 12월 20일 저우언라이는 남베트남 해방 전선 창립 5주년 행사에서 다시 한 번 천이가 밝힌 중국의 입장을 재차 강조했다.

미국과 중국은 특히 오해로 인해 갈등(전쟁)이 유발되는 것을 최대한 피하고 싶어 했다. 이런 양국의 염원은 한국전쟁의 교훈에 근거한 것이다. 미국은 한국전쟁 당시 중국의 경고에 세심한 주의를 기울이지 않았다. 뿐만 아니라 중국의 능력과 의도를 과소평가했다. 그러나 이번만큼은 달랐다. 한국전쟁의 교훈 때문인지 미중 양국은 서로를 인식하는 데 있어 더 현실적이고 더 실용적인 자세를 취했다. 그리고 이를 양국의 전쟁 재발 방지를 위한 전략적 노력에 접목시키는 데 집중했다.

알렌 화이팅은 중국은 전쟁의 위험을 다분히 안고 있었음에도 극단적인 도발 행위를 피하는 데 최선의 억제력을 발휘했다고 평가했다. 또한 미국의 신중한 행동도 북베트남의 위기 고조로 억제된 결과가 아닌 행여 실수로 중국과 전쟁을 또 벌이게 될까봐 그 같은 두려움에서 나온 것으로 회고했다. 화이팅은 한국전쟁에 대한 기억이 두 나라를 억제했다고 총평했다.[34]

---

33 Frank E. Rodgers, "Sino-American Relations and the Vietnam War, 1964~66," The China Quarterly, No. 66, June 1976, p. 306.

34 Allen S. Whiting, "How we almost went to war with China," Look, Vol. 33, No. 9,

미국에서는 드디어 중국과의 전쟁을 피하기 위해 중국 정책의 전면적인 재검토가 필요하다는 의견이 나오기 시작한다. 그 처음은 미 행정부였다. 1966년 2월 12일 극동지역 차관보 윌리엄 번디(William P. Bundy)는 미국의 대중국 정책을 재평가해야 한다는 내용의 연설을 했다.

번디는 두 나라 사이에 상반된 아시아 정책 목표가 존재하지만 미국은 중국에 대한 군사적 포위의 필요성을 좀 더 경시해야 한다고 주장했다. 대신 중국 정책의 핵심 동력을 미국이 아닌 중국의 주변 국가에서 찾아야 한다고 역설했다. 그는 또한 중국은 전술적으로 조심하고 있으며 미국과의 전쟁을 원하지 않고 있다고 강조했다.[35]

그의 신념은 미중 대사급 회담의 효과에 근거했다. 그는 미중 대사급 회담을 미국이 중국에게 '적대적인 구상(hostile design)'이 없음을 확인할 수 있었던 효과적인 소통 채널로 높게 평가했다. 그러면서 그는 미중 간의 접촉이 더 증가할 가능성이 많다고 보고 특히 중국의 차세대 지도자들에게 많은 기대를 걸 수 있는 근거로 봤다.

번디의 연설은 미국이 중국 정책의 속도(tempo)와 방식(format)을 설정하는 데 중요한 역할을 했다는 평가를 받고 있다. 2월 23일 존슨 대통령 역시 번디의 핵심 내용을 재강조하면서 미국은 중국과 전쟁을 원하지 않는다고 선언했다. 그는 더 나아가 미국은 어떠한 정권의 종결도 원하지 않고 미국은 미국만 신경 쓰고 남을 위해 박수쳐주고 행동에 억제력을 가미할 뿐이라고 발언했다. 즉, 미국은 분노에 찬 선전이 신중한 행동에 의해 제어되면 살 수 있다는 뜻을 전하고 싶어 했다.

미국의 이런 인식과 입장의 변화는 전쟁의 주체에 대한 인식의 변화에서부터 시작되었다. 베트남전쟁에서 중국의 역할에 대한 미국의 인식이 1965년부터 변하기 시작했다. 이전까지만 해도 미국은 중국을 공세적이고 팽창주의적이고 적대적인 반미 세력으로 인식했다. 베트남전쟁의 주동 세력으로 규정했다.

1965년 하반기에 들어서면서 미국이 북경을 지적하고 비판하는 발언들은

April 29, 1969, p. 79.

35 Rodgers, "Sino-American Relations and the Vietnam War, 1964~66," Ibid., p. 308.

점차 사라지게 된다. 7월에 존슨 대통령은 베트남전쟁은 북베트남이 독자적으로 종용한 결과였고, 중국은 이를 독려한 것이라는 발언을 내뱉으며 중국의 역할을 축소하는 동시에 변화한 미국의 인식을 드러냈다. 1966년 1월에 와서 존슨 대통령은 중국을 베트남전쟁의 선동자라고 더 이상 비판하지 않았다. 베트남전쟁은 이후 북베트남의 계획된 전쟁이라고 정의되었다. 그리고 3월 14일에는 중국과 베트남에서 전쟁을 원하지 않는다고 선언했다.

⁝ 미중의 전쟁 속앓이

1965년 말 미중 양국 사이의 현실정치에는 상당한 변화가 일어나기 시작했다. 우선 미국은 중국의 수도를 공식 명칭으로 칭하기 시작했다. 1965년 12월 9일 러스크 국무장관의 기자회견을 시작으로 미 행정부는 중국의 수도를 '북평(Peiping, 北平)'이 아닌 '북경(Peking)'으로 사용하기 시작했다.[36] 두 번째 변화는 양국 간의 민간인 교류가 개시된 것이다. 1965년 12월 미 행정부는 의사와 의대생의 중국 및 기타 사회주의 국가 방문 제재의 해제를 선포한다. 이듬해인 1966년 3월 9일에는 학자와 작가의 중국 방문을 허가했다.

이에 화답이라도 하듯 마오쩌둥도 1966년 3월 27일자 《북경 리뷰》의 글에서 미 제국주의와 미국인의 차이점을 설명했다. 미 제국주의와 이를 종용하는 미국의 기득권층은 나쁘고, 나쁜 짓을 많이 했지만 미국인들은 좋은 사람이라고 발언했다. 그리고 중국인들은 미국인들이 중국인과 다시 교류하고 싶어 하는 것을 잘 안다고 했다.[37]

이후 저우언라이가 중국의 대외 정책 기조 4개항을 발표한다. 첫째, 중국은 미국과의 전쟁을 선동하지 않을 것이다. 둘째, 중국은 미국이 주도하는

---

36 러스크 국무장관은 2월 18일 미 상원 청문회에서만 '북평(베이핑, Peiping)'을 '북경(페킹, Peking)'으로 칭했다. 2월 이후 그는 '북평'으로 '북경'을 다시 불렀다. 그러나 미국의 UN대사 아서 골드버그(Arthur Goldberg)는 중국 수도를 '북평'이 아닌 '북경'으로 칭하는 입장을 견지했다. Frank E. Rodgers, "Sino-American Relations and the Vietnam War, 1964~66," The China Quarterly, No. 66, June 1976, p. 309.

37 "Old tune, new plot," Peking Review, No. 14, April 1, 1966, pp. 13~15.

제국주의 국가의 공격에 대응하기 위해 그 어떠한 나라도 도와주고 지원해줄 것이다. 셋째, 미국이 공격하면 중국은 (대응할) 준비가 되어 있다. 넷째, 중미 전쟁이 발발하면 '한계가 없을 것(no boundary)'이라는 점들이었다.[38] 4개 항의 특이점은 미중관계에 초점이 맞춰졌다는 사실과 베트남전쟁의 중요성을 경시했다는 사실이다.

이후 미중 양국은 베트남의 간여 문제에서 암묵적인 이해를 상호 수용하는 행동을 보이기 시작했다. 미중 양국이 스스로를 자제하기 시작한 것이다. 이들의 자제력은 공개 선언, 언론 보도와 대사급 회담 등과 같은 경로를 통해 쌍방에게 전해졌다. 중국 측은 미국이 북베트남이나 중국을 공격하지 않고, 북베트남을 완전 파괴하지 않는 한, 중국도 군사적 개입을 최대한 자제할 것이라는 입장을 밝혔다. 1966년 이후 미국이 중국의 베트남 간여에 대한 새로운 평가를 내린 것도 이의 반증이었다.

미국은 중국이 북베트남에 대한 군사 지원을 4만 명으로 증강했을 때 이 모든 병력은 엔지니어 부대와 공병대로서 이는 정치적인 동기로 동원된 것이지 군사적인 것이 아니라는 평가를 내린다. 미국이 6월 말 북베트남의 유류 저장소를 폭격했을 때 중국은 평소 비난하던 대로 비난했으나 통렬해 하지는 않았고 과거보다 더 모호한 비평을 했다. 7월 3일 중국정부는 공식 논평에서 미국의 이런 폭격이 남북 베트남의 분단선을 와해했기 때문에 베트남인들은 모든 수단과 방법을 동원해 조국을 보호할 권리가 있다는 입장만 밝혔다.[39]

중국의 입장이 선회한 데는 마오쩌둥의 전략적 사고가 크게 작용한 부분도 있다. 마오쩌둥은 1966년 3월 일본 공산당 대표단과의 회견에서 미중 간의 전쟁이 불가피할 것이라고 평가했다. 미국이 베트남과 한국 전선에서, 그리고 대만과 오키나와를 통해 일본에서부터 중국을 공격할 길이 많다는 것으로 그 이유를 들었다.[40]

---

38 "Premier Chou's Four-Point Statement on China's Policy towards the U.S.," Peking Review, No. 20, May 13, 1966, p. 5.

39 "China's Aid to Vietnam in Fighting the U.S. Aggression Further Ceases to be Subject to Any Bounds or Restrictions," Peking Review, No. 28, July 8, 1966, pp. 19~20.

40 Kikuzo Ito and Minoru Shibata, "The dilemma of Mao Tse-tung," Congressional

마오쩌둥은 미국과의 전쟁이 발생할 경우 이는 곧 소련과 중국 간의 전쟁으로도 이어질 것이라고 우려했다. 만일 미국이 중국을 공격해 오면 소련은 중소동맹 조약에 따라 시베리아와 몽골에서부터 진입해 중국의 동북지역과 내몽골 지역을 우선 점령할 것이라고 말했다. 그리고 그렇게 되면 양자강을 두고 중국 인민해방군과 소련군이 전쟁을 하게 될 것이라고 그는 장담했다. 미국과의 전쟁을 피해야 하는 논리적, 역학적 근거로 소련 요인이 마오쩌둥의 전략 사고에 크게 부각됐다. 중국의 노골적인 반소 감정과 소련의 기회주의에 대한 우려를 시사하는 바였다.

그럼에도 불구하고 미중 양국은 베트남전쟁에서 행동의 일치를 보지 못하고 다시 원점으로 돌아왔다. 1967년 8월 중국의 문화대혁명이 절정을 이룰 때 미국은 스스로 정한 중국-베트남 국경지역의 25마일 완충지대의 선을 10마일로 줄여 버리고 북베트남의 폭격을 증강했다. 이에 중국은 신중하고 자제력 있게 반응하려 했으나 결국 미군기 2대를 격추시켰다. 미국이 즉각 폭격을 중단하면서 양국 간에 더 이상의 외교적·군사적 공세는 없었다.

1968년 2월 월남남방해방무장역량이 '구정(舊正) 공세(Tet Offensive)'를 발동한 것은 존슨 대통령의 전쟁 조기 종결 계획을 무산시켰다. 월남에 당시 미군은 50만 명 이상 주둔하고 있었으나 미군 총사령관 웨스트모얼랜드는 20만 명의 병력을 추가 요청했다. 그러나 존슨행정부는 이를 수용할 수 없었다.

3월 31일 각계각층의 압박에 당면한 존슨은 방송을 통해 베트남 북방지역의 폭격을 중단하고 강화회담을 모색하겠다고 선언했다. 동시에 1968년 대선 출마 포기도 선포했다. 이로써 베트남전쟁이라는 골치 아픈 공은 1969년 새로 취임할 대통령의 손으로 넘어가게 되었다.

미국과 소련의 관계도 기로에 섰다. 소련이 많은 방면에서 미국의 국력에 미치지 못했지만 원거리 미사일 능력만큼은 미국과 비등했다. 1968년 체코 침공 이후 소련의 자신감은 하늘을 찌르고 있었다. 미국과 서구 동맹국의 바르샤바 조약군에 대한 온건한 반응은 소련의 동·중구에 대한 영향력이 안정되었음을 이들이 인정한 점을 시사했다.

Quarterly, No. 35, 1968, p. 67.

미국이 흐루쇼프주의를 실질적으로 수용한 것과 다름없었다. 소련이 스스로의 판단과 결정에 따라 무력으로 동구 진영의 안정을 수호할 수 있는 권리를 현실로 받아들이고 인정한 셈이 되었다. 1967년 중동의 '6일 전쟁' 이후 소련은 일부 아랍 국가를 군사적으로 지지했다. 이는 특히 이집트와 시리아가 이스라엘을 반복적으로 침공할 수 있었던 원인이 되었다. 소련의 영향력이 동·중구 이외의 지역으로 확산되기 시작한 것이다.

중국 역시 당시 미국에게 머리 아픈 존재였다. 1966년 하반기부터 1967년 상반기까지 미국정부는 중국의 문화대혁명을 예의주시했다. 중국의 국내적 변화가 미국의 외교정책에 어떠한 영향을 줄지 불확실했기 때문이다. 중국이 대규모로 북베트남을 원조하는 것이 미국의 월남에 대한 지지에 미칠 영향, 그리고 문화대혁명의 내란 상황에서 중국이 직접 베트남전에 참전할 수 있는 가능성이 크게 감소될 수 있는지와 같은 문제로 미국은 중국에서 눈을 뗄 수 없었다.

미국은 10억 개의 원자탄(중국 인민의 무장화를 상징적으로 해석한 것)을 들고 있는 중국의 위협과, 중소관계의 악화로 중국이 소련의 핵위협에 노출된 사실을 우려할 수밖에 없었다. 이 밖에 전바오다오 충돌사건으로 중소관계의 긴장국면이 빙점에 도달했으나, 중국이 미국과의 관계개선과 관련하여 어떠한 결단도 내리지 못하는 연유를 알아내기 위해 분주했다. 당시 중국은 미국과의 관계개선이 필요하다고 깊이 느끼면서도 이를 어떻게 행동으로 옮길지에 대해 깊이 고민하고 있었다.

미국과 서구, 일본의 동맹관계도 베트남전의 장기화를 둘러싸고 갈등과 마찰로 채워지기 시작했다. 유럽의 동맹국들은 노골적으로 미국의 베트남전 장기화를 비판했다. 이중 특히 프랑스가 강력하게 미국의 전쟁 정책을 비판하고 나섰으며 급기야 1966년에는 북대서양조약기구(NATO)의 탈퇴를 선언하기에 이르렀다.

미국 내의 반전운동도 극에 달했고 미국의 혹독한 여론 평가에 미국정부도 곤혹을 겪고 있었다. 존슨 대통령은 베트남전쟁의 종전과 관련해 끝내 용단을 내리지 못했다. 이는 결국 1968년 대선에서 공화당이 승리하는 데 빌미만 제공해준 격이 됐다. 그리고 종전을 대선 슬로건으로 내세운 리처드 닉슨

(Richard Nixon)이 새로운 미국 대통령으로 당선되었다.

대통령 취임 후 닉슨의 첫 해외 순방길은 서구를 향했다. 프랑스에서 그는 드골 대통령의 노골적인 비판을 면치 못했다. 프랑스가 미국의 베트남전쟁에 대한 불만으로 1967년 NATO에서 탈퇴한 후 양국 관계는 악화일로를 걷고 있었다. 그러나 닉슨의 전쟁 종결 의지와 의사를 알게 되면서 두 나라의 긴장관계는 해빙기를 맞이하기 시작했다.

닉슨이 당시 더 우려한 것은 베트남전쟁이 아니라 서독 윌리 브란트(Willy Brandt) 총리의 '신동방정책(Ostpolitik)'이었다. 1969년 9월 취임한 브란트 총리는 소련진영과 관계개선을 적극 모색하기 시작했다. 이로써 나토가 소련에 대해 일관적이고 일치하는 정책을 유지하기가 어려울 것이라는 평가가 미국 내에 팽배하기 시작했다. 동시에 나토가 대소련 정책에서 균열을 보일 가능성을 우려하는 목소리도 나오기 시작했다.

정치적인 문제 이외에 유럽의 일체화와 일본의 신속한 경제발전은 2차 세계대전 후 미국이 군림하던 국제 경제체제에서의 지배적·영도적 지위에 도전적인 요소로 부상하고 있었다. 이를 의식한 듯 닉슨은 외교정책의 근간에 '다극화 세계'라는 인식을 복선으로 깔기 시작했다. 그에게 세계는 이미 소련, 유럽, 일본과 중국이 미국과 함께 국제체제를 양극체제에서 다극체제로 견인하고 인도해가고 있는 전환적 시기에 진입한 것으로 인식됐다.

⋮ 닉슨의 중국 러브콜, 중국의 닉슨 러브콜

미중 양국이 연설과 언론을 통해 서로에게 관계개선의 손짓을 보낸 것이 양국의 두 최고지도자의 개인적인 생각에서 시작되었는지는 불투명하다. 그러나 닉슨의 경우 대통령 선거 유세 때부터 중국과의 관계개선 의지가 확고하게 있었던 것만은 사실이다. 그의 구상이 미국의 국익을 위해서였든, 개인적인 외교 구상, 즉 공산국가와의 관계개선을 통한 세계의 평화 구축에서 비롯되었든 모두 일맥상통하는 것만은 분명했다.

닉슨은 소련과 중국 모두와의 관계개선을 통해 세계의 긴장국면을 완화하는 이른바 '데탕트'를 구현하고 싶어 했다. 미국의 국익 측면에서도, 미국이 베트남에서 '명예로운 철수'를 위해서도, 중국과의 관계개선이 전제라는 전략적 사고가 그의 외교 철학을 지배하고 있었다. 소련과 'ABM' 조약을 체결해 군축의 실마리를 찾으려고 한 사실이 이런 그의 외교 구상의 방증이라 할 수 있다.

중국 역시 마오쩌둥의 개인적인 외교 구상이었든 중국의 안보이익에서 비롯되었든 미국과의 관계개선을 신중하게 고려하게 된 이유 역시 일맥상통한다. 흥미로운 것은 이데올로기 투쟁이 최고조에 이르던 문화혁명 시기에 마오쩌둥이 미국과의 관계개선을 모색했다는 사실이다. 당시 중국 국내는 베트남전쟁과 문화대혁명이 맞물린 상황이라 베트남에서 제국주의 전쟁을 일으킨 미국에 대한 비판 운동이 끊이지 않았다. 베트남을 지지하고 미 제국주의를 타도하자는 대중운동과 시위가 중국 전역에서 연일 계속되었다. 그리고 중국의 언론이나 지도자의 연설도 연일 미 제국주의를 비판했다.

중국의 소련에 대한 비판 논조 역시 미국에 대한 그것에 뒤지지 않았다. 특히 1965년에는 소련을 사회주의의 수정주의자이자 사회주의 제국주의로 정의하면서 강도 높은 이념적 비판을 쏟아냈다.[41] 소련의 확대주의가 중국과의 접경지역인 신장과 몽골 등지에서 군비 강화 행위로 나타나고 국경분쟁이 나날이 첨예하게 대립하는 양상을 보이면서 중국은 소련을 자국 안보의 최대 위협국으로 인식하기 시작했다. 그러면서 중국은 3월에 사회주의 진영의 존재마저도 부정하기에 이르렀다.[42] 그 결과는 중국과 소련 지도자들의 결별이었다.[43]

1969년에 들어서면서 중소 양국의 국경분쟁이 무력충돌로 이어질 가능성이 연일 증대하기 시작했다. 자연히 양국 간 긴장은 극에 달했다. 더욱이 소련은 남아시아와 동남아시아에서 자신의 영향력을 확대하기 위한 외교와 군

---

41 인민일보와 홍치는 '모스크바 3월 회의 평가'라는 사설을 통해 흐루쇼프 정권이 수정주의 노선을 견지한다면서 미국 제국주의에 대항하는 것과 같이 소련의 수정주의에도 대항해야 한다고 주장했다. 『人民日報』, 1965年 6月 14日.

42 Dong Wang, Grand Strategy, Power Politics, and China's Policy toward the United States in the 1960s, Diplomatic History, Vol. 41, No. 2, 2017, p. 10.

43 『新華月報』, 1965年 第4期.

사적 노력을 노골적으로 강화하고 있었다. 이런 소련의 확대주의가 가시화되고 아시아에서의 국제 권력 구도에 변화가 생기면서 중국은 이의 돌파구로 '미국 카드'의 활용 가능성을 타진하기 시작했다.

미국도 소련의 개입으로 베트남전쟁 구조가 더 복잡해지면서 '중국 카드'를 고려하기 시작했다. 소련은 북베트남에 대한 지원을 둘러싸고 중국과 경쟁하기 시작했는데 미국은 소련에게 철회 의사가 없음을 알게 되었다. 그러면서 미국은 자연스럽게 베트남전쟁에서 '명예롭게 퇴진'하기 위해 중국의 힘을 빌리기로 결정한다. 1969년 6월부터 1970년 초까지 닉슨은 이른바 '연화억소(聯華遏蘇, 중국과 연합하고 소련을 억제)'하는 전략을 구상하기 시작했다. 이의 시작은 1969년 7월 캄보디아와의 수교였다.[44]

한 가지 흥미로운 것은 미중 양국이 관계개선의 당위성과 필요성에 대한 인식을 거의 비슷한 시기에 갖게 됐다는 사실이다. 미국의 경우, 닉슨은 1969년 2월 초 키신저에게 메모를 보내 중국과의 관계 회복에 대한 연구를 할 수 있는 정부 분위기를 조성할 것을 요구했다. 그리고 국가안보위원회가 동아시아 관련 정부 부처와 함께 대중 정책의 목표와 이익, 그리고 전략적 옵션, 가치와 위험요소 등을 공동으로 연구해서 그 결과를 3월 1일까지 보고서 형식으로 제출할 것도 요구했다.

1968년 닉슨 대통령의 당선은 미국의 냉전 전략이 새로운 시기에 들어섰다는 이정표였다. 닉슨은 1969년 1월 취임 연설에서 세계가 '대립(confrontation)에서 대화(dialogue)의 시기'에 들어섰다고 선언했다. 이는 새로운 다극 세계의 출현을 의식한 데에서 출발한 인식이었다. 과거의 양극체제에서 벗어나 대국 간의 세력 균형을 새로이 짜기 위한 일환으로 미, 소, 서구, 일본과 중국을 중심으로 새로운 국제질서의 구축을 제시했다.

닉슨은 미국이 공산주의 세계와 대립과 전쟁의 정책에서 공산주의 세계와 평화 공존하는 정책으로 변해야 한다고 강조했다. 소련에 대한 완화정책과 중국과의 관계개선은 이런 정책 비전의 실천 결과였다. 이 과정에서 미국의 아시아 동맹국과 종속국에 대한 원조와 지지의 감축과 베트남전쟁의 조기종

---

44 미국-캄보디아 외교 관계는 미국의 북베트남 폭격 가중에 따른 1965년 9월 시아누크빌(Sihanoukville)정부의 선언으로 단절되었다.

마오쩌둥과 데탕트 시대를 연 닉슨 대통령

결은 급선무가 되었다.

1969년 7월 '닉슨 주의(닉슨 독트린)'를 발표하면서 닉슨정부 외교정책의 핵심은 양대 공산당 대국 소련과 중국 관계의 완화가 되었다. 1969년 초 중국 역시 미국과의 관계개선을 희망했고 이를 통해 중국의 외교적 고립과 엄중한 안보 곤경 상황을 극복하고자 했다. 중국은 1968년 소련의 체코 침공을 소련이 '소련공산주의 노선'을 이탈한 사건으로 간주했다. 어떠한 사회주의 국가의 내정에 간섭할 수 있는 권리를 선언하고 정당화한 사건으로 인식했다. 북경은 이후 소련의 위협을 한층 더 느끼기 시작했다. 두려움을 느낀 마오쩌둥은 '흐루쇼프 주의'에 맹공을 퍼부었다.

1968~1969년 미중은 베트남 문제로 격렬하게 대치하고 있었다. 닉슨 취임 초기 미국의 베트남 공중 폭격은 그가 유세 시절 주장했던 것과 달리 더 강화되었다. 1969년 7월 미국은 캄보디아와 수교를 했는데 이는 북경에게 군사 전략적 우려를 가져다주었다. 중국의 동남연해지역에서 중국을 침공할 수

있는 미국의 루트가 하나 더 생긴 셈이었기 때문이다. 중국은 이미 대만의 국민당 군대, 일본과 남한의 적대 행위에 대응하는 것도 버거운데 캄보디아까지 방어해야 하는 부담이 추가됐다. 발해만에서 북부만까지 실로 중국 포위망이 완성되는 느낌이었다.

1962년 중국-인도 국경충돌 이후 중국과 인도의 관계도 긴장상태였기 때문에 중국의 서남지역 역시 불안한 상황이었다. 1969년 3월 중소 양국의 변방부대가 전바오다오에서 큰 유혈 충돌을 일으키면서 중소 양국은 대규모 전쟁 직전 상태였다. 중국의 안보 정세는 악화와 긴장의 연속이었다.

키신저는 소련이 심지어 핵으로 중국을 위협했다고 당시를 회고했다. 1964년의 미국의 핵 위협과는 상황이 달라졌다. 중국이 1967년 6월 17일 300만 톤의 수소폭탄 실험에 성공했기 때문이다. 안보환경의 개선을 위해 중국에겐 외교정책의 대대적인 조정과 변화가 필요했다. 1969년 4월 개최된 중공 제9차 당대회 후 문화대혁명은 최고로 격해졌다. 이 와중에도 마오쩌둥과 저우언라이는 중국 대외정책에 조정을 단행했다. 그 결과 내려진 첫 번째 조치는 중국의 해외 대사를 모두 소환하는 것이었다.

다행히도 문혁의 여파는 오래가지 않았고 중국 외교는 정상 궤도를 회복했다. 자연스레 미중관계 개선을 위한 여건과 배경이 조성되기 시작했다.

닉슨은 개인적으로 일찍부터 중국에 대한 관심이 컸다. 1967년 대통령 후보 시절 그는 미국 최고 권위의 외교학술지 《포린 어페어즈(Foreign Affairs)》 10월호에 "월남 이후의 아시아(Asia after Vietnam)"라는 기고문으로 마오쩌둥과 저우언라이의 관심을 사로잡는데 성공했다. 이 글을 읽은 마오쩌둥은 즉각 관련 부서에게 미국의 정책 동향과 진정한 전략 의도를 파악하라고 지시한다.[45]

1968년 11월 25일 닉슨이 미 대선에서 승리한지 3주도 안 되어 마오쩌둥의 비준을 받은 중국의 폴란드주재 임시대표부가 미국의 폴란드주재 대사에게 편지를 보내 중미 대사급 회담의 재개에 동의하는 의사를 밝혔다. 비록 회담은 끝내 취소되었으나 중국은 자신이 일단 주도했다는 사실에 만족해했다.

45 宮力, "從中美緩和到實行一條線的戰略-20世紀60年代末, 70年代初中國對外戰略的轉變", 『中共中央黨校學報』, 2002年, 第6卷, 第2期, p. 74.

1969년 1월 20일 닉슨은 대통령 취임식에서 중국의 간을 보기 위한 접촉을 시도할 의도가 있음을 언급했다. 3월 프랑스 대통령 드골과의 회견자리에서 그는 중국과 대화를 하고 싶다는 의사를 피력하고 중국에 전해줄 것을 요청했다. 7월 25일 닉슨은 괌에서 〈신아시아정책〉을 핵심으로 하는 '닉슨 선언'(일명 '닉슨 독트린')을 발표한다. 미국정부의 아시아 정책에 중대한 조정이 시작되었음을 알리는 중대한 발언이었다.

곧이어 마오쩌둥의 비준을 받은 《인민일보》가 닉슨의 대통령 취임 연설 전문을 이례적으로 실었다. 특히 미국정부가 중국과의 대화를 희망한다는 내용을 누락하지 않고 포함시켰다.

중국 역시 비슷한 시기에 마오쩌둥으로부터 미국과의 관계개선을 위한 방안을 연구하라는 지시를 받는다. 마오는 1969년 2월 19일 4명의 원사들, 천이, 예지엔잉(葉劍英), 쉬씨앙치엔(徐向前)과 녜룽전 등에게 당시의 국제정세와 대외전략에 대한 공동 연구 및 분석을 지시했다.[46]

이 보고서가 미국과의 관계개선의 가능성을 국내외 정세 발전의 관점에서 타진했다면 몇 달 뒤 그가 같은 인사들에게 지시해 제출된 보고서는 관계개선에 청신호를 주었다. 훗날 마오쩌둥은 이 정세 보고서를 미국과의 관계개선의 정당성과 당위성의 근거가 되는 귀중한 자료로 활용했다.

5월부터 10월까지 매달 두세 차례 회의한 끝에 이들은 〈전쟁 정세에 대한 초보 평가(對戰爭形勢的初步估計)〉와 〈최근 국면에 대한 견해(對目前局勢的看法)〉라는 연구보고서를 제출했다.[47] 〈전쟁 정세에 대한 초보 평가〉 보고서는 미중소의 역량을 비교하면서 미소 간의 권력 투쟁이 유럽에 집중하고 있어 중국을 침공해 전쟁을 일으킬 가능성이 크지 않다고 평가했다.[48] 이의 근거로 중소 모순이 중미 모순보다 크고, 미소 모순이 중소 모순보다 크다는 분석 결과를 제시했다.

두 번째 보고서 〈최근 국면에 대한 견해〉는 9월 17일에 제출되었다. 이때는 소련이 이미 국경 회담을 가지자고 한 데 대해 중국이 동의한 상태였다.

---

46 王永欽, "1969年-中美關系的轉折點", 『黨的文獻』, 1995년 제6기, pp. 78~79.

47 熊向暉, 『歷史的注脚』, (北京 : 中共中央黨校出版社, 1995), pp.173~204.

48 王永欽, "1969年-中美關系的轉折點", p. 79.

미국과의 대사급 회담의 수용 전술도 전략 상 중국에게 득이 될 것이라는 분석을 내놓았다. 그러면서 중미 대사급 회담 회복의 유용성을 결론으로 내렸다.[49]

천이는 한 발 더 나아가 저우언라이에게 전략상 미국과 소련의 모순을 이용해서 미국과의 관계를 진전시킬 필요가 있다고 보고했다. 보고서는 마오쩌둥에게 미국과의 관계개선을 촉진시킨 이론적 근거가 되었다.[50] 이런 근거가 필요했던 것은 소련의 안보 위협이 나날이 증대되었기 때문이다. 그들의 분석과 건의는 마오쩌둥과 저우언라이의 호평을 받았다.

이 보고서는 또한 중국이 이데올로기의 장애를 극복할 수 있는 이론적 근거가 되었다. 비록 2월 20일에 예정된 미중 대사급 회담이 네덜란드주재 중국외교관의 망명으로 전격 취소되었으나 대미 정책의 변화를 모색하고자 하는 마오쩌둥의 의지에 악영향을 미치지는 못했다.

앞서 언급했듯이 1956년 헝가리 사태부터 1968년 8월 체코슬로바키아 사태에서 보여준 소련의 파병과 유혈 무력 진압은 사회주의 형제국가에게 소련이 언제든지 같은 방식으로 개입할 수 있다는 사실을 입증했다. 특히 마오쩌둥은 1968년 체코 사태를 계기로 소련이 중국 국가 안보의 최대 위협임을 깨닫게 되었다. 결국 그는 중국의 대외전략을 바꿀 시기가 도래했다는 강박관념에 싸이게 된다.

중국이 미국과 소련 두 강대국을 동시에 상대하는 것은 군사·재정·정치·외교적으로 매우 부담스러운 일이었다. 그래서 마오쩌둥은 미국과 소련에 동시에 대항하는 기존의 전략을 소련에 집중하는 대신 미국과 화해를 모색하는 전략으로 바꾼다. 그러나 문화대혁명이라는 시대적 배경과 공산주의와 혁명외교를 부르짖는 당시의 중국 국내 정치상황을 고려하면 중국으로서는 미국과의 관계개선을 대내적으로 설득하기가 쉽지 않았다. 그 정당성과 합리성을 찾기는 더더욱 어려웠다.

마오쩌둥은 1960년대 말에서 1970년대 초까지의 대미 외교전략의 기본방침을 다음과 같은 두 가지로 결정한다. 하나는 베트남에서 혁명외교의 견지

---

49 王永欽, p. 79.
50 宮力, "從中美緩和到實行'一條線'的戰略-20世紀60年代末,70年代初中國對外戰略的轉變", p. 75.

와 미 제국주의의 퇴격을 외침으로써 대내적으로 미 제국주의와 투쟁하는 형상을 유지하는 동시에 미국과의 관계개선의 정당성을 다른 곳(예컨대 소련의 수정주의와 확대주의 사회주의)에서 찾는 것이었다. 다른 하나는 실용주의에 입각한 실무외교를 통해 미국과의 관계 정상화를 추진하는 것이다.

하늘이 돕는지 마오쩌둥이 이런 중대한 결정을 하는 과정에서 대외 정세에 큰 변화가 연쇄적으로 발생했다. 우선 1969년 닉슨 대통령이 새 대통령으로 취임하면서 미국의 대중국 정책과 전략이 바뀌기 시작했다. 닉슨은 베트남전쟁에서의 '명예로운 퇴진'을 최대 외교 목표로 결정했고 이의 전제를 중국과의 관계개선이라는 새로운 중국 정책으로 설명했다. 즉, 베트남전쟁 문제를 해결하는 데 중국을 적극 끌어들이는 것을 대중국 정책의 새로운 목표로 정했다. 그리고 그 시발점은 파리에서 개최된 베트남전쟁의 평화회담이었다. 한국전쟁과 마찬가지로 베트남전쟁도 싸우면서 협상하는 국면으로 진입했다.

또 하나의 결정적 요인은 3월에 발생한 중소 국경분쟁이 무력충돌로 상승한 것이었다. 소련의 위협에 대응하기 위한 새로운 전략으로 미국과의 관계개선을 채택할 수밖에 없는 상황이 자연스럽게 연출되었다.

∶확인, 재확인 또 확인

중소 양국 간에 발생한 전바오다오 사건은 미중관계가 가까워지게 되는 계기였다. 미중관계의 완화와 접촉을 촉진하기 위해 미국정부는 점진적으로 대중국 무역과 여행 제한을 해제하는 조치를 취하기 시작했다. 또 군사적으로 미 해군의 대만해협 순찰 중지 등의 내용을 포함한 일련의 조치를 통해 관계개선 의지를 표했다. 이 밖에 미국정부는 다양한 경로를 통해 중국정부에게 접촉할 의사를 밝혔다. 중국정부도 예의주시하고 있었다.

이와 같은 미중 양국 최고지도자의 외교 구상은 실제 행동으로도 곧 나타났다. 미국이 이를 선도했다. 1969년 3월 초 아이젠하워 전 대통령 장례식에 참석한 드골 프랑스 대통령에게 닉슨 대통령은 중국에게 대화할 용의가 있다는 의사를 전해달라고 부탁한다. 이후 닉슨은 드골뿐 아니라 파키스탄 대통령 야하 칸(Yahya Khan)과 루마니아 대통령 니콜라에 차우셰스쿠(Nicolae Ceausescu) 등을 통해 중국 지도자들과 대화를 절실히 원한다(eargerness to talk)는 의사를 전해달라고 부탁했다.

그럼에도 중국은 미국의 대중 관계개선 노력에 대해 의심이 많았다. 미국이 구두 상으로 평화협상을 주장하지만 실질적으로 베트남 공습이 더 강화됐기 때문이다. 중국을 겨냥한 미사일방어시스템을 더 강화하기로 3월 14일에 결정한 사실도 중국의 의구심을 키웠다.[51]

1970년 1월 20일 미국의 요청으로 바르샤바에서 제135차 대사급 회담이 개최되었다. 3월 22일 제136차 회담에서 미국은 소련과 중국의 분쟁을 구실로 이용하는 것은 양국에게 득이 될 수 없다고 주장했다. 중소분쟁이 10년 더 지속되어도 소련이 베트남을 몇 년 동안 지원해줄 것이라고 믿었기 때문이다.

이 회담을 통해 미중 양국은 인도차이나반도의 정국이 양국의 불신을 해소하는 데 도움이 안 된다는 것만 확인했다. 3월에 미국은 캄보디아의 정변을 지원하면서 시아누크 정권을 와해시키는 대신 친미 정권을 수립하는 데 성공했다. 그리고 태국의 정규군을 라오스에 파병해 라오스에 대한 침공을 강화했다.[52]

이런 상황에서 중국은 시아누크를 수장으로 하는 캄보디아 민족 통일전선을 지지할 수밖에 없었다. 7억의 중국인이 캄보디아, 라오스와 베트남의 항미(抗美) 전쟁의 후견인이 될 수밖에 없다는 선언과 함께 바르샤바 대사급 회담은 4월부터 자연스럽게 동결되었다.

5월 11일 마오쩌둥은 베트남 노동당 제1서기 레주언(Lê Duẩn, 黎筍)을 만난 자리에서 중국이 베트남의 최대 후방 지원군이기 때문에 의지해도 된다고 안심시켰다. 5월 16일 중국은 20일에 예정된 미중 대사급 회담을 또 다시 취소하고 이를 18일 미국 측에 통보했다.

---

51 李丹慧, "中美緩和与援越抗美-中國外交戰略調整中的越南因素", 『党的文獻』, 2002年, 第3期, p. 68.

52 李丹慧, "中美緩和与援越抗美-中國外交戰略調整中的越南因素", p. 69.

미국 측에 통보하면서 마오쩌둥은 "전 세계 인민이 단결하여 미국 침략자와 그의 모든 개들을 타도하자(全世界人民團結起來, 打敗美國侵略者及其一切走狗, 일명 '5·20 성명)"라는 성명을 발표한다. 이 성명의 핵심 내용은 세 가지다.

첫째, 미국에게 중국의 입장을 알리는 것이었다. 중국이 미국과의 화해를 위한 전략을 선택할 수는 있겠으나 인도차이나 3국의 인민 혁명에 대한 지원을 포기할 수 없다는 의미였다. 둘째, 미중 대사급 회담의 실효성에 대한 회의감과 의구심 문제였다. 16년 동안 진행됐지만 소득이 없었다는 것이었다. 그러면서 마오쩌둥은 사고의 전환을 강조했다. 그는 닉슨과의 회담, 즉 고위층 회담을 통해 양국의 실질적인 문제가 해결 가능하다는 생각을 하게 되었다. 고위급 회담을 통한 실질적인 접촉을 하자는 것이었다. 셋째, 미국 측의 반응을 보고 미국의 진정성과 의지를 판단하겠다는 내용이었다.

6월 중순 미국의 시도로 미중 양국의 접촉이 재개되었다. 이번에 닉슨은 중국에 깜짝 선물을 제공하면서 접촉의 성사를 빌었다. 닉슨의 선물은 6월 30일 캄보디아에서 미군 철수의 선포였다. 이에 대한 화답으로 중국은 미국과의 접촉을 재개하기로 결정한다. 그리고 중국도 미국에게 선물을 안겨준다. 중국은 1970년 7월 10일 구류 중이던 미국 종교인의 석방을 발표하면서 양국의 접촉을 보장했다.[53]

미국의 중국 관계 개선 의지는 더 강해졌다. 닉슨은 1970년 10월 25일 UN 창립 25주년 행사에 참석한 파키스탄 대통령 칸과 독대했다. 닉슨은 그에게 미국과 중국의 협상은 필수적인 것이 되었다고 하면서 고위급 특사를 북경에 보내겠다고 전했다. 그는 칸에게 미국이 중국에 대응하기 위해 소련과 연대를 하지 않을 것을 약속한다는 입장 설명도 덧붙였다. 마지막으로 닉슨은 앞으로 칸이 워싱턴과 북경을 이어주는 메신저가 되어주길 부탁했다. 칸은 최선을 다할 것을 약속했다.

---

53 李丹慧, p. 70. 두 미국인은 1969년 7월 16일 홍콩에서 요트를 타던 중 중국 영해로 쓸려가며 체포되었다. 사고였다. 중국 외교부와 공안부가 이를 조사했고 중국은 이 사고를 정치화하지 않기로 결정했다. 그리고 최선을 다해 이들을 예우해주기로 했다. "Letter from Zhou to Lin, June27, 1969," in Gao Wenqian, Zhou Enlai : The Last Perfect Revolutionary (New York : Public Affairs 2008), pp. 410~411.

칸은 닉슨 독대 2주 후 예정대로 북경을 방문했고 저우언라이에게 닉슨의 입장을 전부 전했다. 이로써 미중 양국 간에는 이른바 '파키스탄 채널'이 구축되었다. 파키스탄 채널 팀의 구성원은 총 3명으로 모두 파키스탄 인이었다. 팀을 리드하는 이로 칸 대통령은 닉슨 독대 4주 뒤에 술탄 무하메드 칸(Sultan Muhamed Khan)을 임명했다. 그는 파키스탄 주중대사를 두 번이나 역임한 외무장관으로 파키스탄의 대표적인 중국 통이었다. 그 외에 파키스탄 주미대사 아가 힐랄리(Agha Hilaly)도 이 중대한 작업의 일원으로 포함되었다.

닉슨은 쉴 새 없이 중국에 러브콜을 보냈다. 10월 27일 루마니아 대통령 니콜라에 차우셰스쿠의 환영 만찬에서 닉슨은 미국 대통령으로서는 처음으로 '중화인민공화국'이라는 국호를 사용하면서 미중 간에 고위급 대표단의 상호 방문을 진행할 의사가 있다고 밝혔다. 차우셰스쿠는 귀국 후 이를 중국정부에 전달했다. 미중 간에 또 하나의 소통 경로, 즉 '루마니아 채널'이 신설되는 순간이었다. '파키스탄 채널'과 '루마니아 채널'을 통해 전달된 소식에 중국정부는 신속한 반응을 보였다.

1970년 11월 중순 저우언라이는 칸 대통령과의 회견에서 중국정부는 미국 대통령의 특사가 중국을 방문해 대만문제를 논의하는 것을 환영한다고 밝혔다. 중국정부는 또한 '루마니아 채널'을 통해 닉슨 대통령의 방중을 환영한다고 전했다. 마오쩌둥의 의사는 미국 기자 스노를 통해 직접 전달되었다. 1970년 10월 1일 국경절 행사를 참관하는 천안문의 망루에서 마오쩌둥은 스노에게 중미관계의 개선을 위해 더 적극으로 임할 의사가 있다는 것을 전해달라고 부탁했다.

마오쩌둥은 스노를 통해 미국에 메시지를 전하고 싶어 했다. 마오쩌둥은 닉슨이 오고 싶어 하면 그와 대화를 하고 싶다고, 결과가 있든 없든, 언쟁이 있든 없든, 여행객의 신분이든 대통령의 신분이든 북경에 와서 이야기할 수 있으면 모두 다 좋다는 자신의 생각을 전해달라고 부탁했다. 그런데 마오쩌둥이 그에게 자신의 메시지 공개를 유보시켜줄 것을 요구했다. 중국이 미국의 입장을 좀 더 지켜보기 위해서였다.

두 달 후인 1970년 12월 마오쩌둥은 중국에 체류 중인 스노를 다시 접견하는 자리에서 닉슨의 방중을 환영한다는 그의 의사를 세상에 알려줄 것을 요청했다. 12월 1일 마오쩌둥이 미국을 환영한다는 의사가 드디어 미국 언론에 타전됐다.

북경에서 워싱턴으로 미국 특사의 방중 초청장이 정식으로 전달된 것은 12월 9일이었다. 주미 파키스탄대사 힐랄리가 저우언라이의 초청장을 닉슨에게 직접 건네줬다. 초청 이유는 '대만이라는 중국의 영토에서의 휴가(vacation)' 문제를 논의하자는 것으로 비유됐다. 이 자리에는 키신저도 있었다. 이듬해 1월에 닉슨 특사의 방문을 환영한다는 메시지가 루마니아 채널을 통해 다시 전해졌다.

저우언라이는 이번 미 특사 초청 목적이 대만문제만을 논의하기 위해서라고 명시했다. 미국은 물론 이렇게 중국이 의제를 먼저 결정하고 제한한 것에 불만이 있었다. 파키스탄의 외무장관 칸은 이것이 첫 수에 불과하기 때문에 인내를 가지고 이에 응할 것을 충고했다.

이후 특사 방문 관련 모든 준비는 파키스탄 채널을 통해 진행하는 것으로 북경과 워싱턴이 합의했다. 파키스탄은 중국에게 이번 특사 방문을 철저히 비밀에 붙일 것을 원하는 미국의 요구를 전했다. 더불어 만약 이 방문 계획이 누설되면 워싱턴의 대만 로비스트들이 특사 방문을 훼방할 것이 자명하다는 것을 이유로 설명했다.

미국도 이 계획을 대내 극비사항으로 규정하고 모든 준비 과정에서 미 국무부를 배제시켰다. 닉슨은 특사로 키신저를 결정했다. 키신저의 방중을 준비한 팀은 닉슨, 키신저, 정무수석 할드만(H. R. Haldeman)과 헤이그 등 네 명에 불과했다.

당시 미 국무장관 윌리엄 로저스(William Rodgers)가 눈치 채지 못하게 하는 것과 특사 방문에서 그를 배제하는 것이 닉슨과 키신저의 최대 고민거리였다. 닉슨은 로저스에게 거짓말을 하기로 했다. 키신저가 파키스탄에 도착하면 키신저가 중국으로부터 급작스럽게 초대를 받은 것으로 알리기로 했다.

그러나 양심의 가책을 느낀 닉슨은 이틀 후 마음을 바꾼다. 키신저가 파리에서 북베트남과 협상하는 동안 헤이그가 로저스한테 키신저의 방중 결정을 알리는 시나리오로 가기로 결정했다.

1971년 2월 4일 중국의 외교부 부부장 차오관화(喬冠華)는 중국주재 노르웨이대사와의 만남에서 미국 정책의 새로운 동향을 중국은 이해하고 있으며 키신저와의 회담을 원한다고 밝혔다. 3월 8일 닉슨이 발표한 외교정책 연두 보고서는 미국에게 북경과의 관계개선 의지가 확고함을 재차 밝혔다. 자신들의 의사결정이 신중했고 진실하다는 것을 입증이라도 하고 싶었던 듯 미국은 더 이상 중국을 '공산 중국(Communist China)' 또는 '레드 차이나(Red China)'로 부르지 않고 정식 국호인 '중화인민공화국'으로 칭하기 시작했다.

미중 양국은 관계개선의 의지를 1971년 4월에 행동으로 옮겼다. 1971년 3월 일본에서 개최된 세계 탁구 선수권 대회가 종결되기 직전 중국은 미국 탁구대표팀을 정식 초청했다. 마오쩌둥은 미국 대표팀을 비롯하여 서방 몇 개국의 대표팀을 북경으로 초청해 친선 경기를 개최(4월 10~17일)하기로 결정한다. 그는 공식 초청장을 워싱턴에 보냈고 닉슨은 이를 허락했다.

대회 기간 동안 중국 관료들은 미국 기자들에게 민주당 대통령 후보 경선 참가자 3명, 에드워드 케네디(Edward Kennedy), 에드워드 머스키(Edward Muskie)와 조지 맥거번(George McGovern)을 초청하고 싶다고 알렸다. 그들과 함께 미국의 유명한 기자 제임스 레스턴(James Reston), 월터 리프먼(Walter Lippman)과 월터 크롱카이트(Walter Cronkite) 등도 초대하고 싶다고 전했다.

당시 저우언라이는 미 의원과 백악관을 민주당이 석권할 것으로 예견하고 있었다. 그러나 닉슨이 이를 허용할 리가 만무했다. 닉슨은 중국을 방문한 최초의 미합중국 대통령이 자신이라는 기록을 남기고 싶어 했다. 키신저 역시 중국 땅을 밟는 미국의 첫 고위급 인사가 되고자 하는 꿈에 사로잡혀 있었다.

4월 10일 미국 탁구대표팀이 북경에 도착했고 저우언라이는 미국 탁구대표팀의 방문이 양국의 대문을 열어줬다고 그 의미를 높게 평가했다. 미중 양국 국민에게 20년 동안 닫혔던 교류의 문이 다시 열리는 역사적인 순간이었다. 닉슨은 방중한 탁구대표단을 통해 키신저를 특사로 중국에서 자신의 예비회의를 갖자는 의사를 중국 측에 구두로 전달했다.

이 사건 이후 닉슨은 4월 14일 대중국 무역 금지령의 종결을 선포한다. 4월 21일 중국정부는 '파키스탄 채널'을 통해 키신저와 같은 미국의 특사, 심지어 미국 국무장관이나 대통령의 중국 방문과 회담을 환영한다는 입장을 공식화했다.

중국공산당 중앙정치국은 5월 26일 회의를 소집해 중미 고위급 회담 개최 문제를 논의하면서 대만문제를 포함한 대미 정책의 새로운 기본원칙에 대한 협의를 시작했다.

베트남전쟁과 관련 중국정부는 미국의 무력 부대가 인도차이나 3국에서 철수하는 것을 대명제를 삼기로 결정했다. 중미회담이 인도차이나 국가의 항미 전쟁과 베트남 평화 협상에 미칠 영향에 대해 중국정부는 일시적인 파동이 있을 순 있겠으나 회담이 명석하게 진행되면 오히려 긍정적인 영향을 미칠 것이라고 판단했다. 중국은 이런 판단의 근거를 닉슨이 미소 패권 경쟁의 중심지는 중동과 유럽이지 극동이 아닌 사실을 너무나도 잘 알고 있다는 사실에 뒀다.[54]

저우언라이는 7월 5일 호주 노동당 총수와의 회담에서 북경이 아시아, 아프리카 국가들이 참여하는 제네바회의를 통해 인도차이나 문제를 해결하는 것에 찬성한다는 입장을 전했다. 이는 중국에게 중미 고위급 회담을 통해 국제회의를 개최하고 이를 베트남 문제 해결의 계기로 삼겠다는 계산이 있다는 것을 단편적으로 보여주는 사례다.

닉슨은 대중국 외교적 공세를 확대해갔다. 1971년 7월 6일 닉슨은 미국 캔자스시티(Kansas City)에서의 연설 중 중국이 세계의 미래를 결정할 5대 슈퍼 경제국 중 하나가 될 것이라고 강조했다. 그래서 미국정부는 우선 중국과 단절된 상황을 점진적으로 종결해 나가야 한다고 역설했다.[55]

그의 중국 경제 잠재력에 대한 고평가 발언은 미국 내에서 설득력을 가졌다. 미국의 중국에 대한 전통적 관념이 경제였기 때문이다. 닉슨은 이를 잘알고 있었다. 그는 나아가 미국의 중장기 목표가 중국과의 단절 상황을 반드시 종결하고 중국과의 관계를 정상화하는 것이라고 주장했다.

미국 내에서 닉슨이 중국과의 관계개선을 부르짖고 있을 때 키신저는 파키스탄에서 그의 비밀스러운 임무를 준비 중이었다. 그 시작은 7월 8일이었

---

54 李丹慧, p. 71.

55 "Remarks in Kansas City," Missouri, October 19, 1970, http：//www.presidency.ucsb.edu/ws/?pid=2744 (검색일 : 2016년 9월 27일).

다. 그날 저녁 파키스탄에 도착해서 칸 대통령과 저녁을 한 키신저는 갑자기 복통을 크게 호소한다. 그리고 파키스탄에서의 나머지 이틀의 모든 일정을 취소했다. 다음 날인 새벽 4시 파키스탄 관료들이 그를 공항으로 데려가기 시작했다. 그때서야 키신저의 경호원들은 그들이 중국에 가는 것을 알게 되었다. 파키스탄에서는 키신저가 체류 중인 것으로 보이기 위해 미 경호원 중 제일 뚱뚱한 요원이 임시 키신저가 되었다.

1971년 7월 9일 키신저가 북경에 첫 발걸음을 내디뎠다. 공항에서 그를 맞이한 이들은 불신에 가득 찬 중국 관료들이었다. 미 국무부의 우려도 컸다. 키신저가 중국의 정치 선전 도구로 전락할 것을 심각하게 우려했다. 양측의 상호 불신 정도는 웃지못할 일화를 연출했다. 당시 캐나다주재 중국대사 황화(黃華)가 비행기에서 내려오는 키신저의 비서 존 홀드리지(John Holdridge)를 끌어당기면서 물은 것이 키신저가 저우언라이와 악수할지의 여부였다. 중국은 18년 전 제네바회의에서 겪은 모욕감을 아직도 잊지 못하고 있었다. 저우언라이가 손을 내밀자 키신저는 그의 손을 잡았다.

7월 9~11일 키신저와 저우언라이는 협상과 대화를 이어나갔다. 그러나 미중 양국의 상호 불신으로 저우언라이는 키신저에게 10일 오후의 대화 내용을 녹음할 것을 요청했다. 저우언라이는 키신저가 그에게 사적으로 전한 말을 닉슨행정부가 왜곡할까봐 우려했다. 특히 대만문제에 대해 한 입으로 두 말을 할까봐 걱정했다. 이를 키신저는 달갑지 않게 생각했다. 그래서 그는 거절했고 의외로 저우언라이는 이를 순순히 받아들였다.

키신저는 첫 회담에서 미국이 대만의 독립을 지지하지 않고 대만의 독립운동도 지지하지 않는다는 입장을 명확히 밝혔다. 이는 바르샤바에서 미국 측이 제시한 확약(assurance, 미군의 철수와 두 당국의 평화적 해결)보다도 더 큰 확약이었다.

중국은 건국 이래 약 20년 동안 장제스 국민당군이 미군과 함께 무력으로 대륙 통일을 시도할 것에 대해 상당히 우려해온 터였다. 그리고 대만을 통해 미국이 중화인민공화국의 전복을 시도할 것이라는 두려움에서 벗어나지 못하고 있었다. 키신저와의 회담을 통해 중국은 이런 우려와 걱정을 말끔히 해소할 수 있었다.

키신저는 미국의 확언을 다시 한 번 확인시켜주기 위해 저우언라이에게 한 마디를 더 던졌다. 미국의 공산정부에 대한 승인이 닉슨의 연임 기간 내에 이뤄질 것이라는 말이었다. 10일 그는 이 발언의 구체적 의미를 설명했다. 키신저는 닉슨 연임 기간의 첫 2년 내에 수교가 이뤄질 것이라고 장담했다. 그리고 저우언라이와 중국의 UN의석 회복 문제를 논의했다. 이 문제에 대한 미국의 기본 입장은 중국과 대만의 대표성을 모두 인정하는 것이었다. 결과적으로 중국은 대만의 의석을 그해 10월에 회복했다. 중국의 UN의석 회복 투표 날 키신저는 북경을 두 번째로 방문하고 있었다.

당시 UN주재 미국대사 조지 부시(George H. Bush)는 키신저의 부재가 미국의 '두 중국'의 동시에 가입 지지표를 상실하는 데 결정적인 구실을 했다고 회고했다. 키신저는 그날 늦은 밤 회담에서 저우언라이에 미국이 대만의 대륙에 대한 어떠한 군사적 행동도 지원하거나 지지하지 않을 것을 확약했다.

키신저는 미국의 안전 보장에 대한 약속을 다른 요소로 재확인시켜 주었다. 그는 저우언라이에게 중국의 안보이익과 민감하게 결부되는 미소 관계의 최근 현안들을 구체적으로 설명해주었다. 중국은 당시 소련에 대한 방어에 주력하고 있었다. 키신저는 닉슨행정부가 모스크바를 불안하게 만들어 미국과 데탕트를 모색하게끔 만들려고 노력 중이라고 설명했다.

미국은 대중국 관계의 개선을 통해 모스크바에게 몇 가지를 가르쳐 줄 참이라고 전했다. 모든 공산국가를 위한 발언권이 더 이상 그의 전유물이 아니라는 사실을 깨닫게 해주고 싶다고 했다. 미국과 합의점에 도달하는 것이 소련에 이롭다는 것을 알려주고 싶다고 설명했다. 저우언라이는 이런 키신저의 발언을 문서화할 것을 요구했다. 키신저는 귀국 후 저우언라이에게 서신으로 기록하겠다고 약속했다.

키신저가 저우언라이에게 약속한 편지는 파리의 무관 버논 월터스(Vernon Walters)를 통해 전해졌다. 이후 '파키스탄 채널'이 종료되고, 대신 '파리 채널'이 가동되었다. 키신저는 프랑스주재 중국대사 황쩐(黃鎭)에게 앞으로 미국이 사회주의 국가와 나누는 모든 대화 내용을 전달하겠다고 약속했다. 그 내용에는 소련군의 이동과 배치에 관한 최고 민감한 정보까지 포함되어 있었다.

키신저의 방중에서 제일 중대한 의제였던 베트남 문제의 논의는 안타깝게도 순조롭지 않았다. 그는 이 문제의 논의를 위해 국가안보회의의 베트남 담당관 딕 스마이저(Dick Smyser)를 데리고 갔다. 키신저는 이번 회담에서 합의된 전쟁 종결 안에 대한 중국의 지지를 확보하고 싶어 했다. 여기서 관건은 월남정부의 지도자 응엔 밴 티우(Nguyen Van Thieu)가 정권을 유지하는 것을 중국이 지지하느냐의 여부였다. 저우언라이의 답변은 모호했고 불분명했다. 대신 미군의 월남 철수를 요청했다. 스마이저는 당시 베트남 문제와 관련 아무런 합의점을 찾지 못했다고 회고한다. 저우언라이는 베트남이 전쟁 당사국이기 때문에 스스로 이를 결정해야 할 것이라는 입장만 되풀이했다.

키신저의 비밀 방중의 결과 중 닉슨의 제일 큰 관심사는 닉슨의 방문에 대한 중국의 의사와 태도였다. 닉슨과 키신저는 7월 15일 아나톨리 도브리닌(Anatoly Fyodorovich Dobrynin) 소련대사를 백악관으로 소환해 전화로 그에게 다음날 있을 미중의 닉슨 방중 공동 발표 소식을 알렸다. 이때 그들은 캘리포니아에 있었다. 그러나 일본에게는 이를 사전에 알리지 않았다. 본래 계획은 미 국무차관 존슨을 동경에 보내 사토 총리에게 직접 전하는 것이었다. 그러나 누설의 가능성을 우려해 전격 취소했다. 대신 무력한 미 국무장관 로저스가 주미 일본대사에게 전화로 이를 통보했다.

캘리포니아에 체류 중이던 닉슨과 키신저는 당시 캘리포니아 주지사 로널드 레이건(Ronald Reagan)에게 닉슨의 방중 계획 사실을 알렸다. 그 자리에서 닉슨은 레이건이 닉슨의 개인 사절로 대만의 국경절(10월 10일)행사에 참석해 대만 당국의 이해와 양해를 강구할 것을 요구했다. 레이건은 마지못해 이를 수용했다.

그가 대통령이 된 후 국가안보 보좌관이 된 리처드 앨런(Richard Allen)에 따르면 레이건은 자신이 그렇게 활용된 데에 불만은 있었으나, 대통령의 지시는 따라야 한다는 자세로 임했다고 한다. 7월 16일 미중 양국은 닉슨의 방중 결정 소식을 전 세계에 동시에 선포했다. 양국 사이를 가로 막고 있던 두터운 냉전의 장막이 20여 년 만에 걷히기 시작한 실로 역사적인 순간이었다.

제5장

중소관계의 분열

미중관계에서 소련은 과연 어떤 의미가 있었을까. 냉전시대는 미소 양국이 각자의 이념 진영을 꾸려 수장 역할을 하면서 라이벌 관계를 유지하던 시절이었다. 1949년 건국 후 중국은 '소련 일변도' 정책을 펴면서 자연스럽게 이 진영에 참여했다. 그런데 이 두 진영에서 그 어느 나라도 중국 같이 튀어나온 나라는 없었다.

어느 한 진영에서 내부적인 갈등과 충돌로 그 진영을 박차고 상대진영의 수장 국가와 손을 잡겠다고 나온 나라가 없었다. 그것도 동맹관계를 파기하면서까지 말이다. 중국은 그렇게 사회주의 진영의 울타리를 넘어 소련과의 관계를 단절하고 최대 위협국이자 적국이었던 미국과의 관계개선을 모색했다.

이 장에서는 도대체 중국이 소련과 어떤 갈등과 이해관계의 충돌이 있었기에 소련과의 관계를 단절할 지경에까지 이르렀는지에 대해 알아볼 것이다. 사회주의 진영의 중소 두 나라 사이에서 어떠한 이념적 모순이 있었는지, 중소관계 단절의 연유가 무엇인지, 만약 중소관계의 단절에 결정적인 사건이 전바오다오 무력사태였다면 이를 둘러싼 양국의 국경분쟁이 무력충돌로 이어진 원인이 무엇인지, 중국이 이 과정에서 보여준 대소련 적대 행위를 이념적으로 어떻게 정당화했는지, 소련과의 관계 악화 원인이 구조적인 문제였다면 미국과의 관계개선이 동인으로서 어떻게 작용했는지 등을 알아볼 것이다.

중소관계는 50년대 말부터 분열되기 시작했다. 60년대 말 결국 되돌아 올 수 없는 루비콘 강을 건너게 되었다. 이들의 이별에는 다음과 같은 몇 가지 요인이 결정적이었다. 소련의 과감하고 과도한 사회주의 국가 내정 개입과 간섭, 세력 확장의 야욕을 위한 미국과의 타협과 동시에 진행한 제3세계 국가에 대한 신제국주의 정책의 표방, 그리고 국가이익을 위해서라면 비공산국가와 타협을 할 수 있다는 태도 등이 결국 중소 양국 관계의 분열을 초래한 관건적인 요인이었다.

소련의 공산세계와 비공산세계에 대한 전략의 저의와 대외적 행위에 대한 중국의 우려가 고조되기 전부터 중국공산당 최고지도부 내부에서는 소련에 대한 인식이 이미 바뀌기 시작했다. 중국의 소련 인식 변화는 중국의 제고된 국제적 위상으로 강화된 자신감에서 비롯되었다.

주지하듯이 중국 외교의 가장 큰 목표 중 하나가 국제적으로 중국의 자리매김(positioning)을 확실히 하는 것이다. 그 자리매김의 궁극적인 목표는 '대국'임을 세계적으로 인정받는 것이다. 1950년대 초 공산혁명의 승리와 한국전쟁에서의 선전, 그리고 제네바회의와 반둥회의에서의 성과는 국제사회에 대국의 존재감을 확실히 심어줬다. 더 이상 무시할 수 없는 대국임을 확실하게 알린 것이다.

대국으로서의 존재감이 확인된 중국에게는 또 다른 목표가 생겨났다. 사회주의 세계에서 영도적 대국 지위를 인정받는 것이었다. 즉, 사회주의 대국이 되겠다는 야심찬 포부를 실현시키는 것이었다. 중국은 한국전쟁에서 세계 최강의 미 제국주의와 싸워서 이겼고, 국제 협상 무대에서도 사회주의 국가로서 비공산국을 설득시켜 합의를 도출해내는 외교적 대승을 거두었다고 자평했다.

나아가 중국공산당은 공산혁명 승리로 중화인민공화국이라는 대국을 건국함으로써 공산주의의 이론과 실천을 성공적으로 입증했다고 자부했다. 그렇기 때문에 마오쩌둥은 스탈린이 죽은 후 자신이 사회주의 진영을 영도하는 최고지도자가 되어야 한다고 확신했다. 그는 흐루쇼프가 스탈린을 승계하고 소련의 지도자로 올라섰지만 그의 혁명 경험이나 지도자의 위상이 자신에 견줄 수 없다고 자부했다.

그에게 더 큰 자신감을 불어 넣어준 것은 중국의 1차 5개년계획의 성공으로 괄목하게 이룬 경제 성장의 성과와 이어진 '대약진운동'의 성과였다. 1957년 11월 세계 공산당 대회에서 그는 중국이 본래 15년 내에 영국을 따라잡을 계획이 2년 안에 가능해졌다고 선언했다. 미국 추월도 어렵지 않다고 공언한 것도 중국의 영도 자격을 사회주의 세계에 알리기 위한 것이었다.[1]

---

1 中共中央研究室編, "關於向軍委會議印發(兩年超過英國)報告的批語", "關於向軍委會議印發冶金部1962 年主要冶金産品生産規劃的批語". 1958年6月22日, 『建國以來毛澤東文稿, 第7冊』 (北京 : 中央文獻出版社, 1992年8月), p. 278, p. 279.

자신감에 부풀어 오른 마오쩌둥과 중국은 소련에게는 눈엣가시로 보이기 시작했다. 중국을 견제해야 한다는 생각이 소련 지도부 내에서 맹아하기 시작했다. 그러나 공산세계의 단결과 화합을 공고히 하려면 중국의 도움이 필수불가결한 것도 사실이었다.

뒤에서 구체적으로 설명하겠지만 당시 흐루쇼프의 소련공산당 내에서의 정치적 입지와 영도적 지위는 매우 약했다. 뿐만 아니라 그의 이러한 취약한 모습은 공산세계에서도 그대로 반영되어 나타났다. 그래서 그는 마오쩌둥의 정치적 지지가 필요했다. 그 대가로 마오쩌둥의 핵개발 야욕을 충족시켜주기 위한 지원 정책을 채택한다. 소련으로서는 크나큰 정치적·군사적·외교적 대가를 치른 셈이었다.

그런 정치적·군사적·외교적 맞교환에도 불구하고 중국과 소련의 관계는 나날이 악화되어 갔다. 이를 더 부추겼던 것이 더 큰 대국, 즉 사회주의 대국뿐 아니라 핵개발을 통한 군사 대국으로 자리매김하려는 중국의 정치·군사적 야욕이었다. 중국은 공산혁명을 후견하는 대국으로서 세계 공산화의 주도적인 역할을 수행하고 싶어 했다. 그 증거가 베트남전쟁에서 북베트남의 최대 후견국을 자처한 것이었다.

그리고 핵무기 개발을 통해 군사 대국으로 성장해 더 이상 소련에 안보적으로 의존하지 않는 진정한 독립적이고 자주적인 대국이 되길 원했다. (이 같은 중국의 군사적 욕망은 오늘날 북한의 핵개발 야욕과도 일맥상통하는 부분이다.) 무엇보다 미국에게 더 이상 무시될 수 없는 군사 세력으로 비춰지길 희망했다. 미중소 3각 관계에서 보다 더 동등한 위치에 올라서는 것이 당시 중국 외교의 야망이었다. 이런 중국의 꿈이 소련과의 갈등의 씨앗이 된 것이다.

중소의 전략적 동맹관계

냉전시기의 중소관계는 크게 네 시기로 나눠볼 수 있다. 첫 번째가 약 5년의 동맹형성 과정의 시기(1945~1950), 두 번째가 동맹 결성 후의 우호협력시

소련을 방문한 마오쩌둥

기 10년(1950~1959), 세 번째가 두 번째 시기와 중첩되지만 밀월기간 3년
(1955~1957) 이후 발생한 정쟁과 분열의 10여 년(1958~1969), 그리고 마지막
이 관계 단절의 시기(1969~1989) 20년이다.

중소 동맹관계는 1950년 2월 14일 체결된 〈중소 우호 동맹 상호 원조 조
약〉으로 결성되었다. 그러나 10년도 채 못가서 양국은 1만 2,000Km의 국경
선 중 7,000Km에서 군사적으로 대치하게 된다. 공식적인 중소동맹 기간은 20
년이나 실질적으로는 10여 년에 불과했다. 양국 관계가 정상화되기까지 또
20년이 걸렸다.

마오쩌둥은 신중국이 선국되면 미국 등 제국주의의 위협에 비로 당면할
것이라는 위기의식을 일찍이 가졌다. 이 같은 위기의식이 그가 소련과의 동
맹을 결심한 결정적인 이유였다. 그는 건국 이전인 1949년 6월 30일에 출간
된 《인민민주전제론》이라는 책자에서 제국주의와 사회주의 사이에 제3의 길
은 없는 양자택일의 상황에서 중국의 유일한 선택은 사회주의라고 주장했다.
그러면서 이른바 중국의 대소련 '일변도(一邊倒)' 정책을 기본 외교 전략으로
채택한 이유를 설명했다. 이는 소련을 위시한 사회주의 진영에 중국의 합류

를 의미했다.

이에 화답이라도 하듯 소련은 중국공산당 정부를 합법적인 정부로 처음으로 승인하고 중국의 첫 수교국이 됐다. 소련 일변도 정책의 확고한 의지를 확인하고 보증하기 위해 동맹적 성격의 관계 구축이 필요했다. 마오쩌둥은 이런 인식을 가지고 건국한 지 두 달 만인 12월에 모스크바행 열차에 몸을 실었다.

우여곡절 끝에 중소 양국은 이듬해 1월부터 동맹 협상을 벌였다. 그러나 호락호락한 마오쩌둥이 아니었다. 그에게는 중소 동맹관계 성사 이전에 충족되어야 할 중대한 전제 조건이 하나 있었다. 바로 소련이 신중국 건국 전후 약속하고 공언했던 청조와 국민당정부와 체결한 일련의 이른바 '불평등 조약'을 모두 폐기하는 것이었다.

마오쩌둥의 이런 요구가 중소 동맹 협상을 지지부진하게 만든 직접적인 요인이 되기도 했다. 스탈린은 그의 전제 조건에 대한 불만으로 그를 만나주지도 않았다. 식사 한번 대접하지 않다. 대신 모스크바 체류 초기에는 그를 여행·답사나 시찰 및 견학으로 돌린 다음에야 한번 만나줬다. 둘의 조우는 단 30분 만에 끝났다.

소련의 불만은 '불평등 조약'이 보장하는 중국 동북지역의 모든 이권을 포기하라는 중국의 요구였다. 이는 중국 동북지역의 철도 부설권·소유권과 경영권, 그리고 부동항의 사용권 및 일부 소유권의 무조건적인 포기를 의미했다. 제정러시아 시기부터 소련의 대중 전략은 부동항 확보에 초점이 맞춰져 있었다. 극동지역에서 중국 동북지역의 부동항을 어렵사리 획득했는데 이를 하루아침에 포기해야 하니 고민이 될 수밖에 없었다.

결국 협상이 경색국면에 접어들고 이듬해인 1951년 1월까지 진전이 없자 마오쩌둥은 저우언라이를 급히 모스크바로 불러 협상을 대신할 것을 명했다. 이후 협상은 저우언라이의 탁월한 외교 능력으로 순조롭게 진행되었다. 소련은 1월 28일 결국 '불평등 조약'의 폐기에 합의한다.[2]

---

2 소련의 불평등 조약 폐기 약속은 1954년에 완료된다. 10월 흐루쇼프의 방중 이후 소련군은 뤼순항구에서 해군기지를 철수시킨다. 항구는 1955년 5월 31일에 중국에 완전히 귀속되었다. 1950년과 1951년에 소련과 설립한 4개 주식회사의 지분도 1955

중국이 소련과 동맹을 추구한 근본적인 동인은 두 가지였다. 하나는 안보 보장의 이유였다. 다른 하나는 경제 지원 확보의 필요성 때문이었다. 중국은 미국을 위시한 제국주의의 위협에 항상 노출되어 있다는 인식을 가지고 있었다. 그리고 3차 세계대전이 아시아에서 발생할 것이라는 우려가 있었다. 중국의 대소련 일변도 및 동맹의 결성에는 미 제국주의 위협으로부터 중국의 안보를 보장해야 하는 의무를 소련에 지게 하려는 속셈이 있었다.

당시 중국은 국가의 존재 목적을 3개 단어, 즉 '존망, 성쇠와 영욕'으로 정의했다.[3] 마오쩌둥 시기 중국 외교에는 국가이익의 개념이 존재하지 않았기 때문에 이 같은 의식 개념으로 대신 설명했다. 국가의 생존을 국가의 발전, 안전보장과 위상이 담보한다는 의미였다. 생존을 위해 소련과의 동맹 필연성이 정당화되는 대목이다.

중소동맹의 경제적 추동 요인은 100여 년 동안 외세와 내전을 치르느라 피폐해질 대로 피폐해진 중국 경제였다. 자연자원은 고갈되었고, 식량자원은 항상 부족했고, 인적자원은 제대로 양성되지 못했고 자본력은 바닥을 보인 지 오래였다. 이런 상황에서 중국의 대소련 경제 의존은 불가피한 선택이었다.

중국이 사회주의 진영 국가 중 경제발전 수준이 제일 낙후된 국가 중 하나였다면 소련은 그야말로 최강대국이었다. 구중국의 경제발전이 장기적인 정체를 겪은 후 근대 공업의 생산 가치는 공농업 총생산의 12.3%에 불과했고 생산 원료의 생산이 차지하는 비중은 5.5%에 불과했다. 이는 공산혁명 전의 당시 소련, 헝가리와 루마니아의 생산 원료의 생산 비중이 각각 42.1%, 38%와 30%를 기록한 것과 비교하면 현저히 낮은 수준이다. 사회주의 국가 중 제일 낙후했던 불가리아도 혁명 이전에 20%의 수준을 기록했다.

중국 국내는 그야말로 최악이었다. 50년대 초 중국 전력공업의 50%가 파괴되었고 철강공업은 90%, 공업이 집중된 동북지역의 공업기반은 50~70%가 파괴되었다. 전국의 노동자와 지식인의 실업자 수는 150여 만 명에 이르렀

년 1월 1일에 모두 중국에 양도되었다. 陶文釗 主編, 『中美關係史(1949~1972)』中卷, (上海：上海人民出版社, 2004), p. 271.

3 "論反對日本帝國主義的策略", 1935年12月27日, 『毛澤東選集』, 第1卷 (北京：人民出版社, 1944) p. 161

다. 1949년 농업의 평균 작황은 내전 이전의 75% 수준에 불과했고 기근에 시달리던 인구는 약 4,000만 명에 달했다. 1949년 화물 수송량도 1936년의 52.7%에 불과했다. 재정 적자도 재정 지출의 46.4%에 달했다.[4]

1951년 7월 5일 중국정부의 보고서가 인정했듯 중국 경제는 진정한 독립을 하지 못하는 상황이었다. 이데올로기적 요인과 중공이 선포한 '일변도' 외교 노선의 맥락에서 보면 당시 신중국이 경제원조 제공을 희망할 수 있던 나라는 소련 및 기타 사회주의 국가들뿐이었다.

중국은 일찍이 1948년부터 국가경제건설 문제를 놓고 고민했다. 그리고 그 해답을 소련에서 찾기로 결정한다. 1948년 당시 중국인민정부는 국민당과의 내전에서 전세를 역전시켜 동북지역을 장악한 뒤 소련과 경제 지원과 원조 문제를 타진했다. 신중국 건국 이후 본격적으로 정식 협의에 임했으나 그 첫 결실은 매우 제한적이었다.

1949년 8월 류사오치의 모스크바 협상 결과 소련은 전문가 200명의 파견과 3억 달러의 차관 제공에 합의했다. 그러나 차관은 이후 군사지원으로 전환된다. 소련은 9월 19일 부장회의에서 군사원조로 2,650만 달러를 책정하는 결의안을 통과시킨다. 이후 3,150만 달러로 증액되었으나 이 또한 군사 장비와 기술 장비들뿐이었다. 실질적인 경제원조는 이뤄지지 않았다.[5]

중국이 동맹조약 체결 이후 소련으로부터 제공받은 차관은 자료마다 그 수치가 다르다. 한국전쟁으로 소련이 지원한 군사 무기, 장비와 물자 역시 차관으로 계산되었기 때문이다. 중국 자료에 따르면 중국이 받은 소련 차관은 대략적으로 52억에서 56억 루블(1960년 이전 달러 대 루블의 환율은 1대 4였음) 사이였다. 반면 소련은 66억 루블이라고 주장한다. 미국의 추정치도 이들과 다르다. 일례로, 1960년 8월 9일 미국 중앙정보국의 보고에 의하면 1950~1956년까지 소련이 중국에 제공한 차관은 약 13억 달러(52억 루블)로

4 沈志華, "新中國建立初期蘇聯對華經濟援助的基本情況(上)-來自中國和俄國的檔案材料", 『俄羅斯研究』, 2001年, 第1期, pp. 53~54.

5 2,650만 달러의 원조에 전투기 334대와 고사포 360문이 포함되었다. 沈志華, "對中蘇同盟經濟背景的歷史考察-中蘇經濟關系(1948~1949)研究之一", 『黨的文獻』, 2001年, 第2期, p.62.

그중 4.3억 달러가 경제에 쓰였고 나머지는 군사적 용도로 쓰였다고 한다.[6]

미국 전문가와 학자들은 이보다 더 많은 차관이 중국에 유입되었다고 주장한다. 약 22억 달러(88억 루블)의 차관이 중국에 제공되었는데 이 중 4억 달러 이상이 군용으로 나머지는 공업화에 투입되었다고 한다. 또 일부 서방 학자들은 26.5억에서 30억 달러(120억 루블)가 제공되었다고 한다.

어쨌든 소련이 중국의 국가경제건설을 지원하는데 최선의 노력을 아끼지 않은 것이 사실이다. 소련이 최선을 다하는 모습은 중국 국가 건설을 위한 프로젝트의 참여 노력과 제공한 차관에서 차지했던 비중에서도 엿볼 수 있다. 중국의 경제회복시기(1953~1958) 소련의 경제 지원 노력은 중국 현대공업의 기본 건설 사업에 집중된 프로젝트의 수와 그 내용으로도 입증된다. 이 시기 중소 양국이 체결한 156개의 경협 프로젝트 사업 중 첫 50개 항목이 석탄, 전력, 철강, 유색금속, 화공, 기계와 군공업 등이었다.[7]

이들 프로젝트의 목적은 공업화의 기초를 닦고 경제 회복에 기여하는 것이었다. 이 중 에너지 관련 산업이 21개로 44.7%를 점유했고, 산업시설의 개조나 확장 사업이 22개로 46.8%를 점했다. 동북지역에 건설되었던 신산업은 36개로 76.6%를 점했다. 국가통계국이 1953년 3월 11일에 발표한 통계자료에 의하면 1950~1953년 중소 양국이 체결한 기술 설비 수입 계약은 총 6억 8,394만 루블이었고 3년 동안 실제 수령한 금액(68.7%)은 4억 6,974만 루블이었다.[8]

소련이 1950년에서 1957년 7월까지 사회주의 진영 국가에게 제공한 차관 중 중국의 수혜 비중이 제일 컸다. 이 기간 동안 소련의 대외 차관 총액은 280억 루블에 달했다. 이 중 약 40% 이상이 중국에 제공되었다. 그 다음으로 인도가 10억 루블 이상이었다. 중국이 최대 수혜국이 된 주요 원인은 아무래도 중국이 60개 사단을 파병한 한국전쟁 때문이었다.[9]

6 沈志華, "關於20世紀50年代蘇聯援華貸款的歷史考察", 『中國經濟史研究』, 2002年, 第3期, pp. 83~84.
7 彭敏 主編, 『當代中國的基本建設』(上) (北京 : 中國社會科學出版社, 1989), pp. 14~15.
8 中國社會科學院 中央檔案館 編, 『1953~1957年 中華人民共和國經濟檔案資料選編』(固定資産 投資和建築業卷), (北京 : 中國物資出版社, 1998), pp. 386~387.
9 沈志華, "關於20世紀50年代蘇聯援華貸款的歷史考察", p. 89.

중소 양국은 차관 이자도 긴 협상 끝에 1%의 우대 조건으로 약정했다. 상환방식은 다양했다. 첫 4년은 교역으로, 그리고 나머지는 광물 등과 같은 수출제품으로 상환하는 방식이었다. 중국은 약정 기간보다 1년 빠른 1964년에 모든 차관과 이자를 상환했다.[10]

차관에 힘입어 중국의 공업화와 산업화가 성과를 올리면서 중소 양국의 교역도 꾸준한 증가세를 기록했다. 1950년 중소 양국의 무역총액은 3.38억 달러에 불과했었는데 1959년에 20.97억 달러로 증가했다. 이는 중국과 소련의 당해 연도 무역총액의 50%와 20%를 각각 차지하는 비중이었다. 당시 소련은 중국의 최대 무역국이었다. 1950~1959년 중소 무역액의 연평균 성장률은 22.5%를 기록했고, 그중 수출은 연평균 24%의 성장률을, 수입은 20.3%를 유지했다.[11]

1950년 3월 체결한 〈경제무역협력합의서〉에 따라 중소 양국은 4개의 합영공사를 설립했다. 이들은 중소금속공사(중국 신장지역에서의 유색금속과 희유색 금속을 채굴), 중소석유공사(신장에서의 원유와 천연가스 채굴), 중소조선공사(대련에서 선박 건조)와 중소민항공사(북경-선양-하얼빈-치치하얼-허타, 북경-타이위안-시안-란저우-하미-우루무치-이닝-알마티(아라무투), 북경-장자커우-울란바토르-이르추쿠 등을 잇는 3개 항선 개통) 등이었다. 1954년 흐루쇼프는 방중 때 상기한 4개 합영공사의 소련 지분을 1955년 1월 1일 중국에 모두 양도하는 데 협약했다. 중국은 이 지분 인수에 필요한 비용을 수출품으로 수년 내에 상환한다는 조건을 수용했다.[12]

중국은 소련과 동맹을 맺자마자 혹독한 대가를 치러야만 했다. 그건 소련을 대신하여 한국전쟁에 개입해 미 제국주의와 싸워야 하는 것이었다. 그러나 소련은 이 전쟁에서 중국에게 약속한 군사적 지원을 제대로 지키지 않았고, 이후 중국이 대만해협에서 자행한 두 차례의 대만해협 위기사태(1954년과 1958년) 때도 냉담하게 대했다.

---

10 陸南泉, "中蘇經貿關係史簡析", 『俄羅斯中亞東歐市場』, 2008年, 第6期, p. 9; 沈志華, "關於20世紀50年代蘇聯援華貸款的歷史考察", 『中國經濟史研究』, 2002年, 第3期, p. 93.

11 陸南泉, "中蘇經貿關係史簡析", 『俄羅斯中亞東歐市場』, 2008年, 第6期, p. 7.

12 陸南泉, "中蘇經貿關係史簡析", pp. 7~8.

대만해협 위기사태는 중국이 대만 통일 문제가 중국 내정의 사안이라는 메시지를 전 세계에 알리기 위해 대만이 점령한 일부 도서를 탈환하고 나머지 도서에 1년 간 폭격을 가한 군사적 사건이었다. 두 사태에서 미국이 대만의 안보를 위해 간접적으로 개입하면서 연루되는 것을 마다하지 않는 모습을 보인 반면 소련은 이와 상반된 모습을 보였다. 이 사태에서 중국은 귀중한 군사적 교훈을 얻었다.

그 교훈은 미국의 해군과 공군의 선진 무기의 성능을 경험하고 전술핵무기의 공격 위협을 겪으면서 절감한 중국의 군사력 강화를 위한 국방 현대화의 필요성이었다. 첫 번째 사태 이후 50년대 중반부터 마오쩌둥은 새로운 방어 전략을 적극적으로 짜기 시작했다. 그 전략은 군축을 통해 경비를 절약하여 잉여 경비를 핵무기를 포함한 선진 무기 기술 개발에 적극 투입하는 것이었다.[13] 전략적 사고의 전환에도 불구하고 당시 중국에게는 이를 구현할 수 있는 재정적 여유가 없었다. 그래서 그는 국방 현대화의 가속화를 위해 소련의 원조를 최대한 많이 확보하는 외교 전략을 대소정책의 기조로 삼았다.

당시 중국 국방 현대화의 최종 목표는 핵무기의 보유였다. 경제적 여력이 없음에도 국가의 생존 보장과 국제적 위상 향상이라는 두 마리 토끼를 다 잡기 위해서는 핵무기 개발이 최선의 선택이라는 전략적 사고가 맹아하기 시작했다. (이 역시 북한의 핵개발 동기와 일맥상통하는 부분이다.)

핵무기 개발이 상당한 기술력과 재정력을 전제하기 때문에 소련으로부터의 군사·경제 원조와 지원은 필수 불가결했다. 소련은 당시 중국이 유일하게 핵기술과 재정지원을 제공받을 수 있는 나라였다. 그러나 이를 확보하는 것은 순조롭지 않았다. 왜냐하면 소련은 이미 핵보유국이었고 동맹국의 필요에 따라 핵우산을 제공할 수 있었기 때문이다. 그래서 소련에겐 동맹국의 핵무기 개발이 그리 달가운 소식은 아니었다. 실재로 스탈린은 핵기술 관련 자료를 받고 싶다는 마오쩌둥의 의사를 접했을 때 핵우산 제안으로 그의 요청을 단호하게 거절했다.

중국의 핵무기에 대한 환상과 집념은 대만해협 위기사태 때 더욱 강해진

---

13 陶文釗 主編, 『中美關係史(1949～1972)』 中卷, (上海：上海人民出版社, 2004), p. 272.

다. 두 위기사태에서 중국은 미국으로부터 핵위협을 연속적으로 받았다. 그때마다 중국은 제한적이나마 핵 억지력을 일부 갖췄더라면 대만을 더 적극적으로 '방어'할 수 있었으리라는 확신에 빠진다. 이런 확신이 있은 이후 마오쩌둥의 적극적 방어 전략 구상의 핵심 부분이 되었다.

마오쩌둥의 핵무기에 대한 환상과 집착을 촉발시킨 또 하나의 전술적 목표는 군사적 안보 수요에 부응하는 것과 함께 중국의 국제적 위상과 입지를 더 증강시키기 위한 것이었다. 즉, 핵무기를 보유한 이른바 '핵 대국'으로서 인정받길 원했다. 그는 미 제국주의가 걸핏하면 핵위협을 하는 것이 중국에 원자탄이 없기 때문에 무시하는 처사라고 생각했다. 그래서 그는 대국에다 핵보유의 지위를 가미해 중국이 더 위력 있는 대국으로 거듭나길 원했다. 마오쩌둥은 중국이 원자탄을 조속히 개발하고 수소탄을 하루 빨리 갖기를 희망했다.

중국은 이미 1949년에 핵보유국이 된 소련이 동맹으로서 중국의 원자탄, 탄도미사일과 핵잠수함 등의 개발을 적극적으로 지원해줄 것이라 기대했었다. 이렇듯 기대에 부푼 마오쩌둥은 1954년 10월 3일 흐루쇼프가 북경을 방문했을 때 그에게 처음으로 핵개발 도움을 공식 요청했다. 그러나 흐루쇼프는 역으로 그에게 핵우산을 제안했다.[14] 이런 두 지도자의 '동상이몽'이 중소 관계의 잘못된 시작을 알렸다. 양국의 이해 갈등만 더 커지게 만드는 단초가 됨 셈이다. 흐루쇼프의 냉담한 반응은 당연히 마오쩌둥의 강력한 불만만 불러 일으켰다.[15]

당시 소련은 중국의 미숙한 국내 경제 사정을 고려해 핵개발이 비합리적이고 비현실적이라는 판단을 내리고 있었다. 핵개발 사업은 다양하고 견고한 공업기반과 함께 막강한 재정 능력을 전제한다. 당시의 중국 경제 상황에서 핵개발은 어불성설일 수밖에 없었다. 그래서 소련은 핵우산이라는 제안을 던질 수밖에 없었다. 당시 흐루쇼프가 보여준 유보적인 태도는 이후 전개되었던 중소 양국의 핵개발 협력 과정에서 소련이 보여준 소극적인 태도의 불길한 징조였다.

---

14 沈志華 主編, 『中蘇關系史綱』 (北京 : 新華出版社, 2007), p. 181.
15 師哲, 『在曆史巨人身邊』 (北京 : 中央文獻研究室, 1991), pp. 572~573.

중국의 지속된 요청으로 소련은 결국 3년 뒤인 1957년에 '평화적 사용' 목적을 위한 핵개발 및 수송체의 개발과 생산을 도와주기로 전격 결정한다. 흐루쇼프의 결정은 다분히 정치적이었다. 그는 11월에 모스크바에서 개최될 세계 공산당 대회에서 공산세계와 소련공산당 내에서의 자신의 정치적 입지와 영도력의 공고화를 위해 마오쩌둥의 정치적 지지와 외교적 지원 확보가 절실했다.

이는 그가 친히 마오쩌둥에게 반드시 참석할 것을 몇 차례 요청한 사실에서도 입증된다. 마오쩌둥은 그의 요청을 흔쾌히 수락했다. 그가 보기에 이번 대회는 자신의 핵 야욕을 충족시켜 줄 좋은 전략적 단초가 될 수 있었다. 마오쩌둥은 모스크바 공산당 대회에서 맹활약을 펼치며 그의 기대에 확실히 부응했다.

마오쩌둥의 전략이 맞아 떨어졌다. 중소 양국은 마오쩌둥의 모스크바 방문 이전인 1957년 10월 15일에 〈국방 신기술 협정〉을 체결한다. 중국의 핵개발을 위한 소련의 지원과 협력을 약정한 첫 협정서였다.

그러나 기쁨도 잠시였다. 소련은 중국의 해군력 강화 협력 사업의 일환으로 중국과 연합함대 구축을 제안한다. 왜냐하면 1958년 12월 소련이 핵추진 잠수함 진수에 성공했기 때문이다. 중국은 내심 소련의 핵잠수함의 건조 협력을 기대했다. 그러나 중국의 기대와는 달리 소련은 핵잠수함을 운용하기 위한 항구와 통신설비를 구축할 수 있는 기지가 필요했다. 그들은 이를 중국에서 찾으려 했다.

사실 중국과의 연합함대 구상에는 소련이 중국에서 취하고 싶은 안보전략 이익이 복선에 깔려 있었다. 즉, 연합함대의 구축을 빌미로 중국의 군항을 자유롭게 이용하고 핵잠수함의 원양 통신을 위한 장파송출국을 중국 내에 건설하겠다는 의도였다.

이에 중국은 투자비용을 공동 부담하고 소련의 사용을 허락하나 소유권은 중국이 갖는다는 원칙을 주장했다. 소련은 시설의 소유와 공동 경영권을 제시하면서 중국의 원칙을 거절했다. 중국은 역사적 경험을 이유로 이에 타협하지 않았다. 신중국은 소련과 국민당정부가 체결했던 유사한 군사 및 교통 시설의 계약을 파기하고 이들의 경영권과 소유권을 다시 회수하는 데 상당한 고충을 겪었었다.

앞서 말했던 이른바 '불평등 조약'의 폐기 문제 협상 때의 악몽이 중국이 소련의 제안을 거절한 배경이었다. 이런 역사적 악몽 때문에 마오쩌둥은 한 치의 양보도 없이 강경하게 대응했다. 결국 해군 전력 강화 협력 사업은 물거품이 되었고 소련의 대중국 핵개발 지원도 동력을 잃었다.

이와 동시에 소련은 1959년 6월부터 미국과 핵실험 금지 협상을 벌였다. 이는 소련의 대중국 핵개발 지원이 더 소극적으로 변하게 된 계기가 되었다. 소련의 태도 변화로 마오쩌둥은 하대 받는 것과 같은 모욕감을 느꼈고 이는 중소 양국의 분열 요인으로 작용하기 시작했다.[16] 이때부터 마오쩌둥은 소련과 중국의 관계가 동맹의 평등 관계가 아닌 상하 수직 관계라는 인식을 확고히 하게 되었고, 더 자주적이고 독립적인 외교적 행보를 걷기 시작했다. 핵개발도 독자적으로 해결하기로 결정한다.[17]

: 마오쩌둥의 야망과 이데올로기 투쟁

중소관계 분열은 마오쩌둥의 정치적 도전에서부터 시작되었다. 마오쩌둥은 1953년 스탈린의 사망으로 공산혁명의 1세대 중 생존한 유일한 인물이 되었다. 공산당의 반파시스트(반일) 전쟁 승리, 공산혁명의 승리와 한국전쟁의 '승리'는 그를 승승장구하게 만드는 동시에 그에게 중국의 공산혁명보다 더 크고 넓은 목표를 가지게 해주었다. 마오는 신중국이 세계가 무시하지 못할 '대국'의 반열에 올라 공산세계에서 대국에 걸맞은 위상을 찾길 바랐다. 마오쩌둥은 중국이 공산주의의 정통성을 제일 잘 실천하는 공산국가이기 때문에 그럴만한 자격이 있다고 자부했다.

그의 중국 위상에 대한 자부심은 결국 중소 양국 간의 공산주의 정통성에

---

16 "同蘇聯大使尤金的談話", 1958年 7月 22日, 『毛澤東外交文選』(北京 : 中央文獻出版社與世界知識出版社, 1994), pp. 322～333.

17 『當代中國』叢書編輯部 編輯, 『當代中國的核工業』(北京 : 中國社科出版社, 1987), p. 32, 36, 565.

대한 정쟁으로 이어졌다. 첫 정쟁은 1956년 2월 14~25일 모스크바에서 개최된 소련공산당 제20차 대표자대회에서 시작되었다. 정쟁의 발단은 소련공산당의 제1서기 흐루쇼프가 국제 정세를 '평화적 과도기, 평화적 공존, 평화적 경쟁'으로 설명하는 이른바 '3개의 평화 노선(3和)'을 소련의 외교 방침으로 확정하면서였다.[18]

흐루쇼프는 또한 스탈린의 과거 통치 방식을 비판하면서 당의 집단영도체제의 회복과 개인숭배의 반대를 소련공산당의 지도사상으로 채택했다. 그가 채택한 일련의 새로운 지도사상은 중소 양국이 공산주의 이데올로기의 정통성을 두고 쟁론을 벌이는 데 빌미를 제공했다. 이후 중소 두 나라의 정쟁은 국가 관계에까지 악영향을 미쳤다.

마오쩌둥은 소련공산당이 스탈린의 개인숭배 행위를 공개적으로 비판한 것이 지도자로서 그의 정당성을 부정한 것이라고 비판했다. 그러나 흐루쇼프의 입장에서는 스탈린에 대한 부정이 정치적으로 불가피했다. 이 모든 것이 당과 세계 공산진영 내에서 취약한 자신의 정통성과 정당성을 확보하기 위한 데서 비롯되었다.

흐루쇼프는 20차 소련공산당 당대회가 진행 중이던 24일 늦은 밤부터 25일 새벽까지 크렘린궁 안에서 일정에도 없던 회의를 소집했다. 그 자리에서 그는 개인숭배와 관련한 '비밀보고서'를 채택했다.

보고서의 내용은 스탈린이 레닌이 제정한 당의 집단적 영도체제의 원칙을 파괴하고 직권을 남용하면서 개인숭배를 추진해 혁명 법제를 크게 훼손시킴으로써 소비에트사회주의 발전을 저해했다는 것이다. 즉, 스탈린의 개인적 과욕과 불량한 성품 때문에 스탈린을 부정할 수밖에 없다는 결론을 내렸다.[19]

마오쩌둥의 불만은 두 가지였다. 하나는 세계를 '평화적 과도기'로 규정한 흐루쇼프의 설법이었다. 다른 하나는 흐루쇼프가 스탈린을 전면 부정하기로 결정하기 전에 중국공산당과 한 마디도 상의하지 않았다는 사실이었다.

흐루쇼프의 '평화적 과도기'론은 중국 등 다른 사회주의 국가가 수용하지

---

18 葉書宗, "中蘇同盟破裂始末",『世紀』, 2008年 3期, p. 33.
19 葉書宗, "中蘇同盟破裂始末", p. 33.

흐루쇼프와 마오쩌둥

못할 것은 아니었다. 근본적인 문제는 이런 설법이 향후 공산화 운동 방법론의 정통성에 대한 함의였다. 그의 설법대로라면 공산화는 이제 더 이상 혁명이 아닌 당대회의 개최(창당의 의미)와 정당정치와 같은 비혁명적인 수단으로도 가능하다는 것을 정당화한 셈이었다.

마오쩌둥은 혁명을 거치지 않고 공산화가 가능하다는 흐루쇼프의 생각이 사회주의가 확립되지 않은 국가의 공산당과 노동당이 정권을 장악하는 데 큰 문제가 될 것이라고 생각했다. 왜냐하면 흐루쇼프의 방식은 공산혁명의 당위성과 명분을 부정하는 것이었기 때문이다.

마오쩌둥은 흐루쇼프의 스탈린의 개인숭배에 대한 공개적 비판 결정에 관한 비밀 보고서를 뒤늦게 입수했다. 그리고 3월 17일, 19일과 24일에 중국공산당 중앙서기처와 정치국 확대회의를 각각 소집했다. 회의석상에서 그는 스탈린의 통치 방식이 과오에서 자유로운 것은 아니지만 이를 공개적으로 비판하는 것 자체가 문제라고 주장했다.[20] 특히 중국공산당과 사전 논의도 없이 이렇게 단도직입적으로 그를 비판하는 것은 사회주의 진영과 각 사회주의 국가의 공산당의 지도력과 지도사상에 혼란만 야기한다는 논리였다.

그에게는 흐루쇼프의 스탈린 비판 방식, 즉 '공(貢)7 과(過)3'의 방식으로 스탈린의 업적을 정량화한 것부터가 설득력이 없었다. 역설적으로 스탈린의 업적 중 과오적인 부분 30%를 비판하기 위해 공적을 70%로 축소한 것 자체가 비논리적이라는 게 마오쩌둥의 주장이었다.[21] 그는 9월 유고슬라비아 연맹대표단과의 회견 자리에서 흐루쇼프가 세계의 공산당, 특히 중국공산당과 협의를 피한 것 자체가 스탈린에 일격을 가하기 위한 꼼수라고 분노를 드러냈다.

이런 마오쩌둥의 비판에 흐루쇼프의 반응이 그를 더 분노케 했다. 흐루쇼프는 스탈린이 소련공산당의 지도자였기 때문에 소련공산당에겐 적절한 방식으로 그를 대할 수 있는 고유 권한이 있다고 반박했다. 그의 오만한 설명과 태도에 분노한 마오쩌둥은 1957년 1월 18일 성, 시, 자치구의 당서기 회의에서 결국 흐루쇼프와 소련을 '수정주의자'로 규정하는 발언을 처음으로 공식 석상에서 하게 된다. 그는 흐루쇼프의 행위가 마르크스-레닌주의를 존중하지 않은 것은 물론 혁명정신의 숭고함 또한 무시한 처사라고 공개 비판했다.[22] 결국 소련은 중국에게 수정주의 사회주의 국가로 낙인이 찍혔다.

그럼에도 불구하고 이후 중소관계는 일시적으로 더욱 긴밀해진다. 중국과 소련 모두 전략적으로 서로를 필요로 했기 때문이다. 이의 방증으로 마오쩌둥은 상기한 흐루쇼프에 대해 불만을 토로했음에도 불구하고 20차 소련공산당 대회의 성공적인 개최에 아낌없는 찬사를 보냈고 중국공산당 정치국 회의에서 소련의 수정주의 노선에 대한 더 이상의 논쟁을 자중하는 것으로 일단락 맺은 사실을 들 수 있다. 소련은 중국의 정치적·외교적 지지가 필요했고 중국은 국가 재건과 국방 현대화를 위한 소련의 경제원조와 군사적 지원이

---

20 葉書宗, "中蘇同盟破裂始末", p. 34
21 毛澤東, 『論十大關係』, 1956년 4월 25일. https://www.marxists.org/chinese/maoz edong/marxist.org-chinese-mao-19560425.htm (검색일 : 2017년 1월 9일).
22 毛澤東, 『毛澤東選集』 第5卷 (北京 : 人民出版社, 1944), p. 344.

절실히 필요했다.

20대 소련공산당대회 이후 흐루쇼프의 국제공산운동의 영도적 지위는 동구의 폴란드, 헝가리 등 사회주의 국가와 서구의 이탈리아, 프랑스와 영국 등의 공산당으로부터 거센 도전을 받았다. 이런 상황에서 그는 마오쩌둥의 정치적 지지가 불가피했다.

발단은 1956년 폴란드와 헝가리 사태에서 흐루쇼프가 소련군을 파병해 무력으로 이를 진압한 데 있었다. 이후 많은 공산당이 공산진영에서의 소련의 영도적 지위를 부정하기 시작했다. 동료 공산당과 공산국가의 내정에 소련공산당이 무력간섭을 자행한 것은 '형제당'과 공산주의의 기본이념 원칙인 평등주의를 파괴한 것이라고 맹비난했다. 1956년의 사태는 향후 1968년 체코 사태가 소련의 수정주의와 더불어 사회주의 패권주의(hegemonism)와 우월주의(chauvanism)를 확증하는데 토대가 되는 전례가 되었다.

소련의 행위를 향한 공산진영의 비난 세례에도 불구하고 중국은 예외적인 입장을 취했다. 소련과 경제원조나 핵개발 문제와 같은 중대 국가 전략이익 관계로 얽혀있던 중국에겐 그들과 같은 행보를 취하는 게 전략적으로 좋은 선택이 아니었다. 물론 마오쩌둥이 1956년의 폴란드와 헝가리 사태에 대한 소련의 대응 방식에 불만이 없었던 것은 아니었다.

그럼에도 불구하고 중국은 소련과의 이해관계로 소련을 지지하는 입장을 견지했다. 당시 마오쩌둥의 지지는 폴란드(6월)와 헝가리(10월)의 혁명 조짐으로 동구가 불안한 상황에서도 계속 이어졌다. 1956년 9월 마오쩌둥은 중국공산당 제8차 당대표대회 개막사에서 소련공산당 대회의의 모든 결정 방침을 공개적으로 지지하면서 소련공산당 내의 반동분자를 공개적으로 비판했다.[23] 나아가 그는 소련공산당의 어떠한 결정 방침도 위대한 성과를 가져다 줄 것이라는 기대를 밝혔다.

결국 흐루쇼프는 폴란드와 헝가리 사태를 무력으로 진압했고 소련공산당 내에서의 그의 취약한 영도적 지위를 강화하기 위해 대내적으로 대대적인 숙청을 단행했다. 1957년 6월 그는 몰로토프와 예조프를 비롯한 당내 원로 인

---

23 中共中央文獻硏究室 編輯, 『建國以來毛澤東文稿』 (第6冊) (北京 : 人民出版社, 1992), p. 204.

사를 과감하게 숙청했다. 7월 3일 흐루쇼프는 주중 소련대사가 직접 마오쩌둥에게 상황을 설명해주길 원했으나 마오쩌둥이 항저우에서 휴가 중이라 불가능했다. 그는 우선 류사오치에게 상황을 설명했다. 이를 전해들은 류사오치가 마오쩌둥에게 연락을 취한 덕에 5일 날 흐루쇼프가 파견한 소련공산당 각료회의 제1부의장(부총리) 아나스타시 미코얀(Anastas Ivanovich Mikoyan)이 항저우에서 그에게 직접 상황을 설명할 수 있었다.

미코얀은 마오쩌둥에게 몰로토프의 숙청 이유가 수구적인 사상을 이용해 당의 리더십을 파괴하려고 시도했기 때문이라고 설명했다. 소련공산당의 숙청 결정을 당의 영도력 강화를 위한 선택의 결과로 합리화했다. 이에 마오쩌둥은 좀 놀랐지만 전면적으로 흐루쇼프의 결정에 동의하고 소련공산당 중앙의 결정을 공개적으로 지지할 것이라고 전했다.

그는 또한 그 자리에서 흐루쇼프의 11월에 개최되는 세계 공산당 대회 초청을 흔쾌히 수락했다. 그는 약속을 지켰다. 1957년 11월 18일 그는 모든 공산당과 노동당의 면전에서 흐루쇼프의 숙청 작업과 소련의 국제공산운동의 영도적 지위를 공개적으로 지지했다.

세계 공산당 대회 폐막이 가까워지면서 〈모스크바 선언〉 채택 과정 중에 발생한 공산진영 내부의 불만이 또 한 번 소련공산당에게 고초를 가져다주었다. 많은 사회주의 국가들이 선언문의 문장에 대해 공동으로 불만을 토로했다. 그들은 사회주의 진영을 묘사하는 문구에서 '소련을 수장으로 하는'이라는 표현을 삭제하자고 주장했다. 즉, 소련의 영도적 지위를 인정하지 못하겠다는 그들의 의사를 간접적으로 표현한 것이었다.

그러나 마오쩌둥은 〈모스크바 선언〉 초안 작성 때 이 표현이 포함되어야 한다고 강력히 주장했다. 흐루쇼프에게 마오쩌둥의 주장은 의외였다. 그러나 한편으론 매우 기뻤다. 흐루쇼프가 마오쩌둥에게 '중국과 소련을 수장으로'가 맞는 표현이 아니냐고 되물었을 정도였다. 이에 마오쩌둥은 형제 당 간의 관계가 평등하나 중국의 능력이 아직 부족하여 '수장'의 의미를 부여할 정도는 아니라고 거절했다.[24]

---

24 沈志華 主編, 『中蘇關系史綱』, p. 214.

동구의 대부분 당들이 소련의 수장 역할에 반대할 때 마오쩌둥은 오히려 많은 당의 존재 자체가 수장의 필요성을 현실적으로 역설하는 것이라고 정당화했다. 그리고 그 수장은 하나밖에 존재할 수 없다고 강조했다. 그는 소련의 영도적 지위의 정당성은 40년의 성공적 혁명 경험이 대변하고 있으며 소련의 경험만이 제일 완벽하다는 찬사를 아끼지 않았다. 결국 〈모스크바 선언〉은 마오쩌둥의 현격한 공로로 결의되는 결과를 보았다.

흐루쇼프가 이후 중국에 대한 원조와 지원을 적극적으로 제공하면서 중소관계의 밀월 시기는 절정을 맞이했다. 경제원조와 지원은 물론 앞서 봤듯이 중국의 핵개발 노력에도 소련은 적극적으로 협조했다.

그러나 중소 양국의 밀월여행은 단기간에 끝났다. 주된 원인은 크게 두 가지였다. 먼저 중국의 국내 정치 상황의 변화(정풍운동)에 따른 경제 발전 정책의 조정(대약진운동)이 있었다. 소련은 미국과 평화공존을 위한 묘책으로 핵무기 관련 일련의 협상을 본격화하면서 중국의 핵개발 협력과 지원 사업에 대한 조정이 불가피해졌다. 이런 국내외 요인으로 인한 양국의 이해관계 갈등은 결국 중소 공산당의 관계는 물론 국가 관계의 분열이라는 결과로 이어졌다.

1957~1959년은 중국에게 독특한 시기였다. 마오쩌둥의 중국 발전 전략의 각도에서 보면 중국공산당 제8차 당대회에서 결정한 방침이 시작되었다. 마오쩌둥은 당시 무산계급의 전제정치 조건 하에 혁명을 계속하겠다는 방침을 결정했다. 그러나 이를 실천하는 과정 중에 그는 두 번의 좌절을 맛보게 된다. 하나는 스탈린식의 정치 개혁을 적용한 '반(反)우파 운동'이었고 다른 하나는 소련의 경제발전 모델을 초월한 '대약진운동'이었다.

이와 더불어 모스크바회의, 장파송출국과 잠수함기지 갈등, 중국-인도 국경분쟁 갈등 심화, 핵무기 개발 협력 사업, 흐루쇼프의 1959년 10월 방미 등 일련의 대내외 이슈들로 마오쩌둥은 중국이 나아가야 할 길에 대해 더 깊은 고민에 빠지게 된다. 고민 끝에 그는 국제상황의 기본 특성을 긴장과 충돌로 규정하고 대국의 협상(미소 평화공존 전략)에 절대 반대하는 입장을 취하기로 결정한다. 이를 토대로 마오쩌둥은 더 격렬한 변혁이나 약진만이 중국의 미래에 대한 답이라고 확신하게 되었다.

1959년 10월 중소 양국 정상회담은 중소 양국의 동맹관계가 쇠망의 길로 접어드는 전환점이 되었다. 1959년 10월 이후 중소 양국 간의 갈등은 나날이 첨예해졌고, 결국 1957년 10월 모스크바회의 이후 마오쩌둥과 소련 지도자 간의 불화는 대대적으로 폭발했다. 당시의 논쟁이 평론에 그친 설전에 불과했다면 중소동맹의 종결은 지연될 수 있었다. 그러나 1958년 마오쩌둥의 국제 정세에 대한 판단과 그 판단에 기초해 제정한 정책과 그 결과가 중소동맹의 변화에 지대한 영향을 미쳤다.

중소관계 악화의 시작이 이념 때문만은 아니었다. 양국은 이념적으로 동일한 정치적 투쟁 목표(세계 공산화)와 수단의 이론적 체계(공산주의의 혁명과 사회주의의 변혁)를 공유하고 있었다. 국가이익의 문제도 아니었다. 그들은 서로가 추구하는 근본 이익이 같다고 여겼다. 바로 세계 공산화였다. 그러나 이를 추구하는 과정에서 중소 양국이 가지고 있는 방법론에 대한 인식의 차이가 결국 양국 관계의 악화를 초래했다.

중국은 공산주의의 과도기에 접어들었고 소련은 성숙한 사회주의 단계에 들어섰다. 소련의 사회주의 통치 지위는 국제사회, 특히 서방국가의 인정을 받았다. 전후 세계질서에서 소련은 국제사회에 융화되었다. 미국과 대화하고 서방 집단과의 관계를 완화할 수 있는 환경과 여건을 갖추었다. 소련은 이미 대국으로 인정받고 있었다.

과도기를 경험한 소련으로서는 중국의 과격하고 격전적인 정치·경제 정책을 반대하는 것이 자연스러웠다. 소련은 중국에 '형님 말을 들어라'라는 식으로 가르치려 했다. 중국의 강력한 반대와 반발은 자연스러운 반응이었다.

이때부터 중국과 소련은 서로가 채택한 국내 발전 노선과 방침에 대한 이견을 분출하기 시작했다. 소련은 완화를 추구했고 중국은 긴장 조성을 원했다. 소련은 평화적 환경을 원했고 중국은 혁명을 원했다. 소련은 균형적 발전을 주장했고 중국은 균형을 파괴해야 한다고 주장했다.

국내 문제에 관한 의견의 차이는 결국 사회주의 건설 방법론과 사회주의 진영과 자본주의 세계 간의 투쟁에서의 영도적 지위 문제로 확산되었다. 즉 대내외 정책에 대한 인식의 불일치가 사상정치 노선의 투쟁으로 승화된 것이다.

1960~1964년 마르크스주의의 기본 원리를 두고 양국은 격렬한 논쟁을 벌

였다.[25] 중소 양국은 당시 TV와 신문 등 언론매체를 통해 공개적인 정치적 대 논전을 펼쳤다. 초기에는 이런 논쟁이 내부적인 토론과 정쟁으로 국한되었다. 이는 상대방이 스스로의 과오를 인정하고 진영에 남기를 희망해서였다.

그러나 1962년 말 중국공산당이 내부적으로 소련공산당과의 불일치가 적과 나의 모순이라고 확정한 후 외부적으로 공개적인 대 논전이 시작되었다. 이들의 목적은 상대방을 격파시켜 사회주의 진영에서 배척하는 데 있었다.

중소 양당의 관계가 먼저 파괴되었다. 그 결과 중소 양국의 경제 무역관계도 풍비박산 났다. 양국의 무역액은 급속도로 하락세를 탔다. 1959년 양국의 총 교역액은 20.97억 달러였다. 그러나 1964년에 8.28억 달러로 감소하면서 중국 무역총액에서 양국 교역액이 차지하는 비중이 28%로 떨어졌다. 중소 양국 교역은 악화일로를 거듭했다. 1968년부터 양국의 무역총액은 1억 달러에도 미치지 못했다. 1970년에는 0.47억 달러로 떨어졌는데 이는 1959년의 2.25%밖에 되지 않는 액수였다. 이는 중소 수교 40년 역사상(1949~1989) 최저 무역액이었다.

경협 사업에서 소련은 일방적인 철회를 결정했다. 1960년 7월 28일~9월 1일 동안 소련은 1,390명의 전문가를 철수시켰고 900명의 전문가 파견도 취소했다. 더불어 312건의 협정서와 양국 과학원이 체결한 1건의 협정서, 그리고 343건의 전문가 계약서와 협력 보완 합의서도 파기했다. 그리고 257개의 과학 기술 협력 프로젝트를 폐기해버렸다. 소련은 또한 중국에 신기술 제공을 중지시켰고, 광산품 제공 역시 금지시켰다.

중소 공산당의 관계 악화로 마오쩌둥은 안보 분야에서 정책과 전략의 전환을 모색할 수밖에 없었다. 그 결과 중국의 대외 방위전략에 근본적인 변화가 일어났다. 중국은 소련을 미국과 함께 중국의 국가 안보를 위협하는 또다른 가상 적국으로 규정했다.

모스크바는 중소 제1차 국경 회담이 교착상태에 빠지자 중국이 소련을 영토 확장주의자로 보려는 의도가 있다고 판단했다. 중소 동맹관계의 분열과 파괴는 이후 운명으로 받아들여졌다. 양국은 1960~1964년 동안 국제공산주

---

25 楊奎松, "走向破裂(1960~1963)-中共中央如何面對中蘇關系危機", 『當代中國史研究』, 1998年 第3期, pp. 87~99.

의운동의 주도권을 놓고 투쟁을 벌였고 이 과정에서 이념적 정통 지위를 놓고도 투쟁을 벌였다.

중소 양국의 주도권 투쟁은 이익상의 문제도 실력 상의 문제도 아닌 사상 정치 노선의 정통성 문제였다. 때문에 이들의 투쟁은 원칙적으로도 조정이 불가능한 지경에 이르렀다. 당시 사회주의 진영에서는 당시의 시대를 마르크스-레닌주의가 주장하는 '혁명과 전쟁'의 시대로 인식하고 있었다. 이를 견지하던 중국으로서는 발언권이나 사상에 대한 해석권에 있어 소련보다 우위를 점하고 있는 것이 사실이었다. 사상과 관련해 중국의 우위는 사회주의 진영의 많은 국가들에게 주목을 받았다.

중소 양국 간 이데올로기 투쟁이 격화되는 가운데 1964년 11월 중국공산당은 소련공산당이 공개적으로 선포한 '20대 노선(20대 소련공산당대회에서 채택된 노선)'을 바꾸기만 한다면 화해할 용의가 있음을 밝혔다. 그러나 흐루쇼프는 강경하게 이를 거절했다.

1965~1969년 중소 양국 관계는 양당 관계의 분열과 함께 단절되었다. 동맹관계도 파경에 이르렀다. 1965년 3월은 중국공산당이 모스크바회의 참석을 거절함으로써 중소 동맹관계가 완전히 파국을 맞은 시점이 되었다. 국제공산주의운동도 정식으로 파경에 이르렀다. 마오쩌둥은 사회주의 진영에서 소련이 주도권을 획득하지 못하는 동시에 스스로의 입지도 다지지 못하자 국제공산주의운동의 좌파 국가들을 재정비하기에 나섰다.

국경문제도 두 나라가 루비콘 강을 건너는 데 한 몫을 톡톡히 했다. 점점 정치화된 국경문제는 양국 간 무력충돌의 가능 요인으로 급부상했다. 중소관계는 악화일로를 걷고 있었다. 이때부터 중소 양국은 서로를 적국으로 인식했다. 결국 1969년 전바오다오 무장 충돌 이후 중소 관계는 대립관계로 전락했다. 그러면서 중국은 외교정책을 '연소항미'에서 '연미항소'로 조정하면서 냉전의 대립 판도를 완전히 바꿔버렸다.

⦂ 국제문제에서의 양국의 갈등과 모순

소련의 외교정책이 미국과 서구와의 '평화적' 공존과 공생을 모색하는 노선으로 전환되면서 소련은 공산주의 국가의 도발행위를 더욱 통제하려는 모습으로 변했다. 과거 사회주의 국가가 제국주의 국가와 투쟁하면서 취한 군사적 행동을 지지하던 입장이 근본적으로 바뀌었다. 흐루쇼프는 소련의 공산주의 진영에서의 패권적 지위를 수호하고 공고히 하려는 목적에서 사회주의 국가에 대한 통제는 물론 진영의 내부 결속을 다지기 위한 행위를 대내외적인 영역에도 적용하기 시작했다.

소련은 아시아 공산주의 국가의 국제문제에 본격적으로 개입하기 시작했다. 이 과정에서 아시아 공산국가의 맹주 중국과의 갈등과 대립은 불가피했다. 중소 양국 간의 아시아 무대에서의 마찰은 세 가지 사건에서 두드러졌다. 1958년 2차 대만해협 위기사태, 1962년 중국-인도 국경분쟁과 1968년 이후 베트남전쟁의 본격 개입은 중소 간 첨예한 갈등을 보여주는 일련의 사건들이었다.

소련은 결과적으로 1958년 제2차 대만해협 위기사태부터 중국의 군사적 행동을 지지하지 않았다. 이후 1959년부터 시작된 중국과 인도의 국경문제에서도 소련은 동일한 입장을 취했다. 1962년 6월 중국이 인도와 결국 무력충돌까지 갔을 때 소련의 반응은 대만해협 위기사태 때와 별반 다르지 않았다. 다른 점이 있다면 소련이 인도의 편을 들어줬다는 사실이다. 그리고 소련은 중국을 비판했다.

마오쩌둥은 소련의 인도 지지를 도저히 이해할 수 없었다. 공산주의동맹 국가가 비공산주의 국가를 공개적으로 지지했기 때문이다. 여기서 마오쩌둥은 중소 동맹관계에 깊은 회의감을 갖게 되었다. 그의 회의감은 노이로제로 변했다. 마오쩌둥은 소련이 미국을 달래고, 인도와 연합하고, 유고슬라비아를 포용하는 등의 관계개선 노력과 정치적 지지 입장을 모스크바-델리-워싱턴 동맹으로 승화시켜 중국을 압박할 것이라는 강박관념에 사로잡히게 된다. 특히 이 당시 소련 언론매체에서 이런 정치 외교적 노력을 홍보했을 뿐 아니라 중국이 공산주의와 혁명을 반대한다는 홍보물이 대대적으로 반영되어 마오의 우려를 더 자아냈다.[26]

베트남전쟁에서도 소련은 대중국 전략과 지원 전술을 수정하면서 북베트남에 대한 통제력을 강화하고 전쟁 주도권을 장악하기 위해 적극 나섰다. 소련의 갑작스러운 개입과 소련이 보여준 일련의 행동은 중국에게 자신과 베트남의 관계를 분열시키려는 것으로밖에 인식되지 않았다.

소련이 갑자기 개입을 결정한 데는 나름의 목적이 있었다. 모스크바는 베트남을 도와 인도차이나반도에서 '패권'을 장악하게 한 뒤 이를 통해 동남아에서 영향력을 발휘하려 했다. 때문에 중국은 소련의 행동을 소련이 베트남과 인도차이나반도를 통해 자신을 더욱 포위하려는 노력으로 인식할 수밖에 없었다. 훗날 1980년대 소련과의 관계개선에 있어 관건 의제('3대 장애')에 인도차이나반도 내 소련군 철수 문제가 포함된 것이 이를 입증한다.

소련은 1960년대 초부터 몽골을 중심으로 중국의 북방 국경지대에 대규모의 군대를 주둔시키기 시작했다. 중국은 이에 전례 없는 위협감을 느꼈다. 1969년 3월에 급기야 동맹국인 중국과 국경문제로 무력충돌하면서 양국의 관계는 파멸을 피할 수 없게 된다. 몽골에 주둔한 소련의 백만 대군 철수 문제도 소련과의 관계개선의 전제 조건이 되었다.

이 같은 국제문제에서 소련이 보여준 예상 밖의 행동은 중국으로서는 납득하기 어려웠고 궁극적으로 중국의 소련에 대한 불신의 근원이었다. 물론 중국에 대한 소련의 불신도 이 시기에 증강했다. 왜냐하면 중국 역시 이런 일련의 군사적 사태(대만, 인도)에 앞서 소련과의 사전 협의나 통보를 전혀 진행하지 않았기 때문이다. 북한이 오늘날 일련의 핵실험을 하면서 중국에 사전 통보를 하지 않아 중국이 북한에 실망할 수밖에 없는 이유에 대한 우리의 이해를 도와주는 사례들이다.

가. 제2차 대만해협 위기사태(1958년)

중국의 제2차 진먼다오 폭격은 미국-대만 방위조약 체결 이후 미국이 대만 군사력의 증강을 적극 지원하는 상황에서 단행됐다. 중국 자신의 대만 통일 정책과 대미 정책의 조정 필요성을 파악하기 위한 목적으로, 즉 또 한 번 미

---

26 Mingjiang Li, "Ideological dilemma : Mao's China and the Sino-Soviet split, 1962~63," Cold War History, Vol. 11, No. 3, August 2011, p. 410.

국을 '간보기' 위해 실행한 것이었다. 그런데 1954년의 1차 위협 사태와 달리 이번 사태엔 소련 요소가 개입되었다. 중소 양국 간의 정치와 군사적 이해관계가 이 시기에 맞물리면서 서로를 거부할 수 없는 미묘한 상황이 연출된 것이다. 그러나 결과는 사건의 진행 방향과 전혀 다른 쪽으로 흘러갔다. 이 사건을 계기로 중소 양국은 외교적으로 각자의 길을 가게 되었다.

1차 대만해협 위기사태에서 중국이 실패한 점은 두 가지였다. 하나는 대만과 푸젠성(福建省, 복건성)의 도서, 즉 대만과 진먼다오, 마쭈다오와 펑후 열도를 접수하는 데 실패한 것이다. 다른 하나는 사태 중에 미국과 대만의 방위조약이 규정하는 미국의 대대만 방어 범위를 확실하게 알아내는 데 실패한 것이다. 이후 미중 양국은 1955년 여름부터 대사급 회담을 진행하면서 모종의 긴장 완화 분위기를 조성하려고 노력했다.

중국은 1956년 3월부터 미국이 대만 방위조약을 빌미로 대만의 군사력을 부단히 증강시켜온 사실을 알게 된다. 미국이 대만문제를 중립화하기 위해 대만, 진먼다오와 마쭈다오에 미군 배치를 강화하고 있다는 사실도 알게 되었다. 실재로 미국의 지대지 전략 미사일의 대만 배치가 1957년 완료되었다. 이에 중국은 1957년 12월에 대사급 회담을 돌연 중단시켰다.

또 하나의 악재로 작용한 것은 이데올로기 요소였다. 이데올로기에 근간을 둔 대화는 진전을 보이지 못했다. 미국은 불만을 노골적으로 표시하면서 회담을 대사급 이하의 수준으로 낮추자고 주장했다. 이러한 미국의 불만 역시 이번 사태의 화근이 되었다.

중국의 인식과는 다르게 미국의 대만 무력통일 정책이나 진먼다오와 마쭈다오에 대한 입장은 근본적으로 달랐다. 미국이 대만의 국방력 강화를 위해 무기와 장비를 증강시킨 것은 사실이지만, 중국과 대만 통일 전략에 있어서 만큼은 명확한 선을 그었다. 미국은 중국과의 직접 대화의 기회를 파괴하고 싶지 않았다. 그래서 아이젠하워는 기본적으로 대만 도서에 대한 대만의 적극적인 방어 입장에 동의하지 않았다. 이들 도서들의 방어로 중국과의 전쟁에 연루될 수 있는 그 어떠한 대만과의 합의나 행동을 최대한 피하고 싶어했다.

그러면서도 미국은 내부적으로 만일의 사태를 대비해 중국에 핵무기 사용을 심각하게 검토했다. 8월 14일 미국 합동참모본부장 네이선 트와이닝 (Nathan Twining) 장군은 중국의 폭격으로부터 대만을 방어하는 데 적극 도와야 한다고 주장하면서 유사시 중국 대륙에 핵폭탄 사용도 배제해서는 안 된다고 주장했다.

아이젠하워는 이런 주장에 분노와 답답한 마음을 금하지 못했다. 이유는 대만의 전술 문제에 있었다. 당시 대만정부는 진먼다오와 마쭈다오에 10만 병력을 추가로 배치시키고 있었다. 이는 대만이 스스로 방어할 능력을 스스로 감소시키는 것이었다. 동시에 미국의 방어 전략에 제약을 가하는 것이었다. 대만의 전술은 대만 본토 뿐 아니라 미국에게도 위험하고도 어리석은 선택이었다.

8월 22일 아이젠하워는 결국 덜레스 형제(또 다른 형제는 앨런 덜레스 CIA 국장), 트와이닝과 해군참모총장 알리 버그(Arleigh Burke)와 함께 더 많은 병기와 대공포대(고사포), 그리고 6함대 항공모함과 5개의 비행중대를 대만에 급파하기로 결정한다.[27]

대만이 1957년 진먼다오와 마쭈다오에 10만 병력(당시 대만 육군의 3분의 1 병력)을 추가 배치하면서 대만 해협을 둘러싼 긴장은 점차 고조되었다. 이런 상황 변화에 따라 중국은 1958년 중반부터 내부적으로 외교부에 대미 정책의 재검토를 지시했다. 명제는 미국과의 관계 발전보다는 투쟁을 견지하는 것이었다.

6월 30일 결과 보고서가 제출되었다. 보고서는 대만문제가 중국에게 아직 죽지 않은 문제라는 사실을 상기시켰다. 미중관계에서의 대만문제의 중요성과 중국의 대만 해방 능력 구비 상황은 재차 강조했다. 보고서 검토 후 중국은 미국 측에 미중 대사급 회담의 재개 조건으로 대만문제 논의를 제시했다.

중국은 미국에 외교적 접근과 공세를 진행하는 동시에 진먼다오와 마쭈다

---

27 중국의 폭격 초기(8월 말) 때 미군의 총 투입 군사력은 군함 100척에 전투기 200대였다. Gong Li, "Tension across the Taiwan Strait in the 1950s : Chinese Strategy and Tactics," in Robert S. Ross and Jiang Changbin, (eds.) Re-examing the Cold War : U.S.-China Diplomacy, 1954~1973 (Cambridge, MA : Harvard University Press, 2001), p. 159.

오 폭격 준비를 1957년부터 진행시켰다. 준비는 이듬해 여름에 완성됐다. 1957년 잉탄-샤먼(鷹潭-廈門)철도가 개통되면서 군수 물자와 무기 수송이 본격적으로 시작되었다. 1958년 초엔 푸젠(福建)성에 공군기지가 완성되었다. 이로써 중국 국방 당국은 푸젠성 연해 문제 해결을 위한 초석이 갖춰졌다고 평가했다.

이 상황을 펑더화이는 1958년 3월 5일 마오쩌둥에게 보고하면서 7월이나 8월 푸젠성에 비행전투부대를 배치하고 진먼다오와 마쭈다오 등의 도서를 폭격하자고 제안한다. 이에 마오쩌둥도 동의한다. 7월 14일 펑더화이는 군사작전회의를 개최했고 진먼다오와 마쭈다오 지역에 군사 행동 실시방안을 제정한다. 그리고 이를 푸젠성 지휘부에 하달한다. 폭격 개시 일은 7월 27일로 결정되었다.

마오쩌둥은 2차 대만해협 위기사태를 조장하기 위한 준비를 하면서도 미국에 한 가지 사실만은 명확하게 전달하고 싶었다. 이번 진먼다오와 마쭈다오에 대한 폭격의 목적이었다. 장제스 당국이 직접적인 대상이고 미국은 간접적인 대상이라는 점을 확실히 하고 싶었다. 즉, 미국의 의지를 테스트하고 관찰하기 위한 것임을 간접적으로 밝힌 것이었다. 앞서 언급했듯 이번 2차 위기사태의 주요 목적 중 하나는 바로 미국의 간을 보는 것이었다.

중국이 미국에게 확인하고 싶었던 것은 딱 두 가지였다. 우선 중국의 통일 노력이 지속성과 연속성을 구비한 사실을 인정하고 미중 대사급 회담에서 이 문제의 해결을 위해 노력할 의사가 있는지의 여부를 확인하고 싶었다. 그리고 미중 대화가 경색국면일 때 진먼다오를 폭격하고 진먼다오와 마쭈다오를 점령하는 것이 미국을 협상테이블로 이끌어 낼 수 있는 동시에 통일 문제의 중요성을 상기시킬 수 있는 최선의 방법인지를 확인하고 싶었다. 불행하게도 진먼 폭격의 결과 중 하나가 마오쩌둥이 진먼과 마쭈 점령 계획을 수정하게 되는 것이었다.

여기서 북한의 대미 대화 전술과 유사한 점을 살펴볼 수 있다. 북한 역시 미국의 의중과 의지를 떠보기 위해 도발을 진행했다. 미국과의 대화가 경색국면에 처했을 때 미국을 협상으로 이끌어 내기 위해 도발을 자행하는 전술이 중국과 매우 유사하다는 점을 볼 수 있다. 미국이 2차 대만해협 때와 마찬가지로 더 강하게 대응하면 결국 마오쩌둥이 그랬듯이 북한도 다음 도발을 위해 일보 후퇴하는 양상을 보였다.

7월 27일 폭격 예정 당일 날 이른 아침, 마오쩌둥은 긴급하게 진먼 폭격을 며칠 보류하라고 지시했다. 흐루쇼프가 중국을 7월 31일에 비밀 방문하기로 결정했기 때문이다. 마오쩌둥은 그에게 폭격 계획을 들키고 싶지 않았다. 만약 폭격이 시작되었으면 이 사태의 모든 것을 직접 설명해줘야 했기 때문이다.[28] 그는 이를 피하고 싶어 했다. 아마도 내심 그의 질책이나 간섭을 피하기 위해서였던 것 같다. 보류한 또 하나의 이유는 미국이었다.

당시 중국과 소련은 불안한, 실은 언제 터져도 이상하지 않을 법한 관계를 유지하고 있었다. 불안하긴 했지만 둘은 냉전시대 이전부터 이념적으로 형성된 오랜 관계였다. 그리고 소련은 미국과의 관계를 개선하기 위해 한창 노력 중이었다. 이런 상황에서 소련의 수장이 중국을 방문한다는 건 미국이 중국 대륙으로 날카로운 눈초리를 보낼 수 있다는 걸 의미했다. 동시에 이는 곧 중국의 기습작전이 조기에 발각될 수도 있음을 의미했다. 마오쩌둥은 소련의 질책과 미국의 관심 모두를 피하고 싶었다. 결국 기습공격은 차후 더 나은 상황에서 더 나은 결과를 보기 위한 목적으로 잠시 보류되었다.

마오쩌둥은 흐루쇼프 방문 동안 이 문제로 중소 갈등이나 이견이 폭로되는 것을 막음으로써 가장 효과적으로 미국을 중립화 또는 억제할 수 있다고 생각했다. 즉, 미국에게 중소동맹의 견고함을 보여주는 것보다 더 좋은 방법은 없다고 판단한 것이다. 그럼으로써 이후 사태가 발발했을 때 미국이 개입 여부를 결정하는 데 있어 망설이게 만들어 결국 사태를 수수방관하게 만드는 전략도 성공할 수 있다는 판단이었다.

결과적으로 이런 지략이 먹혀들지 않았다. 미국은 신먼 폭격 시작 이틀 후 7함대를 추가적으로 대만해협에 급파해 대만 함정의 재보급 활동을 호위하는데 참여시켰다. 결국 대만해협에는 6함대와 7함대 등 두 함대가 파병되었다. 아이젠하워가 중국 대륙에 대한 핵무기 사용권이 전적으로 자신에게만 있다고 선포한 사실로 미뤄보면 미국의 핵사용 가능성도 심각하게 높았다.

---

28 葉書宗, "中蘇同盟破裂始末", p. 38.

8월 23일 마오쩌둥은 베이다이허(北戴河)에서 진먼에 대규모 폭격을 명령했고 3일 후 모스크바에 이 사실을 알렸다.[29] 그는 이들 도서의 해방 문제가 중국 국내 문제의 것으로 미국의 개입이 없을 것이라고 분석했다.

소련은 중국의 의도를 명확하게 파악하기 위해 외무장관 그로미코를 9월 5일 북경에 보냈다. 7일 그는 저우언라이와의 회담에서 대만 계획의 전부를 상세하게 알려줄 것을 강력히 요구했다. 이에 저우언라이는 이번 침공 계획이 진먼다오와 마쭈다오의 해방을 위한 것이 아니고 미국의 반응을 간보려고, 즉 테스트해보기 위해서라고 설명했다.[30]

이 사실을 전해들은 흐루쇼프는 분노를 금치 못했다. 그는 중국이 〈모스크바 선언〉에서 규정한 평화 원칙을 위배했을 뿐 아니라 동맹국을 멸시하고 모욕했다고 호되게 비판했다. 그는 마오쩌둥에게 대만문제가 중국 내정의 문제이지만 지역 안보 정세와 밀접하게 연관되기 때문에 동맹국 간의 정책 협의 및 조율을 사전에 했어야 했다고 비판했다.[31]

그럼에도 불구하고 흐루쇼프는 1958년 9월 7일 아이젠하워에게 보낸 서신에서 미국의 중국에 대한 공격을 소련에 대한 공격으로 간주하겠다는 입장을 밝히면서 중소동맹의 견고함을 과시했다. 동시에 그는 미국이 억지력을 발휘해줄 것을 우회적으로 간청했다.[32]

---

29 중국의 폭격은 오전 5시 30분에 시작했다. 1차 폭격은 6시 55분에 종결됐다. 1시간 25분 동안 3만 발의 포탄을 쐈다. 대만군 600명이 희생됐다. 미국주재 대만대사관은 3만 5,000발과 500명의 희생으로 기록했다. 徐焰, 『金門之戰』 (北京：中國廣播電視, 1992), pp. 229~230. 주 대만 미국대사관의 추정은 Telegram From the Embassy in the Republic of China to the Department of State, 24, August 1958, https：// history.state.gov/historicaldocuments/frus1958-60v19/d42(검색일 : 2017년 2월 23일) 참조.

30 葉書宗, "中蘇同盟破裂始末", p. 38.

31 『中蘇關系史綱』, p. 235.

32 Chen Jian, Mao's China and the Cold War (Chapel Hill, N.C. : The University of North Carolina Press, p. 189. 마오쩌둥은 그로미코와의 회견에서 미국의 중국 공격이나 핵폭격으로 중국군이 후퇴를 해도 지원하지 말 것을 당부했다. 그러나 미군이 내륙으로 진입했을 때 소련이 모든 수단과 방법(그로미코는 핵까지 포함한 것으로 이해)을 동원해 반격해줄 것을 요청했다. Andrei A. Gromyko, Memoirs (New York : Doubleday, 1989), pp. 251~252.

그의 분노는 동맹국으로서 중국이 내일 무엇을 어떻게 할지 알겠느냐는 식의 냉소적으로 비꼰 것에서도 드러났다. 동맹의 진정한 의미를 마오쩌둥이 제대로 이해하는지에 대한 질문이었다. (오늘날 중국의 북한에 대한 심정이 당시 소련의 것과 유사할 것 같이 느껴지는 부분이다.) 주중 소련대사관은 중국이 저지른 일이 국제 정세 악화를 유발시킬 가능성이 많기 때문에 미국이 전쟁 일보 직전의 정책을 채택할 것이라고 분석 보고했다.

이런 흐루쇼프의 비판에 마오쩌둥 역시 경악을 금치 못했다. 그는 진먼다오와 마쭈다오 지역에 대한 폭격이 대만에 대한 미국의 동맹 의지를 테스트하기 위한 것이라고 다시 확인해주었다. 그러면서 그는 이번 기회에 중국공산당 내부 강경파들의 대만을 점령하자는 목소리도 동시에 비판했다. 그는 강경파가 소련과 같이 국제 정세를 제대로 이해하지 못하고 있다고 일축했다. 그러면서 대만 통일을 보류해야 하는 이유를 대내외적 요인으로 설명했다.

우선 대외적으로 대만 점령(통일)을 잠시 보류하는 것이 대만과 국제사회를 압박할 수 있는 수단으로서 유효했다. 그리고 대내적으로는 통일을 보류한 채 대신 정책을 견지하고 주장하는 것이 더 강력한 단결과 단합을 일궈낼 수 있는 수단으로서 효과적이었다.[33]

흐루쇼프의 비판과 관련해 마오쩌둥은 이번 기회에 소련의 대미 관계개선 노력에 대한 평소의 불만을 여과 없이 표출했다. 그는 상당히 냉소적으로 불만을 드러냈다. 마오쩌둥은 흐루쇼프와 미국의 관계개선이 좋은 일이기 때문에 중국이 이를 축하하는 의미로 대포로 축포를 쏜 것이라고 했다. 나아가 마오쩌둥은 미국이 개입하기를 원하는데 그 이유가 흐루쇼프의 반응을 보기 위해서라고 조롱했다. 그는 이 두 도서를 '두 개의 악마 방망이(兩根魔棍)'로 비유하면서 하나는 흐루쇼프를, 다른 하나는 아이젠하워를 각각 때릴 수 있는 방망이로 비유했다.[34]

이러한 중국과 소련의 갈등을 인지하지 못한 채 미국은 중국의 폭격 행동에 소련이 깊게 간여한 것으로 판단하고 있었다. 9월 4일 덜레스는 아이젠하

---

33 祖波克, 普列沙科夫 著, 徐芳夫 譯, 『克里姆林宮的冷戰內幕』(北京：世界知識出版社, 2001), p. 292.
34 祖波克, 普列沙科夫 著, 徐芳夫 譯, 『克里姆林宮的冷戰內幕』, p. 304.

위에게 소련의 개연성 때문에 미국의 핵무기 사용은 소련의 즉각적인 반향을 불러일으킬 것이라고 전했다. 즉, 재고의 여지를 타진한 셈이다. 그러면서 미국이 전면전에 대비해야 한다고 덧붙였다.

아이젠하워와의 회의가 끝나고 덜레스는 미국의 입장을 8개 방안으로 설명했다. 기본적으로 미국이 대만 방어를 위해 무력 사용을 주저하지 않을 것이고, 도서들에 대한 중국의 무력 사용은 극동지역에서의 무력 사용 확산이라는 결과를 초래할 것이기 때문에 미국의 안보와 세계적 지위에 대한 위협으로 간주하겠다는 입장을 명확히 밝혔다. 그래도 그는 미국의 이익은 이 사태의 평화적 종결이라는 점도 잊지 않고 강조했다. 또 한 번 미국이 중국과의 직접적인 전쟁이나 무력충돌을 피하고 싶은 의지를 엿볼 수 있는 대목이다.

이런 미국의 의중을 읽었는지 소련 외교부장 그로미코가 북경에 도착한 다음 날인 6일 저우언라이는 대사급 회담의 재개를 공문으로 요청했다. 7일 대만 함정의 재보급 활동을 미 함정이 호위하는 과정에서 미군이 중국이 경고한 3마일 마지노선을 준수하자 중국 측은 공중 폭격이나 그 어떠한 도발도 3일 동안 하지 않았다.[35]

한국전쟁 이후 미중 양국이 전쟁의 마지노선을 실질적으로 지킨 첫 사례였다. 이후 이런 교훈이 베트남전쟁에서도 통했다. 미국은 중국과 합의한 위도 20도 선을 초월하지 않는 범위 내로 지상군의 활동을 제한시킴으로써 중국과의 직접적인 전쟁과 무력충돌을 피할 수 있었다. 다만, 20도 선을 넘어 북베트남에 대한 공중 폭격은 용인되었다.

9월 15일에 저우언라이가 제안한 대사급 회담이 바르샤바에서 재개되었다. 이 회담의 미국 측 대표는 당시 주 폴란드 대사 제이콥 빔(Jacob Beam)이었고 중국 측 대표는 역시 왕빙난이었다. 양측은 대만 사태의 종결과 관련하여 각기 다른 주장을 담은 방안만 고수했기 때문에 대화는 아무런 결론 없이 이틀 만에 종결되었다.

대신 미국은 9월 16일 내부적으로 중국과 소련이 전쟁을 할 의향이 없는 것으로 판단했다.[36] 그러나 19일 흐루쇼프가 아이젠하워에게 다시 보낸 편지

---

35 Chen, Mao's China and the Cold War, p. 185.

36 SNIE 100-11-58, "Probable Chinese Communist and Soviet Intentions in the Taiwan

에는 소련의 대중국 지지가 표명됐고 미군의 철수 요구가 이어졌다. 나아가 그는 소련이 핵무기를 보유한 사실을 상기시켰고 중국에 핵무기 사용 시 소련도 사용할 것이라고 경고했다.[37] 미국은 이에 분노했고 근거 없는 모욕적이고 무절제한 위협으로 폄하했다.

그럼에도 불구하고 미국의 평화적 종결 의지는 변함이 없었다. 미국은 9월 21일 중간 연락책으로 영국의 외무상 셀윈 로이드(Selwyn Lloyd)를 통해 전략적 핵무기를 도서 방어와 같은 제한적 작전에서 사용할 의향이 없음을 전했다.[38] 9월 말 저우언라이가 대만이 도서를 대륙 진군의 교두보로 활용하는 것을 우려한다는 입장을 전해왔고 이에 덜레스는 사실상(de facto)의 휴전에 적극 대응할 입장을 밝혔다.

상황이 변하자 미국은 대만에게 도서에서 철수할 것을 설득하기 시작한다. 이에 중국도 10월 6일 평더화이를 통해 일시적인 휴전을 선포했다. 이 휴전은 2주간인 10월 20일까지 지속되었다. 10월 21일 미국은 대만을 설득하기 위해 덜레스를 보냈다. 25일 평더화이는 미군의 호위 활동이 중단되면 휴전을 7일 더 연장할 의사를 전했다. 다행히 미국이 이에 응하면서 사태는 사실상 종지부를 찍었다.

1959년 3월 소련의 주중대사관은 사태의 전 과정을 관찰한 후 중국의 목표

Strait," August 2, 1959, https : //www.cia.gov/library/readingroom/docs/DOC_0001 098213.pdf (검색일 : 2017년 2월 17일).

37 미국은 핵공격 논의 과정에서 소련을 의식하지 않을 수 없었다. 소련의 두 가지 반응을 예상할 수 있었기 때문이었다. 하나는 소련이 7함대와 대만 뿐 아니라 다른 목표물(other targets)까지 공격할 수 있는 것이었다. 다른 하나는 미국의 핵 타격 제한과 지역화가 소련의 핵 반격을 면피할 수 있고 중국이 폭격을 포기할 수 있도록 하는 것이었다. 그러나 무엇보다도 국제사회와 동맹국의 반대를 또한 의식하지 않을 수 없었다. SNIE 100-7-58, "Sino-Soviet and Free World Reactions to U.S. Use of Nuclear Weapons in Limited Wars in the Far East," July 22, 1958, https : // www.cia.gov/library/readingroom/docs/DOC_0000269483.pdf (검색일 : 2017년 2월 17일).

38 Robert Accinelli, "A Thorn in the Side of Peace : The Eisenhower Administration and the 1958 Offshore Islands Crisis," in Robert S. Ross and Jiang Changbin, (eds.) Re-examing the Cold War : U.S.-China Diplomacy, 1954～1973 (Cambridge, MA : Harvard University Press, 2001), p. 127.

가 대만 지역에서의 침묵을 깨고 장제스와 미국 사이의 갈등을 조장하기 위한 것이라고 결론지었다. 그 근거로 중국이 하루건너 도서들을 폭격하는 전략을 제시했다. 중국이 미국과의 협상을 통해 미국의 역할을 대만군의 보급물자와 병력의 출입을 맡은 대만의 보급선을 보호하는 것으로 제약하는 데 성공했기 때문에 그런 전략이 통했다고 설명했다. 그래서 이들의 왕래와 출입 주기를 이틀에 한 번으로 정한 것이라는 게 그의 분석이었다.

그의 결론은 사실로 입증됐다. 미국이 중국의 제안은 받아들인 반면 장제스의 더 강도 높은 군사적 대응과 미군의 적극적 개입은 거절함으로써 미국과 장제스정부 간의 갈등이 더 심화되었기 때문이다.

1959년 1월 말부터 중국의 푸젠성이 안정을 되찾았으나 마오쩌둥이 소련에게 전하고 싶은 메시지는 변함이 없었다. 그것은 대만 도서 폭격의 진짜 대상이었다. 폭격이 흐루쇼프와 아이젠하워 모두를 겨냥한 것이긴 했지만 진짜 대상은 흐루쇼프였다. 마오쩌둥은 폭격 사태를 통해 중국과 소련이 국제적으로 추구하는 바가 각자 다르다는 것을 세계에 알린 셈이 되었다. 이는 중소동맹을 파경으로 몰고 간 동인이 되었다.

1959년 6월 흐루쇼프는 북경대사관의 보고서를 근거로 소련공산당 중앙주석단회의에서 중국에 제공한 교육용 원자탄 샘플 모형의 제공을 즉각 중단시키는 제재 조치를 채택했다. 그는 중국이 소중 동맹의 정신을 이미 위배했기 때문에 소련이 더 이상 소중조약을 존중하고 충실하게 준수할 의무와 책임이 없다고 선언했다.

그가 중국에 설명한 제재의 이유는 정작 사실과 달랐다. 6월 20일 소련공산당 중앙은 중국공산당 중앙에게 미국과 영국 정상 간의 핵무기 실험 금지 조약에 관한 협상에 악영향을 주는 것을 막고 국제적 긴장국면을 완화하기 위해 중국에 제공하던 핵무기 샘플과 기술 자료의 제공을 일시적으로 보류한다고 전했다.

소련은 1957년 10월 15일 중국과 체결한 〈국방 신기술 협정〉 이행을 일방적으로 전면 금지시키고 싶었다. 니에룽전의 중앙보고에 의하면 1958년 하반기 이후부터 다양한 품목과 분야에서 소련의 실질적인 통제가 급속도로 이뤄지기 시작했다. 협정의 약조 사안들이 의외의 상황 변화의 이유나 변명으로 계속 지연되고 있다는 것이다. (우리의 사드(THAAD) 배치에 대한 중국의 경제제재 행위가 그냥 나온 것이 아니라는 점을 보여주는 대목이다.)결국 기술자료와 정밀 측정기 등의 제공이 모두 끊겼다.

1959년 9월 30일 흐루쇼프는 아이젠하워와 캠프 데이비드에서의 회담을 마치고 귀국길에 북경을 들러 중국 건국 10주년 국경절 행사에 참석한다. 10월 2일 양국 지도자들은 회담에서 격렬하게 논쟁했다. 흐루쇼프는 마오쩌둥에게 중국이 왜 계속 소련을 비판하는지, 형이 동생을 비판 못해서 안 하는 것이 아니라고 몰아붙였다. 이에 마오쩌둥은 소련의 의견을 수용할 수 없다고 반격했다. 그리고 스스로를 정통이라고 믿었기 때문에 흐루쇼프의 행동을 소련의 오만함만 폭로하는 꼴이라고 비꼬았다.

1958년 제2차 대만해협 위기사태에서 보여준 소련의 반응은 중소 양국 관계의 내재적인 갈등, 즉 공산국가의 정통성과 우월성 문제를 둘러싼 양국의 입장 차이를 표면화시키면서 동맹관계에 대한 양국의 의지에 대한 의구심도 불러일으켰다. 소련은 미국을 위시한 서구와의 데탕트와 관계개선에 집중하며 동맹국인 중국을 지지하지 않았다. 오히려 그는 중국에게 비판만 쏟아냈다. 이러한 소련의 일련의 언행들에 마오쩌둥은 실망과 불만을 가질 수밖에 없었다.

상대에게 불만을 느낀 건 중국뿐만이 아니었다. 소련 역시 중국의 행동에 불만을 가졌다. 중국이 미국의 '동맹국'에 대해 군사적 도발을 행함에 있어 소련의 군사적·전략적 안보이익은 물론 미국의 개입에 따른 소련의 연루 가능성도 무시했다는 게 소련의 불만이었다. 이번 사태는 중국과 소련이 동맹관계를 준수할 의사와 의지를 가지고 있지 않다는 사실을 서로 확인할 수 있는 계기가 되었다. 동시에 동맹이 이미 무용지물이 되었다는 현실을 수용할 수밖에 없는 계기가 되었다.

나. 중국-인도 국경분쟁과 소련(1962년)

마오쩌둥은 소련이 중국-인도 국경분쟁에서 취한 태도에 다시 분노를 금할 수 없었다. 1959년 3월 분쟁이 격렬해지면서 중국의 평화적 해결을 위한 주도적인 외교적 노력은 실패했다. 결국 중국과 인도는 8월 25일에 군사적 충돌을 피할 수 없었다. 이후 중인 양국 국경지역의 긴장국면이 부단히 상승하면서 결국 1962년 대규모의 무장 충돌로 이어졌다. 이 문제에 대한 마오쩌둥의 기본 인식을 이해하기 위해서는 그의 흐루쇼프에 대한 비판 내용을 먼저 이해해야 한다.

1959년 3월 발생한 티베트 반란 사태가 분쟁의 단초를 제공했다. 중국은 반란에 미국·영국과 인도가 막후세력으로 개입했다고 인식했다. 그중 인도의 개입이 가장 활발했다. 중국은 인도의 적극적인 개입 뒤에 미국과 영국의 적극적인 지지와 격려가 있다고 판단했다. 외세의 개입을 확신한 마오쩌둥은 더 공세적 입장과 태도를 취할 수 있는 명분이 생겼다. 그의 공세 전략은 티베트 반란에서 인도의 역할을 먼저 폭로하는 것이었다.[39]

미국은 인도가 무력으로 국경분쟁을 해결하려는 의도를 사전에 명확히 알고 있었다. 때문에 무력충돌(8월 25일)이 발발하자 당연히 인도를 지원하는 입장을 내세웠다. 미국에게 중국-인도 국경 무력 분쟁은 인도의 비동맹정책의 방기를 의미했기 때문에 환영할만한 사건이었다. 이는 인도를 대중국 억지 전선으로 유인할 수 있는 호기였다.

11월 3일 미 국가안보회의는 인도에 군사 무기와 장비 및 중국 정보를 제공하기로 결정하고 인도와의 관계를 친구 관계로 규정했다. 14일 미국과 인도는 이 같은 내용을 담은 합의서를 체결했다. 이후 미국은 고위급 대표단을 인도에 파견해 인도의 군사적 수요를 파악하는 데 집중했다. 그 결과 케네디는 인도에 6,000만 달러어치의 군사 원조를 단행한다. 1963년 5월 조세프 시스코(Joseph Sisco)는 케네디에게 인도는 시종일관 미국이 가진 아시아의 제일 중요한 재산이고 중국에 저항할 수 있는 유일한 '민주'국가라고 보고했다.[40]

4월 22일 마오쩌둥은 중국공산당 정치국 회의에서 인도의 확장주의를 맹렬하게 비판했다. 4월 25일 마오쩌둥은 또 다시 인도정부의 티베트 정책을 맹렬히 비판했다. 그러나 네루 수상의 이름을 직접적으로 언급하는 것을 피하는 것으로 협상의 여지가 있음을 알렸다.[41] 중국은 인도의 티베트 정책이

---

39 熊志勇 著, 『中美關係60年』(北京：人民出版社, 2009), pp. 96～106.

40 熊志勇 著, 『中美關係60年』, pp. 110～111.

41 吳冷西, 『必憶毛主席沙』(北京：新華出版社, 1995), p. 75.

중국의 안보이익을 엄중하게 침해했으며, 특히 미국 등 서방국가의 지지와 지원이 인도의 침략 행위를 부추겼다고 비판했다.

마오쩌둥은 이런 판단을 바탕으로 반격의 필요성에 더 큰 확신을 가지게 됐다. 그러면서 그는 소련의 입장을 다시 한 번 더 예의주시했다. 소련은 처음부터 중국의 정책에 찬성하지 않았다.[42] 왜냐하면 중국의 강경한 정책이 네루로 하여금 더 강경한 중립정책을 추구하도록 만들어 곤란한 상황을 연출했기 때문이다. 결과적으로 중국의 행동은 미국과 영국, 상황에 따라 소련까지 연루될 수 있는 가능성을 높였다. 중국과 인도의 국경지역에서 무력충돌이 발생한 후, 소련은 이 사건을 흐루쇼프의 방미 계획에 미칠 영향과 연계해서 주시했다. 중국의 군사적 반격이 소련의 완화정책에 악영향을 미칠까봐 두려웠던 것이었다.

소련은 중국에게 이 사건을 예의주시한다는 경고를 날렸다. 이는 실질적으로 중국을 외교적으로 압박하겠다는 의지의 메시지였다. 9월 10일 소련은 중국의 반발에도 아랑곳하지 않고 타스(TASS)사를 통해 성명을 발표하는 형식으로 중국의 국경분쟁 정책에 반대하는 입장을 표명했다. 마오쩌둥의 반응은 상당히 엄중했다. 그는 흐루쇼프가 미 제국주의에 잘 보이고 아이젠하워의 체면을 세우기 위한 언행이라고 맞대응했다.[43]

1959년 9월 25~27일 흐루쇼프와 아이젠하워는 첫 회담을 가졌다. 소련공산당이 21대 당대회에서 선포한 데탕트정책의 기조를 공식화하는 첫 공식 행보였다. 두 정상은 회담에서 미중관계를 논의했다. 흐루쇼프는 중국에 구류중인 미국인이 석방되도록 중국을 설득하는 중간 조정자 역할을 할 용의가 있다고 전했다. 아이젠하워가 소련의 호의를 거절하자 흐루쇼프는 무력으로 미중 간의 문제를 해결하는 것엔 동의하지 않는다는 입장으로 맞섰다. 이 과정을 지켜본 마오쩌둥은 미소 양국이 중국을 희생시키면서 자기들의 이익을 취하려는 시도를 한다고 우려했다.

흐루쇼프는 귀국길에 북경을 방문한다. 그는 10월 1일 중국 국경절(중국

---

42 陶文釗 主編, 『中美關係史(1949~1972)』 中卷, (上海 : 上海人民出版社, 2004), p. 276.
43 "前蘇聯國家新披露的有關1959~1962年中印關系的文獻", 『黨史研究資料』, 1998年 第8期, p. 18.

건국 기념일) 날, 중국의 경사스러운 날에 찬 물을 끼얹는 발언을 한다. 그는 마오쩌둥에게 소련이 중국의 핵무기에 원조할 생각이 없다고 말했다.[44] 이에 마오는 별 상관없다고 했으나 큰 타격을 받았다.

1960년 4월 22일 중국공산당 중앙위원회는 레닌 탄생 90주년을 맞아 소련 공산당이 발표한 3편의 논문에 대해 토론을 벌였다.[45] 이 자리에서 마오쩌둥은 제국주의, 전쟁과 평화, 평화공존, 평화적 과도 등의 이론에 대한 자신의 관점을 공개했다. 마오의 요점은 당연히 소련의 외교정책 및 그 지도사상을 비판하는 것이었다. 그는 중소 양국이 국제문제에서 입장 합의를 보지 못하는 이유를 흐루쇼프의 마르크스주의에 대한 배신에서 찾으며 모든 책임을 소련에 전가했다.[46] 이에 맞대응하면서 소련은 7월 16일 소련의 주중 전문가 철수와 12개 협정서와 100개 이상의 계약서 및 협력프로젝트의 중단을 선언한다.[47]

중국은 국내 상황의 이유로 소련을 완전히 배척할 수 없었다. 대약진운동의 실패로 1961년 중국 경제는 극심한 어려움에 처해 있었다. 중국은 이 1년 동안 소련과 국가 관계와 당 대 당 관계의 개선을 위해 최선의 외교적 노력을 시도했다. 그 결과 소련은 중국에 대한 국방과 경제 부분에서의 원조를 일부 회복하기로 결정했다. 중국은 그 이듬해까지 소련과의 관계개선을 위한 노력을 계속했다.

마오쩌둥의 대소 관계개선 노력은 1961년 1월 30일에 개최된 당 중앙 확대회의에서부터 시작됐다. 그는 소련에 대한 중국의 학습 필요성을 특별히 강조했다. 그의 주장을 정당화하기 위해 소련이 첫 번째 사회주의 국가이고 소련공산당이 레닌이 창조한 세계 첫 공산당이라는 사실을 상기시켰다. 그는 지금이든 미래든 중국의 현세대들과 후세대들 모두 한 평생 소련을 배우고 소련의 경험을 배워야 한다고 강조했다. 소련을 제대로 배우지 않으면 과실

---

44 李越然, 權延赤, 『外交舞臺上的中國領袖』, (北京：解放軍出版社, 1989), p. 164
45 이 논문들은 『列寧主義萬歲』, 『沿着偉大的列寧的道路前進』, 『在列寧的革命旗幟下團結起來』 등이었다.
46 牛軍, "毛澤東與中蘇同盟破裂的緣起(1957～1959), 『國際政治研究』, 2001年, 第2期, p. 58
47 『當代中國』叢書編輯部, 『當代中國外交』 (北京：當代中國出版社, 2009), pp. 117～118

을 범할 것이 자명하다는 결론을 제시했다. 그만큼 중국 공산혁명의 성공을 위해 소련의 의미가 중요했다. 중국의 생존에 있어 소련이 그만큼 절대적으로 불가결한 요소라는 의미가 내포되어 있었다.

중국이 소련에게 진심어린 자아비판을 하자 소련공산당 중앙은 2월에 서신을 보냈다. 내용인즉 앞으로 국제사무에서 더 이상의 쟁론을 피하고 국제무대에서 보다 협력적인 모습을 보이자는 것이었다. 이 서신으로 소련은 중국에 대한 동정과 이해를 전했다. 중공 중앙은 소련의 서신을 수용했다. 중공은 서로의 입장차가 공산주의 진영의 내부 문제이기 때문에 형제 당들의 회의를 통해 구체적인 해결 방법을 함께 마련할 수 있을 것이라는 의사를 전했다.

이때 중공 중앙연락부장(중련부) 왕자샹(王稼祥)이 공산진영 내의 국제회의에서 사회주의 국가 간의 쟁론을 피하기 위한 전략으로 '구동존이' 전략을 처음 제시했다.[48] 이 회의는 7월 모스크바에서 개최된 세계군축대회였다. 소련과 어떻게 더 전면적이고 더 완벽한 군축을 진행해야 할지에 대한 논쟁의 각축장이었다. 중국 대표단은 기존의 방법과 다르게 '구동존이' 전략에 입각한 새로운 방법을 강구해야 한다고 주장했다. 소련은 중국 측의 주장에 만족을 표했고 소련의 세계평화이사회는 중국 대표단에게 금상을 수여했다.

그러나 8월에 마오쩌둥은 중국 대표단이 모스크바 세계군축대회에서 보여준 협상 태도에 의구심을 제기하면서 세계평화이사회가 중국대표단에 금상을 수여한 사실에 극도의 불만을 표시했다. 그리고 중련부 부장 왕자샹의 주장을 그 자리에서 강력하게 비판했다.

1961년 두 가지 사건이 중국을 더 민감하게 만들었다. 하나는 소련과 알바니아 관계의 급진적인 악화였고, 다른 하나는 소련공산당 22차 당대회에서 스탈린에 대한 비판이 다시 제기되면서 몰로토프 등 원로 지도자들의 당적을 취소한 사건이었다. 흐루쇼프는 전 세계 수십 개의 공산당과 당대회 개최를 축하하는 자리에서 알바니아를 격렬하게 공격했다. 이에 중공 중앙 대표로 참석한 저우언라이는 대회 축사에서 형제 당의 대표대회에서 다른 형제 당을 공격하는 것에 반대하는 입장을 명확히 표했다.[49]

---

48 楊奎松, "走向破裂(1960～1963)", p. 97.
49 "周恩來同志在蘇共二十二大代表大會上的講話", 『人民日報』, 1961年 10月 20日.

1962년 봄 중소 양국의 모순관계는 더 표면화되었다. 중국 경제 상황의 악화 등의 이유로 신장의 소수민족이 소련으로 집단 탈주하는 사건이 벌어졌다. 중소 양국은 이에 대해 서로의 책임을 따지는 일대 공방전을 벌였다. 6월 21일 마오쩌둥은 북한 노동당 대표단을 접견하는 자리에서 수정주의는 변할 수 없다고 공개적으로 발언하면서 소련공산당의 태도를 강하게 비판했다. 그는 소련이 신장인들을 유인한 방법이 흐루쇼프의 계급투쟁에 대한 인식문제와 연관성이 깊다고 믿었다.

7~8월 중공 중앙은 베이다이허에서 중공 정치국 공작회의를 개최한다. 사회주의 국가에서 계급과 계급투쟁의 존재 유무를 놓고 격렬한 논쟁이 벌어졌다. 논쟁의 핵심은 수정주의를 유산계급(부르주아)과 동등하게 치부할 수 있는지 하는 문제였다. 소련과 같은 사회주의 국가에서 수정주의의 탄생이 가능하다고 보고 이는 유산계급의 새로운 탄생도 가능하다는 결론에 도달하면서 소련이 작금에 처한 상황이 그러하다는 판단이 내려졌다.

특히 소련이 미국의 건의를 수용한 것이 중국의 비판 열기에 기름을 부은 격이 되었다. 8월 중순에 소련은 미국의 건의에 따라 비핵보유국에 핵무기와 유관 기술을 제공하지 않겠다고 중국에 정식 통보했다. 이에 중국은 소련이 수정주의가 된 국제적 근원이 제국주의의 압박에 굴복한 사실에 있고 국내적인 근원이 자본주의의 잔여 세력이 잔존하고 있기 때문이라고 결론을 지었다.[50]

공작회의 이후 제8차 10중전회가 개최되었다. 이 자리에서 중국공산당은 수정주의의 출현으로 소련은 더 이상 사회주의 국가가 아니며 소련공산당 역시 진정한 의미의 공산당이 아니라는 결론을 발표했다. 마오쩌둥은 이를 근거로 사회주의 국가에 계급이 아직도 존재하고 있어 계급투쟁이 반드시 지속되어야 한다면 곧 다가올 정풍운동, 즉 문화대혁명의 서막을 알리는 대중정치동원 운동의 당위성을 여기서 찾았다.

1962년 중국-인도 무력충돌 기간 동안 동서구의 몇 나라에서는 중국공산당을 비판하는 상황이 연출되었다. 이태리의 공산당은 당대회에서 중국공산당

---

50 王稼祥, "實事求是,力量而行", 『王稼祥選集』 (北京 : 人民出版社, 1989), pp. 444~460.

을 공개적으로 비판했다. 공산세계에서 소련과 중국공산당에 대한 비판이 격렬해지자 2월 21일 소련공산당 중앙은 중공 중앙과 마오쩌둥에게 공개적인 논쟁의 중단을 요구하는 '휴전'을 서한으로 공식 요청한다.[51]

소련공산당은 휴전을 요청하기 직전까지 이미 중공 중앙을 비판하는 글을 4편이나 발표했는데 이 중 2편은 흐루쇼프가 직접 작성한 것이었다. 당연히 마오쩌둥은 '자기네는 할 말을 다하고 이제 와서 휴전하자는 식'의 흐루쇼프의 제안을 거절했다. 그러면서도 마오는 23일 중국을 방문한 소련공산당 고위인사에게 흐루쇼프의 중국 방문 초청장을 전한다.

마오는 6월 14일 〈국제공산주의운동의 총노선에 관한 건의(關于國際共産主義運動總路線的建議)〉를 발표하면서 소련의 국제공산주의운동 노선을 비판했다. 이에 흐루쇼프도 18일 소련공산당 중앙전체회의에서 중국공산당을 전면 비판하고 나섰다. 자연스럽게 중소 양국의 정치적 대립 양상은 첨예한 것에서 극단적인 것으로 변했다. 이후 소련에서는 중국공산당을 비판하는 글과 자료가 300편 이상 출간되었다.[52]

중소 양국은 격렬한 정치적 투쟁을 식히기 위해 협상을 결정한다. 7월 5일 중공 중앙 대표단은 모스크바에 도착해서 20일까지 협상을 벌였다. 그러나 중소 양국이 서로를 극단적으로 비판하는 분위기가 가시지 않은 상황에서 결과는 자명했다. 마오쩌둥은 회담 후 이미 소련과의 정치적 불화는 적대적 대립관계로 승화되었기 때문에 인민 내부의 갈등 해결 방식으로 이 문제를 처리할 것이라고 선언했다. 더한 비판과 비평으로 문제를 바로잡는 방식이었다. 9월 6일부터 《인민일보》와 《홍치(紅旗)》에서는 소련공산당을 비판하는 글을 연재하기 시작했다. '9개의 평가'라는 제목 하의 시리즈물이 출간되었다. 소련의 20대당대회 이후부터 1963년 7월까지 중소 양국의 분쟁적인 논쟁은 끊이질 않았다.[53]

---

51 陶文釗 主編, 『中美關係史(1949~1972)』 中卷,, p. 284.
52 楊奎松, "走向破裂(1960~1963)", p. 99.
53 楊奎松, p. 99.

다. 베트남전쟁의 소련 개입과 중-베트남의 분열(1968년)

중소 양국의 경쟁관계는 몽골 및 그 접경지역에서뿐 아니라 베트남에서도 그 모습을 드러냈다. 베트남에서의 양국의 경쟁은 1964년 통킹만 사태와 파리협정 체결 이후 본격화되었다. 그들은 베트남과의 '꽌시'를 통해 군사 자문과 원조 지원국을 자청했다. 또한 서로를 비방하면서 베트남과 더 우월적인 관계를 쟁취하려고 경쟁했다.

이들의 경쟁 동인에는 대내적인 요인도 있었고 미소의 유럽과 아시아의 양대 전선 중 하나의 지역에서 우위를 점하려는 대외적인 요인도 있었다. 특히 후자와 관련하여 소련은 아시아를 유럽 내 미국의 영향력에 견줄 수 있는 대항마로 인식하기 시작했다. 당시 소련과 미국은 유럽과 아시아를 두고 각자의 영향력을 확대하고자 경쟁을 벌이고 있었다.

이런 상황에서 소련은 미국에 비등한 영향력을 갖는데 전략적 도구로 아시아를 선택한 것이었다. 소련은 아시아에서의 미국이 되고자 했다. 이러한 욕망은 소련에게만 있던 것은 아니었다. 중국 역시 아시아에서, 특히 아시아 공산체계의 맹주가 되고자 했다.

1969년 3월 중소 국경분쟁 이후 북경 지도자들은 10월부터 '전쟁 공포증'에 시달렸다는 것이 양쿠이쑹(楊奎松) 역사학자의 분석이다.[54] 이런 공포가 북경으로 하여금 미국과의 관계를 모색하게 된 동기로 작용했다. 중소 양국 관계의 악화가 베트남과의 관계와 무관하지는 않았다. 상충된 이데올로기와 상이한 대외관으로 불화를 빚고 있는 중소 양국의 갈등이 베트남전쟁 진행에도 그 모습을 드러냈다는 의미다.

과거 중소 양국 관계를 밀월로 추동시킨 요인에는 미국이라는 '공동의 적'이 있었다. 그러나 미중과 미소가 관계개선을 모색하면서 중소 양국에게 '공동의 적'의 의미가 부식되기 시작했다. '공동의 적' 부재는 중소 양국 관계의 분열을 조장하는 객관적 요인이 되어버렸다.

엎친 데 덮친 격으로 중소 양국의 베트남 영향력 쟁탈전은 양국 관계를 더 큰 긴장상태로 몰아넣었다. 두 나라는 초기 단계부터 전략적으로 첨예하

---

54 Yang Kuisong, "The Sino-Soviet border clash of 1969 : from Zhenbao Island to Sino-American rapprochement," Cold War History, No. 1, August 2000, pp. 41~49.

게 대립했다.

북베트남의 군대는 중국의 지원 하에 이른바 마오쩌둥의 '인민전' 전략을 수행하고 있었다. 이 전략은 병력과 화력에 의존하는 게릴라전이었다. 베트남민주공화국은 이 전략을 1962년 여름 북경이 9만 정의 장총을 제공할 때까지 잘 활용했다. 통킹만 사건 이후 미국의 공세가 더욱 강해지자 1964년 12월 북경과 하노이는 중국의 포대와 보병대 인사를 베트남 민주공화국에 배치해 미국의 증강하는 공세에 공동 대응하자는 협약을 맺었다.

1964년부터 1970년대 초까지 베트남민주공화국의 대외정책은 중국 일변도였다. 북베트남의 중국 일변도 입장은 소련 수정주의와 소련의 지원 부족에 대한 비판이 중국과 결을 같이한 사실에서 유추해볼 수 있다. 1962~1963년 중소 양국이 서로를 마르크스-레닌주의의 이탈자로 비판하고 있을 때 중국은 한 발 더 나가 소련을 수정주의자로 규정했다. 그리고 베트남민주공화국은 1964년 8월 중국의 대소련 비판 입장을 전격 수용했다. 북경을 방문한 베트남 공산당 서기 레주언(Lê Duẩn)은 소련의 수정주의자가 자기를 대중국 협상 카드로 활용하려는데 우려를 금치 못한다고 전했다.

하노이의 소련 지원 부족 사태에 대한 불만은 호치민을 비롯한 고위 지도자들의 노골적 불만에서 잘 드러났다. 1965년 10월과 1968년 9월 팸 반 동(Phan Van Dong)은 마오쩌둥과의 회담에서 소련의 혁명민족해방운동에 대한 지원 부족을 신랄하게 비판했다. 1965년 호치민도 몇 차례의 북경 방문에서 소련의 부족한 원조와 소련의 공산혁명 의지에 깊은 우려를 표명했다.

1965년 2월 소련 수상 코시긴의 방문이 북베트남에게 전략적 전환점이 되었다. 그의 방문 목적은 베트남전쟁의 정세를 살펴보는 데 있었다. 그의 초청을 받은 레주언은 4월 미사일 지원 협의를 위해 모스크바로 갔다. 그가 소련의 미사일 제공을 확보받자 하노이는 더 공세적인 전략으로 미국과의 전쟁을 시작했다.

코시긴은 앞으로 있을 모스크바의 군사적 지원이 순조롭게 진행되기 위해서는 북경의 협조를 전제로 내세웠다. 그는 중국의 협조 의사를 타진하기 위해 모스크바 귀국 길에 하노이에서 북경을 잠시 들렀다. 코시긴은 중국에게 베트남민주공화국에 대한 원조와 지원을 '공동 행동(united action)'의 방식으로 진행할 것을 제안한다.

앞서 봤듯이 이 방식의 핵심은 소련의 군사 및 무기 지원과 원조 물품이 중국 영공과 육로를 통해 하노이에 제공하는데 있어 중국이 협조하는 것이었다. 북경은 코시긴의 제안을 거절했다. 대신 소련의 비군사적 원조 물품에 한해서만 중국 영공에서의 비행 및 수송을 허락했다.

군사적 물품에 대해서 중국이 제한한 범위 내에서 지정한 육로로만 운송하라는 방침이었다. 더불어 중국은 운송 과정을 관리 감독하는 소련군의 수 역시 자신들이 제한하겠다는 절충안을 내세웠다.

1965년 4월 3일 소련은 베트남민주주의공화국에 파병되는 4,000명의 소련군이 중국을 경유할 수 있도록 허가를 요청했으나 중국이 거절했다. 결과론적으로 코시긴의 방중은 중소 경쟁에 더 불을 지핀 셈이 되었다. 1965년 4월 8일 류사오치는 방중한 레주언에게 베트남민주공화국이 필요로 하는 모든 것을 중국이 일괄적으로 제공할 것이라고 약속했다. 중국은 베트남에 있어 소련의 지원이나 영향력을 배제시키고 싶었다.

레주언은 그 자리에서 중국의 병력, 전투비행사와 엔지니어 등의 파병을 요청했다. 중국에는 당시 미국의 대중 포위작전에 대한 노이로제가 있었다. 경제 봉쇄를 넘어 미국의 군사적 포위망이 가시화되고 있었기 때문이다. 60년대 미국은 이미 한국, 일본, 대만, 필리핀과 남베트남에 미군을 주둔시키고 있었다.

중국의 입장에서 인도차이나반도는 자국의 안보 환경에서 유일하게 영향력을 발휘할 수 있는 요충 지대이자 완충 지대였다. 때문에 통킹만 사건이 발생한 이후 중국은 대미 완충지 확보를 목적으로 1965년 8월 1일에서 1969년 3월 20일까지 베트남민주공화국에 32만의 인민해방군을 파병했다.[55] 1950~1975년까지 중국이 제공한 경제원조는 200억 달러에 달했다.[56]

그런데 베트남공산당의 전략적 입장이 1965년부터 서서히 변하기 시작했다. 베트남공산당 중앙위원회 사무총장으로 레주언이 모스크바 방문으로 소

---

55 李澄 等 主編, 『建國以來軍史百椿大事』 (北京 : 知識出版社, 1992), p. 222.

56 Qiang Zhai, China and the Vietnam Wars, 1950~1975 (Chapel Hill, N.C. : The University of North Carolina Press, 2000), p. 135.

런의 미사일 제공 약속을 받아낸 사건은 베트남의 입장 변화를 대변하는 사례였다. 이후 1968년까지 베트남민주공화국의 전쟁 전략을 둘러싸고 북경과 모스크바 간의 실랑이가 벌어졌다. 그리고 1968년 하노이는 중국의 손을 완전히 놓아버리고 소련에 의존하게 된다. 1968년 4월 베트남민주공화국은 파리 평화회담의 참석을 결정했다. 이의 전략적 의미는 전환적이었다. 이는 곧 모스크바의 '전쟁하면서 협상하는' 전략으로의 전환을 의미했기 때문이었다.

이에 중국의 천이 외교부장은 1968년 10월 17일 레둑토(Lê Đức Thọ, 黎德壽, 본명 판딘카이潘廷凱)와 만나 소련과의 관계를 단절하지 않으면 중국이 관계 단절을 하겠다고 엄중 경고하면서 평화회담에서 철수할 것을 요구했다. 그러나 베트남민주공화국은 소련의 전략을 견지하기로 결정한다. 북베트남의 확고한 입장을 눈치 챈 마오쩌둥은 그해 11월 17일 평화회담을 지지하는 입장으로 선회하면서 분위기를 전환시키려고 노력한다. 그 결과 베트남-중국-소련의 3각 관계는 일시적으로 더 단결되는 모습을 보였다.

중국의 불만이 사그라진 건 아니었다. 북경은 1969년 지원하기로 한 원조의 3분의 1밖에 제공하지 않았다. 나아가 중국은 베트남민주공화국에 파병한 중국군을 1968년 11월부터 1970년 7월까지 완전히 철수시켜 버렸다. 그러나 중국의 베트남민주공화국에 대한 미련은 남아 있었던 것 같다.

저우언라이는 1971년 3월 5일 하노이 방문에서 베트남민주공화국이 필요한 것이 있으면 무엇이든지 이야기하라며 중국이 희생을 해서라도 모두 제공하겠다는 입장을 밝혔다. 그의 장담은 바로 현실화되었다. 1971년부터 1975년까지 중국의 해외 원조 예산에서 연평균 41.5%가 베트남민주공화국의 몫으로 책정되었다. 1972년에는 1949년 이후 역대 최대의 원조 예산 수준인 48.67%가 베트남민주공화국의 원조 예산으로 편성되었다.[57]

중국의 지속적인 원조 제공에도 불구하고 군사적 지원 철회 후 중국-북베트남의 신뢰관계는 예전 수준을 회복 못하고 도리어 악화되어만 갔다. 중국-북베트남 관계의 악화에는 당사자들 간의 요인 외에도 치명적인 대외요인이 추가되었다. 미중관계 개선의 시작이었다. 미국을 적국으로 싸우고 있는 하

---

57 李丹慧, "中美緩和与援越抗美-中國外交戰略調整中的越南因素", 『党的文獻』, 2002年, 第3期, p. 73.

노이로서는 중국이 자신의 적국과 관계개선을 모색하는 행위가 달가울 리 없었다. 북베트남의 불만은 너무나 자연스러운 것이었다.

그래도 하노이 당국의 우려와 불신을 불식시키기 위해 중국은 키신저와 닉슨의 방문 시기, 즉 1971년과 1972년에 레주언, 레둑토와 팜반동 등을 북경에 초청해 베트남과의 우월한 정치관계를 유지하려고 했으나 실패했다. 키신저와 닉슨의 방문으로 미중관계가 정상화의 궤도에 오르면서 베트남민주공화국의 중국에 대한 불신과 배신감은 급작스럽게 확장되었고 이후 베트남은 소련과의 연대 강화에 나섰다. 결국 중국과 소련의 경쟁 관계는 1974~1975년에 발생한 중국-베트남 관계의 분열로 종식되었다.

⁝ 중소 국경분쟁의 무력충돌과 동맹 파멸

중국 군사전략의 조정은 최고지도자의 전략적 고려와 선택의 본질을 반영한다. 1956년 3월과 1960년 2월 두 개의 군사전략 방침이 결정되었다. 이 두 전략의 차이점은 방위 구축과 작전의 방식에 있다. 모두 미국을 주요 위협과 작전 대상으로 간주하고 있었으며 전력을 중국의 동부지역과 동남연해지역에 집중시켰다. 20세기 60년대 중반부터 상황이 변했다. 소련이 1964년부터 중소 국경지역에 대규모 병력을 배치하고 정밀 기계화 부대를 몽골에 주둔시키기 시작한 것이다.[58]

그해 7월 마오쩌둥은 소련에 대한 방어전략 문제를 처음으로 공식 제기한다. 8월에 중국은 전투태세 준비의 필요에 따라 국방의 총체적 전략을 다시 규획했다. 중국은 군사력 건설을 위해 후방지역을 잠재적 전선에서 최대한 멀리 떨어진 만리장성 이남, 북경-광둥 철도 이서지역 등 11개 내륙성(省)으로 지정했다.[59]

군사전략의 조정도 뒤따랐다. 1964년 9월 11월 해방군 총참모부는 전역 탐

---

58 소련은 1963년 7월 몽골과 〈몽골 남부 국경지역의 방위 강화를 위한 소련의 지원 협정〉을 체결하고 1966년 1월에는 군사 동맹 성격의 우호조약을 체결한다.

59 王仲春, "中美關係正常化進程中的蘇聯因素(1969~1979)", 『黨的文獻』, 2002年 第4期, p. 52.

사조를 조직해 화북, 동북과 서북의 중요한 전략 지역을 탐사했다. 소련군의 극동지역 공격에 대비하기 위해 침공 가능한 동선과 과거 일본이 구축해놓은 방호벽의 상태를 점검했다.

그런데 소련 정치에 변수가 생겼다. 흐루쇼프가 1964년 10월 14일 축출된 것이다. 이에 중국은 중소관계가 개선될지도 모른다는 희망을 가졌다. 최소한 그의 퇴진으로 중소 양국의 첨예해진 긴장관계가 완화될 수 있을 것으로 믿었다. 기대와 달리 양국의 긴장관계는 소련의 새로운 지도자 레오니드 브레즈네프(Leonid Brezhnev)가 집권하면서 한층 더 고조되었다. 1965년부터 소련이 중소 국경지역에 본격적으로 군비 강화를 시작했기 때문이다.

1965년 소련은 이 지역에 14개 전투 사단을 우선 배치했다. 이 중 2개 사단만 전투 준비가 완료된 부대였다. 1969년에 27~34개 사단으로 증강되면서 27~29만의 병력이 추가 배치됐다.[60] 1967년부터 소련은 이 지역에 핵무기도 배치하기 시작했다. 소련은 스케일보드(Scaleboard, SS-12) 전략 핵 시스템, 즉 사거리 500마일과 500킬로톤의 탄두를 장착한 단식 액체연료용의 이동형 미사일을 배치했다. 소련의 핵미사일은 바이칼호(Baykal Lake)의 하류와 중국-몽골 접경지대에 배치되었다.[61]

중국공산당 지도자들은 1965년 5월 이미 불길한 예감을 감지했다. 5월 21일 저우언라이는 중앙군사위원회 작전회의에서 이 같은 예감을 처음 밝혔다. 중국이 제국주의와 수정주의와의 조기(早期)전, 대전투(大打)를 공동으로 치러야 하는 동시에 핵전쟁도 불사해야 한다고 했다. 그래서 중국은 두 개의 전쟁을 준비해야 한다는 것이었다.[62] 중국이 예감을 공개한 것은 10월 7일이었다. 마오쩌둥은 그날 북한의 최용건을 만난 자리에서 소련이 무력으로 중국을 공격할 것이라고 예언했다.[63]

60 Intelligence Memorandum : Recent Soviet Military Activity on the Sino-Soviet Border, CIA, Directorate of Intelligence, April 1970, p. 3, 15

61 Special Memorandum : The Soviet Military Buildup Along the Chinese Borde), CIA, Board of National Estimates, 25 March 1968, p. 12

62 "我們將贏得進步,贏得和平", 1965年 5月 21日, 劉武生 編, 『周恩來軍事文選』, 第4卷 (北京 : 人民出版社, 1997), pp. 520~525.

63 陶文釗 主編, 『中美關係史(1949~1972)』 中卷, p. 290.

전바오다오 충돌에서 소련군 탱크에 올라탄 중국군 병사들

이에 중국은 외교적 비판과 군 병력의 이동으로 맞대응했다. 중국의 외교적 대응은 우선 소련의 군사 활동을 공세적인 '수정주의자'의 의도와 목적을 적나라하게 드러내는 것이라는 비판으로 시작됐다. 1967년 9월 《인민일보》는 사설을 통해 소련이 전쟁 준비 태세를 강화하고 확대하면서 몽골을 대중국 포위망에 연계하는 행동은 공세적 수정주의자만이 할 수 있는 것이라고 강도 높게 비판했다.

중국의 군사적 대응은 59개 사단을 북부 지역에 배치하면서 시작되었다. 이들 부대는 경장비병 부대였고, 기동력이 부족했다. 이에 반해 소련은 기동력이 높은 부대였고 더 강한 무기를 갖추고 있었다. 소련의 무기체계는 화력이 우월한 포대와 탱크, 병력 수송 장갑차(armored personnel carrier, APC), 전투기와 헬기 등으로 구성되어 있었다. 결국 중국군의 수적우위는 소련의 우월한 장비와 무기로 아무 의미 없게 되어버렸다.

중소 양국의 정치관계의 긴장국면이 고조될수록 접경지역에서의 침투 및 교전 활동도 빈번해졌다. 중국 측 주장에 따르면 1967년 1월 23일에서 1969년 3월 2일까지 소련은 전바오다오를 16번 침투했다. 1967년 11월에서 1968년 1월 5일까지 치리친다오와 전바오다오의 북쪽 지역을 18회나 침투했다.[64]

1964년 10월 15일 소련의 첫 침범 이후 1969년 3월 15일까지 중국은 소련군이 총 4,189회나 침범했다고 주장한다.[65]

소련의 주장은 달랐다. 소련은 1969년 6~8월까지 중국이 고의적으로 소련의 영토를 위반한 건수가 488건이라고 발표했다. 그러나 이후 발견된 자료에 의하면 1965~1968년까지 8,690건의 사고가 접경지역에서 발생했고, 3만 5,000명의 중국인이 연루되었다. 소련 당국은 그중 3,000명이 중국군이라고 밝혔다.[66]

1965년 4월과 5월에 중국공산당 중앙군사위원회는 작전회의를 개최하여 전략적 전역을 선정했다. 이른바 '3북'지역이라고 정의되었던 화북, 동북과 서북지역 등이었다. 동 회의에서 중국은 이들 지역의 국방 건설에 집중하기로 결정한다. 중국은 이미 베트남에서 미국과 간접적으로 교전하고 있는 상황이라 북부지역에서 소련과 국경분쟁을 일으키고 싶지 않았다. 그래서 이 지역의 안정 유지를 위한 최선의 노력을 다하기로 결정했다. 그러나 혹시 모를 상황에 대한 대비가 필요했다. 중국은 미국과 소련의 전쟁 위협에 동시 대응하기 위한 논의를 시작했다.

그러나 60년대 후반부터 중국 북부지역의 안보상황은 악화일로였다. 중소와 중국-몽골 변경지역의 소련 병력 증강 소식이 하루가 멀다 하고 전해져 왔다. 중국 국방당국의 당시 자료에 의하면 70년대 초까지 소련은 우랄산맥 이동 지역에 병력을 꾸준히 증강시켰다. 소련은 60년대 초 십 수 개에 불과했던 사단을 54개로, 작전병력의 규모를 118만 명으로 증강시키며 중국 북부지역 안보를 위협했다.

우랄산맥 이동 지역에 배치된 소련군 54개 사단은 다음과 같은 무기체제외 부대 등을 갖추고 있었다. 보병단 44개, 탱크단 8개, 공수부대 3개 사단, 작전탱크 1만 5,000여 대, 포 1만여 문을 위해 약 63만 명 병력이 배치되었다.

64 "Soviet Revisionist Renegade Clique Directs Soviet Frontier Guards to Flagrantly Intrude Into China's Territory," Peking Review, 7 March 1969, p. 12.

65 "中國政府關於中蘇邊界問題的聲明," 『人民日報』, 1969年 5月 25日.

66 "Documents on the Armed Provocations of the Chinese Authorities on the Soviet-Chinese Border," 11 September 1969, in CDSP, 8 October 1969, p. 8.

공군력은 공군작전비행기 1,900여 대를 위해 약 12만 5,000명이, 국방공군작전비행기 1,140대, 방공미사일 3,000개를 위해 약 12만 4,000명이 우랄산맥에 배치됐다. 해군에는 해군태평양함대의 주요작전함정 162척으로 54만 톤, 해군비행기 345대를 위해 약 13만 명, 전략미사일 대륙간탄도 550개, 중거리미사일 135개를 위해 약 12만 1,000명이 배정됐다.[67]

이 시기 소련이 극동과 중국 접경지역으로 이동시킨 군사력은 당시 소련군의 27%를 차지하는 비중이었다. 이 모든 병력이 중국만을 겨냥한 것은 아니었다. 이들 대부분은 극동군구(극동시베리아, 호우페이지아얼, 시베리아와 중앙아시아의 4개 군구와 몽골 등을 포함)의 주둔 병력을 증강하기 위한 것이었다. 소련은 당시 태평양함대도 계속해서 증강시키고 있었다. 그러나 중국의 입장에서는 이 모든 군사적 이동이 모두 중국을 겨냥한 군사적 위협으로밖에 보이지 않았다.

1965년부터 소련은 바이칼호에 군사 기지를 구축하기 시작했다. 이것이야말로 중국을 겨냥한 것이었다. 그리고 1967년 11월부터 소련은 몇 개 사단(division)을 이 지역에 주둔시키기 시작했다. 이로 인해 이 지역에서의 중소 양국의 군사적 균형이 완전히 무너지기 시작했다. 중국도 이에 대응하기 위해 푸젠성에서 몇 개 사단을 올려 보냈다.

재미있는 사실은 중국이 중소 접경지역에 47개 사단을 배치했을 때 중앙아시아와 극동지역에 배치된 소련군은 21개 사단에 불과했다는 점이다. (이 21개 사단도 증강된 것이었다. 1965년에는 13개 사단에 불과했다.) 이후 70년대 전후로 소련은 이 지역의 군사력을 급진적으로 증강시켰다.

그 결과 소련은 50개 사단을 중국의 접경지대에 배치한다. 1969년에서 1972년 사이 18~20개 사단을 추가 배치한 결과였다. 1970년의 총 30개 사단이 1971년에는 33개로, 1973년에는 45개로 증가했다.[68] 이 중 2~3개 사단은 전투기 부대로 1970년에 배치되었다. 우수리강에서의 총격전으로 소련은 이 지역의 군대를 자활 부대(self-sustaining forces)로 재창출하는 데 공을 들였

67 王仲春, "中美關係正常化進程中的蘇聯因素(1969~1979)", 각주 ③ 참조.
68 宮力, "通向建交之路的艱難跋涉：1972~1978年的中國對美政策", 『党的文獻』, 2002年, 第2期, p. 69.

다. 그러나 중국은 47개 사단의 우선 배치 이후 2개 사단밖에 더 추가하지 못했다. 당시 중국의 군사 자원은 베트남전쟁에 집중되어 있었다.[69]

1970년을 전후하여 소련 육군과 공군의 총병력 중 4분의 1, 해군 병력 중 3분의 1이 중국 국경지대에 배치되었다. 56개 사단에 70만 병력이 배치되었다. 중국은 7,500km의 국경선을 따라 당시 100만 병력을 배치했다.[70] 1990년 4월 양국이 중소관계 정상화를 위해 〈중소 국경지역의 상호 감군과 군사 신뢰 강화를 위한 주요 원칙에 관한 협약(Agreement on Guiding Principles for the Mutual Reduction of Military Forces Along the Sino-Soviet Boundary and the Strengthening Confidences in the Military)〉을 강구하고 체결한 것도 이때 형성된 어마어마한 군사력 문제를 해소하기 위해서였다.

소련의 지속적인 군사적 증강에도 불구하고 중국의 자신감은 하늘을 찔렀다. 지정학적 전략에서 우위를 점했기 때문이다. 병력 수에서 중국이 압도적이었다. 소련군은 준비가 절대적으로 부족했다. 당시 소련의 정보관이었던 빅토르 고바레프(Victor Gobarev) 대령의 증언이 이를 잘 입증한다. 당시 배치되었던 소련군의 재래식 무기는 중국군에 대항할 수 있는 수준이 아니었다.

소련은 70년대 중반이 되어서야 중국과 수준을 비등하게 맞출 수 있었다. 결국 1969년의 소련은 중국과의 무력충돌 대비가 부족했다. 또한 중국의 군부대는 후방 거리가 짧아 지원 보충과 보급이 신속하게 잘 이뤄질 수 있는 이점이 있었다. 소련군이 주둔한 지역은 낙후된 지역이라 소련이 이 지역을 중국의 전초기지로 개발하려면 상당한 시간이 필요했다.

그래도 마오쩌둥은 몽골에 주둔한 소련군의 존재에 민감했다. 왜냐하면 역사에도 나타났듯이 소련군이 몽골을 경유해 거침없이 중국의 동북지역은 물론 북경까지 쉽게 노닐할 수 있기 때문이었다. 1945년 당시 소련군은 자연

---

69 Thomas Robinson, "China confronts the Soviet Union : warfare and diplomacy China's Inner Asian Frontiers," in Roderick MacFarquhar and John K. Fairbank (eds.), The Cambridge History of China, Volume 15, The People's Republic, Part 2 : Revolutions within the Chinese Revolution 1966~82 (Cambridge : Cambridge University Press, 1991), pp. 291~292.

70 "Sino-Soviet Border Clashes," Global Security.Org, August 29, 2012, http : //www. globalsecurity.org/military/world/war/prc-soviet.htm (검색일 : 2016년 10월 23일).

장애가 없는 중소와 중몽 국경 1만 2,000km를 아무런 저항 없이 건넌 뒤 동북지역까지 쉽게 진출해 100만 여 대군의 일본 광동군을 섬멸했었다. 더욱이 중몽 국경에서 북경까지의 직선거리가 560여km에 불과해 마오쩌둥의 우려는 가중될 수밖에 없었다.

소련의 군사적 위협은 60년대 말과 70년대 초에 더 높아졌다. 특히 소련이 중국의 핵시설에 정밀 타격을 시도하는 계획을 논의했다는 사실이 북경에 전해지면서 긴장은 더욱 고조되었다.

소련은 8월 20일 이 계획에 대한 미국의 입장을 알고 싶어 했다. 심상치 않은 분위기를 감지한 알렌 화이팅은 8월 16일 키신저에게 정세 분석 보고서를 보낸다.[71] 그는 보고서를 통해 키신저에게 소련의 위협에 대응할 방안은 중국과의 관계개선임을 충고했다. 보고서는 키신저로 하여금 훗날 중국 관계개선 문제의 필요성을 깨닫게 했다. 그 전까지 키신저는 닉슨이 중국과 관계를 개선하려는 지시를 이해하지 못했었다.

소련의 중국 핵시설 공격 계획을 미국은 반대했다. 소련의 의도는 공격으로 미중관계를 더 적대적으로 만들어 중소 분쟁에서 미국의 중립화를 실현하기 위해서였다. 이에 미국은 중국의 핵반격을 우려했다. 이는 세계적인 전쟁을 의미하기 때문이었다.[72] 소련의 정밀 타격 계획은 1978년 미국에 망명한 소련의 고위 외교관이자 전 UN사무차장 아르카디 셰프첸코(Arkady Shev-chenko)의 회고록으로 재확인되었다.[73]

소식을 접한 저우언라이는 1969년 9월 중소 양국의 총리가 모인 북경 비행장 회담 자리에서 소련 총리 알렉세이 코시긴(Aleksei Nikolaevich Kosygin)을 향해 경고를 던졌다. 소련이 그 계획을 자행할 경우 이는 침략이고 곧 전쟁

---

71 Letter from Allen S. Whiting to Henry Kissinger, 16 August 1969, enclosing report, "Sino-Soviet Hostilities and Implications for U.S. Policy," http : //nsarchive2.gwu.edu/NSAEBB/NSAEBB49/sino.sov.9.pdf (검색일 : 2016년 3월 22일).

72 劉樹山, "1969年珍寶島沖突 : 蘇欲進行外科手術式核打擊"『人民網』, 2010年08月10日, http : //www.people.com.cn/GB/198221/198819/198852/12395676.html (검색일 : 2016년 3월 22일).

73 Arkady N. Shevchenko, Breaking with Moscow (New York : Alfred A. Knopf, 1985), pp. 164~165.

이라며 중국은 끝까지 저항할 것이라는 단호한 의사를 전달했다. 코시긴은 저우의 말을 부인하지 않았다.

이밖에 소련은 러시아 대륙을 횡단할 수 있는 대륙간탄도미사일과 중거리 미사일을 전방에 배치해 중국 전역을 타격할 수 있는 태세를 갖췄다. 극동지역에 배치된 원정항공병은 중국의 이른바 '3북'지역을 모든 방향에서 기습 진입할 수 있는 위치에 주둔하고 있었다.

소련은 전쟁의 반경을 양자강 일선까지로 획정했다. 소련의 태평양함대는 한국의 동해에서부터 중국의 동해까지 중국을 봉쇄할 수 있는 규모였다. 상륙작전의 능력도 갖추고 있었다. 특히 소련이 중국을 겨냥해 군사 훈련을 빈번하게 벌이던 중이었기 때문에 국경지역의 긴장국면은 한층 더해갔다.

마오쩌둥의 우려는 점점 현실화되었다. 1969년 3월 결국 중소 국경지역의 전바오다오에서 무력충돌이 발생했다. 3월 15일 중소 양국 군대는 제일 격렬한 전투를 치렀다. 그날 저녁 마오쩌둥은 전쟁 준비를 결정했다.

사건의 발단, 즉 누가 먼저 공격을 했는지는 아직까지 논쟁 중이다. 소련은 아직도 중국의 매복설을 주장하고 있고 중국은 소련의 공격에 대응했을 뿐이라고 주장한다. 무력충돌이 일어난 지점을 중소 양국군이 주둔한 부대의 거리에서 보면 소련군 부대에서 더 가까웠다. 그렇기 때문에 소련은 성공하기가 수월했는데 실패하자 모욕감에 젖어 중국에게 책임을 전가한다는 주장도 존재한다. 이의 반론도 존재한다. 앞서 언급했듯 당시 소련군은 준비가 부족한 상황이었기 때문에 중국의 도발에 응하지 않고 피하는 전략을 선택했다는 것이다.

또한 브레즈네프 당시 소련 서기장이 해외 순방 중이었기 때문에 더 적극적인 공세가 실질적으로 어려웠다는 주장이다. 왜냐하면 공산주의 국가의 당과 군의 관계를 고려하면 소련군이 만반의 준비를 독자적으로 해서 중국의 도발에 무력 대응 하는 것 자체가 정치적 위험 부담이 큰 선택이었기 때문이다.

그러나 중국의 매복설을 입증할 사료가 아직까지 부족하다. 매복설에 무게를 두는 중국전문가들은 정황 증거로 이를 판단하고 있다. 1968년부터 중국공산당이 이 지역의 군비를 강화했고 매복 작전의 준비도 동시에 진행했다는 것이다. 매복 작전 준비의 가장 큰 이유로 그들은 소련군 대비 중국군의

열세를 주장한다. 또한 우발적인 군사적 충돌이 일어나도 매복전이 전쟁으로
이어질 가능성을 제약하는 요인으로 작용할 수 있었기 때문에 결국 중국이
매복전을 선택했다고 주장한다.

그러나 모든 준비과정에 참여한 군 인사 중 한 명인 천시리엔 심양군구
총사령관은 우수리강의 전바오다오에 매복한 중국의 병력은 최우수 정예의
특수부대요원이었고 그들은 최고 성능의 무기로 무장하고 있었다고 증언했
다. 참여자가 '매복'이라는 단어를 사용했기 때문에 매복설에 무게가 실릴 수
있다. 또한 중국이 역사적으로 영토 분쟁에 있어 무력을 불사하는 입장을 유지
했고 실제 행동으로도 옮겨왔기 때문에 중국의 매복설이 근거 없는 이야기는
아니다.

어쨌든 이 사건이 발발하면서 희생이 컸던 것은 소련군이었다. 첫 번째 교
전에서 소련군 중 31명의 사상자가 발생했는데 이는 미군이 베를린 위기에서
입은 사상자의 수와 같아 사건의 규모를 짐작할 수 있다.[74]

한 가지 유념해야 할 사실은 이 사건의 역사적 의미다. 세 가지가 있다.
첫째, 소련이 '주적'으로 중국공산당 당헌에 규정됐다. 전바오다오에서의 교
전이 끝나고 개최된 4월의 9차 당대회에서 이 같이 결정했다.[75] 그럼으로써
소련은 중국에게 '수정주의자' 반동분자일 뿐만 아니라 중국의 주요 적국이
되어 버렸다.

둘째, 이 사건은 미중소 3각 관계의 국제관계 구조에 근본적인 변화를 가
져왔다. 미국의 로널드 레이건 전 대통령이 군비경쟁으로 소련의 군수산업을
붕괴시켰다면, 중국의 70년대와 80년대의 호전성이 소련의 자원을 고갈시키
는데 일조한 사실을 과소평가해서 안 된다는 것이 미국 학자 라일 골드스타
인(Lyle Goldstein)의 주장이다[76].

---

74 Richard Wich, Sino-Soviet Crisis Politics : A Study of Political Change and
   Communication (London : Council on East Asian Studies, Harvard University, 1980),
   p. 97.

75 Dong Wang, Grand Strategy, Power Politics, and China's Policy toward the United
   States in the 1960s, Diplomatic History, Vol. 41, No. 2, 2017, p. 18.

76 Lyle J. Goldstein, "Return to Zhenbao Island : Who Started Shooting and Why It
   Matters," The China Quarterly, No. 168, December 2001, pp. 985~997.

셋째, 미중 간에 '암묵적 동맹(tacit alliance)' 결성에 결정적인 계기가 되었다. 전통적인 현실주의의 세력 균형론 관점에서 보면 이 사건을 전후해 소련이 꾸준하게 중국을 군사적으로 포위하고 국제적으로 공세적 행태를 증강한 것이 결국 미중 양국으로 하여금 묵시적인 동맹(acquiescent alliance)을 결성하게 한 동인으로 작용한 것도 사실이다. 더 나아가 헨리 키신저는 이 사건이야말로 미중 간의 비밀 외교와 중국의 문호개방이라는 결과를 양산했다고 확신하면서, "소련이 (중소분쟁의) 침략자면, (이는) 우리(미국)에게 기회였다"라고 회고했다.[77]

---

77 Henry Kissinger, The White House Years (Boston : Little, Brown and Co., 1979), p 177.

제6장

역사의 아이러니 : 미중관계
정상화가 문화대혁명 시기에?

미국과 중국의 관계 정상화가 중국 외교사의 제일 암흑기에 이뤄졌다는
사실이야말로 역사의 아이러니다. 중국은 당시 문화대혁명을 겪고 있었다.
관점에 따라 문화대혁명의 기간은 다르다. '대약진운동'에 대한 비판이 일기
시작한 1962년부터 시작했다는 설도 있다. 이런 비판이 '정풍운동'으로 정치
화된 1963년에 시작해서 1966년에 절정을 이뤘다는 주장도 생소하지 않다.
그러나 더 잘 알려진 기간은 1966년부터 1976년 마오쩌둥의 사망까지로 정의
한 것이다.

보편적인 시각은 1963년 정풍운동으로 그 서막을 알렸고, 1966년에 문화대
혁명의 기치가 최고조에 달했고, 1976년 마오쩌둥의 사망으로 종결되었다는
것이다. 문화대혁명 당시 중국은 폐쇄정책을 채택하고 바깥세상에 중국의 대
문을 걸어 잠갔다.

1966년 문화대혁명 절정기에는 이집트를 제외한 모든 해외공관을 폐쇄했
고 많은 외국 대사관이 문을 닫은 동시에 외교관들이 추방당했다. 혼란 속의
북경 시민들은 1967년 여름 외국 대사관 및 공관을 부수고(인도, 미얀마, 인
도네시아) 방화도(영국) 저질렀다. 그 결과 중국은 40여개 수교국 중 30개국
과 외교적 갈등을 겪게 된다.[1] 외국 외교관들이 다시 복귀할 수 있었던 시점
은 1968년 전후였다. 그래서 문화대혁명 시기는 중국 외교사에서 최고의 암
흑기로 평가된다.

하나 흥미로운 것은 중국 스스로 중국의 대외관계를 시기별, 연대별로 소
개하고 있는 책이 문화대혁명 시기를 어떻게 설명하고 있는 지다. 책은 문화
대혁명 시기를 중국 외교의 부존 기간이라 정의하면서 이의 이유로 '4인방'과
같은 극좌파 지도자들의 군림을 제시한다.

그들의 통치로 중국이 광란에 빠져버리는 바람에 대외적인 활동이 없었던

---

1 熊志勇 著, 『中美關係 60年』, (北京 : 人民出版社, 2009), p. 153.

것으로 이 시기를 설명하고 있다. 그러나 정말 재미난 것은 국가별로 중국의 당시 대외관계를 소개하는 부분을 보면 문화대혁명 시기인 60년대와 70년대의 외교활동이 비교적 상세히 서술되어 있다는 점이다.

문화대혁명 시기는 외교사적 관점에서 봤을 때 여러모로 흥미로운 시기였다. 암흑기로만 인식하고 있던 이 시기에 중국 외교가 70년대 초 데탕트와 보조를 같이하면서 서구 및 주변지역 국가와 연쇄적으로 수교를 맺었기 때문이다. 아이러니하게도 이 시기에 중국은 수교 제2의 중흥기를 맞이한다.[2]

첫 번째 수교 중흥기는 건국 직후였다. 소련을 비롯한 동구 및 일련의 사회주의·공산주의 국가와의 수교가 단기간에 모두 성사되었다.[3] 제2의 중흥기에서는 1964년 프랑스와의 수교를 시작으로 1971년 키신저의 비밀방중, 1972년 닉슨의 방문, 그리고 1972년에 일본의 수교가 이루어졌다. 서구와 동남아지역의 다수 국가와의 수교도 1972년 이후 대부분 이뤄졌다.

문화대혁명 후반부 시기 중국공산당 지도부 내에 변화가 일어나기 시작한다. 연로해진 마오쩌둥과 저우언라이에게 건강상의 문제가 생기면서 1974년 문화대혁명 말기가 되면 두 수장의 국정 운영이 거의 불가능해지기 때문이다. 그 결과 하방 당했던 덩샤오핑(鄧小平)이 1973년 국무원 부총리란 직함으로 복귀하게 된다. 그러나 얼마 안 가 덩은 다시 중앙에서 숙청당하고 만다.

하늘이 덩의 편이었는지 덩은 1975년 다시 중앙으로 불려가 대미관계를 전담하며 중미관계에 변화를 불러오게 된다. 그도 이른바 '4인방'의 영향력에서 자유롭지 못했다. '4인방'이 국정을 극좌편향으로 운영하려는 시도를 하면서 미국과의 수교협상은 지대한 타격을 받는다.

미국도 최고지도자의 신상 변화로 대중국 외교에 큰 변화가 일어난다. 이른바 '워터게이트 사건'이었다. 이 사건으로 닉슨 대통령이 1974년 사퇴하고

---

2 1955년 말 기준 중국은 29개국과 수교했다. 1965년 말 기준 49개국으로 증가했다. 1966년에서 1976년까지 중국과 수교한 나라는 61개국이었다. 1976년 말 기준 중국은 111개국과 수교했다. 『當代中國』叢書編輯委員會, 『當代中國外交』(北京 : 中國社會科學出版社, 1990), pp. 476~483.

3 건국 후(1949년 10월~1950년 1월) 첫 11개 수교국은 사회주의 국가였다. 중국은 소련, 불가리아, 루마니아, 헝가리, 북한, 체코슬로바키아, 폴란드, 몽골, 동독, 알바니아, 베트남 등의 순으로 수교했다.

MAN OF THE YEAR

Teng Hsiao-p'ing
Visions of a New China

개혁개방의 상징으로 타임지에 소개된 덩샤오핑

포드 부통령이 대통령직을 승계했다. 그러나 포드가 이듬해인 1975년 대선에 전념하면서 미국 내 대외 수교협상 자체에 대한 관심은 자연히 적어졌다.

1976년 민주당의 지미 카터 대통령이 취임했으나 그의 외교가 중동 문제에 집중되는 바람에 중국과의 수교 문제는 또 다시 뒷전이었다. 그러나 미 의회와 공화당의 압박으로 1978년부터 수교협상에 보다 진중하게 임하면서 결국 거의 1년 만에 수교협상이 타결되었다.

재미있는 사실은 미중 양국이 수교 일자를 1979년 1월 1일로 정했다는 점이다. 중국은 당시에 신정을 쇠지는 않았지만 미국은 신정을 쇠고 있었다. 따라서 시차로 인해 중국의 미 대사관이 문을 연 것은 미국 시간으로 새해 전날(New Year's eve)인 12월 31일이었다. 미중 양국이 1979년 1월 1일을 수교일로 설정한 이유는 그 어느 사료에서도 설명되고 있지 않다. 정황적인 추측만이 가능하다.

중국은 1978년 11월 말 중국공산당 전국대표대회 11차 3중기 전체회의를 개최했다. 이 회의는 중국 역사에서 길이 남는 사건이었다. 중국공산당이 이른바 '개혁개방' 정책을 공식 채택했다. 그러면서 1979년이 개혁개방의 원년이 되었다. 그러나 당시 중국은 독자적으로 개혁개방을 할 수 없는 상황에 처해 있었다. 문화대혁명 기간 동안 경제는 피폐해졌고 인재 양성도 없었다.

1964년부터 이공대학교를 제외하고 대부분의 대학이 문을 닫았다. 오늘날 중국공산당 지도부에 칭화(淸華)대학교를 비롯해 이공대학 출신이 많은 것은 이런 이유 때문이다. 중국 최고 인문대학인 북경대학교, 공산당 간부 연수의 요람이었던 인민대학교 출신이 거의 없는 이유도 이 때문이다.

정부 재정문제도 심각한 상황이었다. 건국 이후 중국의 산업 정책이 중공업에 집중된 탓에 재정 수익을 제대로 올리지 못했고 중국의 재정 상태도 개혁개방을 감당하기에 여력이 없었다.

중국은 대외적인 개방을 통해 해외로부터 기술과 노하우, 투자와 전문가(고문) 등을 유치하지 않으면 안 되는 상황이었다. 그러나 이 모든 것이 당시 미국을 위시한 서구의 강력한 경제제재 때문에 불가능했다. 덩샤오핑이 아무리 '개혁개방의 설계사'이고 천재적인 인물이라고 하지만 개혁개방에 관건적인 필요 요소를 개방 외의 다른 방법으로 충당할 지혜는 없었다. 그리고 그 개방의 아이디어가 효력을 보기 위해서는 미국과의 관계개선이 필수불가결한 전제조건이었다.[4]

미국만이 국제사회와 국제기구, 그리고 미국에서 견지하고 있던 대중국 제재와 봉쇄 조치를 해제할 수 있는 열쇠를 쥐고 있었다. 중국이 세계은행(World Bank), 국제부흥개발은행(IBRD), 국제통화기금(IMF), 아시아개발은행(ADB)으로부터 투자와 융자, 차관 등을 받기 위해서는 이들 기구의 이사회의 동의가 있어야 한다. 주지하듯이 미국은 이들 기구의 최대 주주국이다.

미국은 또한 중국과 한국전쟁에서 전쟁을 치렀기 때문에 미 의회가 '적대국(adversarial state)', '적국(enemy state)', '전쟁국(a state that fought a war against)', '공산주의 국가(communist state)', '사회주의 국가(socialist state)' 등의 명의로 제정한 모든 제재 조치를 중국에 적용하고 있던 참이었다.[5] 이 모든 제재가 풀리는 것이야말로 중국의 개혁개방이 가능하게 할 수 있는 절대 충족 조건이었다. 그 조건은 미국과의 수교였고 미국과의 수교는 절대적이었다.

이런 과정은 이후 중국과 같은 상황이었던 베트남에서도 유사하게 나타났

---

4 저자가 이 같은 정황적 분석과 의견을 고민하고 있을 때 확신을 불어넣어준 탕스핑(Tang Shiping) 상해 복단대 교수에게 감사를 표한다. 탕교수도 같은 문제로 고민을 했다. 고민의 결과를 학술 논문으로 먼저 발표했고 그 자료를 저자와 공유했었다. 탕교수의 논문을 아래의 글을 참조할 것. 唐世平 綦大鵬, "中國外交討論中的'中國中心主義'與'美國中心主義'", 『世界政治與經濟』, 2008年 第12期, pp. 62~70.

5 Shu Guang Zhang, Economic Cold War : America's Embargo against China and the Sino-Soviet Alliance, 1949~1963 (Washington, D.C. : Woodrow Wilson Center, 2001).

다. 베트남 역시 자기네들의 개방 정책인 '도이모이(Doi Moi)'를 채택하면서 미국과의 수교가 가능해졌고 제재 역시 해제되었다. 다시 말해, 중국과 베트남의 수교 사례는 냉전시기 미국과 공산(사회)주의 국가의 수교 경로(path)를 결정했다고 볼 수 있겠다. 이는 북한에도 역시 적용되는 것으로 북한이 미국과 수교를 하기 위해서는 개혁개방이 전제된다는 사실을 이들 사례에서 알 수 있다.

⁞ 닉슨의 최대 개인적 외교 목표 : 중국과의 관계개선의 구상 시말

닉슨은 대통령 유세 기간에 중국과의 관계개선을 미국의 최대 외교 목표 중 하나로 설정했고 이를 구현하는 것을 최대 국가 목표 중 하나로 설정했다. 그에게 중국과의 관계개선은 베트남전쟁에서의 '명예로운 퇴진'을 위한 필수불가결한 전제조건이었다. 이것이 가능하다고 생각한 가장 큰 이유는 소련의 위협이 미국과 중국에게 점점 더 크게 다가왔기 때문이었다. 그는 미중 양국이 공통된 안보 위협을 느끼고 공동으로 이에 대응할 수 있는 여지가 있다고 판단했다.

자리가 사람을 바꾼 건지, 상황이 바뀌어서 그런지, 아니면 역사의 아이러니인지, 닉슨 개인의 정치적 신념이나 가치관을 고려하면 그가 이런 구상을 했다는 것 자체가 믿기 어려운 것이었다. 닉슨은 정계에 입문(1950년)했을 때부터 최강의 반공주의자 중 한 명이었다.

닉슨은 의원 시절부터 공화당의 강경파 상원의원(1950~1953)으로서 반공주의 정신이 투철했고 반공주의 운동('맥카시즘')에도 앞장섰던 장본인이었다. 그의 반공운동은 아이젠하워 부통령 시절(1953~1961)에도 강력히 추진되었다. 그런 그가 한때 증오하고 멸시했던 중국공산당의 지도자를 만나기로 결정한 사실 자체가 미국 국민에게는 쇼킹한 일이었다.

그랬던 닉슨이 중국과의 관계개선을 구상하기 시작한 것은 부통령 이후 1965년 때부터였다. 1965년 동남아를 순방하면서 싱가포르 미국대사관을 방문한다. 그곳의 정치부 부장 로저 설리번(Rodger Sullivan)에게 그의 대외의전관(Control officer)직을 수락하길 청하면서 중국 관계를 정상화할 의사를 처음으로 밝혔다. 그리고 이렇게만 해야 한다(that was what we ought to do)고 당시 그의 의지를 밝혔다. 설리번은 이후 국무부에서 최고의 중국문제 권위자로 부상했다.

같은 여정에서 닉슨은 대만에 체류했다. 그는 그랜드호텔 방에서 타이페이의 미 대사관 참모차장(deputy chief of mission) 아서 허멜(Arthur W. Hummel Jr.)을 만났다. 닉슨은 장제스의 국민당정부의 대륙 통일은 절대로 실현될 수 없기 때문에 미국과 중국의 관계가 개선되어야 한다고 말했다.

물론 당시 그 방은 도청이 되었던 방이라 다분히 의도적이었다는 해석도 있다. 이외에 닉슨의 중국과의 관계개선 발언은 1967년 주인도 미 대사였던 체스터 볼스(Chester Bowles)와의 만남에서도 계속되었다. 그는 볼스에게 중국과의 우호 관계가 소련과의 우호 관계보다 더 중요하다고 수차례 강조했다.

미국 내의 대중국 인식이나 정책의 변화 필요성의 분위기도 닉슨의 결심에 한몫 거들었다. 1966년 미 상원 외교위원회는 새로운 중국 정책의 필요성에 대한 청문회를 개최했다. 1968년 닉슨의 공화당 대선후보 경쟁자였던 넬슨 록펠러(Nelson Rockefeller) 역시도 중국과의 더 많은 '접촉과 소통'을 호소했다. 당시 민주당 대선후보 주자였던 휴버트 험프리(Hubert Humphrey) 또한 미국과 중국 사이에 교두보 구축의 필요성과 대중국 무역 제재와 금수 조치의 일부 해제 등을 선전했다.

닉슨은 당선 후 미국의 중국 정책을 변화시킬 의지가 더 확고해졌다. 그의 의지는 취임 후 1969년 2월 1일 키신저에게 건네준 메모들을 통해 밝혀졌다. 그는 메모에서 미국정부가 중국과 화해하기 위해 모든 가능성을 모색하고 있다는 태도를 보여주기 위해 최선을 다해야 한다고 했다. 그는 키신저에게 《포린 어페어즈(Foreign Affairs)》에 이의 필요성과 당위성에 대해 기고할 것을 부탁했다.

그러나 당시 키신저는 중국에 별 관심이 없었다. 그에게는 소련, 중동 문제가 더 우선이었다. 닉슨에게서 대중국 관계개선 방법을 모색하라는 지시를 받고 닉슨의 사무실에서 나오면서 그는 조수였던 헤이그에게 닉슨이 환상의 세계로 날아가는 비행기를 타고 있는 것 같다고, 현실 세계를 이미 떠난 것 같다고 투덜거렸다. 그는 헤이그에게 닉슨의 지시를 내부 검토 수준에서 일단 착수는 하라고 말했다. 닉슨행정부가 출범한지 얼마 되지 않았던 때였다.

당시 백악관 국가안보회의 비서관 알렉산더 헤이그(Alexander Haig)에 따르면 키신저가 닉슨과 회의하고 나오면서 그에게 비꼬는 투로 닉슨이 중국과 관계 정상화를 원하는 것 같다고 비아냥거렸다고 한다. 그러나 정작 이 모든 것이 성공한 후에 키신저는 자신도 이와 같은 생각을 했었다고 자서전《백악관 시절(The White House Years)》에 기록했다. 그 정도로 미중관계의 정상화 사업은 훗날에도 모든 미국 외교안보 분야에 종사했던 사람들이 최소한의 기여를 인정받고 싶어 했던 역사적 사건이었다.[6]

이때 소련은 닉슨이 존슨행정부의 대중국 정책을 계승할 것으로 기대했다. 아나톨리 도브리닌(Anatoly Dobrynin) 주미 소련대사는 닉슨행정부가 존슨행정부와 같이 중국의 위협에 대한 인식을 소련과 같이할 것으로 기대했다. 미국과 소련이 중국 위협에 대해 인식을 같이하기 시작한 것은 1964년 10월 16일 중국의 첫 핵실험 성공 이후였다.

1964년 9월 15일 백악관 국가안보 자문관 맥조지 번디(McGeorge Bundy)는 존슨과 백악관 캐비닛 룸(Cabinet room)에서 국무장관 딘 러스크와 국방장관 로버트 맥나마라와 함께 중국의 핵시설에 대한 선제타격(preemptive strike)을 논의했으나 모두 반대했다.[7] 당시 존슨행정부가 이 전술의 타당성을 소련정부와 먼저 타진하고 싶어 한 사실이 번디의 메모에 기술되었다. 메모에 따르면 존슨행정부는 이 문제를 도브리닌과 먼저 의논하는 것으로 결론을 내렸다. 그러나 당시 소련은 흐루쇼프 정권을 퇴격하는 권력 투쟁에 매몰되어 있었기 때문에 이에 어떠한 반응도 보이질 않았다.

중국은 10월 16일 첫 핵실험에 성공하자마자 같은 날 전세계에 핵을 먼저

---

6 닉슨은 북경에 미국 정치인들에게 비자 발급하지 말 것을 요청했다. 1969년 7월부터 미국인의 중국 여행 허가되면서 정치인들의 방문이 가능했다. 그러나 닉슨 역시 미국 정치인(지도자)로서 중국 땅을 처음 밟는 인물로 기억되고 싶어 했다.

7 Bundy memorandum for the record, September 15, 1964, National Security Archives; McGeorge Bundy, "Memorandum for the Record," September 15, 1964, Memos to the President, Aides File, Box 2, National Security Files, LBJL http：//nsarchive2. gwu.edu/NSAEBB/NSAEBB38/document16.pdf (검색일：2016년 12월 21일).

사용하는 일은 없을 거라고 선언했다. 중국은 핵개발의 정당성을 자국의 인민을 미국의 핵위협으로부터 보호하기 위한 것으로 설명했다. 이에 존슨행정부는 별 다른 논평 없이 세계가 겪는 가장 불행한 시각 중 하나였다고 짧은 평가를 내놨다.

이후 미국의 대중 정책은 '핵보유' 중국에 어떻게 대응하느냐로 초점이 전환되었다. 만약 북한이 첫 핵실험 이후 핵 선제 불사용을 선언했으면 주변 강대국의 반응이 어떠했을지 의구심이 드는 대목이다. 주지하듯이 북한과 중국의 핵

중국의 첫 핵실험 장면

개발 추동요인과 동기가 같았음에 불구하고 핵실험 이후의 북중 양국의 처사가 달랐기 때문에 생각해 볼 수 있는 문제다.

중국의 첫 핵실험 성공 이후 12월 미국의 대응은 핵잠수함을 파견하는 동시에 중국에게 핵실험 금지 조약 부분 참여를 독려하는 것이었다. 즉, 군사적·외교적 대응을 동시에 표출한 것이었다. 1965년 2월 18일 그러나 핵실험 후의 중국에 대한 미국 내의 인식은 급격히 달라졌다. 상원의원 청문회에서 국방장관 맥나마라는 이제 중국이 미국의 주요 적국이라고 규정했다.

미국이 중국을 군사적으로는 적국으로 정의했지만 월남전쟁과 다른 안보 문제를 고려하여 중국 핵의 평화적 해결을 위한 중국과의 외교관계 개선 방안을 1965년부터 모색한 것도 사실이다. 이때부터 미국은 중국과 민간 교류(기자), 인도주의적 교류(공중 위생사와 의과생 및 의료 분야 과학자의 방미), 미국의 중국 영해와 영공 침공 행위(공해상에서의 중국 선박 침몰 사건 등

포함)에 대한 합동 조사단 구성 건의 등을 검토했다.[8]

1965년 가을이 되면서 미 국무부는 중국 정책을 전환시킬 대내외적인 명분을 모색하는 데 집중했다. 그 명분은 학자와 기자의 교류 활동이었다. 즉, 중국과 제한적인 접촉이나마 진행시키는 것이 주목적이었다. 12월 미국정부는 외과 의사 한 명을 중국에 파견하는 것을 허가했다. 이 또한 성공하지는 못했다. 그러면서 미국의 대중국 정책은 재검토되었다.

1966년 3월 1일과 2일 일련의 비망록이 존슨에게 전해졌다. 비망록은 우선 중국이 7억의 인구를 가진 아시아 안정의 관건적인 나라라는 정의로 운을 뗐다. 중국공산당의 교리가 매우 호전적인 목표를 지니고 있으며 무엇보다 현재 중국은 핵무기 능력을 보유하게 되었다고 설명했다. 비망록은 미국의 단독적인 억제정책보다 다중적인 전략 마련의 필요성을 강조했다.

이 전략은 중국의 침략을 제지하기 위한 것으로 중국 주변의 약소국을 전력을 다해 지지하면서, 이들과 함께 중국에 체계적으로 문화적 침투를 벌여, 중국의 독재국가 체제를 동요시킴으로써 중국의 행동에 변화를 가져다주는 것이었다. 오늘날 중국이 주장하는 미국의 '평화 연변(peaceful evolution)' 전략인 셈이다. 즉, 문화·가치·사상적 침투를 통해 중국 사회를 전복시키고 변환시키는 것이다. 중국이 미국을 '천안문사태'의 배후 세력으로 지목한 것도 미국이 이 전략을 장기적으로 견지한 사실에 근거한다.

8일 미 하원 외교위원회에서 개최된 청문회에서 도크 바넷(Doak Barnett)과 존 페어뱅크(John Fairbank) 등과 같은 미국의 중국 전문가들은 더 이상 중국을 고립시키는 고립 정책에서 탈피해야 한다고 주장했다. 그들은 오히려

---

8 중국의 주장에 의하면 제2차 대만해협 위기 이후 미국의 중국 영공과 영해에 대한 도발 행위는 계속 증가되었다. 1960년 5월 25일 중국 외교부는 미 군함 비행기의 영해와 영공 침략을 100번째 경고했다. 1962년 4월과 1964년 6월 중국은 미군의 중국 영해와 영공에 대한 도발 행동에 대한 200번째와 300번째의 경고 성명을 발표했다. 1962년, 1963년과 1964년에 중국 공군은 미국이 제공한 대만 U-2 고공 정찰기를 3차례 격추시켰다. 미국은 냉전과 대만문제, 그리고 베트남전쟁이라는 명분하에 중국의 영해와 영공을 감시한다는 이유로 침략 행위를 일삼았다는 게 중국 측의 주장이다. 그리고 그 과정에서 미국이나 중국의 비행기와 함정이 격추당하고 침몰했다. 이런 도발행위에 대한 공동 조사를 미국 측이 건의한 것이다. 熊志勇 著, 『中美關係 60年』, p. 116.

중국과 더 많은 접촉과 교류를 진행하는 소위 '포용(engagement) 정책'을 제언했다. 13일 휴버트 험프리(Hubert Humphrey) 부통령은 TV 연설을 통해 향후 미국의 대중국 정책은 억제 정책이며 고립 정책에서 탈피했기에 중국과 대화를 모색하는 것으로 전환되었다고 선언했다.

이런 분위기에 편승해서 1966년 3월 129차 미중 대사급 회담에서 미국의 대표 폴란드주재 대사 존 그로노스키(John Gronouski)는 공식 회담에서 처음으로 중화인민공화국 정부를 '중국정부'로 호칭했다. 이 회담에서 그는 미중 간 기자·학자·의사 등의 교류를 건의했다. 이 또한 성사되지 않았다. 이 건의에 대해 중국의 《인민일보》와 외교부 대변인은 음모이고 기만적인 여론이라고 일축했다. 문화대혁명 고조의 분위기에서 미국의 건의를 순수하게 받아들일 리 만무했다.

그래도 존슨은 중국에 대한 미국의 인식 변화를 재차 표명했다. 1967년 초 국정 자문 회의석상에선 처음으로 중국을 '중국 대륙(Mainland China)' 또는 '공산 중국(Communist China)'이 아닌 '중국'으로 표현했다. 1967년 4월 미국 정부는 중국에 약품 지원을 비준했고, 이후 의회의 연합경제위원회는 미국의 대중 무역 정책의 재검토를 적극적으로 요청했다. 미 국무부는 나아가 루마니아 채널을 통해 중국과의 관계개선 희망을 전했다. 그러나 이 모든 것이 문화대혁명 앞에서 좌절되었다.

이런 내부적, 인적 상황 변화를 인지하지 못한 채 도브리닌의 닉슨의 대중국 입장에 대한 오판은 계속되었다. 그는 미국을 표면적인 수준에서만 이해하고 있었다. 왜냐하면 존슨행정부의 대중 정책을 닉슨이 그대로 계승할 줄 알았기 때문이다. 그러면서 그는 중소 간에 갈등이 생기면 워싱턴이 모스크바를 지지해줄 것이라는 전례의 입장이 유효할 것으로 믿어 의심치 않았다.

1969년 3월 중소 국경 충돌이 일어나자 도브리닌은 키신저에게 중소 충돌에서 미국의 이익을 설득시키기 위해 노력했다. 도브리닌은 두 강대국이 협력할 여지가 충분히 있으나 소련이 그렇게 행동할 수 있는 여력이 시간적으로 얼마 남지 않았다고 하면서 서두를 것을 종용했다. 앞으로 있을 브레즈네프의 강경정책을 암시하는 대목이었다.

미국의 대중국 관계개선 분위기가 대내적으로 상승하면서 1969년 9월 9일 미 행정부는 폴란드주재 대사 월터 스토셀(Walter Stoessel)에게 폴란드주재 중국대사와 대화를 재개할 것을 명령한다. 그러나 스토셀은 12월 3일 중국의 공사대리 레이 양(Lei Yang)과 그의 통역관을 바르샤바 문화궁에서 개최된 유고슬라비아 패션쇼에서 마주칠 것이라 예상치도 못했다. 그들은 정말 우연히 마주쳤다.

스토셀은 밖으로 그들을 따라 나갔으나 레이 양은 뒤돌아보지도 않았다. 겨우 그를 잡아선 스토셀은 폴란드어로 최근 워싱턴에서 닉슨 대통령을 만났는데 대통령이 중국과 진지하고 구체적인 대화를 원한다고 전했다. 중국 측 통역관은 무표정으로 상부에 보고하겠다고만 말한 뒤 자리를 떴다.

이듬 해 1월 20일과 2월 20일에 스토셀과 레이 양은 바르샤바에서 대화를 가졌다. 미국 측은 대만과 장제스정부로부터 물러설 용의가 있다는 입장을 직설적으로 전했다. 또한 중국은 미국의 특사를 받아들일 의사를 처음 표명했다. 그리고 미국은 바르샤바 대사급 대화가 미국의 대중국 전략에서의 국무부의 역할에 확실히 종지부를 찍길 원한다고 넌지시 말했다. 바르샤바 대사급 대화 채널을 미중 간 소통의 도구로 이용하되, 이의 소유를 국무부가 아닌 키신저로 하겠다는 발언이었다.

정확하게는 키신저의 것으로 사유화하겠다는 의지였다. 스토셀은 1월에 열린 첫 번째 대화에서 중국 측에게 일련의 보장성 발언을 늘어놓았다. 베트남전쟁이 진행 중에 있지만 닉슨행정부의 목표는 미군의 규모를 줄이는 것이며 나아가 새로운 미중관계를 시작하고 싶은 것이라고 강조했다.

스토셀은 대만문제에 대해 이는 공산당과 국민당끼리 해결이 가능한 문제라고 정리했다. 대만 방어에 대한 미국의 의지(commitment)는 유효하나 미래의 평화적 해결에 대해 어느 한 쪽 편을 들지 않는, 무차별한 의향을 견지할 것이라고 전했다. 더불어 아시아가 평화와 안정을 되찾을수록 대만 내 주둔군이나 무기장비를 감축하고 싶어 하는 미국의 입장도 전했다.

미국이 처음으로 대만의 철수 문제와 베트남전쟁의 종결을 연계하는 제안을 내 놓은 것이다. 이게 다가 아니었다. 스토셀은 닉슨행정부가 북경에 특사를 파견하거나, 아니면 중국 대표단을 워싱턴에 초청해서 더 완벽한 대화를 하고 싶어 한다고 강조했다.

2월의 대화에서 중국은 미 행정부의 제언 중 중국이 제일 듣기 좋아하는 것에 먼저 수긍했다. 미국정부가 특사나 장관급 대표단을 북경에 보내길 원하면 중국정부가 환영할 것이라는 입장을 전달했다. 그러면서 중국 대표단의 워싱턴 방문은 자연스럽게 언급되지 않았다. 중국은 그들이 오길 희망하는 메시지를 전한 셈이다. 그리고 대만과 관련해서 미국 측은 입장에 변화를 가미시켰다. 미국은 아시아의 긴장이 약화되면 병력 감축을 '희망(hope)'한다는 종전의 입장에서 닉슨행정부가 '의향(intention)'이 있는 것으로 바꿨다.

이후 키신저는 비밀 채널을 가동하기 시작했다. 파키스탄과 루마니아의 미 중앙정보국(CIA) 사무실과 홍콩의 총영사관, 파키스탄과 루마니아의 주미 대사들, 그리고 중국의 노르웨이 대사 등을 활용하기 시작했다. 노르웨이 주중 대사는 미 공화당 상원 의원 헨리 캐벗 로지(Henry Cabot Lodge)의 친구이기도 했다.

키신저와 닉슨은 국무부나 다른 관련 부처는 철저히 배제한 채 비선채널에만 의존하여 중국 방문과 관계개선을 타진하기 시작했다. 그들은 국가안보회의의 극소수에게만 자신들의 추진 사업을 공유했다.

닉슨과 키신저는 미중관계 정상화의 단초를 마련하는 과정, 즉 키신저의 비밀 방중에서 닉슨의 공식 방문까지 특히 국무부를 완전히 배척하고 싶어 했다. 그들은 미 국무부가 '무능력하고(incapable)', '실력이 없고(incompetent)', '비효율적(ineffective)'이며, '사람만 많은(over staffed)' 전형적인 진보적으로 무능한 단체라는 인식을 가지고 있었다. 특히 그들은 로저스 국무장관에게 믿음이 없었다. 그를 국무장관에 앉히긴 했지만 무능력한 인사로 봤다. 훗날 닉슨과 키신저는 단 5명의 인력만 가지고 중국의 문을 열었다고 회고했다.

키신저의 북경 비밀 방문과 닉슨 방문 준비

키신저는 닉슨의 공식 중국 방문을 준비하기 위한 목적으로 중국을 두 차례 방문한다. 첫 번째 방문은 극비리에 진행되었으나 10월의 두 번째 방문은 공식적이었다. 그의 첫 방문은 1971년 7월 9일에 이뤄진다. 그의 첫 방문이

키신저와 저우언라이

어떻게 이뤄졌는지는 너무나도 잘 알려져 있다.

그는 우선 공식적으로 인도차이나반도와 베트남전쟁의 정세를 살펴보기 위해 파키스탄을 방문했다. 그런데 도착 후인 다음날 '배탈'이 나 칸 대통령의 별장에서 요양을 취하겠다는 성명을 발표한다. 그러나 이는 거짓에 불과했다. 배탈은 핑계였고, 키신저는 거짓 성명을 낸 직후 북경으로 날아갔다.

키신저의 첫 북경 방문의 사명에는 중국지도자들에게 미국의 미중 화해 전략의 기조를 전하는 것 외에도 베트남전쟁을 논의하는 것도 포함되어 있었다. 닉슨의 방문 목적이 베트남전쟁의 종결을 위해 중국과 타협을 보는 것이었기 때문이다. 키신저는 닉슨의 성공적인 중국 방문을 위해 하루빨리 중국의 의사를 간파해야 했다. 성공적인 임무 완수를 위해 키신저는 중국의 대만 문제 해결 의사와 미국의 베트남전쟁 종결 의지를 특별히 연계하는 책략을 준비했다.

저우언라이와의 첫 만남에서 그는 미국이 대만에서 철수할 준비가 되어있다는 말을 먼저 내뱉었다. 이는 인도차이나반도 전쟁의 종결 여부 의사와 긴밀히 연계된 문제라고 설명했다. 즉, 전쟁의 종결 여부가 미중관계의 개선 여부에도 적지 않은 영향을 미칠 것이란 의미였다. 중국은 키신저의 말을 살짝 뻬딱하게 받아들였다. 저우는 키신저의 발언이 북경과 하노이에게 파리평화회담을 가속화하라는 정치적·외교적 압박이라고 생각했다.

7월 9일 저우언라이는 키신저의 발언을 마오쩌둥에게 전달했다. 마오쩌둥은 보고를 들은 직후 미국은 역시 아직도 중국의 적국이라고 말했다. 그는 미국이 먼저 대만에서 철수해야 한다고 주장했다. 대만이 아직 동요된 상황도 아니고 전쟁도 하고 있지 않은 상황에서 미군이 대만에 있을 필요가 없다는 이유였다. 더구나 베트남이 지금 전쟁 중인 상황에서 키신저의 제안을 받아들이는 것은 닉슨에게만 이로울 뿐이라는 게 마오쩌둥의 입장이었다. 즉, 마오쩌둥은 키신저가 구상한 것처럼 대만문제와 베트남 문제를 연계시켜 논의하고 싶지 않았다.

마오쩌둥의 입장을 접수한 저우언라이는 다음날 회담에서 대만문제가 중미 양국 간의 유일한 문제임을 상기시켰다. 이들의 논리는 다음과 같았다. 당시 미국이 대만과 베트남을 동맹과 전쟁의 명분으로 점령하고 있었다. 대만은 전쟁 중이 아니기 때문에 이를 베트남전쟁 문제와 연계하는 것은 도리에 안 맞는다는 논리였다. 그러므로 대만문제는 베트남 문제와 무관하게 다뤄져야 하는 의미였다. 저우는 인도차이나반도의 정세가 완화되지 않는 한 중국은 계속해서 인도차이나반도의 인민들을 지원할 것이라고 덧붙였다.

중국에겐 베트남 인민을 도와주는 것이 우선이기 때문에 베트남전쟁과 대만의 상황을 연계하는 것은 지금으로선 적절치 않다는 의미였다. 저우언라이는 미국이 베트남전쟁에서 적의 개념을 중국이 아닌 '전쟁'으로 재설정해야 한다고 당부했다. 중국과의 전쟁이라는 1차원적 인식에서 벗어나 전쟁을 종결해야 한다는 문제의식에서 이번 전쟁의 종결 방법을 모색해야 한다는 의미였다.

저우언라이와 마오쩌둥의 부정적인 반응에도 키신저는 밀리지 않았다. 키신저는 1954년 제네바회의 때와 달리 미중 양국이 양호한 분위기 속에서 의지를 가지고 협력하면 베트남 문제를 해결할 수 있다고 강조했다. 이를 저우언라이도 부인하진 않았다. 그는 초지일관이었다. 미국이 '명예로운 종전'을 원한다면 제일 좋은 방법은 미국이 베트남에서 즉각 철수함으로써 인도차이나 3국의 인민들이 자신들의 문제를 스스로 해결하도록 놔두는 것이라고 역설했다. 그렇게만 하면 미국의 명예로운 종전은 더 명예로워질 것이고 더 빛날 것이라고 했다.

저우언라이는 베트남 인민들에게 지금 두 가지 미래가 존재하고 있다고 말했다. 하나는 미국이 철수해 전쟁이 종결됨으로써 베트남 인민들에게 평화가 도래하는 미래였다. 다른 하나는 미국이 잔류해 전쟁을 지속함으로써 베트남이 계속 전쟁의 화기에 휩싸여 있는 미래였다. 그의 말은 미국의 지원이 없었으면 사이공 정권도 이미 오래전에 없어졌을 것이라는 의미였다.

저우의 공세적인 말에 키신저는 물러남 없이 응수했다. 키신저는 베트남의 국민투표를 통한 정권 설립과 캄보디아의 독립 보장 등과 같은 최후의 타협 없이 미국이 철수를 단행한다면 이는 오히려 평화의 정착 시간을 더 지연시키는 결과를 불러올 것이라고 맞수를 뒀다.

저우언라이는 조건 없는 협상 입장을 밝혔다. 그는 키신저가 말한 타협 조건들을 하나하나 부정했다. 먼저 베트남에 붙인 조건에 관해 저우언라이는 베트남 인민들이 사이공 정권의 존속을 비롯해 미국이 제시한 조건을 받아들일 리가 없다고 확언했다. 캄보디아에 붙인 조건 역시 마찬가지의 이유로 부정했다. 미국의 구상 조건에 대해 인도차이나 3국의 인민들은 오히려 모두 전쟁을 선호하는 입장을 명확히 할 것이라고 설명했다.

결국 미중 양국의 비밀스런 회담은 베트남 문제에 있어 모두 한 치의 양보도 할 수 없는 강경한 입장을 유지하고 있다는 사실만 확인한 체 끝나버렸다. 대신 양국은 다음 회담에서 이 문제를 좀 더 구체적으로 논의하기로 약속했다. 이렇다 할 결실도 없는 회담이었지만 양국은 회담 후 발표할 공동성명문을 작성했다. 작성 과정에서 저우언라이는 베트남을 의식해 "이 회담이 아시아와 세계 평화에 유익한 영향을 미칠 것"이라는 문구를 빼자고 종용했다. 그리고 키신저가 이를 수용했다.

3개월 후인 10월 20~26일 키신저의 두 번째 중국 방문이 시작된다. 이번 방문의 목적은 닉슨의 방문 후 발표될 미중공동성명문의 초안을 논의하고 합의를 보는 것이었다. 많은 이견이 있었지만 양국은 다행히 공동의 입장을 도출하는데 성공했다. 즉, 패권을 반대하고 양국 관계의 정상화를 인정한 것이었다.

마오쩌둥과 키신저

1971년 11월 25일 발표한 중국-베트남 연합성명서에서 중국은 인도차이나 3국 인민의 '항미구국(抗美救國)' 전쟁을 지원하는 방침에 변함이 없다고 선언했다. 중국은 미국에게 베트남 문제의 평화적 해결 방안으로 두 가지 원칙을 제시했다. 하나는 미군의 무조건 철수였고, 다른 하나는 사이공 정권에 대한 모든 지지와 보장을 철회하는 것이었다.

12월 미국은 북위 20도 선 이남지역에 대규모의 북베트남 군대가 집결하자 이들에 폭격을 단행했다. 미국의 폭격에 중국은 엄중한 경고를 날렸다. 즉, 북베트남군의 남하를 묵인하지 말라는 경고였다. 중국은 이번 미국의 만행이 북경과 모스크바가 동시에 북베트남의 반격을 지원할 수밖에 없는 형국을 야기했다고 비판했다. 그리고 만약 그렇게 되면 미국은 지금껏 미국이 겪은 군사적 보복 중 제일 엄중한 보복을 받게 될 것이라고 날선 경고를 던졌다.

12월 29일 중국 외교부는 성명을 발표한다. 북베트남 외교부가 18일과 26일 두 번에 걸쳐 밝힌 전쟁 고수의 입장을 중국정부가 지지하기 때문에 중국은 이들을 지원하는 입장을 견지할 수밖에 없다는 게 외교부의 설명이었다. 그리고 이를 입증이라도 하듯 중국은 베트남과 7개의 무상원조 및 군사원조

합의서를 체결했다. 원조의 총액은 36.14억 위안으로 이는 그해 중국의 해외 원조 총액에서 48.67%를 차지하는 최대 규모였다.[9]

┊ 닉슨 방문과 미중관계의 발전

1972년 1월 4일 닉슨의 방중을 앞두고 사전 준비를 위해 국가안전보장회의 보좌관 알렉산더 헤이그가 중국을 방문한다. 북경에 도착한 헤이그는 저우언라이에게 닉슨과 키신저의 월남 문제에 관한 메시지를 전달했다. 내용은 다음과 같았다. 미국이 양보를 했음에도 불구하고 소련의 지원을 받은 북베트남군이 월남을 계속 공격하고 있다. 대국으로서 이런 모욕을 받아들일 수 없다. 그러므로 베트남전쟁을 소련의 대중국 위협과 연계할 필요가 있다. 중국의 생존은 반드시 보장되어야 한다는 것 등이었다.

이는 실로 중국에게 북베트남에게 더한 압박을 행사하라는 것으로 들렸다. 이에 저우언라이는 소련이 남아시아와 인도차이나 문제에 간섭하기 시작한 것은 미국과 중국이 긴밀해진 것 때문이고 중국은 이 같은 결과를 이미 짐작하고 있었다고 설명했다. 그리고 미국의 제안을 받아들일 준비가 되어있다고 전했다.

소식을 접한 마오쩌둥은 분노했다. 그는 모두들 중국을 포위해놓고 이제 와서 중국에게 자신들이 저지른 일에서 구원해달라는 게 말이 되냐면서 분노를 표출했다. 더욱이 중국에게 구원을 요청하면서 중국의 독립과 생존권을 자신들에게 맡기라는 상황이 말이 되는 것이냐고 노발대발했다.

마오쩌둥은 미국이든 중국이든 두 개 전쟁을 동시에 치루지 못하는 상황에서 중미 양국이 소련에 공동으로 대항하는 것은 두 나라의 전략적 필요에 의해서라고 역설했다. 그는 이번의 중미관계 문제가 누가 누구에게 요청할 수 있는 사안이 아니라는 사실을 명확히 했다.

저우언라이가 헤이그를 두 번째 만났을 때 그는 중국이 외교 전략을 조정

---

9 李丹慧, "中美緩和与援越抗美-中國外交戰略調整中的越南因素", 『党的文獻』, 2002年, 第3期, p. 73.

북경에서 중국군을 사열하는 닉슨 대통령

했지만 이런 조정이 베트남에서의 이익을 희생시키기 위한 것이 아니라고 못 박았다. 닉슨이 '보호자'처럼 중국에 오는 태도를 용납하지 못하는 뜻을 분명히 전했다. 또한 중국이 중미 고위급 회담에서 적극적인 결과를 취하기 위해 모든 노력을 다할 것이니, 미국도 이에 상응하는 자세로 임할 것을 당부했다.

1월 25일 닉슨은 북베트남이 평화회담으로 복귀할 것을 재촉하는 담화문을 발표했다. 그리고 소련과 중국을 연계하여 미국의 인내가 극에 달했으니 만약 하노이가 군사적 공세를 발동하면 미국 역시 강력하게 대응할 것이라는 입장을 분명히 밝혔다. 중국은 닉슨의 발언을 미국이 정상회담에서 더 많은 양보를 얻기 위한 마지막 압박성 경고로 이해했으나 이에 반응하진 않았다.

1972년 2월 18일 닉슨은 중국행 비행기에 몸을 실었다. 실로 역사적인 비행이었으며 만감이 교차하는 비행이었다. 그리고 미 대통령이 미수교국에 사상 처음으로 공식 방문하는 것이었다. 그는 달나라로 여행가는 것 같다며 흥분을 감추지 못했다.

당시 직항이 없던 관계로 중국까지의 비행은 상당히 긴 여정이었다. 대통령 전용기(A-1)는 하와이를 경유해서 21일 우선 괌에 도착했다. 괌에서 상해로, 상해에서 북경으로, 중국의 땅을 밟기가 쉬운 일은 아니었다. 상해에서는 파일럿도 중국인으로 교체되었다. 중국인들은 대륙으로 들어온 닉슨을 북경까지 안내했다.

1972년 2월 21일 드디어 닉슨의 공식적인 중국 방문이 시작되었다. 28일까지 일주일의 여정으로 진행된 방문 기간 동안 그는 북경뿐 아니라 상해도 방문했다. 일주일의 기간 동안 닉슨은 마오쩌둥을 회견하고 저우언라이와도 다섯 차례 회담을 가졌다.

상술했듯 닉슨 방중의 가장 큰 목적은 베트남전쟁에서 '명예로운 퇴진'을 위한 중국의 도움을 확보하는 것이었다. 방중 전에 벌어진 두 가지 사례가 그의 목적을 대변했다. 2월 6일 닉슨은 파리 채널을 통해 방중 기간 동안 북베트남의 대표 협상자 레둑토(Le Duc Tho)와의 만남을 주선해 줄 것을 북경에 요청했었다. 그러나 중국이 거절하는 바람에 다음 기회를 기약할 수밖에 없었다. 중국의 거절 이유는 북베트남을 지지하는 입장이긴 하지만 북베트남과 미국의 협상에 연루되고 싶지 않은 입장 때문이었다.

닉슨의 목적을 예고한 또 다른 증거는 출국 이틀 전인 2월 15일자 그의 메모에서 발견되었다. 그 메모에는 저우언라이에게 전할 베트남에 관한 요청 사항 세 가지가 기술되어 있었다. (1)미국의 간여(involvement)를 종결할 것이다, (2)중국이 도와줄 것으로 기대했었으나 이제는 필요 없어졌다(직접 방문하게 되었으니까), (3)미국은 전쟁을 '명예롭게(honorably)' 종결해야 하고, 할 것이다, 등의 내용이었다.[10]

닉슨은 비행하는 동안 미중 양국 정부가 서로 원하는 것이 무엇인지, 마오쩌둥을 어떻게 대할 것인지, 그리고 북경에 도착해서는 대만과 베트남 문제를 어떤 식으로 논의할 것인지 등에 대한 자신의 예상시나리오를 작성해 나갔다.

먼저 중국이 원하는 것으로, (1)국제적 신임(credential) 구축, (2)대만문제 해결, 그리고 (3)아시아에서 미국의 철수 등을 예상했다. 미국이 원하는 것은 (1)인도차이나, (2)아시아 내 공산주의-중국공산당의 팽창 저지, 그리고 (3)미

---

10 James Mann, About Face (New York : Alfred Knopf, 1999), p. 40.

래-초강대국 중국과 대립(confrontation)의 위협 감축 등으로 정리했다. 마지막으로 미중 양국이 모두 원하는 것은, (1)대립과 갈등의 위험감소, (2)더 안정적인 아시아, 그리고 (3)소련 억제 등으로 전망했다.[11]

중국 비행의 첫 경유지인 하와이에서 그는 키신저와 다른 자문관들에게 조언을 구했다. 마오쩌둥이나 저우언라이를 만나본 적도 아는 것도 없는 그로서는 경험자들의 조언이 절실했다. 닉슨은 그들이 전해주는 '마오쩌둥 다루는 법'을 받아 적었다. 기본적으로 그들 모두 마오쩌둥을 황제와 같이 다루라고 조언했다. 그리고 언쟁을 하지 말 것, 과한 칭찬을 피할 것, 대신 중국인과 그들의 예술과 유구한 전통은 칭찬할 것, 중국의 시를 찬양할 것, 마지막으로 중국에 대한 사랑을 표할 것 등 중국 경험자들은 초보자 닉슨에게 다양한 조언을 아끼지 않았다. 더불어 주의해야 할 화제와 기억해야 할 화술법 등도 전수해 주었다.[12]

닉슨과 키신저, 그리고 마오쩌둥과 저우언라이의 회담은 단순히 미중 양국의 문호개방과 관계 정상화만을 위한 것이 아니었다. 그들의 회담 목적엔 일본, 남북한과 인도를 포함한 아시아 지역 질서의 발전 방향을 결정하는 것 또한 포함되어 있었다. 닉슨행정부 출범 당시 미국의 아시아 외교는 거의 진퇴양난에 빠져있었기 때문에 이에 대한 돌파구가 절실했다.

미국은 대만에 대한 책임과 의무에 묶여 대만 당국과 장제스의 대륙 통일 야욕에 마지못해 응하고 있었다. 응할 수밖에 없는 상황에 미국의 회의감은 점차 커져가고 있었다. 무엇보다 매년 1만 5,000명의 미군이 희생되는 전쟁을 끝내고 싶었다. 닉슨은 대통령 선거 유세 때부터 이를 슬로건으로 내걸었으나 말만 앞섰을 뿐 구체적인 방법이 있던 건 아니었다. 1969년 이전까지 미국은 중국을 소련보다 더 위협적인 존재로 인식했었다. 때문에 소련과 협조하여 중국을 압박하자는 전략이 케네디와 존슨 행정부에서 논의된 바 있었

---

11 NPM, White House Special Files, President's Personal Files, Box 7, Folder "China Notes", Margaret Macmillan, Nixon and Mao : The Week That Change the World, (New York : Roman House, 2007), p. 234에서 재인용.

12 President's files, Box 7, Nixon papers, National Archives. James Mann, About Face, pp. 14~15, 주석(3)에서 재인용.

다.[13]

닉슨은 이 모든 외교의 쇠사슬에서 미국의 외교를 해방시키고 싶었다. 그리고 그 방법으로 택한 것이 중국과의 관계개선이었다. 닉슨은 중국과의 관계만 개선된다면 소련과 협조를 논할 필요도, 대만의 야욕에 마지못해 끌려다닐 필요도, 무엇보다 자국의 아들들이 끔찍하게 죽어나갈 필요도 없게 될 것이라고 생각했다. 닉슨의 이 같은 구상은 앞서 언급했듯이 그가 상원의원이던 시절인 1965년부터 1967년까지 베트남과 동남아 국가 순방 과정에서 이미 굳어진 것이었다.

특히 대만문제와 관련해서 그는 이를 베트남 문제보다도 더 일찍 해결하려고 마음먹고 있었다. 북경 도착 5일 후 북경의 띠아오위타이(釣魚臺) 숙소에서 저우언라이와의 회담을 준비하던 닉슨은 대만과 베트남을 맞교환하는 구상을 확정지었다. 그는 메모에 다음과 같은 글귀들을 써 내려갔다.

대만=베트남=맞교환. (1)중국인들은 대만에 대한 미국의 행동(action)을 기대한다, (2)미 국민은 베트남에 대한 결과를 기대한다.[14] 둘 다 즉각적인 행동을 취하지 못할 것이다. 그러나 이 모든 것이 불가피하다. 닉슨은 서로 창피주기 보다 서로의 체면을 세워주는 전략으로 구상을 세웠다. 그리고 자신의 구상을 실현시켜 줄 방책으로 대만과 베트남 카드의 맞교환을 결정했다.

닉슨의 베트남전쟁 종결 구상이 출국 전보다 도착 후 상당히 진보적으로 변했다는 것을 알 수 있는 대목이다. 중국의 도움을 반드시 확보하겠다는 결의도 반영되어 있다. 닉슨의 '대만 카드' 선택은 이러한 전략 구상의 성공을 위한 선택이었다. 중국이 거부할 수 없는 미끼를 던진 셈이었다.

닉슨은 저우언라이와의 회담에 앞서 중국에게 안보에 대한 안도감을 심어주고 싶었다. 그래서 소련에 대해 미국이 제공할 수 있는 안보 보장 사항을 역시 메모했다. 그는 (1)세력 균형 유지, (2)소련의 확장 억지(미국의 이익이 결부 시), (3)미중 간의 긴장 완화 시도, (4)소련이 더 이상 중국에 짜증나게

---

13 Gordon H. Chang, Friends and Enemies : The United States, China and the Soviet Union, 1948~1972, (Stanford, CA : Stanford University Press, 1990), p. 250.

14 Margaret Macmillan, Nixon and Mao : The Week That Change the World, (New York : Roman House, 2007), p. 245.

(irritated) 하지 않게 하기, (5)미국이 사전에 제시하지 않는 딜을 중국이 소련과 하지 않기, (6)소련과의 모든 협의 사안 및 내용을 중국에 알릴 것 등을 제안하기로 했다.[15]

그의 의지에 확신을 주기 위해 닉슨은 미국이 소련에게 보장한 모든 것을 중국에게도 제공하겠다고 마음먹었다. 인도 문제에 있어서 그는 미국이 중국과 같은 입장에 서서 행동할 것을 결정했다. 소련에 대해서는 중국과 같이 견제하는 입장을 취할 것을 제안하기로 결정했다.

이후 소련에 대한 정보 제공은 1971년 키신저에 의해 시작되었으나 1973년부터 본격적으로 이루어졌다. 키신저의 두 보좌관 윈스턴 로드(Winston Lord)와 조나단 하우(Jonathan Howe)가 이를 전담했다. 이후 1973년 7월에 로버트 맥팔레인(Robert McFarlane)이 하우를 대체했다.

이들이 중국과 공유한 기밀 정보는 전략적 핵무기 외에도 중국 접경지역에 소련이 배치한 재래식 육해공군의 군사력 및 무기체제에 관한 정보 등을 포함했다. 이 밖에 소련의 12개 국가에 대한 군사적 지원 프로그램과 유격전에 대한 동향도 중국에 전해졌다. 물론 이들 12개국 중에는 베트남도 포함되어 있었다.

일본과 아시아 안보 문제에 관해서는 중국이 지난 20년 동안 주일미군의 철수를 강력히 주장한 사실에 기반을 두고 전략을 짰다. 키신저는 닉슨에게 일본의 재무장을 반대한다하지 말고 일본의 핵보유를 반대하는 입장을 밝힐 것을 조언했다.

당시 닉슨 독트린에 대해 많은 오해가 있었던 만큼 닉슨은 지역 국가의 오해를 잠식시키고 싶어 했다. 그는 역내 동맹국들이 이를 역설적인 의미로 받아들이길 원했다. 즉, 아시아에서의 미군의 완전한 철수가 아닌 미국이 지속적으로 잔류하기 위한 명분을 강조하기 위한 것으로 이해해주길 바랐다. 그래서 그는 중국에게 주일미군의 필요성과 당위성을 이해시키고 수용하게끔 하기 위한 방안 마련에 고민이 많았다.

그는 고민의 실마리를 중국이 지난 몇 년 동안 제일 민감하게 우려한 사

---

15 Mann, About Face, p. 42.

안, 즉 '일본 위협론'에서 찾았다. 그리고 일본을 '야생마(wild horse)'로 비유하면서 그런 야생마를 조련할 임자가 있는지를 역설하는 전략을 고안해냈다. 즉, 미국이 대만에서 철수하면 일본에게 대만 진출을 독려하는 결과를 초래할 수 있다는 안보 위기의식을 불어넣는 전략이었다.

그는 핵우산을 아시아에 제공할 수 있다는 이점으로 일본의 핵무장을 억지시킬 수 있고, 이를 위해 결국 미국의 영향력이 필요하다는 사실로 주일미군의 주둔을 정당화했다. 닉슨은 나아가 일본이 한국, 대만과 인도네시아로 진군하는 것을 확고히 반대하는 입장을 취하기로 했다.

닉슨과의 21일자 첫 회담에서 저우언라이는 먼저 닉슨에게 중국의 베트남과 한국전쟁에 대한 입장 차이를 밝혔다. 한국전쟁 당시 미 7함대의 개입과 압록강 유역으로의 미군 진군은 중국의 영토주권과 안보이익에 위협이었다.

그러나 베트남전쟁의 양상은 다르다는 것이다. 미국이 베트남전쟁에서 중국을 좀 더 조심스럽게 의식하고 있다는 사실이 중국 측에 잘 전달된 결과였다. 저우언라이의 발언은 닉슨에게 미국의 직접적인 군사적 위협이 없는 상황에서 중국의 개입 가능성은 없다는 것을 확인시켜 준 셈이었다. 닉슨은 이에 크나큰 안도감을 느꼈다.

베트남 종전 문제와 관련해서 저우언라이는 닉슨과 키신저에게 철수할 것을 우선 어필했다. 그리고 관련 사례로 드골 대통령의 알제리 철수 결정을 꺼냈다. 또한 그는 민주당의 협상 요청도 사례로 들었다. 저우언라이는 닉슨이 야당처럼 판단 미스 하는 일이 없길 진심으로 원했다.

당시 민주당은 중국에 와서 베트남전쟁 문제를 직접 협의하고 싶어 했다. 그러나 마오쩌둥과 저우언라이는 그렇게 할 수 있는 입장이 아니었다. 때문에 그들은 민주당의 구상 자체와 근접시도를 적절치 못한 부당한 처사로 판단했다. 중국은 결국 민주당의 요청을 거절했다. 민주당의 사례를 통해 저우가 닉슨에게 전하고 싶은 바는 분명했다. 베트남 문제는 결국 미국과 베트남 당국이 직접 협상해야 한다는 의미였다.

닉슨은 저우언라이와의 회담에서 대만과 '하나의 중국' 원칙 문제에 대해 이를 지킬 의사가 있음을 개인적으로 밝혔다. 그는 사석에서 저우언라이에게 그의 의지가 앞으로 발표될 〈미중공동성명문(이후 '상해공동성명')보다 더 강력하다고 자신했다. 그의 확고한 의지는 메모 기록으로 옮겨졌다.

그는 대만과 '하나의 중국' 원칙과 관련해서 (1)입장 확고 - 하나의 중국과 대만은 중국의 일부, (2)대만의 독립 지지 안 할 것임, (3)대일본 억제력 발휘 시도, (4)평화 해결 방안 지지, (5)중국과 관계 정상화 모색할 것임 등을 기술했다. 닉슨의 미중관계 정상화에 대한 굳은 의지와 준비된 입장을 엿 볼 수 있는 대목이다.[16]

후속조치와 관련해 닉슨은 메모장에 자문자답 형식으로 써 내려갔다. (1) 군대 감축 - 예스, (2)대만을 매도한 것으로 비춰지면 이는 소련에게 기회가 될 것이고 자연히 공화당의 반발이 예상됨, (3)미국의 의지 고수 - 비밀협상 없고 미국의 이익은 관계 정상화를 요구하고 있고 이는 반드시 성사되어야 한다. 여기서 '비밀 협상'이 없다는 의미는 이번 중국 방문 이후부턴 모든 것을 공개하고 진행하겠다는 의사 표명이었다.

24일부터 〈상해공동성명서〉의 문구에 대한 협상이 시작되었다. 닉슨과 키신저는 대만에서의 미군 철수 문제를 베트남전쟁의 종결과 연계하려고 백방으로 노력했다. 그래야 중국의 도움을 유발할 수 있고 중국이 움직여줄 것으로 기대할 수 있기 때문이다. 그러나 중국 측의 생각은 달랐다. 중국은 두 문제를 별개의 것으로 인식했다. 그래서 이를 연계하려는 미국의 노력에 오히려 종지부를 찍으려 했다.

미국은 대만에서의 미군 철수를 결정하기 전 만일의 경우에 대비해 통일 방식에 대한 중국의 의지를 명확히 하고 싶었다. 통일 문제가 '평화적인 해결' 방식으로 이루어질 수 있다는데 중국이 합의할 여지가 있음을 확실히 알고 싶었다. 그래야 중국의 무력통일 야욕과 시도를 저지할 수 있었기 때문이었다. 중국 측은 미국이 원하는 평화적 해결을 '주장한다(insisted up on)' 대신 '희망한다(hoped for)'로 바꿔보려 했다. 양측의 입장이 팽팽하게 맞서고 있을 때 중국은 교역 카드로 압박을 시도했다.

닉슨 방문 전 파리에서 황쩐은 버논 월터스(Vernon Walters)에게 관계가 정상화되면 중국이 미국산 국내선용 비행기를 구매하고 싶다고 전했다. 이

---

16 Mann, *Ibid.*, p. 46.

소식을 접한 닉슨은 방중 기간 동안 미중 양국의 교역관계를 확대할 수 있는 방안을 모색하기로 결정했다. 24일 차오관화 외교부 부부장은 키신저에게 대만 관련 문구에 합의하지 못하면 교역 확대 의제도 물 건너갈 것이라고 외교적 압박을 가했다.

다행히 협상의 진통 끝에 미중 양측은 미국 측이 원하는 대로 문구를 조정하는 데 합의했다. 공동성명서에 교역 조항이 포함된 것이다. 대만문제와 관련 미국은 '최종 목표'를 대만에서의 전군 철수로 서술했다. 덧붙여 지역의 긴장이 완화되면 이에 부응해 적극적으로 병력을 철수해나갈 것이라고 명시했다. 중국 측의 기대에는 못 미치는 문구였지만 중국은 마지못해 이를 수용했다.

대만의 평화 해결 원칙과 관련해서 이번엔 미국이 한 발짝 물러섰다. 미국은 대만문제가 평화적으로 중국인 자신들이 스스로 해결해야 하는 사업임을 "재차 확인(reaffirms)"한다면서 종전의 입장보다는 중국이 원하는 방향으로 진일보하게 갔다. 상기한 원칙에 대해 중국이 아무런 의사도 확인시켜주지 않았기 때문에 별 수 없었다.

당시 중국의 가장 큰 목표는 미국과의 관계 정상화를 통해 소련에 대한 억지력을 확보하는 것이었다. 때문에 한 발짝 물러서는 것이 중국으로서는 그리 큰 후퇴가 아니었다. '하나의 중국' 원칙 문제는 양국이 '하나의 중국'만이 존재하고 대만은 중국의 일부라는 것을 미국이 알아주고(acknowledge), 미국정부가 이 입장을 시험(challenge)하지 않을 것이라는 문구에 합의함으로써 일단락 지어졌다.

미중 공동성명문의 문제 해결은 닉슨에게 남은 아시아 국가들과도 미래를 만들어 나갈 수 있다는 신념을 더 확고하게 만들어 주었다. 여기서 '남은 국가'들은 일본, 남북한과 인도 등을 의미했다. 이런 맥락에서 보면 닉슨과 키신저, 그리고 마오쩌둥과 저우언라이의 만남은 단순히 미중 간의 관계를 개선하고 상호 개방을 구상하는 것에서 그 의의를 다할 것이 아니었다. 이에 더해 아시아 지역과 국가의 미래를 논의하고 공조방안을 모색할 수 있는 장으로서 사실 의미가 더 컸던 것이다. 그리고 이 네 사람들은 당시 논의되었던 것을 그들 간의 비밀로 부치고 함구한다는 신사협정을 맺는다.

2월 닉슨의 방중 동안 저우언라이와 차오관화는 닉슨과 키신저와의 회담에서 베트남 문제를 논의할 때 평화회담에 일절 관여하지 않겠다는 입장을 재차 밝혔다. 저우언라이는 제일 긴박한 문제가 인도차이나반도 문제라고 하면서 만약 전쟁이 중단되지 않으면 그들을 도울 수밖에 없는 중국의 입장을 재차 강조했다.

마오쩌둥은 베트남전쟁의 종결을 위한 중국의 협조 가능성을 암시했다. 미국이 일부 철수하면 중국도 일부 철수할 의사가 있다고 밝혔다. 그리고 중국과 미국 사이에 적이 딱 하나 있는 데 그가 바로 소련이라고 지목했다. 나아가 마오는 공동의 적에 대항하기 위해 양국이 "큰 것을 추구하고 작은 이견은 놔둬야 한다(求大同存小異)"는 정신에서 협력의 출발점을 찾아야 한다고 강조했다.

마오는 중국의 협력 가능성을 당시 중미관계의 현황에서 찾았다. 중국과 미국이 당시 전쟁을 하고 있지 않기 때문이라는 이유에서였다. 비록 미국이 베트남에서 전쟁 중이었지만 그는 미국의 침략이든 중국으로부터의 침략이든 모두 작은 문제라고 정의했다. 그러면서 중요한 것은 중미 양국이 전쟁을 하지 않고 소통을 한다는 것이 중요하다고 설명했다.[17]

그는 중국이 하노이에게 압력을 가하지 않고 평화회담에 관여하지 않는 것에 미국이 실망할 수 있겠지만 북경으로서는 간여하지 않는 입장을 견지할 수밖에 없다고 솔직하게 털어놨다. 중국이 최대한 할 수 있는 것은 하노이가 다시 맹공하지 않도록 설득하는 것뿐이라고 고백했다.

키신저는 비록 중국이 미국에게 철수를 재촉하고 있지만 하노이의 지원 요구를 신중하게 받아들이지 않는다는 인상을 받았다. 설상 미국이 하노이를 퇴격할 수 있는 위협적인 군사적 조치를 가해도 중국으로부터 아무런 경고가 없을 것 같았던 분위기 때문이었다. 중국이 베트남에 무력간섭을 안 할 것이라는 확신이 섰다. 북베트남이 결국 중국 정책의 연장선상에 있지 않다는 것을 확신하는 순간이었다. 그래서 그는 베트남전쟁이 미중관계 개선에 영향을 주지 않을 것이라고 결론을 내렸다.[18]

---

17 中華人民共和國外交部, 『毛澤東外交文選』 (北京：中央文獻出版社, 1994), pp. 595~596.
18 李丹慧, "中美緩和与援越抗美-中國外交戰略調整中的越南因素", p. 74.

1972년 2월 28일 미중 양국 정부는 상해에서 역사적인 〈상해공동성명(상하이 코뮈니케, Shanghai Communiqué)〉을 발표하기에 이른다. 이때 미국정부는 처음으로 '하나의 중국, 대만은 중국의 일부'라는 원칙을 인정하는 입장을 공식적으로 표명했다. 그리고 대만에서 모든 미군과 군사시설을 철수하는 것을 목표로 설정했다. 닉슨의 방중과 미중 〈상해공동성명〉의 반포는 미중 양국관계 정상화의 서막을 알렸다.

〈상해공동성명〉 발표 후인 1973년 5월 양국은 연락처를 설립한다. 미국은 여전히 중국에게 하노이에 대한 압박을 요구하고 있었다. 미국은 전쟁의 악몽에서 빠져나올 수 있도록 중국이 도와주길 희망했다. 더욱이 양국 정상 간 회담이 이루어지고 공동 성명까지 발표된 이후라 미국의 희망은 이전보다 커져있었다.

그런데 이때 중국의 미국과 베트남에 대한 방침에 변화가 생기기 시작했다. 중국의 변화는 두 단계를 통해 나타났다. 첫 번째 단계는 1972년 1월에서 5월까지다. 중국은 미국이 베트남 문제를 해결하는데 있어 자신에게 '소련 카드'를 이용하는 것을 사전에 막고 싶었다. 그래서 중국은 다시 한 번 기존의 대미 방침의 원칙을 특별히 강조했다. 즉, 미국과 베트남의 평화회담에 간여하지 않고, 워싱턴의 하노이에 대한 압력 요청을 거절하는 동시에 북베트남을 향한 대규모 지원을 지속하는 것이었다.

〈상해공동성명〉을 체결한 후 미중 양국은 대만과 反패권 문제에서 괄목할 만한 성과를 올렸다. 양국 관계가 좀 더 진전될 수 있는 기반을 마련한 것이다. 저우언라이는 3월 하노이를 방문해 미중 정상회담의 결과를 설명했다. 저우는 그 자리에서 중국의 지도자가 맹목적으로 시대의 조류를 쫓던 기존의 인식에 변화가 생겼다고 말했다. 그리고 그 변화는 베트남과 미국의 평화회담 문제에서 시작되었다고 설명했다. 또한 저우는 과거엔 시기가 성숙치 못하다고 생각했으나 이젠 평화회담을 매우 긍정적으로 생각하고 있다는 마오쩌둥의 새로운 의견도 전했다.

저우언라이가 하노이에게 건넬 말은 아직 끝나지 않았다. 그는 인도차이나반도 문제가 해결되지 않으면 중미관계의 정상화가 요원해질 것이라는 우려를 드러냈다. 중미관계가 열린 후 중국은 파리 회담이 성과를 얻길 희망하는 자세로 변했다. 마치 자아비판을 하는 것 마냥 이를 하노이에게 설명하려 들었다. 중국은 중미 화해와 '원월항미' 문제에서 자국의 지지 입장이 베트남 지도자에게 안위가 되었으면 했다.

북베트남은 황당했다. 중국은 북베트남의 최대 후원국이었다. 그리고 미국 은 북베트남의 적국이었다. 그런데 지금 자신들의 후원자가 자신들의 적과 손을 잡고서 자신들을 회유하고 있었다. 하노이는 저우언라이에게 닉슨이 중 국과의 회담을 가진 후 얼마 되지 않아 북베트남에 맹렬한 공격을 퍼부었다 고 항의했다. 중국과 베트남의 관계는 자연스레 더 분열되었다.

사실 탁구 외교 얘기가 나오기 시작했을 때부터 북베트남은 불길한 낌새 를 감지하고 있었다. 미중 양국의 실질적이고도 적극적인 접촉이 북베트남의 통일 노력에 부정적인 영향을 미칠 것이라는 불길한 예감이 강하게 들었기 때문이다. 그러나 북베트남은 불길한 예감만 느꼈을 뿐이지 이것이 정말로 실현될 지에 관해서는 생각지도 못하고 있었다.

이런 상황에서 1971~1972년 고작 2년 사이에 벌어진 미중 양국의 화해는 베트남에게 극도의 충격을 안겨주었다. 특히 중국은 베트남의 평화회담을 필 사적으로 반대하는 입장을 보이면서도 한편으론 닉슨과 이를 실질적으로 협 상하는 모순적인 양상을 보이고 있었다. 하노이의 배신감은 형언할 수 없을 지경에 이르렀다.

닉슨이 중국 방문을 마치고 귀국하자 하노이는 닉슨을 '호전적이고, 포악하고 (ferocious), 무자비하고(ruthless), 교활한(tricky) 제국주의자(imperialist) 우두머 리(ringleader)'라고 비난했다. 북베트남은 미국을 모든 국가의 최대의 적이라 고 규정했다. 저우언라이는 3월 3일 닉슨 방문을 설명하러 하노이로 날아갔 다. 저우언라이의 탁월한 외교 능력으로 하노이 지도부의 불만은 조금 수그 러들었다. 그러나 양국의 관계는 이미 하향세에 접어들어 있었다. 미중관계 가 해빙기를 맞이하면서 중국의 대미선전 공세도 많이 완화되었다. 일례로, 북경은 하이퐁(Haiphong) 봉쇄와 1972년 미국의 북베트남에 대한 폭격에 온 건한 태도로 임했다.

이런 상황에서 1972년 3월 말 북베트남군이 월남을 침공했다. 닉슨정부는 보복으로 응대했다. 북베트남 지역에 대한 대대적인 폭격이 진행되었고 해상

수뢰가 매설되기 시작했다. 동시에 미국은 소련과 중국에게 계속 외교적 압박을 가했다. 미국은 하노이가 대화 테이블로 나오도록 두 나라가 영향력을 발휘해 주길 희망했다. 미국으로부터 지속적인 압력을 받는 동시에 북베트남과의 관계가 소원해지는 가운데 중국은 이데올로기의 이유로 우선 외교적으로나마 북베트남의 투쟁을 계속 지지한다는 입장을 밝힐 수밖에 없었다. 그러나 평화회담에는 개입하지 않겠다는 입장을 고수했다.

4월 3일 키신저가 중국에게 비밀 서한을 보낸다. 그 서한에는 미국의 대대적인 폭격을 정당화하는 내용이 들어있었다. 키신저는 군사적 행동으로 평화적 해결을 촉진하려는 것은 닉슨정부에게 매우 중대한 전략이라는 설명으로 폭격을 정당화했다. 덧붙여 회담의 논의 내용을 상기시켜주면서 미국이 인도차이나반도에서 모욕당하는 것은 중국의 장기적인 목표나 이익에도 부합하지 않으므로 결국 전쟁을 종결하는데 적극적일 것을 요구했다.[19]

이에 중국은 외교부의 명의로 미국의 북베트남 지역 폭격을 공개적으로 비판했다. 또한 4월 12일 비밀경로를 통해 미국에게 회신하길, 중국은 관계 정상화를 희망하기 때문에 미국이 베트남이라는 수렁에 점점 더 깊이 빠지지 않기를 바란다고 '경고'했다. 그리고 같은 날 저우언라이는 베트남의 주중 임시 대사를 접견했다. 저우언라이는 임시 대사에게 중국정부와 인민이 베트남 정부의 투쟁 결의 성명을 지지하고 있음을 밝혔다. 또한 베트남 인민들의 '항미구국' 전쟁 노력을 끝까지 지원해 줄 것이라고 약속했다.

중국은 이후 하노이에 대규모 지원을 제공했다. 미중관계가 화해시기에 진입했던 1971~1973년이 공교롭게도 중국이 베트남에게 최대 규모의 원조를 제공했던 3년이었다. 경제와 군사 원조의 총액은 90억 위안을 넘어 섰다. 군사 원조만 놓고 보면 1972~1973년 두 해 동안의 규모가 지난 20년 동안 지원한 총액보다 훨씬 더 컸다. 중국의 도움으로 1972년 베트남에 지원된 원조물자는 1971년 규모의 두 배 수준이었다.[20]

양자 차원에서 미국과 중국의 베트남전쟁의 목표 중 하나는 서로에 대한 오해로 발발하는 원치 않는 전쟁을 피하는 것이었다. 워싱턴과 북경은 서로

---

19 李丹慧, p. 74.
20 李丹慧, p. 76.

의 의도를 명확히 주고받기 위해 다양한 방법들을 모색했다. 양국은 서로 간의 오해와 상대방의 의도를 과도하게 인식하는 행위 등을 사전에 방지하는데 노력을 집중했다.

⋮ 닉슨 방문 이후 미중관계의 발전

1972년 2월 발표된 〈상해공동성명〉으로 미중관계의 대문이 활짝 열리긴 했지만 모든 분야에서 양국이 같은 길을 걷는 건 아니었다. 대만 등과 같은 중대 문제에서는 여전히 의견 차가 존재하고 있었다. 몇몇 이견이 존재하는 문제들은 미중관계 정상화에 어려움을 가중시키는 난제로 작용했다. 그래서 그 해결 과정은 매우 복잡하고 우여곡절이 많았다.

당시 중국의 지도자들 앞엔 고민해야 할 거리들이 산적해 있었다. 1972~1978년 동안의 복잡한 국제정세에서 자국의 국가이익을 어떻게 산정할 것인지, 당시 정세가 대미정책을 어떻게 결정할 것인지, 중미관계 정상화에서 제일 큰 난제인 대만문제는 어떻게 극복해야 하는지 등 그야말로 중국 지도자들은 근심과 고민의 늪 속에 빠져있었다.[21]

미중 〈상해공동성명〉 발표 후 중공중앙은 중미 최고위급 회담의 결과에 대한 평가를 하면서 중미관계 정상화를 의사일정에 올렸다. 중국 외교가 원칙을 견지하고 다이내믹(역동성)을 강조하는 특징이 이 시기에 두드러지게 나타났다. 1972년 3월 3일 저우언라이는 관련 국가 기관 책임자(간부)들에게 중미 〈상해공동성명〉을 정독하되, 특히 성명서에 나타난 원칙과 역동성을 정확히 이해하라고 지시했다.

저우언라이가 닉슨 방중 이전의 지난 17년 동안 중국이 주장한 두 가지 원칙, 즉 중미 양국이 평화공존 5원칙을 실행하고 미국이 대만과 대만해협에서 군대를 철수하는 원칙을 시종일관 견지해왔다는 사실은 이미 확인했다. 이는 '미국-장제스 조약'의 취소를 의미하는 것으로 중국 인민이 대만문제를

---

21 宮力, "通向建交之路的艱難跋涉：1972~1978年的中國對美政策,"『党的文獻』, 2002年, 第2期, pp. 67~78.

스스로 해결하려는 의지를 반영한 것이었다.

미국에 새로운 대통령 닉슨이 등장함으로써 상황에 변화가 생기고 시간이 흘렀지만, 저우언라이의 기본 입장엔 조금의 변화도 없었다. 다만 그는 원칙만 견지한 채 역동성을 수반하지 않으면 세계의 변화를 추동하지 못할 것이라고 지적했다.

1972년 3월 7일 중공 중앙은 내부 〈통지(通知)〉 자료를 통해 중미관계의 발전 과정을 설명했다. 자료에 따르면 중미 양국은 문제를 명확히 판단함으로써 적군과 아군을 분명히 분간할 수 있었다. 그리고 이 과정에서 각자의 역할이 극대화되면서 서로 가까워지게 되었다는 것이다. 고위급 간부들은 공동성명에 기술된 것을 표면적인 수준에서만 보지 말고 성명에 사용된 문구들을 주의 깊게 살펴볼 것을 지시했다.

공동성명엔 미중 양국 간의 공통된 인식이 다량 기술되어 있었다. 그러나 여기서 주의 깊게 봐야 하는 건 바로 표현의 문제였다. 대부분 '해야 한다(should, 應該)', '준비(ready, prepare, 準備)', '희망(wish, hope, 希望)' 등의 표현을 사용하고 있었다. 이를 두고 중공 중앙은 양국이 관계 정상화를 두고 아직도 신중하고 유보적이고 결정적이지 않다는 해석을 내놨다.

〈통지〉는 쌍방이 협의한 11개의 사항들(평화공존 5원칙, 이에 의거한 국제 분쟁의 해결 원칙, 4개 공동 해명, 상호결탁과 이익 범위의 구획 반대 등) 가운데 아직은 현실적이지 못한 것이 대부분이라고 지적했다. 무엇보다 이를 실천할 미국 측의 의지 유무가 아직 미지수이기 때문에 더 지켜봐야 할 것이라고 강조했다. 일례로 대만문제와 관련 미국 측의 성명 부분이 "이 지역의 긴장국면이 완화되면 점진적으로 군대를 철수하겠다"고 기술되어 있는 것도 미국의 불확실성과 결정하지 못하는 입장을 역력히 보여주고 있다고 〈통지〉는 판단했다.

〈통지〉는 여기서의 '지역'개념이 대만을 의미하는 것인지 극동지역을 의미하는 것인지 마저도 불분명하다고 지적했다. 중국 측이 명확하게 하고 싶었던 것은 '지역'이 대만뿐 아니라 극동지역의 긴장국면을 완화할 수 있는 관건적인 지역, 즉 베트남과 인도차이나반도 전체를 포함하는지의 여부였다. 미국만 침략 행위를 중단하면 극동지역의 긴장국면은 완화되어서 자연스레 '중미관계 정상화도 긍정적인 영향을 받을 것'이라는 전술적 복선이 깔려 있던 것이다. 인도차이나반도문제와 미중관계 정상화의 관계가 비례적 관계임을 암시하는 것이다. 〈통지〉는 〈상해공동성명〉이 발표된 후 민간 교류의 증가를 전망했다. 미국인 뿐 아니라 중국인도 미국으로 가게 될 것이며 양국의 민간 무역업계의 교류가 있을 것으로 내다봤다.

〈통지〉의 내용을 보게 되면 〈상해공동성명〉의 작성 의도도 엿 볼 수 있다. 첫째, 중공 중앙은 중미관계의 완화가 미소 양국의 갈등을 이용해 중국의 국제 안보 환경 개선에 긍정적인 영향을 미칠 수 있다는 적극적인 전략 인식에서 출발했다. 둘째, 중미 최고위회담의 성과가 앞으로 실현될 수 있을지를 더 주목할 것을 요구했다.

셋째, 미중 간에 대만, 베트남과 인도차이나반도 등 중대한 현안의 해결 필요성을 지적한 사실은 중국도 전쟁을 조속히 종결시키고 싶어 한다는 염원을 보여주는 대목이다. 넷째, 미중관계에서 적극적이나 신중한 태도를 강조한 것은 관계개선의 목적이 무조건적이 아니라는 사실의 방증인 동시에 중국 공산당 내부에 이번 문제를 우려하는 자들을 또한 안심시키기 위해서였다.[22] 종합적으로 보면, 중공 중앙은 〈통지〉라는 내부 문건의 배포를 통해 대미정책에 대한 중공 고위 간부들의 불필요한 오해를 불식시키는 한편, 정확한 이해를 제고시키고자 했다.

┊정상회담 이후의 교류 문호 개방

미중 정상회담 개최 이후 외교적으로 제일 먼저 진척을 보인 것은 미중 양국이 1971년 7월에 합의한 베트남전쟁의 종결 협의를 위해 파리에서 공식 접촉을 가진 것이었다. 키신저의 비밀 방중 때 저우언라이와 파리 채널을 비공개로 운영하는데 합의했다.[23] 그러나 가동 직전 전쟁 종결에 대한 양국의

---

22 이른바 〈통지〉의 정식 문건명은 『中共中央關於中美聯合公報的通知』, 1972.03.07 中發 1972 第10 號이다. 宮力, "通向建交之路的艱難跋涉," p. 68.
23 '파리비밀대화채널'은 1971년 9월부터 대사급회담을 대처했다. 1972년 3월 13일 공

의지와 입장을 공식화하기 위해 이 채널을 비공식에서 공식 협의 채널로 전환시켰다.

미국 측 협상 대표는 주 프랑스 대사관의 무관 월터스(Walters)가, 중국 측 협상 대표는 주 프랑스 대사인 황쩐이 임명되었다. 그러나 격을 맞추기 위해 미국은 협상대표자를 곧 주 프랑스 대사 아서 왓슨(Arthur Watson)으로 교체한다. 1972년 3월 13일 첫 협상을 시작으로 1973년 2월까지 총 53차례의 공식 회담을 가졌으나 내용은 모두 비공개로 유지되었다.

미중 양국이 1973년 각국의 수도에 연락대표부를 설치하면서 대표부 채널이 파리 협상 채널을 대체하게 되었다. 미중 양국이 수교하지 않은 상황에서도 파리 대사급 회담은 외교적 의미가 있었다. 미중 양국은 협상과 접촉을 제도화하는데 성공했다. 미중 간의 교류, 무역과 상호방문 등 비정치 분야에서의 교류 증진에 합의하는 등 중요한 외교적 의미의 성과를 올렸다.

파리의 정기적인 대사급 회담 이외에 미중 양국은 또 하나의 권위 있는 고위급 실무 접촉과 전략대화를 다른 경로를 통해 동시에 진행했다. 바로 키신저의 특사 채널이었다. 키신저는 닉슨의 특사 명목으로 1975년까지 북경을 다섯 차례 더 방문하게 된다. 이는 대통령 수행을 제외한 횟수였다. 또 다른 고위급 채널인 미중 전략 대화는 대부분 UN의 뉴욕 본부에서 미중 양국의 대사 또는 키신저와 주UN 중국대표의 접촉을 통해 이뤄졌다.

키신저의 중국 특사 방문은 닉슨 방문 이후에도 지속되었다. 일례로, 1972년 6월 19일 키신저는 네 번째 중국 방문에서 중국 지도자에게 미소 최고위급 회담과 SALT-1 협정서의 논의 상황 및 결과를 브리핑했다.

전략대화의 일환으로 활용된 UN본부에서의 접촉과 교류는 1971년 11월 키신저와 중국 UN대표 황화의 만남으로 시작되었다. 이는 미국 내에서의 미중 고위 인사 간의 소통과 협상의 기제를 마련하는 좋은 계기가 되었다. 이 기제는 향후 미중 양국 간의 상호 이해와 신뢰 증진을 가속화시키는데 그 어떤 채널보다 긍정적인 역할을 했다는 평가를 받았다.

미중은 정부 인사의 접촉 외에 민간 교류에도 힘썼다. 1972년 4월12일 중

개 채널로 전환되기 전까지 총 45차례의 비밀 회담이 있었다. 키신저와 황쩐의 비밀 회담도 3차례 있었다.

국의 탁구 대표단이 미국을 2주 동안 방문했다. 이들은 중화인민공화국 역사상 처음으로 미국을 공식 방문한 대표단이었다. 때문에 이들은 중국 지도자들로부터 지대한 관심을 받았다.

저우언라이는 이들의 미국 초청 사실을 보고받은 후, 대표단의 단장을 세계대회 3연패를 기록한 쫭쩌둥(庄則棟)으로 교체했다. 그리고 원래 후보였던 리밍화(李夢華)를 부단장으로 임명했다. 그리고 대표단이 중미 양국의 상호이해 증진을 위해 적극적인 역할을 수행해줄 것을 당부했다. 이들은 미국을 방문하는 동안 격에 넘치는 예우를 받았다고 한다.

닉슨이 이들을 직접 접견한 사실만 봐도 미국정부 역시 이들의 방문을 매우 중시했음을 알 수 있다. 4월 18일 탁구 대표단을 접견하는 자리에서 닉슨은 하노이의 선제공격으로 미국이 폭격으로 응대하긴 했지만 미중관계의 정상화 노력은 정상적인 궤도에서 진척을 보이고 있다고 평가했다. 이후 중국 의학계와 과학자 대표단, 그리고 심양의 서커스단(아크로배틱(acrobatic) 공연단)이 미국을 연이어 방문했다. 민간 교류차원에서 이루어진 방문이었지만 이들은 대미외교를 적극 개진하겠다는 중국 지도부의 의지가 담긴 외교 사건들이었다.

미국 인사의 중국 방문도 이후 급속하게 증가했다. 그중 1972년 4월과 6월에 중국인민외교학회의 초청으로 미 상원의 공화당과 민주당의 양당 대표단과 하원의 양당 대표단이 중국을 각각 방문했고 저우언라이와 회견을 가졌다. 1972년 7월 29일 신화사와 중국신문도편사(中國新聞圖片社)와 미국의 UPI(United Press International)는 신문과 도편 관련 협력 합의서를 체결했다. 이는 22년 만에 미중 양국이 정식으로 신문과 도편 등 언론 콘텐츠 교류의 채널을 구축한 사건이었다.

미중 양국의 무역도 새로운 기색을 보였다. 양국의 교역 속도는 상상을 초월했다. 미국의 통계에 따르면 1971년 미중 양국의 무역총액은 490만 달러 정도에 불과했는데 이 중 대부분이 미국의 수입이었고 미국의 대중수출은 거의 없었다. 그러나 1972년 중국의 대미 수출은 3,230만 달러를 기록했고 미국의 대중 수출도 6,020만 달러를 기록했다. 양국의 무역 총액 역시 9,250만 달러로 급성장했다.[24] 미중 양국 무역의 급성장의 원인은 양국의 무역 제한 조치가 일부 완화되면서 미국의 기업가들이 중국 광저우에서 개최된 춘계와 추계 수출상품교역회(박람회)에 참가해 중국시장 진출 기회를 챙겼기 때문이다.

┊미중의 베트남 종전을 위한 노력

1972년 6월 19~23일 키신저는 네 번째 북경을 방문한다. 미중 정상회담 이후 특사로서는 첫 번째 방중이었다. 당시는 미국과 베트남의 군사 행동과 평화협상이 모두 최고조에 달한 관건적인 시기였다. 키신저는 이번 특사 방문에서 베트남 문제 해결을 위한 중국의 도움을 기대했었다. 그러나 실질적인 성과가 없었다. 그나마 소득이 있었다면 중국이 미국과 베트남의 평화협상에 관심이 이전보다 더 커졌다는 사실을 확인한 것뿐이었다.

저우언라이는 키신저와의 회담에서 베트남 문제에 원칙상의 변화가 없다고 주장했지만 키신저는 중국이 베트남 문제를 대하는 대도에 미묘한 변화가 일었다는 사실을 읽어낼 수 있었다. 사실 '전략 무기 제한 협정(SALT-1)' 체결을 위한 미소 정상회담 개최 시기인 5월 이전까지만 해도 중국의 태도엔 변화가 없었다. 당시 저우언라이는 하노이에게 파리 평화회담에 나서지 말고 끝까지 싸워 사이공정부를 와해시키라고 강하게 독려하고 있었다.

그러나 중국의 태도는 변할 수밖에 없었다. 이유는 미소관계의 변화에 있었다. 미소 양국은 SALT-1 체결을 위해 미소 정상회담을 개최했다. 미소 회담의 개최는 중국을 불안하게 만들었다. 중국은 이번 개최로 미소 양국이 긴밀해지고 있다는 인상을 받았다. 중국은 미소의 협력관계를 대미관계 발전 전략의 위협 요소로 인식하기 시작했다.

미소관계의 변화만이 중국의 태도 변화를 이끌어낸 것은 아니었다. 미중 정상회담을 기점으로 바뀐 미중관계 정상화의 전제 조건 역시 중국의 태도 변화에 적지 않은 영향을 끼쳤다. 정상회담이전까지만 해도 대만문제의 해결이 미중관계를 완전한 정상화의 길로 이끌 선결 조건이었다. 그러나 회담 이

---

24 宮力, "通向建交之路的艱難跋涉", p. 69.

후 이는 베트남전쟁의 종전으로 대체되었다.

키신저는 이런 북경의 상황 판단과 인식의 변화를 읽어낼 수 있었다. 그리고 이를 워싱턴에 알렸다. 그리고 북경에서 중국정부의 베트남전쟁에 대한 미묘한 입장 변화를 관찰했다.

우선 그의 관찰로는 중국은 미군이 가능한 빨리 철수해 중미 양국 관계의 발전에 추동력을 발휘해줄 것을 바라는 것으로 보였다. 중국의 '연미항소(聯美抗蘇, 미국과 연합하여 소련에 대항)'의 전략적 연대가 더 견고해지길 희망하는 발언이 그의 추측을 뒷받침했다. 중국이 다시 북베트남의 전쟁을 지지하고 나선 것 역시 그의 추측을 역설적으로 뒷받침했다. 미국과 소련이 점점 가까워지는 듯 보이자 평화회담을 주장하던 기존의 태도에서 반대의 태도로 다시 돌아선 중국의 태도에서 키신저는 중국의 의도를 간파했다.

한 가지 짚고 넘어가야 할 사실은 미중 정상회담이 이뤄지기 오래전부터 미국이 소련과의 관계 완화를 당시 최고의 외교 목표 중 하나로 정하고 이에 온갖 외교적 노력을 경주했다는 점이다. 소련의 최고지도자가 미국을 일찍이 방문했었고 미소 양국 간의 고위급 회담이 지속적으로 열렸다. 그리고 미중 정상회담 개최 3개월 후인 1972년 5월 닉슨이 모스크바를 방문했다. 이는 미국 대통령의 사상 첫 소련 방문이었다.

닉슨의 소련 방문이 중국 방문 이후로 결정된 것은 전략적 계산에서였다. 중국을 먼저 방문함으로써 소련에게 당시 라이벌이자 적대적 국가였던 중국이 미국과 관계를 급속하게 발전시켜 나가고 있다는 인상을 주고 싶었다. 그리고 이를 통해 협상에서 우위를 점하고자 했다. 결과적으로 닉슨은 계획했던 SALT-1 뿐 아니라 '대탄도 요격 미사일 규제 조약(Anti-Ballistic Missile Treaty, ABM)'의 체결도 이끌어낼 수 있었다. 닉슨의 '선 미중 후 미소'의 의미를 우려한 소련 지도자들에게 닉슨은 양국의 관계가 새로운 시대에 진입한 만큼 양국의 양호한 관계를 우호적인 관계로까지 격상시키고 싶다는 발언으로 협상 분위기를 장악했다.

북베트남과 소련의 관계 완화도 중국이 베트남전쟁의 종결을 선호하는 입장으로 선회하는 데 일정부분 작용을 했다. 베트남이 미중관계의 개선에 불만을 가지면서 소련을 더 신뢰하게 되고 더 의존하게 되자 자연스레 중국과의 마찰이 빈번해졌다. 중국 지도자들은 전쟁의 종결이 실제로 베트남의 통일에 더 유리한 군사적 전략방안이 될 수 있다는 확신을 가지기 시작했다.

결국 중국의 베트남 평화협상의 방침에 미묘한 변화가 나타나기 시작했다. 중국은 한편으로 미국의 군사행동을 야만적인 행동이라고 비판하면서 베트남에 대한 군사 물자 지원을 지속적으로 제공했다. 베트남의 통일 기반을 강화하는 데 기여하려고 최선을 다할 참이었다. 그런데 다른 한편으로는 베트남에 평화협정을 적극 권고하기 시작했다. 중국이 미국을 압박할 수 있는 우위를 점하게 된 셈이다.

중국은 전쟁을 하루라도 조속히 종결해 미국과 관계 정상화를 위한 전략을 개진하고 싶었다. 7월 6일 중국은 베트남전쟁이 지속되든 미국이 좀 더 누그러져 회담에 진척이 있든 앞으로의 4개월이 관건이라는 발표로 바뀐 자신들의 입장을 저우언라이를 통해 대외적으로 알렸다.

8월 팬 반 동이 중국 윈난성 쿤밍을 방문했을 때 저우언라이는 파리평화협상 문제에 관한 의견을 교환했다. 그는 그 자리에서 군사(전쟁)와 정치(통일) 문제를 분리해서 해결할 수 없기 때문에 협상에서 안건으로 올라온 연합정부의 수립이 맞는 방안이라는 중국의 입장을 전했다. 미군이 우선 모두 철수한 후 포로를 교환하고 연합정부 수립 문제를 사이공 정권과 직접 협의하라고 독려했다. 사이공과 협상이 실패하면 다시 전쟁을 해도 미국은 개입하지 않을 것이라는 논리로 중국의 변화된 입장을 합리화했다.

10월에 미국과 중국에게 양국이 공동으로 베트남전쟁을 해결할 수 있는 협력의 단초가 생겨났다. 베트남 평화협상이 교착상태에 빠지자 베트남은 중국에 팬 반 동을 파견해 도움을 요청한다. 저우언라이와 팬 반 동의 회견 후 10월 25일 양국의 성명이 발표된다.

성명에서 중국은 베트남 문제 해결의 유일한 방법이 미군의 무조건 철수라는 입장을 재확인하고 베트남 인민이 자기 문제를 외세의 간섭 없이 스스로 처리할 수 있는 상황의 연출이 관건이라는 주장을 덧붙였다. 중국과 베트남의 입장을 확인한 키신저는 미국 시각인 26일 평화협정의 구체적인 내용을 발표했다.

그러나 베트남 협상은 순조롭지 못했다. 키신저는 중국의 도움이 더 필요했다. 11월 13일 키신저는 차오관화를 연회에 초청해 북경이 하노이에게 양보할 것을 설득해달라고 했으나 그는 오히려 미국에게 양보를 요구했다. 그는 대국만이 관대한 태도를 보일 수 있는 여유와 능력이 있다면서 월남을 얻기 위해 세계를 잃어버리지 말라고 일침을 가했다. 그는 또한 베트남이 미 대선 정국을 이용해 미국으로부터 더 많은 양보를 얻어내려고 노력하고 있다는 경고도 잊지 않았다.

닉슨은 11월 7일 재선에 당선된 후 마지막으로 베트남에 일격을 가했다. 12월 18일 그는 전례에 없던 대규모 공중폭격대의 출동 명령('라인백커 행동 II(Operation Linebacker II)')을 내린다. 닉슨의 명령을 받고 북베트남에 대대적인 폭격이 시작되었다. 이 폭격은 12일 동안 진행되었고 12월 30일 닉슨의 명령으로 중단되었다.

이를 참지 못한 북베트남은 결국 미국과의 협상 재개에 동의한다. 12월 29일 마오쩌둥은 월남공화국 임시혁명정부의 외교부장 위안스핑(阮氏萍)과 파리 협상에 관해 논의했다. 그는 파리 협상이 성공을 거두면 월남 뿐 아니라 북베트남도 미국과의 관계 정상화의 가능성이 굉장히 커질 것이라고 응원했다. 그 다음날 저우언라이도 베트콩 상무위원회 주석 창정(長征)을 만나 닉슨의 선택에 동의하는 입장을 표하면서 그의 협상 목적이 결실을 맺는 것인 만큼 협상에 신중하게 임할 것을 부탁했다.

1973년 1월 3일 레둑토 베트남 협상 대표는 협상 자리에서 앞으로 반년이나 1년 후에 인도차이나반도의 형세가 변할 것이라고 전망했다. 그는 닉슨이 대내외적으로 당면한 문제가 많아 베트남과 인도차이나에서 미국의 조기 퇴진을 원하는 사실을 확신했다. 그래서 미국과의 전쟁이 더 이상 베트남 통일을 막지 못할 것이라는 신념이 섰다. 즉, 전쟁의 승리(종전)가 목전에 있음을 감지한 것이다.

그의 전망보다 더 빠르고 더 이르게 '파리평화협정'이 1월 27일 체결되었다. 29일에는 베트남전쟁의 종전이 공식 선언되었다. 종전 선언과 함께 미국은 3월 29일 월남에서 완전히 철수한다.

파리 평화협정 체결 후에야 미국과 중국이 바라던 미중관계 정상화 협의가 본격적으로 이루어질 수 있었다. 이제는 미중 양국에게 가장 민감한 사안인 대만문제를 논의할 때가 도래했다. 닉슨은 재선에 성공한 후인 1973년 2월에 키신저를 다시 중국에 파견해(다섯 번째 방문) 협상에 임하도록 했다.

이번에는 공식 특사가 아닌 미 국무장관으로 방문했다. 2월 16일 회담에서 키신저는 미중 양국이 앞으로 협의해야 할 두 가지 의제를 제시했다. 하나는 미중 각국의 수도에 연락대표부(Liaison Office)를 설립하는 것이었고 다른 하나는 미중관계의 정상화, 즉 수교문제였다. 미국은 특히 후자가 닉슨 재임 시절 동안 성사되길 희망한다고 전했다.

저우언라이의 반응은 신중했다. 그는 이 과정에서 서로 협상해야 할 것이 많기 때문에 합의 도출이 생각보다 빠르게 또는 느리게 될 수도 있다고 했다. 그러나 당시가 시기적으로 관계 정상화를 가속하기에 매우 적기라는 의견에는 양국 모두 이견이 없었다. 덕분에 양국의 연락대표부설립 문제는 신속하게 합의에 도달할 수 있었다. 연락대표부의 설립은 미중 양국의 수교 과정에서 반드시 해결되어야 할 중대한 절차 하나 중 하나였다. 연락대표부가 공식 외교 대표 기구는 아니었다. 그러나 양국 정부의 묵인 하에 외교 면제 특권이 부여됐고, 외교 특권을 모두 향유할 수 있는 격이 높은 기구로 인정받았다.

중국은 주미 연락대표부의 초대 부장에 황쩐, 부부장에 한쉬런(韓敍任)을 임명했다. 그리고 1973년 3월 20일 신화사를 통해 이를 정식 선포했다. 중국은 이들 두 인사와 뉴욕의 UN대사 황화까지 해서 중국최고의 막강한 외교 진영이 해외에 꾸려졌다고 자부했다. 이는 중국지도자들이 대미외교의 개진을 매우 중시한 사실의 방증이었다. 마오쩌둥은 대사관에 비해 연락대표부가 더 큰 대사관이라고 극평하면서 더 큰 정치적, 외교적 의미를 부여했다.

미국 역시 중국에 연락 대표부를 설립하는데 주력했다. 주중 미국 연락대표부 첫 부장은 데이비드 브루스(David Bruce)였다. 그는 서독, 영국과 프랑스 대사를 지낸 유럽 통이었다. 그의 임무를 수반하기 위한 파견된 인력은 대부분 중국어에 능통한 국무부 외교관들이었다. 인력 구성원 중 특이 사항은 미 국무부의 반대에도 불구하고 미 중앙정보국의 요원이 포함되었다는 사실이다. 그는 제임스 릴리(James Lilley)였다.

당시 릴리는 미 중앙정보국의 '화이트 요원(비밀 요원이 아닌 공개된 요원)'으로 과거 라오스, 캄보디아, 필리핀, 태국과 홍콩에서 공작 요원 책임자 (directorate of operations)로 활동했었다. (이후 대만대표부 대사, 주한 미국 대사와 주중 미국대사를 역임한다.) 중국 연락대표부에도 정보 요원이 있었는지는 불분명하지만 미국 당국은 외교관 출신 셰치에메이(Xie Qiemei)를 지목했다.

미중 양국의 연락대표부는 1973년 5월 1일부터 공식 일정을 진행했다. 5월 18일 저우언라이는 미국의 주중 대외 연락부 부장 브루스를 접견하는 자리에서 미국이 중미관계의 정상화를 위해 더 큰 노력을 해줄 것을 요청했다. 그리고 그는 중미 〈상해공동성명〉이 많은 노력의 결실인 만큼 합의된 사항을 적극 이행해줄 것을 요구했다.

그러나 1973년 하반기부터 미중 양국의 관계정상화의 모멘텀이 한풀 꺾이기 시작하면서 1974년 이후에는 소강상태에 이르렀다. 이유는 미국의 워터게이트 사건과 중국 국내 극단 좌파 정치의 외교 개입에 있었다. 이에 관한 자세한 내용은 다음 장에 자세히 소개될 것이다.

중국의 대미관계 전략은 종합적으로 '일조선(一條線)' 전략의 범위 내에서 추진됐다. 양자관계 전략은 최선을 다해 미국을 소련에 대응하는데 끌어들이면서 최대한 미국과 합의한 원칙이 도태되지 않도록 최선의 노력을 다 하는 것이었다. 전술적으로는 때때로 냉담한 반응을 보이며 미국에 대한 불만을 표시하는 것이었다.

이 전술의 효력은 미국이 브루스 부장을 본국으로 소환한 사건에서도 잘 나타났다. 미국은 중국이 냉담한 반응을 보이자 다급해진 나머지 브루스를 본국으로 소환했다. 대신 미국은 제6차 UN특별회의에 참석이 예정되었던 덩샤오핑과 워싱턴에서 회담할 것을 요청했다.

이런 상황에서 중국은 덩샤오핑의 워싱턴 방문을 불허했다. 대신 뉴욕에서 키신저와의 만남은 허락했다. 1974년 4월 14일 뉴욕에서 덩샤오핑은 키신저와 중미관계 정상화 문제를 논의했다. 키신저는 얼버무리며 말하기를 미국이 현재 '하나의 중국' 실현 방법을 연구 중이나 결론을 내리지 못하고 있는 상황이라고 했다. 이에 덩샤오핑은 중국 역시 이 문제의 해결을 바라나 조급해 하지는 않는다는 입장을 전했다.

덩샤오핑은 파키스탄에서 파키스탄 총리 부탄과의 회담 중 미국에 대한 불만을 노골적으로 피력했다. 그는 중미관계의 정상화에서 가장 관건은 대만 문제임을 확실히 했다. 미국 측이 해결방법을 찾고 있으나 어떠한 것도 찾을 수 없을 것이라고 장담했다. 그리고 일본방식이 최선의 것이라고 추천했다.

당시 중국이 주장하는 일본 방식은 '하나의 중국'원칙을 견지하고 중국과는 수교, 대만과는 단교, 그리고 민간 차원의 왕래만 유지하는 외교를 의미한다. 다시 말해, 중국에게 있어 '하나의 중국'을 인정하고 '두 개의 중국'이나 '하나 반의 중국'을 피하게 할 수 있는 최선의 방법이었다.

닉슨 방문 전후의 북중 관계

문화대혁명 초기 문혁의 격진파 지도자들은 북한 노동당을 수정주의로 지적하고 김일성은 중국의 문혁을 좌파 모험주의라고 비판했다. 이시기 동안 북중 양국 간에는 고위급 방문이 없었으며 관계도 긴장국면에 처해 있었다. 그럼에도 불구하고 문혁이 최고조에 달했던 시기에 마오쩌둥과 김일성은 북경과 평양의 관계가 완전히 파괴되는 걸 원하지 않았다. 이런 의미에서 1967년 5월 김일성은 북한 최고인민회의 상임위원회 위원장 최용건을 북경에 파견했고 저우언라이와 양당 관계개선에 대해 의견을 교환했다.

1967년 9월부터 저우언라이는 중국과 북한의 관계개선을 위한 노력을 본격적으로 시작했다. 그는 심지어 외국 원수의 힘도 빌렸다. 10월 마우레타니아 대통령 다다(Moktar Ould Daddah)가 중국을 방문했다. 그는 중국 방문 후 북한, 캄보디아, 이집트를 방문할 예정이었다. 중국은 그의 방문을 중시했고 마오쩌둥은 그를 회견했다.

10월 24일 저우언라이는 다다 대통령을 환송하는 비행장에서 김일성과 시아누크 왕자(Prince Norodom Sihanouk)와 나세르(Gamal Abdel Nasser) 대통령에게 세 가지 구두 메시지를 전해달라고 부탁했다. 그의 메시지는 다음과 같았다.

"우리는 모든 학교들이 거주국의 법을 존중하라고 교육해왔으나 그들의 행동을 통제할 수 없다. 우리의 대사관 업무에 편차가 있을 수 있으나 진상을 감추지 않았고 언제든 개선할 수 있다. 제국주의가 우리를 모독하고 있으며 실제로 우리의 북한, 캄보디아에 대한 정책은 변함이 없으며 반제국주의 투쟁을 일관되게 지지하고 있다"[25]

10월 27일 저우언라이는 수도공항에서 북한에서 캄보디아로 향하는 다다 대통령을 회견했다. 그는 김일성의 4가지 구두 메시지를 가지고 왔다. 첫째, 북한의 대중정책은 변함이 없고 앞으로도 없을 것이다. 둘째, 마오쩌둥 주석과 저우언라이 총리와 두터운 우의가 있으며 이는 같이 투쟁하면서 만들어진 우의라 매우 중요시한다. 셋째, 양측에 불일치하는 사안이 존재하나 엄중하지 않아 대면하면서 논의하면 해결방법을 찾을 수 있을 것이다. 넷째, 우리는 만약 북한이 공격을 당하면 중국이 과거에 몇 번씩 한 것과 같이 북한을 도와줄 것으로 믿는다.[26]

같은 기간 동안 북한은 미국과 한국에 일련의 도발 사건을 일으켰다. 푸에블로호 사건 발생 5일째 중국은 중국정부와 중국인은 북한정부와 북한인들이 미 제국주의의 광적인 도발에 반격하는 정의로운 입장을 지지하고 견지한다는 성명을 냈다. 동독 외교관의 보고서에 의하면 '1·21 청와대 피습사건'과 '푸에블로호 납북사건' 후 북중관계는 개선을 보였다. 중국은 북한에 공병 전문가들을 파견하여 무기설비 등을 수리하는데 도와줬다. 1월 29일 19인으로 조직된 중국 무역대표단이 북한을 방문하여 무역협정 문제를 협상했다.

1969년 4월 미국의 EC-121정찰기 사건 이후 미국의 국가안전보장회의 수석 키신저는 닉슨에게 비망록을 건넸다. 중국은 북한의 최근 미국에 대한 도발행위를 지지하지 않는다는 분석 보고였다.

8월 8일 미국 국가안전보장회의의 〈국가안보연구비망록 14호〉는 북베트남과 북한이 독립자주외교를 실행하고 있고 때론 중국과도 충돌이 있으나 이 두 정권은 존재만으로도 중국의 국가안보이익에 중대한 의미를 부여한다는

---

25 夏亞峰, "革命與緩和：中美和解進程中的中國對朝政策 (1970~1975)", 『冷戰國際史研究』, 2013年 第2期, pp. 27~28.

26 中共中央文獻研究室 編, 『周恩來年譜(1949~1976)』 (北京：中央文獻出版社, 1997), pp. 195~196.

평가였다. 비망록은 북베트남과 북한 정권이 중대한 위협을 받으면 중국은 군사적 개입을 단행할 것으로 확신하는 것으로 결론을 맺었다.[27]

1969년 10월 중국 건국 20주년 때 중국은 북한과의 관계개선을 심각하게 고려하기 시작한다. 1969년 국경절 전날 저녁 저우언라이는 중국이 북한 최고인민회의 상임위원회 위원장 최용건을 임시 초청하자고 건의한다. 북한은 초청을 즉각 수락했다.

마오쩌둥이 천안문 망루에서 최용건과 대화를 하면서 북중관계가 회복세를 타기 시작했다. 1970년 2~3월에 북중 양국의 대사들이 각각의 대사관에 복귀한다. 약 2년 만의 일이다. 마오쩌둥과 최용건은 망루에서 저우언라이의 북한 방문(4월 5~7일)에 합의했다.[28] 그의 방북 임무와 목적은 평양을 모스크바와 더 소원해지게, 대신 북경과 더 근접하게 만드는 것이었다.

1970년 10월 10일 김일성은 중국을 비공식 방문한다. 마오쩌둥은 김일성 앞에서 중국의 격진적인 정책에 대해 자아비판을 했다. 그의 의도는 중국이 문혁기간 동안 김일성에 대한 비판을 실질적으로 철회하는 성의를 보이기 위한 데 있었다.[29] 중국은 또한 문혁기간 동안 중단되었던 대북 원조를 재개했다.

그럼에도 불구하고 북중관계가 문혁 이전의 수준으로 간단하게 회복되지는 않았다. 중국이 외교에서만큼은 북한의 자주적·독립적 위치와 위상을 승인해야만 했기 때문이다. 그러나 외교적으로도 북한이 중국에 일방적으로 의존하는 구도에서 북한의 외교적 자주성과 독립성을 인정하기가 현실적으로 어려웠다. 그래도 중국은 북중관계를 최대한 복원하려고 노력했다.

그리고 그 결과 10월 17일, 즉 김일성 방중 후 1주일 후에 북중 양국은 〈중국의 대북 경제와 기술 협력 협정〉과 〈장기무역협정〉 등의 경제 과학 기술 협력의 협정서를 체결한다. 사실상 중국이 미중관계 화해 일정이 시작되기 전에 북한과의 관계를 회복된 셈이다.

---

27 Response to National Security Study Memorandum 14, Washington, August 8, 1969, FRUS 1969~1976, Vol. 17, China 1969~1972, https：//history.state.gov/ historical documents/frus1969-76v17/d23, (검색일：2016년 12월 28일).

28 陶常梅, 李曉光, "'一條線'外交政策下的中朝關系", 『安徽教育學院學報』, 2006年 9月, 第24卷, 第5期, p. 31.

29 中共中央文獻硏究室 編, 『周恩來年譜(1949~1976)』, p. 400.

미국과 중국 관계는 닉슨과 키신저의 영향을 많이 받았다. 이후 25년 동안 그들의 스타일대로 미중관계는 발전해 나갔다. 비선라인을 통한 협상과 재협상을 통해 서로의 입장을 확인하고 합의점을 도출해나가는 방식이 대표적인 예다. 미국이 비밀 교섭에 과중하게 의존하면서 결국 중국이 정하는 의제·조건과 환경에 끌려 다닐 수밖에 없는 선례를 남겼다.

강대국 외교에서 미중 양국의 긴밀한 관계가 미국이 소련을 대하는 데 지극히 유리하다는 사실은 미국의 대소련 정책의 현실적 기반이 되었다. 워싱턴과 북경은 동아시아 문제의 해결을 위해 서로 협력해야 한다는 사실을 깨닫게 되었다. 무엇보다 미국은 중국공산당의 지도력을 시험하거나 도전하지 말아야 한다는 입장을 이 시기에 공고히 하게 되었다.

닉슨과 키신저 방문은 모두 성공적이지 못했다. 제일 큰 목적이었던 베트남전쟁에서의 '미국의 명예로운 퇴진'을 성사시키지 못했기 때문이다. 그리고 그 이유는 중국이 이 문제에 직접적인 개입이나 협조를 원하지 않았기 때문이었다. 대신 미국은 전쟁에 대한 북경의 개입이나 연루 의사가 없음을 확인할 수 있어 베트남에 대한 폭격을 더 강화시킬 수 있었다.

반면 성공적인 결과물은 무엇보다 미국이 중국의 아시아에 대한 공산주의 확장을 저지한 것이었다. 미중관계의 개선으로 중국은 말레이시아와 인도네시아 공산혁명 지지와 지원을 중단했다. 그리고 또 하나의 성과가 있었다. 미중관계의 개선으로 미국과 중국 간의 충돌 위협이 감소하면서 아시아는 안정기에 접어들 수 있었다.

중국이 얻은 성과는 항상 모색했던 국가 규모에 걸맞은 국제적 신임(credential)의 증표를 획득한 데 있었다. 이의 가장 대표적인 예가 UN의 의석 회복이었다. 그리고 미국과의 관계 정상화는 중국이 일본 등 일련의 동아시아 국가는 물론 서구 국가들과 수교를 맺을 수 있는 계기가 되었다.

닉슨 방문 전 1969년 중국의 수교국은 44개국에 불과했다. 이는 그러나 닉슨 방문의 해였던 1972년에 87개국으로 거의 두 배가 뛰었다. 데탕트가 끝나가던 1975년엔 106개국으로 증가하면서 100개국 이상을 돌파했다.

무엇보다도 중국의 최대 성과는 미국으로부터 대만의 지위, 즉 중국의 일부와 하나의 중국 원칙에 대한 인정을 받아낸 것이었다. 미국이 대만의 독립을 더 이상 지지하지 않겠다고 약속하긴 했으나, 당시 아무도 향후 미국이 중국과 대만의 통일에 악영향을 미칠 결과를 예상하지 못했다. 20년 후 장제스의 국민당 동지들이 대만의 통치권을 상실하고(국민당 소속이지만 대만 본토 출신 리덩후이의 정권 장악을 의미), 대만의 독립 문제가 더 강하게 불거지는 계기가 되었다.

제7장

미중관계 정상화
협의와 한반도문제

미국과 중국 정상회담에서 양국의 가장 큰 관심사는 베트남전쟁의 종결과 대만문제의 해결이었다. 베트남전쟁의 종결은 중국과의 협력이 관건적이고 필수불가결한 전제조건이었기 때문에 미국의 명예로운 퇴진을 위해서는 중국이 필요했다. 대만문제는 중국이 건국 이후 '하나의 중국' 원칙을 견지해왔기 때문에 미국이 반드시 이를 수용하는 것이 미중 양국 관계 정상화의 필수불가결한 전제조건이었다. '하나의 중국' 원칙은 대만과의 단교, 공식 정부 관계 및 교류의 단절, 대만과의 동맹 문제 해결과 대만의 미군 철수와 같이 정치, 안보, 군사 등 민감한 사안들과 깊은 연계가 있었다.

이 두 문제의 해결은 곧 동북아의 역학구조는 물론 국제관계의 지반을 기본적으로 뒤흔드는 것이었다. 미국의 동북아 동맹국의 역할 조정은 물론 중국에게 이런 변화가 중국의 안보이익에 부정적인 영향을 미치지 않을 것임을 확인시켜줘야 하는 그야말로 고난도의 외교 전쟁이었다.

그러나 당시 동북아의 안보 상황이 최고의 긴장국면을 연출하고 있던 터라 해결이 쉽지만은 않았다. 1969년 중소 국경에서 발발한 무력충돌과 한반도에서 발생한 일련의 북한 도발 사태로 인해 동북아의 안보 상황은 날로 악화되어 가고 있었다. 그리고 이는 미중 협상을 방해하는 요인으로 작용했다. 특히 미중관계가 성립되기 전부터 북한의 대미정책은 더 적대적으로 변하고 있었다. 이로 인해 1960년대 말부터 북미관계가 극도로 긴장국면으로 치닫기 시작했다. 북한의 미국과 한국에 대한 강경 정책은 끊임없는 무력 도발로 이어졌다.

1967년 1월 당포함 침몰 사건(한국 해군 39명 사망)을 시작으로 1968년 1월 21일 김신조 청와대 습격사건, 1968년 1월 23일 푸에블로호 납북사건(승무원 82명 전원 송환)과 1969년 4월 15일 미국 정찰기 EC-121격추사건(승무원 31명 전원 사망) 등 일련의 사건들로 한반도는 긴장의 나날이었다. 김일성의 만행으로 미국은 동북아에 해군력과 공군력을 증강했고 한국에 대한 군사 원조를 대폭 증대했다. 소련과 중국은 도의적으론 북한을 지지하는 입장이었으나 세계의 눈을 고려해 경제적으로나 군사적으로 실질적인 도움은 주지 못하고 있었다.

중국과 북한의 관계도 60년대에 들어오면서 순탄치는 않았다. 문화혁명 초기였던 60년대 초 북경과 평양은 서로를 격렬하게 비판했다. 그럼에도 불구하고 마오쩌둥과 김일성은 양국 관계가 악화는 될지언정 파국으로는 치닫지 않길 원했다. 이런 염원은 60년대 말 중소 무력충돌 후 북중 양국이 관계복원의 필요성을 절감한 사실에서 입증되었다.

1969년 9월말 노동당 정치국 상무위원 최용건은 베트남에서 귀국하는 길에 북경을 방문했다. 중국 건국 20주년 경축행사에 북한 사절단 대표로 참석하기 위해서였다. 그는 저우언라이와의 회담에서 북중 관계를 개선하고 발전시키고자 하는 김일성의 메시지를 전했다.

당시 중국은 미중관계 개선을 위한 협의를 개진함으로써 북한의 대중국 신뢰에 엄청난 타격을 준 상태였다. 때문에 중국은 미국과의 관계개선을 모색하는 한편 북한에 대한 신뢰 회복을 고민해야 했다. 이런 상황에서 김일성으로부터 날아든 관계개선 제안 메시지는 매우 반가운 희소식이었다. 중국은 북한의 제안을 매우 기쁘게 수용했다.

그리고 이때부터 북중 양국은 관계개선에 전력을 다하게 된다. 이의 일환으로 중국은 대북 지원 및 지지를 이전보다 더욱 활발하게 진행했다. 뿐만 아니라 미중 정상회담 및 고위급 회담과 UN 등과 같은 국제무대에서도 북한의 주장과 원칙을 관철하려는 노력을 아끼지 않았다.

중국의 노력은 결국 북한의 신뢰를 회복하는 데 성공한다. 북한의 주장과 원칙이 한 번에 모두 관철되지는 않았지만 중국은 선별적으로, 단계적으로 이를 성사시켜 갔다. 이 과정에서 주목해야 할 점은 미국도 중국과 한반도문제에서 인식을 같이했다는 사실이다. 그리고 중국 역시 미국의 인식과 주장을 어느 정도 수용했다.

키신저는 닉슨행정부 시절 중국을 총 여덟 차례 방문했다. 한반도문제는 세 번의 조우를 통해 기본적인 해결을 봤다. 첫 번째 비밀 방문(1971)에서 두 지도자는 서로의 간을 봤다. 미국과 중국의 한반도문제에 대한 서로의 기본입장을 간보는 것으로 끝났다. 두 번째 방문(1971)에서는 주한미군과 한미동맹, 그리고 북중동맹이 동북아의 평화와 안정, 특히 일본을 견제하는 데 제일 유효하다는 인식을 공유했다. 그리고 그 결과 양국은 한반도의 주한미군 철수와 한미동맹의 해결을 잠시 보류하는 것으로 합의를 봤다. 세 번째 방문(1972)에서 키신저와 저우언라이는 북한이 요구하는 UN한국통일부흥위원회 해산 문제의 실마리를 잡는 데 성공했다.

북한은 한국전쟁 정전협정 이후 중국을 통해 UN사령부의 해체, 주한미군 철수와 UN한국통일부흥위원회의 해산 문제가 미국과 타결되길 원했다. 이 중 UN한국통일부흥위원회 문제가 키신저의 첫 중국 방문 2년 후인 1973년에 결실을 맺었다. 중국은 미국이 대만과의 동맹 관계를 청산하기로 결정을 내리자 이에 만족해하며 한반도문제에 관해선 미국과 의견을 같이하기로 결정한다. 미중은 한반도의 주한미군과 한미동맹 문제를 잠시 유보시키기로 합의했다. 아마도 이런 역사적 사례를 근거로 오늘날까지 미국과 중국이 북한문제의 해결과 대만통일을 맞교환할 수 있다는 주장이 나오는 것 같다.

그러나 협상 당시의 동북아 국제체제의 기조가 오늘날의 것과 별반 다를 게 없어 오늘에 와서 북한과 대만을 맞교환할 수 있다는 가설은 어불성설이다. 왜냐하면 북한문제의 청산으로 한반도의 주한미군과 한미동맹의 필요성이 없어진 이후에 대한 대안을 아직 마련하지 못하고 있기 때문이다. 이후 논의하겠지만 한반도에서의 권력공백을 누가 채우느냐는 미중 양국에게 매우 관건적인 문제이다. 그리고 미중 양국은 기본적으로 일본이 이를 채우는 것에 동의하지 않는다.

⋮ 미중 해빙기의 북중관계와 북한의 메시지

키신저의 첫 중국 방문과 닉슨의 공식 방중에서 한반도문제에 대한 양국의 협의 과정을 논하기 전에 북중관계의 상황을 우선 살펴볼 필요가 있다. 미국과 중국의 연쇄적 고위급 회담이 개최되기 전 북중관계는 악화일로의 상황에 처해 있었다. 북한이 가장 많이 의존했던 중국과 소련, 두 사회주의 대국이 북한의 변방에서 무력충돌을 일으켰다. 이 두 사회주의 대국의 충돌 속에 북한은 이른바 '줄타기 외교'를 통해 두 나라로부터 이익을 취하려는 전략으로 정책을 선회하게 된다.

북한은 이후 개진된 미중 양국 고위급 회담을 다른 아시아 사회주의 국가와 다르게 인식했다. 북한은 오히려 이를 긍정적으로 평가하며 자신의 전략적 이익을 극대화시켜 줄 호기로 이용하고자 했다. 북한의 반응이 다른 사회주의 국가와 다를 수 있었던 이유는 미국이 북한의 대치국인 한국의 동맹국이고 북한의 최대 위협 요소인 주한미군의 장본인이었기 때문이다. 북한은 이번 기회에 중국을 통해 자신의 주장과 원칙을 미국에 관철시키고자 했다.

북중관계 개선의 시작은 마오쩌둥이 1969년 10월 1일 중국 국경절 행사에 북한 노동당 정치국 위원이었던 최용건을 초청하면서부터였다. 그는 베트남을 방문하고 평양으로 귀국하는 길에 북경 행사에 참석했다. 마오쩌둥은 그를 천안문 자금성의 망루에서 회견했다. 이후 중국은 최용건의 방문에 대한 답방으로 1970년 4월 저우언라이를 평양으로 보낸다. 저우언라이는 방북 이후 〈공동성명서〉를 발표했다. 그리고 7월 북한인민군 총참모장 오진우가 군사대표단을 이끌고 중국을 방문해 마오쩌둥 및 저우언라이와 회담을 가졌다.

회담 후 중국의 대북 군사원조 협정이 체결되었다. 그리고 10월 김일성이 중국을 비밀리에 방문해 중국과 대북 경제기술원조 협정을 체결했다. 미중관계의 해빙 직전 최저점에 달했던 북중관계는 이후 급속한 회복세를 보이며 정상화의 길로 진입하게 되었다.

북중관계의 개선으로 북소관계는 냉담해졌다. 1960년대 말 모스크바는 북한의 모험주의적 공격성 정책에 반대하는 입장을 견지하고 있었다. 북한이 매번 한국과 미국을 도발할 때마다 소련은 북한 지도자들에게 경고를 날리기 위해 소련의 베테랑 정치국 위원들을 평양으로 파견했다. 사회주의 진영은 집단체 행동을 해야 한다는 원칙이 소련의 행위에 정당성을 부여했다. 소련은 베테랑 위원들을 통해 김일성에게 단독으로 미국을 공격하는 행동은 절대 허락하지 못한다는 경고 메시지를 확실히 심어주고자 했다.

1960년대 말 1970년대 초 모스크바는 미국과의 군축과 무역 협상을 진행 중이었다. 자연히 소련은 북한과 거리를 두고 싶었다. 1970년대 초에 이르자 모스크바는 평양에게 공대공 현대 방어 무기를 제공하지 않기로 결정한다. 그러나 이 시기 일부 아랍국가, 즉 이집트, 시리아, 이라크와 리비아 등에게는 같은 무기를 계속해서 제공했다.

1974~1977년 북소관계는 더 악화되었다. 이의 대표적인 방증이 1975년 소련이 북한 김일성의 방문 요청을 바쁘다는 이유로 거절한 것이었다. 도널드 자고리아(Donald S. Zagoria) 교수의 연구에 따르면 그가 당시 소련에 있었을 때 소련 당내의 지도층 인사들이 그에게 "김일성은 미친 말 같아서 중국에게 주는 게 낫다"는 말을 들었다고 한다. 당시 브레즈네프를 위시한 소련 공산당 내부의 대북 인식 분위기를 전해주는 대목이다.

미중 양국의 화해 노력은 미국의 동맹국가 뿐 아니라 중국의 이른바 사회주의 '형제 국가'들에게도 굉장히 쇼킹한 일대 사건이었다. 그래서 저우언라이는 키신저의 비밀 방문 이후 당시 3개의 형제 동맹국들에게 직접 상황 설명을 해주었다. 저우언라이가 가장 먼저 접촉한 형제국은 베트남이었다. 그는 7월 13일 하노이로 날아가 직접 상황을 설명했다. 그리고 귀국하여 바로 중국주재 알바니아대사를 만난 뒤 평양으로 날아갔다. 그가 베트남을 첫 방문 국가로 선정한 이유는 당시 베트남이 미중관계가 가까워지는 것에 지대한 불만을 품으면서 북경과 소원해지는 동시에 자연스레 모스크바로 기울기 시작했기 때문이다. 알바니아는 중공 중앙으로부터 서신을 미리 받아보긴 했지만 미중 양국이 '결탁'하는 것에 반대를 견지한다는 입장을 주중 대사를 통해 표명했다. 알바니아는 중국을 기회주의자라고 비판하며 불만을 노골적으로 드러냈다.

그러나 북한의 반응은 의외였다. 다른 두 '형제 국가'와는 달리 미중 접촉에 긍정적인 평가를 내렸다. 평양은 미중관계 개선 과정에서 중국의 힘을 빌려 자신의 대미 어젠다를 관철시킬 전략적 계획을 가지고 있었기 때문에 이에 양해하는 입장을 보였다. 7월 15일 두 차례의 회견에서 저우언라이는 김일성에게 미중회담 내용을 7시간에 걸쳐 직접 설명해주었다. 저우언라이는 회담에서 한반도와 관련해 북중이 견지했던 주장(북한의 평화통일 방안)과 원칙(동맹국 이익을 매도하지 않음)을 견지했다는 사실을 특히 강조했다.

김일성은 저우언라이의 말을 믿는다고 반응했지만 한편으론 놀라움과 불안을 감추지 못했다. 그는 키신저의 방중이 북한에게 새로이 부상한 국제문제이기 때문에 노동당이 인민들에게 이를 설명해줘야 할 의무가 있다는 입장을 표명했다. 더불어 김일성은 이런 새로운 국제상황에서 타협의 여지가 있다는 인식을 하게 되었다. 즉, 미중관계의 완화로 북한도 미국과 관계를 개선할 수 있고, 자신의 방식대로 한반도를 통일할 수 있는 계기를 확보할 수도 있다는 인식의 전환을 하게 된다.

1971년 7월 30일 북한 내각 부수상 김일이 방중했다. 그는 저우언라이에게 북한 노동당이 미중회담을 잘 이해한다는 메시지를 전했다. 이 메시지에는 미중관계 개선이 세계 공산혁명을 추동하는 데 긍정적으로 작용할 것이라는 평가와, 중국공산당의 반제국주의 입장이 변하지 않을 것임을 확신한다는 내용 등이 담겨 있었다. 동시에 중국이 앞으로 미국과의 접촉에서 북한의 '8개 사항에 대한 성명'에 담긴 원칙들을 반드시 관철해주길 바랐다.[1]

저우언라이는 10월 키신저의 방문 때 북한의 8개 원칙을 전할 것을 약속했다. 8월 9일 중국의 리셴녠(李先念) 부총리는 북한의 경제대표단 환영 만찬에서 북중 양국은 긴밀한 우방 국가이며 양국의 인민들은 삶과 죽음, 동고동락을 같이하는 전우이자 형제라고 강조했다. 그의 발언은 중국이 북한의 안위를 보장한다는 의지를 공개적으로 표명한 것이었다.

중국의 의지는 실질적인 행동으로 즉각 옮겨졌다. 8월 18일에서 9월 7일까

---

1 북한의 '8개 주장'은 1971년 7월 31일 북한의 제1부수상 김일이 방중하면서 중국 측에 전달한 것이고 중국이 이를 미국에 전할 것을 요구했다.
  (1) 미군과 UN군 등 모든 외국군이 남한에서 철수해야 한다.
  (2) 미국은 즉각 남한에 핵무기, 탄약과 각종 무기 제공을 중단한다.
  (3) 미국은 북한에 대한 침범행위와 정찰을 중단한다.
  (4) 미, 일, 한의 연합군사훈련을 중단하고 한미연합사령부를 해체한다.
  (5) 미국은 일본의 군국주의가 다시 부활하지 않을 것을 보장하고 일본군이 남한의 미군과 기타 외국군을 대체해서는 안 된다.
  (6) UN의 한국통일부흥위원회를 해산한다.
  (7) 미국은 남북한의 직접적인 협상을 방해하지 말고 한반도문제를 한민족이 해결하게 한다.
  (8) UN이 한반도문제를 논의할 때 북한 대표는 무조건 참가해야 하고 조건부의 초청을 취소한다. 王泰平 主編, 『中華人民共和國外交史』 第三卷 (1970~1978) (北京 : 世界知識出版社, 1999), p. 40.

지 오진우가 이끄는 북한 군사대표단 일행 26명이 중국의 초청으로 북경을 방문했다. 북중 양측의 군사대표단은 두 차례의 회담을 가졌다. 해군, 공군, 군기차량, 장갑차, 통신, 대외경제무역 등의 분야를 중심으로 각 분과별 회담도 있었다. 그 결과 9월 6일 중국은 북한에 무상 군사원조를 제공하는 협정에 서명했다.[2]

이후 북한은 29명의 군사시찰단을 중국에 파견한다. 그리고 중국 전역에 소재한 군사무기 제조공장을 시찰했다. 이들은 미사일, 비행기, 어뢰, 쾌속정, 잠수함, 탱크, 수륙탱크 견인차, 대포, 폭탄, 로켓발사기, 지휘기, 소나, 레이더, 거리 측정기와 야시장비 등 다양한 무기 공장들을 방문했다.[3]

중국의 외교·정치와 군사 방면에서 보여준 노력과 성의로 북한의 안도감과 신뢰감은 증강했다. 북중 양국의 신뢰가 회복된 가운데 김일성은 10월 25일에 개최될 제26차 UN총회에서 한반도문제 논의 의제로 두 가지 사안을 상정해줄 것을 중국에 강력히 요청했다. 남한에서의 미군 철수와 UN한국통일부흥위원회의 해산이었다. 왜냐하면 이는 북한에게 있어 한반도 평화통일의 절대불가결한 선결조건이었기 때문이다.

김일성은 미중 접촉이 국제사회가 북한문제를 더 중시하게 할 수 있는 추동 요인이 될 것이라고 판단했다. 북한이 중국에게 보낸 요청은 결국 중국이 미국과의 회담에서 북한을 더 의식할 수 있도록 미리 선수를 친 셈이었다. 또한 그는 미중관계의 해빙을 북한의 국제적 지위가 상승될 수 있는 호기로 인식했다. 중국은 《인민일보》의 사설을 통해 이러한 북한의 관점과 입장을 지지했다.

그러나 UN은 한반도문제를 이번 총회에서 다루기에는 시기적으로 아직 성숙하지 않았기 때문에 북한이 9월 25일 제기한 문제에 대한 논의를 1년 연기하기로 결정했다. UN에서의 논의가 예상과 달리 진행되지 못했지만 미중 양국이 UN에서 이 문제를 본격적으로 논의함으로써 국제사회가 이제 한반도문제를 무시할 수 없게 되었다는 사실 하나만으로도 만족할 만한 성과였

---

2 『人民日報』, 1971年 9月 8日.

3 中國人民解放軍總參謀部, 『中國人民解放軍軍事工作大事記』 (1949. 10~1987. 12), p. 497, 500.

다. 뒤에서 더 자세히 논하겠지만 미중은 협의를 통해 1973년 UN한국통일부흥위원회를 해산시켰다. 미군철수 문제에서도 미중 양국은 어느 정도 인식을 같이하는 입장을 보였다.

김일성은 두 번째 미중 회담(10월 20일)의 결과를 최대한 빨리 알고 싶어 했다. 이유는 두 가지였다. 하나는 중국의 UN의석 회복(10월 25일)이 국제 정세에 미칠 영향과 그 함의를 알고 싶었기 때문이다. 다른 하나는 11월 1~3일 일정으로 김일성의 비밀 북경 방문이 잡혔기 때문이다. 김일성은 마오쩌둥 및 저우언라이와의 회견에 대비하고 싶었다.

그의 방중 결과는 12월 2일 당간부 연설에서 드러났다. 연설의 핵심은 닉슨의 방중에 대해 과민해질 필요도 없고 중국을 힐책할 필요도 없다는 것이었다. 장기적으로 중국은 문화대혁명의 국내 반동분자와 베트남에서의 제국주의 침략자와의 투쟁을 피할 수 없기 때문에 닉슨의 방문에도 중국공산당이 혁명을 포기하거나 사회주의 국가의 이익을 저해하는 일은 없을 것이라고 단언했다. 중국 지도자와의 회담으로 김일성은 청심환을 먹은 듯 안정을 되찾았다.

김일성의 조급한 마음을 이해라도 하듯 중국은 1971년 10월 25일 UN의 합법적 의석과 상임이사국직을 회복하면서 맞이한 첫 총회 연설에서 북한과 한반도문제를 즉각 언급했다. 그 이전까지 중국은 UN의석 회복을 어필하는 연설 때마다 한국전쟁 당사국으로서 한반도문제와 관련된 북한의 주장을 대신 연설하고 이와 관련된 외교적 투쟁 역시 부단히 개진했었다.

1953년 이후 중국과 소련, 그리고 제3세계 국가 등의 발의로 UN총회는 1960년과 1964년을 제외하고 매년 한반도문제와 관련된 3개 안건에 대한 논의를 빠지지 않고 개최했다. 상정된 3개 안건이란, UN한국통일부흥위원회의 보고 및 동의건, UN한국통일부흥위원회의 해산 건과 한반도에서의 UN과 모든 외국군의 철수 문제 등의 의미를 담은 UN사령부의 해체였다.

중국의 UN의석이 회복되던 날 북한의 《노동신문》은 사설을 통해 이를 지지하고 경축했다. 사설은 미중관계의 해빙과 중국의 UN 진출이 냉전 체제에 근본적인 변화를 가져다 줄 것으로 전망했다. 나아가 이번의 변화가 한반도문제를 김일성이 제시한 평화통일 방식으로 해결하는 데 매우 유리하게 작용할 것이라는 기대도 내놓았다.

11월 15일 중국대표단 단장 차오관화는 UN총회에서 첫 공식 성명을 발표했다. 이 성명에서 그는 "한반도의 평화통일은 모든 한민족의 공동 염원"이라고 전하면서 중국이 북한의 평화통일 8개 방안의 강령을 지지하고, UN의 한반도문제 관련 모든 불법적인 결의안의 폐기와 UN한국통일부흥위원회의 해산을 촉구하는 입장을 밝혔다.

이와 동시에 사석에서 그는 폴란드 주중대사에게 한반도 통일은 반드시 평화적인 수단을 통해 실현되어야 하며 북한이 제시한 협상 제안이 모든 한반도문제를 해결하는 데 정확한 방법이라고 말했다. 중국의 평양주재 외교관들도 평양의 다른 나라 외교관들에게 북경이 정전협정의 폐기를 원하고 북한의 UN 가입을 지지한다는 입장을 선전했다.

북한이 원한 평화협정의 정전협정 대체 방안은 1972년 1월 10일 김일성이 일본 《요미우리신문》 기자와의 회견에서 발표한 담화문으로 공식화되었다. 북한은 담화문에서 처음으로 정전협정을 평화협정으로 전환하자고 공식 제안했다.

1972년 1월 초 미국 국가안보회의 비서관 헤이그가 닉슨 방중의 선발대로 북경에 도착했다. 저우언라이는 그와 만난 자리에서 중미 정상회담 시 한반도문제를 논의하자고 제안했다. 이유는 두 가지였다. 첫째, 김일성이 중국과 미국의 접촉을 반대하지 않기 때문이었다. 둘째, 중국과 미국이 한반도문제에 직접적으로 관여를 많이 해왔기 때문에 양국이 모종의 타협을 볼 수 있다고 했다. 그는 김일성의 지지로 중국이 한반도문제에 자신감을 가지고 임할 수 있다 했다. 그 결과 저우언라이는 미중 정상회담에 한반도문제를 의제로 포함시킬 수 있었다.

키신저의 비밀 방문과 한반도문제 협의의 시작

미중관계 개선 협상이 진행되면서 중국은 바로 한반도문제를 의제로 삼았다. 물론 키신저와 미국은 가급적 한반도문제에 대한 논의를 피하고 대신 베트남전쟁과 인도차이나반도 문제의 해결을 위한 협상에 집중하고 싶어 했다.

그러나 저우언라이는 1971년 7월 9일 키신저의 첫 회담 때부터 바로 한반도의 미군 철수 문제를 의제로 상정했다.

그는 미군이 남한에 주둔하고 남한도 월남에 파병했기 때문에 베트남의 미군 철수 문제가 남한군의 철수를 의미한다는 논리로 분위기 선점에 나섰다. 그리고 궁극적으로 미군이 남한에서도 철수해야 한다는 논리로 이어나갔다. 그의 미군 철수 주장은 한반도에 주둔하는 모든 외국군의 철수를 의미했다. 저우언라이는 한 국가의 국민들에겐 외부의 간섭을 받지 않는 상황에서 자국의 문제를 해결할 수 있는 권리가 있다는 말로 자신의 주장에 힘을 실었다.

이에 키신저도 자신만의 논리로 대응했다. 만약 미중 양국 관계가 양국이 희망하듯 발전하면 인도차이나전쟁도 종결될 것이고 한국군도 베트남에서 철수할 것이라고 응수했다. 무엇보다 닉슨 대통령은 첫 번째 임기 종결 이전에 전부는 아니더라도 대다수의 미군을 한국에서 철수시킬 구상을 가지고 있다고 전했다. 나아가 키신저는 한반도문제가 그리 시급한 것이 아닌 이유를 이 문제가 앞으로 한 동안 미중 양국의 영향을 받지 않을 것으로 생각되기 때문이라고 솔직하게 털어놓았다.[4]

그리고 그 이유를 미국의 외교 목표로 설명했다. 키신저는 미국이 미군을 한국에 장기간 주둔시키는 것이 미국 외교의 장기 목표가 아니라고 설명했다. 더욱이 북한에서 만약 정치적 변혁이 일어나면 이 문제는 자연히 해결될 것이라고 덧붙였다. 아마 이때부터 미국은 북한이 생존하기 어렵고 변혁을 피할 수 없을 것이라는 신념을 가지게 되었을 것이다. 물론 키신저가 말한 북한 '변혁(transform)'에 대한 구체적인 설명이 없어 이의 구체적인 의미를 읽어내기는 힘들다. 그러나 중요한 것은 이때부터 미국이 북한의 변혁을 기대했다는 점이다.

키신저의 방중 이후 북한은 자신의 입장을 밝힐 때가 도래한 것으로 인식했다. 북한은 앞으로 개진될 미중관계 정상화 협상 과정이 한반도문제의 실질적인 해결을 볼 수 있는 논의의 장이 되길 희망했다. 북한이 지속적인 방

---

4 Memorandum of Conversation, July 9, 1971, Foreign Relations of the United States, 1969~1976, Vol. 17, China 1969~1972, https : //history.state.gov/historicaldocuments/frus1969-76v17/d139 (검색일 : 2015년 8월 22일).

중과 협상을 통해 자신의 입장을 미국에 관철해 달라 계속 부탁한 것도 이러한 희망에서 비롯된 것이었다. 북한의 기본 입장은 1971년 4월의 '8개 사항에 관한 성명'으로 대변되었다.

그리고 김일성은 9월 25일과 10월 8일 《아사히신문》과 UPI 기자들과의 회담에서 미중관계의 변화에도 북한의 기본 입장은 바뀔 수 없다는 입장을 공개적으로 표명했다. 이는 북한이 자주적인 외교정책을 추구하기 때문에 미중관계의 변화로부터 자유롭다는 의미였다.

이런 모순적인 김일성의 태도는 미중관계의 변화로 북미관계의 개선 가능성과 이에 대한 북한의 의사를 암시한 듯하다. 왜냐하면 그의 결론은 북미관계의 변화를 기대하기 위해서는 모든 것이 전적으로 미국의 대북 태도에 달려있다는 것으로 맺어졌기 때문이다. 김일성은 중국에게 미중 접촉에 대한 공식적인 지지를 보냈지만 대외적으로는 이를 폄훼했다. 닉슨의 중국 방문이 '승리자의 행진'이 아닌 '실패자의 고난의 여정'이 될 것이라고 비웃었다. 동시에 미 제국주의의 곤경을 상징하는 이정표적인 사건이 될 것이라고 혹평했다.[5]

그는 기본적으로 사회주의제도와 자본주의제도의 관계가 적대적 모순관계이기 때문에 중국이 사회주의 국가로서 원칙적인 문제에 있어서만큼은 제국주의와 타협하지 않을 거라고 확신했다. 이는 당시 김일성의 중국에 대한 과신을 방증하는 대목이다. 그러면서도 만약 미중 대화가 국제 긴장국면을 완화시키는 긍정적인 작용을 발휘하면 이는 세상에 좋은 일이 될 것이라는 평가도 아끼지 않았다. 그는 그러나 북한이 중국과 같은 행보를 취하지 않을 것이고 미국의 '양수(兩手) 정책(두 마리 토끼 즉 소련과 중국을 잡는 전략)'과 같은 기만전략을 철저하게 경계할 것이라는 입장을 재차 밝혔다.[6]

김일성은 키신저의 두 번째 북경 방문 전에 담화를 발표한다. 표면적인 의도는 미국에게 자신의 입장을 분명히 전하는 것이었으나 실은 북경 압박용이었다. 미중 회담의 공식 의제를 모르는 상황에서 그의 메시지는 중국에게 경

---

5 沈志華, "面對歷史機遇 : 中美關系和解與中朝關系(1971~1974)", 『華東師範大學學報(哲學社會科學版)』, 2014年, 第1期, p. 6.
6 沈志華, "面對歷史機遇 : 中美關系和解與中朝關系(1971~1974)", p. 6.

각심을 불러일으키기 위한 것이었다. 미국과의 협상에서 '북한 카드'로 모종의 타협을 보지 말라는 사전 경고가 담긴 메시지였다. 김일성은 미국이 북한과 직접 대화를 원한다는 가정 하에 중국이 이를 성사시키는 데 성의를 보이라는 외교적 압력의 메시지를 담았다. 이는 북한과 관련된 문제는 미국과의 직접 대화를 통해 자신이 해결하겠다는 의사의 표명이었다.

⁞ 키신저의 두 번째 방중과 한반도문제

1971년 10월 20~26일 키신저는 중국을 두 번째 방문하지만 공식 방문은 이것이 처음이었다. 키신저와 저우언라이는 6일 동안 총 10차례의 회담을 가졌다. 총 회담 시간만 23시간 40분을 기록했다. 그들은 회담 대부분의 시간을 닉슨 방중 때 발표할 미중 공동성명의 내용을 확인하는 작업에 할애했다. 그리고 한반도문제를 포함한 지역 안보 현안에 대한 논의는 가급적 피하려 했다.

이때까지만 해도 미중 양국에게 한반도문제는 그다지 중요한 사안이 아니었다. 굳이 순위를 따지자면 중국에게는 대만문제가 제일 중요했고, 인도차이나반도 문제는 제일 긴박한 것이었으며, 한반도문제는 세 번째였다. 그런데 한반도에 대한 중국의 입장에 변화가 일면서 예상보다 많은 논의가 이루어지게 되었다.

우선 첫 번째 비공식 회담에서 저우언라이는 상기한 순위에 변화가 발생했음을 드러냈다. 중국은 대만문제에 대해 대국으로서 자신의 직접적인 이해문제(대만문제)에 대해서 조급해하지 않고 기다릴 수 있다고 기존의 입장을 수정했다. 대신 중국의 '작은 동맹국' 문제, 즉 인도차이나와 한반도 문제가 더 긴박해지고 긴요해지는 상황으로 변했기 때문에 이에 대한 논의가 필요하다고 주장했다. 중국이 한반도문제를 의제로 상정하는 데 결정적인 요인 중 하나로 작용한 것이 바로 북한의 지속적인 압박이었다.

7월의 비밀 회담 때와 비교하면 미중관계 정상화 협상 의제에서 한반도문제의 중요성이 커졌다. 이는 기본적으로 중국의 입장 변화에 따른 결과였다. 비록 북한의 계속되는 압박과 청탁으로 기존 입장을 수정한 것이었지만, 중국은 미중 양국이 1954년 제네바회의에서 해결하지 못한 문제를 책임감 있게 해결하자는 논리로 자신의 입장 변화를 합리화했다.

이에 키신저도 미국의 기본 입장을 설명했다. 그는 미국이 관련국과 한반도문제를 해결할 수 있는 영구적인 법률 마련을 위해 논의할 준비가 되었다는 입장이었다. 그러나 남북한의 적대적 도발을 방지하는 방안에는 관심이 없다는 사실도 명확히 했다. 이에 저우언라이는 중국이 관심을 두고 있는 건 남북한의 평등 지위 문제이므로 남북한의 통일 문제는 미래의 과제로 보류할 것을 제안했다.[7]

이로써 미중 양국은 보다 실질적인 문제에 더 집중할 수 있는 공동의 의지를 확인했다. 양국은 한반도 통일과 같은 미래 추상적인 문제를 보류하는데 동의했다. 중국은 북한의 평화통일 방안과 요구 사항을 원칙적으로만 지지하는 입장을 보였다. 한반도문제의 완전한 해결을 위해서는 장기적인 노력이 요구된다는 사실에 미국과 합의를 본 셈이었다.

키신저는 논의가 종결될 때 저우언라이가 사실상 미국의 입장을 수용했다고 판단했다. 즉, 한반도문제의 해결 시기가 아직 이르고 해결을 위해 미중 양국이 의견 교환을 할 용의가 있음을 확인한 것으로 만족스러워했다. 키신저는 한반도문제의 해결을 위한 논의를 정식 의제로 상정하기 위해서는 북한의 도발 자제가 전제조건으로 충족되어야 함을 중국에 분명히 전달했다. 이에 저우언라이는 북한의 도발 억제는 상호적인 것이라 미중 양국이 각자의 동맹국에 영향력을 발휘해 그들을 통제하면 군사적 도발 행위를 억제할 수 있다고 주장했다.[8]

키신저의 두 번째 방문에서 저우언라이는 동맹의 보호국(patron state)이 동맹의뢰국(client state)에게 억제력을 발휘해 미중 양국의 연루를 피하고 직접적인 충돌을 예방할 수 있는 통제세력으로서의 역할을 수행할 것을 주장했

---

7 Memorandum From the President's Assistant for National Security Affairs (Kissinger) to President Nixon, Foreign Relations of the United States, 1969~1976, Vol. 17, China 1969~1972, https∶//history.state.gov/historicaldocuments/frus1969-76v17/d164 (검색일∶2015년 8월 22일).

8 沈志華, "面對曆史機遇", p. 6.

다. 키신저가 저우의 제안에 수긍하면서 미중 양측은 군사 전략적으로 한반도의 평화와 안정을 유지하기 위한 목적으로 각각 남한과 북한의 도발 야욕을 통제하는 원칙에 기본적인 합의를 보았다. 한반도의 안보 상황에 미중 양측이 군사적·외교적 영향력을 발휘해야 하는 필요성과 당위성에 인식을 같이한 결과였다.

⁝ 닉슨의 방중과 한반도 의제

1971년 7월 15일 미중 양국은 키신저의 비밀 방문과 닉슨의 방중 결정 소식을 각국의 수도에서 동시에 발표했다. 이후 미 국무장관 로저스는 대만, 일본, 영국, 프랑스, 호주와 태국에게 직접 이 사실을 전했다. 키신저는 소련과 인도에게 직접 통보했다. 한국만 키신저의 비서 리처드 홀드리지(Richard Holdridge)가 알렸다. 이렇게 차등화 된 통보 방식을 두고 닉슨행정부는 일종의 '게임 플랜(game plan)'이라고 일컬었다.

당시 미 행정부는 모두 18개 국가에 통보해야 했다. 모두 미국의 동맹국과 중국 주변의 비공산국가였다. 이들에게 계획된 통보 시간은 10분이었으나 소련과 대만에겐 15분의 시간이 주어졌다. 키신저는 주미 소련대사에게 직접 전화를 걸어 닉슨이 발표할 공동성명을 설명했다. 특히 이 성명이 미소관계를 바꾸지 않을 뿐더러 소련을 겨냥한 것이 아니라고 소련대사를 안심시켰다. 미국은 아직도 미소 정상회담을 위해 최선의 준비를 하고 있으며 소련과 각종 담판을 계속 진행할 것이라고 전했다. 미중회담의 제일 큰 타격을 받은 곳은 대만이었다.

한국에게 미중 접촉을 알린 미국 인사는 다른 국가들과 비교해봤을 때 가장 급이 낮은 인사였다. 이는 미중회담이 한반도문제를 중시하지 않았다는 반증이었다. 닉슨의 군 감축 전략에서 한국은 일본만큼 중요하지 않다는 의미를 내포했다. 닉슨행정부의 이 지역에서의 기본 입장은 군사적 연루 가능성을 최소화하는 것이었다. 때문에 기본적으로 일본 카드라든가 한국에 대한 억지력 논의 등은 중요하게 인식되지 않았다. 그러나 북한과의 대치 상황에서 닉슨이 한미동맹의 중요성은 강조되어야 한다는 인식을 가지고 있었던 것만은 확실해 보였다.

1972년 2월 21일 오전 11시 30분 닉슨은 북경에 도착했다. 그날 오후 닉슨과 마오쩌둥은 회담을 가졌다. 원래 15분으로 계획됐으나 무려 1시간 넘게 진행되었다. 마오는 닉슨과 국제정세를 이야기하고 싶어 하지 않았다. 그러나 닉슨은 계속해서 마오쩌둥의 생각을 듣고 싶어 했다. 그는 소련이 왜 서구의 접경지대보다 중국과의 접경지역에 더 많은 군대를 배치했는지, 일본이 중립적 지위를 유지한 채 무장을 안 하는 것이 좋은지 아니면 일정 기간 동안 미국과 모종의 관계를 유지하는 게 더 좋은지, 미국의 철수로 만들어지는 권력공백 상황을 일본이 채우려는 야심에 대해 어떻게 생각하는지 등으로 쉴 새 없이 질문공세를 펼쳤다.

그러다가 마오는 중국이 당면한 위협이 미국으로부터 오는지, 소련으로부터 오는지를 묻는 질문에 이는 큰 문제가 아니고 작은 문제라고 답했다. 미중 양국 간에는 서로 싸울 (전쟁) 문제가 없다는 게 그 이유였다. 특히 미국이 군대를 일부 철수할 생각이 있고 중국은 해외에 파병할 생각이 없기 때문에 큰 문제가 안 될 것이라는 생각을 밝혔다.[9]

미중 양국의 외교가 추구하는 이익이 일치하고 상호 위협하지 않는다는 닉슨의 인식에 마오쩌둥이 동의하면서 미중 두 지도자는 그 자리에서 중요한 약속을 하나 했다. 이는 중국이 '일본과 한국을 위협하지 않겠다'는 약속이었다.[10] 중국이 해외에 군사적으로 간여하지 않을 것을 보장한 것이었다. 즉, 중국은 미국의 아태지역 주요 동맹국과 관건 이익에 도전하지 않겠다는 의사

---

9 "Memorandum of a Conversation Between Mao TseTung, Chou En-Lai, Wang Hai-Jung, President Nixon, Henry Kissinger, and Winston Lord, February 21, 1972." Foreign Relations of the United States, 1969~1976, Vol. 17, China, 1969~1972, https : //www.nixonlibrary.gov/forkids/Chinadocs/Memo%20of%20Convo-%20Monday,%20 February%2021,%201972-%202.50%20p.m%20-%203.55%20p.m.pdf(검색일 : 2015년 8월 22일); 中共中央文獻研究室 編, 『毛澤東年譜(1949~1976)』第六卷 (北京 : 中央文獻出版社, 2013), p. 427; 中共中央文獻研究室 編『毛澤東外交文選』(北京 : 中央文獻出版社, 1994), p.595.

10 張一心, 王福生 編, 『巨人中的巨人 : 外國名人要人筆下的毛澤東』(北京 : 中共中央黨校出版社, 1993), p. 112.

를 암시한 대목이다. 중국의 약속에 화답하듯 닉슨은 미국 역시 어떠한 위협
도 하지 않을 것임을 약속했다.

22일 닉슨은 미중 양국의 공동 안보이익이 미군을 현 수준으로 유지하는
데 있다고 설명했다. 그리고 그 이유를 지역의 안보적 긴박성을 들어 설득하
려 했다. 예외적인 상황을 제외하고 미국은 유럽과 일본에 군대를 주둔시켜
야 하며 특히 태평양에 해군을 주둔시켜야 한다고 강조했다. 닉슨은 이 경우
미중 양국의 공동 안보이익의 분모가 매우 크다는 생각을 전하려 했다. 미국
이 만약 군사력을 감축하고 유럽과 일본에서 철수하면 미국이 당면할 위협이
매우 클 것이 자명한 사실이고 중국이 당면할 위협도 이에 비례할 것이라고
강조했다.[11]

닉슨은 역지사지로 중국의 국가 안보를 미국의 해외 주둔군의 합리성으로
입증하려 했다. 그는 중국이 당면한 소련 위협을 공략했다. 만약 중소 국경
지역에 주둔한 소련군의 규모가 서구의 것보다 크다면, 인도는 중국에 위협
이 되지 않을 것이라고 설명했다. 그러나 소련이 인도를 지지하고 나선다면,
이때는 인도가 중국에게 위협이 될 것이라고 설득했다. 이런 사고에서 미국
은 인도-파키스탄 충돌을 해결하는 데 있어 파키스탄에 편향적인 이유도 인
도 위협의 증강을 예방하기 위한 차원인 동시에 소련에게 보여주기 위한 것
이라고 설명했다. 닉슨의 결론은 소련의 팽창 야욕을 억지하기 위해 미국은
소련과 상대적으로 균형적인 군사 역량을 최소한 유지해야 한다는 것이었다.

1972년 2월 방중 기간 동안 닉슨은 저우언라이와 대만, 베트남, 소련, 유럽
지역 정세의 문제와 함께 한반도문제를 논의했다. 저우언라이와 닉슨은 서로
의 생각을 잘 안다는 전제 하에 논의를 진행했다. 닉슨은 중국이 북한의 입
장을 관철해줘야 하는 임무를 띠고 있다는 사실을 잘 알고 있었다. 그리고
그 핵심 임무가 주한미군 철수와 평화협정의 정전협정 대체라는 것도 이미
잘 알고 있었다.

---

11 "Memorandum of Conversation, February 22, 1972," Foreign Relations of the United
   States, 1969~1976, Vol. 17, China, 1969~1972, http : //china.usc.edu/sites/ default/
   files/legacy/AppImages/19720222-nixon-zhou1.pdf (검색일 : 2015년 8월 22일), p. 9,
   12.

닉슨은 특히 주한미군 철수를 지연시킬 수 있는 비장의 카드, 즉 신의 한 수가 필요했다. 미국이 주한미군을 한반도에서 궁극적으로 철수시킬 마음의 준비를 하고 있는 처지이긴 했지만, 당시 한반도의 안보 상황에서 보자면 완전 철수가 아직은 힘든 상황이었다. 여전히 한반도는 불안했고, 때문에 미군이 완전 철수하기엔 여전히 상당한 시간이 필요했다. 닉슨에게는 주한미군 철수를 지연시킬 특별한 작전이 필요했다.

닉슨 본인은 한반도의 주한미군 철수 자체는 문제가 되지 않는다는 생각을 기본적으로 가지고 있었다. 그러나 동아시아 및 한반도의 안보 상황과 미국의 전략 이익의 관점에서 보면 즉각적이고 완전한 철수는 비현실적이었다. 그의 기본적인 생각은 단계적인 철수였다. 닉슨은 미군 철수가 언젠가는 (sooner or later) 이루어져야 한다는 생각을 이미 가지고 있었다. 단지 이의 적절한 시기를 대통령 재선 후 2차 임기 때로 보고 이를 신중하게 고려하고 있던 입장이었다. 그래서 그는 마오쩌둥과 저우언라이가 북한에 동조하면서 주장하는 주한미군의 즉각 철수 요구에 대한 효과적인 대응전략이 필요했다.

한반도문제와 관련하여 중국이 임하는 태도는 지극히 전통적이었다. 즉, 쉬운 문제부터 해결하고 어려운 문제는 나중에 해결하는 전략이었다. 물론 중국의 입장에서도 북한이 매우 부담스러웠다. 북한이 종용하는 원칙을 모두 수용하기에는 부담이 컸다. 중국은 결국 이의 선별적 접근을 결정했다. 그 결과 중국은 북한의 평화 통일 8개 방안과 UN한국통일부흥위원회의 해산 문제를 우선적으로 의제에 포함할 것을 결정한다. 그리고 이런 자신의 복안을 북한과 합의하는 데 성공한다.

23일 오후 저우언라이와 닉슨은 한반도문제를 논했다. 먼저 저우언라이는 미군이 최종적으로 남한에서 철수하면 그 뒤엔 일본의 남한 진군을 반드시 막아야 한다고 강조했다. 남북한의 접촉 유지와 평화통일 문제에 있어 그는 이 문제의 해결이 상당히 긴 시간을 필요로 한다는 견해만 표명하고 더 이상의 깊은 논의는 하지 않았다. 대신 각자가 영향력을 발휘해서 동맹국을 통제해야 한다는 데 동의하는 의사를 밝혔다.

닉슨은 한민족은 매우 감정적이고 충동적인 민족이기 때문에 미중이 그들에게 영향력을 발휘해야만 이런 충동과 호전성을 통제할 수 있고, 그래야만 무엇보다 미중이 이들의 충돌 사건에 연루되는 것을 피할 수 있다고 했다. 만약 한반도가 미중 양국의 충돌 장소로 변하면 이는 우둔한 짓일 뿐만 아니라 어처구니없는 짓이라고 설명했다. 닉슨은 이런 것은 이미 한국전쟁에서 한 번 겪었으므로 절대 재발되어서는 안 된다고 역사의 교훈을 상기시켰다. 덧붙여 닉슨은 미중 양국의 협력은 이런 상황의 재발을 방지하는 것이라고 강조했다.[12]

저우언라이 역시 이에 이견은 없었다. 미중 협력이 남북한의 접촉을 촉진하는 것과 UN의 한국통일부흥위원회의 해산 모두를 포함한다 했다. 양국은 모두 다 좋은 일이라는 데 인식을 같이했다. 그러나 닉슨은 후자에 대해 현재 연구 중이라고 했다.

당시 미국이 견지한 아시아 정책의 기본입장은 일본이 한반도에 군사적으로 개입하는 것을 장려하지 않는다는 것이었다. 그러나 이 정책은 미국이 일본과 긴밀한 관계를 유지하는 것과 긴밀한 연관이 있었다. 미국은 최선을 다해 일본에 강력한 영향력을 발휘함으로써 일본이 북한이나 대만에 모험적인 행동을 하지 않도록 막는(discourage) 것을 목표로 한다고 주장했다.

저우언라이는 일본의 경제력 확장이 군사력의 확장으로 이어질 가능성을 우려했다. 그는 미국이 이런 야생마를 통제할 수 있는지 염려가 된다고 밝혔다. 닉슨은 중국의 이런 우려를 잘 알고 있다고 대답하면서 일본에겐 민족적으로 팽창 동기가 있고 팽창의 역사가 있다고 설명했다. 일본이 경제 거인이고 군사적 난쟁이라는 불균형한 성장을 했으나, 간과할 수 없는 것은 일본이 군국주의의 유혹에 취약하다는 점임을 상기시켰다.

닉슨은 미국이 일본과 긴밀한 관계를 유지하는 것은 방위의무를 제공하기 위한 것이고 무엇보다 일본의 군사적 팽창 야욕을 통제하기 위한 것이라고 설명했다. 두 가지 목적 모두 미국과 일본이 긴밀한 관계를 가질 때 가능하다는 점을 부각시키고 싶어 했다. 아니면 일본이 소련, 인도, 미국에 의해 고립되는 위험에 빠질 수 있다고 역설했다.

한반도문제를 논의할 때 저우언라이는 다시 일본의 남한 진군 위험을 부

---

12 "Memorandum of Conversation, February 22, 1972," *Ibid.*

각시켰다. 미군 철수에 동의하나 일본군의 한반도 진출은 동북아의 긴장국면에 악영향을 미칠 것이라는 점을 강조했다. 일본이 이미 이런 기회를 호시탐탐 노리기 시작했고, 한국에 군사요원을 파견하고 있다는 게 그의 설명이었다. 키신저는 이를 인정했다. 저우언라이는 중국이 이런 활동을 예의주시하고 있으며 미국도 그럴 것이라 확신한다고 말했다. 키신저가 미국이 일본군의 한반도 진출을 억제한다고 이미 보장했지만 저우언라이는 닉슨의 공식적인 입장을 확인하고 싶었다.

닉슨은 만약 일본이 남한을 침략한다면 중국이든 미국이든 모두의 이익에 막대한 손해가 발생할 것으로 전망했다. 일본의 침략이 가능하다고 보긴 어렵지만 미국은 최대한 일본에 영향력을 발휘해 이를 막는 것이 기본 입장이라 전했다. 저우언라이는 닉슨의 대답에 만족해했고 만약 중일관계가 회복되면 중일의 우의가 미일관계에 손해가 되지 않을 것이라고 평가했다. 그는 일본과 상호불가침조약의 체결도 고려해볼 수 있다고 했다. 그리고 일본에게 중국의 핵 선제 불사용을 보장할 수 있을 것이라고 덧붙였다.

닉슨은 미중의 공동이익이 일본에 집중되는 것에 대해 미국의 대일 정책이 그의 철학적 신념을 담고 있기도 하지만 미국의 이익에도 부합하기 때문이라고 강조했다. 그는 현재 일본의 미래가 불확실한데 미국이 일본에서 완전히 손을 놓아버리면 일본은 두 가지 옵션 중 한 가지를 선택할 수밖에 없으며 이는 미국의 국익에도 영향을 미칠 것이라고 설명했다.

하나는 일본이 자신의 경제 실력과 동력에 의존하면서 패전국의 기억을 자기의 국방건설에 투영할 수 있는 가능성이었다. 중국은 계속해서 일본의 군국주의 부활을 우려했다. 일단 그렇게 되면 일본의 군사적 영향을 가장 직접적으로 받고 이의 위협에 가장 먼저 노출될 곳은 대만과 한반도가 될 것이라고 강조했다. 닉슨은 미국의 정책은 일본이 미국의 철수를 대체하지 못하게 하는 것이라고 했다. 일본과 공동방위 기제가 없으면 미국의 대일 핵심목표의 실현을 보장할 수 없다는 것이 그의 논리였다.

다른 하나는 일본이 중국에 접근하거나 소련의 품에 안기는 것이었다. 일본과 소련의 접근은 중국을 겨냥할 가능성이 커져서 중일관계 개선을 더 복잡하게 만들 소지가 있으므로 중국으로서는 위협 아닌 위협이었다. 닉슨은 중국은 이런 것을 원하지 않을 것이라고 하면서 중국이 신중하게 일본문제를 고려해 줄 것을 권고했다.

이런 상황에서 주한미군 철수 문제와 관련하여 닉슨이 뽑아든 신의 한 수는 '일본 카드'였다. 닉슨은 키신저와의 상의 끝에 '일본 카드'를 사용하기로 결정한다. 그는 대만에서와 같이 한반도에서 미군 전부를 철수할 수는 없겠지만 일부는 가능하다고 연막을 뿌렸다. 마오쩌둥과 저우언라이에게 보내는 외교적 제스처였다. 그러면서 그는 그들에게 주한미군의 철수로 생겨나는 '권력공백(power vacuum)' 상황을 누가 충당하고 싶어 할지를 한번 잘 상상해보라고 질문하면서 역습 전략을 가동시켰다.

그의 전략은 마오쩌둥과 저우언라이가 이제껏 염려만 해오던 것을 외교적으로 기습하는 것이었다. 닉슨은 주한미군 철수로 인해 발생한 한반도의 권력공백을 아마도 일본이 채워 넣으려 할 것이라고 넌지시 이야기했다. 그리고 이것이 성공하면 일본은 미국과 파기된 동맹조약과 미군 철수로 생겨난 대만에서의 권력공백을 대체하려는 시도를 할 것이라고 경고했다.

닉슨의 경고 메시지는 중국에게 매우 현실적으로 들렸다. 왜냐하면 당시 중국은 '일본 위협론'에 대한 우려가 극에 달해 있었기 때문이다. 오늘날 미국과 일본이 중국의 부상으로 인한 '중국 위협론'에 사로잡힌 것과 맥을 같이 하는 대목이다.

일본은 당시 고속의 경제 발전에 힘입어 경제대국으로 막 발돋움하려는 상황이었다. 중국은 일본의 막강한 경제력을 바탕으로 한 군국주의 부활 가능성과 군사대국화 및 정상국가화에 대한 야망을 상당히 우려했다. 중국공산당은 이른바 '일본 위협론'이라는 강박관념에 사로잡혀 있었다.

중국의 우려를 증강시킨 또 하나의 중대 요인은 닉슨에 있었다. 1969년 7월 괌(Guam)을 방문한 닉슨이 베트남전쟁의 종결에 대한 자신의 강력한 의지를 피력하는 일환으로 이른바 '닉슨 독트린'을 발표했다. '닉슨 쇼크(Nixon shock)'로도 잘 알려진 닉슨의 동아시아 안보구상은 기본적으로 아시아의 평화와 전쟁 문제에서 미국이 손을 떼고 아시아인들에게 모두 일임하는 것이 핵심이었다.

닉슨 쇼크에 일본도 쇼크를 크게 받았다. 우리도 받았다. 우리는 이때부터 자주국방의 이름으로 독자적인 핵무장 계획을 수립했다. 일본은 이에 따라 자국의 외교안보 정책에 근본적인 조정이 불가피하다고 인식했다. 그리고 그 결과 이른바 '사토 독트린(Sato Doctrine)'으로 맞대응한다.

사토는 당시 일본의 수상이었다. 그는 일본의 새로운 외교안보 지평선을 제시한다. 이 독트린의 핵심 골자는 외교안보 영역에서 일본의 국가 역량과 역할 증대, 중국과 소련 등 아시아 공산국가와의 관계개선을 통해 일본이 안보적으로 독립할 수 있는 발판을 마련하는 것에 있었다.

일본의 전략은 소련과는 북방 영토분쟁 해결을 전제로 관계개선을 모색하고, 이 과정에서 이른바 '소련 카드'를 중국과의 수교는 물론 '평화 협정'(1978년 8월에 체결한 '중일 평화우호조약'을 지칭)을 하루 빨리 체결하는 데 레버리지로 활용하는 것이었다. 소련과의 빈번한 고위급 접촉과 교류의 형성을 중국을 현혹시키는 데 활용하면서 일본의 대중국 외교 및 정치 이익을 더 효과적으로, 더 빠르게 취하겠다는 전략이 '소련 카드'의 핵심이었다. 그리고 소련에게도 이와 같은 방법으로 '중국 카드'를 써서 북방 영토 해결을 조속히 보려 했다.

그러나 소련은 이에 현혹되지 않았다. 반면에 중국에겐 소련 카드가 효과적으로 먹혀들었다. 중국에 소련 카드가 유효하게 먹힌 까닭은 간단했다. 중국은 미국과의 수교가 상당 기간 걸릴 것으로 예측하고 있었다. 일본이 중국의 최대 적국인 소련에 편향되는 것을 방지하기 위해 '평화협정' 조인을 서두를 수밖에 없었다. 또한 중국은 개혁개방을 앞둔 상황에서 일본과의 과거 청산을 통한 관계개선이 절실했다.

당시 일본이 소련에 편향될 가능성이 희박했지만 일본의 탁월한 연출 능력에 중국은 현혹될 수밖에 없었다. 중국 국내의 긴박한 상황 변화도 일본에게 유리하게 작용했다. 결국 일본은 중국과 1972년 9월에 수교하고 1978년에 평화협정을 맺는 데 성공한다. '중국 카드'로 소련을 움직이는 데는 실패했지만 '소련 카드'로 중국을 움직이는 데는 성공한 것이다.

이 과정에서 일본이 자신의 안보이익과 우려 사안을 천명한 사실이 닉슨의 '일본 카드'에 힘을 더 실어줬다. 사토정부는 일본 안보이익의 우려 지역을 발표했다. 한반도가 제일 중대한 곳으로 규정됐고 대만이 그 다음이었다.

그리고 이들 지역의 유사사태 발생 시 지역의 불안이나 도발 상황에 대처하고 자국의 안보를 수호하기 위해 미일동맹 조약의 개정과 일본의 군사적 역할 재검토 필요성을 강조했다. 실질적으로 일본은 미국과 미일동맹 조정 협상을 준비하고 있던 참이었다. 결과론적으로 1979년 일본이 원하는 대로 미국과 일본의 군사동맹 조약이 개정되었다.

닉슨의 일본 군사력 확대 가능성을 경청한 마오쩌둥과 저우언라이는 마치 허를 찔린 듯 했다. 그때까지만 해도 중국 지도자들은 대만과 한반도의 미군 철수 문제를 동시에 추진하는 것은 일본의 군사력 확대라는, 잠재적인 안보 함의를 깨닫지 못하고 있었다. 그러나 미군의 완전 철수는 동아시아의 안보 부담과 책임을 일본에게 모두 이양하는 계기가 될 수 있었다.[13]

사실 이는 베트남전쟁으로 전쟁에 대한 피로도(fatigue)가 절정에 달한 미국 국민들이 모두 쌍수를 들고 환영할 전략이었다. 나아가 이는 닉슨 독트린의 "아시아의 문제는 아시아인들이 책임진다"는 기조에도 부합하는 것이었다. 결국 닉슨의 일본 카드는 한반도와 대만에서 미군 철수를 동시에 진행해도 미국과 닉슨은 잃을 것이 없다는 인상을 중국 지도자들에게 강력하게 남긴 그야말로 신의 한 수였다.

이에 저우언라이는 미국이 중국에 어떠한 위협 의도가 없다면 일본을 포함해 동맹 또는 경제원조 수혜국에 영향력을 발휘해 그들이 중국에 불리한 정책을 취하는 것을 억지시킬 수 있을 것으로 사료된다고 화답했다. 미국이 아시아에 계속 존재하는 것이 중국 안보에도 도움이 된다는 것을 간접적으로 인정한 셈이다. 미국이 아시아와 일본을 떠나면 그때 가서 중국이 어떻게 항의를 하든 소용없다는 것을 이제야 깨달은 것이다.

중국은 한반도를 현재 상태 그대로 유지하고 싶었다. 소련이 북한에 개입하는 것도 싫었고 일본이 틈새를 파고드는 것도 싫었다. 중국은 미국의 힘을 빌려 한반도의 균형을 유지하고 싶었다. 중국은 마침내 동아시아 내 미군의 존재가 중국의 안보이익에도 부합한다는 사실을 인정했다.

---

13 Sadako Ogata, Normalization with China : A Comparative Study of U.S. and Japanese Processes, (Berkeley, CA : Institute of East Asian Studies, University of California, Berkeley, 1988)

이때부터 중국은 미일동맹 및 주일미군과 한미동맹 및 주한미군의 역할에 대해 긍정적으로 인식하고 평가하기 시작했다. 다시 말해 중국이 건국 이후 시종일관 견지해 온 동아시아에서의 미군 철수와 동맹 철회의 주장 및 인식에 전환이 일어나기 시작한 것이다. 중국으로서는 전통적 라이벌 국가인 일본이 동아시아, 특히 대만해협을 포함한 동북아지역에서 미군의 철수로 생기는 권력공백을 차지하는 것을 추호도 반길 수 없었다. 결국 중국정부는 일본의 군사대국화 및 정상국가화를 방지하는 미일동맹과 일본군의 한반도 진출을 저지하는 억제제로서 미군의 존재를 긍정적으로 받아들일 수밖에 없었다.

⋮ 닉슨 방중 이후 북중 협의

그러나 2월 27일 상해에서 체결된 〈상해공동성명〉에는 이 같은 미중 양국의 전략 인식 변화 사실이 기술되어 있지 않다. 대신 한반도 관련 문제에 대한 미중 각자의 기본 입장만 나열되어 있다. 공동성명을 보면 미중 양국 지도자들은 양국 관계와 국제문제에 대해 신중하고 솔직한 의견을 교환했다는 문구를 필두로 자신의 한반도 관련 입장을 기술했다.

한반도문제와 관련 중국 측은 북한의 평화통일 8개 방안과 UN의 한국통일부흥위원회 해산 지지 입장을 견지한다고 주장했다. 미국 역시 한국이 한반도에서 긴장국면의 완화를 모색하는 것을 지지하고 한국과의 관계를 유지 및 강화할 것이라는 내용을 성명에 포함했다. UN한국통일부흥위원회의 해산 문제에 대해서는 특별히 언급하지 않았다. 이 문제에 대해 중국 측의 입장만 기술된 것은 중국이 미군 철수 문제보다 이 문제가 더 실현 가능성이 많다고 판단했기 때문이다.

닉슨의 방문을 앞두고 중국은 저우언라이 등을 평양에 특사로 파견했다. 미국과의 관계개선 협의 준비 상황을 김일성 등 노동당의 지도부에게 직접 설명하고 양해를 구하기 위해서였다. 1972년 1월 26일 부총리 박성철을 단장으로 외교부 소속의 인사들로 구성된 북한 대표단이 북경을 방문했다. 이들 중 일부는 수도공항에 머물렀다. 이들의 방문 목적은 중국 측과 닉슨 회담에서 논의될 한반도 관련 문제를 같이 준비하기 위해서였다.

중국정부는 북한 대표단이 닉슨과 일정 거리를 두는 것을 전제로 북경에 체류하는 것을 허락했다. 그들은 2월 말 닉슨의 방문이 상해에서 종결될 때까지 중국에 머물렀다. 물론 미국과 북한 대표단과의 회담은 없었다. 이 시기 김일성도 닉슨이 오기 전 북경을 비밀리에 방문했는데 북한의 외교관들은 이 사실을 전면 부인했다. 그러나 소련의 사료들이 그의 방문을 입증했다.

〈상해공동성명〉에 한반도 관련 북한의 주장을 반영하기 위하여 북중 양국이 공동 준비 작업을 벌였음에도 불구하고 북한 측의 요구는 충분히 반영되지 않았다. 신통찮은 결과에 북한은 불만을 가질 수밖에 없었다. 그리고 북한은 중국이 한반도문제와 관련 미국에 압박을 가할 능력이나 의지가 없다고 의심하기 시작했다. 북한의 중국에 대한 의심은 1973년 3월 소련 외교관의 증언으로 확인됐다. 중국은 기본적으로 한반도 통일에 큰 관심이 없었고, 북한인들은 중국이 주한미군 철수 문제에 있어 미국에 충분한 압박을 넣지 않았다고 의심하고 있다는 것이 그 외교관의 평가였다.[14]

6년 동안의 결석 이후 1971년 7월 중국은 다시 한반도정전위원회로 복귀했다. 체면상 중국은 미군의 철수를 주장했다. 이는 북한의 환심을 사기 위한 것이었다. 그러나 단기적으로 모든 미군의 철수는 중국에게 큰 의미가 없었다. 중국이 더 우려한 것은 소련이었다. 1972년 5월 미국 국가안보보고서는 북중 간의 협력 동인을 이데올로기의 일치성, 소련 수정주의에 대한 두려움과 일본의 팽창주의에 대한 우려로 분석했다.

1972년 3월 3일 중국은 우선 내부적으로 공동성명의 의미를 설명해야만 했다. 저우언라이는 중공 중앙과 국무원의 책임자들을 접견하는 지리에서 연합성명의 취지와 의미를 설명했다. 한반도문제와 관련해 중국은 북한의 8개 방안을 시종일관 지지하고 UN한국통일부흥위원회 문제는 26차 UN총회에서

---

14 Note on a Conversation with Comrade Kurbatov, First Secretary of the USSR Embassy, March 26, 1973, in the USSR Embassy, GDR Embassy to DPRK, 28 March 1973, PolAAA, MfAA, C295/78, NKIDP Archives, http : //digitalarchive. wilsoncenter. org/document/116638.pdf?v=64ae788aa916b9f6950d8149409a232a (검색일 : 2015년 8월 22일).

해결하려고 했으나 남북한 적십자사가 현재 접촉 중이라 논의되지 못했다고 설명했다.

저우언라이는 미국이 이 위원회를 해산시키지 않는 행위는 곧 북한과 중국에 대한 침략행위와도 같다고 몇 차례나 강조했다. 그러나 미국은 중국의 이러한 불만을 의식하고 있다고 역설했다. 그는 위원회의 해산 문제가 27차 혹은 28차 총회에서 해결될 것으로 전망했다.

3월 4일 북한은 《노동신문》 사설에서 미중관계의 정상화가 국제사회의 긴장국면을 완화시키는 데 좋은 일이라는 논평을 냈다. 왜냐하면 미국의 대중 봉쇄와 고립 정책이 파경에 이르렀음을 의미했기 때문이다. 중국이 한반도문제를 공동성명에 포함시킨 것에 대해 사설은 이는 형제국가인 중국이 미 제국주의를 남한에서 강제로 몰아내고, 북한의 자주평화 통일의 정의 사업을 실현시키는 데 강력한 지지를 표명한 것이라고 논평했다.

사설은 미국이 미군 철수와 UN한국통일부흥위원회 문제에 대해 침묵한 사실을 지적하면서도 일본이 아시아를 다시 정복하고자 하는 확대 야욕을 좌절시켰다고 논평했다. 이 시기 《인민일보》는 북한 신문의 기사를 대량으로 발표하고 있었는데 유독 이 사설만은 게재하지 않았다. 중국 지도자들이 〈상해공동성명〉에 주한미군 철수가 언급되지 않은 사실에 따른 북한의 불만을 의식했기 때문이다.

3월 7일 저우언라이는 다시 평양을 찾아 김일성에게 〈상해공동성명〉의 협상 과정에 대해 설명했다. 저우언라이는 공동성명이 한반도문제를 매우 전면적으로 다뤘다고 자평했다. 협상 과정에서 관건은 UN한국통일부흥위원회를 해체하는 것이었다. 공동성명에 한미동맹이나 미국과 대만의 동맹조약 문제가 언급되지 않은 것은 양측이 모두 반대했기 때문이라고 설명했다. 미국과 대만의 문제를 언급하게 되면 한미와 미일 동맹 문제에 있어 최소한의 해결 실마리가 언급되어야 했는데 당시 상황으로서는 타협점을 찾기 어려웠다는 것이다.

대신 《노동신문》의 사설을 고려해 일본의 한반도에 대한 위협을 크게 부각시켰다. 저우언라이는 비록 〈상해공동성명〉에 이 문제가 직접적으로 언급되지는 않았으나 회담 중 일본군의 대만 또는 한국 진출을 지지하지 않는다는 닉슨의 발언을 일종의 묵인 하에 중미가 인식을 공유하게 되었다고 설명했다. 북한의 8개 원칙 중 제4조와 관련하여 저우언라이는 미국 측이 주도적으로 이를 제안했으나 중국 측이 "제3국을 대표하지 않는다"는 북한에 적용된 것이나 군사정전위원회에서는 중국과 북한이 같은 일방(一方)이라고 해석했다고 전했다.

김일성은 중국이 미중 회담에서 한반도문제에 지대한 관심을 가지고 임한 것에 다시 한 번 감사했다. 동독의 북한주재 외교관에 따르면 북한의 지도자들이 닉슨의 방중 결과에 매우 만족스러워했다고 한다. 특히 〈상해공동성명〉에서 중국 측이 한반도의 평화통일 8개 방안을 지지하고 UN한국통일부흥위원회의 해산을 강력하게 주장한 점에 무척이나 만족했다고 전했다.[15]

북한의 지도자들은 이번 회담이 한반도문제에 대한 중국의 입장이 매우 공고하다는 것을 확인할 수 있던 계기라고 칭찬했다. 중국은 미국과의 관계개선을 모색하는데 동맹국의 이익도 고려함으로써 이번 담판의 결과가 북한에도 실질적인 이익을 가져다줬다고 내부적으로 평가했다.[16]

1972년 2월 소련의 평양주재 외교관은 북한이 미국을 적대시하는 이유가 주한미군이기 때문에 이 상황이 변하면 평양의 미국에 대한 입장도 변할 것이라고 주장했다. 사실상 자신의 목표를 조속히 실현하기 위해 북한은 미중관계의 해빙으로 일어나는 훈풍을 미국과의 관계개선 기회로 삼으려 했다.

5월 26일 김일성은 《뉴욕 타임스》 기자와의 회견에서 미국정부가 대국과의 관계개선에만 집중하지 말고 약소국과의 관계개선에도 신경을 써야 한다고 전했다. 북한의 논리는 미국의 대국관계 개선 노력이 약소국과의 관계에 큰 영향을 미치지 않기 때문이라는 것이다. 중국은 즉각 《인민일보》에 김일성이 회담한 기사의 선문을 게재했다. 이는 북경이 북한의 대미정책에 인식을 같이한다는 사실을 보여주기 위함이었다. 동시에 북한이 미국과 직접 대화

---

15 "March 13, 1972 Note on a Conversation with the 1st Secretary of the USSR Embassy, Comrade Kurbatov, on 10 March 1972 in the GDR Embassy," http : //digitalarchive.wilsoncenter.org/document/110820 (검색일 : 2015년 8월 23일).

16 沈志華, "面對歷史機遇 : 中美關系和解與中朝關系(1971〜1974)", 『華東師範大學學報(哲學社會科學版)』, 2014年, 第1期, p. 8.

할 의사가 있다는 사실을 중국이 이미 잘 알고 있다는 것을 공식화한 셈이었다. 중국 지도자들은 미국 앞에서 북한을 지지하는 발언을 한동안 지속했다.

┇ 미국 동맹체제의 당위성 확인

이튿날인 7월 10일 키신저와의 오후 회의에서도 저우언라이의 '일본 위협론' 주장에 대한 논의가 계속되었다. 키신저는 일본에서 주일미군이 철수하면 일본의 군국주의가 본격적으로 부활할 것이고 일본군의 재무장과 재정비가 불가피하다는 우려를 서슴없이 표명했다. 미국이 극동지역에서 모든 군을 철수하면 일본군이 강화되고 아시아의 군사적 패권을 일본이 충당하는 계기가 될 것이라는 우려를 전했다.

키신저가 미국 동맹관계의 철회와 아시아 주둔군의 철수로 양산될 수 있는 최악의 시나리오를 제기한 후부터 저우언라이는 기회만 되면 이 문제에 대한 깊은 우려를 그에게 표했다. 그러면서 미국의 의중을 계속 확인하고 싶어 했다.

저우언라이의 우려를 줄여주기 위해 키신저는 미일 안보동맹 관계의 긍정적인 영향과 효과를 전면에 부각시켰다. 미일 안보 관계가 일본의 침략 정책의 가능성과 확장 야욕을 억제하는 데 상당히 긍정적으로 작용한다는 점을 강조했다. 미국이 일본을 방치하면 일본은 이를 군사 재정비와 재무장의 기회로 삼으려 모든 노력을 집중시킬 것이 자명하다는 게 키신저의 논리였다. 그리고 그는 이 시나리오에서 일본의 핵무장도 빼놓지 않았다.

키신저는 미군이 아시아에서 철수하는 상황이 발생하면 그 뒤로 중국과 일본이 나서 태평양의 세력 균형을 책임져야 할 텐데 이는 미국에게 매우 유리하게 작용할 것이라는 역설을 폈다. 그는 미국의 당시 아시아 정책이 바로 이런 시나리오의 현실화를 막는 것이라고 강조했다. 미중 양국이 일본의 재무장을 원치 않는 상황에서 이보다 더 큰 공동이익은 있을 수 없다는 게 키신저의 주장이었다. 그리고 이의 실례로 키신저는 미국의 일본기지가 순수한 방어 목적용이고 일본의 재무장을 지연 또는 억제시키기 위한 것이라고 설명했다.

키신저의 논리는 결국 저우언라이를 설득시키는 데 성공한다. 저우언라이는 일본문제에 있어 중미 양국 간에 공통된 이익과 공동의 이익이 존재한다고 시인했다.[17] 그는 동북아를 향할 일본군의 잠재적 세력 확대 야욕이나 진출을 심각하게 우려했다. 그리고 일본이 대만뿐만 아니라 한반도와 기타 아시아지역에게도 위협이라는 인식을 처음 공개했다.[18]

키신저는 '일본 카드'를 꺼낸 후 이틀 동안의 회담에서 그 효과를 톡톡히 봤다. 대만문제 협상에서도 이 카드가 유효하게 작용했다. 저우언라이는 중국이 유일한 합법정부이고, 대만은 중국의 일부이며, 미국은 '두 개의 중국' 또는 '일중일대(一中一臺)' 정책, 그리고 대만의 독립을 지지하지 않아야 하고, 대만 지위 문제에 있어서 더 이상 불확실한 입장을 취하지 말아야 할 것이라고 강조했다. 특히 중국은 일본이 대만문제에 관여하는 것을 미국이 최대한 막아야 한다고도 주장했다. 키신저는 이 같은 중국의 입장에 동의를 표하며 미국 역시 대만 내 일본의 어떠한 군사적 존재도 강경하게 반대한다고 밝혔다.[19]

키신저는 미국이 일본의 군사적 팽창이나 확대주의를 강경히 반대할 것이라는 입장을 밝히는 동시에 이는 일본이 자위적 능력을 확보하는 것을 전제로 한다고 말했다. 즉, 일본이 자위적 능력을 확보해 다시 한 번 일본 제국주의를 꿈꾸기 전에 미국이 일본을 철저히 통제하겠다는 의미였다. 미중 양국은 아시아의 대국 관계에서 미국과 중국의 이익이 매우 흡사한 만큼 두 나라 모두 일본의 군사적 팽창을 원하지 않는다는 공통점을 발견했다. 나아가 양국이 일본 군사 문제에 대해 같은 인식을 공유하고 있다는 사실 역시 확인했

17 Memorandum of Conversation, July 9, 1971, Foreign Relations of the United States, 1969~1976, Vol. 17, China 1969~1972, https : //history.state.gov/historicaldocuments/frus1969-76v17/d139 (검색일 : 2015년 8월 22일).

18 Memorandum of Conversation, July 11, 1971, Foreign Relations of the United States, 1969~1976, Vol. 17, China 1969~1972, https : //history.state.gov/historical documents/frus1969-76v17/d143 (검색일 : 2015년 8월 22일).

19 Memorandum of Conversation, July 10, 1971, Foreign Relations of the United States, 1969~1976, Vol. 17, China 1969~1972, https : //history.state.gov/historicaldocuments/frus1969-76v17/d140 (검색일 : 2015년 8월 22일).

다.[20]

키신저는 미국이 군사적으로 아태지역에 주둔해야 하는 당위성과 정당성을 일본의 견제에서 찾았다. 그리고 이를 저우언라이의 우려를 해소해주는 특효약으로 활용했다. 동시에 미군의 긍정적 역할과 작용을 중국에게 설득하는 카드로 사용했다. 키신저는 자신의 주장에 힘을 싣기 위해 소련군의 모험주의 가능성도 다시 상기시켰다. '소련 카드'는 키신저가 대국 간의 담판에서 협상력을 제고하는 데 아주 유용한 전략적 무기였다. 소련의 위협에 대해 그는 미국이 소련과 일본을 모함해서 중국을 고립시키지 못하도록 보장할 수 있다고 주장했다. 더불어 키신저는 저우언라이에게 중국은 미군의 존재를 아시아의 안보에 대한 우려를 절감시킬 수 있는 전략적 요소로 인식하고 이용해야 한다고 강조했다.[21]

키신저의 고립 발언으로 저우언라이는 미소일 3국의 중국 고립 전략의 유무를 확인할 수 있었다. 미국에게 그럴 의도가 없음을 확인한 저우언라이는 이를 마오쩌둥에게 보고했다. 보고를 받은 마오쩌둥은 9일 미소일 관계에서 오히려 중국이 소련을 고립시킬 준비가 되어 있다는 입장을 전달하라고 지시했다. 10일에 열린 회담에서 저우언라이의 태도는 확연히 달라졌다. 소련의 위협에 대해 키신저와 중국이 같은 인식을 공유하고 있다는 사실 하나만으로도 저우언라이의 얼굴에는 화색이 돌았다.

소련에 대한 미중 양국의 공통된 인식이 확인되자 두 인사는 자연스레 한반도문제로 관심을 돌렸다. 저우언라이는 한반도의 불안과 긴장국면의 연출이 평화협정이 없기 때문이라고 지적했다. 그는 북한의 불안감이 정전협정, 비무장지대(DMZ)에서의 무력충돌, 그리고 주한 외국군 등의 요소에서 기인한다고 전했다. 때문에 평화협정만이 한반도의 평화와 안정을 정착시킬 수 있는 보다 장기적이고 합법적인 안보 기제가 될 것이라고 강하게 주장했다.

11일 키신저와의 협상에서 저우언라이는 일본 자위대가 매월 옷을 바꿔입고 남한의 군사 상황을 보러 간다고 지적했다. 그는 일본군이 영원히 한반도와 대만을 잊지 못할 것이라고 경고했다. 중국은 일본이 군국주의를 부활

---

20 Memorandum of Conversation, July 10, 1971, *Ibid.*
21 Memorandum of Conversation, July 11, 1971, *Ibid.*

시켜 해외로 팽창하는 것을 극력 반대하는데 남한에서 벌어지고 있는 몇몇 일본 군부의 정탐 활동은 부활 구상이 이미 시작되었음을 방증하는 사례가 아니냐고 물었다. 그는 미일 안보관계가 일본을 실질적으로 억제하는 데 유효함을 미국의 입장을 통해 재차 확인하고 싶어 했다. 이에 키신저는 미국의 정책은 일본이 일본열도 이외의 지역으로 확장하는 것을 지지하지 않는 것이라고 재차 강조했다.

이후 중국 주변지역에서 모든 미군의 철수를 요구하는 중국의 입장이 한층 이완되었다. 키신저는 이 기회를 틈타 북한의 군사적 도발 행위를 적극적으로 내세우면서 미중 양국은 각자의 한반도 동맹 대상을 통제하는 중요한 원칙을 견지해야 한다고 다시 한 번 주장했다. 덧붙여 이 원칙은 한반도의 안정이라는 공동의 목표 하에 견지되어야 한다고 강조했다. 즉, 미국은 남한의 대북 군사 침략을 억제하고, 중국은 북한에 영향력을 발휘해 무조건 미국과 남한을 도발하지 않도록 힘써야 한다는 것이었다. 그렇게 되면 미국과 중국은 아시아 평화에 지대한 도움이 될 것이라는 논리였다. 저우언라이는 즉각적인 답변을 하지 못했다. 그의 묵인은 키신저에게 중국의 동맹국이 침략 행위를 실질적으로 자행하고 있다는 것을 인정하기 두려운 것으로 받아들여졌다.[22]

저우언라이는 키신저와의 비밀 회담을 설명하기 위해 7월 15일 방북한다. 그는 두 번에 걸쳐 7시간 동안 김일성에게 키신저와의 회담 내용을 브리핑한다. 저우언라이의 평양 체류 시간 동안 김일성은 북한이 중국의 대미 관계 완화 노력을 북한을 배신하는 처사로 인식하지 않는다는 입장을 밝혔다. 저우언라이는 김일성에게 미중관계 정상화의 당위성을 이해시키려 노력했다. 그는 정상화를 통해 미국의 주한미군 철수 의사를 타진할 수 있고, 중국이 희망하듯 대만에 대해서도 미국의 의중을 가늠할 수 있을 것이라고 전했다.

미중관계가 변화의 급물살을 타기 시작했고, 세계의 정세 또한 변화를 맞

---

22 Memorandum of Conversation, July 11, 1971; Memorandum from Kissinger to the President, July 14, 1971, Foreign Relations of the United States, 1969~1976, Vol. 17, China 1969~1972, https : //history.state.gov/historicaldocuments/frus1969- 76v17/ d144 (검색일 : 2015년 8월 22일).

이하기 시작했다. 김일성은 이러한 변화의 시류에 탑승해 북한의 외교정책 또한 조정하기로 결정한다.

7월 10일 김일성은 평양을 방문한 루마니아 대통령 차우셰스쿠에게 북한의 복잡한 전략 환경을 소개했다. 통일 목표 외에도 북한에게는 중국을 통해 이루고 싶은 목표가 있었다. UN 의석을 회복해 자신의 국제적 지위를 향상시키는 일이었다.

김일성은 '평화적 수단'을 한반도 통일의 유일한 실천 가능 방안으로 규정한 이유를 설명했다. 평화 수단 외의 '해결 방안'은 세계적 규모의 전쟁을 일으키는 것뿐인데 이는 세계 인류가 원하는 방식이 아니므로 결국 평화 수단만이 유일한 선택임을 강조했다. 김일성은 중국이든 소련이든 모두 이런 전쟁에 연루되고 싶어 하지 않는다는 사실을 너무나도 잘 알고 있다는 말로써 자신의 선택을 정당화했다.

김일성이 이때부터 무력통일의 뜻을 접은 것으로 표면적으로나마 확인할 수 있는 대목이다. 그러나 그에겐 아직 무력통일에 대한 미련이 남아 있었다. 김일성은 당시 남한 내에선 혁명 세력의 활동이 나날이 증강하고 있다고 판단했다. 때문에 김일성은 미군이 철수만 하면 무력으로 한반도를 통일할 수 있다는 집념에서 벗어나지 못했다. 그러나 김일성은 한국전쟁이 끝난 마당에 자신의 무력통일 집착을 다시 드러내고 싶지 않았다. 때문에 차우셰스쿠에게 평화 수단을 더더욱 강조했다. 그리고 이의 전제를 미군이 남기고 간 권력의 진공 상황을 일본이 대체하지 않으면 된다는 말로 역설했다.[23]

⋮키신저의 두 번째 방중과 한반도문제

1971년 10월 20~26일 키신저는 북경을 두 번째 방문한다. 공식 방문으로

---

23 "Minutes of Conversation on the Occasion of the Party and Government Delegation on behalf of the Romanian Socialist Republic to the Democratic People's Republic of Korea," 10 June 1971, http : //digitalarchive.wilsoncenter.org/document/112790 (검색일 : 2015년 8월 22일).

는 처음이었다. 미중 양국은 10월 5일에 키신저의 공식 방문을 공고했다. 미국은 공고가 있기 전 다시 한 번 이 사실을 동맹국에게 전했다. 이 과정에서 한국은 일본, 호주, 대만 등보다 뒤쳐져 있었다. 그러나 7월과 비교하면 이를 통보한 인사 측면에서 다른 동맹국보다 한국의 중요도가 올라간 것을 확인할 수 있다. 한국, 뉴질랜드, 영국, 프랑스와 독일에게 키신저의 중국 방문 소식을 전한 건 로저스 미 국무장관이었다. 로저스는 이번 방문이 닉슨의 방중을 앞두고 구체적인 준비사항을 논의하기 위한 정치적인 담판이라고 설명했다.

대만문제에 있어 7월 이후 중국의 입장에는 중요한 발전이 있었다. 저우언라이가 미군의 철수 문제에 있어 지난번과 같이 어떠한 구체적인 시간표나 시간제한을 요구하지 않은 것이다. 그리고 이는 당시 미국의 입장에 부합하는 변화였다. 닉슨은 양국 관계 정상화와 철수 문제에 있어 어떠한 공식 입장도 밝히길 꺼렸다. 닉슨은 키신저에게 7월에 밝힌 미국의 입장이 유효하다고 상기시켰다. 즉, 미국은 중국이 평화적으로 대만문제를 해결하겠다는 의지를 확인시켜주길 바랐다. 대만문제에 있어 중국의 태도가 한층 부드러워지자 닉슨은 대만문제의 평화적 해결을 이번 회담의 의제로 제시하라고 지시했다. 7월 저우언라이와의 담화에서 강조되었듯이 중국의 주요 요구사항은 극동지역에서 모든 미군이 철수하는 것이었다. 닉슨의 지시는 이러한 중국의 요구에 대한 대응이었다.

저우언라이는 8월 《뉴욕 타임스》 기자 윌리엄스 라이스톤과의 회견에서 아시아의 미군 철수 요구를 다시 한 번 강조했다. 그러나 시간의 제한을 두지는 않을 것이라는 입장을 처음 밝혔다. 중요한 것은 철수의 원칙을 확립하는 것이라고 했다. 저우언라이의 주된 관심은 미군이 아시아에서 철수한 뒤, 그 자리를 다른 나라 특히 일본이 대처해 중국의 안보이익에 위협을 가할지도 모른다는 최악의 시나리오였다. 때문에 그는 미국이 이 지역의 세력 균형을 유지하는 데 중추적인 역할로서 계속 존속해주길 바랐다.

이 밖에 저우언라이는 수차례에 걸쳐 일본 위협론이 소련의 확대주의에 대한 우려를 잠식시키는 효과가 있다는 사실을 상기시켰다. 즉, 일본의 위협에 대항하기 위해 소련을 끌어들일 수도 있다는 의미였다. 이에 키신저의 대응 전략은 미국이 중국을 위협하지 않을 것이라고 확언하는 동시에 미군의 철수로 생긴 권력공백을 다른 아시아 국가들이 채우지 못하게 막는다는 것이었다. 그러나 미국이 이를 위해 동맹국에게 할 수 있었던 것은 일본의 대외적 팽창을 반대하는 것과 다른 나라가 중국을 반대하지 않도록 설득하는 것으로 매우 제한적이었다.

한반도문제와 관련 9월 17일 홀드리지는 키신저에게 비망록을 전한다. 비망록은 북한이 무력을 통일 수단으로 여전히 생각하고 있는 것으로 보이나 중국은 한반도에서 전쟁이 재발하는 것을 원치 않는다고 분석했다. 왜냐하면 미국, 일본 또는 소련의 연루가 너무나도 자명했기 때문이다. 이러한 분석을 토대로 주한미군의 존재를 정당화할 수 있는 논리가 형성되었다.

비록 중국이 주한미군의 철수를 공개 선언하고 있지만 한반도 내 긴장이나 전시 상황이 발발했을 때, 특히 중국이 다른 나라의 개입을 확실히 차단할 수 없을 때, 주한미군의 존재나 미국의 한국 군사원조는 관건적인 요인이 될 수 있고 무엇보다 일본의 개입을 제약할 수 있는 효과를 발휘할 수 있을 것이라는 논리였다.[24] 이는 현재 동아시아 정세에서 미군의 존재가 비단 한국뿐만 아니라 중국에게도 도움이 될 수 있다는 의미였다. 며칠 후 그는 다시 키신저에게 7월 주한미군 철수 문제에 대해 저우언라이가 매우 다급해 보였으나 이미 미군 2만 명을 철수했기 때문에 중국이 이를 묵인한 채 나머지 미군이 한동안 계속 주둔하길 희망할 수도 있다고 보고했다.[25]

저우언라이의 다른 관심사 중 하나는 평화조약의 정전협정 대체 문제였다. 미국 측은 키신저에게 이 문제에 대한 저우언라이의 구체적인 구상을 한번 탐색해 볼 것을 지시했다. 키신저는 이를 위해 〈상해공동성명〉에 포함될 내용 즉, 한민족이 자기들이 원하는 한반도문제의 해결 내용을 포함할 수 있는지, 남북한 간의 접촉을 독려하는지 등의 질문을 던져 중국의 입장을 살펴보기로 했다.

홀드리지의 비망록은 대통령에게 제일 유리한 선택이 주한미군의 감축과

---

24 Memorandum from Holdridge to Kissinger, September 17, 1971, in Documents on United States Policy toward Japan, XXVII, Nixon Presidential Materials : U.S.-China Rapprochment : NSC Files (~October 1971) Vol. 10, pp. 250~257.

25 Memorandum from Holdridge to Kissinger, September 17, 1971, p. 261.

관련해 확실한 시간표를 제시하고 이를 중국과 논의하는 것이라고 제언했다. 그리고 중요한 것은 미국이 무엇을 '하는' 것이지, 무엇을 '말하는' 것이 아니라고 조언했다. 일본의 남한 진군을 지지하지 않겠다고 강조하는 것보다 한반도의 평화 상태에 변화를 유발하는 일을 자국의 동맹국이 하지 못하게 저지하는 것이 최선의 선택임을 강조했다. 그래야 중국도 이렇게 북한에 할 수 있기를 희망한다고 피력하는 것이 설득력을 가지게 될 것이라는 게 비망록의 결론이었다.[26]

상술한 미국 측의 준비 자료를 보면 7월 회담 이후 중국의 한반도에 대한 입장에 변화가 생겼음을 볼 수 있다. 즉, 미국이 중국 주변지역에서 철수하는 데 구체적인 기한이나 시간을 설정할 필요가 없다는 입장으로 바뀌었다. 사실 저우언라이는 키신저가 대만과 한국 등지에서 미국이 철수하는 원칙을 지키기로 맹세한 이후, 철수 시간의 요구가 '즉각 철수'에서 '시한적 철수'의 입장으로 점점 돌아섰다. 특히 키신저가 회담에서 '일본 카드'를 사용하며 미군의 존재가 일본군의 팽창을 저지하는 중대한 역할을 한다는 사실을 강조한 후 즉각적인 철수를 요구하기가 어려워졌다.

닉슨과 키신저는 중국의 입장 변화를 이미 잘 알고 있었다. 10월 14일 앞으로 있을 〈상해공동성명〉 협의와 중국과의 회담에 있어 닉슨은 키신저에게 자신들이 중국보다 우위에 서게 되었다고 말했다. 그러나 그렇기 때문에 저우언라이의 언사가 강해질 것이라고 우려를 나타냈다. 닉슨은 이번 회담에서 관건은 중국으로 하여금 미국이 없는 일본, 나아가 미국이 없는 자유세계 아시아가 미국이 있는 아시아보다 더 위험하다는 사실을 각인시켜주는 것이라고 설명했다. 그는 키신저에게 미국의 입장을 중국에 명확히 알려줄 것을 주문했다. 미국이 태평양 국가이고 아시아 국가이기 때문에 아시아에서의 존재(presence)를 유지하는 입장을 고수한다는 것이었다.

10월 방문에서 키신저와 저우언라이는 10차례의 회담을 갖는다. 두 사람의 회담은 모두 비밀리에 진행되었다. 첫날 저우언라이는 모든 의사일정의 순위

---

26 Briefing Book for HAK's Oct. 1971 trip POLO II [Part I] : Korea, in Documents on United States Policy toward Japan, XXVII, Nixon Presidential Materials : U.S.-China Rapprochment : NSC Files (~October 1971) Vol. 5, pp. 148~155.

를 소개했다. 대만문제가 제일 관건이고 인도차이나 문제가 극동지역의 긴장 국면의 완화를 위해 제일 긴박한 문제였다. 한반도문제는 7월보다 더 중요해 졌다. 그 덕에 의제의 세 번째 순위로 올라섰다. 저우는 미중 양국에겐 1954 년 제네바회의의 미해결 문제를 해결해야 하는 책임이 있다고 하면서 한반도 문제 논의를 원했다. 네 번째 문제는 일본문제였다. 일본이 극동지역의 긴장 완화에 미치는 영향력 때문이었다. 마지막은 남아시아와 소련문제 등의 순으 로 정해졌다.[27]

10월 21일 저우언라이와 키신저는 대만문제에 대해 논의했다. 키신저는 7 월과 마찬가지로 미군 철수 문제, '두 개의 중국' 또는 '일중일대', 대만 독립 불지지, 일본의 대만 진군, 평화적 통일과 미중관계 정상화 약속 등에 대한 기존의 입장을 재확인해주었다. 철수 문제에 관해 저우언라이는 다시 기한을 언급하지 않았고 철수 원칙만 확인했다. 실질적으로 중국은 미군 철수 문제 에 조급해 하지 않았다. 이유는 일본이 '빈틈을 이용해 들어갈 수 있는(趁虛而 入)' 것을 피할 수 있기 때문이었다. 저우언라이는 다시 한 번 키신저에게 일 본군의 대만 진입 저지, 특히 미군이 대만에 주둔하는 동안 이를 보장할 것을 주문했다. 키신저는 "어떠한 상황에서도 미국은 일본이 대만에 진군하는 것 을 반대한다"고 했다.

이 회담에서 저우언라이가 대만과 관련하여 관심을 둔 또 다른 문제는 대 만의 지위 문제였다. 대만이 중국의 일부분이고 대만의 지위가 불확실하지 않다는 것을 미국과 확인하고 싶었다. 키신저는 이를 인정하려 하지 않았다. 대신 미국이 할 수 있는 것이 무엇이고 미국의 정책이 무엇인지를 구분할 필요가 있다고 답했다. 다만 그는 미국이 중국의 대만 지위를 시험하지 않을 것이라고 보장했다. 하나의 중국, 대만이 중국의 일부임을 미국이 인정할 것 이라고 암시하는 발언이었다.

이 회담 이후 미국은 더 이상 대만의 지위를 미정 상태로 규정하지 못하게

---

27 Negotiating U.S.-China Rapprochement : New American and Chinese Documentation Leading Up to Nixon's 1972 Trip, in National Security Archive Electronic Briefing Book No. 70, document 10, http ://nsarchive2.gwu.edu/NSAEBB/NSAEBB70/doc 10.pdf (검색일 : 2015년 8월 24일), pp. 15~16.

되었다. 비록 〈상해공동성명〉에 이런 미국의 달라진 입장이 모두 문건화 되지는 못했지만 미국은 "하나의 중국을 견지한다"는 문구만은 잊지 않고 삽입했다. 결국 미국도 '하나의 중국' 원칙을 수용한 것이다. 그러나 대만이 대륙에 예속되었다는 중국의 주장, 즉 '대만은 중국의 일부' 원칙에 대해서는 명확한 입장을 밝히지 않았다. 사실상 대만해협에 두 개 정권의 병립을 지지하는 모순적인 입장을 드러낸 셈이었다. 이는 자연히 주위로부터 비판을 야기했고 미국은 이를 피할 수 없었다.

미국은 하나의 중국 원칙의 수용 대가로 중국이 대만문제의 평화적 해결 원칙을 수용하길 바랐다. 저우언라이는 미국-대만 동맹조약 문제에 대해 질문했다. 그는 대만이 대륙으로 회귀한 이후의 미국-대만 동맹조약의 유효성에 대해 물었다. 키신저는 대만문제가 평화적으로 해결되면 조약이 자동적으로 폐기될 것이라고 했다. 실질적으로 미중 양국은 여기서 대만문제 해결의 큰 방향을 확정지었다.

미국은 최종적으로 미군의 철수 원칙을 수용했고 간접적으로 '하나의 중국' 원칙을 수용했다. 중국의 요구가 모두 관철된 것은 아니었지만 저우언라이는 키신저의 '점진적 해결' 방법을 받아들였다. 중국은 더 이상 미군의 대만 철수를 요구하지 않았다. 이는 사실상 미군의 대만 주둔이 일본군의 진입을 막는데 효과적이라는데 인식을 같이한 결과다.

이후 회담에서 저우언라이는 키신저에게 미군이 대만에 주둔만 하고 미국이 일본군의 대만 진입을 막기만 한다면 중국은 더 이상 이 문제를 공개적으로 논의하지 않을 것이라고 했다. 대만문제에 있어 미중 양국의 입장이 어느정도 근접했음을 의미하는 발언이었다. 미중 양국은 이로써 큰 산을 넘어 나머지 원칙들도 논의할 수 있게 되었다.

10월 22일 오후 저우언라이는 한반도문제 논의에 상당한 시간을 할애했다. 그는 중국의 입장 설명으로 말문을 열었다. 그의 요지는 다음과 같다. (1)정전협정이 아직까지 평화조약으로 전환되지 않았다. (2)매년 UN에서 한반도문제를 논의하는데 북한을 배제한 채 진행되어 왔다. (3)UN에는 아직까지 'UN한국통일부흥위원회'가 존재하고 있다. (4)미군은 남한에서 반드시 철수해야 한다. (5)중국은 일본군이 대만에 주둔하는 미군을 대체하는 것을 원하지 않는데, 이는 남한에서도 마찬가지다. (6)만약 미군이 철수한 후 남한의 군사 실력과 적대감이 증대하면 극동지역의 온화한 정서에 지대한 악영향을 미칠 수 있고 북한을 매우 긴장시킬 수 있어 결국 중국에도 악영향을 미친다.

이어서 저우언라이는 북한의 '8개 주장'을 전달했다. 키신저는 북한의 주장들이 일방적인 요구라서 미국이 받아들이기 힘들다고 반응했다.

키신저는 '실질적인 문제'에 대한 논의로 주의를 환기시켰다. 그는, 만약 한반도의 분단 상황을 고착화하기 위해 영구적인 법률적 기초를 마련하는 것이 미국의 목적이라면 미국은 중국과 이를 같이 논의할 것이다, 미국은 이런 법률적 기초가 적대성을 다시 갖는 것에 관심이 없다, 주한미군의 감축은 미국의 기정사실화된 정책이다, 그러나 공식적인 보장은 아직 이르다, 라고 미국의 입장을 표명했다.

키신저의 한반도 현상유지 목표에 저우언라이는 이견이 없었다. 그는 한 가지만 질문하겠다고 했다. "만약 미국의 최종 목표가 주한미군 철수이면, 일본군으로 미군을 대체하는 것이 미국의 목표인가?" 저우언라이가 일본 부상론의 위험성을 다시 제기한 것이다. 이에 키신저는 대만의 경우와 같이 미국의 목표가 일본 자위대의 주한미군 대체가 아니기 때문에 미국은 이를 절대 용납하지 않을 것이라고 다시 보장했다. 저우언라이는 중국이 미국의 약속을 매우 중시할 것이라고 전했다. 한반도의 현상유지와 미국이 일본을 한반도 범위 밖에 묶어두겠다는 보장은 불가분한 관계라는 의미를 다시 한 번 전달한 것이다.

키신저는 중국의 목표를 한 번 더 명확하게 확인하고 싶었다. 그는 중국의 목표가 한반도의 안정을 추구하고, 전쟁의 위험을 피하고, 다른 나라들의 팽창 야욕을 감소시키는 것이라면 미중 양국은 이미 공통된 이익을 가지고 있다고 강조했다. 반면 목표가 남한정부를 쇠약하게 하는 것이라면 북한은 남한을 더 쉽게 공격할 수 있게 될 테고, 또 목표가 남한에게 압박을 가하는 것이라면 상황은 달라질 것이라고 말했다. 키신저는 중국의 목표가 전자라면 한반도에 영구적인 법적 지위를 부여해야 한다고 주장했다. 그리고 이를 위해선 미국과 중국이 협력해야 한다고 언급했다. 이는 매우 민감한 문제였다.

저우언라이는 회담에서 시종일관 긍정적인 태도를 유지했다. 사실상 저우언라이는 미중 양국이 한반도의 안정과 현상유지라는 공통된 목표를 묵계한 것이다. 다만 저우언라이는 많은 나라들이 북한을 반대하고 있고 남한은 언제든지 바깥세계로 진출할 수 있기 때문에 북한이 심각한 불안을 느끼고 있음을 언급했다. 이는 실제 한반도의 현상유지와 안정 보장이 잘 안 되고 있는 현실을 간접적으로 표명한 것이었다.

이에 키신저는 주한미군은 남한의 공격 행위에 협조하지 않을 것이며 미국정부는 이미 UN한국통일부흥위원회의 해산 문제를 연구 중이라는 사실을 털어놨다. 그리고 중국이 관심을 갖고 있는 남북한의 '평등 문제'와 관련해 이는 실질적으로 북한을 인정하는 문제로 귀결되는 것임을 인정했다. 저우언라이는 닉슨의 답변에 만족했다. 그리고 다시 한 번 3개 사항에 대한 미국의 입장 확인을 요청했다.

첫째, 주한미군이 남한에 주둔하는 동안, 철수 이전이나 철수할 때 (미국은) 일본의 남한 진군을 불허한다. 이에 키신저는 긍정적으로 답했다.[28] 중국의 입장에서 저우언라이의 요구는 실제 주한미군이 계속 주둔하는 것이 일본의 군국주의를 억제하는 작용을 한다는 인식의 방증이었다. 키신저가 회담 중에 꺼내든 '일본 카드'가 한반도문제에서 그 효력을 제대로 발휘한 것이다.

둘째, 미군이 최종적으로 남한에서 철수하기 전까지 남한군의 군사분계선을 넘어선 침략 행위를 불허한다. 키신저는 주한미군의 최종 철수를 직접적으로 동의하지 않았다. 이는 남한의 자유로운 군사 행동에 족쇄를 채우겠다는 의미였다. 한미조약이 남한의 주도적인 도발 행위에 적용되어서는 안 된다는 것이 키신저의 대답이었다.

세 번째 사항은 미국이 북한을 합법적인 실체임을 국제적으로 인정하는 것이었다. 키신저는 이 문제가 궁극적인 목표가 될 수 있다고 생각했다. 그러나 당시의 정책도 아닐뿐더러 무엇보다 이 문제엔 관건적인 전제가 있었다. 키신저는 남한도 동일한 인정을 받아야 하는 문제라고 응대했다. 그는 이런 요구는 상호성을 구비해야 한다고 설명했다.

---

28 Negotiating U.S.-China Rapprochement : New American and Chinese Documentation Leading Up to Nixon's 1972 Trip, in Natinal Security Archive Electronic Briefing Book No. 70, document 31, pp. 9~11.

저우언라이가 말한 한반도의 안정과 현상유지를 파괴하는 일본 위협과 남한 위협에 대해 키신저의 대답이 무조건적이지는 않았다. 즉, 앞서 말했듯이 상호적이어야 한다는 의미다. 중국 역시 상응하는 보장을 해야 한다는 것이었다. 중국도 북한의 군사적 모험과 도발을 지지하지 않고 대신 억제하는 데 최선을 다해야 한다는 것이다.

키신저는 군사적 압력이 북방에서 오면 누구도 결과를 보장할 수 없다고 경고했다. 저우언라이는 북한이 남한을 침공하면 북한이 더 큰 책임을 져야 한다는 데 동의했다. 그가 말하는 책임의 결과는 중국이 외국군에 대응하지 않는 것으로, 이는 곧 중국이 북한의 도발을 지지하지 않겠다는 입장을 천명하는 것이었다. 결국 미중 양국은 각자의 동맹국에 영향력을 발휘해 그들의 군사적 모험을 반드시 저지해야 한다는 필요성에 동의했다.

여기서 주목할 만한 사실은 이미 이때 중국의 북중동맹에 대한 입장이 명확했다는 사실이다. 1992년 한중수교 이후 우리 측의 확인 요청에 대한 중국 고위 인사(첸지천, 리펑 등)의 답변이 이 당시 저우언라이의 답변과 일치하는 사실이 이를 입증한다. 우리 측 질문에 중국은 '북한이 침략당하면' 군사적으로 도와줘야 할 의무가 있다고 답하며 북중동맹 개입 조항의 유효성을 설명했다. 그러나 북한이 침략을 범하면 중국에겐 동맹조약을 준수해야 할 책임과 의무가 없다는 답변을 함으로써 과거의 답변과 일맥상통함을 보였다.

7월에 비해 10월의 한반도문제 논의 내용이 더 구체적이고 더 상세했다. 중국은 오랫동안 미일안보조약에 반대하는 입장을 공개적으로 선전했었다. 그러나 1971년 10월의 회담 과정과 결과를 살펴보면 중국의 입장이 바뀐 것을 볼 수 있다. 그러나 공동성명에 이 문제를 포함하지 않은 것은 자아모순에 빠지는 것을 회피하기 위해서였다. 또한 미국과 한국 간의 합의를 전제하기 때문에 누락시켰다. 다만 향후 논의를 위해 잠시 보류하기로 합의했다.

키신저의 세 번째 방문과 한반도문제 논의

1972년 6월 22일 키신저는 또 다시 중국을 방문했다. 이번에도 저우언라이와 한반도문제를 논했다. 키신저는 "남북한 간에 진행 중인 회담이 적극적이다. 우리는 남한에게 계속할 것을 독려했다. 미국은 남북한 대화를 찬성하며 남북한 간에 어떠한 협의도 지지한다"고 했고 저우언라이 역시 "남북한은 최종적으로 평화통일을 원한다. 그러나 시기가 아직 무르익지를 않았다. 현재 그들이 해야 할 것은 전쟁을 선동하는 것이 아니고 상호 이해를 독려하는 것이다. 우리는 무력으로 한반도를 통일하는 것을 지지하지 않는다"고 했다.

저우언라이는 이어서 "원칙상 너희 군대는 남한에서 철수해야 한다. (그러나) 철수 후 일본군이 진입해서는 안 된다. UN한국통일부흥위원회의 해산 문제를 중미 양국이 공개적으로 논쟁하는 것은 최근 남북한이 막 개진한 위대한 대화에 부정적인 영향을 미칠 수 있어 키신저가 건의한 대로 UN총회에서도 이의 논의를 연기하는 데 동의한다"고 중국의 입장을 밝혔다. 그래도 그는 중국이 가을 UN총회에서 한반도문제와 UN한국통일부흥위원회 문제를 의제로 상정할 것을 명확히 했다고 전했다.[29]

키신저가 이해하듯 저우언라이가 한반도문제에 대한 입장을 바꾼 이유는 원칙적으로 미군의 철수를 견지하나 미군의 주둔이 일정기간 유지되는 동안 일본군의 개입을 저지할 수 있다는 판단 때문이었다.[30] 저우언라이의 '입장 변화'는 실질적으로 이렇게 이해할 수 있다. UN에서 한반도문제 논의가 계속 지연될 수밖에 없는 분위기도 그의 입장 변화에 한 몫 했다. 미중 양국은 대신 평양의 조급함을 절충하기 위해 UN한국통일부흥위원회 해산 문제를 의사 일정에 포함시키기로 합의했다.

1972년 7월 4일 남북 고위층의 비밀 협상이 큰 진전을 보이며 세상에 놀랄

---

29 Memorandum of Conversation between Chou En-lai and Kissinger, June 22, 1972, https：//2001~2009.state.gov/r/pa/ho/frus/nixon/e13/72602.htm （검색일：2015년 8월 24일）.

30 Memorandum From the President's Assistant for National Security Affairs (Kissinger) to President Nixon, June 27, 1972, FRUS, 1969~1976, Vol. E-13, Documents on China, 1969~1972, https：//history.state.gov/historicaldocuments/frus 1969-76ve13 《關于推遲聯合國討論朝鮮問題的建議》, 見 《1972年6月9日美國國家安全委員會官員所羅門給基辛格的備忘錄》. Memorandum from Richard H. Solomon of the National Security Council Staff to the President's Assistant for National Security Affairs (Kissinger), June 9, 1972, FRUS, 1969~1976, Vol. 17, p. 907.

만한 결과가 나왔다. 민족통일 3원칙을 담은 〈7·4 남북공동성명〉이 탄생한 것이다. 외부 간섭을 받지 않는 상황에서 평화적인 방식으로, 이데올로기와 제도적 차이를 넘는 위대한 민족통일을 실현하자는 것이 성명서의 골자였다. 이로 인해 UN에서 한반도문제를 논의할 수 있는 좋은 분위기가 조성되었다.

중국은 분위기에 편승해 한반도문제가 하루 빨리 해결되길 희망했다. 7월 19일 중국의 주UN 대표 황화는 UN 비서에게 서한을 보내 알제리 등 13개국이 한반도문제를 긴급의제로 27차 UN총회에 상정하는 것을 지지한다고 표명했다. 이들 13개국엔 중국도 포함되어 있었다. 황화는 이 서한을 대회 문건으로 공유하려 했다. 이에 미국은 즉각적인 반응을 보였다.

26일 키신저는 황화에게 미국이 1972년에는 UN에서 한반도문제를 토론하지 않기를 희망한다는 의사를 전달했다. 이는 미중 양국이 한반도문제로 UN에서 정치적인 정면충돌을 피하기 위함이라고 전했다. 키신저는 이를 미중관계의 긴장 완화의 징표라고 생각했다. 그리고 만약 UN에서 논쟁을 피할 수 있으면 미국은 UN한국통일부흥위원회를 해산하는데 실질적인 영향력을 발휘할 것이라고 약속했다. 이에 황화는 한반도에서의 새로운 정치적 발전을 환영하며 북한은 UN이 독립적인 한반도를 위해 유리한 조건을 조성해주기를 희망하고 있다고 전했다.

알제리 등 국가가 UN총회 의사일정에 한반도문제를 포함시킬 것을 강력하게 요구하는 성명을 제출했다. 그리고 7월 31일 북한정부가 이에 지지하는 성명을 발표했다. 8월 4일 황화는 키신저에게 먼저 연락해 미국이 UN 논의를 연기하지 말 것을 요구했다. 키신저는 11월의 미 대선을 이유로 다시 한 번 당해 연도에 이 문제를 UN총회 의사일정에 포함시키지 말 것을 희망한다고 전했다. 미국의 강경한 태도에 중국은 난처했다. 중국은 이를 수용할 시 북한의 열정에 찬물을 끼얹을 것 같은 기분이 들었다.

결과는 미국이 희망하는 대로 흘러갔다. 1972년 한반도문제 논의는 미중의 묵인 하에 UN총회의 표결로 결정됐다. 논의 연기에 대한 찬반투표 결과 찬성이 70표, 반대가 34표, 기권 21표를 기록하면서 이 문제는 1년 연기됐다.

8월 22~25일 김일성이 다시 한 번 중국을 비밀리에 찾아왔다. 이번 방중에서도 그는 마오쩌둥 및 저우언라이와 개별 회담을 가졌다. 8월 24일 김일성은 회담 중에 저우언라이와 한반도문제를 구체적으로 논의했다. 그는 미국의 외교가 미국인의 이익을 위한 것이고 중국이 미국과 왕래하는 것을 원칙적으로 수용할 수 있다는 입장을 밝혔다. 다만 중국의 대미 접촉이 역동적이어야 한다고 강조했다.

이에 저우언라이는 북한이 안심할 수 있도록 북중동맹의 유효성을 역설했다. 이미 미국에게 중국은 북한과의 동맹 의무가 있기 때문에 남쪽에서 도발을 하면 그 즉시 개입할 것을 전했다고 강조했다. 저우언라이의 목적은 김일성에게 예방주사를 놓는 것이었다. 즉, 이번 UN총회에서의 한반도문제 논의를 낙관하기 어려우나 중국은 북한 이익에 손상을 입히지 않을 것이라는 의미였다.

중국과 알제리의 극심한 반대에도 불구하고 미국, 영국과 일본 등이 지지한 UN의 한반도문제 연기 결의가 통과되었다. 이후 중국정부는 북한정부의 독립·자주적 평화통일 주장을 지지하는 성명을 연속해서 발표했다. 1972년 12월 25일 중국 외교부장 지펑페이(姬鵬飛)가 북한을 방문하고 언론용 성명(press communiqué)을 발표했다. 이 성명에서 중국정부는 주한미군의 철수와 UN한국통일부흥위원회의 해산을 강력히 촉구했다.

1973년 2월 북한 외교부장 허담이 중국을 방문했을 때도 중국은 같은 성명을 냈다. 그리고 이때 실질적으로 중국이 소련을 대신해 북한의 UN 대변인 역할을 결의했다. 그러나 북한은 중국만으론 부족하다고 판단했다. 오로지 중국에만 의존하여 문제 해결을 기대하는 건 어렵다고 판단한 것이다. 두 번째 방문에서 허담은 중국에게 미국과의 직접 대화 가능성을 논했다.

이에 저우언라이는 키신저가 북경에 오면 북한의 요구를 전하겠다고 약속했다. 그리고 키신저의 1973년 방문에서 다음과 같은 문제를 논의했다. 한반도문제는 남북 대화를 통해서만 해결이 가능하다. 어떠한 외국도 간섭·방해·파기를 할 수 없다. 모든 군대는 한반도에서 철수해야 하고, UN한국통일부흥위원회도 반드시 해산되어야 한다. 마지막으로 둘은 북미접촉 문제를 어떤 방식으로든 타진해볼 수 있음을 논의했다.

우선 UN한국통일부흥위원회 문제와 관련해 저우언라이는 키신저에게 하반기에 문제를 해결할 것을 독촉했다. 그리고 한 가지 조건을 달았다. 만약 남한과 합의를 보지 못하면 해산 문제를 UN 회원국과 재협상하자는 것이었다. 주한미군 철수 문제에 대해 저우언라이는 북한의 요구가 합리적인 것이기 때문에 우선 미국이 점진적 철수를 선언하여 북한의 불만을 잠재우고, 남한에겐 자신감을 향상시켜주는 방안으로 설명하면 괜찮을 것이라고 조언했다.

키신저는 남한에서의 점진적 철수에 대한 구체적인 계획이 내년에나 나올 것이라고 말했다. 북미 간의 직접적인 접촉 문제에 대해서는 미국이 아직 고려조차 하고 있지 않다고 솔직히 털어놨다. 저우언라이는 중국이 한반도문제가 천천히 해결되어야 하는 것임을 인정하고 있어 평양에게도 미군 철수와 통일 문제에 대해 인내심을 가질 것을 적극 권고하고 있다고 설명했다. 그리고 다행히 북한이 점점 이해하는 것으로 보인다고 덧붙였다. 그러면서 그는 미군 철수 후 일본이 한반도에 진출하는 것을 허락해서는 절대 안 된다고 다시 강조했다.

미군 철수와 UN한국통일부흥위원회 문제에 대한 논의가 결과를 보지 못하고 있는 상황에서 한반도로부터 새로운 소식이 날아들었다. 6월 23일 남북한이 한반도에 관련된 성명을 각자 발표한 것이다. 먼저 한국 대통령 박정희가 성명을 통해 북한과의 UN 동시 가입에 반대하지 않는다고 선언했다. 김일성은 단일 국가의 명칭 아래 남북한 연방제를 뜻하는, 즉 '고려연방공화국'의 국명을 설명하는 선언을 발표했다.

1973년 3월 미국은 UN사령부가 한국의 전쟁 도발을 방지하고 정전협정을 수호하고 북한에 대한 위협 심리 등의 방면에서 긍정적인 작용을 하고 있다는 신념을 가지고 있었다. 그런데 6월 19일 키신저는 황화에게 미국이 UN총회 개최 이후 주한 UN사령부 문제 해결을 논의할 준비가 되어 있다고 했다.

3개월 후인 9월 26일 황화는 신임 국무장관 키신저의 만남 요청에 응했다. 그러나 6월에 보낸 메시지와 달리 키신저는 미국이 UN한국통일부흥위원회 해산에는 동의하겠으나 UN사령부의 해체 문제는 최소한 1년 후로 미루자고 건의했다. 미국의 안보전략 이익과 한국의 안보를 보장할 수 있는 새로운 합법적인 기틀의 탐색이 이유였다.

황화는 키신저에게 남한이 남북한의 UN 동시 가입 입장을 포기할 것을 권고했다. 키신저는 이에 대한 입장 표명을 거절했다. 11월 14일 미국, 영국,

일본 등은 UN사령부와 주한미군의 유지, 그리고 남북의 UN 동시 가입 지지를 전제로 UN한국통일부흥위원회의 해산을 협의하는 데 성공했다. 이를 위해 중국은 미국 및 북한과 각각 협상을 벌였다.

10월 21~22일 저우언라이는 심양으로 날아가 김일성을 만나 양국의 UN 협력 문제를 수차례 논의했다. 11월 11일 저우언라이는 북경을 방문한 키신저와도 협상을 진행했다. 저우언라이는 한반도의 평화 문제가 해결되기 위해서는 오랜 시간이 필요하다고 하면서 중국도 UN사령부 문제는 법률적 정비를 위해 상당한 준비 기간이 필요하다는 데 동의한다고 전했다. 키신저가 언급한 방면에서의 UN사령부의 긍정적인 작용도 인정한다고 했다.

저우언라이는 북경에서 긴급회의를 개최했는데 이때 UN의 중국대표 중 하나인 장팅옌(張庭延)을 뉴욕에서 긴급 소환했다. 그의 뉴욕 상황을 브리핑 받은 후 저우언라이는 중국 대표단이 UN에서 융통성 있는 대책으로 최선의 결과를 모색하는 입장을 취할 것을 결정했다.

이른바 "융통성 있는 대책"은 대략적으로 어쩔 수 없을 때 주한미군 철수 요구를 포기하는 것이고, 이른바 "최선의 결과"는 UN한국통일부흥위원회의 해산 목표를 반드시 구현하는 것이었다. 북한이 이에 동의를 표하자, 중국은 이에 대한 보상으로 북한의 안보를 더 보장해줘야만 했다. 평양주재 베트남 대사는 1973년 11월에 북한을 비밀 방문한 중국의 고위급 군사대표단이 김일성에게 다음과 같은 선물을 건네줬다고 폭로했다. 북한에 대해 전에 없었던 군사 장비와 무기의 제공을 보장하고 심지어 전술핵무기까지 이에 포함시켰다는 것이다. 이 전에 중국은 이미 북한에 미사일 방어체제까지 배치해준 상태였다.[31](중국이 북한에 전술핵무기를 제공했었고 미사일 방어체재를 구축한 사실에 주목할 필요가 있다.)

UN에 상정된 한반도문제는 표결 결과를 우려한 중국의 뜻에 따라 결의안

---

31 "Document No. 25 Report, Embassy of Hungary in North Korea to the Hungarian Foreign Ministry, 22 November 1973," CWIHP Working Paper, No. 53, (Washington, D.C. : Wilson Center for International Scholars, August 2006), pp. 51~52, https ://www.wilsoncenter.org/sites/default/files/WP53_web_final1.pdf (검색일 : 2015년 8월 24일).

방식으로 처리되었다. 그리고 그 덕에 최선의 결과가 도출되었다. 11월 21일 UN 정치위원회는 성명 발표를 통해 UN한국통일부흥위원회의 즉각 해산을 결정했다. 그리고 남북한의 〈7·4 남북공동성명〉 정신을 받들어 계속 대화할 것을 희망한다는 메시지를 전했다. 마지막으로 한반도 관련 두 개의 결의 초안(UN사령부와 주한미군 철수 문제 등)에 관한 표결은 본회의에 부쳐지지 않는다고 선포했다. 미국 역시 마찬가지였다. 미군 철수 문제가 일시적으로나마 보류되었고 한반도문제 해결을 위한 진전에 아무런 장애물도 발생하지 않았다고 판단했기 때문에 그 역시 대체적으로 만족했다.

그러나 이후 한반도의 정세에 급진적인 변화가 일어났다. 남북한 대화는 1973년 여름에 교착 국면에 빠졌다. 김일성은 남한 지도자들에게 단기간 내에 조국통일 문제를 논의할 의향이 없다고 판단했다. 때문에 그는 혁명 외에는 다른 선택이 없다고 판단했다. 12월 1일 북한정부는 느닷없이 황해의 정전선 부근에 있는 백령도·연평도 등 5개 도서에 대한 행정관할권을 선포했다. 즉, 북방한계선(NLL)에 대한 관할권의 선포였다. (중국 사료로 이렇게 진술한 것에 미뤄보면 중국도 이 지역의 관할권이나 NLL을 간접적으로 시인하는 대목이다.)

한반도의 정세에 불안한 바람이 불자 이듬해 미국은 UN사령부 문제 해결을 위한 전제조건을 공식화했다. 1974년 3월 29일 〈국가안보정책의 비망록 제251호〉에서 밝혀진 전제조건이란 UN사령부의 권한을 한미사령부에 이관하는 것이었다.[32] 6월 13일 미국정부는 이 내용을 중국에게 전했다. 7월 27일 주미 연락대표부의 황쩐은 미국의 방안을 수용하기 어렵다고 하면서 대신 남북한의 상호불가침조약과 UN사령부의 해체를 직접 연계해 문제 해결을 지향할 것을 제언했다.

중국은 미국 측의 제안이 이미 유명무실한 UN사령부를 주한미군의 지속적인 주둔과 맞바꿈으로써 한반도의 분단만 고착화시키는 것이라고 비판했다. 그리고 1974년 안에 UN사령부의 해체와 주한미군의 신속한 철수를 달성

---

32 National Security Decision Memorandum 251 : Termination of the UN Command in Korea, March 29, 1974 http : //www.fas.org/irp/offdocs/nsdm-nixon/nsdm_ 251.pdf (검색일 : 2015년 9월 2일).

하라고 미국 측에 강력하게 요구했다. 중국은 최소한 표면적으로나마 다시 한반도문제에 강경한 입장으로 회귀했다. 8월 15일 중국 등 32개국은 UN 비서장에게 한 통의 서신을 보내면서 UN 명의의 모든 군대를 남한에서 철수하는 의제를 제29차 UN총회의 의사일정에 포함할 것을 요구했다.

다음 날 UN 비서장은 이 서한을 회원국에 배포하면서 부연설명을 비망록의 형태로 추가했다. 8월 28일 미국은 서한에 내포된 결의안 초안의 수정본을 중국에 전달했다. 이에 중국은 직접적인 반응을 보이지 않았다. 9월 16일 중국 등 34개국이 'UN의 남한 철수'에 관한 결의안 초안을 UN총회에 정식 제출했다. 이후 얼마 안 가서 미국 등 여러 나라도 UN에 자신만의 의제를 담은 결의안 초안을 제출했다.

가지각색의 결의안들은 자연히 합의를 어렵게 만들었다. 정회 기간 동안 진행된 협상에서 결의안에 대한 의견일치는 이루어지기 힘든 과제였다. 결국 남은 건 불가피해져버린 총회에서의 정쟁과 충돌이었다.

10월 2일 UN총회에서 중국대표단 차오관화는 미국 측의 초안을 예리하게 비판했다. 그러나 비판이 미중 간의 단절로 나아가진 않았다. 미중은 소통을 포기하지 않았다. 그날 저녁 그와 키신저는 사석에서 UN사령부 문제를 논의했다. 차오관화는 "내가 이해하기로 우리와 북한의 관계는 좋다. 이 문제에서 우리는 그들의 의견을 존중할 수밖에 없다. 만약 너희들에게 구체적인 의견이 있으면 당연히 우리가 전해줄 수 있다"고 밝혔다. 그리고 이어서 "우리의 의견은 모두 북한의 입장이며 중국이 여기서 얻고자하는 것은 없다. 마오쩌둥이 이야기했듯이 국제정세를 전반적으로 판단하는 미국에게 한반도문제는 그리 크지 않은 문제다"라고 했다. (여기서 우리는 한반도문제에 대한 중국 지도자의 인식을 엿볼 수 있다.)

키신저는 "만약 정전을 유지할 수 있는 법률적 보장이 없으면 미국은 UN 사령부의 해산을 수용할 수 없다. 북한은 루마니아 사람, 이집트인, 그리고 미국 은행가 록펠러 등의 채널을 통해 우리에게 연락해왔다. 그러나 UN사령부 문제 해결 이전에 우리는 그들과 접촉을 할 수 없다. 원칙상 우리는 그들과의 접촉을 반대하지 않는다. 그들에게 그렇게 전해 달라"고 했다.[33]

10월 4일 차오관화는 키신저에게 중국은 이미 미국의 의견을 북한에게 전했으나 아직 북한에서 답이 없다고 전했다. 그는 또한 북한이 중국과 상의 없이 일부 국가의 지지를 얻어 UN에 평화협정과 UN사령부 해체 방안을 UN에 제출할 준비를 하고 있다고 폭로했다.

불행하게도 UN총회에서 한반도문제가 정식 논의되기도 전에 문제 해결의 주관적인 조건에 변화가 생겼다. 즉, 미중관계가 각국의 국내 정치적 요인과 그 영향으로 곤경에 빠졌다. 중국에서는 저우언라이가 '좌'파 정치의 핍박으로 좌천되었고 11월 정치국회의에서는 엄중한 비판을 받았다. 키신저는 그제야 차오관화와의 회담에서 그가 왜 '극도의 대립적'인 입장을 취할 수밖에 없었는지 그 이유를 이해하게 되었다.

변화는 미국 내에서도 발생했다. 중국의 문을 열었던 닉슨이 '워터게이트'로 하야했고, 11월의 중간선거 과정 중 실시된 설문조사에서 미국의 적극적인 외교정책에 대한 지지율이 대폭 하락하는 결과가 드러났다. 11월 25~30일 키신저는 일곱 번째 중국 방문에서 한반도문제 논의를 피했다. 미북 사이에 완충지대와 같았던 중국의 가교 역할이 유실되면서 미국과 북한 사이를 이어주는 매개체가 사라졌다. 12월 17일, 예정대로 UN총회는 표결을 진행했고 찬성 61표, 반대 43표, 기권 31표로 미국의 한반도문제 결의안이 통과되었다.

중국정부의 노력에도 불구하고 기대한 결과를 얻지 못하자 북중관계에도 변화가 생겼다. 1970년대 양국은 경제·기술·군사·문화 등의 방면에서 활발한 교류와 협력을 진행했다. 5건의 차관 협정, 9개의 과학기술협력 의정서와 기타 협정서들이 이들의 괄목할만한 발전을 증명했다. 그럼에도 북한은 중국의 태도에 불만이 있었다. 그러나 중국의 지지와 원조를 뿌리치기는 힘들었다. 북한의 부수상 김일이 《파 이스턴 이코노믹 리뷰(Far Eastern Economic Review)》 스퍼(Spurr) 기자와의 회담에서 중국공산당이 주한미군 철수를 반대하는 것은 한반도의 통일을 원하지 않기 때문이라고 한 대목에서도 북한의 당시 대중국 불만을 확인할 수 있다.

결국 중국은 미국과의 외교 담판 중 제국주의 반대 입장을 견지하는 동시

---

33 Memorandum of Conversation between Kissinger and Chi'ao Kuan-hua, October 2, 1974, https：//history.state.gov/historicaldocuments/frus1969-76v18/d87(검색일：2015년 8월 31일).

에 구체적인 문제에 있어 북한의 요구조건을 만족시켜야 하는 이중 부담을 안을 수밖에 없었다. 중국은 대승적인 차원에서 북한의 격한 주장이 미중 양국의 관계개선 노력에 악영향을 미치는 것을 허용할 수 없었다. 그렇기 때문에 중국의 대북 협상 방침은 북한이 추구하는 정치 목표를 점진적으로 실현하는데 도움을 주고 동맹국인 북한이 안심할 수 있도록 대량의 군사와 경제 원조를 제공하는 것으로 결정될 수밖에 없었다.

한반도 통일 진전이 어려움과 좌절에 당면할 때마다 북한 지도자들은 인내심을 상실했고 협상 의지마저 보이지 않았다. 역사적인 기회가 있었음에도 이를 적극 활용하기보단 오히려 긴장 대치 상황의 구(舊)전략으로 회귀했다는 것이 중국전문가들의 평가다. 북중관계가 표면적으로나마 우호적인 관계를 유지한 것은 북중 양국이 모두 서로를 필요로 할 때뿐이었다. 중국이 아무리 최선을 다해 북한을 도와줘도 평양은 항상 불만이라는 것이 중국전문가들이 얻은 교훈이다.

제8장

미소 데탕트와
중국의 새로운 안보 변수

1973년 3월 17일 닉슨은 재선에 성공한 후 마오쩌둥과 저우언라이에게 편지를 보내 미중수교에 대한 양측의 공통된 의지를 재확인했다. 그러나 1974년 8월 9일 의외의 사건이 순조롭게 나아가려는 미중관계에 제동을 걸었다. 바로 '워터게이트(Watergate)' 사건이었다. 사건이 몰고 온 사회적 파장은 어마어마했다. 결국 닉슨은 이 사건을 계기로 대통령직을 내려놓아야 했다.

닉슨이 떠나자마자 키신저는 급히 백악관으로 황쩐을 불러 미국은 아무것도 변하지 않았음을 보장했다. 비록 닉슨이 하야했으나 미중관계 개선을 위한 미국의 의지나 행동엔 아무런 변화가 없을 것이라는 의미였다. 황쩐은 키신저를 만난 뒤, 바로 몇 시간 전에 대통령직을 승계한 제럴드 포드(Gerald Ford)를 만났다.

포드는 그 자리에서 마오쩌둥에게 전할 서신을 황쩐에게 전했다. 서신에는 키신저의 국무장관직 유지 약속과 대만 정책의 불변, 그리고 중국과의 수교보다 더 중요한 외교 목표는 없다는 입장이 들어 있었다. 그리고 1974년 10월 포드는 주중 미국 연락대표부 부장을 브루스에서 부시로 교체한다.

중국에선 베트남전쟁의 종결로 이제야 한숨 돌리나 싶었는데 이른바 '데탕트'로 인한 미소 양국 간 군사협력 강화가 새로운 안보 변수로 떠올랐다. 중국은 미소의 군사협력 강화 방침을 중국군의 현대화와 핵무기 개발 사업을 저지하려는 전략적 함의가 내포된 것으로 인식했다.

1973년 6월 소련공산당 총서기 레오니드 브레즈네프가 미국을 방문해 닉슨과 〈미소 핵전쟁 방지 협정(Prevention of Nuclear War Agreement)〉과 〈공격용 전략무기 제한협정의 체결 협상을 촉진시키기 위한 7개항 원칙 문서〉를 체결했다.[1] 1974년 6~7월 닉슨은 다시 소련을 방문해 협상의 개시를 알렸

---

1 7개 원칙은 다음과 같다.
　① 쌍방은 전략무기제한협정을 74년 말까지 조인하도록 힘쓴다.
　② 쌍방은 상호간의 안보 이해를 동등하게 인정하며 일방적인 우위를 모색하는 행

포드와 키신저

다. 브레즈네프는 25년의 냉전 역사가 평화공존의 시기로 전환되었다고 화답
했다.

사실상 이 시기의 미중 양국 고위층 접촉과 관계 정상화 담판과 비교하면,
미소관계의 완화 과정이 더 실질적이고 건설적인 내용으로 꽉 찼기 때문에
미국의 안보이익과 전략에 주는 현실적인 의미는 더 컸다.

중국은 미소가 체결한 〈미소 핵전쟁 방지 협정〉을 반대했다. 그 이유는
두 나라가 핵무기 개발 국가를 근본적으로 통제하고 제약할 수 있는 협정이

위는 양국 간의 평화적 관계를 강화하는 데 도움이 될 수 없다는 데 의견을 같
이한다.
③ 전략무기 제한 원칙은 수량 뿐 이니라 질적인 문제에도 적용된다.
④ 공격용 무기 제한은 각국이 보유하고 있는 수단에 의한 적절한 확인을 거쳐야
한다.
⑤ 전략무기의 개량이나 대체는 앞으로 합의될 조건에 따라 허용된다.
⑥ 영구적 협정 체결을 앞두고 72년 5월 26일의 잠정협정을 보강하기 위한 개별
협정을 체결할 용의가 있다.
⑦ 71년 9월 30일에 체결된 미·소의 협정에 따라 우발적이거나 권한 외의 핵무기
사용을 예방하기 위해 필요한 행정적 기술적 대책을 계속 취한다.
"전략무기제한협정 74년까지 타결 - 닉슨·브레즈네프 합의서 서명", 『중앙일보』,
1973년 6월 22일에서 인용.

었기 때문이다. 게다가 이 협정의 내용이나 목적은 핵 강대국의 핵 보유 능력을 제약하는 것이 아니었다. 중국은 세계에 허상적 안보감을 제공하는 아무 의미 없는 장치라고 강도 높게 비판했다. 다른 이유는 미국의 대소 완화 정책으로 중국에 대한 소련의 군사적 압박과 위협이 더 커질 수 있기 때문이었다. 다시 말해 이 협정은 구동존이의 기치 하에 구축된 미중관계의 평안한 발전에 악영향을 미칠 수 있는 요소가 될 수 있었다.

중국은 중소 양국 관계가 나날이 악화되는 이유가 소련이 데탕트를 통해 중국 및 극동지역에 안보를 집중할 수 있는 여력이 생겼기 때문이라고 믿었다. 이전까지 소련은 동서 양대 전선, 즉 유럽과 극동지역에서 당면한 잠재적 군사 및 전쟁 위협에 대응해야 했다. 그러나 미소 긴장완화 정책의 결과인 데탕트로 말미암아 한 전선에만 집중할 수 있게 되었다. 그리고 이의 핵심은 중국을 군사적으로 견제하려는 소련의 전략적 구상으로 명확히 드러났다.

소련은 미국으로부터 협조와 양해를 구하면서 중국을 견제하려는 군사적 시도를 60년대부터 해왔다. 이는 그러나 소련이 미국과 조직적으로 연합해 중국을 억제하려는 것은 아니었다. 소련이 중국을 견제하는 데 있어 미국과 접촉한 것은 자신의 목표와 미국의 대중 전략 목표 간 딜을 성사시키기 위한 것에 불과했다.

소련은 미국의 양해와 묵인 하에 중국의 핵 개발 시설 및 야욕을 꺾기 위한 군사 계획을 수없이 논의했었다. 소련이 1960년대 말부터 중국의 핵시설을 '선제타격' 혹은 '선제공격'하기 위해 미국의 묵인을 얻어내려고 했던 일련의 정치적 시도들은 자연히 중국의 불안을 가중시켰다.

이런 상황에서 중국은 미국이 소련과 타협해 중국의 국가 안보이익을 해치는 것을 방지하고, 효과적으로 소련의 군사적 위협을 줄이기 위해 미국과 공동의 전략적 이익에 대한 인식을 확대시킬 필요성을 느끼게 되었다. 미국과의 관계 발전이 가속화되어야 한다는 절실함이 생겨나기 시작한 것이다. 그리고 이를 위해선 무엇보다 미국과 공동으로 소련의 군사적 위협에 대응하고 행동할 수 있는 공동의 전략적 사고를 담은 전략적 기틀이 필요했다.

마오쩌둥의 중미 정상화의 전략적 구상

1973년부터 마오쩌둥을 위시한 중국 지도자들은 키신저와의 회담이 있을 때마다 마오쩌둥의 국제전략 구상을 소개했다. 그리고 이의 수용을 종용하는 데 집중했다. 당시 중국에는 이미 미중수교를 위해 대만문제를 해결하는 것은 긴 시간이 소요되는 일이라는 인식이 팽배했다. 그리고 단기적으로 더 시급한 사안은 소련의 위협에 대응하는 것이었다.

북경은 워싱턴의 변화를 두려워했다. 베트남전쟁의 종결과 대소 관계의 완화로 미소 양국 관계가 순탄하게 흘러가자 중국은 미국이 더 이상 중미 관계개선의 추동 요인이었던 소련의 위협을 심각하게 인식하지 않을까봐 우려하기 시작했다. 또한 재선에 성공한 닉슨이 중국과의 수교 합의로 생긴 시간과 여유를 소련과의 관계개선에 투입하지 않을까 하는 인식도 생겨나기 시작했다.

마오쩌둥은 그래서 1973년 2월부터 그의 새로운 전략사상을 소개하기 시작했다. 먼저 '일조선(一條線)'을[2] 시작으로 이를 '일대편(一大片)'과 '3개 세계론(三個世界論)'으로 확장시키면서 키신저의 방중 때마다 이를 순차적으로 설명하고 수용할 것을 기대했다. 2월 17일 키신저가 북경에 도착한 이튿날 마오는 늦은 밤에 키신저를 부른다. 밤 11시 30분이었다. 오늘날 잘 알려진 마오쩌둥의 국제전략 사상 중 '일조선'을 소개하고 미국의 동참을 타진하기 위해서였다. 둘의 대화는 2시간 동안 계속되었다. 마오는 미국이 동참할 것을 수차례 요청했다.

마오쩌둥은 키신저에게 대소 전략 구상으로 '일조선'을 먼저 소개했다. 그는 미국이 중국과 연합해야 하는 이유를 역사에서 찾았다. 미국이 두 번의 세계대전에서 독일을 부추겨 러시아를 치게 한 사건(우리와의 역사관이 여기

---

2 이 구상은 하나의 횡선으로 미국, 일본, 중국, 파키스탄, 이란, 터키, 유럽 등을 잇는 것이었다. 이 전략 구상의 목적은 단결할 수 있는 모든 국가와 단결하여 공동으로 소련의 패권주의를 반대하고 미국이 이 통일전선에서 제일 중요한 국가라는 것에 추호의 의심이 없다는 것이다. 이런 의미에서 '일조선'은 '연미항소'의 전략이었다. 그리고 이 횡선이 묶은 지역이 '일대편'의 개념이다.

서 다르다. 마오쩌둥이 의미하는 것은 미국과 영국의 독일에 대한 회유책 appeasement policy)을 들어 미국의 대소 정책을 비판하는 것으로 말문을 열었다.[3] 키신저는 이에 "러시아를 부추겨 중국을 치는 것은 미국의 정책이 아니"라고 단언했다.

이에 마오쩌둥은 미국이 소련과 서독의 관계개선을 부추기고 있지 않느냐고 반문하면서, 그 다음 수순은 소련의 동진(東進)이 자명하지 않겠느냐는 우려를 표명했다. 마오쩌둥의 근거는 당시 브레즈네프가 6월의 미국 방문 이전인 5월에 서독 방문을 계획한 사실에 있었다. 소련의 동진은 중국과 일본을 겨냥하는 것이고 나아가 태평양과 인도양으로 향할 것이기 때문에 결국 미국도 소련의 위협에 계속 노출될 수밖에 없다는 사실에 유의하라는 경고였다. 그러나 키신저는 미국에게 그럴 의도가 없는 것으로 일축하고 '일조선' 전략의 수용을 거절했다.

여기서 흥미로운 것은 마오쩌둥이 일조선 전략에 일본의 동참을 호소한 것이다. 이는 일본에 대한 마오와 중국의 인식이 근본적으로 바뀌었다는 사실에 기인한 것이다. 마오는 1972년 9월 일본과 수교하기 전까지만 해도 일본의 군국주의를 매우 우려했던 것이 사실이라고 키신저에게 인정했다.

그러나 수교 후 1년이 지난 뒤 일본의 전략적 가치를 깨닫게 된다. 일본이 반패권주의 진영에 한 축이 될 수 있다는 인식을 갖게 된다. 그래서 그는 키신저에게 미국이 일본과의 동맹을 더 긴밀하게 유지할 것을 당부했다. 마오의 사고에 근본적인 전환이 있었다는 사실의 방증이다. 닉슨과 키신저의 1972년 2월 중국 방문에서 꺼내든 '일본 카드'가 설득력 있어 보이는 부분이다. 즉, 미국이 일본의 재무장 염원과 군국주의의 부활을 책임지겠다는 발언이 효과를 본 셈이다.

이런 중국의 태도 변화는 1974년 1월 5일 오히라 마사요시(大平正芳) 외무

---

3 "毛澤東'一條線'構想的形成及戰略意圖", 『中華人民共和國國史網』, 2013年 1月 23日, http：//www.hprc.org.cn/gsyj/wjs/gjzz/201301/t20130123_209518.html (검색일：2015년 11월 19일). 키신저, 저우언라이와 마오쩌둥 대화의 영문기록 본 "Memorandum of Conversation," February 16, 1973, Foreign Relations of the United States, 1969~1976, Volume XVIII, China, 1973‒1976, https：//history.state.gov/historical documents/frus1969-76v18/d9 (검색일：2015년 11월 19일).

상의 방중에서도 다시 확인되었다. 마오쩌둥은 그를 회견하는 자리에서 일본이 중국의 일조선 전략뿐 아니라 더 나아가 일대편 전략에도 동참해 소련을 억제하는 노력에 동참할 것을 호소했다.[4]

1973년 11월 12일 마오쩌둥은 중국을 다시 방문한 키신저에게 새로운 대소 연합전선 사상을 소개하면서 그를 또 다시 설득하려 했다. 이번에 둘의 대화는 3시간을 이어갔다. 이번에 소개된 사상은 '3개 세계론'이었다. 즉, 미국과 소련 양대 초강대국이 제1세계이고, 일본·유럽·캐나다와 대양주의 국가들이 제2세계, 아시아·아프리카와 라틴아메리카 등지의 광범위한 발전중국가들이 제3세계로 이들이 모여 세계 체제를 구성한다는 내용이었다.

당시 마오는 일본에서 서독까지 '일조선'을 구축하고 이들 국가를 연합해 '하나의 큰 세력 (一大片)'으로 확대·형성한 뒤 이를 국제적인 반패권주의의 통일전선으로 승화하자는 생각을 제3세계국가들에게 선전하고 있었다. 광대한 제3세계 국가를 단결시키고 제2세계를 포섭하여 미소 양대 초강대국 중 소련을 고립시켜 소련의 패권주의와 확대주의를 억지시키자는 것이 핵심이었다.[5]

마오는 자신이 구상한 전략사상의 현실성을 피력하기 위해 변화한 미국의 전략적 위치를 꺼내들었다. 소련이 몽골과 중앙아시아에 대규모 군을 주둔시켜 중국을 견제하는 데 집중하고 있으므로, 유럽과 중동에서 미국이 가지는 대소 전략적 위치가 매우 유리해졌다는 것이다. 나아가 그는 키신저에게 중미 양국이 공동으로 소련에 대항하려는 강력한 입장과 확고한 의지를 소련에게 증명하기 위해 미 국방장관을 중국에 초청하고 싶다는 의사를 처음으로 전했다. 중국의 동북과 화북 지역의 군사적 대치 상황을 미 국방장관에게 직접 부여주고 싶다고 했다. 이 시기 마오쩌둥은 어떻게 하면 그의 전략구상을 실현시킬 수 있을지에 대한 깊은 고민에 빠져 있었다. 그리고 그는 결국 이를 키신저에게 털어놓았다.

---

4 宮力, "從中美緩和到實行一條線'的戰略-20 世紀60 年代末, 70年代初中國對外戰略的轉變," 『中共中央黨校學報』, 2002年, 第6卷, 第2期, p. 75.

5 中華人民共和國外交部 中共中央文獻硏究室, 『毛澤東外交文選』(北京：中央文獻出版社, 1994), pp. 600~601.

여기서 우리는 오늘날 키신저가 중국의 '오래된 친구(老朋友, 라오펑요우)'로 불리는 연유를 엿볼 수 있다. 이는 단순히 키신저가 중국을 방문한 첫 고위급 인사였고 미중 양국의 정상화를 위해 기여한 공로가 컸기 때문만은 아니었다. 사적으로 키신저와 저우언라이, 그리고 마오쩌둥과 교감하고 친분을 쌓은 것도 전부는 아니었다.

서로의 고민을, 그리고 속내를 모두 털어놓을 수 있을 정도의 두터운 우정을 그들과 쌓은 덕이었다. 마오쩌둥에겐 자신의 속내를 솔직하게 털어놓을 만한 해외 인물이 몇 없었다. 스탈린과는 자존심 싸움을 많이 벌였고, 흐루쇼프와 브레즈네프는 자신의 하수로 여겼다. 아니 사회주의 진영의 모든 지도자들이 자신의 영도 하에 있다고 생각했다. 그러나 이런 마오쩌둥이 키신저에게만큼은 자신의 속내를 다 드러내 보였다. 마오쩌둥은 키신저를 믿고 있었다.

그러나 미국은 중국이 제안한 '일조선' 전략 구상을 받아들이지 않았다. 미국 역시 소련을 최대 적수로 간주했지만 미중관계 개선을 통해 이미 소련을 전략적으로 수동적일 수밖에 없도록 만들어놨기 때문이었다. 미국은 이의 실증으로 소련이 서구와 미국과의 관계개선을 위해 상대의 요구에 어느 정도 부응하고 양보하려는 절실한 노력을 들며 중국의 구상을 반박했다.

군축 협상과 정상회담을 통해 미소 화해가 큰 진전을 보이자, 미국은 제한적이나마 소련의 확장 야욕을 억제하는 데 자신이 일조하고 있다고 믿었다. 또 마오쩌둥이 이렇게 조바심 내는 것을 보면서 자신의 전략이 효과를 내고 있다며 좋아했다. 미국은 미소 양국의 결탁으로 중국의 조바심을 유발해내는 동시에 대중국 레버리지도 한층 더 강화하는 일석이조의 결과를 일궈냈다며 속으로 좋아하고 있었다.

이렇듯 미국은 대중·대소 관계, 그리고 미중소 및 중소 관계에서 우위를 점하게 되었고, 이로써 이들에 대한 협상력도 한층 더 강화되는 결과를 보았다. 그리고 키신저는 이 점에 주목했다. 1973년 3월 2일 닉슨에게 전하는 보고서에서 키신저는 워싱턴이 신중하게 중국 관계를 처리하면 미국에게 초과배당금(dividend)이 발생할 것이라고 전했다.[6] 즉 아시아의 긴장국면을 완화시키고 모스크바와의 관계도 발전시켜 전반적인 평화를 정착시킬 수 있다고 보고했다.

중국은 미국의 대소 관계 완화 노력에 불만일 수밖에 없었다. 중국은 연신 이에 대한 비평을 쏟아냈다. 미국이 소련의 데탕트 정책에 현혹되고 있는 사실을 모른 채 실질적으로 소련의 대중국 군비 확장을 묵인하는 것은 미국이 미소 간 세계 패권경쟁이 아직 유효하다는 것을 중국에 숨기기 위한 얄팍한 속임수라고 비판했다.

당시 마오쩌둥은 미소 양국이 결탁해 유럽의 패권을 타협했다고 인식하고 있었다. 당시 미국의 전략이 아시아로 이전 중이라고 했지만 여전히 유럽에 집중되어 있는 것이 사실이었다. 마오쩌둥은 미국 안보전략 이익에서 아시아는 항상 차선(次善) 지역이라는 사실에 현혹되어서는 안 된다는 확신이 섰다.

마오쩌둥은 1973년 11월 12일 키신저와의 회담에서 소련의 패권 문제를 다시 논했다. 그는 소련이 유럽·아시아, 심지어는 아프리카 북부까지 패권을 확대하려고 하나 부족한 재정과 군사적 능력으로 어려울 것이라고 예상했다. 그러면서 소련의 '동진'이 위협이 될 수 없다는 미국의 판단에 동의했다. 소련이 중국을 군사적으로 위협하거나 공격하려면 중동과 유럽 지역에서의 미국의 중립화가 이뤄지거나 미국이 이들 지역을 좌시해야 가능했기 때문이다.

마오쩌둥은 소련이 아시아에서 패권을 실현하자면 최소한 100만 대군의 병력을 아시아나 극동지역에 배치해야 가능하다는 사실을 키신저에게 상기시켜주고 싶었다. 그러나 그럴 필요가 없었던 것이 당시 소련은 이미 100만이 넘는 대군을 배치시켜 둔 상태였다. 마오쩌둥은 미국이 한 가지 사실만은 간과하지 않길 바랐다. 소련의 전략에서 최우선 지역은 유럽과 중동지역이지만, 최우선 전략 목표는 아시아 지역에서의 미국과의 패권경쟁에서 승리하는 것임을 잊지 밀라는 의미였다. 그래서 중국은 미국에게 소련의 데탕트 러브콜에 현혹되지 말라고 수없이 경고했었다. 그러나 중국의 눈에 미국은 이미 현혹되어 있었다. 마오쩌둥은 현혹된 미국이 소련은 중국을 공격하지 않을 것

---

6 "My Trip to China," Memorandum From the President's Assistant for National Security Affairs (Kissinger) to President Nixon, March 2, 1973 Foreign Relations of the United States, 1969~1976, Volume XVIII, China, 1973~1976, https : //history.state.gov/ historicaldocuments/frus1969-76v38p1/d3 (검색일 : 2015년 11월 19일).

이라고 착각하고 있다며 비판했다.

이런 마오쩌둥의 판단은 1969년 중소 국경분쟁의 경험과 교훈에서 기인한 것이었다. 당시 모두가 다 소련이 패권 정책의 중심을 유럽에 두고 있기 때문에 중국에겐 무력도발을 할 수 없을 것이라고 예측했다. 그러나 미국이 동남아시아에 집중하면서 유럽 내 미소의 대치 상황은 일시적으로 안정을 찾게 되었다. 그리고 그 덕에 소련은 극동지역에 무력 배치를 단행할 수 있었다. 결국 미국과 중국은 소련에게 허를 찔리는 결과를 볼 수밖에 없었다. 마오쩌둥의 날선 비판은 미국이 소련의 데탕트 정책에 현혹되는 동안 아시아는 다시 한 번 소련의 군사적 위험에 빠져들 수밖에 없다는 사실을 내포한 엄중한 경고성 메시지였다.

키신저는 마오쩌둥의 '일조선' 전략으로 유럽·중동·일본·미국과 중국이 연대하면 소련의 중국이나 미국에 대한 안보 위협을 대폭 줄일 수 있다는 이론에 어느 정도 수긍했다. 키신저의 수긍에 마오쩌둥은 한 발짝 더 나아갔다. 그는 더 실질적이고 현실적인 사례로 키신저를 공략했다. 중국이 소련의 일부 병력을 견제하면 미국과 유럽, 그리고 중동이 군사적으로나 전략적으로 소련보다 더 유리한 고지를 점하게 될 것이라고 직언했다. 그는 키신저를 더 압박하기 위해 대만문제까지 그의 전략 논리로 끌어들였다. 동시에 그는 중미 수교 문제도 압박했다.

마오쩌둥은 중미 수교 문제에서 가장 큰 장애물이 대만문제의 해결인데 미국이 중국과의 관계에서 대만문제를 분리해서 생각하자고 한 발언을 공략하기로 마음먹었다. 대만과 단교만 하면 미중수교가 가능하다고 생각하는 미국의 안일함을 공략하는 것이었다. 마오쩌둥이 생각하는 제일 적합한 모델은 '일본 방식(Japan formula)' 즉, '하나의 중국' 원칙을 견지하여 대만과 단교하고 정부 간 공식 교류도 모두 단절하는 것이었다.

그러나 만일 미국이 이를 즉각 수용하지 못하고 소련의 위협에 대한 공조도 거절하면 대만문제가 더 이상 양국 관계에서 무의미하다는 논리가 복선에 깔려 있었다. 마오쩌둥은 수교와 대만문제를 포기할 정도의 절박한 심정으로 미국의 대소 위협 공조에 조바심을 냈다.

마오쩌둥의 조바심은 1973년 12월 중앙군사위원회 회의 중 키신저의 방문을 보고하는 자리에서 역력하게 드러났다. 그는 대만문제의 해결은 상당히 장기간동안 진행될 것이기 때문에 중국의 인내가 필요함을 강조하고 더불어 미중관계 정상화 과정에서 이 모든 사실을 중국이 용인할 필요가 있다고 역설했다. 대만은 인구 1,100만 명의 작은 섬에 불과하고, 대만문제는 100년 후에 다시 이야기해도 된다는 것이 그의 기본 입장이었다.

그러나 중미관계가 정상화되기까지는 10년도 걸리지 않을 것이라고 장담했다. (그는 키신저에게 1976년까지 수교를 하자고 종용했다.) 마오쩌둥은 대만문제를 해결하면서까지 소련 및 인도와 수교를 맺었는데 그 결과는 모두 좋지 않았다고 언급했다.[7] 더욱이 1960년대와 1970년대 초 이들과의 관계는 미국과의 것보다 못했다는 사실을 들어 그의 추측을 뒷받침했다.

그러면서 마오쩌둥은 미국과 공동으로 소련에 대응할 수 있는 연합전선을 구축할 수만 있으면 중국이 대만문제의 해결을 위해 필요한 인내와 시간을 다 발휘할 수 있다는 입장을 처음 대내적으로 공식 표명했다. 다만 중국의 국가주권이 침해받지 않는 범위 내에서라는 조건이 전제되어야 한다고 밝혔다. 즉, 대만에서 미군이 철수하고, 미군이 대만의 대륙 공격을 돕거나 지원하지 않고, 대만의 군사체계 운영에 개입하지 말아야 한다는 의미였다.

이 모든 상황을 마오쩌둥은 1973년 12월 중앙군사위원회 회의에서 설명했다. 그는 11월 키신저와의 약 세 시간 동안의 회담에서 느낀 점이 북극곰(소련)의 최우선 목표가 미국과 태평양함대와 제7함대를 먼저 정리하는 것이라고 설명했다. 두 번째 목표는 유럽의 NATO이고, 세 번째가 미국의 중동 패권의 청산으로, 중국은 소련의 전략적 의도에 대해 이미 몇 번의 경종을 울렸다고 했다.[8]

미국은 1973년에서 1977년까지 중국이 제안한 '일조선' 전략 구상과 소련이 시도한 '연미반중' 전략의 타진 노력에 적극적으로 응하지 않았다. 그러나 얼마 뒤 마오쩌둥의 경고가 현실로 나타났다. 그가 키신저에게 전한 경고 메시지의 핵심은 단순하게 군사적 위협 요소로서의 소련의 존재가 아닌 소련의

---

7 王永欽, "毛澤東與基辛格", 『黨的文獻』, 1997年 第1期, pp. 93~94.

8 王仲春, "中美關系正常化進程中的蘇聯因素(1969~1979)", 『黨的文獻』, 2002年, 第4期, p. 56.

군사 위협 문제가 패권 문제로 전환될 수 있다는 것이었다. 그리고 이것은 현실이 되어버렸다.

1978년 12월 25일 베트남이 소련의 군사적 지원을 등에 업고 캄보디아를 침공했다. 1979년 12월 소련이 아프가니스탄을 직접 침공했다. 자연히 소련의 '연미반중' 정책은 폐기되었고 중국의 '일조선' 전략 구상은 미중 양국이 이후 비교적 장기간 동안 형성한 모종의 전략적 협력 관계의 기반이 되었다.

미국이 마오쩌둥의 전략사상과 경고에 냉소적일 수밖에 없었던 이유는 닉슨의 대통령 사퇴 때문이었다. 1974년 8월 닉슨은 '워터게이트' 스캔들로 사직했다. 그리고 포드 부통령이 승계했다. 포드는 이듬해의 대통령선거 때문에 중국문제에 제대로 신경을 쓸 수 없었다. 두 마리 토끼를 다 잡지 못한다는 현실적 판단 아래 그의 외교정책은 소련에 집중되었다.

중국문제와 중국에 대한 정책은 대소 정책에 복선으로 깔리는 이른바 '복궤(투 트랙, Two-track)' 정책 형식으로 개진되었다. 즉, 중국 대륙과 대만에 있어 대륙 중심으로 정책을 수립하되, 대만과의 관방관계도 동시에 유지하는 것이었다. 그리고 소련과 중국에 있어서도 소련으로 정책의 무게중심을 두되, 중국과의 고위급 회담과 협력관계를 그대로 유지하는 것이었다. 미중관계는 제자리걸음을 할 수밖에 없었다.

포드는 11월 일본과 한국을 방문한 후 소련의 블라디보스토크에서 브레즈네프와 '공격성 전략 무기 제한(SALT-2)에 관한 공동성명'을 발표했다. 이후 2년 동안 포드정부는 소련과의 관계 완화에 집중했다. 그러면서 공격성 전략 무기 제한 협상에서 큰 진전을 봤다. 그러나 미중관계 정상화는 재추진을 시도한 만큼의 성과는 없었다.

1975년 12월 그는 처음으로 중국을 방문해서 마오쩌둥 및 덩샤오핑과 각각 회담을 가졌다. 그러나 정상화 협의에는 진전이 없었다. 중국은 이의 근본적인 원인이 포드의 '복궤(투 트랙)' 정책에 있다고 강력히 비판했다.

포드 시기의 협상 과정

1974년 8월 포드는 취임식에서 〈상해공동성명〉의 원칙을 유지할 것을 보장한다고 천명했다. 원칙의 기반 위에 양측의 중요하고 객관적인 이익에 부합하는 새로운 관계를 구축할 것이라고 공언했다. 이는 중국 측으로부터 긍정적인 반향을 불러 일으켰다.

1974년 9월 5일 중국을 방문한 미 의회 대표단은 덩샤오핑과 회견하는 자리에서 취임식에서 밝혔듯이 포드 대통령은 닉슨 대통령이 양국 관계의 발전을 위해 개척한 정책을 계승할 것이라고 전했다. 이에 덩샤오핑도 중국의 대미 방침이나 정책에 변화가 없을 것이라고 설명했다. 그는 중미관계가 〈상해공동성명〉의 기초 위에서 더욱 발전할 수 있음을 확신한다고 밝혔다.

11월 2일 덩샤오핑은 주중 미국 연락대표부 부장 부시를 접견하면서 양측이 확신하는 것은 〈상해공동성명〉의 노선에 따라 양국 관계가 발전할 수 있다는 점임을 강조했다. 이 점만 확실하다면 일부 문제의 해결 방안을 찾을 수 있을 것이라는 게 그의 신념이었다. 조건이 성숙하지 않으면 조금 기다려도 되기 때문에 중국은 포드 대통령이 강조했듯 정책의 지속성을 가지고 중미관계를 발전시켜 나가자고 전했다.

그런데 포드정부가 출범한 후 대만문제에 새로운 움직임이 일어나기 시작했다. 1974년 10월 25일 포드는 의회가 통과시킨 〈대만 결의안〉의 폐기안에 서명했다. 이 안(案)은 대통령이 미군을 사용해 대만과 펑후열도를 보호하는 권한을 종결시키는 것이었다.

1955년 미국은 대만에 대해 〈대만 결의안(Formosa Resolution of 1955)〉을 통과시켰다. 이는 미 대통령에게 대만 유사시 미 의회를 거치지 않고 대통령의 전결로 미군을 대만에 동원시킬 수 있는 권한을 부여했다. 또한 동원령 발포 후 의회에 사후 보고하여 의회의 정치적 지지와 예산 등의 지원 모색이 가능하도록 해주었다. 다시 말해, 대만 결의안은 대만에 대한 미국의 군사적 의무를 보장한 법안이었다. 그리고 20여 년이 지난 1974년 포드정부의 대만 결의안 폐기는 이러한 미국의 의무를 순차적으로 종결시켜 나가는 수순의 첫 단추였다. (이후 미국은 중국과의 수교 전에 미군을 철수하고 대만과의 동맹

조약을 폐기한다.) 그러나 이후 포드정부는 대만에 대해 별다른 행동이나 변화를 취하지 않아 중국을 실망시켰다.

1974년 11월 키신저는 중국을 방문해 덩샤오핑과 회담을 가졌다. 화제는 미중수교와 관련된 대만문제의 처리 방식이었다. 그는 중국이 주장하는 '일본 방식'을 미국이 수용하지 못하는 이유를 두 가지 관점에서 설명했다. 하나는 미국과 대만이 공식 방위관계를 가지고 있는 상황이었다. 다른 하나는 미국 내에 적지 않은 '친대만파'가 존재한다는 사실이었다. 대신 미국은 '일본 방식'으로 문제의 일부는 해결할 수 있을 것이라고 부연설명을 했다. 즉, 대만과 연락처 수준의 관계를 유지하고 북경과는 대사급 관계를 유지하는 것으로 방향을 잡고 있다고 설명했다.

키신저의 설명에서 중국은 미중관계 정상화 문제에서 미국이 후퇴하는 느낌을 받았다. 왜냐하면 중국의 입장에서 이 방안은 '일중일대'의 변종이었다. 덩샤오핑은 이런 정상화는 받아들일 수 없다고 강하게 비판했다. 이 회담의 유일한 성과는 포드의 1975년 12월 방중이 합의된 것뿐이었다.

이후 포드정부는 국내 친대만파의 압력으로 대만 관계를 일정 수준 강화하기로 결정했다. 이로써 대만문제로 미중의 논쟁이 한층 더 가열될 수밖에 없는 형국이 되었다. 1975년 4월 5일 장제스가 사망했다. 미국은 농업부장관을 장례에 참석시키려 했으나 이 같은 소식이 대만에 전해지면서 논쟁에 휘말렸다. 대만은 부통령 록펠러나 국무장관 키신저 급 이하의 인사는 장제스에 대한 모욕이라고 비판했다. 미 하원의 우파들 역시 정부 조문단의 수준을 비판했다.

이 같은 상황에서 포드는 록펠러 부통령을 단장으로 하는 9명의 조문단을 파견했다. 이는 미국으로서는 중대한 정치적 대타협의 결과였다. 왜냐하면 록펠러는 70년대 미중이 관계개선을 논의하기 시작한 후 대만을 공식 방문하는 첫 번째 정치 인사였기 때문이다. 이는 미국의 대만에 대한 태도를 단편적으로 보여주는 사례가 됐다. 특히 대만에게는 정치적으로 상당한 의미가 있었다. 대만이 미국으로부터 신망을 잃어가고 있을 때 미국은 자신을 포기하지 않는다는 징표로 해석했다.

1975년 5월 6일 기자회견에서 포드는 '동맹국'에 대한 의무를 성실히 지킬 것을 밝히면서 특별히 대만을 언급했다. 그는 미국의 대만 의무는 대만 및 도서를 보호할 의무를 규정한 안보조약을 준수하는 것이라고 못 박았다. 그럼으로써 태평양의 평화 보호와 유지가 실현된다는 것이다. 이는 당연히 중국정부의 항의와 반향을 불러 일으켰다. 대만에게는 더할 나위 없이 기쁜 소식이었지만 포드정부의 대만 중시 입장은 미중관계 정상화의 전망을 암울하게 만들었다.

1975년 6월 2일 덩샤오핑은 미국 신문사 편집장 대표단을 회견하는 자리에서 '두 개의 중국'이나 '하나 반의 중국' 또는 '하나의 중국, 하나의 대만' 입장은 수용할 수 없다고 했다. 미국의 형식만 바꾸는 꼼수 역시 받아들일 수 없다고 강력하게 주장했다. 미국은 대만의 주미 대사관을 연락처로 강등시키는 것으로 정상적인 관계를 형식만 바꿔서 유지할 수 있다고 생각하는데, 그건 오판이고 중국에게는 절대 수용 불가능한 것이라고 못 박았다.

이런 상황에서 중국은 1975년까지 닉슨의 약속을 만 3년 동안이나 기다려야만 했다. 중국은 키신저가 포드와 함께 연말 북경을 방문할 때 해결책을 가져올 것으로 기대했다. 키신저도 이를 의식해 워싱턴에서 그해 봄과 여름에 수교를 위한 구체적인 방안 마련에 집중했다. 그 결과 1975년 5월 미국은 대만에서 마지막 전투부대 F-4 비행중대를 철수시키면서 미중수교를 위한 막바지 작업에 박차를 가했다.

그럼에도 불구하고 포드는 닉슨만큼 진전을 보일 수가 없었다. 우선 국내외적인 여건이 그를 돕지 않았다. 1975년 봄 베트남전쟁이 거의 종결될 때 미국은 월남에서 마지막 전쟁을 미친 듯이 치르고 있었다. 키신저의 데탕트 정책과 소련과의 군축 문제 역시 의회로부터 미친 듯이 비난을 받고 있었다. 그리고 비 공화당이 포드를 1976년 대선주자로서 반기지 않았다. 오히려 캘리포니아 주지사인 레이건이 더 많은 지지를 받았다.

이런 상황에서 중국과의 수교 문제는 포드에게 정치적 위험 부담이 매우 큰 이슈가 됐다. 포드 자신 역시 내심 미중관계 정상화가 더 이상 가속화되는 것을 원치 않았다. 그러나 1976년 대선을 앞두고 표를 얻기 위해 중국을 이용해 소련으로부터 양보를 취하려고 노력했다. 그는 미소전략대화를 재개하기로 결정하고 이를 통해 미소관계가 완화되길 원했다.

이들 외 중국주재 미국 연락대표부 대표인 부시도 포드에게 수교에 속력을 내지 말 것을 당부했다. 그는 자신의 당부를 담은 비밀 메모를 국무부나 국가안보회의를 통하지 않고 직접 건넸다. 부시는 캄보디아와 베트남의 붕괴와 함께 찾아온 상황 변화로 이전의 대만문제 해결 방식이 더 이상 유효하지 않다는 점을 강조했다. 이제는 대만문제가 시한폭탄이 된 셈이라고 하면서 경선이나 대선 과정에서 상대 진영에게 오히려 더 유리한 무기로 변질될 수 있다고 경고했다.[9] (그리고 결과는 부시의 예측과 같았다. 그의 방문은 공화당과 민주당의 모든 후보에게 비판의 대상이 되었다.)

그러나 키신저의 보좌관 윈스턴 로드와 리처드 솔로몬(Richard Solomon)은 1975년 7월 6일 회의에서 키신저에게 중국과의 수교를 가속화할 수 있는 기반 마련에 주력하자고 제안했다. 그러나 키신저가 반대했다. 정치적인 이유(대선)로 1976년 이전에는 불가능하다고 로드에게 말했다. 당시 백악관 분위기는 모든 정치적 위험 부담이 있는 외교 이슈를 차기 행정부에 넘기는 분위기였다. 포드가 중국 수교 문제보다 더 긴박한 파나마운하의 계약 문제를 차기 행정부에 넘기기로 결정한 것도 이런 맥락이었다.

키신저는 백악관 내에서 자신의 입지가 약해지는 것을 감지했기 때문에 포드를 적극적으로 압박하길 꺼렸다. 백악관에서 그의 입지는 정무수석 도널드 럼스펠드(Donald Rumsfield)와 리처드 체니(Richard Cheney) 전 정무수석 등의 견제를 받기 시작했다.

포드가 대선을 앞두고 극도로 잠잠해지자 중국은 미 행정부로부터 어떠한 결정 소식도 몇 달 동안 들을 수 없었다. 더욱이 1975년 9월 28일 UN총회에서 키신저는 중국 외교부장 차오관화에게 연말의 포드 방중 때 수교는 성사되지 못할 것이라고 전했다. 대신 중간단계의 합의는 도출할 수 있을 것이라고 했다. 이에 중국 지도자들은 매우 분노했다. 그들은 미국이 아시아와 대소련 전략이익에서 중국을 농간한 것으로 봤다. 그들은 이미 중국이 할 걸 다 해줬는데도 미국이 약속을 안 지키는 것을 보고 분을 참을 수가 없었다. 특히 미국정부와 약속했듯이 그들이 북한을 제어하는 데 최선의 노력을

---

9 James Mann, About Face : A History of America's Curious Relationship with China, from Nixon to Clinton (New York : Alfred Knopf, 1999), p. 69.

한 사실 때문에 배신감이 더 컸다. 앞장에서 봤듯이 미국이 사이공에서 패전할 당시 중국은 이를 호기로 이용하려는 북한의 야욕을 통제했다. 월남의 붕괴가 확실했던 1975년 김일성이 중국을 방문했다. 그는 중국 지도자들에게 지금이 미국과 한국을 공격할 적기라고 주장했다. 중국은 빠져도 된다고 큰 소리칠 정도로 야욕에 차 있었다. 그러나 중국은 김일성을 저지했다.[10]

그래서 마오쩌둥과 중국공산당 지도부는 미국의 지연을 곱지 않은 시선으로 볼 수밖에 없었다. 마오쩌둥의 눈에 포드의 대소련 데탕트 정책은 소련의 핵심 공격 대상이 유럽이라는 사실을 부정하기 위해 꾀를 부리는 것에 불과했다. 즉, 소련의 대중 위협을 희석시키려는 수작으로 인식했다. 중국은 미국의 최근 대중 정책을 소련의 위협으로 중국을 두렵게 만드는 동시에 선진기술과 군사의 원조를 미끼로 중국을 미국의 대소 전략에 기여하게끔 유도하는 일종의 기만책으로 판단했다.

미중 간에 냉기가 흘렀다. 포드는 예정대로 중국을 방문하기로 결정은 했으나 성과 없이 귀국할까봐 우려에 찼다. 그래서 1975년 10월 키신저를 중국으로 보내 자신의 중국 방문 준비 문제를 북경과 협의할 것을 주문했다. 이것이 키신저의 8번째 방중이자 마지막 개인 방문이 되었다. 관료로서 그의 최후 공식 방문은 포드와의 연말 방문이었다.

키신저는 1975년 10월 20~22일 방문 기간 동안 덩샤오핑과 네 차례의 회담을 가졌다. 회담에서 포드 대통령의 방중 준비, 국제정세와 전략 문제, 양국 관계 등을 논했다. 그는 마오쩌둥이 수차례 강조했듯이 미중 양국 간에 양자만의 문제뿐 아니라 더 중요한 국제문제도 존재하고 있으므로 여기서 양국의 이익 기반을 모색할 수 있다고 설명했다. 국제문제와 관련해 미중 양국이 공통된 성지적 관점에서 문제를 인식하고 명확하게 볼 수 있을 때 양국의 협력이 가능하다는 전제를 제시했다.

그러나 키신저의 핵심 임무는 포드의 방문 끝에 발표할 미중 양국의 공동 성명문 문구를 조율하는 것이었다. 키신저가 방문했을 때 저우언라이는 암 투병 중이었기 때문에 덩샤오핑과 이를 협의해야 했다. 그러나 당시 덩샤오

---

10 Mann, About Face, p. 70.

핑은 문화대혁명의 주동자 '4인방'과 좌파 세력의 공격을 받고 있었다. 그래서 덩샤오핑은 협상에서 키신저를 강경하게 대할 수밖에 없었다. 특히 미국이 그전의 모든 비밀 약속을 지키지 않은 상황에서 더욱 그럴 수밖에 없었다. 이런 덩샤오핑을 대하고 키신저는 그를 '못된 작은 인간'이라고 욕했다.

키신저는 중국을 회유하기 위해 군사기술과 정보 분야에서 협력을 강화하는 방안을 제안했다. 이 방안을 주중 미국 대외연락부 정보요원 제임스 릴리가 그의 방중 이전에 보고서 형식으로 전달했다. 키신저는 10월 방중에서 중국 측에 실질적인 정보 협력과 군사 협력을 처음으로 제안했다.

그러나 중국 지도자의 반응은 냉랭했다. 수교 지연에 대한 보상책이자 키신저가 말한 '중간단계의 협의안'이라는 걸 눈치 챘다. 마오쩌둥은 10월 21일 키신저에게 군사적인 것은 지금 논의할 것이 아니고 전쟁이 나면 그때 가서 얘기하자고 에둘러 거절했다. 정보 협력 제안도 비슷한 이유로 거절했다.

결국 키신저의 10월 방문은 아무런 성과 없이 끝났다. 공동성명 문구에 대한 합의는 하나도 보지 못한, 그야말로 실패한 방중이었다. 그의 말에 따르면 중국이 제시한 수정문은 미중 양국의 입장 차, 의견 차만 적나라하게 드러낸 것이었다. 그가 빈손으로 귀국하자 포드의 정치 자문단은 방중을 취소할 것을 권고했다. 그중 로버트 하트만(Robert Hartmann)의 목소리가 가장 거셌다. 레이건을 의식한 행동이었다. 이에 키신저도 포드에게 취소를 제안했다. 그러나 포드는 성명문 없는 중국 방문을 강행하기로 결정했다. 취소하는 것은 정치적 참사가 될 것이라는 게 이유였다.

분위기가 이렇게 되자 키신저는 포드의 방중 6주 전에 차오관화에게 미국이 중국의 원유를 구매하고 중국에게 '특별한 장비'를 판매할 것을 제안했다. 그의 뜻은 중국이 원유로 미국의 기술을 구매할 수 있다는 것이었다. 이의 일환으로 그는 포드와 함께 더 통 큰 군사 협력을 제언했다.

키신저는 중국에게 영국 롤스로이스의 스페이 제트(Spey jet) 엔진의 2억 달러어치 구매를 제시했다. 이 엔진은 당시 영국의 F-4 팬텀기에 장착된 것이었다. 중국은 이를 자신의 폭격기에 활용하고 싶어 했다. 그리고 영국이 이 엔진의 생산공장 설립을 도와줄 것을 약속했다. 중국이 처음으로 서구의 군사 관련 기술을 구매할 수 있는 권한을 부여받은 셈이었다. 그러나 이 모든 것이 NATO와 일본 등 미 동맹국으로 구성된 대공산권 수출 통제체제 (COCOM)의 통관의례를 거치지 않고 결정되어 많은 논란이 일었다. 키신저가 비선을 통해 중국 정책을 개진해온 사실을 단편적으로 입증하는 대목이다.

1975년 12월 1일 포드는 북경에 도착했다. 이튿날인 2일에 마오쩌둥은 그를 접견했다. 마오쩌둥은 국제정세와 전략 문제에 대한 의견을 개진하면서 미국의 퇴보적인 자세를 진일보하게 비판했다. 궁지에 몰린 포드는 다음과 같은 협약을 제시했다. 공동의 목표를 위해 공동으로 노력하고, 소련 문제에 있어 중국이 동쪽에서 압박하고 미국이 서쪽에서 압박하자고 제언했다. 마오쩌둥은 이를 신사협정에 불과하다고 회답했다.

덩샤오핑은 12월 2~4일까지 포드와 세 차례 회담을 가졌다. 포드는 덩샤오핑과의 회담에서 대만의 연락처 방안을 직접 언급하지 않았다. 단, 미중관계 정상화 문제와 관련 당시 '일본 방식'의 수교는 1976년 대선 이후에나 가능하다고 설명했다. 양국 관계의 정상화의 의미는 곧 대만과의 '단교, 철수와 폐기' 3개 원칙의 구현이었다. 즉, 중국이 주장하는 '일본 방식'으로 수교하는 것을 의미했다. 또한 '일본 방식'은 경제무역 관계를 유지할 수 있으나 대만 문제를 중국의 내부문제로 인정하는 것이었다. 포드는 중국정부가 대만문제를 어떻게 해결하든 평화적으로 진행할 것을 기대한다고 강조했다.

덩샤오핑은 이 점에 있어 양보하지 않았다. 그는 대만문제를 해결하는 방식의 결정 문제는 중국의 내정이고 중국이 결정할 사안이라고 대응했다. 미국은 대만문제에서 더 이상의 진전을 원하지 않았다. 중국 측도 문제 해결의 시간표를 확정짓는 데 조급해하지 않았다. 미중관계 정상화는 이로써 지연상황에 빠졌다.

의견 차로 분위기가 냉랭한 가운데 덩샤오핑은 그래도 중미 양국 간의 고위급 접촉이 필요하다고 전했다. 그는 중미 양국의 사회제도가 달라 당연히 많은 점에서 불일치할 수밖에 없기 때문에 접촉과 대화를 통해 공통점을 찾아야 한다고 주장했다. 포드에게 〈상해공동성명〉에 기반을 두고 양국 관계의 발전 노선을 찾아야 한다는 의미를 상기시킨 것이다.

포드 방문을 축하하는 연회에서 덩샤오핑은 중국의 불만을 즉각 털어냈다. 그는 데탕트가 전쟁 위험성을 가리는 외교적 수사에 불과하다며 미국의 소련에 대한 과도한 유화책을 비판했다. 포드는 대선 이후 미중수교를 성사시키 겠다고 했으나 중국에게는 이미 식상한 것이었다.

포드는 방문 기간 중 마오쩌둥을 한 번 만날 기회가 있었다. 마오쩌둥은 이미 투병 중이었고 많이 쇠약해져서 그의 측근들도 그의 말을 알아듣기 힘 들 정도였다. 마오쩌둥은 포드에게 하늘이 초청장을 보낸 것 같다고 자신의 죽음을 암시하는 발언을 던졌다. 포드는 마오쩌둥이 조만간 받길 원한다고 답했다. 키신저 측근들 사이에서는 이 발언이 당시 미중 양국 관계가 얼마나 소원해졌는지를 단편적으로 보여주는 사례로 회자되었다.

:: 카터 시기의 협상

1976년 중국 정계에는 돌발 상황이 연쇄적으로 발생했다. 저우언라이와 마 오쩌둥이 각각 2월과 9월에 사망했다. 덩샤오핑은 다시 숙청된다. 미국에서 는 포드가 11월 대선에서 지미 카터(Jimmy Carter)에게 패한다. 포드는 미국 의 기술력을 중국에 판매하면서까지 중국에 우의를 표하며 미중관계를 끝까 지 유지하고 싶어 했다.

포드는 마오쩌둥이 죽은 지 얼마 안 된 10월 12일에 사이버 72(Cyber 72) 컴퓨터 두 대의 판매를 결정했다. 이는 본래 석유 탐사와 지진 관측용이었으 나 군사적 함의도 많았던 기술제품이었다. 이는 중국 지도부 내에 중국의 현 대화를 선호하는 이들에게 힘을 실어주기 위한 정치적 함의도 깃들인 결정이 었다.

카터의 대선 승리로 미중관계는 처음으로 정권교체를 경험하게 된다. 정 권교체는 정책의 전환을 의미한다. 중국은 새로운 정권의 탄생에 촉각을 곤 두세울 수밖에 없었다. 카터행정부 출범 후 내부적으로 외교정책의 변화를 모색하자는 두 가지 목소리가 터져 나왔다. 하나는 국가안보회의의 즈비그뉴 브레진스키(Zbignew Brezezinski)를 필두로 소련에 강경한 정책을 주장하는 파였다. 이들은 중국에 많은 관심을 가졌고 그 이유를 미중관계가 미소관계 에 미칠 영향으로 정당화했다.

다른 한 파는 국무장관 사이러스 밴스(Cyrus Vance)를 위시한 미소 완화정책의 적극 개진을 주장한 이들이었다. 이들은 미소 완화 관계가 미국 외교의 전체적인 판국에까지 영향을 미치기 때문에 미중 정상화의 담판도 미소 완화에 악영향을 미치지 않는 범위 내에서 진행되어야 한다는 주장을 펼쳤다.

카터는 부임 초기 미소 고위급 회담이 조속히 개최되어야 한다는 생각을 가지고 있었다. 미소 양국이 SALT-2를 재개하면 양국의 전략관계가 안정적으로 변모할 수 있다고 믿었다. 1977년의 카터행정부의 외교정책의 초점은 대소 관계 완화에 집중됐다.

안타깝게도 70년대 초 미국의 대소 완화 정책의 결과는 기대 이하였다. 미국의 기대와는 달리 70년대 중반부터 소련은 미국의 허점을 이용해 세계 각지에서 확대 정책을 가속화했다. 핵군비 통제 담판 중에도 소련은 1977년 3월 밴스가 방문할 때 제안한 SALT-2 협상 제의를 거절했다. 대신 소련은 핵군비 개발과 배치를 가속화했다. 이로써 미소 양국 관계는 긴장국면에 접어들었다.

미중관계 또한 정체상태에 빠져 있었다. 카터정부가 소련과의 완화 정책을 우선적으로 고려했기 때문에 미중관계의 발전도 제약을 받았다. 더욱이 미국정부가 대만의 이익에 손해를 끼치지 않을 것을 강조하면서 미중관계가 경색국면으로 빠져들었다. 그 정점은 1977년 8월 밴스가 아무 성과 없이 중국 방문을 마치고 귀국한 사건이었다. 그는 덩샤오핑과 외교부장 황화와의 회담에서 미중수교 이후 미국정부 요원이 비공식적으로 대만에 잔류하는 방안을 제시했는데 이는 그들의 극렬한 비판만 초래했다.

1978년까지 소련의 전 세계적인 확장 행위와 핵군비 통제 담판 중에 보여준 강경한 입징, 그리고 미중관계의 경색에 카터정부는 소련과의 완화 정책을 재고할 수밖에 없었다. 3월 중순 카터는 브레진스키를 중국에 파견하기로 결정한다. 이로써 미중관계 정상화는 탄력을 받기 시작했다.

카터정부의 결정 이전에 중국은 이미 관계 정상화에 대한 자신감으로 가득 차 있었다. 1977년 정계로 다시 복귀한 덩샤오핑은 중미관계의 교착국면을 타개하기 위한 막중한 임무를 수행하는 데 앞장선다. 이는 그가 더 많은 권력을 장악하면서 가능해진 것이다. 즉, 이 시기 중국의 대미 정책의 최고 결정자는 덩샤오핑이었다.

미중관계에서 중국은 3개의 기본조건을 수교의 마지노선으로 책정했다. 1977년 7월 4일 중국의 부총리 리셴녠은 중국을 방문한 미국의 전 해군 작전참모와의 회견에서 중미관계의 정상화는 미국정부가 대만문제에 있어 3개 원칙을 준수하는 것뿐이라고 전했다. 어느 하나도 빠져서는 안 되는 상황임을 정확히 알라는 메시지였다.

카터가 첫 번째로 취한 대중국 외교적 조치는 1977년 여름 주중 미 연락대표부 대표를 부시에서 레너드 우드콕(Leonard Woodcock)으로 교체한 것이었다. 우드콕은 미국 자동차노조 위원장 출신이다. 우드콕은 부임하면서 도청이 없는 대표부 지하실 벙커로 알려진 '탱크(the tank)'에서 직원들에게 자신의 결의를 보였다. 그는 미국이 다시는 키신저가 한 것처럼 중국에게 창피를 당하지 않을 것이라고 선언했다. 카터도 그의 부임 이전에 앞으로 중국에게 아부하는 행위는 하지 말 것을 당부했다. 카터의 동기는 다분히 정치적이었다. 그는 이후 레이건, 부시와 클린턴 등 미국의 모든 대통령이 미국의 대중정책의 방향이나 스타일에 변화를 주려고 시도했던 것과 맥을 같이한다.

그러나 카터나 그의 행정부도 닉슨행정부와 키신저가 행했던 외교 패턴에서 벗어나지 못했다. (역대 대통령도 마찬가지였다.) 카터와 그의 행정부도 닉슨 및 키신저와 마찬가지로 비밀외교, 비선외교의 범주에서 벗어나지 못했다. 국무장관 밴스도 인정했듯 카터행정부의 대중국 외교정책 역시 미 의회에 비밀로 부쳐졌다. 키신저가 대중국 정책을 사유화한 것처럼 카터의 국가안보보좌관 브레진스키도 국가안보회의와 국무부를 따돌리려고 노력했다.

이전의 지도자들이 남긴 그늘에서 벗어나지 못한 카터지만 그럼에도 다른 점이 있다면, 닉슨과 포드가 지키지 못한 약속을 카터는 지켜냈다는 사실이다. 즉, 중국과의 수교에 성공한다. 뿐만 아니라 미중 양국 관계 발전에 필요한 사회적 기반을 확충하는 데도 성공한다. 괄목할만한 성과에 미중 간의 인적 교류는 자연스럽게 확대되기 시작했다.

그러나 카터의 성공에도 치명적인 오점은 있었다. 그것은 카터의 정책이 군사적이고 반소련의 선상에서 출발한 탓에 국방부와 CIA의 이익에 초점이 맞춰진 사실이었다. 그래서 수교 초기 미중 양국의 대화 주제는 소련에 대한 두 나라의 행동을 조율하는 것이었다. 이를 이행하기 위해 무기 판매, 기술이전과 정보 공유 문제 등이 화두가 되었다. 당시 미국은 소련이라는 공동의 적이 소실된 후의 일을 상상하지 못한 채 이의 함의를 묵인할 수밖에 없었다.

카터는 본래 인권 대통령으로 유명했다. 그러나 중국과의 관계에서 이 문제는 완전 무시되었다. 카터행정부 출범과 함께 대중국 정책의 첫 도전과제 중 하나가 인권이었다. 발언의 자유와 민주주의가 핵심이었다. 그러나 그의 행정부가 출범할 때인 1977~1978년 중국의 도시에서 '민주 벽보(Democracy Wall)'가 출현하기 시작했을 때 카터는 아무런 반응도 보이지 않았다. 이 과정에서 중국의 대표적인 민주 인사 웨이징성(Wei Jingsheng, 魏京生)이 체포되고 투옥되었지만 이 또한 무시했다.

카터 임기 시절 미중수교 과정이 순탄치만은 않았다. 1977년 2월 황전과 만난 자리에서 카터는 〈상해공동성명〉을 존중하고 중국과 수교를 희망하는 동시에 베트남과도 수교를 원한다는 입장을 표명했다. 그리고 실질적으로 1978년 9월 27일 리처드 홀브룩(Richard Holdbrooke) 동아시아차관보는 베트남 관료들과의 협상을 통해 베트남이 미국의 배상이나 경제 원조를 요구하지 않는 조건 하에서 원칙적으로 수교하는 데 합의했다.

그러나 중국의 반응이 의외였다. 중국 외교부장 황화는 뉴욕에서 미국의 베트남 수교 문제를 재고할 것을 강력히 요구했다. 베트남이 소련의 군사기지 구축을 수용하려는 시점이었기 때문이다. 브레진스키와 마이클 옥센버그(Mikel Oxenberg)도 중국과 소련에 공동 대항하는 것에 찬성하는 세력으로서 중국의 주장에 동의하며 베트남 수교를 강력히 반대했다. 브레진스키는 이후 국가안보회의에서 베트남을 '소련의 대리국'으로 규정하고 이 문제를 일단락 지었다.

결국 키터 대통령은 10월 11일 베트남 수교를 중국 수교 이후로 미룰 것을 결정했다. 그럼에도 카터는 임기 초 외교정책의 최우선 순위를 소련과의 데탕트 유지와 새로운 군축협정의 체결로 정했다. 파나마운하의 운영 계약도 카터행정부 초에 시급한 외교 과제였다. 카터는 중국을 고려해 베트남과 소련 관계 때문에 베트남과 수교는 연기했지만 중국과 연합해서 소련에 대항하는 구조는 원하지 않았다. 그는 데탕트의 실현을 위해 소련과의 관계개선이 우선되어야 한다고 전제했다.

이런 상황에서 그는 1977년 8월 국무장관 밴스를 중국에 특파해 첫 수교 협상을 시도했지만 별 성과가 없었다. 밴스는 8월 23일 북경에 도착해 중국 외교부장 황화에게 중화인민공화국을 인정하는 것 자체가 중국의 유일한 합법정부를 인정하는 것임을 잘 알고 있다는 입장부터 밝혔다. 그러나 미중수교 후 비공식적인 협정을 통해 미국의 정부인사가 대만에 계속 주둔할 수 있게는 반드시 해야 한다고 주장했다. 그는 또한 적당할 때 미국이 대만문제의 평화적 해결을 희망하는 공개 성명을 발표할 것이기 때문에 중국도 이같은 성명을 수용할 것을 희망한다고 전했다. 무엇보다 대만의 무력 해결 방식을 어떠한 식의 성명으로도 발표하지 않길 원한다고 강조했다.

중국의 입장에서 밴스가 제안한 방안은 중미관계의 기존의 원칙에서 진전은 하나도 없고 되레 후퇴한 것으로 비쳐졌다. 왜냐하면 이는 다른 형태, 즉 중국이 묵인하는 방식으로 대만에 무력을 사용하지 않을 것을 인정하라는 것이고, 미 공무원의 대만 주둔 문제 역시 실질적으로 중국이 부정하는 '연락처' 설치를 다시 제안하는 것과 다를 바 없었기 때문이다. 다시 말해, 수교로 중미 간의 연락대표부는 대사관으로 승격하고, 미-대만 사이의 '대사관'은 연락처로 그 격이 낮춰지는 것에 불과했다. 이는 중국이 원하는 것과는 거리가 멀었다.

중국은 이 문제에 대한 자신의 입장을 명확히 할 필요가 있다고 느꼈다. 8월 24일 덩샤오핑은 밴스에게 다시 한 번 간단명료하게 이 일을 해결해야 한다고 설명했다. 즉, 진흙탕에 물을 더 부을 필요가 없다는 것이다. 대만을 해방시키는 것은 중국 내정의 문제이고 중국은 3개 조건이 수교의 절대 전제조건임을 강조했다.

그는 미국이 개입하지 않는 조건 하에 대만문제의 평화적 해결을 강구할 것이라고 설명했다. 그러나 군사적인, 무력 해결 방식도 배제할 수는 없다는 입장을 명확히 했다. 대만문제에 있어 미국의 자산이 얼마고 투자한 게 얼마고 '오랜 친구'라는 식으로 문제 인식을 하지 말 것을 요구했다.

대신 이 문제를 중국의 민족적 감정의 관점에서 이해해할 것을 촉구했다. 결과적으로 이번 회담은 비록 대만문제에 대해 의견일치를 보진 못했지만 양측이 보다 성숙하게 상대방의 마지노선을 이해하는 데 도움이 된 회담이었다. 중국의 입장에서는 중국이 미국에게 대만문제에서 양보할 수 있을 것이라는 환상을 깨는 계기였다.

1977년 9월 27일 밴스가 빈손으로 귀국한 지 한 달 후 덩샤오핑은 주중 미국 연락대표부의 전 부장 조지 부시와의 회견에서 중미관계 정상화의 가속화를 종용했다. 그는 미국 정부, 의회와 정치가들이 장기적인 정치적 안목에서 중미관계를 외교 수단으로 활용하지 말아야 한다고 주장했다. 더불어 중미관계는 공통된 이익을 공유하고 있어 상호 간 왕래를 강화해야 한다고 했다. 덩샤오핑은 그 자리에서 브레진스키의 11월 중국 방문을 초청했다.

실질적으로 밴스의 협상 입지를 저해한 요인은 대만문제에 대한 미국 내의 의견이 일치를 보지 못한 데서도 기인했다. 중국은 지난 4년 동안 일관된 입장을 견지했다. 그것은 수교 3원칙이었다. 이 3원칙의 내용은 대만과의 단교, 군사협정 폐기와 대만의 미군 병력과 장비의 철수 등이었다. 이른바 '일본 방식'이었다. 다른 점은 군사부분만 추가된 것이다.

그러나 카터행정부 출범 초기에 이 문제에 대한 참모들의 의견과 입장은 양분되어 있었다. 일례로, 앤서니 레이크(Anthony Lake) 미 국무부의 정책기획국장은 미국이 대만과 정식 영사관계를 유지할 것을 주장했다. 그렇지 않으면 대만관계가 너무 복잡해진다는 논리였다. 국가안보회의와 국무부 내의 중국학파(China school)는 그의 접근방식이 효과가 없을 것이라고 반박했다. 그들은 대만과의 모든 관계를 단절하자고 주장했다.

카터와 밴스는 밴스의 북경 방문 이전에 공통된 인식을 가지고 있어선지 대만문제와 관련 대만과 어느 정도의 공식 관계를 유지해야 할 필요성을 언급하기로 결정했다. 밴스가 8월 24일 덩샤오핑과의 대화에서 이를 언급하자 덩샤오핑은 노발대발했다. 왜냐하면 이는 1973년 2월 키신저가 약속한 것과 동떨어진 것이었기 때문이다.

키신저는 1974년에 1976년 대선 이후 '일본 방식(Japan formula)'과 유사한 방식으로 대만문제를 정리하겠다고 약속했다. 이는 포드도 1975년 방중 때 확인해준 것이었다. 그래서 덩샤오핑은 카터행정부의 수교 노력이 매우 퇴보했다고 비판했다. 그는 미국의 제언은 대만에 '국기를 게양하지 않은' 대사관을 유지하겠다는 의미라고 지적했다.

1978년 5월 미중관계 정상화 문제는 다시 공식 의사일정에 올랐다. 이때부터 카터행정부는 전보다 더 적극적으로 중국 수교 문제에 임하기 시작했다. 워싱턴 정가의 분위기가 완화되었고 파나마 계약도 성사된 터라 카터는 좀 더 여유 있게 중국문제를 들여다볼 수 있었다. 그리고 당시 카터는 소련과의 새로운 전략미사일 감축 계획이었던 SALT-2의 인준을 받기 위해 미 상원의 도움을 필요로 하고 있었다. 그는 이를 대중국 수교 문제에 대한 입장 변화와 맞교환할 수 있다고 판단했다. 즉, 미소관계의 문제해결을 위해 미국은 다시 '중국 카드'를 꺼내든 것이다.

브레진스키는 미중소 3각 관계를 자신만의 전략적 지론으로 삼았다. 그는 워싱턴과 모스크바 사이에서 중국 카드가 유용한 정치적 도구가 될 수 있다고 믿었다. 그래서 그는 카터에게 중국의 1977년 11월 방문 초청을 수락해줄 것을 요청했다. 그러나 밴스의 반대로 자신의 방중이 어려워보이자 브레진스키는 부통령 월터 먼데일(Walter Mondale)과 국방부장 해롤드 브라운(Harold Brown)에게도 도움을 청한다.

결국 카터는 그의 1978년 3월 북경 방문을 허락한다. 밴스의 반대를 절충하기 위해 카터는 그를 모스크바로 보낸다. 카터는 브레진스키가 미중관계에 대한 미국의 결심과 의지를 제대로 전달해주길 바랐다. 미국이 앞으로 협상의 진전을 위해 보다 적극적인 노력을 보일 것이고 정상화를 위한 각종 장애를 제거하겠다는 의지를 명확히 전달하라는 것이었다.

브레진스키는 1978년 5월 20일 북경에 도착한다. 그의 방문 역시 키신저의 것과 마찬가지로 극비로 진행되었다. 주중 미 연락대표부 대표였던 우드콕도 그의 방문을 사전에 알지 못했다. 브레진스키가 비행하고 있을 때 그에게 전문이 보내졌다. 도쿄에서 우드콕을 만나라는 것이었다. 거기서 그는 국무부 동아시아 차관보 홀브룩과도 만난다. 그러나 홀브룩도 방문단에서 배제되었다.

브레진스키의 중국 방문단에는 국방부의 인사로서는 처음 방문하는 국제안보차관보 모턴 아브라모비츠(Morton Abramowitz), 행정부 소속 소련전문가였던 새뮤얼 헌팅턴(Samuel Huntington)과 국가안보회의 위원 벤저민 휴버먼(Benjamin Huberman) 등만 포함됐다. 아브라모비츠의 임무는 중국 접경지역의 소련군 동태를 브리핑하는 것이었다. 헌팅턴은 행정부의 강대국 균형 전략을 설명하는 것이었고 휴버먼은 과학기술 교류와 소련에 대한 정보 공유 문제를 소개하는 것이었다.

구성원들의 전문성에서도 볼 수 있듯이 브레진스키의 중국 꼬드기기 전략은 역시 서구의 무기, 군사 장비와 기술을 획득할 수 있는 경로를 열어주는 것이었다. 다른 점은 소련에게 판매 허가가 나지 않는 것들과 중국에게는 판매 금지가 된 것들을 허용한다는 것이었다. 그러나 미국이 중국에 제안한 군사 관련 품목들은 미국의 것이 아니라는 사실에 유의해야 한다. 이들은 서구의 것들이었다.

여기서 우리는 오늘날까지 미국이 서구의 대중국 군사 장비 및 무기 제재 조치에 깊게 관여하는 이유를 알 수 있다. 미국의 중대한 협상 레버리지이기 때문이다. 그래서 몇 해 전 유럽연합(EU)이 이 제재조치를 일부 해제하려 하자 미국이 개입해서 저지한 것이다.[11] 그리고 역으로 중국에 대한 서구의 무기와 군사 장비의 판매 허용은 수교 이후 미국이 미국 제품을 중국에 판매하는 것을 정당화하는 구실로도 활용되고 있다.

브레진스키는 5월 20일 북경 방문 첫날 덩샤오핑에게 다음과 같은 세 가지 메시지를 전했다. 우선 미국정부가 미중관계를 미국의 세계 정책 중 하나의 축으로 간주하고 있다는 인식을 전했다. 동시에 양국은 무력충돌을 원하지

---

11 유럽연합(EU)은 1989년 이후 중국에 무기 및 군비 판매 제재를 가하고 있다. 제재 해지를 두고 미국과 서구 간의 외교적 갈등은 두 번 있었다. 첫 번째 시기가 2003~2005년이었고 두 번째가 2010~2012년이다. 2005년 미국과 서구 간의 공방전이 외교 문제로 처음 불거졌다. 이 문제의 전반적인 설명에 대해서는 Stuart McMillan, "Europe's arms trade with China," The Strategist, February 11 2014, https://www.aspistrategist.org.au/europes-arms-trade-with-china/(검색일 : 2015년 11월 19일). 유럽의 관점에서 이 사건의 이해를 위해서 Pascal Vennesson, "Lifting the EU Arms Embargo on China : Symbols and Strategy," EURAMERICA, Vol. 37, No. 3, 2007, pp. 417~444 참조. 미국의 관점은 Kristin Archick, Richard F. Grimmett, and Shirley Kan, "European Union's Arms Embargo on China : Implications and Options for U.S. Policy," CRS Report for Congress (Washington, D.C. : Congressional Research Service, May 27, 2005). 2012년 미국과 서구의 갈등과 관련해, Richard Weitz, "EU Should Keep China Arms Embargo," The Diplomat, April 18, 2012, http://thediplomat.com/2012/04/eu-should-keep-china-arms-embargo/(검색일 : 2015년 11월 18일).

않는 장기적이고도 전략적인 이해관계를 공유하고 있다고 설명했다. 브레진스키는 그래서 미국정부가 중국과 관계 정상화를 결심했다고 전했다.

두 번째 메시지는 양국의 제일 중요한 전략이익을 반패권으로 규정하자는 것이었다. 양국이 국제적 차원이든 지역 차원이든 모든 나라의 패권 추구를 반대하는 입장을 공유하자는 것이었다. 소련의 군비 확장을 반대하고 대리국을 통해 세계 각지에서 세력을 확장하는 것에 반대하는 의지가 강하다는 것을 표명한 것이었다.

세 번째는 그래서 이를 위해 미국은 중국이 제시한 관계 정상화의 3개 원칙을 수용할 의향이 있다는 것이었다. 즉 대만과의 단교, 대만에서의 미군 철수, 동맹조약의 폐기를 수용할 의사를 밝혔다. 다만 미국이 대만문제의 평화적 해결을 기대한다고 표현하는 것이 필수 전제조건이 되어야 하고 이를 중국이 심하게 반박하지 않기를 원한다는 입장을 명확히 했다. 브레진스키는 이것이 미국 내 대만 지지파의 비판과 지적을 비교적 쉽게 해결할 수 있는 방법이라고 설명했다.

중국은 브레진스키의 메시지를 매우 중시했다. 이를 관계 정상화의 매우 유리한 계기가 될 것으로 판단했다. 중국은 관계 정상화가 '일본 방식'으로 해결되고 평화적인 방식으로 대만문제 해결의 원칙을 수용하는 동시에 수교 담판의 속도를 가속화할 의사가 있다고 호응했다. 그리고 대만문제에서 양국은 각자의 의견을 개진할 수 있으나 구속력이 없다는 미국의 인식을 수용했다.

그래도 덩샤오핑에게는 이 모든 메시지가 매우 진부하게 들렸다. 그는 외교적으로 대처했다. 카터 대통령의 이런 구두 메시지에 기쁘다고 하면서 양측의 입장이 명확해졌다고 만족을 표했다. 그는 미중 양국이 이제 의지와 결심만 있으면 언제든지 관계 정상화 문서에 서명할 수 있을 정도의 단계에 올라섰다고 평가했다. 그러면서도 중국이 조국의 통일문제에 어떻게 관심을 안 갖고 하루빨리 해결하고 싶어 하지 않겠느냐고 반문했다. 덩샤오핑은 그래서 수교 3원칙에 대한 미국의 수용이 관건이라고 재 강조했다.

브레진스키는 이때 덩샤오핑에게 미국의 깜짝 선물을 공개하면서 반전을 가져다줬다. 미국이 중국의 조건을 수용해 수교할 준비가 되었다고 전했던 것이다. 이는 브레진스키의 개인적인 생각이나 판단이 아니었다. 카터가 브레진스키에게 내린 진짜 핵심 임무는 중국 지도자에게 미국의 수교 추진 결정을 전하는 것이었다.

카터는 브레진스키와 옥센버그가 작성한 문서에서 이 같은 입장을 이미 표해 두었다. 그는 중국 지도자들이 밴스의 방문으로 갖게 된 미국의 의지가 모호하다는 인상을 지우고 오라고 지시했다. 브레진스키 귀국 후 카터는 그에게 농담으로 중국의 꼬임에 넘어갔다고 했다.[12]

카터행정부는 중국을 공식정부로 선언하는 날짜를 1978년 12월 15일로 정해 놓고 수교 협상에 임했다. 그리고 SALT-2의 미 상원 인준도 1979년 봄으로 정했다. 미중수교 문제가 우선시 되는 순간이었다. 수교 문제를 선행 사안으로 결정한 것은 1979년부터 대선 정국에 진입하기 때문이었다. 더 늦추면 두 개의 현안이 모두 실패할 수 있다고 판단했다. 그래서 중국과 먼저 수교하고 소련과의 군축 협약은 이듬해에 해결하는 순으로 정했다.[13]

1978년 7월 5일부터 북경에서 미중수교의 비밀담판이 시작되었다. 중국 측 대표는 황화 외교부장이었다. 그러나 황화가 1978년 11월 하순 입원하는 바람에 중국은 한녠룽(韓念龍)을 외교부장 서리로 임명했다. 중국에서 이 모든 과정을 관장했던 이는 덩샤오핑이었다. 중국의 협상은 모두 그의 지시에 따라 진행됐다. 그는 진행상황에 지대한 관심을 가졌고 중국의 모든 중대한 정무를 결정했다.

카터는 수교 협상의 미국대표로 우드콕을 임명했다. 그는 모든 협상이 극비로 진행될 것을 명령했다. 그 역시 (1)의회, (2)백악관, (3)국무부, (4)국방부를 모두 믿지 않는다고 메모했다. 행정부의 몇몇 인사들과만 우드콕의 협상 소식을 공유했다. 북경에서 우드콕이 구체적인 수교 협상을 진행할 때 브레진스키는 주미 중국 연락부부장 차이쩌민(柴澤民)과 워싱턴에서 마지막 라운드의 협상에 집중하고 있었다. 협상 막판까지 대만문제가 최대 걸림돌이었다. 특히 대만 통일 문제에 있어 통일 방식에 대한 양국의 입장 차가 매우 컸다.[14]

---

12 Mann, About Face, p. 89.

13 Harry Harding, A Fragile Relationship : The United States and China Since 1972 (Washington, D.C. : The Brookings Institution, 1992), pp. 77~78.

1978년 7월 5일 첫 번째 회담에서 우드콕은 4개의 의제를 제시했다. 첫째, 관계정상화 이후 대만에서의 미국의 존재 형식과 성질, 둘째, 정상화 때 미국 측의 대만문제의 평화적 해결에 대한 기대를 강조하는 문구를 성명서에 포함, 셋째, 정상화 후 미국과 대만의 상무관계, 넷째, 수교 공동성명과 수교의 구체적 형식에 관한 것 등이었다. 미국 측은 회담을 2주에 한 번씩 개최할 것을 제안했다. 방식은 의제 하나가 양해를 얻으면 다음 의제로 넘어가는 식이고 무엇보다 모든 과정을 극비로 진행하는 것이었다. 황화는 미국 측이 반드시 3개 원칙을 준수하는 것 외에도 미국이 대만과 민간 차원에서의 교류는 유지해도 되나 대만에 무기를 계속해서 판매하는 건 안 된다고 했다.

　　7월 14일 제2차 회담에서 황화는 중국 측이 제안한 수교 3원칙과 수교 공동성명에 대한 미국의 의견을 요구했다. 이때 양국 모두에게 비책은 없었다. 이후 3차 회담과 4차 회담에서도 진전은 거의 없었다. 중국의 의도는 미국의 마지노선을 분명하게 파악하는 데 있었다. 그런 후 최종 결정을 하자는 전략이었다. 북경의 미중 간 비밀회담 외에 워싱턴에선 브레진스키가 주미 중국 연락대표부 부장 한쉬(韓敍)와 차이쩌민과 몇 차례의 회담을 가지고 있었다. 소통을 원활하게 하고 이해를 돕기 위한 것이었다.

　　미중 담판의 관건은 수교 이후 미국과 대만의 관계 문제였다. 중국의 기본 입장은 크게 네 가지였다. 첫째, 대만문제가 중미관계 정상화를 저해하는 관건적인 문제이다. 이 문제에 관하여 중국은 미국정부가 파병해서 중국의 영토인 대만을 점령하고 중국 내정에 간섭한 결과로 인식하고 있었다. 즉, 미국의 결자해지가 요구되었다. 둘째, 수교의 관건은 미국이 3개 원칙을 반드시 준수해야 하는 것이다. 셋째, 정상화 이후 미국은 대만과의 관계에서 민간 차원의 왕래는 유지할 수 있고 대만에 민간기구도 설립할 수 있다. 단, 중국은 미국이 대만에 무기를 판매하는 것은 절대 허용하지 않는다는 입장을 명확히 했다. 넷째, 대만의 해방 문제는 중국의 내정문제이고 다른 나라가 간섭할 권리가 없음을 명확히 하는 것이다.

　　미국은 중국이 대만의 미래를 평화롭게 해결하는 데 동의할 것을 요구했

14 Mann, *Ibid.*, pp. 89~95.

다. 그러나 중국은 이것이 국내문제이고 중국 고유의 주권문제이기 때문에 동의할 수 없다는 입장을 고수했다. 미중 양국은 이 문제의 타협점을 어렵사리 찾았다. 대만문제에 있어 미국의 평화적 해결 의사를 수교 공동성명에 포함하게 한 것이다. 그리고 중국도 미국의 입장에 토를 달거나 시험하지 않는데 동의한 것으로 마무리되었다.

대만 관련 또 하나의 중대한 문제는 미국의 대만 무기 판매 사안이었다. 미국은 대만 방위조약을 1년 후가 아닌 즉시 폐기하라는 중국의 요청을 수용하기로 결정했다. 그리고 폐기되는 동안(1979년) 대만에 무기를 판매하지 않겠으나 폐기된 이후엔 판매를 재기하겠다고 주장했다.

이에 덩샤오핑은 폭발했고 우드콕에게 일장 연설을 했다. 그러나 수교협상이 막바지에 도달했기 때문에 미중 양국은 더 이상의 지연보다 이 문제를 차후에 재 논의하는 것으로 결론지었다. 그리고 1979년 1월 1일을 수교일로 결정했다.[15]

중국은 수교를 재촉했다. 그 이유는 중국이 베트남 공격을 극비로 준비하고 있었기 때문이다. 그래서 그 전에 미국과의 관계를 강화하고 싶어 했다. 미국도 시간을 허비하고 싶지 않았다. 브레진스키와 옥센버그는 수교 사실이 누설될까봐 노심초사했다. 누설은 의회 내 대만 지지자들의 거센 반격을 의미했다.

브레진스키는 개인적으로 미중수교를 통해 미국이 소련 관계보다 중국 관계를 더 중시한다는 인상을 주고 싶어 했다. 그래서 밴스가 1978년 12월 말에 제네바에서 소련 외무장관 그로미코와의 회담에서 새로운 군축 협상에 합의하는 것보다 중국과의 수교를 먼저 완성하고 싶었다.

10월 30일 차이쩌민과의 만남에서 브레진스키는 카터 대통령이 미중수교 담판의 가속화를 요청했다고 전했다. 11월 2일 5차 회담에서 미국 측은 수교 공동성명서의 초안을 제시했다. 모두 16개 조항으로 구성되었다. 중국 측 지도자 덩샤오핑은 회담의 모든 진전 상황을 자세히 분석한 후 정상화 속도를 내기로 결심한다.

---

15 Mann, p. 89.

1978년 11월 2일 중공 중앙정치국회의에서 덩은 외교부로부터 브레진스키와 차이쩌민의 담화와 우드콕과의 5차 회담 보고를 받았다. 보고를 받은 후 그는 미국 역시 수교를 서두르고 싶어 한다는 인상을 강력히 받았다. 이에 근거해 덩은 중국이 이 호기를 놓치지 말아야 한다고 재차 강조했다. 비록 미소가 SALT-2를 체결하기 이전에 가능할지는 불명확했지만 그는 최선을 다할 것을 지시한다. 그리고 이를 위해 원칙은 포기하면 안 되겠지만 미국의 방식에 따라 수교 협상을 마무리 짓자고 했다.[16]

중국의 수교 가속화에는 경제적인 요인이 컸다. 그러면서도 기본적인 원칙을 당연히 포기해서는 안 된다고 강조했다. 미국이 제기하는 문제를 협상할 때 문을 꽉 닫을 필요가 없다는 게 중국의 기본 입장이었다. 11월 27일 덩샤오핑은 관련 인사들과의 회의에서 제일 중요한 것이 시기를 놓치지 말아야 하는 것이라고 강조했다. 덩샤오핑이 다급해진 배경에는 개혁개방이 가장 크게 자리 잡고 있어 보였다.

국내외 정세가 급변하기 시작했다. 중국과 베트남의 국경지역에서 긴장국면이 발생했다. 중국은 베트남에 징벌적인 타격을 계획 중이었다. 1978년 11월 10일부터 12월 15일까지 중공 중앙은 공작회의에서 덩샤오핑이 건의한 전당의 공작 중심을 현대화 건설로 전환하는 문제를 토의하고 있었다. 덩샤오핑은 중미수교 문제를 언급할 때마다 이것이 확실히 대세라고 강조했다. 이런 요소들이 중국 지도자들로 하여금 중미관계의 정상화를 완성하겠다는 결심을 더욱 강하게 만들었다.

덩샤오핑은 가능한 모든 기회를 이용해 미국에게 중국 내부 소식을 전했고 중국의 대만 정책에 대한 부연설명도 아끼지 않았다. 11월 27일 미국의 칼럼니스트 로버트 루와크(Robert Ruark)와의 회견에서는 중국의 정치가든 미국의 정치가든 모두 중미의 조기 수교를 좋게 평가하고 있고 수교는 빠를수록 좋다는 입장을 공개했다. 덩은 중미관계의 정상화는 세계와 지역의 평화와 안정이라는 중대한 의미를 가진다고 역설했다.[17]

그는 이튿날인 11월 28일 미국의 우호 인사이자 전직 기자였던 아치볼드

---

16 王泰平 主編,『中華人民共和國外交史』, 第3卷 (北京 : 世界知識出版社, 1999), p. 378.
17 中共中央文獻研究室 編,『鄧小平年譜, 1975∼1997』(北京 : 中央文獻出版社, 2004), p. 95.

스틸(Archibald Steele)을 만나서 현재 중미관계의 초점은 미안하지만 3개 원칙의 문제가 아니라고 고백했다. 미국 측은 중국이 평화적으로 대만을 해방하는 의무를 지켜달라고 했다. 그러나 이는 안 된다는 게 중국의 입장이라고 설명했다. 수교하기 위해 중국이 최대한 양보할 수 있는 것은 일본 방식을 취하는 것이었다. 미국은 대만에 계속 투자해도 되고 경제이익을 계속 취해도 되지만 수없이 이야기했듯 대만은 조국에 돌아와야 한다는 것이 중국의 절대 양보할 수 없는 입장이었다. 다만 조국 통일의 실현 전제 하에 덩샤오핑은 대만의 현실을 존중하면서 이 문제를 해결할 의사를 전했다. 대만과 중국의 사회제도가 다르기 때문에 대만문제를 해결하는데 이런 차이점을 고려해야 한다고 강조했다.

이런 배경 하에 12월 4일 한녠룽은 중미수교 6차 회담에서 6개 방안을 제시한다. 첫째, 대만문제가 수교의 관건인데, 이 부분에서 미국이 중국에게 빚을 진 셈이지 중국이 미국에 빚을 진 건 아니기 때문에 미국의 결자해지가 필요하다. 둘째, 카터 대통령이 9월 19일 차이쩌민 부장에게 미국이 중국의 3개 원칙을 준수하겠다고 전한 것을 환영하고 이를 수교 공동성명서에 반영해야 한다.

셋째, 아예 포괄적인 해결에 동의하고 '중간단계'에는 동의하지 않는다. 기한 내에 3개 원칙을 해결한 후 대사를 파견하고 대사관을 설립한다. 넷째, 수교 이후 미국은 대만과 관계를 유지할 수 있으나 일본 방식을 따라야 한다. 다섯째, 미국은 수교 이후 대만에 계속해서 무기를 팔 준비를 하고 있으나 중국은 이에 동의할 수 없다는 것을 명확히 한다. 여섯째, 중국이 언제든지 어떠한 방식으로 대만문제를 해결할 수 있는 것은 중국의 내정이고 다른 나라가 산섭할 권한이 없기 때문에 중미 양국 간에 논의 대상이 아니다. 미국이 평화적 해결을 기대하는 성명을 발표해도 되나 중국 측도 자신의 입장 성명을 발표할 것이다.[18]

우드콕은 대만 무기 판매와 관련하여 해협 지역의 평화와 안정, 그리고 중국 주변지역의 안보 정세에 위협을 주지 않는 범위 내에서 제한적이고 선별

---

18 中共中央文獻研究室 編, 『鄧小平年譜, 1975~1997』, p. 97.

적으로 방어용 무기를 판매할 것을 적극 표명했다.

미중수교 협상의 관건적인 기간이었던 1978년 12월 12~15일 4일 동안 덩샤오핑은 우드콕과 4차례 회담을 가졌다. (본래 13일로 예정되었으나 앞당겨졌다.) 12월 13일 회담에서 우드콕은 (1)미국 측은 하나의 중국, 대만은 중국의 일부, 중화인민공화국이 유일한 합법정부임을 확인했다. (2)공동성명 발표 후 미국은 즉각 대만과 단교한다. 그리고 대만에게 방위조약의 중단을 즉각 통보하고 4개월 내에 미군과 장비를 철수할 것이다. (3)미국과 대만 간의 비관방적인 관계를 유지한다. (4)미국과 대만 간의 상무와 문화 관계는 유지한다. (5)미국은 대만문제의 평화적 해결을 바라는 성명을 발표할 것이고 중국 측이 이에 반대하지 않기를 희망한다는 입장을 전했다.[19]

그날 우드콕은 상술한 의도를 담은 공동성명의 수정본을 제출했고 미중양국은 1979년 1월 1일 공동성명 및 관련 성명문을 발표하기로 확정했다. 3월 1일엔 대사를 서로 교환하고 대사관을 개관하기로 결정했다. 미국 측은 중국 지도자를 미국에 초청하는 문제를 협상하길 원했다. 덩샤오핑은 기본적으로 공동성명의 수정안에 동의하면서 추가로 반패권 조항의 삽입을 제안했다. 미국 측이 제안한 1년 후 미국과 대만의 조약이 완전 폐기된다는 점에 비춰 덩샤오핑은 대만에 무기 판매를 금할 것을 요구했다.

12월 14일 우드콕은 다급하게 덩샤오핑과의 회견을 요청해 비밀 누설의 가능성을 줄이기 위해 북경시간 1978년 12월 16일 오전 10시, 워싱턴 시간 12월 15일 저녁 9시에 수교 공동성명을 동시에 발표할 것을 제안했다. 그리고 덩샤오핑이 1979년 1월 29일, 30일 또는 31일에 방미할 것을 건의했다. 그날 저녁 9시 우드콕은 중국 측이 13일에 제안한 문제에 대한 답을 전했다. 미국은 공동성명에 반패권 조항 삽입에 동의하며, 1년 후로 약정한 미-대만 방위조약의 종결을 명시하지 않는 데도 동의했다.

12월 15일 우드콕은 덩샤오핑에게 또 한 번의 회담을 요청했다. 그는 기자들에게 1979년 이후 대만에 무기를 선별적으로 팔겠다고 말해도 되는지를 물

---

19 王立, 『波瀾起伏 : 中美關系演變的曲折曆程』 (北京 : 世界知識出版社, 1998), p, 212. 4일 동안 덩샤오핑과 우드콕의 협상 과정은 陶文釗 著, 『中美關系史(1972~2000)』 (下卷) (北京 : 中國社會科學出版社, 2007), pp. 55~59 참조.

었다. 덩샤오핑은 카터 대통령이 대외적으로 대만에 무기를 팔겠다고 하면 동의하지 못하겠다는 입장을 밝혔다. 그리고 그는, "담화에서 이 일이 언급되면 중국 측은 즉각 반응을 보일 것이다. 지금은 이야기를 안 하는 것이 좋다. 다음에 이야기하자. 제일 중요한 것은 미국이 만약 대만에 무기를 계속 팔면 이는 장기적으로 대만문제의 평화적 해결과 조국으로의 귀환 문제를 저해하기만 할 것이고 결국 무력 해결로 이어지게 할 것이라는 점이다"라는 입장을 전했다.[20]

우드콕은 이를 미국정부에 즉각 보고했다. 덩샤오핑은 미국정부가 신중하게 대만 관계를 처리할 것을 희망했다. 중국이 대만문제를 평화적으로 해결하기 위해 제일 합리적인 선택을 하는데 부정적인 영향을 안 미쳤으면 하는 바람을 전했다.

카터행정부는 1979년 1월 덩샤오핑을 워싱턴에 초청하는 것을 고려하고 있었다. 중국 역시 이 문제에 상당히 민감했다. 그래서 중국은 수교 합의와 동시에 덩샤오핑의 미국 방문 선언을 통해 미소 정상회담을 연기할 수 있는 효과가 있길 바랐다. 이리하여 미중 양국은 수교 협상을 12월 13일에 모두 종결했다.

브레진스키는 예정대로 12월 15일에 수교 결정과 수교 공동성명을 공표하자고 주장했다. 왜냐하면 밴스와 그로미코의 협상 시작 전이라는 '타이밍' 때문이었다. 15일 미중수교 합의가 선언되었을 때 밴스는 예루살렘에 있었다. 키신저의 비밀 방중이나 협상 과정을 전혀 몰랐던 닉슨의 국무장관 로저스와 같은 상황이었다.

결과적으로 밴스는 그로미코와 군축 협상을 완결 짓지 못했다. 그로미코는 미중의 수교 신언에 몹시 분해했다. 밴스가 대신 새로운 협상을 진행할 것을 요청했으나 워싱턴은 이를 거절했다. 스피커폰 통화에서 그로미코와 소련 관료들이 청취하고 있는 상황이었다. 브레즈네프는 밴스에게 강경한 입장을 고수할 것을 주문했다. 결국 미소 정상회담은 자연스럽게 연기됐다.

미중수교의 최종 결정은 서로가 양해한 결과였다. 첫째, 대만 방위조약 문

---

20 中共中央文獻研究室 編, 『鄧小平思想年譜』, p. 102.

제에서 중국은 원칙적으로 수교 이전의 폐기를 주장했으나 미국의 곤란함을 이해하고 법률적인 유효기간이 만기되었을 때 종결시키는 데 동의했다. 둘째, 미국 측은 본래 일방적으로 대만문제의 평화적 해결을 기대하는 성명을 발표하고 중국이 이에 반박하지 않기를 기대했다. 그러나 협상을 통해 각자가 각자의 입장을 진술하는 방식으로 성명을 발표하기로 합의했다. (이는 덩샤오핑의 건의였다.)

셋째, 제일 난처한 문제였던 미국의 대만 무기 판매 문제에서 양국은 현재의 불일치한 입장을 유보하기로 결정했다. 중국이 이를 보류한 후 이 문제의 권리를 재고하기로 결정했다. 미국 측은 양국 수교 이후 점진적으로 이 문제를 토론할 수 있는 유리한 환경이 조성될 것이라는 믿음을 전했다. 미국은 방위조약이 유효한 최후 1년 동안 무기 판매를 하지 않겠다고 약속했다. 양국은 이 문제를 장기적인 안목에서 수교에 영향을 미치지 않도록 하는데 동의했다.[21]

이로써 미중수교 담판은 결실을 마련할 수 있었다. 미중 양국 공동의 노력의 결과였다. 1978년 12월 16일 공동 발표한 미중 〈공동성명〉은 두 나라가 1979년 1월 1일에 수교할 것이라고 정식 선포했다. 참으로 길고 길었던 여정이 마침내 마무리되는 순간이었다.

---

21 宮 力, "通向建交之路的艱難跋涉：1972〜1978年的中國對美政策", 『黨的文獻』, 2002年, 第2期, p.77.

제9장

미중수교 협상과
한반도문제

닉슨의 재선과 미중의 한반도 협상

1973년 2월 9일 북한 외상 허담이 방중해서 미국과의 접촉 가능성을 탐색해줄 것을 요청했다. 2월 11일 저우언라이는 허담에게 2월 15~19일 중국에 오는 키신저에게 이를 전할 것을 약속했다. 그러나 그는 허담에게 중국의 기본원칙을 다시 읊어줬다. 한반도문제는 외국의 간섭 없이 남북대화로 해결해야 하고, 모든 외국군이 철수해야 하며 UN한국통일부흥위원회도 철수되어야 한다는 원칙이었다. 그러면서 북미접촉 요구는 한번 물어 보겠다 해서 중국의 불편한 속내를 간접적으로 보였다.[1]

1971년부터 시작한 미국과의 일련의 회담 이후 중국의 대한반도의 최대 관심사가 주한미군의 즉각적인 철수에서 UN의 한반도문제에서의 정통성 문제로 전환되었기 때문이었다. 즉, 한반도문제가 UN에서 처리될 수 있는 문제인지부터 따져보는 것으로 바뀌었다.

그 결과 주한미군의 철수 문제는 UN 사안이 아니라고 판단했다. UN한국통일부흥위원회의 해산 문제는 합당한 사안이었고 키신저도 하반기에 추진할 의사를 명확히 했다. 중국은 결국 후자에 집중하기로 결정했다. 미군 철수 문제는 내년(1974)이면 계획이 잡힐 것이고 북미접촉은 고려해볼 것을 전했다.

키신저와 저우언라이의 회담에서 주한미군 철수 3원칙에 합의했다. 중국은 철수의 대원칙을 유지할 것을 요구했다. 그러나 주한미군의 단기적 주둔을 묵인한다. 미국은 철수 약속을 이행하겠으나 본국의 판단에 따라 이행할 것을 알렸다. 저우언라이도 미국이 북한의 조속한 철수 요구 입장을 이해할

---

1 夏亞峰, "革命與緩和 : 中美和解進程中的中國對朝政策 (1970~1975)", 『冷戰國際史研究』, 2013
   年 第2期, p. 44.

것을 당부했으나 북한에게 미국의 입장을 이해하고 믿을 것을 요구할 것이라고 약속했다.[2] 20일 이 같은 합의를 저우언라이는 허담에게 전했다.

그러나 한반도문제는 사실상 회담 막바지에 언급되었다. 키신저는 주한미군 철수 문제에 대해 언급했으나 저우는 이에 별다른 감응이 없었던 것으로 닉슨에게 보고했다.[3] 대신 저우언라이는 일본이 배제된 상황에서 주한미군의 점진적 철수와 통일이 이뤄져도 아무도 전쟁을 일으키지 않을 것이라고 장담했다.[4]

1973년 8월 27일 오후 5시 30분 미국 주중 연락대표부 부주임 앨프리드 젠킨스(Alfred Jenkins)는 북경 사무실에서 북한의 주중 대사 이재필을 접견했다. 북미 간의 첫 관방 접촉이었다. 양측은 북한의 세계위생기구(WHO) 가입 이후 뉴욕 UN본부에 대표단의 상주 문제를 논의하기 위해 만났다. 미국 주중 연락대표부 주임 데이비드 브루스(David Bruce)는 시기적으로 적합하다고 판단되면 앞으로 북경에서 미국과 북한의 접촉이 가능하다는 생각을 전했다. 북경이 미국과 북한 모두에게 편리하고 안정(安靜)했기 때문이었다.[5]

9월 26일 키신저는 황화에게 북미접촉을 통보했다. 그리고 중국도 이와 상응하게 한국과 접촉할 것을 요구했다. 1972년 데탕트 분위기 속에서 남북 접

---

2 王泰平 主編, 『中華人民共和國外交史 第三卷(1970~1978)』, (북경 : 世界知識出版社, 1999), p. 42. Memorandum of Conversation, Beijing, February 18, 1973, FRUS, 1969~1973, Vol. 18, China 1973~1976, Washington, D.C. GOP, 2007, p. 139, 170.

3 Memorandum From the President's Assistant for National Security Affairs (Kissinger) to President Nixon, February 27, 1973. National Archives, Nixon Presidential Materials, NSC Files, Kissinger Office Files, Country Files, Far East, Box 98, HAK China Trip, Memcons & Reports (originals), February 1973, https : //history.state. gov/historicaldocuments/frus1969-76v18/d17 (검색일 : 2016년 12월 15일).

4 Memorandum From the President's Assistant for National Security Affairs (Kissinger) to President Nixon, March 2, 1973. National Archives, Nixon Presidential Materials, NSC Files, Kissinger Office Files, Box 98, Country Files, Far East, HAK China Trip, Memcons & Reports (originals), February 1973.
https : //history.state.gov/historicaldocuments/frus1969-76v18/d18(검색일 : 2016년 12월 15일).

5 Call on USLO by North Korean Charge in Peking, Bruce to Kissinger, August 28, 1973, https : //www.cia.gov/library/readingroom/docs/LOC-HAK-462-8-16-3.pdf (검색일 : 2016년 12월 15일).

촉과 고위급 회담이 진행되었다. 그리고 이의 결과물로 〈7·4 남북공동성명〉이 탄생했다. 1972년 10월 남북협력위원회가 공동으로 개최한 1차 회의에서 북한은 남한에게 평화협정의 체결을 제안했고 군사와 정치 문제의 논의를 원했다. 군사 문제와 관련해 북한은 한반도의 군축 문제를 의제로 상정했다.

그러나 남한은 군사와 정치 문제의 논의를 원하지 않았다. 남북 양측은 대신 경제와 사회 교류에 집중했다. 또한 한국은 〈6·23선언〉으로 북한을 독립국가로 인정했고 남북한의 UN 동시가입을 제안한 상태였다. 이런 분위기에서 한국정부와 중국정부에게 접촉을 요청한 상황이었다. 그러나 황화는 이를 거절하면서 한중의 접촉은 '하나의 중국' 원칙과 같이 '하나의 북한' 원칙을 위배하는 처사라고 그 이유를 전했다.[6]

그러나 남북대화는 곧 경색국면으로 진입했다. 1973년 8월 북한이 남한의 중앙정보국이 일본에서 야당 총수 김대중을 납치한 사건을 이유로 남북회담을 중단했기 때문이다. 당시 한국의 중앙정보국 국장 이후락은 〈6·23선언〉을 통해 한국의 남북대화의 목표를 주한미군이 계속 존재하는 기초 위에 남북한의 평화공존을 구현하는 것으로 설명했다. 당일 날 북한은 남한을 강하게 비판하면서 자신의 '국가 통일의 5개 계획'을 선언했다. 그리고 남북한의 UN 동시가입을 반대했다. 북한의 이유는 UN 동시가입이 한반도의 영구적인 분단만 고착시키기 때문이라고 했다.

그럼에도 불구하고 1973년 미중은 UN에서 한반도문제를 계속 논의했다. 중국의 입장은 간단했다. 북한의 이익 보호를 위해 노력하겠지만 한반도문제를 미중관계의 완화라는 대국면 속에서 논의하는 것이었다. 즉, 미중관계에 한반도문제를 종속시켜 논의하는 것이었다. 9월 26일 키신저와 황화의 회견에서 키신저는 "우리는 UN한국통일부흥위원회의 해산에 동의한다. 현재 문제는 UN사령부 문제를 1년 연장할 수 있느냐"라고 하면서 UN사령부 해체 논의의 연장 의사를 시사했다.

문제의 핵심은 정전체제가 UN사령부에 전적으로 의존하고 있는 현실이었다. 그런 상황에서 한반도의 안보를 보장할 수 있는 새로운 법률적 기제에

---

6 夏亞峰, "革命與緩和：中美和解進程中的中國對朝政策(1970～1975)", p. 46.

대한 심도 깊은 논의가 필요했다. 이 같은 입장을 전하기 위해 키신저는 11월 11일 북경을 방문한다. 그의 입장은 UN사령부의 해체 논의가 많은 시간을 요한다는 것이었다.

저우언라이도 이에 전적으로 동의하며 UN사령부가 해체되기 위해서는 대량의 법률적 검토와 법리적 논의가 선행되기 때문에 키신저에 동의했다. 더 나아가 그는 UN사령부가 한반도 안정에 긍정적인 역할을 한다는 사실도 인정했다.[7]

그러나 황화를 통해 전달된 중국의 입장은 미국의 입장과 달랐다. 중국은 한국의 남북 UN 동시가입에 대한 불만부터 쏟아냈다. 중국과 북한의 입장이 일치했다. 남북의 UN 동시가입은 한반도 분단의 고착화를 의미하기 때문에 미국이 중국과 한반도문제를 지속적으로 논의하기 위해서라도 남한을 설득해 〈6·23 선언〉을 철회하라는 것이었다. 선언의 철회만이 지역의 평화와 긴장 완화에 기여할 것이라는 주장이었다. 키신저가 이런 중국의 요청을 거절하면서 회견에서 한반도문제는 더 이상 논의되지 않았다.

1973년 11월 UN총회가 개최되기 전 김일성은 10월 20~21일 심양을 비공식 방문한다. 저우언라이와 북중 양국이 UN에서 공동 투쟁할 전략을 확정 짓기 위해서였다. 수개월 전 중국의 외교부 부부장 차오관화가 평양을 방문해 김일성과 북중의 UN에서의 투쟁 방안에 대해 논의했었다. 그리고 9월 초 북한의 대표단 단장이자 외교부 제1부부장 이종목이 뉴욕에서 평양 귀국길에 북경에 들러 차오관화와 앞으로의 전략을 논의한 바 있었다.

이 과정에서 북중 양국이 중점적으로 논의한 전략의 핵심은 '양자택일'이었다. 즉, UN한국통일부흥위원회와 UN연합사령부의 동시해체가 불가능한 상황이니 하나를 선택해서 우선 해결하자는 것이었다. 김일성과 저우언라이는 심양회담에서 UN한국통일부흥위원회 해체부터 이뤄내자는 것에 합의했다. 이를 기반으로 북중 양국은 UN총회 기간 동안 긴밀하게 협력했다.

합의가 이루어진 후 저우언라이는 북경으로 돌아와 긴급회의를 소집했다. 당시 UN총회에 참석 중이었던 중국 외교부의 한반도 사무관 장팅옌(張庭延,

---

7 Memorandum of Conversation between Chou En-lai and Kissinger, November 11, 1973, FRUS, Vol. 18, pp. 354~357.

1992~1998년 중국의 첫 주한 대사)도 긴급 소환됐다. 저우언라이는 그에게 자신이 UN한국통일부흥위원회와 UN연합사령부의 동시해체를 북한이 포기하도록 설득하는 데 성공했다고 설명했다.

왜냐하면 동시해체는 워싱턴과 서울 모두가 반대하고 나설 것이 뻔했기 때문이다. 장팅옌은 이 문제에 대한 북중 간의 긴밀한 논의와 협상이 북한의 대리인으로서 중국이 소련을 대체하게 된 사실을 입증했다고 회고한다. 또한 중국이 UN에서 북한의 대표적인 지지자라는 사실도 증명됐다고 평가했다.[8]

1973년 중국의 노력으로 UN은 12년의 역사를 가진 '스티븐스 방안(북한이 UN에 출석해서 한반도문제를 변론하는 것을 금지하는 방안)'을 중지시켰다. 그리고 옵서버 신분으로 남북한이 모두 UN총회 토론에 참석하는 것을 허용했다. 11월 초 황화는 미국의 UN주재 대사 존 스칼리(John Scali)와의 회담에서 제28차 UN총회 때 UN한국통일부흥위원회의 점진적인 해체를 논의하자고 제안했다. 그러나 아직 북한의 동의를 받지 않은 상황이라 잠시 기다릴 것을 요구했다.

11월 11일 저우언라이는 키신저와의 회담 중에 황화에게 급히 북한과 반드시 사전 협의할 것을 지시했다. 협의 결과 북한은 결국 중국의 '양자택일' 방안을 받아들였다. 11월 12일 저우언라이가 한반도 평화 문제의 해결이 장시간을 요구하고 특히 UN연합사령부 해체 문제가 많은 법률적 논의를 필요로 한다는 것을 인정했기 때문이다. 그리고 저우언라이는 UN연합사령부가 한반도의 안정을 유지하는데 긍정적인 작용을 하는 것도 인정했다.

11월 18일 중국의 노력 하에 UN은 표결 없이 제1위원회의 만장일치로 남북한의 1972년 〈7·4 남북공동성명〉을 지지했다. 또한 UN한국통일부흥위원회 문제도 1973년 해산하는 것으로 결정됐다. 마지막으로 UN연합사령부 해체 문제는 잠시 보류하기로 미중 양국이 합의했다.

1973년 3월 동아시아 차관보 마셜 그린(Marshall Green)은 국무부의 보고서에서 UN연합사령부의 역할과 임무를 북한의 공격을 억지하고 정전협정을 수호하고 북한에 심리적 위협을 가하기 위한 것이라고 요약했다. UN한국통일

---

8 張庭延, "聯合國討論朝鮮問題", 萬經章, 張兵 主編, 『風雲際會聯合國』 (北京 : 新華出版社, 2008), pp. 53~54.

부흥위원회가 책략적인 문제라면 UN연합사령부의 문제는 전략적인 문제였기 때문에 후자는 미국에게 매우 중요한 문제였다.

1973년 4월에 제출된 〈국가안보연구 비망록 제154호〉는 미국이 북한과의 어떠한 직접적 접촉도 거부할 것임을 명시했다. 또한 북한이 어떠한 국제조직이나 나라와 수교하려는 시도를 남한이 저지하는 것에 대해 남한의 입장을 일관되게 지지할 것이라고 밝혔다. 미국은 이 보고서에서 미북관계 개선에 관심이 없다는 입장을 명확히 밝혔다.[9]

동 보고서는 UN연합사령부가 미국에게는 유익한 존재이나 한국군의 입장에서는 무의미하다는 사실도 인정했다. 왜냐하면 한국군이 정전 국면의 유지와 주한 외국군의 지휘권 문제와 직접적인 연관이 없었기 때문이다. 1974년 3월 미국의 〈국가안보결책 비망록 251(NSDM 251)호〉는 UN연합사령부의 지휘권이 한미연합사령부에 이양된 후에야 해체할 수 있다고 주장했다.[10]

1974년 3월 25일 북한은 미국과의 단독 평화조약을 제안했다. 북한은 남한이 정전협정의 체결국이 아닌 이유로 또 사실상 미국의 통제 하에 있는 구조적인 문제를 평화협정 단독체결의 이유로 들었다. 그리고 북한은 평화협정의 전제조건을 모든 외국군의 '철수'에서 '조기철수'로 전환했다. 북한의 입장 변화에는 1973년 1월 베트남전쟁을 종결지은 파리협정의 영향이 컸다. 남한은 당연히 평화협정을 반대하고 나섰다.

북한은 평화협정을 빌미로 미국과 직접 대화를 원했다. 각종 경로를 통해 미국과의 접촉을 시도했다. 미국의 주의를 끌어보려고 남북해상분계선 주변 해역에서 도발도 일으켜봤다. 외교적인 경로를 통해서는 이집트, 루마니아, 심지어는 키신저의 은행가 친구 데이비드 록펠러(David Rockefeller) 등과 접촉하면서까지 백악관과 연락이 닿기를 희망했다. 심지어 김일성은 미 의회에 직접 대화를 요청하는 서한도 보냈었다.

---

9 "Annex E : US Relations with North Korea, NSSM 154-US Policy Concerning the Korean Peninsula," 3 April 1973, RG 273, NA, pp. 1~2.

10 National Security Decision Memorandum 251 : Termination of the UN Command in Korea, March 29, 1974, https ://fas.org/irp/offdocs/nsdm-nixon/nsdm_251.pdf (검색일 : 2016년 12월 7일).

1974년 4월 30일 키신저는 이집트 방문 당시 안와르 사다트(Anwar Sadat) 대통령과 가진 회담 자리에서 김일성이 좋은 사람이라는 생각을 밝혔다. 이에 사다트는 김일성의 남동생 김영주가 방금 이집트를 방문했고 사다트에게 미국인과 연락망을 구축해달라고 요청했다고 전했다.

키신저는 이 같은 정황을 잘 알고 있다고 하면서 북한이 미국 의회에 보낸 서신이 성과가 없었다고 말했다. 그는 김일성이 번지수를 잘못 찾아갔다고 했다. 김일성이 미국과 직접 대화를 원하면 관련 행정당국에 연락을 취했어야 했다고 쓴 소리를 내뱉었다. 키신저는 미국이 북한과 대화할 수 있으나 단, 비밀이 보장되어야 하고 사다트를 반드시 통해야 한다고 했다. 키신저는 미국과 북한의 비밀 회담 가능성을 배제하지 않았다.[11]

1974년 8월 26일 루마니아 대통령 특사 바실리 풍간(Vasile Pungan)이 키신저의 집무실을 방문한다. 그는 키신저에게 루마니아 대통령의 지시로 북한 최고 권력 기관을 대표해 미국과의 연락 채널을 구축하고자 하는 의사를 전했다. 그런데 키신저의 입장이 사다트 회담 때보다 조금 변했다. 그는 북미 대화의 성사 여부는 미국이 원하는지에 달려있다고 했다. 원칙상 미국은 북한과 연락망을 구축할 의향은 있으나, 이는 매우 중대한 사항이기 때문에 충분한 검토와 논의를 거쳐야 한다고 상당히 외교적으로 대응했다. 이는 키신저가 북한과의 직접 대화에 별 흥미가 없다는 것을 방증한 것이나 다름없었다.[12]

키신저의 뜻은 지정학적 측면에서 고려된 것이었다. 닉슨은 당시 거칠어지는 김일성의 인신공격에 불만을 가졌다. 또한 동북아지역의 정세가 북미대화에 유리하게 전환되지 않을 것이란 판단도 크게 작용했다. 무엇보다 미중

---

11 Meeting between President Sadat and Secretary Kissinger, Memorandum of Conversation : 30 April 1974, National Archives. Record Group 59. Department of State Records. Records of Henry Kissinger, 1973~1977. Box 7. Apr 1974. Nodis Memcons; Courtesy of The Digital National Security Archives, https ://sadat.umd. edu/sites/sadat.umd.edu/files/Meeting%20between%20President%20Sadat%20and%20Se cretary%20Kissinger%2C%20Memorandum%20of%20Conversation.pdf(검색일 : 2016년 12월 7일).

12 夏亞峰, "革命與緩和", pp. 49~50.

관계의 완화로 남북회담이 개최될 수 있는 상황이었기 때문에 미중관계가 지속적으로 완화해지면 남북문제를 남북이 대화를 통해 직접 해결할 수 있을 것이라고 판단했다. 즉, 당시 미국에게 북한은 그리 중요한 존재도 아니었고 대화를 나누고 싶은 대상도 아니었다.

1974년 4월 12일 국가안보회의의 솔로몬은 키신저에게 '중국과 한국의 UN연합사령부 해산' 문제에 관한 보고서를 제출한다. 그는 1973년 6월 19일자 UN총회에 앞서 황쩐 대사에게 보냈던 서신을 상기시켰다. 솔로몬은 키신저에게 UN연합사령부의 해체를 순차적으로 진행하겠다는 의사를 정정할 것을 권고했다. 대안 없이 한반도의 안보 기제가 약화될 수밖에 없다는 것이 그 이유였다.

나아가 그는 키신저에게 북한과의 직접 대화가 불가능하다는 입장도 명확히 전달할 것을 건의했다. 이유는 간단했다. 북경 역시 서울과 직접 대화할 용의가 있다는 것이 전제되어야 한다는 것이었다. 또한 평양이 미국과 한국 사이를 벌려 놓으려는 의도를 갖고 있기 때문에 남북이 당시 협의 중이던 새로운 안보 협상에서 미북 간의 대화는 불리하게 작용할 수밖에 없다는 것이 그의 판단이었다.

솔로몬은 1974년이 북한이 한반도문제 해결을 위해 UN에서 외교적 공세를 격렬하게 개진할 해(年)가 될 것으로 전망했다. 그의 보고서는 곧 이의 대비책을 키신저에게 제언한 셈이었다. 키신저는 이 상황을 최대한 모면하고 싶어 했다. 그가 UN한국통일부흥위원회 해산 이후 이듬해인 1974년에 UN연합사령부의 해체에 적극적으로 임한 것은 아마 이 때문이었을 것이다.

당시 미국은 서울과 평양이 비공식 회담을 통해 연합사령부를 대체할 만한 방안을 스스로 강구하는 것이 최선의 선택이라는 입장이었다. 그리고 이런 내용을 담은 〈국가안보결책비망록 251호〉를 6월 13일 북경에 전했다. 그러나 중국은 상당기간 아무런 반응도 보이지 않았다.

7월 27일 중국의 주미 연락대표부 부장 황쩐은 미국의 국무차관보 서리 아서 허멜(Arthur Hummel)에게 중국이 이미 미국의 제안을 북한과 여러 차례 논의한 사실을 전했다. 중국은 작년과 같이 UN에서 한반도문제를 미국과 긴밀하게 협조할 것이고 이 문제의 해결 역시 협상을 통해 도출해낼 것이라는 입장을 확실히 했다.

그러나 7월 31일 중국은 주미 연락대표부를 통해 미국의 방안, 즉 'UN연합사령부의 지휘권을 한미연합사령부에 이양 후 해체'를 거절한다고 표명했다. 중국이 보기에 미국의 방안은 주한미군의 지속적인 주둔을 전제하는 것으로 이는 곧 한반도 분단의 고착화를 의미했다. 중국은 1974년 연내에 UN연합사령부 문제를 미국이 완전히 해결할 것을 요구했다.

중국은 더 나아가 주한미군의 조기 철수를 재 요구했다. 북한과 같은 입장을 보인 것은 중국이 북한의 압박을 수긍한 결과였다. 8월 28일 미국은 다시 준비한 수정안을 중국에 전했다. 중국은 또 한 동안 답이 없었다. 9월 북한은 제3세계를 중심으로 29개국을 동원해 한반도에서 모든 외국군의 철수를 요구하는 압박을 UN에서 행사하기 시작했다. 중국의 UN주재 대사 황화는 9월 19일 성명을 발표해 미국정부에게 주한미군 철수를 정식 요구했다.

북미대화 문제에서 중국은 미국과 비슷한 입장이었다. 그다지 적극적이지 않았다. 1974년 10월 UN총회 기간 중에 키신저는 10월 2일 중국 외교부 부부장이자 중국대표단 단장 차오관화와 저녁 만찬을 했다. 그날 오후 UN총회 연설장에서 차오관화는 미소관계의 완화와 두 강대국을 비판하면서 한반도 내 모든 외국군의 철수를 주장했다. 그러나 그날 저녁 키신저와의 사적인 만찬장에서 차오관화와 키신저는 서로를 환대했다.

UN연합사령부 문제에 대해 차오는 미국이 중국과 북한 관계가 좋은 것을 이해하기 때문에 중국이 북한의 의견을 존중해야 하는 입장을 이해할 것이라는 신념을 보였다. 미국에게 좋은 대안이 있으면 북한에게 이를 대신 전할 것이라는 입장도 밝혔다. 그는 더 나아가 중국의 입장이 북한의 입장과 같으나, 한 가지 확실한 것은 중국이 어떠한 이득도 취하길 기대하지 않는다는 사실이라고 했다. 차오관화는 마오쩌둥이 예전에 말했듯이 세계정세에서 북한문제가 그다지 큰 문제가 아니기 때문에 이 같은 중국의 입장을 신뢰해줄 것을 호소했다.

키신저는 차오관화에게 UN연합사령부 해산은 정전체제를 유지할 수 있는 법적 장치만 마련된다면 가능하다고 전했다. 그러면서 이 문제가 해결되기 전까진 북한과 어떠한 대화도 불가능함을 밝혔다. 북한이 루마니아, 이집트,

은행가 록펠러 등을 통해 연락을 취한 사실을 잘 알고 있다면서 이 문제가 해결되기 전까지는 북한과의 접촉을 받아들일 수 없다는 미국의 입장을 전했다.

10월 4일 차오관화는 키신저에게 중국이 이미 미국의 UN연합사령부 해산에 대한 입장을 북에게 전했으나, 지금까지 답변이 없다고 전했다. 그리고 그는 북한이 중국과 어떠한 협의 없이 일부 국가의 지지를 얻어내 UN에 평화협정과 UN연합사령부 해산 방안을 단독적으로 제출할 계획임을 폭로했다.[13]

1974년 10월 8일 키신저가 서명한 〈국가안보연구 비망록 211호(NSSM 211)〉 문건에 따르면 동아시아와 태평양 사무를 담당하는 모든 부서가 태스크포스 팀을 만들어 UN연합사령부 해산 후의 지도 사상에 대한 연구를 요구했다.

이 연구의 전제는 주한미군의 군사력과 사명의 불변이었다. 즉, 한미동맹이 견지되는 범위 내에서 사상을 마련하라고 요구한 것이었다. 연구 주제로는 미국이 한국에 대한 무상 군사원조 차관 항목을 감축해야 하는지의 여부, 만일 무상 차관을 중단해야 한다면 중단의 구체적인 일자 확정의 필요성, 한국의 해외 무기 구매를 위한 차관의 증가 필요 여부, 이들의 비율 정도에 대한 것들이었다.[14]

이들이 국가안전보장회의의 상부에 연구 결과물을 보고서로 제출했다. 보고서에 따르면 당시 동북아 정세의 급변으로 미국의 외교정책이 큰 영향을 받고 있었다. 보고서는 미국의 대한국 군사 원조와 지원에 변화가 있더라도, 중국은 이를 한국에 대한 미국의 방위의무 축소로 인식하지 않을 것이라는 결론을 내렸다. 왜냐하면 중국은 이미 주한미군의 한반도 내 역할을 긍정적으로 인식하고 인정하고 있기 때문이었다.[15]

---

13 Memorandum of Conversation between Kissinger and Chiao Kuan-hua, New York City, October 2, 1974. Ford Library, Kissinger-Scowcroft West Wing Office Files, 1974~1977, China Exchanges, Box 4, unnumbered (4), https : //history.state.gov/historicaldocuments/frus1969-76v18/d87 (검색일 : 2016년 12월 16일).

14 National Security Study Memorandum 211 : U.S. Security Assistance to the Republic of Korea, October 8, 1974, https : //www.fordlibrarymuseum.gov/ library/document/0310/nssm211.pdf, (검색일 : 2017년 12월 7일).

보고서는 또한 소련과 중국이 미국과 마찬가지로 남북한의 무장충돌 재발을 원하지 않고 있다고 분석했다. 뿐만 아니라 미래에 한반도에서 적대적 충돌이 재발하더라도 이들은 최대한 연루되지 않기를 원할 것이고, 연루되더라도 이를 최소화하길 원할 것으로 전망했다. 그러므로 미국은 소련 및 중국과 같이 한반도 긴장국면의 완화 노력에 동참하고 남북한이 이런 주변국의 노력을 인지할 수 있도록 유도해야 한다고 제언했다. 무엇보다 남북한의 군비경쟁이 평화경쟁으로 전환될 수 있게 노력할 것을 건의했다.

미국의 대한국 군사 지원의 비율 문제와 관련해 네 가지 내용을 담은 방안이 제기되었다. 1975~1977년 동안, 미국이 매년 무상 군사 원조를 감축하고, 대신 한국의 해외 군장비의 구매 차관도 증가시켜, 최종적으로는 한국의 무상 군사 원조를 완전히 종결하는 것이었다.[16]

¦ 포드 시기의 미중 한반도 협상

1974년 이후 미중관계는 양국의 국내 정치요소 때문에 '정체'와 '우여곡절'을 겪게 되었다. 먼저 미국에선 1973년 워터게이트 사건 후 부통령이던 포드가 대통령직을 승계해 새로운 행정부를 꾸렸다. 포드는 대통령이 된 직후 미소관계의 완화정책을 추구했다. 그런데 그는 대만의 로비스트 영향에 심각하게 노출되어 있었다. 국내 정세의 변화는 중국에서도 일어났다. 저우언라이가 좌파의 노력으로 좌천된 것이다. 그리고 정치국은 마오쩌둥의 뜻에 따라 '저우언라이를 돕는 회의(幇周會議)'를 개최했다.

그러나 저우언라이는 외교부장에서 물러났고 차오관화가 1974년 11월 새로이 외교부장직을 겸했다. 외교부장으로 나선 미국과의 회담에서 그는 날카롭게 각을 세웠다. 이후 중국의 미국에 대한 비판은 자연스럽게 거세졌다.

---

15 夏亞峰, "革命與緩和", p. 52.

16 Memorandum for Lieutenant General Brent Scowcraft from Philip Habib, "Submission of Response to NSSM 211," November 14, 1974, NSC : International Files, Box 32, Gerald Ford Library.

미중 양국은 UN에서 UN연합사령부 해체 문제에 대한 어떠한 양해나 해결 방안도 도출하지 못했다. 아니 도출해낼 수 없었다.

키신저는 닉슨의 하야에 대해 중국인은 이해할 수 없을 것이라고 설명했다. 그는 앞으로 남은 미중관계 정상화 일정을 낙관하지 못했다. 11월 미국의 중간선거에서 닉슨과 키신저는 적극적인 대중 정책에 대한 지지도가 하락하는 것을 보게 된다. 1974년 11월 25~30일 키신저는 7번째 방중에서 한반도 문제 논의를 의도적으로 피했다. 키신저는 포드에게 전하는 서면 보고에서도 자기가 중국에서 한반도문제 논의를 피하려고 애썼다고 전했다. 그리고 포드에게 말하길 한반도문제에서 중국과 북한이 청구자인 만큼 UN투표에서 미국이 반드시 이겨야 한다고 충고했다.

미중관계의 완화 과정에서 중국과 북한은 서로의 필요에 의해 상호 지지했고 우호관계를 유지했다. 1975년 마오쩌둥은 이미 세계혁명에 흥미를 잃었다. 북한의 무력통일 정책에도 마음이 없었다. 그는 일찍이 1974년에 "우리는 최근 세계의 조류가 혁명이라고 생각하지 않는다"라고 자신의 변한 세계관, 대외관을 밝혔다.[17] 마오쩌둥을 비롯한 중국 지도자들은 이미 중국이 지지했던 세계 무력 투쟁과 폭력적 혁명의 성과가 제한적이라는 사실에 극도로 실망하고 있었다.

이런 상황에서 북한의 경우도 그 '실패'와 '실망'의 범주에 포함되어 있었다. 마오쩌둥은 1973년 '3개 세계론'을 주창한 후 성공하지 못한 혁명 투쟁운동에서 다양한 반소 세력과 연합하는 데만 나날이 관심이 커져갔다. 그가 1975년 북한의 남침 계획에 대한 지지를 거절한 이유도 이런 이유에서였다.

북한의 남침 야욕은 김일성이 1975년 4월 18~26일 중국을 공식 방문한 자리에서 밝혀졌다. 1961년 이후 첫 공식 방문이었다. 김일성의 방문은 베트남 인민군이 사이공을 점령하면서 베트남의 통일이 실현된 상황에서 이뤄졌다. 그는 마오쩌둥 및 덩샤오핑과의 회담 자리에서 만약 북한이 전쟁을 일으키면, "우리는 군사분계선만 망가지거나, 국가 통일을 이룩할 수 있다. ……

---

17 Kuisong Yang and Yafeng Xia, "Vacillating between Revolution and Detente : Mao's Changing Psyche and Policy toward the U.S., 1969~1976," Diplomatic History, Vol. 34, No. 2, April 2010, p. 421.

김일성과 마오쩌둥

북한이 전쟁을 일으킬 수 있는 것은 미국의 태도에 달렸다"고 했다. 실패하면 군사분계선만 파손될 것이고 성공하면 국가 통일을 이룰 수 있다는 일종의 자신감이었다.[18]

그러면서 그는 더 나아가 "하나의 민족 구성원으로서 만약 혁명이 남한에서 일어나면 북한 민족은 수수방관할 수 없다. 북한이 남한 인민을 적극 지지해야 한다"고 했다. 남한의 혁명 세력이 혁명을 일으킬 때 남침을 하겠다는 의지를 강력히 보여주고 싶어 했다. 그는 이 같은 상황에서 승산이 있다는 자신의 판단을 북경에 최대한 어필하고 싶어 했다.[19]

그러나 마오쩌둥은 김일성이 무력으로 한반도를 통일하려는 계획을 지지하지 않았다. 중국의 대북 지지에도 한계가 드러났기 때문이다. 조지 부시 (George H. W. Bush) 당시 주중 미국 연락대표부 부장은 4월 24일을 이렇게

---

18 『人民日報』, 1975年 4月 19日.

19 East German Documents on Kim Il Sung's Trip to Beijing in April 1975, (Washington, D.C. : May Wilson Center for International Scholars, 2012), https//www. wilsoncenter.org/sites/default/files/NKIDP_eDossier_7_Kim_Il_Sung_Beijing_1975.pdf (검색일 : 2016년 12월 17일).

기억했다. "김일성이 한반도에서 무력 발동을 호언장담한 것에 마오쩌둥이 찬물을 끼얹었다."[20]

중국 지도자들은 김일성의 격진적이고 극단적인 정책에 추호도 관심이 없었다. 김일성이 북경에 오자마자 마오쩌둥을 알현했으나 마오쩌둥은 이미 연로하고 지병을 이유로 김일성과 그 어떠한 실질적인 문제도 논의하지 못했다. 그는 김일성에게 덩샤오핑한테 가서 모든 정치 문제를 논의하라고 했다.

덩샤오핑은 김일성에게 중국은 김일성의 혁명전쟁 방안을 지지할 인력도 무력도 없다고 일축했다.[21] 김일성은 출국 연설에서 불쾌감을 마구 쏟아냈다. 1975년 4월 체결한 북중 협의에서 김일성은 자신이 주장하는 한반도 통일 방안에 대한 중국의 지지가 유효하다는 사실만 확인하는데 만족해야 했다. 즉, 1972년의 '3개 원칙(평화통일, 외세 불간섭, 제도를 초월한 민족단결)'과 1973년의 '평화통일 5개 계획'에 대한 중국의 공개적인 지지의 확인이었다.

사실 중국에게는 한반도문제를 억지할 수밖에 없었던 더 중요한 이유가 있었다. 북한의 남침 야욕이 미국과 일본과의 관계에 영향을 미칠 수 있다는 전략적 사고가 바로 그것이다. 결국 북한의 억제는 한반도의 군사적 충돌에 모두가 연루되는 것을 방지하기 위한 것이었다.

김일성의 1961년 이후 첫 공식 방중은 결론적으로 성과가 없었다. 그의 남침 계획은 중국의 지지를 얻지 못했다. 중국은 북한의 통일 야욕으로 불필요한 전쟁에 연루되고 싶지 않았다. 더 나아가 이런 불필요한 모험으로 이제 막 강화되기 시작했으나 아직도 취약한 미중관계가 심각한 위기에 직면하는 걸 원하지 않았다.

북경 방문에 이어서 김일성은 5월 말에서 6월초까지 소련, 체코슬로바키아, 루마니아, 알바니아, 모리타니, 불가리아, 유고슬라비아 등 7개국을 순방할 계획이었다. 그는 5월 하순 소련 방문을 요청했으나 모스크바는 그때 소

---

20 Jefferey A. Engel, (ed)., The China Diary of George H.W. Bush : The Making of a Global President (Princeton, NJ : Princeton University Press, 2008), pp. 264, 266, and 270~271.

21 Chen Jian, "Limits of the 'Lips and Teeth' Alliance : An Historical Review of China-North Korean Relations," Asian program Special Report, No. 115, 2003, p. 8.

런 지도자들과의 회담이 부적합하다는 이유로 거절했다. 그는 체코 방문을 원했으나 역시 소련과 같은 이유로 거부당했다.[22] 그가 방문한 6개국 중 중국과 유고슬라비아만이 군사원조 제공 요청에 응했다.[23] 중국은 북한의 남침 계획을 지지하진 않았지만 그렇다고 북한과의 관계가 소원해지기는 것을 바라지는 않았다.

중국은 평양을 끌어안기 위해 더 많은 무기를 제공했다.(이것이 중국의 모순적 태도를 보여주는 대목이다. 덩샤오핑은 김일성에게 남침을 지원할 여력이 없다고 그의 요구를 단칼에 베었다. 그러나 전략적 계산에서는 북한의 요구를 충족시키려 했다.) 대량의 무기와 탄약, 그리고 군용물자 외에도 중국은 북한에 전략핵무기 제공을 고려하겠다고 밝혔다. 왜냐하면 미국의 남한 핵부대 때문이었다. 유고슬라비아는 북한 해군의 건설을 돕겠다고 했다.

중국과 소련에게 무력통일 정책의 지지를 받지 못하자 김일성은 비동맹운동에 적극적으로 참여하면서 북한의 대외적 영향력을 극대화하려고 노력했다. 북한은 8월 25일 페루 리마에서 개최된 비동맹 외교부장관 회의에 참석한다. UN총회에서 다수의 표를 확보하는데 필요한 기반을 닦기 위해서였다.

1975년 봄 베트남의 무력통일 후 포드는 국가안전보장회의 동아시아 및 태평양 사무국의 태스크포스 팀에게 미국의 대한반도 정책을 검토 연구하라고 지시했다. 이는 주한미군, UN연합사령부의 해산 문제, 북한의 남침 가능성과 미국의 대비책, 미국의 대남 군사 지원(선진 무기, 기술이전과 남한의 핵무기 개발 관심 문제 등), 남한의 국제적 지위에 대한 미국의 입장과 주변 강대국의 한반도 정책에 대한 대응, 남북한 대화 문제, 그리고 대국과의 관계설정 문제, 남한의 동북아의 지위, 미국의 남한 국내 정치 발전 문제에 대한 입장 등의 이슈를 포함했다.

미국은 1975년 6월 27일부터 검토하기 시작한 UN연합사령부 해산 문제의 결론을 1976년 1월 1일에 가능하다고 선포했다. 단, 두 가지 조건이 있었다.

---

22 夏亞峰, "革命與緩和", p. 54.
23 "July 30, 1975 Report, Embassy of Hungary in North Korea to the Hungarian Foreign Ministry," http : //digitalarchive.wilsoncenter.org/document/111468(검색일 : 2017년 12월 14일).

중국정부와 북한정부가 한반도 정전협정을 유지하는 것과 미국과 한국을 UN연합사령부의 승계국으로 인정하는 것이었다.

키신저는 9월 22일 UN총회 연설에서 정전협정의 유효성을 반드시 중시해야 하며 한국을 포함한 한반도문제를 당사국 간에 더 큰 규모의 회담으로 개최해서 정전체제의 전환을 더 구체적으로 논의해야 한다고 주장했다. 아마도 이때부터 미국은 정전체제의 전환을 위한 협의 방식으로 미중북의 3자회담이나 한미중북의 4자회담을 구상했는지도 모른다.

9월 26일 차오관화는 UN총회 발언에서 미국의 입장을 강력히 비판했다. 미국의 UN연합사령부 해체 방안은 주한미군의 주둔을 연장하는 수단에 불과하다고 했다. 평화협정 당사국은 미북 양국이 되어야 한다고 했다. 그의 발언은 북한의 의견과 입장을 그대로 전한 것이었다. 이후 그는 키신저에게 그의 발언의 반은 진실이지만 반은 공언이라고 솔직하게 털어놨다.

1975년 11월 18일 UN총회는 남북한 각각의 상호대립적인 결의 방안을 표결에 부쳤다. 평양의 결의안은 중국 등 43개국이 발의한 것으로 UN연합사령부의 무조건 해체, 남한 내 모든 외국군의 철수, 그리고 정전협정의 평화협정 대체였다. 서울이 발의한 결의안의 투표 결과는 찬성 59표, 반대 51표, 기권 29표였다. 평양이 제출한 결의안의 투표 결과는 찬성 54표, 반대 43표, 기권 42표였다. 결국 남북한의 결의안이 모두 통과되면서 어떤 결의안도 실시되지 못하게 된 셈이었다.

1976년 8월 도끼만행사건으로 한반도문제 논의는 UN총회에서 결국 중단되었다. 이후 한반도문제는 당사국이 주도하는 것과 다자간 정치회담의 해결방식으로 진행되기 시작했다. 그 결과 1978년에 한미연합사령부가 설립되었다.

1976년 6월 중앙정보국의 보고서에 따르면 한반도와 인도차이나 문제에 대해 중국이 더 많은 관심을 가졌는데 그 이유는 소련의 팽창 야욕을 저지하기 위해서였다. 전통적 패권 지위를 구축하기 위한 것이 아니었다는 분석이었다. 보고서는 중국이 최선을 다해 김씨 일가의 혁명 요청을 통제하고 있다고 판단했다. 정치적·이념적 정쟁으로 발생할 수 있는 전쟁을 최대한 억제하고 있다는 의미였다.

보고서에 따르면 중국의 기본적인 입장은 한반도의 영구적인 평화 또는 한반도의 분단 국면, 즉 현상 유지를 원하는 것으로 분석됐다. 그러나 모스크바에 대한 평가는 달랐다. 소련이 당시 북한과의 소원한 관계 복원을 시도한 것을 김일성에게 환심을 사서 자신의 야욕을 채우기 위한 것으로 분석했다.

김일성은 그러나 이를 현실로 받아들이지 못했다. 그래서 중국은 할 수 없이 북한에 대한 정치적 지지를 강화했고 이를 통해 소련보다 우위를 점하려고 노력했다. 소련 외교관의 분석과 판단에 따르면 중국은 한반도의 분단이 북경에 전략적으로 유리하다는 인식을 가지고 있었다는 것이다.

일례로, 1973년 2월 저우언라이가 키신저와의 회담에서 말하는 사회제도가 다른 나라가 연방제를 하는 것은 표면적인 이야기에 불과하고 양측은 차이를 해소하지 못할 것이라는 발언이 북경의 이런 전략적 속내를 보인 것으로 그들은 평가했다. 그러면서도 저우언라이는 한반도 통일은 한민족이 스스로 해결해야 한다는 입장을 전한 사실을 강조했다.

북한이 미중관계의 정상화와 완화 노력에 불만이 있었어도 북경과 양호한 관계를 유지할 수밖에 없었던 이유는 두 가지였다. 하나는 소련이 김일성의 무력통일 정책에 관심이 없었고 더 이상 지지하지도 않았기 때문이었다. 그래서 남은 선택은 중국일 수밖에 없었다.

사실 중국과 좋은 관계를 유지하는 것이 북한에게 전략적으로 더 유리했다. 다른 하나는 중국의 대북 원조가 증강했고 중국은 북한의 제일 큰 지원국이었기 때문이다. 마오쩌둥이 죽기 전까지 북한은 중국의 제일 마지막 동맹국이었다.

1974년 이후 북한은 중국이 닉슨의 1972년 방중 기간 중 기대만큼의 압박을 가하지 않았다고 의심하기 시작했다. 북한의 중국에 대한 실망은 중국이 북한의 무력통일 정책에 반대한 사실로 더 커졌다. 이후 한반도의 중대한 문제에 있어 북한은 중국과의 사전 협의를 무시하기 시작했다. 그리고 이런 상황에서 미국과의 직접 대화를 원하기 시작했다.

이때 중국의 외교정책 목표는 미국과의 관계를 완화시켜 소련의 위협에 대항할 수 있는 통일전선을 형성하는 동시에 한반도에서의 전쟁 재발을 저지하는 것이었다. 그러므로 이 시기의 중국의 대한반도 정책은 국가안보 이익과 지정학적인 시각에서 고려된 것이었다. 북중의 이데올로기 방면에서의 일치성은 중국의 대북정책에 주요 결정요인으로 더 이상 작용하지 않았다.

1960년대 평양과 북경의 긴장 관계 때 북한은 미국과 한국에 대해 적대적 공격 전술을 채택했다. 1970~1975년까지의 북중관계에는 모순과 갈등이 병존했다. 모순은 양국이 관계개선을 위해 노력했음에도 불구하고 결국 서운함을 감추지 못한 사실에서 기인했다. 이 기간 동안 중국은 북한과의 관계가 소원하게 되지 않도록 최선을 다했다. 그럼에도 북한이 특히 서운하게 느낀 가장 큰 이유는 북한의 대남 침략 전략을 중국이 지지하지 않은 데 있었다. 이것이 양국 갈등의 핵심 원인이었다. 중국의 입장에서 북중관계의 개선은 중국이 북한의 공격 전략을 제어하는 작용과 영향력을 가질 수 있는 유리한 입장에 서는 것을 의미했다. 그리고 이는 미국의 전략이익에도 유리하게 작용했다. 왜냐하면 북한을 한국과 미국에 비교적 온화하고 비대항적으로 만들 수 있었기 때문이다.

┋ 중국의 대북정책 조정

미중관계 정상화가 추진되면서 중국은 북한문제에 대한 입장·태도와 처리 방식을 고민하지 않을 수 없었다. 북한에서의 이익을 어떻게 수호하고 북한과의 우호관계를 어떻게 유지할지가 핵심문제였다.

1978년 12월 중국공산당은 11차 3중전회에서 '개혁개방' 정책을 채택한다. 그러면서 기존의 대외정책에도 변화를 가했다. 이데올로기 중심에서 '평화공존 5항 원칙'을 기초로 독립 자주적이고 전방위적인 외교를 추진하기로 결정한다. 전방위적인 외교를 추진하기 시작하면서 중국은 다자외교를 중시하기 시작했고 국제사회에 융합하기 위한 노력을 배가했다. 이런 상황에서 중국과 북한의 관계에도 상당한 변화가 일어나기 시작했다.

중국은 개혁개방 정책을 추진하면서 기존의 무상 원조 능력의 한계를 감안하는 원조 방식 즉, '호리호혜(互利互惠, 서로에게 이익을 주고 서로에게 혜택을 주는)' 하는 경제 협력으로의 전환을 모색했다. 중국 원조의 주된 대상국이었던 북한은 이런 정책 변화의 영향을 받게 되었다. 원조의 규모와 형식에서의 변화는 북한의 불만과 의심을 불러 일으켰다. 그리고 이 시기에 중국과 한국과의 왕래와 접촉이 부단히 증가하면서 실질적으로 북중관계에 불리한 여건이 조성되었다.

중국은 그래도 80년대 초반 개혁개방 정책 채택 이후 북한의 불만과 의구심을 잠식시키고 북한과의 유대관계 즉 '혈맹'관계를 보존하기 위해 정치적 노력을 아끼지 않았다. 1980년 이후 북중 양국 지도자들의 빈번한 상호 방문이 이의 실증이었다. 중국의 지도자 덩샤오핑, 후야오방(胡耀邦), 화궈펑(華國鋒), 리셴녠, 양상쿤, 리펑(李鵬) 등이 연쇄적으로 북한을 방문했다. 북한의 지도자 김일성, 이종옥, 연형묵 등도 수차례 중국을 방문했다.

한반도 통일 문제와 관련 중국은 시종일관 북한이 제시하는 통일 방안을 지지하는 입장을 견지했다. 1980년 10월 김일성이 제안한 '고려민주연방공화국'의 통일 방안에 대해 중국 지도자들은 "완전히 합리적이고 현실적인 것이며, 한반도 민족의 근본 이익과 간절한 요구에 부합하는 것이라, 세계 평화를 사랑하는 인류 공동의 희망에 부응한다"고 극찬했다.(앞서 언급한 소련 외교관들의 분석 평가와 극명하게 대조되는 부분이다.)

한미동맹과 관련하여 1981년 12월 임시총리 자오쯔양(趙紫陽)은 북한을 방문하는 동안 남한의 전두환정권을 일러 '두 개의 조선'을 공고히 하는 음모를 꾸미고 있다고 비판했다.[24] 동시에 주한미군과 미국의 간섭으로 남북한의 장기적 분단이 동북아의 불안정을 지속시키는 근본 요인이라고 비판했다.

이후 중국은 대북 경제와 군사 원조를 단행한다. 1982년 중국은 북한에 40대의 A-5 전투기(소련 미그-21기의 개조판), AN2형 비행기와 T62 탱크 등을 제공한다. 같은 해 6월 중국의 국방부장 겅뱌오(耿飈)가 북한을 방문해 더 많은 전투기를 제공하겠다고 약속했다. 경제원조 방면에서 중국은 1억 달러의 원조를 제공했다.[25]

덩샤오핑이 1979년 미국을 방문했을 때 카터는 '중국이 북한에 대해 더 큰 영향력을 발휘할 것'을 요청했다. 그리고 남북한이 회담을 할 수 있게 도와

---

24 劉金質, 楊淮生 主編, 『中國對朝鮮和韓國政策文件彙編』(第5冊) (北京 : 中國社會科學出版社, 1994), pp. 2328~2329.
25 陳宗權, "中美建交與兩國在朝鮮半島互動模式的轉化", 『當代韓國』, 2014年, 第3期, pp. 51~52.

달라 했다[26]. 김일성은 특사 김영남을 중국에 보내 덩샤오핑이 방미할 때 미국정부에게 북한정부의 자주평화통일 방안을 촉진하는 메시지를 전해달라고 했다.

이에 덩샤오핑은 "한반도문제에 관해 내가 미국 방문할 때 할 수 있는 일이다"라고 대답해 이의 요구를 들어주기로 약속했다. 덩샤오핑은 카터와의 회담 때 북한의 미국과의 담판 의사를 전했다. 중미 양국이 일본을 포함해 북한과 평화협상을 추동시킬 수 있을 것이라고 전했다.[27]

덩샤오핑이 귀국한 직후 김일성이 방중한다. 덩은 미국과 일본 방문 때 두 나라에게 북한과의 관계를 적극 추동할 것을 요구했다고 전했다. 그는 미국과 일본에게 북한과 상업적으로 접촉하면서 보상 무역을 진행하라고 촉구했다. 또한 미일 양국이 체육과 언론 분야의 교류에 적극 참여하면 남북한 대화 유발뿐만 아니라 한반도의 평화 통일 분위기 조성에도 긍정적인 영향을 미칠 것이라고 했다.[28] 덩샤오핑의 직접적인 주선으로 그 해 미국의 탁구대표팀이 북한을 방문했다.

중국 지도자들은 한반도의 긴장국면 완화를 위한 노력을 계속했다. 그리고 기회가 있을 때마다 이를 미국에 적극 홍보하고 보장하는 입장을 피력했다. 1983년 8월 미국 국방장관 캐스퍼 와인버거(Caspar W. Weinberger)는 방중 때 북한 관련 사안들을 중국이 계속 지지하는 것이 우려스럽다는 입장을 표명했다.

이에 덩샤오핑은 북한이 한국을 영원히 침략하지 못할 것이라고 보장했다. 그리고 그 이유를 두 가지로 설명했다. 하나는 북한의 군사력이 한국에 미치지 못한다는 것이고, 다른 하나는 "중국은 북한이 그렇게 하는 것을 지지할 수가 없기 때문"이라고 했다.

이에 와인버거는 매우 놀라워했다. 왜냐하면 그가 알기로는 북한이 정밀 타격무기와 부대를 대량으로 보유했는데 덩샤오핑이 이들의 성능과 기능에 예상 밖의 평가를 했기 때문이다. 덩샤오핑은 한국과 북한이 대화를 재개하

---

26 詹德斌, 『後冷戰時代美國對朝政策的演變』 (上海：複旦大學2005年博士學位論文), p. 27.
27 中共中央文獻硏究室 編, 『鄧小平年譜』(上) (北京：中央文獻出版社, 2004), p. 465.
28 中共中央文獻硏究室 編, 『鄧小平年譜』(上), p. 465, 476, 508.

만리장성을 방문한 레이건 대통령 부처

면 북한이 통일을 위해 적합한 조건을 다시 제시할 의향이 있다고 설명했다.[29] 미국은 비록 북한의 위협에 대한 인식을 바꾸지는 않았지만 중국이 전한 "북한의 능력, 중국의 의도가 없다"는 사실과 중국이 한반도의 긴장국면을 위해 적극적으로 협력할 것을 피력한 사실에 지대한 관심을 가지게 되었다.

1984년 1월 임시 총리 자오쯔양이 미국을 방문할 때 북한의 서신을 한 통 가져갔다. 이 편지는 남북한과 미국 간의 3자회담 개최를 요구하는 것이었다. 자오쯔양은 북한의 이런 건의를 지지하며 한반도의 긴장이 완화되길 희망한다고 전했다.

같은 해 4월 레이건 대통령이 중국을 방문할 때 중국은 다시 한 번 중국의 한반도 입장을 전했다. 첫째, 한반도 국면이 장기적인 안정을 취하길 희망한다. 둘째, 연방제 방식의 한반도 평화통일을 찬성한다. 셋째, 3자회담을 조속히 개최한다.[30] 이에 레이건은 남북대화나 남북미중의 4자회담이 개최되어야

29 〔美〕卡斯珀·溫伯格, 封長虹 譯, 『前美國國防部長溫伯格回憶錄：爲和平而戰』 (北京：新華出版社, 1990), p. 211.

한다면서 사실상 북한의 3자회담 개최 제안과 중국의 중재에 반대했다.

1980년대 중반에 들어 소련과 북한의 관계도 점차 강화되기 시작했다. 1986년 10월 김일성의 소련 방문 후속 조치로 소련은 북한에 미그-29기 30대, SU-25 전투기, SA-5 방공미사일과 조기경보기, 유도형 지면 통제 선진 레이더를 제공했다. 소련은 또한 대규모 연합군사 훈련을 북한과 개진했다.[31]

북한은 소련의 공격형 폭격기가 북한 영공을 통해 베트남의 깜라인 만(Cam Ranh Bay)까지 비행하는 것을 허가했다. 그리고 소련 해군이 남포항을 사용하는 것도 허가했다.[32] 미국과 중국은 이를 소련이 한반도문제에서 영향력을 확대하려는 처사로 인식했다. 소련 요소가 미중 양국의 공통 안보이익의 분모를 확대시키는 결과를 초래했다.

미중 양국은 북소 간의 군사 협력을 매우 우려하기 시작했다. 그리고 북소 군사협력이 더 강화되는 것을 방지해야 하는 필요성에 인식을 같이했다. 미국은 대북관계를 개선하는 것이 북소 간에 쐐기를 박을 수 있다는 전략적 인식의 전환을 한다. 중국도 역시 같은 입장이었다. 공동의 목표를 위해 미중 양국은 빈번한 협상을 가졌다.

1987년 3월 미국 국무장관 조지 슐츠(George Shultz)는 중국을 방문해 중국이 북한에 압박을 가해 북한으로 하여금 한국과 대화를 해 서울올림픽에 참가하도록 요청했다. 북한이 이를 일정 부분 수용하면 미국은 미북의 긴장관계를 완화하기 위한 일련의 조치를 취할 수 있다고 했다. 이는 북한에 식량과 의약품의 제공과 '팀 스피리트' 군사훈련의 일시적인 중단 또는 연기, 북한의 국제기구 가입에 반대하지 않는 입장 등을 포함했다.

이밖에 미국은 자국의 외교관들에게 제3지역에서 동급의 북한 외교관과의 접촉과 대화를 허용할 입장을 밝혔다. 중국은 미국의 제의를 열렬히 환영했다. 비록 모든 문제를 즉각 해결할 수는 없지만, 현실적이고 점진적인 방식으로 한반도의 긴장국면을 실질적으로 완화시켜야 한다는 데 미중이 인식을 공유했다. 중국의 중재 하에 미북 간에 전례 없던 완화국면이 연출되었다.

---

30 『人民日報』, 1984年 4月 28日.

31 陳宗權, "中美建交與兩國在朝鮮半島互動模式的轉化", p. 56.

32 詹德斌, 『後冷戰時代美國對朝政策的演變』 (上海 : 復旦大學 2005年博士學位論文), p. 35.

1987년 3월 미 국무부는 "북한과 긴장완화를 위한 대화를 결심했고 양국 간의 경제적 연계성 구축에 관심이 있어 평양이 이에 적극적이고 건설적으로 대응할 것을 기대한다"고 발표했다. 그러나 1987년 11월 29일에 발생한 대한항공(KAL) 858기 폭파사건으로 미북관계는 1987년 말과 1988년 한때 다시 긴장되었다.

그럼에도 불구하고 미중 양국은 한반도 긴장국면의 완화를 위해 적극적으로 외교적 노력을 개진했다. 1988년 10월 미국은 이른바 '적절한 대북 조치(Modest Initiative towards North Korea)'를 채택하면서 처음으로 북한의 공식 국가 명칭, '조선인민민주주의공화국(D. P. R. K.)'을 사용했다.

이들 조치를 다음과 같은 4개 사안으로 제안했다. 첫째, 북한인의 비(非)관방, 비(非)정부 성질의 미국 방문을 권장한다. 둘째, 미국인의 북한 여행을 저해하는 엄격한 금융 통제를 이완한다.[33] 즉, 비(非)정부 문화와 학술 관계자의 접촉 및 교류에 대한 미국정부의 공식 지지가 선언되었다. 이런 지지에는 미국의 비자 발급 허용도 포함되었다. 셋째, 미국의 인도주의 물자(식품, 농산물, 약품 등)의 대북 제공을 허용한다. 넷째, 중립 장소에서 북한과의 협상을 재 허락한다.[34]

한국전쟁 이후 미국이 처음으로 인도주의 교역을 허용하기 위한 관련 제재조치를 해제했다. 미국은 이후 대북 발언에서도 북한의 경제성장에 대해 긍정적인 평가를 했다. 남북 양측이 대화 재개를 위해 공동 노력할 것도 공식적으로 촉구했다. 미국은 또한 처음으로 북한의 국제 경제 기구 가입 신청을 반대하지 않는다는 공식 입장을 밝혔다.

북한 역시 미국의 이런 입장 변화에 적극 회답하면서 처음으로 '미 제국주

---

33 미국인의 북한 여행 금지령은 1977년 카터정부 때 해제되었다. 그리고 1979년 4월 평양에서 개최된 제35회 세계탁구대회에 미국 국가대표팀이 참가했다. 王宇, 薑龍範, "中美關系正常化與兩國對朝鮮半島政策的調整", 『延邊大學學報(社會科學版)』, 2013年 6月, 第46卷, 第3期, p. 31.

34 U.S. Policy toward the Korean Peninsula, Testimony of the Assistant Secretary of the State for East Asian and Pacific Affairs, Ambassador Winston Lord, before House Committee International Relations Subcommittee on Asia and the Pacific, March 19, 1996, http∶//dosfan.lib.uic.edu/ERC/bureaus/eap/960319LordKorea.html (검색일∶ 2016년 12월 8일).

의'가 아닌 '미국'이라는 국호를 사용했고 남북한의 군축 계획도 제시했다. 북미 간에 이런 적극적인 상호작용은 전례에 없던 것이었다.[35]

중국의 협력과 중재 하에 미북 양국은 1988년 말 북경에서 참사급 관방(공식) 회담을 가졌다. 레이건의 임기가 끝나기 전에 미북은 북경에서 7차례의 회담을 가졌다. 그리고 1989년 10월 게스턴 시구어(Gaston Sigur) 전 국무부 아태차관보가 특사로 평양을 방문한다.[36] 비록 실질적으로 의미 있는 성과는 없었지만 미중 양국이 한반도문제의 해결을 위해 진행한 일련의 노력을 잘 보여주는 예다. 이를 마지막으로 미북 접촉과 대화는 한동안 소원해졌다가 1993년 북한 1차 핵위기 사태가 발발하면서 재개되었다.

90년대 초 한국과의 왕래가 깊어지면서 중국정부는 한국과의 수교를 심각하게 고려하기 시작한다. 1992년 4월 15일 중국 국가주석 양상쿤은 중국 당정대표단을 이끌고 평양을 방문했다. 그때는 김일성의 80세 생일이었다. 양상쿤은 당 중앙의 지시에 따라 김일성에게 중국이 한국과의 수교를 고려하고 있다고 통보했다.

이 소식을 들은 김일성은 한반도 상황이 미묘한 시기라서 중국이 한중관계와 북미관계 간의 균형을 위해 재고해줄 것을 희망한다고 전했다. 그는 한중수교에 대한 북한의 반대 입장과 인식을 외교적으로 표명했다. 그러나 실제로 김일성은 이 사실에 매우 분노한 것으로 알려져 있다.

중국은 최대한 북한에 대한 존중을 표하기 위해 7월 15일 당일치기의 일정으로 외교부장 첸치첸(錢其琛)을 평양에 보내 북한의 최고지도부에 한중수교 결정 소식을 직접 전했다. 첸부장의 회고록에 의하면 방문 당시 김일성은 지방 별장에 있었다. 평양에서 자신을 영접한 북한 당 간부의 급수는 최하위급이었고 분위기도 냉랭했다고 기술했다. 김일성과의 회담 시간도 역대 최단이었고 식사도 하지 않았다고 한다.[37] 김일성은 이런 행동으로 중국에 대한 불

---

35 『參考消息』, 1987年 8月 12日.

36 王宇, 薑龍範, "中美關系正常化與兩國對朝鮮半島政策的調整", p. 31.

37 한중 양국의 접촉과 교류 증강 문제와 수교 문제에 대해 중국이 북한과 협의를 개진한 노력 과정에 대한 자세한 내용은 錢其琛, 『外交十記』 (北京: 世界知識出版社, 2003), pp. 152~160 참조.

만을 강력하게 드러냈다.

1992년 8월 24일 중국과 한국의 수교가 이루어졌다. 북한은 이에 공개적인 불만이나 항의를 표시하지 않았다. 다만 이튿날 미국에 북미관계를 개선하자는 제의만 했다. 이후 미국은 북한의 대외정책에서 주요 목표와 핵심이 되었고 중국은 차순위로 떨어졌다. 90년대의 북중관계는 냉각되었고 두 나라 정상 간의 상호방문은 한 번도 없었다.

제10장

수교와 레이건 시기 :
'허니문'과 부부싸움

1980년대는 미중관계 역사에서 가장 친밀하고 긴밀했던 시기였다. 이 시기는 양국의 '허니문(신혼여행)'이라고도 불린다. '결혼(수교)'한지 얼마 되지 않은 시기였고 그야말로 깨가 쏟아졌다. 여느 신혼부부와 같이 '부부싸움(무역 갈등 등)'은 있었지만 누가 가출하거나 연락이 단절된 적은 없었다. 미중 양국은 심한 갈등을 겪었을 때도 연락의 끈을 놓지 않았다. 이런 습관은 1990년대 미중 양국의 부부싸움이 격해졌을 때도 이어졌다. 그리고 양국의 소통은 고위급 인사의 교류, 대사와의 접촉과 서신 등 다양한 방식으로 이뤄졌다.

레이건 '새신랑(대통령)'이 '전 애인(대만)'에 대한 미련을 버리지 못하는 상황에서도 '새 신부(중국)'는 문제 해결을 위해 많은 상의를 했다. 특히 대만에 무기 판매 문제를 둘러싸고 미중관계는 정체될 것이냐 퇴보할 것이냐 발전할 것이냐의 기로에 섰다. 미중 양국은 관계의 정체나 도태를 막기 위해 끊임없이 소통했다. 미국이 중국의 '천안문사태' 유혈 진압에 대한 책임으로 경제 제재를 가했을 때도 소통 채널은 항시 가동되었다. 1995~1996년 3차 대만해협 위기사태 때도 소통의 끈을 놓지 않았다.

미중 양국의 갈등이 극심해져 기존의 다양한 소통 채널과 노력으로도 극복하기 어려워 보일 때도 있었다. 예로, 천안문사태 이후 중국이 인권문제 개선의 의지를 보이지 않을 때 미국에게 양국 관계 개선의 실마리는 보이지 않았다. 아들 부시가 대통령으로 취임한 2001년 중국을 '전략적 경쟁자'로 규정했을 때 중국은 미국의 강경한 정책을 누그러뜨릴 방도가 없었다.

이 두 가지 경우에 관계개선의 단초를 제공한 것은 세계적인 사건들이었다. 천안문사태 이후 발생한 냉전의 종결과 걸프전이 그것이다. 그리고 2001년에는 미국의 '9.11 테러사태'가 있었다. 냉전의 종결로 소련이 붕괴하면서 중국의 안보전략 가치가 떨어진 것은 사실이다. 그러나 중국이 러시아와 긴밀해지고 대중국 제재가 진행되는 동안 경쟁국이 중국시장을 선점해가는 사실에 미국은 민감하지 않을 수 없었다. 걸프전에서 드러난 미군 무기의 성능과 화력에 중국은 놀라움을 금치 못했다. 중국군의 현대화에 미국의 필요성이 증가했다. 반대로 '9.11 테러사태' 때는 테러 세력을 응징하기 위해 중국의 협력이 미국에게 필수조건이었다.

미중 양국 간 갈등의 골이 깊어지고 특히 미국의 중국 견제가 극에 달할 때도 있었다. 그래도 양국은 소통 채널을 차단하지 않고 유지했다. 물론 (세계적인 사건이 발생하면서) 이런 미국의 중국 견제 욕망을 한풀 꺾을 수 있었던 외적 요인이 양국의 소통 채널이 완전히 붕괴되는 것을 막은 것도 사실이다. 미중의 소통 채널이 이처럼 운명적으로 유지된 데는 최소한 이를 유지하겠다는 양국의 신념이 그 바탕에 깔려 있었다는 것도 부정하지 못할 사실이다.

더 아이러니한 사실은 미중 양국이 수교한 후 미국에서 새로 선출된 대통령 로널드 레이건(Ronald Reagan)이 친대만 인사 출신이고 강경한 반공주의자였다는 것이다. 그래서 1979년 수교 이듬해인 1980년에 그의 대통령 선출은 미중관계의 발전 방향에 대한 중국의 우려를 가중시켰다. 그러나 의외로 미중 양국 관계는 순조롭게 발전했다. 비록 초기에 무역 갈등으로 상호 제재를 취했고 미국의 대만 무기 판매 문제로 갈등이 빚어졌지만 부단한 대화와 협상의 노력 끝에 해결되었다. 그러면서 레이건 시기의 미중 양국 관계는 닉슨의 첫 중국 방문 이후 최고조에 이른다.

일본은 당시 나카소네 야스히로(中曾根康弘, 1982~1987년)가 수상이었다. 그는 일본의 우경화 운동과 군사력 강화를 본격적으로 시작한 장본인이기도 하다. 1970년 방위성 대신 재임 시 그는 처음으로 일본의 방위 예산을 전년 대비 두 배 정도 인상시키려고 했다. 2차 세계대전 A급 전범자의 유해가 야스쿠니 신사에 이장된 후 처음으로 신사 참배(1984년)를 한 일본 지도자도 나카소네였다. 그리고 일본에서 왜곡된 역사교과서가 처음으로 출판된 것도 1982년 그가 부임한 해였다.

또한 나카소네는 일본이 1970년부터 고수해온 국방예산의 GDP 대비 1% 미만 유지 방침을 위반하려 했으나 결국 자제했다. (이는 그가 퇴임하던 해인 1987년(1%)과 2년 후인 1989년(1.006%)에 방침이 깨졌었다.) 나카소네는 1986년 방중에서 덩샤오핑과 일본 역사 문제와 우경화 문제와 관련 신사협정

덩샤오핑과 나카소네 일본 수상의 회담

을 맺었다. 그는 역사교과서와 국방예산 방침을 유지하는 자제력을 발휘하기로 약속했다. 그리고 야스쿠니 신사 참배의 절제 필요성에도 동의했다. 그러면서 그와 덩샤오핑의 관계는 레이건과의 관계에 견줄 만큼 돈독하게 발전했다.

덩샤오핑의 외교력은 홍콩 반환 문제를 두고 벌어진 영국과의 회담에서도 빛을 발했다. 당시 영국 수상은 마거릿 대처(Margaret Thatcher)로 그녀는 '철의 여인(Iron Lady)'이란 별명이 있을 만큼 카리스마 있고 의사가 확고하고 추진력이 강한 지도자였다.

그녀는 1982년 중국을 방문해 홍콩 반환을 연기하는 문제에 대해 논의하자고 제안했다. 영국은 홍콩 반환의 연기를 원하고 있었다. 그러나 덩샤오핑은 홍콩을 접수할 의사와 기존의 홍콩 체제를 유지하겠다는 두 가지 입장으로 철의 여인을 거절했다. 즉, '일국양제(一國兩制)'식으로 중국이 홍콩을 다스리겠다는 입장을 표명한 것이었다. 홍콩 반환을 더 이상 양보할 수 없다는 입장과 대신 기존의 자본주의식 경제체제와 민주의회 정치체제를 유지해주겠다는 일종의 절충안이었다. 그의 유연한 자세 앞에 강철 같았던 대처는 할

덩샤오핑과 대처 수상

말을 잃었다. 덩샤오핑의 유연함이 철의 여인을 녹여버린 것이다.

덩샤오핑 특유의 카리스마와 실용주의에 입각한 외교 처세술은 미중관계 뿐 아니라 다른 나라와의 소통에서도 그 진가를 발휘했다. 덩샤오핑 시대의 중국은 미국과 긴밀하게 공조 관계를 구축하고 이를 양국의 이익 발전에 기여할 수 있는 기반으로 형성하는데 긍정적으로 그 책임과 의무를 수행했다고 해도 과언이 아니다.

덩샤오핑 외교의 성공 뒤에는 그의 개인적인 리더십과 카리스마 외에도 그의 돋보이는 외교전략 사상이 있었다. 덩은 시대적 국제정세 환경과 조류의 변화에 따라 중국의 외교사상과 전략에도 변화가 일어야 한다고 판단했다.

이제는 과거 마오쩌둥의 '일조선' 전략에서 벗어나 독립 자주적이고 반패권적인 입장을 견지하면서 국제사회에 진입한 만큼 제3세계와 협력을 강구하는 사상과 전략의 마련이 필요함을 느꼈다. 이후 중국은 1982년부터 제3세계 관계의 중요성, 독립자주외교 원칙과 반패권주의를 추구해 나간다.

중국은 2월부터 제3세계와의 관계를 강조하며 중국을 제3세계에 속한 발전중인 사회주의 국가라고 스스로를 규정했다.[1] 제3세계와의 관계 강화를 통

---

1 『人民日報』, 1982年 2月 16日, 25日.

해 패권주의에 대응할 수 있고 세계 평화를 수호할 수 있다는 논리로 당위성을 설명했다.[2] 그리고 약 1년 후 후야오방 총서기가 1983년 11월 25일 일본 의회 연설에서 처음으로 중국이 영원히 패권을 추구하지 않을 것이라는 공식 발언을 한다.[3]

전략적으로 반패권주의를 외교원칙으로 천명한 이상 중립의 유지가 필요했다. 이는 중국이 미소 간에 중립적 지위를 지키는 데 유리한 전략이었다. 그리고 제3세계 국가와 같은 운명을 지닌 만큼 이들과의 협력을 통해 세계경제질서의 재편을 위해 노력하겠다는 의지도 천명했다. 이때부터 덩샤오핑의 국제신경제질서에 대한 호소가 본격적으로 시작되었다.[4]

덩샤오핑은 1982년 9월 중국공산당 12대 전국대표자대회에서 중국의 개혁개방의 효과적인 견지를 위해 이른바 '독립자주외교' 원칙을 '반패권주의'와 함께 중국 외교의 새로운 원칙으로 소개한다. 그가 소개한 원칙들은 12월 5차 전국인민대표자대회 5중전회가 수정한 헌법에 반영되었다.

새로운 원칙의 채택이 이전에 없던 원칙의 탄생을 의미하는 것은 아니다. 중국이 장기간의 투쟁 끝에 얻은 독립자주적인 권리를 귀중히 여기겠다는 입장을 밝힌 것이다. 즉, 중국이 국익의 손해를 감수하면서 어떠한 나라에 예속될 수 없음을 의미한다.[5] 실천 전략은 평등호혜의 조건 하에 중국에게 우호적인 나라에 진심으로 협력을 하겠다는 것이었다.[6]

원칙에 따라 중국은 패권주의 국가의 반열에 미국을 상정하고 미국 역시 패권을 추구하면 반대할 수밖에 없다는 명확한 입장을 밝혔다. 중국은 당시 미국의 중동 정책을 패권주의적이라고 비판했다. 변화를 읽어내고 변화를 추구할 줄 알았던 덩샤오핑은 중미소 3국 관계의 의미가 이미 유실되었음을 간파해냈다.

---

2 陶文釗 著, 『中美關係史 1979~2000(下卷)』(上海 : 上海人民出版社, 2004), p. 136.

3 『人民日報』, 1983年 11月 26日; American Foreign Policy Current Documents 1983, p. 1012.

4 『人民日報』, 1982年 3月 19日.

5 『人民日報』, 1982年 9月 2日.

6 중국 국방부 부장 장아이핑(張愛萍)이 1983년 9월 25일 미국 국방장관 와인버거와의 북경 회담에서 독립자주 원칙의 실천전략을 설명했다. 『人民日報』, 1983年 9月 26日.

덩이 소개하고 채택한 원칙과 전략은 과거 형성되었던 관계와 의미가 사라져버린 이상 이제 새로운 관계와 의미를 만들어내겠다는 의지의 표현이었다. 과거 게임 판의 카드와도 같았던 중국이 비로소 판을 움직이는 플레이어가 된 것이다.

그리고 그런 발판을 마련할 수 있었던 것은 중국이 개혁 개방된 중국이기 때문이었다. 미중 양국은 공동의 적이나 전략이익의 공통분모가 소련의 붕괴로 인해 사라졌음에도 불구하고 밀접한 유대관계를 유지했다. 그 이유는 미중 양국이 이해관계를 지정학적 전략이익에서 전 방위적으로, 전면적으로 확대했기 때문이다. 그리고 이의 관건적인 역할과 기능을 한 것이 바로 소통이었다.

▮카터 말기 도약의 발판 : 인권 아닌 경제와 군사적 이익

카터 대통령은 미국 대통령 역사상 인권을 가장 중시한 대통령 중 한 명이었다. 그는 세계에 '인권 대통령'으로도 잘 알려졌다. 카터의 인권 외교는 대내외적인 변화로 힘을 얻었다. 1975년 헬싱키 조약(Helsinki Accord)은 소련과 동구 세계에게 인권 존중을 요구했다. 공산주의 국가라서 이데올로기적으로 이미 적대적 관계에 있었는데 인권이라는 꼬리표가 하나 더 붙으면서 카터 행정부의 대소련 정책은 더욱 강경해졌다.

1970년대 중반부터 미 의회에서는 탄압 정권에 대한 미국의 경제와 군사 원조에 대한 불만이 봇물 터지듯 쏟아졌다. 카터의 인권을 중시하는 가치관과 외교적 입장은 모든 국가에 적용되었다. 필리핀과 한국 등과 같은 동맹국도 예외는 아니었다.

비근한 예로 당시 대한민국은 군사독재정권 하에 있으면서 인권 유린 사태가 심각했다. 이에 카터는 한국의 인권문제와 상황이 개선되지 않을 경우 주한미군을 철수할 것이라고 협박했다. 그리고 실질적으로 소규모의 미군 철수가 이뤄졌다. 이때부터 미 의회는 국무원에게 미국의 원조 수혜국에 대한 인권 보고서를 연례적으로 제출할 것을 요청했다.

그럼에도 불구하고 카터의 인권 외교가 미치지 못한 나라가 하나 있었다. 그것이 중국이었다. 카터행정부의 중국 예외 사항은 대내외적인 요인으로 합리화되었다. 대내적으로 카터정부는 중국의 '문화대혁명'이라는 특수한 정치적 상황의 종결로 당시의 입장을 합리화했다. 문화혁명 이후 중국이 '자유화(liberalization)'의 길에 들어섰다고 판단했다.

덩샤오핑도 1978년 말 정권을 장악할 즈음에 민주화의 동인과 불만세력의 활동을 묵인하면서 보다 유연한 정책을 개진할 의사를 암시했다. 그는 북경과 다른 대도시(상해, 천진, 남경, 무한, 중경, 광주 등)에 이른바 '민주주의 벽(Democracy Wall)'의 출현을 용인했다. 이 벽을 통해 중국인들이 불만을 성토할 수 있는 장을 열어줬다. 이들이 정치 체제를 비판하고 자유와 민주주의에 대한 염원을 밝히는 장으로 활용하게끔 해줬다.

그러나 오래가지 못했다. 덩샤오핑이 미국 방문(1979년 1월)에서 귀국한 지 두 달 후부터 사정은 급변했다. 1979년 3월 29일 반체제 인사 중 대표 인사였던 웨이징선(魏京生)을 시작으로 6주 동안 무려 30명이 체포되었다. 웨이징선은 10월 17일 첫 공판에서 15년형을 선고받았다. 미국은 판결에 그저 놀랍고 실망할 뿐, 이에 더 강력하게 항의할 생각은 없어 보였다.

미국의 입장 표명과 관련해 미 행정부 내에서는 격한 논쟁이 벌어졌다. 동아시아태평양 국장이었던 리차드 홀부르크(Richard Holbrook)와 인권국장이었던 패트 데리언(Pat Derian) 사이에 설전이 벌어졌다. 그리고 1980년 미 의회에 중국의 인권 상황을 고발하기 위해 데리언이 청문회에 출두하자 홀부르크는 부국장이었던 존 네그로폰테(John Negroponte, 이후 아들 부시의 국무부 차관과 UN대사 역임)를 보내 그를 견제했다.

덩샤오핑의 인권 탄압은 계속되었다. 연말에 북경의 '민주주의 벽'이 폐쇄되었다. 덩샤오핑 정권은 헌법 수정을 통해 발언의 자유와 권리를 제약하고 공개토론과 대자보를 금지시켰다. 카터의 묵인도 지속되었다. 1987년 전직 대통령으로 북경을 방문하는 기자회견에서 중국의 반체제 인사에 대한 질문이 나오자 그는 구체적인 상황을 모른다고 답했다. 그의 대통령 재임 시절 발생한 웨이징선에 대한 질문에도 모르쇠로 일관했다.

카터정부는 중국의 전략적 가치 때문에 중국 정책을 정략적으로 운영할 수밖에 없었다. 중국은 미국의 전략상, 특히 아시아 전략에서 이미 무시할 수 없는 전략적 대국으로 성장했다. 즉, 카터의 인권에 대한 신념이 (전략적) 현실 이익에 굴복한 셈이었다. 그러면서 중국은 그렇게 원하던 전략적 대국으로 인정받게 되었다.

카터 임기 말에 미중의 중점 이슈는 중국 유학생 수용 문제와 중국의 최혜국대우(MFN) 지위의 갱신 문제였다. 1978년 7월 중국과의 인문 교류 활성화를 위해 미국은 대통령과학자문관 프랭크 프레스(Frank Press)를 북경에 보내 합의문을 체결한다. 미중은 1978~1979년 2년 동안 중국 학생과 학자 500~700명을 수용하고, 60명의 미국인을 중국에 파견하는 것에 합의했다.

중국에 편파적인 수치는 문화대혁명으로 열악해진 중국의 교육 환경 개선과 인력 개발의 필요성이라는 인도주의적 사상으로 정당화됐다. 이후 중국인 미국 유학생과 방문학자의 수는 점점 급증했다. 10년 동안 약 8만 명의 중국인 유학생이 미국 땅을 밟았다. 이 중 약 4만 3,000명이 학위과정을 밟았고 약 1만 1,000명은 미국 영주권을 취득했다. 나머지는 단기 연수생이었다.

중국의 MFN 지위 갱신 문제는 미중 통상관계의 발전과 확대에 관건이었다. 중국은 당시 세계무역기구(WTO)의 전신이었던 종합과세협정(GATT)의 회원국이 아니었다. 이 때문에 중국의 수출품은 '스무트-홀리(Smoot- Hawley Tariff Act) 관세법'에 적용되어 높은 관세를 피할 수 없었다. 이런 상황에서 일본, 한국, 대만과의 경쟁에서 중국은 거의 승산이 없었다.

200년 전부터 중국의 시장 가치를 알아본 미국에게 중국의 MFN 지위 부여 문제는 매우 중요한 국정과제 중 하나였다. 미국은 중국과의 통상관계를 확대 발전시키고 싶어 했다. 그래서 미국은 닉슨의 중국 방문 때부터 이런 염원을 실전에 옮겼다.

1972년 2월 23일 새벽 6시 닉슨은 저우언라이와 만나는 자리에서 통상관계를 다뤘다. 이듬해 11월에도 키신저는 북경 방문에서 저우언라이와 MFN 지위의 혜택을 받기 위한 조건을 소개했다. 닉슨과 키신저는 소련과 함께 중국에도 MFN 지위를 부여하고 싶었다. 그러나 중국은 관심이 없었고 이는 결국 무산되었다. 중국의 입장은 덩샤오핑을 통해 드러났다. 그는 3년 후인 1975년 10월 22일 키신저와의 만남에서 소련이 부여받지 못하는 상황이면 중국도 필요 없다고 일축했다.

이에 미국은 전략을 바꾼다. 닉슨 때부터 전략적 균형의 방안으로 유지되었던 중국과 소련에 MFN 지위 동시 제안을 철회한다. 브레진스키의 설득으로 미국정부는 중국에게 우선적으로 제안하는 방향으로 선회했다.

중국의 입장도 대내외적인 상황이 바뀌면서 변했다. 중국은 개혁개방의 닻을 막 올리고 있었다. 덩샤오핑은 이 문제를 1979년의 방미 때 해결하고 싶어졌다. 그는 중국이 MFN 자격을 부여받으면 중국의 대미 교역량이 미국과 대만의 것보다 열 배는 더 증가할 것으로 판단했다. 또한 이 문제의 해결이 미국의 대중국 기술 판매 제재의 해제로 이어질 수 있다는 믿음도 생겼다. 워싱턴 방문을 앞두고 그는 미국의 최신 기술 판매 제재의 해제를 위한 전략을 구상했다.

이후 몇 달 동안 미국은 중국의 MFN 지위 문제 해결을 위한 기초 작업을 개진했다. 중국이 베트남을 침공하는 사이 미 재무장관 마이클 블루멘솔(Michael Blumenthal)은 협상을 위해 북경을 방문한다. 미 국무성은 중국의 베트남 침공을 이유로 그의 방문을 반대했다. 그러나 카터의 승인을 받은 브레진스키의 지원으로 그의 방문은 성사되었다. 그는 협상에 앞서 중국의 베트남 침공을 비판했다. 이 소식을 들은 브레진스키는 그에게 입 닥치고 통상에나 집중할 것을 명하는 전신을 보낸다.

1979년 여름 월터 먼데일(Walter Mondale) 부통령의 방중을 하루 앞둔 날, 카터는 중국에게 MFN 지위를 부여하기로 결정한다. 미 의회는 이를 즉각 승인했다. 덩샤오핑의 예상대로 카터는 MFN 이상의 선물을 중국에 안겨주기로 결정했다. 이 선물 보따리에는 미국 수출입은행의 자금지원 뿐 아니라 기술을 포함한 수출 통제의 완화 조치가 포함됐다. 이후 10년 동안 중국의 MFN 지위는 아무런 문제없이 매년 갱신되었다.

미중 양국의 협력은 경제 영역에서의 장애가 제거되면서 다른 영역으로 급속도로 확대되었다. 특히 군사 분야에서의 협력이 급물살을 탄다. 인권 대통령인 카터가 수교 이후 임기 말년(1980년)까지 집중한 협력 분야 중 하나가 군사 분야라는 것은 아이러니하다. 이는 많은 이의 예상을 깨고 추진된 것이라 의외로 상당한 성과도 있었다.

미국은 1970년대 초부터 마이클 필스베리(Michael Pillsbury)를 통해 중국 인민해방군과 협력을 타진했었다. 그러나 미국의 많은 중국전문가들이 이는 시기상조라며 반대해 진척이 없었다. 이들의 만류에 동조한 세력은 미국의 소련전문가들이었다. 그들은 미중의 군사협력이 모스크바의 심기를 건드릴 수 있고 소련 지도자의 대미 협력에 회의감을 유발할 수 있다는 논리로 중국과의 군사협력 반대 입장을 지지했다. 이 밖에 많은 전직 고위 인사들이 미국이 중국을 강대국으로 키우는 역풍을 우려했다.

카터의 대중국 군사 협력의 견지는 그의 외교전략 목표로 설명될 수 있다. 카터 말기의 외교 방점이 반소련과 냉전에 있었기 때문이다. 그래서 그의 논리는 반소련 우호 조약(entente)을 위한 중국과의 파트너십을 공고화하는 데 있었다. 먼데일, 국방장관 해롤드 브라운(Harold Brown)과 브레진스키가 이에 찬성했다. 1979년 말 카터정부 내에서 이를 반대한 인물은 밴스가 유일했다.

미중 군사 협력의 합의는 먼데일의 방중 때 이뤄졌다. 그가 북경 측에 의사를 전하자 북경은 즉각 수용했다. 후속 조치를 협의하기 위해 1980년 1월 브라운 국방장관이 북경을 방문한다. 카터는 그에게 배제해야 할 사항을 지시했다. 이는 무기 판매와 정식 군사 관계의 수립이었다.

그런데 카터가 그의 출국 몇 시간 전 이를 정정한다. 1979년 12월 29일 소련의 아프가니스탄 침공으로 상황이 변했기 때문이었다. 소련 정보국 KGB가 아프가니스탄의 정권 교체 쿠데타(12월 27일)를 성공시켰다. 아시아에서 민감한 전략 지역 중 하나를 소련이 장악한 것이다. 이에 미 의회는 소련과의 SALT-2 신 조약 체결의 무기한 연장, 대소련 곡물 판매 금지와 1980년 모스크바올림픽의 보이콧 결정을 내린다.

가터는 브라운에게 중국에 '치명적이지 않은' 군사 장비의 판매 허락을 지시한다. 이런 장비에는 대공 방어 레이다, 유도 방향 전환 전자 장치, 통신장비와 수송 헬리콥터 등이 포함됐다. 브라운은 덩샤오핑에게 랜샛 사진 정찰 시스템(Landsat photo reconnaissance system)을 수신할 수 있는 기지(receiving station)의 판매 의사를 전했다. 공식적으로 이 장비는 지구 자원 탐사 위성 기지이기 때문에 민수용으로 분류되었다.

이후 미국의 대중국 군사 장비 및 기술 판매 사업을 주도한 인물은 당시

스탠포드대학 교수였던 윌리엄 페리(William Perry)였다. 그는 훗날 클린턴 대통령 2기 행정부의 국방장관을 역임했다. 교수였던 그가 카터행정부에서 맡았던 직책은 외부적으로 잘 알려지지 않은 연구 및 엔지니어링 차관보(undersecretary of defense for research and engineering)였다. 그는 1980년 9월 6~19일까지 3성장군들과 민간 방어 기술과 제조 전문가들로 구성된 미국 대표단을 이끌고 북경을 방문한다. 대표단의 임무는 중국의 군수산업을 모두 훑어보고 미국이 도와줄 수 있는 부분을 파악하는 것이었다.

그들은 2주 동안 중국 고비사막에 위치한 미사일 발사 시험장과 몽골 접경지대의 탱크 생산 공장을 탐방했다. 중국의 최신 컴퓨터와 레이저 공장과 소련식 쌍발엔진 제트 폭격기 공장도 방문했다. 페리 일행에게 가장 놀라웠던 사실은 중국이 50년대 소련에서 지원받은 장비를 그대로 쓰고 있는 것이었다.

이유는 간단했다. 중국은 당시까지 핵과 미사일 개발 사업에 모든 것을 투입하고 있었다. 그래서 이외의 사업에는 자원을 투입할 여력이 없었다. 오늘날 북한의 재래식 무기와 무기체계는 소련과 중국의 80년대의 것과 맥을 같이한다. 그리고 북한의 이유 역시 당시 중국의 이유와 맥을 같이한다.

페리가 방문하는 동안 중국 군 관계자들은 최대한 많은 것을 얻고자 노력했다. 그러나 페리의 눈에는 당시 중국에겐 자신들의 요구를 소화할 수 있는 능력이 없어 보였다. 왜냐하면 핵과 미사일 분야와 다른 분야 사이에 구조적·기술적 개발 및 발전 수준의 불균형이 심했기 때문이다. 페리는 중국이 지금 인프라 구축과 민수 기술 개발에 집중하는 것이 시급하다고 솔직히 털어났다.

그러면서도 그는 중국의 군사적 잠재력에서 불길한 예감을 느꼈다. 그때 그는 중국 군사 현대화가 성공하면 소련의 위협을 절충하는데 유효하겠지만 동시에 미국의 위협이 될 수 있음을 느꼈다. 그래서 페리는 귀국 후 백악관에서 가진 비밀 보고 회의에서 미국의 '노하우' 전수, 무기 체계(systems)와 군사 및 무기 기술이전을 금할 것을 강력히 주장했다.

그러나 이런 그의 경고성 제언은 정작 그가 제출한 문건에는 기술되어 있지 않았다. 대신 국가안보회의의 행정관이며 페리를 수행했던 로저 설리번(Roger Sullivan)을 포함한 많은 이들이 기억했던 것처럼 보고서의 핵심은 두 가지였다. 하나는 중국이 현재 무기와 군사 기술로 대만에 위협이 될 수 없음을 적극 설득하려는 데 초점이 맞춰졌다. 다른 하나는 어떻게 중국을 도와줄 것인가로 가득 찼다.[7] 보고서가 추천한 무기 체계는 민군 양용 기술을 포함한 대탱크 미사일, 지대공 미사일과 전투기 등이었다.

페리의 보고서는 카터가 재선에 실패한 11월에 제출되었다. 결과적으로 모든 것이 일단 보류되었다. 이는 그러나 향후 미중 군사협력의 근간이 되었다. 이를 기반으로 미중 양국의 군사협력은 레이건의 취임과 함께 80년대 중후반까지 이어졌다.

더욱이 덩샤오핑의 1979년 방미 결과로 미 중앙정보국(CIA)은 중국 서부지역에서 소련군의 정보를 수집할 수 있는 군사적 기반을 마련했다. 이런 기반을 장악하기 위해 CIA는 중국 연락 채널의 구축 검토 명목으로 국장까지도 북경에 파견했다. 이런 실질적인 군사협력이 향후 미중 군사관계 발전을 추동한 요인이 되었다.

1980년 12월 당시 국장 스탠스필드 터너(Stansfield Turner)가 다른 실장들과 함께 동등한 신분으로 북경 근처의 공군기지에 도착했다. 그를 수행한 인사 중엔 그의 비서이자 훗날 국장이 된 로버트 게이츠(Robert M. Gates)도 포함되었다. 그의 방문은 CIA의 장기적인 구상의 단초가 되었다. 이후 10년 동안 CIA의 모든 국장, 즉 윌리엄 케이시(William Casey), 게이츠와 윌리엄 웹스터(William Webster) 등이 북경을 방문하는 계기가 되었다.

게이츠는 이번 방문에서 중국 국방정보국 국장이던 쉬신(徐信)에게 북한 논의도 제안했다. 중국의 대북 영향력의 실상을 확인하고 싶었기 때문이다. 소련은 당시 북한에 많은 정찰기를 배치했다. 그는 이것이 중국의 대북 영향력 감소의 방증인지 그 여부를 물었다. 쉬는 답을 회피하며 저녁을 들라고만 했다. 미국이 80년내 초부터 중국의 대북 영향력을 의심하기 시작한 사실을 잘 보여주는 대목이다.

미중 군사협력은 레이건 대통령 시기에 더욱 발전한다. 본격적인 군수사업이 미중 사이에서 활발하게 전개되었다. 그 규모나 영역도 부단하게 성장

---

7 U.S. Department of Defense, "Trip Report : Visit of the United States Military Technology Delegation to the People's Republic of China, September 6~19, 1980," p. ii.

했다. 경제 영역도 마찬가지였다. 두 영역에서의 발전이 거의 비례했다고 해도 과언이 아니다. 당시 냉전시대엔 국가 간 협력 관계가 분야별로 상응하는 양상이 나타났다.

탈냉전시대와 매우 대조적인 현상이다. 탈냉전시기에 오히려 경제와 군사 분야의 협력 관계가 더 비대칭적으로 이뤄진다는데 우리 모두 고민하지 않을 수 없다. 국익 중심으로 돌아가던 미중 협력 관계는 결국 인권문제를 간과하게 된다. 1989년 천안문사태 당시 미국이 중국 인권을 소홀히 하고 대중국 이익에만 눈이 멀어버린 사실은 미국 포용정책의 위선적인 면모에 대한 방증이다.

⁚ 1979년 1월 덩샤오핑의 역사적 미국 방문

1979년 1월 28일에서 2월 5일까지 덩샤오핑이 중국 최고지도자로서는 처음으로 미국을 공식 방문했다. 그의 방문 여정은 워싱턴, 애틀랜타, 휴스턴과 시애틀 등의 도시를 경유하는 것이었다. 그가 이들 도시에 방문한 이유는 그의 개혁개방 구상과 밀접한 관련이 있었다. 애틀랜타에서 그는 포드자동차 공장을 방문했고 휴스턴에서는 석유와 정유 공장을 시찰했다. 휴스턴에서는 존슨우주항공센터를 방문해 우주선의 가상 운전도 체험했다. 시애틀은 역대 중국 지도자들이 가장 많이 간 곳이다. 이곳에 보잉항공사가 있기 때문이다. 덩샤오핑도 예외는 아니었다.

그는 또한 가는 곳마다 미국의 문화를 만끽했다. 휴스턴에서 그는 미국 카우보이의 전통적인 놀이인 '로데오(rodeo)'를 참관했다. 그 자리에서 그는 카우보이가 건네준 10갤런(gallon)짜리의 카우보이모자를 즉석에서 썼다. 덩의 즉흥적인 행동은 텍사스인의 큰 호응을 받았다. 반공주의가 투철하고 보수적인 것으로 유명한 텍사스 사람들이 그의 그런 모습에 바로 사랑에 빠졌다고 당시 그를 휴스턴에서 수행한 미 에너지장관 제임스 슐레싱거(James Shle-singer)는 회고한다.

키가 5척(150cm)에 불과한 그가 인민복을 입은 상태에서 10갤런이나 되는

카우보이 모자를 쓴 덩샤오핑

큰 카우보이모자를 쓴 모습은 오늘날까지 기념비적인 사진으로 남아 있다. 사진 속 그의 모습은 미국과 중국의 전통의상을 한 번에 보여주는 상징적인 것이었다. 주변 미국인 관람객의 큰 호응과 박수갈채 모습과 더불어 그의 인민복과 카우보이모자는 미국과 중국의 우호적인 공존 모습을 단편적으로 잘 보여주는 순간이었다. 이밖에 덩샤오핑은 워싱턴의 케네디센터에서 할렘 농구단(Harlem Globetrotter)의 공연도 즐겼다.

덩샤오핑이 미국 방문에서 가장 집중했던 이슈는 군사협력이었다. 미국과 어떻게 하면 더 구체적이고 실질적인 군사협력을 추진할 수 있을까를 고민했다. 그는 이의 단초를 1978년 브레진스키의 방중 제안에서 찾아냈다. 당시 그는 중국 서부지역에 이란과 같은 지역에 있던 미사일 정보 수집 기지의 설립을 제안한 바 있었다. 중미 양국이 공동으로 군사정보 활동을 수행하자는 것이었다. 그것도 중국 내 영토에서 말이다.

미국은 이 기지의 설비·장비·인력과 시설이 미 국가안전국의 도움으로 미 중앙정보국이 설치할 것을 원했다. 그리고 중국이 이를 운영하는데 필요한 인력을 제공하고 수집된 정보를 공유하는 조건이었다. 당시 중국은 이에 어떠한 반응도 보이지 않았다. 그러나 1년 후 덩샤오핑의 입장이 바뀌었다. 그는 방미 길에 오르면서 일본에 먼저 방문했을 때 중국이 미국과 정보협력 임무를 수행할 준비가 되었다는 입장을 밝혔다. 그러면서 중국과 서방의 전략적 협력의 중요성을 언급했다.

그는 워싱턴에서 브레즈네프의 제언에 합의한다. 그리고 한 달 뒤 미중 양국의 정보 관련 각국 부처가 본격적으로 협력하기 시작했다. 미국은 당시 이란에 설립한 두 개의 정보수집 기지에서 소련이 카자흐스탄에서 진행했던 미사일 시험발사를 관찰하고 정보를 수집했다. 그러나 이란의 이슬람혁명으로 정보수집 기지를 모두 상실하면서 대안 마련이 시급했다. 소련의 미사일 발사 시험에 대한 정확한 정보 수집이 소련의 SALT 조약의 이행 여부의 진실을 파악하는데 관건이었다.

훗날 양국의 군사협력 관계에서 중국의 지리적 이점이 미국의 발목을 잡는다. 미중 양국 사이에 대만이나 천안문사태와 같은 갈등 문제가 발생할 때마다 중국은 미국의 제재 조치에 항상 이 기지들의 폐쇄로 대응했다. 미국은 중국의 협박을 이기기 위해 이 기지에서 수집한 정보를 중국이 더 필요로 한다는 사실을 항상 스스로 상기해야만 했다. 즉, 중국의 협박에도 협상력을 상실하지 않기 위해 굴하지 않는 자세를 견지해야 했다.

덩샤오핑은 워싱턴 방문에서 그만의 전략적 최고 우선 의제를 제시했다. 중국의 베트남 침략에 대해 미국의 지지를 확보하는 것이었다. 1978년 말 중국은 베트남 공격 계획을 준비한다. 왜냐하면 베트남군이 캄보디아를 침공해 폴 포트(Pol Pot)와 그의 쿠메르 루지(Khmer Rouge) 정권을 전복시켰기 때문이다. 이에 중국은 베트남에게 '교훈'을 주기 위한 목적으로 침략 계획을 세웠다.

덩샤오핑이 미국에 왔을 때 중국 지도부는 이미 군사행동의 단행을 결정한 상황이었다. 중국의 침략 계획은 베트남을 공격한 뒤 몇 주 후에 철수하는 것이었다. 이는 중국의 무력을 과시하려는 것으로 1962년 중국-인도 국경 전쟁과 맥을 같이하는 것이었다.

중국이 미국의 지지를 필요로 한 가장 큰 이유는 역시 소련이었다. 중국은 소련의 개입을 방지하고 싶었다. 덩샤오핑은 브레진스키의 집에서 저녁 식사를 하면서 이 문제에 대해 카터와 사적으로 대화를 나누고 싶다고 전했다.

덩샤오핑과 카터 대통령

이튿날 카터와의 모든 공식 일정이 끝난 후 브레진스키는 카터에게 덩샤오핑과의 개별 면담을 요청한다. 카터를 배석한 사람은 먼데일, 브레진스키와 밴스뿐이었다. 덩샤오핑은 그들에게 중국이 예측한 소련의 가능한 대응전략을 설명했다. 그리고 미국에게 중국의 사기 진작을 위한 정치 외교적 지지를 요청했다.

그러나 카터가 덩샤오핑을 설득했다. 중국의 침략 행위는 세계가 베트남을 동정하는 역효과를 낳을 수 있다고 설명했다. 그러나 그는 덩샤오핑을 직설적으로나 노골직으로 비판하거나 반대하지 않았다. 밴스는 카터에게 더 강력하게 반대 입장을 표명할 것을 요구했다.

그러나 브레진스키의 눈에는 카터의 외교적 설득이 오히려 중국에게 미국이 '종이호랑이'가 아니라는 인상을 심어줄 수 있어 다행으로 보였다. 대신 카터는 덩샤오핑과 통역관만이 있을 때 그에게 메모를 전했다. 과도한 군사적 공세를 가급적 자제해달라는 것이었다. 이 메모는 덩샤오핑에게 미국이 중국의 공격에 청신호를 보낸 의미로 받아들여졌다.

중국은 덩샤오핑이 귀국한 지 2주일도 안 된 2월 17일에 베트남 공격 명령을 내린다. 베트남에 폭격을 가한 후 25만의 중국군이 베트남 국경을 넘었다. 베트남의 최고 병력이 캄보디아에 주둔하고 있어 베트남은 차선 병력으로 대응해야 했다. 그러나 결과는 중국의 참패였다. 2주간의 전쟁에서 중국의 사상자와 실종자는 모두 2만 명이었다. 중국군은 자신의 무기장비와 후방지원군의 낙후성을 그때서야 깨달았다. 17일 동안의 전투 후 3월 5일 중국은 자신의 목적 달성을 선언하고 즉각 철수했다.

오늘날까지 밝혀지지 않은 것은 당시 미국이 하루하루 이에 어떻게 관여했는지 하는 문제다. 밝혀진 사실로는 브레진스키가 매일 저녁 백악관에서 주미 중국대사 차이쩌민에게 소련군의 동태에 관한 정보를 전해줬다고 한다. 그러나 미국의 대중국 지지 자체가 내포한 전략적 함의는 그 이상이었다. 미국의 아시아 역할에 근본적인 변화가 발생한 것을 단편적으로 보여준 사례였다. 불과 10년 전의 베트남전쟁에서 미국의 적을 미국이 오늘날 지지해주는 역할로 바뀐 사실이다. 그야말로 역사의 아이러니다.

: 레이건 취임 시기의 미중관계

레이건은 닉슨과 다르게 해외 방문을 좋아하지 않았다. 그러나 대통령 선거 출마를 위해 결국 그는 해외 방문을 감행해야만 했다. 1978년 4월 그는 처음으로 외국 순방길에 오른다. 그리고 그의 첫 방문국 중 하나가 대만이었다. 그의 수행단은 단출했다. 부인 낸시 여사와 그의 수석 외교자문관 리차드 알렌(Richard Allen)과 피터 해너포드(Peter Hannaford)였다. 해너포드는 주지사 시절 그의 비서이자 캘리포니아 로비회사의 대표였다. 그 회사의 대표적 고객은 대만이었다. 레이건은 대만을 방문하면서 장징궈(將慶國) 총통도 만났다.

알렌은 당시 레이건의 대만 방문이 중국 방문의 기회로 작용할 것을 기대했었다. 그러나 그는 기본적으로 친대만파 인사였고 그래서 중국에 대해 별 흥미(no taste for it)가 없었다. 레이건 역시 대만을 극도로 지지하는 보수파로 중국 수교에 적극 반대하는 입장이었다. 그러나 대만 일변도의 정치적 입장을 고수한 것이 그의 1976년 공화당 대선경선 패배로 이어졌다. 그럼에도 1980년 대선경선 중 그는 더 이상 대만, 베트남, 그리고 미국의 동맹을 배신하는 일은 없을 것이라고 선언하면서 이들과의 관계 강화가 자신의 외교 기조임을 밝혔다.

레이건은 또한 강경한 반공주의자였다. 그래서 그는 대통령 취임 후 해외 순방에서 소련을 아예 배제시켰다. 개인적으로도 소련에 관심이 없었다. 대신 그는 일본과 대만 방문을 선호했고 그 경유지로 홍콩을 선택했다. 이란 방문은 부인 낸시 여사가 원해서 간 것이었다. 그래서 1980년 레이건이 대통령에 취임하자 일단락 지어졌던 대만문제가 미중관계에서 다시 부활하는 것을 미중 양국의 관료들이 모두 우려하기 시작했다.

결과는 예상대로였다. 대만문제가 다시 불거졌다. 반전 또한 있었다. 레이건이 연임하면서 미중관계는 닉슨 첫 임기 시절 이후 최고의 밀월시기를 누렸다. 그의 연임 기간 동안 미중관계는 두 번의 갈등을 겪는다. 첫 갈등은 그의 첫 임기 시절 대만문제와 중국과의 무역 문제로 발생했다. 두 번째 갈등은 연임 시기 중국의 무기 확산 문제로 불거졌다. 즉, 중동에 미사일을 판 것이 양국 관계의 갈등에 화근이 되었다.

▮미중관계의 갈등 요인 I : 레이건의 대만 집착

레이건의 첫 번째 대통령 임기 때 미중관계 갈등의 원인은 대만과의 교역에 있었다. 레이선은 친대만 인사로 대만과의 관계를 개선시키고자 하는 의지가 강했다. 그에겐 두 가지 목표가 있었다. 하나는 대만과의 관계를 '정부 차원'의 것으로 격상시키고 공식화하는 것이었다. 다른 하나는 대만의 안보를 더 확고히 보장하는 것이었다.

대만과의 단교와 동맹관계의 폐기 등으로 인해 레이건은 대만의 안보를 더 많은 선진화 무기의 판매로 좀 더 견고하게 보장해주고 싶었다. 그리고 대만을 중국의 무력통일 야욕으로부터 좀 더 자유롭고 안전하게 해주고 싶었다.

레이건은 중국이 대만문제를 평화적인 방식으로 해결하겠다는 의지를 좀
더 명확히 해주길 바라며 이에 관한 외교적 노력을 아끼지 않았다. 이 과정
에서 갈등이 유발됐다. 특히 미국의 대만에 대한 무기 판매 의지가 강했던
결과 미국은 중국의 격렬한 비판과 반대를 피할 수 없었다. 결국 다행히 미
중 양국은 협상 끝에 합의점을 도출해냈다. 그 합의 결과가 이른바 1982년의
〈8.17 공동성명〉으로 탄생했다.

미중 양국 간의 교역 문제는 지면상, 그리고 외교안보에 초점을 맞춘 이
책의 의도에 따라 여기서의 논의는 피하겠다. 간단하게 설명하자면 MFN이
중국에 부여된 상태에서 두 나라 간의 무역구조를 미국에 유리하게 맞추기
위한 과정에서 빚어진 갈등이었다. 미국은 80년대 초 당시 농업상품 외에 중
국시장에 판매할만한 제품이 별로 없었다. 반면 중국은 방직제품을 필두로
다양하고 값싼 경공업제품들을 판매할 수 있었다.

구조적인 문제로 무역 불균형이 시작됐다. 결국 협상을 통해 이들 대표제
품에 대한 수입 쿼터를 설정해야만 했다. 이 과정에서 과세 부과를 두고 미
중 간에 알력도 발생했다. 결국 쿼터 조정으로 양국의 교역은 안정세를 찾을
수 있었다.

1980년 공화당 대선 전당대회의 종결 무렵 알렌은 레이건의 친대만 입장
이 대선 실패의 원인이 될까봐 대책회의를 소집했다. 레이건이 시종일관 대
만과의 '관방'관계 회복을 공약으로 내세웠기 때문이다. 이와 더불어 그는
〈대만관계법(Taiwan Relations Act)〉을 준수하는 범위 내에서 대만에 무기 판
매와 지원을 원했다. 그러나 이 모든 것이 미중관계에 악영향을 미치지는 않
을 것이라고 공언했다. 이에 중국은 민감할 수밖에 없었다. 중국의 입장은
1980년 1월 5일 《인민일보》 사설을 통해 계속 발표되었다.[8]

백악관 내부회의 결과 레이건의 부통령후보 조지 부시(George H. Bush)를

---

8 1980년 1월 5일 『人民日報』가 미국의 대만 무기 판매를 비판하는 사설을 발표하기
  시작했다. 이후 레이건의 대만 정책과 입장을 비판하는 대표적인 사설과 평론은 다
  음과 같다. 6월 4일자의 사설 "倒車開不得(차를 후진시키다)", 8월 19일자의 평론 "不
  要錯打算盤(주산을 잘 못 놓지 말 것)", 8월 28일자의 평론 "里根想把美中關係引向哪里
  (레이건은 미중관계를 어디로 견인하는지)"와 10월 9일자의 평론 "不明智的行動(명석
  하지 않은 행동)" 등이었다.

북경에 보내기로 결정했다. 그의 방문은 레이건 진영의 입장을 직접 설명함으로써 중국의 오해 해소와 지지 획득에 목적이 있었다. 레이건은 회의적이었으나 마지못해 이를 수용했다.

부시는 1980년 8월 21일 알렌과 제임스 릴리(훗날 부시정부 시기의 주중 CIA 실장과 주한 미대사)와 함께 북경을 방문했다. 도착한 날 중국 외교부장 황화와 만난 자리에서 선거 유세 기간 동안 언급된 정치적 수사에 현혹되지 말고 레이건의 발언을 신중하게 이해해줄 것을 당부했다.

부시 일행은 레이건의 대만과의 '관방'관계의 복원 발언이 대만과 수교하려는 의미가 아니라고 강조했다. 황화는 부시의 설명에 만족해하지 않고 그에게 레이건 대만 발언의 '공식'적 의미를 해명할 것을 요구했다.

다음날 부시는 덩샤오핑과 만났다. 덩의 비서 중 한 명이 회담 중 그에게 메모 한 장을 전했다. 미국에서 갓 전해진 뉴스였다. 레이건이 유세에서 대만과 모종의 '공식'관계를 구축하는 것을 선호(favored)한다고 밝혔다는 내용이었다. 덩샤오핑은 레이건의 발언이 중미관계의 도태를 의미한다고 항의했다. 그의 분노 수준은 중국을 통치하는 것만으로도 바빠서 미국인에게 항의할 시간도 아깝다고 비유할 정도였다.

덩은 부시에게 중국정부의 공식입장 네 가지를 레이건한테 전하라고 했다. 중국정부의 공식입장이란, 중미관계가 발전하고 정체나 후퇴하는 것을 원하지 않는다, 중미관계는 전지구적인 문제이지 국지적인 것이 아니기 때문에 미국의 정책과 전략에서 대중국 정책을 중시하는 것을 이해하는 입장이다, 레이건의 대만 입장이 견지되면 이는 중미관계의 정체가 아닌 도태를 의미하는 것이다, 만약 중국을 미국에 간청하는 입장에서 모든 것을 참을 수 있다고, 즉 중국을 '을'로 인식하면 그건 망상이다.[9]

덩이 중국의 공식입장 4가지를 문서화해서 부시에게 전한 저의는 미국에 대한 엄중한 경고를 하기 위한 것이었다. 중국정부가 중미관계를 중요시 하지만 원칙은 교환할 수 없는 입장을 명확히 전하자고 한 것이었다. 즉, 상해 공동성명서와 수교 공동성명서의 원칙은 협상 대상이 될 수 없다는 의미를

---

9 中共中央文獻硏究室, 『鄧小平思想年譜』(北京 : 中央文獻出版社, 1998), pp. 166~167.

전한 것이다.[10]

부시와 덩샤오핑의 회담은 굉장히 냉랭한 분위기 속에서 종료됐다. 귀국 길에 릴리와 알렌은 레이건에게 전할 보고서를 작성했다. 미국의 중국 공식 인정의 입장을 바꾸거나 재협상하지 말 것을 권고했다. 레이건은 자신이 의 도하는 바와 다르다고 하면서 그들의 제언을 거절했다.

레이건의 입장은 이튿날인 8월 25일 부시 귀국 방문 결과 보고 기자회견 5분 전까지도 변함이 없었다. 그리고 그는 기자회견에서 자신의 성명문을 발 표한다. 성명문에는 그의 대중국 관계의 5항 원칙이 적혀 있었는데 그 내용 인즉 이러했다.

> 미중관계가 미중 양국의 이익에 모두 중요하다는 인식을 인정한다. 미국은 이 지역에서 모든 국가와 협력과 협상을 진행할 것이다. 이는 이 지역의 평화와 안정을 침략하거나 이 지역에 서 패권을 추구하는 모든 위협에 공동으로 대응하기 위한 것이 목적이다. 미국이 국익을 보호하 고 법에 따라 이를 집행하는데 그 어떠한 국가의 간섭도 용인하지 않겠다. 마지막으로 미국 과 대만 관계는 〈대만관계법〉에 따라 진행될 것이다.

그는 미중관계 정상화가 매우 합리적인 선택이지만 〈대만관계법〉에 따라 대만의 연락대표부를 북경에 설립한 것과 동등한 수준의 것으로 유지해야 한 다는 입장을 천명했다.[11] 그의 원칙의 의미는 두 가지였다. 하나는 그야말로 미국은 미국의 법대로 역내 모든 '국가'(대만 포함) 지역 평화와 안정을 위해 협력한다는 정책 기조의 견지였다. 다른 하나는 대만문제를 〈대만관계법〉에 따라 '관방' 수준으로 개선하겠다는 의지였다.[12]

중국은 당연히 레이건의 5항 원칙을 반대했다. 〈대만관계법〉이 미국 국내 법으로 중미관계의 문제를 해결하는 법적 근거가 될 수 없다고 일축했다. 이 에 레이건은 대만과의 관계를 '관방'의 수준으로 향상시킬 의지가 불변하다고

---

10 陶文釗 著, 『中美關係史 1979~2000(下卷)』(上海：上海人民出版社, 2004), p. 102~103.

11 梅孜, 『美臺關係重要資料選編：1948.11~1996. 4』(北京：時事出版社, 1997), pp. 193~ 197.

12 Alexander M. Haig, Jr., Caveat, Realism, and Foreign Policy (N.Y.：Macmillan Publishing Company, 1984), p. 199.

밝혔다. 이는 중국의 눈에 중미관계가 대대적으로 후퇴하는 결과만 초래할 것이 자명했다. 8월 29일 리셴녠 총리는 북경에서 담화를 발표한다. 레이건의 입장 견지가 두 개의 중국을 조장하는 근원이라고 비판했다. 중미관계는 〈대만관계법〉이 아닌 두 개의 〈상해공동성명과 수교 성명문)〉에 따라 발전해야 한다고 주장했다.[13]

레이건이 대만문제에서 강경한 입장을 견지할수록 대선의 판세는 그에게 불리하게 돌아갔다. 그의 대만 입장에 변화가 필요했다. 이를 바꿀 수 있었던 유일한 인물은 레이건이 가장 신뢰했던 자문관 에드 미스(Ed Meese)였다. 그는 부시 일행단의 제언을 수용할 것을 레이건에게 강력히 주장했다.

레이건은 일단 미스의 제언을 수락했다. 그 덕에 대선 잔여기간 동안 그는 대만문제로 민주당의 공격을 더 이상 받지 않았다. 그리고 대선에서 승리할 수 있었다. 민주당후보였던 카터가 대만문제에 있어 큰 실수를 했기 때문이었다. 카터는 10월 2일 대만협회와 대만 북미사무협조위원회와 대만대표부의 외교관 면책권을 보장하는 협의서에 서명했다. 이 사건은 미 의회의 초당적인 비판과 반대를 불러 일으켰다.

미 의회의 초당적인 반대에는 다음과 같은 이유가 있었다. 대만대표부의 임무는 비정치적인 업무로 명백히 한정되어 있었으며 대표부의 파견 인사들은 외교관 신분도 아니었다. 더구나 〈대만관계법〉에도 이런 특권은 존재하지 않았다.[14]

그러나 대만문제는 대선 이후 다시 수면 위로 부상한다. 대만을 향한 레이건의 지대한 관심과 호감 때문이다. 취임 이후 약 1년 반(1981년과 1982년의 상반기) 동안 내부적 논쟁이 격렬하게 진행되었다. 이 논쟁을 이끈 장본인들은 공화당 내부의 중도파와 보수파, 백악관과 국무부, 그리고 레이건과 그의 국무장관 알렉산더 헤이그(Alexander Haig) 등이었다. 특히 새로운 국무장관 헤이그는 레이건의 대대만 정책을 개진하는데 큰 장애가 되었다.

헤이그는 개인적으로 대만에 우호적이지 않았다. 1950년대 그는 대만 군사 현황을 조사한 적이 있었는데 그때 대만 장제스 정권에 크게 실망했었다. 이

---

13 『人民日報』, 1980年 8月 29日.
14 劉連第, 『中美關係的軌迹軌-1993~2000年大事縱覽』 (北京 : 時事出版社, 2001), p. 29.

후 그는 키신저의 보좌관이 되었다. 닉슨정부에서는 국가안보보좌관과 NATO사령관을 역임했었다. 그래서 그의 국무장관 임명으로 모두들 레이건이 과거 공화당의 외교정책을 계승할 것으로 예상했었다.

그러나 모든 예상은 빗나갔다. 레이건은 변화를 원했다. 그러면서 레이건과 헤이그 사이에 마찰이 불가피했다. 헤이그는 중국 자체를 중국문제의 본질로 인식했다. 닉슨이나 키신저와 다른 점이었다. 그는 중국을 미국 전략의 대항마로 더 이상 보질 않았다. 대신 중국은 미국의 '전략적 파트너(strategic association)'로 간주했다.[15]

헤이그에게 중국은 20세기 마지막 25년에서 가장 중요한 나라였다. 그의 눈에 중국은 이미 미국이 동맹국과 함께 소련의 모험주의를 중립화할 수 없다는 판단을 가진 것으로 보였다. 그리고 중국 역시 미국과 서방의 도움 없이 이를 구현할 수 없는 상황을 간파하고 있었다.[16] 이게 그의 중국 전략의 대전제였다. 헤이그의 중국 입장이 레이건과 그의 인사들과 기본적으로 달랐던 사실이 그의 조기 사직(1982년)의 결정적인 원인으로 작용했다.

레이건정부 내 대만을 둘러싼 갈등은 취임식 때부터 나타났다. 취임식 초청 인사 중 중국 측으로는 주미대사 차이쩌민 뿐이었다. 대만 측에는 국민당 최고위 인사 2명을 초청했다. 이들은 노령과 입원의 이유로 참석하지 못했다. 취임식 이후 헤이그는 대만정부 인사의 백악관 출입 문제를 놓고 레이건 측과 설전을 벌였다.

결국 대만 무기 판매 문제를 놓고 내부적 갈등이 표면화되었다. 레이건 측은 대만이 요구하는 FX시리즈 전투기 중 최신형(F-16)의 판매를 원했다. 헤이그 측은 당연히 이를 반대했다. 대신 한 단계 수준 이하인 F-5-E의 판매는 동의했다.

중국이 대만 무기 판매 문제를 심각하게 인식한 것은 레이건정부가 출범하면서 부터였다. 1981년 1월 네덜란드가 대만에 잠수함을 팔자 중국은 네덜

---

15 Patrick Tyler, A Great Wall : Six Presidents and China (New York : Public Affairs, 1999), p. 296.

16 James Mann, About Face: A History of America 's Curious Relationship with China, from Nixon to Clinton (New York: Alfred A. Knopf, 1999), p. 119.

란드와의 외교관계를 대표부 수준으로 격하시켰다. 또한 중국대사를 소환했다. 중국의 대응조치를 헤이그는 심각하게 받아들였다. 헤이그는 차이쩌민 대사와 2월 20일 만나 1시간 10분의 회견을 가졌다. 그리고 두 개의 공동성명을 기초로 미중관계를 발전시키는 데 합의했다.

레이건의 중국 태도도 점차 변하기 시작했다. 그는 3월 2일 자오쯔양 총리에게 취임 축하 전신에 회답하면서 수교 공동성명서에 입각해 양국의 전략적 관계를 발전시켜나가자는 의사를 전했다. 그리고 3월 19일 레이건도 차이쩌민 대사를 만난다. 그러면서 자오 총리에게 전한 그의 말이 진심임을 전했다.[17] 그는 또한 방중하는 포드 전 대통령한테 덩샤오핑에게 전할 구두 서신과 자오쯔양에게 전할 한 통의 서신을 전했다. 이 서신들은 레이건의 입장을 보장하는 것이었다.

레이건의 중국 태도가 바뀌는데 결정적이었던 것은 소련의 폴란드 민주화 운동에 대한 개입 움직임이었다. 그의 소련 우려는 4월 초 유럽을 방문하는 와인버그 국방장관에 의해 밝혀졌다. 그는 소련이 폴란드 내정에 간섭할 경우 미국이 중국에 무기 판매를 재기할 것을 폭로했다.[18] 이때부터 레이건의 중국 입장이 본격적으로 바뀌기 시작했다.

그러나 완전히 변모한 것은 아니었다. 이후에도 미국은 4월 28일 대만의 세계은행 가입을 지지한다고 선언했다. 5월 12일 〈대만관계법〉에 따라 대만 관료들의 미국정부 기관의 출입을 허용하며 대만에 무기 판매를 진행할 것이라는 입장을 밝혔다. 그리고 5월 19일 미 의회 청문회에서 미국정부 인사는 대만과의 관계를 '관방' 수준으로 격상시킬 의지와 대만의 군사안보 수준을 만족할 만한 것으로 향상시키려는 의지를 피력했다.[19]

헤이그는 1981년 6월 14~16일 국무장관으로는 처음이자 마지막으로 중국을 방문했다. 방문 동안 그는 자오쯔양 총리, 황화 부총리 겸 외교부장, 경뱌오 국방장관과 부총리 보이보(薄一波) 등을 만났다. 그는 자오 총리에게 레이건의 서신을 전했다. 그리고 그의 미국 방문을 초청했다. 덩샤오핑도 그를

17 『人民日報』, 1981年 3月 21日.

18 Haig, Caveat : Reagan, Realism, and Foreign Policy, pp. 204~205.

19 『人民日報』, 1981年 5月 6日, 14日, 25日.

접견했다. 모든 회담에서 미중 양측은 이견의 존재를 확인했지만 공통된 인식과 관점도 확인했다. 이를 기반으로 미중 양국이 전지구적 전략에 착안해 세계의 평화와 안정을 위해 협력을 강화할 수 있는 확신을 확인했다.[20]

그의 방문은 북경에게 많은 군사적 선물을 가져다주었다. 우선 미국이 중국을 '우호적인 비동맹 국가(a friendly, non-aligned country)'로 분류했다는 기쁜 소식이 당도했다. 이 자격으로 중국은 소련보다 미국의 더 많은 군사기술을 전수받을 수 있는 자격을 부여받았다. 이어서 미 행정부가 대중국 무기 판매 금지 조치의 해제를 준비한다는 소식도 날아왔다.

이 모든 조치의 의미는 컸다. 중국은 앞으로 미국에서 '비치명적인' 무기가 아닌 '치명적인' 무기, 즉 살상무기를 구매할 수 있게 되었다. 군사교류와 관련해 헤이그는 중국 인민해방군 육군참모차장 류화칭(劉華淸)의 미국 방문을 초청했다. 이 소식을 접한 중국은 미국의 호크 미사일, 마크-48 잠수함 어뢰와 병력호송장갑차 등의 구매를 희망한다고 즉각 전했다.

그러면서도 황화 외교부장과 덩샤오핑은 대만 무기 판매 문제에 대해 경고를 아끼지 않았다. 특히 덩은 중국의 인내에 한계가 있다고 엄중 경고했다. 그는 대만의 무기 판매 문제는 중국의 내정뿐 아니라 대만 통일 사업에도 직접적인 영향을 미치는 것이기 때문에 즉각 중단할 것을 요구했다.[21] 그는 다시 한 번 이 문제로 중미관계가 도태되지 않기를 희망한다고 밝혔다.

중국과의 전략적 협력 문제에 관해 헤이그는 미군이 아시아에 영구적으로 주둔해야 할 필요성을 설명했다. 이는 소련의 당시 확장주의에 기인한 것이라고 설득했다. 그리고 미국이 중국을 우호적 비동맹 국가로 인정한 것은 양국의 전략적 관계가 역내 공동 전략 목표를 기반으로 하기 때문이라고 설명했다. 그리고 그는 6월 4일 미 국가안보회의의 결정을 전했다. 미국의 대중국 무기 판매를 수개월 동안의 엠바고(유보)에 붙이기로 한 결정이었다.[22]

그러나 무슨 연유에서인지 6월 4일의 엠바고 결정을 헤이그가 먼저 어긴다. 그것도 북경에서 말이다. 그는 북경에서 가진 기자회견을 통해 미국의

---

20 『人民日報』, 1981年 6月 15日.
21 中共中央文獻硏究室, 『鄧小平思想年譜』, pp. 191~192.
22 陶文釗, 『中美關係史 1979~2000(下卷)』, p. 113.

대중국 무기 판매 결정을 간접적으로 밝힌다. 중국 언론 보도에 따르면 그는 미국정부가 앞으로 중국과 소련을 동등하게 취급하는 군사 관련 법안을 수정할 것이고 대중국 무역을 확대하기 위해 중국 무역규제 관련 법안의 수정도 있을 것으로 예언했다.[23]

이 광경을 본 그의 수행원 릴리와 리차드 아미티지(Richard Armitage, 당시 국방부 동아시아 전문가의 자격으로 수행)는 경악을 금치 못했다. 그리고 곧바로 이 같은 사실을 백악관의 알렌과 국방부장관 캐스퍼 와인버거(Casper Weinberger)에게 알렸다.

이런 헤이그의 깜짝 쇼에 레이건도 맞대응했다. 그가 북경을 출발하기 전에 레이건은 기자회견을 통해 〈대만관계법〉을 존중하는 마음으로 대만에 무기 판매를 건지하겠다고 밝혔다. 이를 접한 중국 측은 당연 경색했다. 헤이그에게 미국의 무기 판매 허가를 절충안으로 받지 않겠다는 날선 비판도 던졌다. 그러면서 1981년 1월 네덜란드 잠수정 사건과 같이 미국이 대만에 무기를 팔면 중국의 주미대사를 소환하겠다고 협박했다. 또한 중국은 그의 배웅 인사를 외교부 부장(장관)에서 부부장(차관)으로 격하시켰다. 중국의 불만을 간접적으로 토로한 셈이었다.

헤이그는 귀국 후 중국에 무기를 팔 수 있으면 미국의 대만 무기 판매에 중국이 더 이상 반대하지 않을 것이라 판단했다고 주장했다. 즉, 중국이 미국의 무기를 구매할 수 있으면 대만 건에 대한 반대가 어느 정도 수그러질 것으로 예상한 것이다. 그러나 결과는 예상 밖이었다. 현실정치는 그의 판단에 거센 비판을 가져다 주었다. 그는 후퇴할 수밖에 없었다. 백악관과 국방부 회의에서 그는 대만에 대한 FX 전투기 판매의 필요성을 일축시켰다. 동시에 현 수준의 무기 판매를 유지하자고 주장했다.

그리고 중국에 대한 무기 판매가 모험적이고 위험스럽다는 소련의 비판에 대해 6월 28일 그는 미국과 10억 중국인의 관계가 소련의 부정으로 결정될 사안은 아니라고 설명했다.[24] 미 의회도 레이건에게 대만에 전투기 판매 계획 철회를 요구하는 상소를 올렸다.

---

23 『人民日報』, 1981年 6月 17日.
24 陶文釗, pp. 116~117.

중국은 수용 불가 방침을 견지했다. 그리고 미국의 고위급 인사 교류도 축소시켰다. 이 시기 중국이 초청한 카터행정부의 인사는 8명으로 제한됐다. 그중에는 브레진스키(7월), 카터(8월), 리차드 홀브루크(Richard Holbrooke, 5월, 8월, 11월) 전 국무차관, 전 에너지장관 슐레싱어(8월), 전 국방장관 브라운(10월), 전 부통령 먼데일(11월), 전 재무장관 블루멘솔, 전 농업장관 봅 버그랜드(Bob Bergland) 등이 포함되었다. 8월까지 문제 해결의 실마리가 잡히지 않자 중국은 계획된 류화칭 국방장관의 방미 계획을 무산시켰다.

중국의 앙금은 쉽게 가라앉지 않았다. 1981년 10월 21일 멕시코 캔쿤에서 개최된 협력과 발전회의에서 자오쯔양과 레이건이 만났다. 레이건이 떠난 후 10월 23일에는 헤이그와 황화 외교부장이 만났다. 이 자리에서 황화는 미국의 대만 무기 판매 중단의 구체적인 일정을 중미 양국이 즉각 논의하자고 제안했다. 만약 미국 측이 거절하면 주미 대사를 소환하고 양국 관계를 격하시키겠다고 으름장을 냈다. 황화는 자신이 19월 28~30일에 방미하는 동안 논의 일정을 잡을 것을 헤이그와 레이건에게 요청했다.

황화가 미국에 전한 요구 메시지는 다음과 같다.

> 현재 대만해협의 정세가 매우 안정적이고 평화롭기 때문에 대만에 무기 판매가 필요 없다. 오히려 대만문제의 평화적 해결 노력을 더 어렵게만 할 뿐이다. 첫째, 미국의 대만 무기 판매 중단하는 날을 정할 수 있다. 그때까지 대만에 판매할 미국 무기의 성능이나 수량이 카터정부 시기의 것을 초월하지 않아야 한다. 둘째, 제한된 기한 내에 대만 무기 판매를 점진적으로 감소시켜 최종적으로 완전한 중단에 도달한다. 셋째, 중미 담판 기간 동안 미국이 대만 무기 판매를 불허하지 않으면 엄중한 후과를 면할 수 없다는 사실을 인지해야 할 것이다.

특히 첫째 내용을 전제로 중국은 우선 미국이 대만에 무기를 판매할 기간을 정할 것을 요구했다. 그리고 이렇게 제한된 시간 내에 대만에 판매할 무기의 성능이나 수량이 카터정부 시기의 수준을 초과하지 않길 요구했다.

이전까지 레이건정부는 중국의 요구를 FX전투기를 제한하는 것으로 생각했었다. 그러나 황화의 메시지는 최후통첩이었다. 즉, 대만에 대한 무기 판매를 조건 없이 포기하라는 의미였다. 이에 미국 측은 대만에 무기 판매를 무기한적으로 하겠다는 것이 아니라는 명제를 내세웠다.

그리고 중국 측이 주장하는 '제한된 기한 내'의 조건은 받아들일 수 없다는 입장을 밝혔다. 대신 중국의 통일 이전까지 미국이 대만 무기 판매 정책을 이행할 때 보다 더 신중하고 진중하게 억지력을 발휘하며 선별적으로 진행하겠다는 입장을 전했다. 카터정부 수준의 문제에 대해서도 양국이 지속 협의할 것을 요청했다. 이후 중국의 외교부 부부장 장원진(章文晋)과 주중 미대사 아서 허멜(Arthur W. Hummel, Jr.)은 이 문제를 북경에서 계속 논의했다.[25]

1981년 11월 26일 헤이그는 레이건에게 메모로 미국의 대만 무기 판매 수준을 카터 시기와 동등하게 유지할 것을 제언했다. 카터정부 마지막 해의 판매 총액은 8억 3,500만 달러였다. 헤이그는 미중관계가 중대한 기로에 서있는 만큼 이를 준수할 것을 강조하면서 이로 인해 미국의 세계 전략 입지가 타격을 입어서는 안 된다고 설득했다. 헤이그가 레이건을 설득할 수 있었던 것은 그가 백악관을 장악할 수 있었기 때문이다. 그리고 그 배경엔 레이건의 최측근인 알렌의 정치 자금 스캔들이 있었다.[26]

헤이그의 제안을 수용한 레이건은 1982년 1월 존 홀드리지(John Holdridge) 국무성 동아시아차관보를 북경에 보낸다. 12월 4일 북경에서 허멜 대사와 장원진과 한쉬 외교부장 간에 합의한 사안에 근거해 문제를 구체적으로 논의하기 위해서였다. 12월 미중 양국이 합의한 것은 대만 판매 무기의 성능과 수량 수준이 수교 이래의 수준을 초과하지 않는다는 것이었다. 대신 판매 기한을 정하는 것에는 합의점을 찾지 못했다.[27] 홀드리지의 방중 이전에 미 의회는 9,700만 달러 규모의 무기 부품 판매를 비준했다.

미국은 대신 1981년 11월 국방부의 의견을 수용해 FX전투기의 대만 판매를 철회했다. 그리고 1982년 1월 10일 북경에 도착한 홀드리지를 통해 앞으로 다른 어떠한 유사한 수준의 선진 전투기 판매도 없을 것을 약속했다. 대신 더 구형인 F-5-E 전투기의 공동생산으로 제한하겠다는 입장을 중국에 전했다.

그러나 중국은 이에 만족하지 않고 더 많은 양보를 미국으로부터 얻어내

25 當代中國叢書編輯委員會 編, 『當代中國外交』(北京 : 中國社會科學出版社, 1990), p. 237.
26 陶文釗, p. 122.
27 當代中國叢書編輯委員會 編, 『當代中國外交』, pp. 236~237.

려고 압박을 가했다. 미국이 대만에 판매 결정한 '부품' 내 무기가 포함되지 않을 것을 약속하고 부품 공급이 캔쿤 회담 이전에 이미 시작되었다고 발표할 것을 요구했다. 대만 무기 판매 협상 기간 중 다시는 대만에 새로운 무기를 제공하지 않겠다는 약속을 요구했다. 중국 측의 요구가 과대해지자 미국 측은 이를 중국의 대만 통일에 무력 불사용 문제와 연계하려 했다.

그러나 중국의 반대가 거셌다. 덩샤오핑은 2월에 중국이 더 이상 돌아갈 여지가 없으니 어떻게 되든 좋다고 경고했다. 즉, 미국이 수용하지 못하면 중국은 어떻게든 살아갈 것이므로 맘대로 하라는 식이었다. 문제의 심각성은 결국 닉슨 방문 10주년 행사의 취소로 표출되었다.

이에 레이건은 1982년 4월 5일 덩샤오핑과 자오쯔양에게 서한을 보내면서 부시의 아시아 순방길에 중국을 방문해 문제를 논의할 것을 제안했다. 그러나 이런 유화적인 제안과 달리 레이건은 여전히 대만 무기 판매를 견지했다. 그는 4월 13일 미 의회에 6,000만 달러 규모의 군사 부품을 대만에 판매한다는 입장을 통보했다. 중국은 와인버거의 방중 거절로 대응했다.

5월 5일 부시 부통령이 항저우에 도착한다. 그리고 자오쯔양, 황화 등과 회담을 가졌다. 5월 8일에 그는 덩샤오핑을 만났다. 그는 연쇄적인 회담에서 대만에 대한 무기 판매 중단 날짜를 설정하는 것보다 미국의 우호적인 의도를 설명하는데 급급했다. 중국은 이런 미국의 행위가 '두 개의 중국'을 조장하는 것이라고 공격했고 부시는 친구에 대한 충성심에서 비롯된 것이라고 반박했다.

다행히 문제 해결의 가닥을 잡을 수 있었다. 덩샤오핑의 용단이 작용했다. 그는 미국 지도자가 일정 기간 내에 대만 무기 판매를 점진적으로 축소시키고 최종적으로 완전히 중단시키겠다는 약속만 하면 해결 방식에 대해 논의할 의사가 있다고 입장을 바꿨다.[28] 기존의 '선 기한, 후 축소 및 중단'에서 '점진적 축소 및 중단 약속, 후 방식 논의'로 실마리를 찾았다. 이런 중국의 '양보'에도 불구하고 레이건이 성의를 보이지 않자 헤이그는 6월 29일 사직한다.

헤이그 국무장관의 사임으로 레이건이 문제 해결에 직접 나섰다. 미국은

---

28 中共中央文獻研究室, 『鄧小平思想年譜』, pp. 220～221.

8월 20일 이전에 대만과의 F-5-E 전투기 합작생산 의사를 미 의회에 통보해야 했다. 그리고 그 전에 중국과 모종의 합의를 이뤄내야만 했다. 그래서 그는 주중 대사 허멜에게 덩샤오핑에게 전할 서한을 보냈다. 미국은 대만에 무기 판매를 추구하지도 않고 무기한적으로 추진할 의사가 없다는 내용이었다. 그리고 미국이 일정 기간 내에 점진적으로 대만에 판매하는 무기를 축소시켜 최종적인 해결을 일궈내겠다는 양보도 덧붙였다. 5일 후 중국 측은 미국에게 대만 무기 판매의 기한 설정 요구를 포기할 뜻을 알렸다. 대신 점진적으로 대만에 무기 판매를 감축시키는 것을 조건으로 대처했다.[29]

미중 양국의 양보 끝에 8월 15일 마침내 합의문이 탄생했다. 이 합의서가 이른바 '1982년 미중 성명서(communique)'다. 8월 17일에 발표되어 〈8.17 성명서〉로도 잘 알려져 있다. 성명서는 총 9개 조항으로 이뤄졌다.

1982년 성명서는 대만 판매 무기의 질과 양, 그리고 성능의 수준을 제한하고 있다. 특히 제6조가 핵심이다. 중국이 미국에게 요구한 사항들이 모두 반영됐다. 이 조항에서 미국은 장기적인 대만 무기 판매 정책을 추구하지 않겠다고 공언했다. 나아가 판매 무기의 규모와 성능은 수교 초기의 것을 초과하지 않겠다고 밝혔다. 미국은 대만에 무기 판매를 점진적으로 축소시키면서 일정 시간이 경과한 후 이의 완전한 해법을 마련할 것이라고 선언했다.[30]

발표 후 미국은 당연히 대만의 불만과 항의를 진정시켜야 했다. 레이건행정부는 대만에 무기를 팔 때 중국과 사전 협상이 없을 것을 약속했다. 대만과 중국 사이에서 무기와 관련해 어떠한 중재도 하지 않을 것을 보장했다.

레이건은 중국과 대만 간의 군사력 균형을 조건으로 대만에 무기 판매를 제한하는 조건을 달았다. 즉, 군사적 균형이 중국과 대만 사이에 유지될 경우 대만에 판매하는 무기의 수준을 제한한다는 의미였다. 이는 레이건의 순수한 해석이었지 성명서에는 포함되지 않은 내용들이었다.

레이건은 남은 임기 동안 해법을 찾는데 실패했다. 헤이그와 같이 중국의 전략적 가치를 높게 평가하는 이들도 더 이상의 진전이 없었다. 헤이그의 사임으로 이른바 '범아시아파(派)'가 등장한다. 이들은 중국보다는 일본을 중시

---

29 陶文釗, p. 129.
30 『人民日報』, 1982年 8月 18日.

하는 입장에 서 있었다.

이들은 전임자들이 중국의 전략적 가치를 과대평가해서 중국에 계속 양보만 해줬다는 인식을 가지고 있었다. 그래서 미국이 모든 협상에서 중국에게 계속 끌려다닐 수밖에 없는 책임을 그들에게 물었다.

'범아시아파'의 대표적인 인사는 새로 부임한 국무장관 조지 슐츠(George Shultz), 폴 월포위츠(Paul Wolfowitz, 당시 국무부 기획실장에서 홀드리지의 사임 후 동아시아차관보로 승진하고 3년 뒤 시구어가 승계), 윌리엄 클라크(William Clark, 당시 레이건 비서), 국가안보회의의 게스톤 시구어(Gaston Sigur), 아미티지(국방부 아시아정책 책임자)와 릴리 등이었다. 이들은 중국의 전략적 가치나 위상이 아시아의 한계를 넘지 못하는 상황에서 중국을 과대평가할 필요가 없다는 신념을 공유하고 있었다.

이들은 지금까지 미국이 중국의 요구에 보인 무조건적인 수용 태도에 불만이 많았다. 비 정치군사 분야에서도 이러한 양상이 나타났다. 특히 미 재계는 중국의 가치를 과도하게 평가하는 경향을 악용하고 있었다. 대중국 수출 통제 기구가 기술이전을 포함한 수출 품목을 제한하고 있는 사실을 인지하면서도 중국과 계약을 체결했다. 그래놓고 계약 품목의 금수 제한을 풀어달라고 정부에 호소와 로비를 하는 게 습관이 되어 있었다. 범아시아파 인사들은 미 재계의 이를 알면서도 무조건 들이대는 관행에 불만이 컸다. 미 재계의 이기적인 행동 때문에 미국이 중국에 끌려다닐 수밖에 없다는 게 범아시아파의 주장이었다.

슐츠는 북경 방문 중 미국 상공업계와의 간담회에서 기업들이 미국정부의 대중국 정책에 대한 불만을 토로하자, "그렇게 불만이면 중국을 떠나 일본이나 다른 나라로 가서 비즈니스를 하라"며 짜증을 냈다는 유명한 일화를 남겼다.

슐츠의 인식은 그의 1983년 2월의 아시아 순방에서도 역력하게 드러났다. 그는 2월 2일 북경에 도착해서 중국 외교부장 우쉐지엔(吳學謙)을 만났다. 두 사람은 총 3차례, 8시간의 마라톤회담을 가졌다. 방문 마지막 날인 5일에 슐츠는 덩샤오핑을 만난 자리에서 미국의 대만에 대한 무기 판매가 〈대만관계법〉의 범주를 벗어나지 않았다고 주장했다.[31] 미국이 대만 무기 판매 문제에서 양보할 뜻이 없음을 전한 것이다.

그리고 귀국 후 보고에서 미일 동반 관계를 특히 강조했다. 그의 방중은 그다지 큰 성과를 가져오진 못했다. 별다른 충돌은 없었으나 그렇다고 미중 관계를 크게 향상시킨 것도 아니라는 게 당시의 중론이었다.[32]

결국 미 국무부의 중국파 인사들, 즉 중국을 과도하게 의식해 대만 무기 판매의 제한을 엄격하게 준수하려던 이들이 좌천되기 시작했다. 대표적인 인물이 홀드리지였다. 동아시아차관보를 역임했던 그는 인도네시아 대사로 발령됐다. 또 하나는 주중 미 대사관의 대표적인 중국통이었던 찰스 프리먼(Charles W. Freeman)으로 그는 1984년 재배치 이후 약 10년 동안 중국 업무에는 손도 대지 못했다. 윌리엄 로프(William Rope)는 당시 중국파의 최연소 외교관으로 대만 무기 판매 문제 협상팀의 일원이었다. 그 역시 1983년 중국 데스크에서 쫓겨난 후 동아시아 어느 나라의 업무에도 손대지 못하다가 결국 터키 전문가가 되어버렸다. 헤이그는 사임 후 군수회사(United Technologies)에 종사하면서 중국과 대만 두 곳에 무기를 팔았다.

⋮ 밀월관계에 진입하다

레이건 시기의 미중관계는 초기에 상당한 홍역을 겪은 후 '밀월'관계에 접어들었다. 마치 이혼할 것 같이 싸우던 부부가 신혼생활로 다시 돌아가는 것처럼 쉽게 이해되지 않을 정도였다. 〈8.17 성명서〉로 대만 무기 판매 문제가 해결되자 미중 양국은 언제 그랬냐는 듯이 황금시대의 문을 열었다. 양국의 장군들은 과거 한국전쟁에서 총부리를 겨눴던 사이였다는 사실을 망각했다. 대신 만찬상에서 술잔을 들고 건배하기 바빴다. 정보요원들은 아프가니스탄과 캄보디아에서 대규모 비밀작전을 같이 진행했다. 미국의 군수업자들도 중국에 무기를 납품하느라고 분주했다. 미 군함들도 중국 항구에 기항하기 시작했다.

중국은 최고의 실력과 능력을 갖춘 학생 수십만 명을 미국에 유학보내기

---

31 『人民日報』, 1982年 10月 23日.

32 Tyler, A Great Wall, p. 332.

시작했다. 미 행정부 장관들은 중국정부의 장관들에게 최고의 연수프로그램을 제공했다. 미중 양국의 관계가 깊게 숙성되어 가는 것을 많은 분야와 영역에서 실감할 수 있었다. 닉슨과 카터 시기에는 이런 깊은 맛이 없었다.

미중 양국 관계가 밀월관계로 진입할 수 있었던 이유는 간단했다. 두 나라는 격정적으로 치고받고 싸운 덕에 서로를 너무 잘 알게 되었다. 레이건 취임 후 미중은 우선 교역문제로 심한 갈등을 겪으면서 서로의 마지노선을 피하는 법을 터득했다. 이런 학습효과는 대만문제에서도 그 효력이 나타났다. 대만에 대한 이견의 존재를 양국이 서로 인정하면서 서로에게 최선의 선택지를 제시할 수 있을 정도가 되었다.

역설적이게도 미국 지도자의 반전 효과 역시 미중 양국의 밀월관계를 촉진시키는 요인으로 작용했다. 레이건정부 이전 미국의 중국 관련 지도자들은 이른바 중국의 '오랜 친구'들이었다. 그래서 중국은 키신저, 부시와 헤이그 등과 같은 지도인사들에게 많은 것을 편하게 요구할 수 있었다. 반면 '친구'로 생각하지 않았던 레이건, 슐츠와 월포비츠 등에게는 더 실용적으로 접근할 수밖에 없었다. 그러나 다행히도 이들은 중국의 오랜 친구들보다는 덜 변덕스럽고 더 현실적이었다. 이들의 이런 정치적 기질이 미중 양국의 밀월여행을 견인한 원천 중 하나였다.

또 하나의 동인은 중국의 국내 상황이었다. 1980년대 중국의 사회와 문화는 서방화(西方化)의 시기에 접어들었다. 덩샤오핑의 후계자로 낙점된 후야오방 총서기와 자오쯔양 총리는 덩샤오핑보다 서구 가치에 더 호의적이었다. 후 서기는 자오 총리보다 개방된 인물이었다. 일례로 그는 중국인들 사이에 전염병을 예방하기 위해 젓가락대신 서구와 같이 포크와 나이프로 식사를 해야 한다는 주장을 펼쳤다. 이런 분위기 속에 중국은 미국과 10년 전 약속했던 인문 문화 교류의 문호를 개방한다.

미중 양국의 밀월을 추동한 대외적인 사건은 아프가니스탄 전쟁이었다. 미 CIA와 중국의 인민해방군과 정보당국이 공동작전을 펼친 것이 계기였다. 1980년 말 CIA 국장 스탠스필드 터너(Stansfield Turner)의 북경 방문으로 양국의 정보당국 간 실무관계가 정식으로 설립됐다. 이후 CIA는 중국과 최대 규모의 군사작전을 공동 수행했다. 작전 내용에는 중국에서 소련군의 동태를 파악하는 정보전부터 아프가니스탄 반정부군에 대한 무기 판매 및 수송 등이 포함됐다.

미국은 아프가니스탄 전쟁 초기에 많은 무기를 아프가니스탄 반군에 공수했었다. 그러나 전쟁이 장기화되면서 결국 중국의 것으로 대체한다. 미국은 이미 80년대 초부터 중국의 해외 무기 수출을 강력히 비판했었다. 그러나 아이러니컬하게 아프가니스탄 전쟁으로 중국 무기의 최대 구매자는 CIA가 되었다. 아프가니스탄의 반군은 1983년에 1만 톤의 무기를 미국으로부터 제공받았는데 1987년에는 6만 5,000톤으로 증가했다. 이 중 대부분이 중국에서 조달한 것이었다. 일설에 의하면 중국이 미 CIA에 판매한 무기는 연간 1억 달러의 규모였다.

미중 양국의 밀월관계를 유발한 또 다른 계기는 미국 군수산업의 대중국 문호 개방이었다. 아프가니스탄전과 함께 미국은 본격적으로 중국에 무기 판매와 기술이전에 대한 제약을 해제하기 시작했다. 그 결과 1989년 천안문사태 직전까지 미중 군사교류 활동의 60~70%가 무기 판매였다.

기술이전은 1983년 5월 레이건이 최첨단 기술의 대중국 수출금지 해제 메시지를 당시 미 상무장관 말콤 볼드리지(Malcom Baldridge)를 통해 북경에 전하면서부터 시작되었다. 레이건행정부는 중국에게 당시 유럽, 아시아와 아프리카의 미국의 비동맹국이나 우호적인 국가의 자격 수준에 해당되는 수준의 최첨단 기술이전을 허락하기로 결정했다.

이는 곧 '군민양용(軍民兩用)', 즉 민수용과 군수용으로 호환 가능한 기술의 중국 이전을 허락한 것이다. 중국은 소련과 동구에게 판매가 금지된 기술을 미국으로부터 직접 구매할 수 있게 되었다.[33]

---

33 중국이 미국으로부터 이전받고 싶은 기술의 75%가 '녹색 영역(Green zone)'의 것이었다. 미국은 기술이전과 관련해 통제를 3단계로 구분해 관리한다. 최상 순위별로 홍색 영역(Red zone), 중간영역(Intermediate zone), 녹색 영역(Green zone) 등이다. 녹색 영역의 기술은 간단한 수속절차로 이전 받을 수 있다. 상당한 고급기술은 중간 영역으로 국방부와 유관 부처의 심사 대상이다. 미국의 '국제무기거래 기준(International Traffic in Arms Regulations, ITAR)' 법안의 통제 대상이다. 제일 선진화되고 제일 민감한 기술은 홍색 영역으로 규정된다. 이는 동맹국에게도 이전이 잘 안 되는 기술이다. 중국에게 녹색 영역의 기술이전은 1983년 11월 21일부터 실시됐다. American Foreign Policy, Current Documents 1983, (Washington, D.C. :

이런 금수 조치의 해제로 미 군수산업은 중국과 대규모 판매 사업 계약을 맺기 시작했다. 1982년 미국의 한 군수기업은 중국과 5억 달러의 수출 계약을 맺었다. 1985년에 이 수출 규모의 달러 가치는 50억 달러로 뛰었다. 이런 미국의 대중 군사관계 강화 의지를 증명하기 위해 와인버거 국방장관이 대표단을 이끌고 1983년 9월 25일 북경을 방문한다. 이 대표단에는 아미티지(국방부 국제방위차관보), 울포위츠(국무부 동아태차관보), 프레드 아이클(Fred Ikle, 국방정책 차관보)과 콜린 파웰(Colin Powell, 와인버그의 군사 비서관) 장군 등이 포함되었다. 그의 방문은 3년 전 브라운 전 국방장관의 방문 이후 처음이었다.

파웰 장군이 이후 아들부시 행정부의 국무장관이 된 것이 신기한 대목이다. 당시 그의 배경을 모르는 이에게는 의외의 선택으로 받아들여졌다. 아미티지와 울포위츠 등도 아들부시 행정부의 국무차관과 국방차관으로 각각 다시 컴백했다.

와인버거는 북경 만찬에서 중국의 전략적 가치를 '북으로부터 오는 위협'을 막는 '현대판 만리장성'에 비유하면서 높이 평가했다. 그러나 그는 방문을 통해 중국이 대소련 연합 방어 전선을 구축하는데 관심이 있는 것보다 미국으로부터 기술이전과 무기를 구매하는데 더 관심이 크다는 것을 직접 느꼈다. 이런 분위기에서 그는 미 행정부가 32개의 무기 및 군민양용 기술이전을 승인했다고 선언했다. 이는 중국이 1981년부터 학수고대해온 것으로 와인버거는 중국에게 크나큰 선물을 안겨준 셈이었다.

9월 28일 와인버거와 덩샤오핑의 회담이 있던 날 중국 외교부와 백안관의 대변인들이 동시에 자오쯔양 총리와 레이건의 방문이 각각 1984년 1월과 4월로 결정됐다는 소식을 전했다.[34] 덧붙여 우쉐젠 중국 외교부장이 10월 11일에서 14일까지 미국을 방문한다는 소식도 전해졌다.

우쉐젠은 미국 측과 무역협정 3년 연장 협정서, 방직제품 협정서, 핵기술 협력합의서 등 일련의 합의서들을 체결했다. 그리고 중국의 개혁개방정책이 중국 헌법에 기입된 국책이라고 설명하면서 경제·무역·과학기술 분야에서

Department of State, 1985), pp. 1005~1007.

34 『人民日報』, 1983年 9月 28日, 29日.

양국의 협력이 더욱 광활해질 수밖에 없다는 입장을 밝혔다. 또한 중국이 대만문제의 평화적 해결을 외교 방침으로 설정한 이상 더 이상의 간섭을 삼갈 것을 요구했다.[35]

미중 군사협력은 고위급 인사 교류로 한층 더 탄력을 받았다. 1985년 1월 미 합동참모본부장 존 베시(John W. Vessey, Jr.)가 1949년 이후 최고위급 군인사로 중국을 방문했다. 아이러니컬하게 그를 영접하고 그에게 만찬을 베푼 중국 측 합동참모본부장은 양드저(楊得志)로 그는 한국전쟁에서 '인해전술'을 지휘한 야전사령관이었다. 이들 대화의 공통분모는 한국전쟁이 아닌 소련과 일본이었다. 어떻게 하면 소련을 유럽에서 저지할 수 있는가가 주된 주제였다. 이들의 친목에는 '적의 적은 친구다'라는 논리가 크게 작용했다.

1984년 초가 되면서 중국 인민해방군 지도부와 중국의 군수산업 최고 경영자들이 미국에 대거 초청되기 시작했다. 이들 중엔 덩샤오핑의 사위 허핑(賀平)과 중국 인민해방군의 원수 허룽(賀龍)의 아들 허펑페이(賀鵬飛)도 포함되었다. 이들은 무기 쇼핑이 주목적이었다. 이후 이들은 90년대 중국이 중동 및 기타 지역에 무기를 대거 판매할 때 미국의 의혹을 산 핵심 인물들이었다. 아이러니한 것은 이들이 80년대 미국 무기의 최대 구매자였던 사실을 아는 미국인이 거의 없다는 사실이다.[36]

1984년 6월 미중관계는 미국이 또 하나의 군사 해금 조치를 함으로써 더 깊어만 갔다. 레이건은 중국을 미국의 해외 무기 판매 프로그램(America's Foreign Military Sales Program)에 회원국으로 가입시켰다. 이로써 중국은 미국정부로부터 미국 무기의 직접 구매가 가능해졌고 미국정부로부터 무기 구매를 위한 자금 지원도 받을 수 있게 되었다.

이후 5년 동안 중국은 미국의 무기 체계를 대규모로 구입한다. 중국은 대포 포탄과 발사체 생산 제조 공장의 현대화를 위해 2,200만 달러를 지불했다. 중국은 또한 800만 달러어치의 미국 어뢰를 구입하고 6,200만 달러로 포병위치탐지레이더를 구매하고 5억 달러로 자국의 전투기 현대화를 구매했다.[37]

---

35 『人民日報』, 1983年 10月 15日, 16日.

36 陶文釗, pp. 180～183.

37 Eden Y. Woon, "Chinese Arms Sales and U.S.-China Military Relations," Asian

중국은 특히 소련의 미그-21기를 카피한 F-8 전투기 55대의 레이더와 내비게이션장치 등과 같은 항행 장비를 위해 5억 5,000만 달러의 계약을 미국과 체결했다.[38]

이 프로젝트의 이름은 '평화 진주(Peace Pearl)'로 진행 회사는 그루만(Grumman)이었다. 그러나 뚜껑을 열어보니 중국 전투기를 업그레이드하는 데 더 많은 장비와 부품이 필요했고 이는 자연히 더 많은 예산을 요구했다. 결국 미중 양국 간엔 돈 때문에 싸우는 해프닝이 발생했다. 최고 성능의 전투기로 업그레이드 하려는 중국의 주문을 미국이 거절할 수밖에 없는 상황이 연출되었다. 간단하게 말해서 배보다 배꼽이 컸기 때문에 새로운 비행기를 판매하는 게 더 경제적이었다. 그럼에도 불구하고 1989년까지 이 프로젝트는 미중 양국의 논쟁과 함께 진행되었다.

마지막으로 미중관계 황금기의 시작에 결정적인 영향을 미친 것은 레이건의 북경 방문이었다. 1983년 초부터 레이건은 방중 계획을 세우기 시작했다. 대내외적인 동기가 있었다. 대외적으로 미중관계의 절정기를 연출할 수 있었다. 대내적으로는 1984년 재선 캠페인에 이를 그의 외교 성과로 크게 전시할 수 있는 호기로 판단되었다.

레이건은 본래 1983년 11월에 중국을 방문하려 했었다. 그러나 그 해 많은 미국 고위급 인사들이 중국을 방문한데 비해 중국 인사들의 미국 방문이 없었기 때문에 내부의 반대가 심했다. 특히 반대했던 미 국무부는 미국의 자존심 문제라고 우겼다. 1983년 중국 고위급 인사의 미국 방문이 전무한 가운데 미국의 고위급 인사에 만약 대통령까지 중국을 방문하면 형평성에 어긋난다고 주장했다. 레이건은 이를 수긍했다. 그래도 그는 1984년보다 1983년의 중국 방문을 선호했다. 1984년은 재선을 위한 대선 유세 기간이기 때문에 자칫 더 많은 정치적 오해를 야기할 수 있다는 우려가 있었다.

레이건은 그래서 1983년 중국 방문을 위해 자오쯔양을 미국에 초청했다. 그러나 답이 없었다. 레이건은 다시 자신의 방중 조건으로 자오를 다시 초청했다. 이번엔 자오가 바로 응답을 보내왔다. 그는 자신의 방미를 1984년 1월

Survey, Vol. 29, No. 6, June 1989, pp. 602~603.

38 陶文釗, pp. 183~187.

로 결정했다. 그러자 레이건은 그의 방중 일정을 4월로 결정하고 북경에 이를 통지했다.

혹자는 이 같은 최고지도자의 방문 협상을 두고 미중 양국의 외교 사무가 처음으로 상호주의에 입각해 진행되었던 것으로 평가한다. 과거에 일방적으로 중국에 끌려 다니던 방식에서 상호주의가 싹튼 것이었다. 이는 이후 미중 최고지도자의 상호 답방의 전통 기반을 닦아주는 외교적 의미로 해석되었다.

1984년 1월 3일 미국 방문에 앞서 자오쯔양은 미국과 캐나다 기자를 접견한다. 그는 기자회견에서 중국 외교정책의 기본방침을 설명했다. 중국의 개혁개방과 현대화의 지속을 위해 장기적인 평화 환경이 필요함을 역설했다.

자오는 이를 위해 미국과 안정적이고 지속적인 관계의 기반을 이번 방문에서 달성하고 싶다는 의사를 밝혔다. 자오의 말 가운데 미국을 놀라게 한 것은 중국이 미국과 소련의 관계개선도 희망한다는 대목이었다. 이는 중국이 새롭게 채택한 독립자주외교의 단편을 재강조하는 말이었다.[39]

1월 7일 자오쯔양은 방미길에 오른다. 이들 대표단에는 국무위원 겸 외교부장 오쉐젠, 국무원 부비서장 천추(陳楚), 국가계획위원회의 부주임 간즈위(甘子玉), 국가과학위원회 부주임 자오동완(趙東宛), 대외경제무역부 부부장 자스(賈石) 등이 포함되어 있었다. 대표단은 이틀 뒤인 9일 워싱턴에 도착한다. 그리고 이튿날인 10일에 레이건과 회담을 가졌다.

회담의 핵심 이슈는 역시 대만문제였다. 자오는 대만문제가 해결되지 않으면 양국의 협력이 모든 영역에서 영향을 받을 수밖에 없다고 설명했다. 그러면서 미국이 1984년까지 〈8.17 성명서〉의 내용을 이행해주길 기대한다고 밝혔다.

이에 레이건은 단지 오랜 친구에게 약속한 의무를 지키는 것뿐이며 이런 책임을 피할 수는 없다는 말로 답했다. 이것이 미국의 입장을 견인하는 주요 원인이라고 설명했다. 자오는 레이건이 말하는 오랜 친구가 결코 대만당국을 의미하는 것이 아닌 대만인이길 바란다고 힘주어 말했다.

경제·기술 분야의 협력과 관련해 자오는 일본과 유럽이 장기적인 우대 차

---

39 『人民日報』, 1984年 1月 4日.

관을 제공하는데 미국이 아직 유사한 조치를 취하지 않으니 조속히 이 문제를 해결해줄 것을 당부했다. 소련문제와 관련해서 자오는 중국이 소련과 대화중이지만 중소관계가 개선될 리 만무하다는 의견을 전했다. 마지막으로 핵확산 문제와 관련해서는 중국이 다른 나라의 핵무기 개발을 도와주는 일은 없을 거라고 명백히 밝혔다.[40] 12일 미중은 1979년의 과학기술협력협정을 5년 연장한다.

자오의 귀국 후 브루진스키가 1984년 2월 22일 북경에 방문해 덩샤오핑과 회담을 가졌다. 이 회담이 중요했던 것은 덩이 중국 외교에 또 다른 세 가지 흥미로운 이슈를 미국 측에 처음 제기했기 때문이다. 이는 '일국양제', 영토분쟁의 원칙과 미군 철수 문제와 관련된 것이었다.

이른바 '일국양제'는 중국의 평화통일 방식으로 하나의 중국 아래 두 개의 제도(사회주의와 민주주의)를 두는 것이다. 즉, 중국은 사회주의를 고수하고 대만은 자본주의를 견지한 상태에서 하나의 중국으로 통일하자는 방안이다. 영토분쟁의 원칙은 중국이 해결이 어려운 사안에 대해 주권을 먼저 논하기보단 우선 공동 개발하자는 원칙이다.

미군 철수 문제에 관해 덩은 직설법보단 비유법을 사용했다. 덩은 한국, 대만, 이스라엘, 남아프리카 4개국을 4척의 항공모함에 비유했다. 그는 미국이 이 4척의 항공모함을 이 지역에서 벗어나게 해야 미국이 더욱 주도적으로 세계전략을 추진할 수 있다고 우회적으로 설명했다.

소련 문제에 대해서도 유사한 뉘앙스를 풍겼다. 그는 소련과의 관계정상화의 전제로 이른바 '3대 장애', 즉 아프가니스탄의 소련군 철수, 몽골의 소련군 철수, 베트남의 캄보디아 점령 및 지원 철수 등을 언급했다. 그는 중국이 3대 장애의 해결을 선결조건으로 견지하고 있음을 강조했다. 이는 중국 주변에서 미군과 소련군이 철수하길 바라는 덩샤오핑 자신과 중국의 의지를 암시하는 대목이다.[41]

이후 3월에 미국 재무부장관 리건(Regan)이 40명의 대표단을 인솔하고 중국을 방문한다. 중미연합경제위원회의 제4차 회의 참석을 위해서였다. 그리

---

40 American Foreign Policy Current Documents 1984, p. 684.

41 中共中央文獻研究室, 『鄧小平思想年譜』, p. 278

중국을 방문하여 덩샤오핑과 만난 레이건 미 대통령

고 4월 26일 레이건이 5일 간의 일정으로 북경과 상해를 공식 방문한다.

레이건의 방중이 미중관계의 밀월기를 견인한 가장 큰 이유는 그의 개인적인 정치 성향 때문이었다. 그는 매우 강경한 반공주의자였다. 반공주의적 관념으로 그는 당연히 친대만이었다. 대통령이 되기 전까지 그는 중국공산당을 스스로의 전통을 파괴한 주범이고 폭력과 선전 등의 수단으로 정권을 독점했다고 맹비판했었다.

그러나 레이건은 1984년 중국 방문으로 공산당 정권의 정당성을 인정하는 셈이 되었다. 또한 미 대통령으로서 미국이 대민에 제한적일 수밖에 없는 현실 정치의 한계를 깨우쳤다. 이는 대만에게도 정치적 전환의 계기로 작용했다.

대만 역시 현실정치의 벽을 깨닫게 된다. 과거에서 벗어나 더 민주적이고 발전적인 정치로 성장해야 국제사회의 지지를 확보할 수 있다는 생각에 결국 민주화를 택하게 된다. 그러면서 미국에 대한 의존도나 미국의 대만 통치에 대한 집착, 그리고 대륙 통일에 대한 몽상에서 벗어날 수 있는 전환점으로 이를 활용했다.

레이건과 미국의 중국 오해 : 천안문사태의 조짐

중국 방문 당시 73세의 레이건이 북경에서 최고지도자들로부터 받은 브리핑은 중국 국내 정치 상황이었다. 그는 후야오방 총서기, 자오쯔양 총리 등을 만났는데 후야오방이 그에게 전한 말은 아이러니했다. 덩샤오핑 이후 중국 정치가 안정적으로 돌아갈 것이라는 이야기였다. 그 이유로 그는 덩샤오핑 사후에도 지도자 수업을 잘 받은 젊은 지도자들이 중국을 잘 이끌어 나갈 것이라고 했다. 당시 덩은 80세였다. 그러나 중국의 현실정치 세계는 자오의 설명과 달랐다. 동요의 조짐이 태동하고 있었다.

1985년 그러면서 순조로워 보이던 미중관계에 갈등이 벌어진다. 미국의 정보요원이 중국 국가안전부의 요원(국장)을 중국에서 도주하도록 도와줬다. 그의 이름은 위창성(兪强聲)으로, 혁명원로인 위치웨이(兪啓威)의 아들이었다.[42] 그는 또한 마오쩌둥의 정보수석이자 문화대혁명의 '4인방' 중 하나였던 캉성(康生)의 제자 또는 양아들로 알려졌다.

그의 증언에 따르면 미 CIA는 상당히 오랜 기간 동안 중국 정보당국의 침투를 받았다. 이것이 가능했던 것은 미 CIA를 돕던 화교 스파이 래리 우타이 친(Larry Wu-Tai Chin)이 방조했기 때문이었다.

그는 한국전쟁 이후 CIA에서 통역가와 분석가로 북경 당국을 위해 활동했었다. 1970년에 그는 비밀취급인가를 받았고 기밀문서를 사진 찍어 토론토에 주재하던 중국 정보요원에게 넘겼다. 그 대가로 그는 매년 1만 달러씩 받았다. 그러나 그는 라스베이거스에서 도박으로 모든 재산을 탕진했다. 위창성의 미국 도주로 친의 사실이 드러난다. 친은 1985년 11월 22일에 미국에서 체포된다. 이것이 미중관계에서 첫 번째 간첩사건이었다.

---

42 위치웨이는 황징(黃敬)으로도 알려졌다. 그는 북경대학 출신으로 연안정부 시기를 거쳐 장자코우 시장, 건국 후 텐진(天津)시의 시장과 당서기, 그리고 제1기계생산산업부 부장(1952년)과 국가기술위원회의 초대위원장(1956년)을 역임했다. 장쩌민 총서기를 총애했던 인물이었다. 이후 1958년 반우파운동에서 반동분자로 찍히고 46세의 나이로 사망했다. 슬하에 위창성과 위쩡성(兪正聲) 등 두 아들이 있었다. 위쩡성은 전임 상해시 총서기 시진핑을 승계(2007~2012년)했고 시진핑 체제에서 2013년 3월부터 정치협상회의 위원장직을 맡고 있다. 그의 당 서열은 4위다.

그런데 사건의 처리에서 미국 담당관이 불가피하게 바뀌어야 하는 상황이 발생했다. 통상적으로 이런 사건은 국무부의 중국 담당 차관보가 주미 중국 대사(당시 한쉬)를 소환해 문제를 항의하는 식으로 진행되었다. 그러나 당시 미 국무부의 중국 담당관이 릴리였다.

릴리는 CIA의 요원 출신으로 북경에서 장기간 간첩 활동을 한 경력이 있었다. 그래서 국무부는 미국과 중국 관료 사이에서 조롱거리가 될까봐 이 사건을 다른 인사에게 넘겼다. 친은 1986년 2월 21일 선고를 기다리는 동안 자살했다. 이후 중국 측은 위창성과의 접견을 요청했으나 미국 측이 이를 거절했다.

간첩사건보다도 미중관계에 갈등을 암시했던 더 큰 사건은 1984년 12월부터 그 조짐이 보이기 시작했다. 천여 명의 북경대학 학생들이 학교 본부에 모여 매일 저녁 11시에 소등하는 문제로 항의하기 시작하면서였다. 그리고 한 달 후 정치 색채를 띤 시위가 북경사범대학에서 시작됐다. 그러나 학생들의 요구는 관철되지 못했다.

학생들의 움직임의 의미를 과소평가한 미 행정부(레이건과 부시 부통령)는 앞으로 평시민과 중국정권 당국 간의 깊은 갈등이 어떤 식으로 나타날지에 대해 전혀 예상하지 못하고 있었다. 더 아이러니한 것은 후야오방의 예언과 달리 중국 정치는 1989년 후야오방 자신의 죽음으로 일대 위기를 맞게 되었다는 사실이다.

중국의 개혁개방은 처음부터 순탄하게 진행되었다. 덩샤오핑은 인민공사를 해체하고 농업경제 개혁에 박차를 가한 결과 1984년 사상 최대의 풍년을 경험했다 (그래서인지 이듬해에는 식량 생산이 2,800만 톤 감소함). 다음으로 그와 정권은 도시경제의 개혁에 눈을 돌렸다. 처음으로 가격제를 도입해 제품 가격을 시상의 손에 맡겼다. 중국인은 처음으로 수요와 공급이란 경제학의 가장 기본적인 원칙을 경험하게 된다.

그러나 결과는 불확실성의 증대와 격변의 연속이었다. 이 과정에서 중국의 국공내전 말기 이후의 초인플레이션(hyperinflation) 현상이 다시 나타나기 시작했다. 불안 속에 국민들은 사재기를 했다. 정부당국은 그래도 물가 안정을 유지할 수 있다고 호언장담했다. 이를 불신한 국민들이 미래에 대한 불안감에 저축을 깨고 내구소모재(TV와 냉장고 등)를 급격하게 구매하기 시작하면서 초인플레이션은 급속히 조장되기 시작했다.

이런 혼란스러운 상황은 당연히 중국 원로지도자, 즉 혁명세대이며 보수파이고 개혁개방 반대파들의 원성을 유발했다. 학생들은 서구 정치사상과 가치에 노출되면서 권리와 권익에 대한 인식이 높아졌다. '소등사건' 등에서 볼 수 있듯 학생들의 권익 개선 요청은 점차 정치화되면서 시위의 도화선이 되었다.

학생들의 시위는 시작에 불과했다. 그들의 시위는 더 스마트해지기 시작했다. 그들은 중국공산당이 개입할 수 있는 명분을 주지 않는 이슈로 시위를 시작했다. 그리고 이를 유형화하는 데 성공했다. 예를 들면, 그들이 존경하는 지도자 저우언라이와 후야오방의 사망을 애도하는 자리를 기회삼아 놓치지 않고 활용했다. 아니면 전천후적인 시위 목적을 가진 '반일' 시위를 자주 활용했다.

1985년 가을에도 학생 시위는 계속되었다. 일본의 동북지역 침략 50주년을 맞아 일본의 군국주의에 대한 시위를 북경에서 가졌다. 이들은 북경대학에서 천안문광장까지 행진을 했고 반일 시위는 전국적으로 급속하게 확산되었다.

그해 10월 아버지부시가 중국을 방문하면서 청두(成都)에 갔을 때 그의 탑승 차량을 일제에서 중국 국산으로 바꾼 에피소드가 당시 분위기를 전한다. 중국 혁명원로들의 눈에는 반일 시위가 후야오방 등을 포함한 친일 성향의 개혁파 체면에 먹칠을 하는 호기로 보였다. 따라서 이들 중 그 어느 누구도 학생 시위를 저지하거나 누그러트릴 필요성을 느끼지 못하고 방조했다.

그러나 이 시위는 반일감정에서 시작됐지만 곧 중국의 현실정치와 경제의 폐단에 노골적으로 항의하는 것으로 변화되었다. 그들은 물가 상승, 부패와 부정, 그리고 태자당과 그 친인척의 특권과 호의호식 등에 불만을 터뜨렸다. 그러면서 자유와 민주주의를 서슴지 않고 외쳐댔다.

이에 중국정부는 민주주의가 문화혁명 때와 같은 무질서 상황을 재현할 수 있음을 경고했다. 12월에 공산당은 시위의 종결을 명했고 학생들은 즉각 이를 수용했다. 당시의 부총리 리펑은 자본주의 가치와 퇴폐적인 생활이 사회주의 체제와 모순이기 때문에 이를 최대한 억제하는데 최선을 다할 것을 약속했다.

1986년 가을 학생들은 또 다시 길거리로 뛰쳐나왔다. 이번에는 서구의 정치사상과 가치를 공개적으로 찬양했다. 안후이(安徽)성 허페이(合肥)시에서 중년의 우주물리학자이며 중국과학기술대학 부총장이던 팡리즈(方勵之)가 지역의회 선거에서 후보자 수의 부족을 항의한 것이 학생 시위의 도화선이 됐다. 약 천 명의 학생에서 시작된 시위는 곧 3,000여 명으로 확대되었다. 성내의 다른 도시로도 급격하게 번졌다.

12월 말에는 시위가 상해에서도 열렸다. 그 자리에 약 3만여 명의 중국 청년들이 운집했다. 상해에서는 '자유 만세', '민주를 달라'는 정치적 구호가 담긴 플래카드들이 출현했다. 학생들은 당시 상해시장 장쩌민(江澤民)을 만나 언론의 시위 취재를 허락해 줄 것을 요구했다. 상해의 시위는 북경의 시위를 촉발했다. 이에 공산당 지도부는 격분한다. 지도부는 팡리즈의 당원 자격을 박탈했다.

공산당 내부의 격분은 최고지도자의 숙청으로도 이어졌다. 공식적으로 후야오방은 상해 시위 사태 발생 한 달도 안 되어 '사퇴'했다. 사실상 숙청당한 것이었다. 그와 중국 원로지도자들과의 정치적 마찰이 누적된 결과였다. 그는 정권의 세대교체를 주장했고 태자당의 특권과 네포티즘(nepotism, 족벌주의)에 상당히 비판적이었다.

그가 숙청된 결정적인 이유는 정치적 개방(political liberalization)과 더 많은 지적 자유(intellectual freedom)를 요구하는 의지가 강했기 때문이었다. 그의 정치적 행보는 풀뿌리 계층이나 당내 지도부의 상부계층에서 정치적 균열 조짐이 일어나고 있었다는 사실의 방증이었다. 후야오방의 공산당 총서기직은 자오쯔양에게로 넘어갔다.

미국은 그러나 이런 중국 내부 정치 상황을 제대로 판단하지 못했다. 미국은 우선 중국의 개혁개방에 대한 성과에 만족스러워했다. 덩샤오핑이 정권을 제대로 장악하고 있어 중국을 안정적인 나라로 인식했다. 심지어 주중 미국 대사였던 윈스턴 로드도 시위를 중국이 올바른 방향으로 발전하고 있다는 길조로 여겼다. 학생 시위를 이런 과정에서 필연적으로 발생할 수밖에 없는 긍정적인 변화와 현상으로 평가했다.

미국이 이 같이 판단 착오했던 것은 당시 상황을 문화대혁명과 비교했기 때문이다. 즉 상대적으로 나아진다고 판단했기 때문이다. 미국정부 내에서 그래도 상황을 제대로 파악했던 사람은 리 샌즈(Lee Sands)였다. 그는 주중 미 대사관의 정보요원으로 중국경제 담당관이었다.

학생 시위의 심각성과 미래를 우려해 그가 미국정부에 제출한 개혁에 대한 불만과 반대 세력의 증강 보고서는 무시되었다. 이 보고서로 워싱턴 귀국 후 그는 해외방송정보서비스(Foreign Broadcasting Information Service)로 좌천되었다. 그는 즉각 사퇴한다. 아이러니하게도 그는 90년대 미국 최고의 대중국 통상 협상가로 부활한다.

1988년 6월 1일 로드 대사는 북경대 학생들을 미 대사관으로 처음 초대한다. 그의 부인 베티 바오(Bette Bao)도 배석한 자리였다. 그의 중국인 부인이 통역을 맡았다. 초청 자리는 자유롭게 학생들과 대화를 가지기 위해서였다. 학생들의 질문은 외국인과의 결혼 생활부터 미국이 어떻게 중국과 같이 공산주의 국가와 관계를 유지할 수 있는지 등 다양했다. 후자에 대해 그는 미국이 이데올로기가 아닌 중국의 개혁개방에 양국 관계의 방점을 두고 있기 때문이라고 답했다.

로드의 북경대생들과의 대화가 이번이 처음은 아니었다. 그는 1988년 봄부터 천안문사태의 주동자 중 한 명이었던 류강(劉剛)이 주최한 이른바 북경대 잔디밭에서 열린 '민주주의 살롱(Democracy Salon)'에도 참석했었다. 그가 참석한 당일 오후에 북경대 학생이 변사체로 발견되면서 살롱은 중단되었다. 그러나 1989년 천안문사태의 또 하나의 주동자 왕단(王丹)이 그의 숙소에서 살롱을 계승했다.

첫 번째 토크쇼의 주인공은 팡리즈였고 로드가 마지막이었다. 그의 학생들과의 대화는 이후 비교적 빈번하게 이뤄졌다. 5월 30일, 즉 학생들과의 미 대사관에서의 대화 전날, 로드는 북경대를 마지막으로 방문했다. 덩샤오핑은 잠시 귀국한 한쉬 주미대사를 통해 그에게 가지 말았어야 했다는 경고 메시지를 전했다.[43]

1988년 여름 중국의 경제 상황은 또 한 번의 위기를 겪는다. 당국은 보조

---

43 Gideon Rose, "Conference Call with Former U.S. Ambassador to China Winston Lord," Foreign Affairs, Volume 93, Number 3. May/June 2014

금을 삭감하기 시작했다. 시장가격제의 개혁이 더 과감하게 이뤄지면서 중국인들의 사재기 열풍이 또 한 번 거세게 일어났다. 인플레이션이 공식적으로 19%를 기록했으나 실제 인플레이션은 25% 이상을 상회했다.

노동자들은 고인플레이션이 물가 상승의 원인일 뿐 아니라 해고를 의미할 수 있다는 두려움에 사로잡히기 시작했다. 이런 상황에서 북경대의 민주주의 살롱과 로드와 북경대생의 대화가 진행되었다. 민주주의 살롱은 상아탑의 지성인에게 공개 논쟁의 장을 제공하면서 천안문사태를 이끄는 이들의 요람이 되었다.

⁝ 밀월기의 갈등요인 II : 중국과 중동의 군사적 불륜

중국은 1980년에서 1987년까지 제3세계에 87억 달러어치의 무기를 팔았다. 대부분이 이란과 이라크에 판매되었다. 중국은 이란과 이라크 두 나라의 전쟁, 이른바 '양이 전쟁' 동안 두 나라 모두에 팔았다. 1987년이 되면서 미 정보당국은 이란이 호르무츠 해협에 미사일기지를 구축하려 한다는 정보를 입수한다.

이란은 그때 중국의 실크웜(silk worm) 지대함 미사일을 구매했다. 이는 1,100파운드(약 500kg)의 탄두를 탑재할 수 있는 미사일이었다. 이란의 미사일 능력이 5배나 증강되는 순간이었다. 동시에 이란이 페르시아 만에서 항행하는 유조선을 타격할 수 있는 능력을 갖추게 되는 순간이었다. 이에 미국은 특히 1987년 5월부터 중국의 무기 수출의 위험성을 심각하게 느끼기 시작한다.

워싱턴은 미사일기술통제기구(Missile Technology Control Regime, MTCR)와 비확산조약에 가입한 북경에 항의했다. 중국은 당연히 이를 사실무근으로 일축했다. 미 국무부 차관보 마이클 아마코스트(Michael Armacost)는 중국에서 미사일을 선적한 중국 배가 출항하여 이란의 반다르 아바스(Bandar Abbas) 항구에 도착하는 사진을 증거물로 제시했다. 그럼에도 불구하고 중국은 일관되게 이를 부인했다.

이 미사일 사건으로 미 국방부는 이제 중국이 더 이상 냉전시대의 전략적

동지가 아니라는 사실을 깨닫는다. 미국은 수교 이후 처음으로 이에 징벌적 경제제재를 채택하기로 결정한다. 그리고 우선 임시방편으로 미국은 쿠웨이트 국적 유조선의 국기를 미국의 것으로 교체해 미국 해군의 보호 아래 운항시켰다.

1987년 10월 23일 레이건행정부는 첨단 기술 제품의 대중국 수출을 제한시키기로 결정한다. 강력한 제재는 아니었다. 단지 당시 진행 중이던 첨단 기술의 금수 조치를 점진적 해제하는 것을 더 늦춘 셈이었다. 그래도 중국에 경고성 메시지를 보낸 격이었다. 레이건은 앞으로 있을 무기 분쟁의 시작을 알렸다.

다행히도 효과는 있었다. 1988년 3월 중국 외교부장 우쉐첸(吳學謙)은 미국 방문 기간 중 전국기자클럽(National Press Club)에서 6개월 만에 실크웜 미사일의 대이란 "유출"을 막기로 약속했다. 효과에 만족스러웠던지 레이건행정부도 6개월 만에 첨단 기술 제품의 수출 제한 조치를 해제했다.

그러나 문제는 거기서 끝나지 않았다. 우쉐첸의 미국 방문 중에 미국은 또다시 중국이 36개의 중거리(핵탄두 탑재 가능한 사거리 1,700km) 미사일 CSS-2를 사우디아라비아에 판매한 사실을 알게 된다. 국무장관 슐츠와 국가안보보좌관 파웰이 이에 대한 해명을 촉구했다. 중국이 사우디에 판매한 미사일은 중국에서 1971년에 실전 배치된 것이었다.

사실 중국과 사우디아라비아의 미사일 협상은 2년여 동안 비밀리에 진행되었었다. 사우디아라비아는 이 미사일의 구매로 이란의 수도 테헤란까지 타격할 수 있는 능력을 갖추게 되었다. 이란뿐만이 아니었다. 이스라엘까지 가능했다.

미국은 두 우호 국가로 생각한 나라에게 발등을 찍힌 기분이었다. 슐츠와 파웰의 요구에 우쉐첸은 핵탄두를 탑재 못하게 변형된 것이라는 변명만 했다. 이후 미국은 중국의 대중동 무기 판매 및 수출이 지역 권력 구도에 미칠 수 있는 전략적 함의를 고민해야 했다.

슐츠는 1988년 7월 북경 방문에서 중동에 더 이상 잠재적인 불안 요소를 제공하지 말 것을 경고했다. 이에 중국 당국도 사우디 외의 국가에는 다시 판매하지 않을 것을 약속했으나 왠지 신빙성이 없었다. 이를 계기로 미국은 중국의 미사일 판매 사업에 촉각이 곤두설 수밖에 없었다. 아버지부시와 클린턴행정부는 중국이 새로운 M-9와 M-11 미사일을 언제 어디에 팔 것인지에 대해 우려하지 않을 수 없었다.

1988년 9월 미 국방장관 프랭크 칼루치(Frank Carlucci)는 북경 방문에서 중국이 M-9 미사일의 해외 판매를 금할 것을 약속하길 바랐다. 중국 측은 더 이상의 판매는 없을 것이라고 '보장(assurance)'했다. 만약 판매가 있을 경우 더 신중하고 진지하게 검토하겠다는 입장을 밝혔다. 그러나 중국이 판매 가능한 미사일의 구체적인 사양에 대해 언급을 하지 않는 애매모호한 입장을 보여 칼루치는 매우 찜찜해할 수밖에 없었다.

그럼에도 불구하고 덩샤오핑과 만난 후 그는 기자회견장에서 중국의 자제를 공표했다. 덩이 개별 면담에서 이를 보장한다고 약속했기 때문이다. 그러면서 그는 미국정부를 대표해 더 많은 경제 혜택을 중국에 전했다. 이는 미국산 인공위성의 판매를 허가하는 것과 이를 중국의 '창정(長征)' 로켓과 함께 중국의 발사기지에서 발사하는 것이었다.

발사 비용으로 중국은 1억 5,000만 달러에서 3억 달러를 제시했다. 이는 서구의 낙찰가격에 턱없이 못 미치는 수준이었다. 또한 미국이 지금까지 미국산 인공위성을 서구 동맹국이 아닌 국가나 지역에서 발사시켜 본 적이 없었다. 갈루치가 중국에 제안한 모든 것은 전례를 깨는 상당한 혜택과 특혜였다.

1987년 5월 15일에서 27일까지 양상쿤 공산당 중앙군사위원회 부주석이 군사대표단을 이끌고 미국을 방문한다. 대표단에는 방이(方毅) 국무위원, 쉬신(徐信) 중국 인민해방군 부참모장, 딩훙가오(丁衡高) 국방과학기술공업위원회 주임과 한쉬 주미대사 등이 포함됐다.

그의 미국 순방 지역은 하와이(16일), 워싱턴(17일), 뉴욕, 세인트 루이스(23일), 오마하, 샌디에고, 로스엔젤레스(25일) 등이었다. 그를 하와에서부터 수행한 이는 전 캘리포니아주립대학 버클리캠퍼스 교수이자 국방부의 아시아담당 차관보였던 칼 잭슨(Karl Jackson)이었다. 그의 순방은 시찰 중심이었다. 미국 군사무기의 구매를 위한 협상은 없었다.

⋮ 레이건 재임 시기의 평온한 밀월기

자오쯔양과 레이건의 상호 방문으로 1989년까지 미중관계는 안정적으로 발전하는 시기를 맞았다. 이를 입증하는 발언은 아이러니컬하게 슐츠로부터 나왔다. 1984년 7월 18일 그는 하와이 연설에서 미중관계가 과장된 우려와 비현실적인 기대감에서 벗어나 양국의 중대한 공동이익에 집중하면서 그 어떠한 시기보다 견고하고 안정되었다고 평가했다.[44] 그의 평가는 미중관계가 새로운 궤도에 올랐음을 알리는 대목이다.

11월 12일 자오쯔양 총리는 미국 하원의원 대표단과의 접견 자리에서 레이건 대통령의 첫 임기 시기의 중미관계를 평가했다. 개선이 있어 중국은 만족스럽다는 평가를 밝혔다. 다만 한 가지 불만이 있었다. 대만문제였다. 중국은 〈대만관계법〉의 폐기가 어려우면 최소한 '하나의 중국' 원칙을 존중하면서 중국인의 민족감정을 손상시키지 말라고 경고했다. 또한 〈8.17 성명서〉와 관련해 대만 판매 무기의 수량이 감소 중이니 질량 면에서도 과거 수준을 초월하지 않기를 바란다는 입장을 내놨다.[45]

수교 후 첫 5년 동안 일궈낸 미중 양국의 성과는 서로에 대한 인식 수립이었다. 특히 미국은 아태지역에서의 중국의 안정적 역할을 인지하게 됐다. 중국의 제3세계에서의 역할과 중국의 잠재적 경제발전 능력도 인식하게 되었다.

이 같은 미국의 중국 역할과 능력에 대한 인식 변화는 공교롭게도 슐츠의 말로 드러났다. '범아시아파'의 대표적인 인사로서 일본을 중시했던 인물이 미중관계의 중요성을 3년 만에 깨달은 것이다. 그는 1985년 6월 23일 리셴녠 국가주석의 오찬 만찬 자리 축사에서 미중관계의 경이로운 발전을 치하했다. 10년 전 그 어느 누구도 오늘날 양국 간에 존재하는 광범위한 공동이익과 협력 잠재력에 대해 낙관하지 못했을 것이라고 미중관계의 번영을 평가했다.[46]

---

44 U.S. Department of State Bulletin, Vol. 84, No. 2090, (Washington, D.C. : September 1984), p. 3.
45 『人民日報』, 1984年 11月 13日.
46 American Foreign Policy Current Documents 1985, 1986, p. 712.

레이건 재임 시기 미중 양국의 고위급 지도자의 상호 방문이 더욱 빈번해 졌다. 이것이 미중 밀월기의 초석이 되었다. 1985년 7월 리셴녠의 방미, 10월 부시 부통령의 방중이 있었다. 1987년 3월에 슐츠가 다시 중국을 방문했고 1989년 2월 부시는 대통령 취임 후 곧바로 중국을 찾았다.

1985년 7월 21~31일 리셴녠의 방미는 중국 국가주석의 첫 미국 방문이었 다. 그의 방문단에는 리펑 부총리, 지펑페이 국무위원, 왕자오궈(王兆國) 전국 인민대표대회 상임위원회 위원, 한쉬 주미대사와 주치쩡(朱啓楨) 외교부 부부 장 등이 포함됐다. 그의 관심사는 세 가지였다.

첫째, 미국으로부터 '다자 수출 통제 조정위원회(The Coordinating Comm- ittee for Multilateral Export Controls, CoCom)'의 심사 규제를 완화되는 데 미 국의 도움을 받는 것이었다. 둘째, 미소의 제네바 군축 정상회담의 성공을 바라는 것이었다. 셋째, 캄보디아 시하누크의 연합정부가 베트남에 저항하는 데 지지하고 어떠한 특정 당파를 지지하지 않는다는 입장을 공개적으로 밝히 는 것이었다. 이후 리의 방문단은 25일 시카고를 방문했다. 27일엔 로스앤젤 레스를 방문하고 29일엔 하와이를 경유했다.

1985년 10월 13~18일 부시 부통령이 중국을 방문한다. 1975년 이후 네 번 째 방문이었다. 그는 중국 지도부 인사를 모두 만났다. 그리고 귀국 길에 홍 콩에 들렀다. 중국과 영국이 홍콩 반환 협정서를 체결한 이후인지라 그의 방 문엔 홍콩시민의 우려를 해소하고자 하는 의도가 있었다. 이는 그의 오찬 연 회 연설에서 입증됐다. 부시는 중국이 앞으로 개혁개방을 견지해 중국과 홍 콩이 하나의 주체로 연결되면 미국과 홍콩 관계의 주요 원천 동력이 될 것이 라고 미래를 낙관하는 입장을 보였다.

1987년 3월 1~6일 슐츠 국무장관이 중국을 방문한다. 도착 전날 그도 홍콩 을 경유하는 자리에서 미국과 홍콩의 미래에 대해 역시 낙관하는 입장을 드 러냈다. 다음 날인 3월 1일엔 북경에서 덩샤오핑을 포함한 모든 지도자를 만 났다. 그가 방문하기 전인 1월에 사임한 후야오방 총서기만 만나지 못했다. 후는 중국공산당의 자산계급 자유화의 반대 입장에 반대하는 목소리를 내면 서 사직한다. 덩은 이를 해명하는 시간을 가졌다. 중국이 사회주의 노선을 견지하기 때문이라고 변명했다.[47]

1988년 12월 15일 미중수교 공동성명 발표 10주년을 맞이하는 행사가 백악관에서 개최되었다. 그날 저녁 슐츠가 미중수교 10주년 행사 연회를 개최했다. 대통령에 당선된 부시는 12월 22일 부시 일가의 3대손 18명이 다 모인 크리스마스 파티에 한쉬 주미대사 부부를 초대했다.

　　취임한 지 얼마 안 되는 1989년 2월 16일 그는 신화사 기자와의 자리에서 지난 13년 동안 자신과 중국의 인연에 대한 소감을 털어놓았다. 그는 과거를 돌이켜보면서 미중관계의 미래를 자신 있게 낙관했다. 대만문제에 있어서도 날로 증가하는 양안 교역과 교류 덕에 긴장국면이 완화되고 있다며 역시 낙관적인 입장을 보였다. 부시는 양안의 현 추세가 지속되길 희망한다는 바람을 전하며 그의 미국정부는 3개의 공동성명을 준수할 것임을 다시 한 번 약속했다.

---

47 中共中央文獻研究室, 『鄧小平思想年譜』, p. 377.

제11장

부시의 중국 집착과
천안문사태 : 판세 역전

조지 부시(George H. Bush, 이후 '아버지 부시'와 혼용함) 대통령은 선임 대통령과는 숙명적으로 다른 미중관계를 경험하게 된다. 본인의 의지와는 무관했다. 미중관계에 새로운 변화를 원했지만 인위적으로 모색한 결과는 아니었다. 대신 그는 급변하는 미중관계를 주관하는 입장에서 다뤄야 했다.

닉슨 이후 모든 미국 대통령은 백악관에만 입성하면 미중관계의 본질과 스타일에 변화를 주려고 했다. 그러나 결과적으로 그들은 변화를 유발했기보다는 기존의 관계를 보존하고 옹호하는데 더 주력했다. 부시도 기존의 미중관계 목표를 보존하는 범위 내에서 발전시켜 나가려고 했었다. 이런 그의 의지는 대통령 당선자로 백악관에 이사하면서 주미 중국대사 한쉬와의 만남에서도 사실로 입증되었다. 그러나 본의 아니게 예상치 못한 이유로 새로운 장을 열어야만 했다.

부시의 중국 시련은 취임 후 몇 주 만에 시작되었다. 그러나 이는 빙산의 일각에 불과했다. 앞으로 그에게 닥칠 시련을 아무도 예상하지 못했기 때문이다. 중국 국내 정치 상황이 연일 긴장국면으로 치닫는다는 증거가 그에게 하루를 멀다하고 계속 전해졌다. 그래서 그는 1989년 2월 일본의 히로히토 천황의 장례식에 참석하면서 한국과 중국을 들리기로 결정했다.

그는 2월 25일 북경에 도착했고 다음 날 성대한 만찬을 열기로 결정했다. 사전에 그는 로드 대사에게 초청할 귀빈 인사의 명단을 작성할 것을 의뢰했다. 로드 대사는 대사관의 과학기술부와 함께 중국 내 최고의 민주주의 인사 팡리즈를 명단에 포함시켰다. 이는 부시행정부의 대중국 관계에 첫 단추를 잘못 끼워준 사건이 되어버렸다.

부시는 아시아 순방길에 오르기 전 주말에 한중일에 대한 브리핑을 전문가들로부터 받으면서 팡리즈의 만찬 초청 소식을 전해 들었다. 이틀 후 이 소식은 《로스앤젤레스 타임스》에 의해 전 세계로 알려졌다. 이 소식에 북경은 민감했고 워싱턴은 무덤덤했다. 부시나 워싱턴은 팡리즈가 중국에서 어떤 존재인지 전혀 아는 바가 없었다.

북경의 항의는 실무진에서부터 시작되었다. 의전 당국이 미 대사관에 팡리즈를 만찬에 초대하는 게 좋지 않은 아이디어라고 했으나 미 대사관 측은 이를 무시했다. 부시 대통령이 동경에 도착하자 중국 외교부 부부장 주치쩽(朱啓禎)이 로드 대사에게 직접 전화해 강력하게 불만을 표명했다. 그는 팡리즈가 참석하면 중국 국가주석 양상쿤과 리펑 총리가 만찬에 불참할 것이라고 전했다.

이 소식을 대통령 전용기에서 접한 부시는 보좌관에 노하면서 '팡리즈가 도대체 누구냐?'고 반문했다. 그리고 몇 차례의 회의 끝에 부시는 결국 팡리즈를 초대하기로 결정했다. 다만 양상쿤과 다른 중국 지도자의 시야에서 벗어난 위치에 착석시키기로 했다.

2월 26일 부시의 만찬이 쉐라톤 장성(長城) 호텔에서 열렸다. 팡리즈는 그의 아내 리슈시엔(李淑嫻)과 미국인 방문학자 페리 링크(Perry Link)와 함께 링크 교수의 집에서 만찬장으로 향했다. 그의 집은 만찬 호텔까지 두 블록에 불과했다. 링크 교수가 운전을 했는데 무장경찰들이 그를 교통법 위반으로 세웠다.

팡리즈 일행이 걸어서 만찬장에 도착하자 이번엔 중국 공안(경찰)요원들이 그들의 입장을 저지하고 나섰다. 일행은 택시를 타고 미 대사관으로 가려 했으나 이 역시 저지당하고 만다. 마지막으로 일행은 버스 승차를 시도했다. 이번에는 사복 경찰이 나섰다. 그는 버스 기사에게 팡리즈 일행을 태우지 말라고 지시했다. 결국 걸어서 자택에 도착한 팡리즈가 미 대사관에 전화할 때에 만찬은 이미 거의 종결되고 있었다.

이 사건을 무마시키기고 미중관계의 견고함을 보이기 위해 백악관은 대통령의 귀국 후 몇몇 유력지의 기자들을 모아 사건의 전말을 소개하는 시간을 가졌다. 이 브리핑을 담당했던 사람들은 익명을 자처했다. 그들은 모든 책임을 미 대사관의 부주의로 돌렸다.

뉴욕 타임스, 워싱턴 포스트, 로스앤젤레스 타임스 등 미국의 유력 신문은 사건의 책임을 내부적인 갈등으로 보도하는 것보다 '무지'에서 비롯된 것으로 무마시키려했다. 즉, 주중 미 대사관이나 국무부가 팡리즈의 만찬 참석에 대해 서로 아무런 경고를 하지 않았던 사실과 중국의 경고를 무시한 사실로 문제의 심각성을 깨닫지 못했던 무지의 시각에서 말이다.

그러나 기밀로 붙여졌던 브리핑 자료의 기밀 해제로 새로운 사실이 밝혀지게 된다. 주중 미 대사관과 국무부는 모두 책임을 다 했다. 그들은 이미 팡리즈 초청의 위험 부담을 상세히 설명하는 전문을 백악관에 보냈었다. 그러나 부시의 각료들이나 백악관 보좌진들은 이를 주의 깊게 살피지 않았다.

익명을 요청했던 브리핑 인사는 국가안보보좌관 브렌트 스코우크로프트(Brent Scowcroft)였다. 브리핑 소식을 전해들은 당시 주중 미 대사 로드는 스코우크로프트에게 즉각 메모를 보낸다. 그는 이 사건의 책임이 명백히 중국 측에 있기 때문에 중국 측의 해명이 필요한 사건이라고 항의했다. 백악관이 해명을 하는 자체가 말이 안 되는 처사라고 지적했다.

아이러니한 것은 부시와 스코우크로프트, 그리고 로드 간의 사적인 감정이 이 사건에 개입되었다는 사실이다. 로드는 키신저의 사람으로 키신저의 백악관 재임 시기 그의 하수로 일했다. 그리고 당시 부시와 스코우크로프트는 키신저와 로드의 지시와 명령을 받던 사람들이었다. 격세지감이라고나 할까, 새옹지마인지, 로드와 부시와 스코우크로프트의 역할이 이제는 바뀐 셈이다.

또한 로드가 국가안보보좌관 자리를 탐했기 때문에 스코우크로프트는 그런 그를 견제할 수밖에 없었다. (로드는 부시 대통령이 당선되면서 국가안보보좌관 자리를 희망하는 의사를 직접 전한 바 있었다.) 이런 갈등 관계가 표출되자 부시는 결국 로드를 대사직에서 해임한다. 그리고 3월 15일 제임스 릴리를 신임 대사로 임명한다. 릴리는 부시가 1974년 주중 미 연락대표부 부장으로 재직할 때 CIA 책임자였고 동료였다. 그러나 릴리는 4월 23일까지 대사로 부임하지 못했다.

로드는 해임되었으나 북경의 정치 상황이 뭔가 심상치 않다는 내용으로 미 대사관의 분석관과 함께 작성한 보고서를 전문으로 백악관에 보냈다. 그러나 부시와 스코우크로프트는 로드의 관점과 분석에 동의하지 않았다. 이들의 중국관은 70년대에 중국에서 활동한 경험을 토대로 하고 있었다. 그들은 자기 나름대로 중국을 안다고 자신하고 있었다.

그러나 태평양 건너에 있었던 그들은 중국 도시에서의 변화를 감지하지 못 했고 북경에서 들려오는 정치 개혁의 요구를 대수롭지 않게 여겼다. (이와 반대로) 부시행정부는 개혁개방 이후의 중국에 대한 찬사를 아끼지 않았다. 개혁개방의 성과는 물론 중국 사회의 안정과 개선된 삶의 질을 높이 평가했다. 이런 상황에서 천안문사태가 터진 것이다.

4월 19일 로드 대사는 리펑 총리에게 작별 인사를 한다. 4월 15일 후야오방이 사망한다. 그의 죽음과 함께 북경대학의 '민주 벽보'에 대자보가 재등장하기 시작했다.[1] 후야오방의 죽음을 애도하기 위해 천안문광장을 비롯해 80개 도시에서 추모회가 열렸다. 북경에서는 4월 22일부터 인민대회당 앞 천안문광장에서 추모회가 열렸다. 광장에는 약 3만여 명의 북경 사람들이 운집했다.

며칠 후 광장의 인파는 10만 명으로 불어났다. 이 상황은 부시가 릴리 신임 대사에게 이것이 실제 상황이냐고 물을 정도로 믿기 어려운 광경이었다. 부시에게는 이 상황이 자신이 지난 14년 동안 알고 있던 중국과 너무 달랐다. 과거의 중국에서 이런 일은 있었던 적도 없었고 심지어 상상조차 할 수 없었다. 릴리는 부시에게 상황이 진짜라고 보고했다. 만에 하나 상황이 예상 밖의 일로 진전될 경우 이는 중국 정권에 상당한 위협이 될 수 있어 중국 당국이 이 사태를 어떻게 감당할지에 대해 자신도 감을 잡을 수 없다고 고백했다.

그럼에도 불구하고 미국의 백악관, 국무부와 국방부는 천안문의 상황을 그냥 흘려보냈다. 당시 그들에게는 더 중요한 일이 두 가지 있었다. 하나는 중국공산당 정치국 위원이고 전국인민대표자대회 위원장이며 덩샤오핑의 최측근 인사인 완리(萬里)의 워싱턴 방문이었다. 다른 하나는 1986년 이후 처음으로 진행될 미 해군 함정의 중국 방문이었다. 미 함정의 지난 기항 항구는 청도항이었다. 이번의 미 함정의 기항은 황푸강을 따라 상해에 정박하는 것이었다. 미 함정의 상해 방문은 미중 양국 군의 협력을 상징하는 이정표적인 사건이 될 것이었다.

워싱턴이 이 두 가지 일에 전념할 수밖에 없었던 가장 큰 이유는 고르바초

---

1 '민주주의 벽'이 등장하면서 북경에는 이른바 '베이징의 봄'이 찾아온다. 즉, 민주화 요구와 정치 참여를 학생들이 공개적으로 주장하기 시작했다. 중국의 학생 민주화 운동에 대한 상세한 소개와 구체적인 소개는 조영남, 『덩샤오핑 시대의 중국 : 톈안먼 사건(1988~1992년)』 3권 (서울 : 민음사, 2016) 참조.

프 소련 당서기의 방중이 예정되었기 때문이었다. 고르바초프의 방문은 중소 관계의 복원을 알리는 행사였다. 그의 방문은 5월 15일로 예정되었다. 미국 은 중소관계의 복원이 향후 미중관계에 미칠 영향을 매우 우려하지 않을 수 없었다.

이런 상황에서 완리의 미국 방문은 워싱턴에게 중소관계의 개선 영향을 절충할 수 있는 호기로 인식되었다. 부시는 완리를 극진히 대접하기로 결정한다. 그리고 미국은 의도적으로 미 해군 함정의 상해 방문 날짜를 고르바초프의 상해 방문 다음날로 정한다. 이 역시 그의 방문 의미와 영향을 희석시키기 위한 전략적 결정이었다. 그러나 이 모든 전략적 계획이 수포로 돌아갔다. 천안문광장의 시위 사태가 과격해지면서 세상의 모든 이목이 이에 집중되었기 때문이다.

고르바초프는 계획대로 5월 15일 북경에 도착한다. 그날 천안문광장에는 이미 50만 명의 시위대가 모여 있었다. 이 상황에서 고르바초프의 영접 행사를 천안문광장의 인민대회당에서 벌이는 것은 불가능했다. 북경 수도공항으로 바꿀 수밖에 없었다. 이틀 후 시위대는 100만 명을 넘어섰다. 고르바초프와 중국 지도자(덩샤오핑, 자오쯔양, 리펑 등)의 회담은 예정대로 진행됐다. 그러나 다른 행사는 모두 취소됐다.

5월 18일 고르바초프는 상해에 도착한다. 상해의 상황 역시 북경과 비슷했다. 19일 미 해군 USS 블루 리지(Blue Ridge) 함정이 순양함 스테렛(Sterret)과 유도탄 미사일을 탑재한 호위함 로드니 엠 데이비스(Rodney M. Davis)의 호위를 받으며 황푸강을 따라 상해에 도착했다. 이들 함정은 상해 러시아총영사관에서 몇 백 미터 떨어지지 않은 곳에 정박했다.

미 해군이 도착했을 때 상해는 미 국방부가 전한 상황과 전혀 달랐다. 20만 명의 시위대가 개혁을 외치고 중국공산당 지도부를 비방하는 구호를 외치고 있었다. 릴리 대사 일행은 시위 때문에 상해공항에서 미 함정까지 가는데 상당한 어려움을 겪었다.

상황이 이렇게 되자 중국 측은 릴리에게 이번 행사의 때가 잘못된 것 같다고 공손히 유감을 표했다. 모든 일정과 행사의 취소를 우회적으로 제안한 것이었다. 릴리는 이를 받아들일 수밖에 없었다. 본래 계획은 미 7함대 사령관

헨리 마우즈(Henry Mauz) 중장이 상해에서 북경까지 올라가는 동안 많은 행사들을 진행하는 것이었다. 그러나 현실적으로 도저히 불가능했다. 그와 블루 리지 군함은 기항한 그 날 바로 뱃머리를 돌렸다. 미 함정의 전략적 방문은 본래의 의미를 모두 상실해버렸다.

상황이 이렇게 되자 릴리 대사의 완리 방미 수행 계획도 전면 수정됐다. 그는 완리를 워싱턴까지 수행하지 못했다. 대신 북경에 남아 천안문광장의 상황을 관찰하기로 했다. 왜냐하면 중국 인민해방군이 이동하기 시작했기 때문이다. 스자좡(石家庄)의 부대와 선양(瀋陽)의 부대가 북경으로 이동을 시작한 것이 미국의 정찰위성에 의해 탐지되었다. 그의 불길한 예감은 맞아 떨어졌다.

미 군함을 보낸 그날 저녁 릴리는 북경에 도착한다. 그리고 리펑의 계엄령 발표 장면을 목격한다. 계엄령 선언은 북경에서 문제가 되었다. 공산당 지도부의 개혁파들은 그의 선언을 위법행위라고 비판했다. 그들은 중국 헌법을 근거로 전국인민대표대회(우리나라의 국회)만이 이를 선포할 수 있는 권리와 직권을 가졌다고 항의했다. 전국인민대표대회 상임위원회의 특별회의를 소집하자는 진정서가 제출됐다. 그 상임위의 위원장은 완리였는데 그는 이미 워싱턴에 도착한 상태였다.

완리가 워싱턴에 도착하기 전부터 중국 대사관은 불난 호떡집이었다. (완리는 토론토를 경유해 도착했다.) 이미 북경으로부터 수많은 지시와 연락이 봇물 터지듯 쏟아져 들어오고 있었다. 즉각적인 귀국을 명령하는 연락부터 미국 방문의 완수를 지시하는 연락까지 다양했다. 중국 지도부 내에서의 혼란과 분열을 단편적으로 적나라하게 보여주는 대목이다. 결국 완리는 귀국을 결정한다. 그는 미국 지도자 인사들과의 회담만 하루 반나절 만에 다 마치고 귀국했다. 테니스 광팬이었던 완리와 부시의 테니스 경기도 취소됐다.

완리가 귀국한 곳은 북경이 아닌 상해였다. 그를 마중 나온 이는 상해시 총서기 장쩌민이었다. 완리에게 간접적인 가택연금이 내려진 셈이었다. 그의 토론토에서의 정치적 발언이 문제가 되었다. 그는 토론토에서 외신기자들에게 중국 젊은이들의 '애국주의 열정'이 철저히 보호받아야 하고 모든 문제가 민주주의와 법을 통해 해결되어야 한다는 자신의 입장을 밝혔다.

그의 발언은 시위대에 대한 동정에 그치지 않았다. 공산당 지도부의 문제 해결을 위한 접근 방식을 옹호하지 않은 발언이었다. 이것이 화근이었다. 상황의 심각성을 깨달은 완리는 상해 도착 이틀 후 입장을 바꾼다. 그는 당시 중국의 상황이 법으로 해결할 때가 아니라면서 계엄령을 지지하는 입장으로 선회한다.

그래도 워싱턴은 천안문사태의 평화적 해결에 대한 희망의 끈을 놓지 않았다. 유독 릴리만이 비관적이었다. 그의 불길함은 과거 주중 미 대표부의 CIA 책임자로서 경험한 것에 근거했다. 그에게는 워싱턴이 덩샤오핑에 대해 지나치게 과대평가하는 것으로 보였다. 덩샤오핑이 모든 상황을 장악하고 있고 그는 자신이 뭘 하고 있는지 잘 알고 있기 때문이라는 논리였다. 더구나 결과는 항상 좋았기 때문에 워싱턴은 덩에 강한 신념을 가지고 있었다.

그러나 릴리는 덩샤오핑을 정치 9단과 같은 인물이라는 생각을 가지고 있었다. 그래서 중국 지도부가 시위대의 모욕을 참지 못할 것이라고 믿었다. 그래서 복수가 뒤따를 것이라고 확신했다. 해피엔딩은커녕 유혈이 난무할 것이라는 게 그의 예측이었다. 그는 자신의 판단을 워싱턴에 전했다.

워싱턴은 그래도 희망을 버리지 않았다. 6월 2일까지도 미 정보국이 국무장관한테 보낸 보고서에는 강경파가 지도부 내의 문제를 해결하지 못하고 천안문광장에서 학생들을 해산시키지 못하는 '소강상태'가 계속 이어질 것이라고 분석했다. 왜냐하면 북경의 미 대사관도 군의 이동을 확인했지만 일주일 동안 더 이상의 움직임이 없었기 때문이다. 미 대사관은 이 같은 중국군의 고요를 중국 지도부가 시위대 해산의 최종 방법 중 무력 진압을 둘러싸고 내부적 갈등을 심각하게 겪고 있는 결과로 해석했다.

6월 3일 밤, 중국 인민해방군의 핵심 병력이 북경을 포위한 채 주변지역에서 시내로 진입하기 시작했다. 미국은 중국의 무력 진압 가능성을 그제야 현실적으로 받아들이기 시작했다. 자정을 넘긴 6월 4일 새벽, 드디어 중국 인민해방군이 시위대를 무력으로 진압하기 시작했다. 이에 워싱턴은 경악을 금치 못했다. 부시는 믿었던 중국 지도자들의 유혈진압 결정을 현실로 받아들이기 힘들어 했다.

중국군의 움직임을 포착한 부시는 릴리 대사에게 덩샤오핑에 절제를 요구하는 메시지를 즉각 전달할 것을 지시했다. 그러나 릴리는 중국 지도부에 접근할 방법이 없었다. 모든 경로가 차단되었다. 중국 지도부의 전화도 불통이었다. 그에게 허용된 유일한 경로는 중국 외교부의 하급직 직원들에 불과했다. 결국 덩에게 부시의 메시지는 전달되지 못했다. 그리고 이는 곧 미국과 중국 지도자 사이에 존재하는 소통의 한계였다.

⦂미국의 천안문사태 제재 : 부시와 의회의 갈등 부상

천안문사태가 발생할 때 부시는 메인 주(州)에서 휴가를 즐기고 있었다. 그가 휴가 중 천안문사태와 관련해 내린 첫 번째 대중국 제재는 모든 군사교류 활동 및 사업을 중단하는 것이었다. 이와 함께 미국의 법을 동원해 중국의 모든 해외 차관의 자격을 정지시키는 것이었다. 세계은행의 차관까지 포함됐다. 미국이 자국의 법을 통해 이런 권리를 행사할 수 있었던 것은 어떠한 나라도 인권을 '무자비하게 위배(gross violation)'할 경우 법적 대응으로 이를 저지해야 한다는 신념이 있었기 때문에 가능했다.

당시 중국은 세계은행의 최대 차관국이었기 때문에 이런 제재가 중국 경제에 미칠 악영향은 자명했다. 1988년 한 해에만 중국의 세계은행 차관의 총액은 13억 달러에 달했다. 1989~1990년에는 23억 달러의 차관 제공 계획이 이미 수립되어 있었다. 당시 중국은 아시아개발은행(ADB)에서도 수억 달러의 차관을 제공받고 있었다.

세계 및 지역 금융기관의 대중국 차관 제공이 즉각 중단되는 것은 아니었다. 약 2주일의 시간이 필요했다. 미국은 이를 성사시키기 위해 다른 이사국, 즉 서구 국가, 일본정부와 의견 조율과 합의가 필요했다. 그리고 6주 뒤 프랑스 파리에서 개최된 G-7 정상회의에서 세계은행의 대중국 차관 중단이 선포됐다. 일본의 소수케 우노(Sosuke Uno, 宇野 宗佑, 1989.6~1989.8) 총리도 그 자리에서 중국에게 제공 계획이었던 56억 달러의 차관을 전면 중단한다고 선언했다.

그러나 부시행정부는 천안문사태와 같은 인권 유린 사태가 발생했음에도 불구하고 미중관계를 여전히 중시했다. 미국의 세계 및 지역 전략에서 중국의 전략적 가치를 더 중시했기 때문에 미 의회와는 다른 수준과 범위의 제재를 선호했다. 이런 부시의 입장 때문에 미 의회와 행정부 간에 중국 제재의 수준과 범위를 둘러싸고 일련의 정쟁이 시작되었다.

미 행정부는 경제와 군사 분야에서의 우선적 제재를 선호했다. 경제 분야에서는 미국과 세계금융기관의 중국 차관을 차단하는 것이었다. 군사 분야에서는 일련의 군수협력사업과 민군상용기술 이전의 중단, 그리고 군사교류를 중단하는 것이었다.

미 의회는 그러나 더 전면적이고 더 광범위한 제재를 원했다. 경제 분야에서는 차관의 중단 뿐 아니라 교역에서의 MFN 지위의 취소까지 포함됐다. 또한 미국의 중국 유학생·연수생과 주재원들이 귀국을 거부하고 체류 연장을 희망할 경우 비자를 연장해주는 조치도 취하기로 했다. 미 의회는 이들의 비자 연장을 최대 4년으로 결정한다.

미 행정부와 의회가 대중국 제재에서 입장을 같이한 부분은 중국의 고위급 인사 교류를 전면 중단하는 것뿐이었다. 백악관은 6월 20일 의회와 같이 결정을 공식화했다. 그럼에도 불구하고 부시는 행정부의 대중국 정책과 전략을 유지하기 위해 덩샤오핑을 비롯한 중국 최고지도자와의 만남과 대화를 원했다.

부시는 중국 상황을 안정시키기 위한 의도로 중국공산당 지도부의 소통 의사를 타진하고 싶어 했다. 더 나아가 중국 지도자가 앞으로 사태를 어떤 방향으로 해결해 나갈 생각인지에 대해 그들의 실질적인 입장과 방침을 직접 듣고 싶어 했다. 그는 무엇보다도 미국인의 우려와 행정부의 진심어린 조언을 중국 지도자들에게 전하고 싶었다.

부시는 결국 스코우크로프트 국가안보좌관과 국무부 차관 로렌스 이글버거(Lawrence Eagleburger)를 중국 특사로 파견하기로 결정한다. 중국 고위급 인사 교류의 중단이 선언됐지만 그는 이내 덩샤오핑에게 특사의 북경 방문을 타진하는 서신을 보냈다. 6월 25일 덩샤오핑은 부시의 특사 파견을 수용하는 회신을 보냈다. 이때까지 부시의 특사 구상을 알고 있었던 사람은 베이커 국무장관과 스코우크로프트 등 3명뿐이었다.

부시는 특사 파견 계획을 철저하게 비밀에 부치기 위해 릴리 대사에게도 전신이 아닌 면대면으로 이를 알렸다. 그러기 위해 릴리를 워싱턴으로 소환했다. 베이커는 특사 계획을 한쉬 주미대사와 공유했다. 특사의 비밀 보장을 위해 이들이 탑승한 북경행 비행기(6월 30일발)도 북경까지 직항했다. 어느 곳(괌이나 태평양 도서)에 들러 경유하는 일도 없었다. 이들의 노출을 최대한 막기 위해서였다.

이 같은 노력에도 불구하고 세상에는 비밀이 없었다. 특사들의 비밀 방중은 예상치도 못한 경로를 통해 세상에 알려졌다. 이들의 귀국행 비행기가 북경에서 주유를 했다. 이 비행기가 미 공군 소속이라 북경 당국은 주유비 영수증을 미 국방부에 보냈다. 영수증이 중국어로 기재되었기 때문에 번역이 필요했다. 번역하는 과정에서 특사의 비밀 방문이 알려지게 됐다. 이 소식이 미 의회에 즉각 전해졌으나 대중들에게는 당분간 비밀로 유지되었다.[2]

그들이 북경의 비밀특사로 다녀온 지 반 년이 지난 후에야 이 사실이 미국 사회에 알려지면서 부시는 의회의 비판을 피할 수 없었다. 이에 부시는 정부의 공식 입장이 중국과의 인사 '교류'를 전면 중단한 것이지 미중 양국 정부의 고위급 인사의 '만남(meeting)'을 중단한 것은 아니라는 유권해석으로 비판을 최대한 피하려 했다.

이번 부시 특사의 방중 목적은 두 가지였다. 하나는 덩샤오핑에게 더 이상의 탄압을 중단할 것을 요구하는 동시에 민주 인사의 대대적 체포와 이들의 향후 재판이 미국 사회에 미칠 영향을 알려주기 위해서였다. 그의 요구는 중국이 주장하는 내정 통치 주권을 미 국민의 알권리로 반박하는 논리로 정당화됐다. 그는 중국의 사태 수습 방법 결정권이 중국 고유의 주권이고 내정의 문제라는 사실을 미국이 이해한다고 전제했다. 동시에 역으로 미국이 중국의 사태 수습 방식과 입장을 제대로 알기 위해서는 이를 알권리가 있다고 강력히 피력했다.

다른 하나는 백악관과 덩샤오핑 간에 직통 채널을 재가동하기 위해서였다. 천안문사태 기간 동안 부시는 덩과 직접 소통이 안 되었던 사실에 매우 실망

---

2 James Mann, About Face : A History of America's Curious Relationship with China, from Nixon to Clinton (New York : Alfred Knopf, 1999), pp. 208~209; James Baker, Politics of Diplomacy (New York : Putnam Adult, 1995), p. 109.

했다. 그는 릴리 대사나 전화로 덩과 중국 지도부에게 연락 시도를 수없이 했었다. 그러나 이들은 결코 응하지 않았다. 특사의 미션 중 하나가 소통 채널의 개방을 유지하기 위해 중국 지도부를 설득하는 것이었다. 미국의 논리는 간단했다. 덩샤오핑이 통치하고 있는 한 덩과 직접 소통을 하지 못하면 아무 소용이 없다는 현실 때문이었다.[3]

특사의 비공식적인 목적 중 하나가 중국 지도자들에게 미국의 경제제재의 실상과 전망을 직접 전하기 위한 것이었다. 특사는 미국이 채택한 제재가 미국 국내 정치의 압박의 결과이고 장기화되거나 우려할 만큼의 심각한 수준의 것이 되지 않을 것이라고 설명했다. 부시는 미중관계를 장기적으로 안정적으로 유지하고 싶어 했다.

부시는 중국의 전략적 가치를 누구보다도 잘 알고 있었다. 그래서 그는 특사를 통해 더 강력하고 장기적인 제재를 최대한 저지하기 위해 노력하겠다는 개인적 의지를 중국 지도부에 명확히 전하고 싶었다. 특히 중국의 유혈 진압과 미국의 제재와는 상관없이 대소련 전략에 있어 미국이 중국과 안보협력을 지속하길 원하는 의사를 밝히는 것도 특사의 방문 목적 중 하나였다.

그러나 (뒷부분에 더 구체적인 이야기를 하겠지만) 부시의 특사 방문은 소기의 목적을 달성하지 못했다. 더구나 비밀리 다녀온 것이 나중에 알려지면서 부시는 미 의회와 국민들의 지탄을 받았다. 이들은 자국의 대통령이 무고하고 미국의 가치를 염원하는 시민을 무자비하게 사살한 중국 독재정권과 내통한 사실에 분노했다. 그리고 첫 번째 특사의 비밀 방중 소식이 알려지기 전에 부시가 두 번째 특사를 중국에 공개적으로 다시 보내면서 미국 사회는 또 한 번의 비판을 쏟아냈다.

중국 정권이 천안문에서 저지른 만행을 인권 유린과 학살로 규정한 미국 사회는 중국을 응징하기로 마음먹는다. 미 의회는 발 빠르게 움직이기 시작했다. 이를 주도한 인물은 미 상원 다수당 대표 조지 미첼(George Mitchell)과 하원의원 낸시 펠로시(Nancy Pelosi)였다. 이들은 천안문사태 이후 미국의 대중국 정책에 있어 미 의회의 영향력과 견제력을 더욱 강화하는 데 매진했다.

---

3 제임스 맨과 더글러스 팔과의 인터뷰 1996년 9월 19일 재인용. Mann, About Face, p. 207.

동시에 중국의 MFN 부여 문제와 중국의 인권 상황을 연계해 중국에 대한 미국의 인권외교를 주도하는 데도 앞장섰다.

두 의원이 우선적으로 추진한 법안은 '펠로시 법안(Pelosi's Bill)'이었다. 동 법안은 중국 유학생이 졸업한 후나 연수생의 연수 기간이 종결된 후 이들이 원하면 미국의 체류를 연장하는 것을 허락하는 것이었다. 미 하원은 펠로시 의원이 상정한 법안을 만장일치(431대 0)로 통과시켰다.

재미난 것은 당시 대통령인 부시가 이 법안의 구체적인 상정 일자도 몰랐다는 점이다. 그는 행정부와 함께 가을에 또 중국에 보낼 특사 문제에 전념하고 있었다. 이번에는 닉슨 전 대통령과 키신저 전 국무장관이 예정되었다. 하원에서 '펠로시 법안'이 통과되자 부시는 이튿날 바로 거부권을 행사했다. 그리고 대안으로 유사한 내용을 담은 대통령의 행정명령을 제출한다.

미 하원이 만장일치로 중국 제재안의 필요성과 정당성에 합의했으나 일부 의원들은 이를 대체한 부시 대통령 행정명령의 조기 해제를 요구했다. 1989년 여름부터 하원 외교위원회 소속의 로버트 라고마르시노(Robert Lagomarsino)라는 캘리포니아주 출신 의원이 이를 주도했다.

그는 미 국무부에 자기 지역구의 군수기업이 중국과 사업을 할 수 있도록 진정을 요구했다. 그의 지역구에 소재한 퀸트론 시스템(Quintron Systems)은 중국군과 200만 달러 규모의 사업(선진 영상 탐지 시스템)을 계약한 상황이었다. 그러나 행정명령으로 사업이 중단되자 이를 진행할 수 있도록 미 국무부의 도움을 요청했다. 그 자신이 국무차관 이글버거에게까지 전화해 해제 요청을 직접 할 정도였다. 그의 행정명령의 조기 해제 노력이 알려지면서 그는 3년 뒤 선거에서 의석을 잃었다.

1989년 12월 부시는 대중국 관계에 있어 두 번째 실수를 저지르게 된다. 그는 또 다시 특사를 중국에 보낸다. 특사단은 첫 번째와 동일한 인물들로 구성되었다. 즉, 스코우크로프트와 이글버거였다. 첫 번째 방문 때와 같이 이들은 닉슨과 키신저의 조언을 받는다. 그러나 이번에 이들의 조언은 좀 더 현실적이었다. 1989년 가을에 닉슨과 키신저가 각각 북경을 방문했었기 때문이다.

부시는 이번 특사의 임무를 중국과의 실질적인 문제 해결은 물론 양국 정부 간의 우호적인 실무 관계를 회복하는 데 초점을 맞추기로 했다. 즉, 미중 양국의 전략적 관계를 과거의 어느 정도 수준까지 회복할 수 있을지를 탐색하기 위한 것이었다.

스코우크로프트 특사의 두 번째 방문 역시 '비밀' 방문이라고 알려졌으나 결국엔 그렇지 않았다. 북경에 도착할 때까지만 '비밀'이었다. 부시는 이번 특사 방문으로 미국인의 대중국 인식에 변화를 주고 싶어 했다. 미국이 중국과 비즈니스를 해야 하는 이유를 정확히 알려주고 싶었다. 그러나 안타깝게도 아직 미국인들에겐 이를 수용할 준비가 되어있지 않았다.

특사들은 12월 11일 중국에 도착한다. 특사에는 스코오크로프트와 이글버거 외에도 릴리 대사, 팔, 체이스 운터마이어(Chase Untermeyer) 백악관 인사국장 등이 포함됐다. 운터마이어는 부시의 가장 오래된 최측근이었다. 그와 부시의 관계는 1966년부터 이어져왔다. 그가 포함된 사실로 부시는 중국 지도자에게 이번 특사단에 그가 얼마나 큰 의미를 부여했는지 간접적으로 알려주고 싶어 했다.

운터마이어의 임무는 당시 중국 외교부 소속의 양제츠(Yang Jiechi, 楊洁篪, 2001~2005 주미대사와 2007~2013 중국외교부장 역임)를 만나는 것이었다. 그와 부시는 양제츠를 1977년 중국에서 알게 됐다. 부시는 '꽌시'로 정책적 이견을 극복할 수 있다는 자신의 신념을 입증하고 싶었다. 특사단은 방문 이틀 동안 덩샤오핑과 첸치천 외교부장 등 중국의 최고지도자를 모두 만났다.

스코우크로프트는 만찬 자리에서 미중관계엔 공동의 의무와 책임이 있다고 설명했다. 즉, 양국은 자국 내외의 비판세력에 바로 대응하고 이들을 바로 잡아야 할 공동의 사명을 가진 파트너라는 사실을 강조한 것이다.[4] 그가 중미관계에 대해 보다 중립적 입장을 취한 데엔 릴리 대사의 조언이 유효했다. 릴리 대사의 조언은 사실 과거 미국의 중국전문가 중 최고의 권위자인 존 페어뱅크 교수로부터 온 것이었다.

페어뱅크는 중국을 대하는 데 있어 적이나 가장 친한 친구의 입장을 취하지 않고 이 두 입장을 모두 버리는 대신 중립적인 자세를 취해야 한다고 강

---

4 "Text of Banquet Toast, December 10, 1989," Mann, *Ibid.*, p. 221에서 재인용.

조했었다. 오늘날의 표현을 빌리면 동등한 파트너십 정도의 의미로 이해할 수 있겠다. 냉전시대에 이런 외교적 개념이 보편적으로 쓰이기 전이라 아마도 '중립적 입장'이라는 표현을 쓴 것 같다.

미 특사 측과 중국 측은 공동의 사명에 인식을 같이했다. 그러나 특사의 방문 결과를 미국 사회는 환영하지 않았다. 그 이유는 백악관이 특사의 방문을 비밀리에 진행했기 때문이다. 이들의 중국 방문 사실을 백악관뿐만 아니라 행정부에서도 단 몇몇을 제외하곤 알지 못했다. 자연스럽게 백악관 내부와 행정부에서도 불만이 생겨났다. 두 번의 특사 방문 모두에서 배제됐기 때문에 이들의 반응은 지극히 자연스러웠다.

부시는 첫 번째와 두 번째 특사 모두 자신의 주변 몇몇 인물들과만 상의하고 결정했다. 특사라는 중대한 임무에서 미 의회와 백악관 내부는 두 번 다 철저히 배제되었다. 특히 두 번째의 경우 북경 도착과 함께 미국 내에 공개되었음에도 불구하고 부시는 미국 언론에 설명할 의사가 전혀 없었다. 당시 부시가 바라던 것은 과거 1971년 키신저의 비밀 방문과 같은 효과였다. 키신저처럼 비밀리에 진행해서 기대 이상의 결과로 국내 분위기를 전환시키고 싶었다. 부시는 20년 전의 기적이 자신에게도 일어나길 빌고 있었다.

그러나 이는 부시의 오판이었다. 이번 방문과 1971년의 상황은 달랐다. 중국 내의 참혹한 실상을 모두 알아버린 미 국민들이 정부의 비밀스러운 타협이나 협상에 순응할 리 만무했다. 닉슨 때와 다른 점이 있다면 그것은 닉슨은 그래도 의회와 약 2년 동안 조용하게 물밑작업을 했다는 사실이다. 그리고 대중은 낮은 수준의 정보 노출('탁구 외교')을 통해서나마 변화의 조짐에 대해 감을 잡을 수 있었다.

1989년의 중국 상황이 전혀 다른 가운데 스코우크로프트 특사단의 방문 결과는 당연히 미 국민의 기대나 입장과는 정반대로 나타날 수밖에 없었다. 부시는 자신의 외교적 노력이 비판의 대상이 되는 결과를 피할 수 없었다. 상황은 더 악화되었다. 두 번째 특사의 귀국 일주일 후 7월 첫 비밀 특사의 방중 소식이 CNN에 의해 공개되었다. 미 국민과 사회의 분노가 극에 달했다. 이들의 방문은 시기적으로 중국에 제재를 가한 지 2주도 안 된 때였다. 미국 사회는 부시의 특사 결정을 매우 경솔한 결정이라고 맹비난했다. 미 국민의 배신감과 실망감이 자연히 폭발했다.

미국정부 내부의 분위기도 심각했다. 당시 국방차관이었던 폴 월포위츠 (Paul Wolfowitz, 아들부시 대통령 시절의 국방장관)는 릴리 대사를 통해서 특사 방문의 사실을 알게 되었다. 그때 그는 미국 내의 분위기를 고려하면 이번 특사 방문은 시기적으로 좋지 못한 선택이라 생각했다. 월포비츠가 질 책하자 부시는 특사 방문을 통해 중국이 더 이상 중동에 M-9 미사일을 판매 하지 않겠다는 약속을 받은 것으로 백악관·정부를 포함한 미국 내의 비판에 대응했다.

당시 미국은 중국과의 관계가 정상화되는 것을 반기는 분위기가 아니었다. 내심 원하는 이들도 있었지만 이렇게 빨리, 천안문 유혈사태가 끝난 지 반 년도 안 돼서 마치 아무 일도 없었던 듯 정상화되는 것을 용납하지 못하는 분위기였다.

의회에서는 초당적인 비판이 봇물 터지듯이 쏟아져 나왔다. 공화당도 예 외가 아니었다. 상원의원 봅 돌(Bob Dole)이나 하원의 원내 간사였던 뉴트 깅그리치(Newt Gingrich) 등을 포함한 공화당의 지도자들도 특사 방문을 '수 치스러운' 행위였다고 신랄하게 비판했다. 이들은 부시의 중국정책에 반대하 는 입장을 취할 수밖에 없었다.

부시도 나름대로 할 말은 많았다. 그가 특사를 통해 중국과의 관계 회복을 원했던 이유는 경제 때문이었다. 천안문사태 제재로 미국 경제에 이익을 가 져다주는 큰 규모의 사업들이 모두 중단되어 버린 실정이었다. 그는 경제 영 역에서의 제재 조치를 조기에 해제하는 것은 미 국민과 사회가 반대하는 것 을 잘 알고 있었다. 그래서 민군양용 분야의 것부터 조기 해제하기로 마음을 먹는다.

그의 결심은 독단적으로 행동에 옮겨졌다. 7월에 그는 첫 제재 조치를 해 제한다. 그것은 미국 군사장비의 대중국 판매 허가였다. 그가 제재 해제를 서두른 이유는 보잉사 여객기 4대를 중국에 파는 사업 때문이었다. 미 항공 사는 민수와 군수 사업에 종사하는 두 개의 정체성을 가진 기업이다. 비행기 에 들어가는 엔진과 첨단부품은 대부분 군수로 분류가 되어 평시에도 비행기 는 군수 통제의 대상 품목이 된다. 그래서 보잉사도 비록 여객기도 제조하지만 제재의 대상이 될 수밖에 없었다. 부시는 이를 해제하는 것이 미국의 경제뿐 아니라 미중의 우호관계를 유지하는 데 중요하다는 생각에 사로잡혀 있었다.

부시의 군사 분야에서의 대중국 제재 해제 노력은 여기서 그치지 않았다. 그는 10월 5억 5,000만 달러의 중국 전투기 업그레이드 프로젝트, 일명 '평화진주'의 재개를 위해 중국 기술자와 정부 요원들의 미국 복직을 허락한다. 당시 이 프로젝트는 롱아일랜드 소재의 그룹만 제조공장과 데이톤(Dayton)의 라이트-패터슨(Wright-Patterson) 공군기지에서 진행되다 중단된 상태였다.

미 행정부는 부시의 해제 조치를 대중국 군사장비나 기술이전의 제재 문제와는 무관하다고 정당화했다. 왜냐하면 제재는 하드웨어의 이전을 규정한 것이었기 때문이다. 그리고 프로젝트는 미국에서 진행되었던 개발 사업이었고 관건은 오히려 중국 기술자와 중국의 관련 부처 인사의 미국에서의 복직이라는 예외성을 강조했다.[5]

12월이 되면서 백악관은 중국 제재 해제에 더욱 조급해졌다. 시금석과 같은 사업 계약이 난항을 겪게 될 상황이 되었다. 휴즈 비행사(Hughes Aircraft)는 중국에 인공위성을 두 대 수출하기로 되어 있었다. 이는 레이건정부가 승인한 것이었다. 중국정부는 호주와 홍콩 회사를 위해 민용 위성을 처음으로 발사해주기로 했다. 그러나 미국의 제재로 인해 중국의 첫 민용 위성의 대리 발사 계획이 무산될 예정이었다.

이에 휴즈사와 호주정부는 부시정부에 로비하기 시작했다. 제재가 연말까지 해제되길 요청했다.[6] 제재의 해제를 위해 미 행정부는 몇 가지 정치적 사안을 조건으로 고려할 수밖에 없었다. ㄱ 조건은 중국 당국이 계엄령 해제와 '미국의 소리(Voice of America)' 라디오 방송의 대중국 송파 차단을 해제하는 것이었다.[7]

---

5 "China Officers Again Work in U.S. on Arms," Los Angeles Times, October 27, 1989.

6 "U.S. to Loosen China Sanctions : Bush Is Expected to Clear the Way for the Chinese to Launch American-Made Satellites," Los Angeles Times, December 12, 1989.

7 "Chines Jam VOA First Time in at Least 10 Years," Associate Press, May 22, 1989.

┊ 부시의 중국 제재 반대 투쟁

1990년대에 들어오면서 부시의 중국 제재 해제를 위한 노력은 계속되었다. 그는 자신의 중국 정책 목표를 유지하기 위해 새로우면서도 정당한 이유가 필요했다. 1989년 말부터 국제체제는 지각변동을 겪는다. 동구 사회주의 정권의 연쇄적인 몰락과 붕괴로 '역사의 종말'을 경험한다. 소련이 1991년에 완전 붕괴되면서 경내 공화국들이 독립을 하게 된다. 이에 중국은 자신 역시 동구 사회주의 형제국가와 비슷한 운명을 맞이할까 두려움에 휩싸였다.

미국 내에서도 친중국파든 아니든 모든 이들이 중국 정권을 오래가지 못할 것으로 판단했다. 로드 전 주중 미 대사도 1990년 초 청문회에서 중국의 새로운 정권 출현에 대비해야 할 것이라고 강조했다.[8] 미 CIA 국장 로버트 게이츠(Robert Gates) 역시 중국의 새로운 미래에 대비해 준비를 해야 할 것이라고 청문회에서 증언했다.[9] '역사의 종말'은 운명처럼 인류에게 다가왔다. 소련의 붕괴와 동구 사회주의 국가들의 몰락으로 소련의 위협이 사라졌다. 그러면서 중국의 대소(반소) 전략적 가치 역시 하락하게 되었다.

이런 상황에도 불구하고 부시는 자신의 중국 정책 목표를 고수했다. 즉, 천안문사태 이전의 관계 수준으로의 회복과 중국의 전략적 가치를 존중하면서 특별한 관계를 보존하는 것이었다. 부시의 정책 견지에 키신저와 닉슨도 한몫 거들었다.

앞서 봤듯이 이들은 중국문제에 있어 부시에게 상당한 영향력을 발휘하고 있었다. 키신저의 중국 전략 가치론은 1989년 7월까지 유효했다. 즉, 미국의 소련 견제 전략에서 중국의 전략적 가치에 대해 그는 아직도 고도의 평가를 하고 있었다. 그는 미국과 아시아에서 소련의 세력을 견제하기 위한 파트너로서 중국의 필요성을 역설하고 있었다.[10] 국제체제와 안보환경의 변화에도 그의 세계관은 견고했다.

---

8 Winston Lord, Prepared Testimony before Judiciary Committee, January 23, 1990.

9 "U.S. Sours on Beijing, Takes Tougher Stance," Los Angeles Times, October 1, 1991.

10 Henry A. Kissinger, "A World of Changing Leaders, Struggling Governments and Strange Bedfellows," Los Angeles Times, July 30, 1989.

키신저의 억지 춘향 같은 주장은 여기서 그치지 않았다. 그는 중국의 전략적 가치를 주장하는 가운데 소련의 작용이 유명무실해졌으면 일본을 견제하기 위해서라도 중국과의 관계 건지가 필요함을 피력했다.[11] 이는 미 국민에게 매우 모순적인 주장으로 들릴 수밖에 없었다. 왜냐하면 비핵국이며 민주주의 국가이고 미국의 최우방인 일본을 견제하기 위해 비민주주의적이고 핵국가인 중국과의 관계를 강화하자는 주장 자체가 어불성설이었기 때문이다.

부시 스스로도 말이 안 된다고 생각했는지 그는 중국정책 목표의 견지 이유를 다른 데서 찾아 제시했다. 이는 미사일, 핵무기, 화학무기의 확산을 억제하고 환경오염 문제를 해결하는 데 중국의 전략적 가치를 강조하는 것이었다.[12] 이는 부시행정부의 중국에 대한 전략적 사고의 전환을 의미했다. 그러나 의도와는 다르게 역효과가 일어났다. 중국이 더 이상 미국의 대소련 전략에서 긍정적인 요소가 아니라는 점을 실토한 셈이 되었다. 역으로 중국이 대량살상무기를 확산하면서 미국의 전략적 이익에 해를 가할 수 있는 부정적인 요소로 변질되었다는 주장으로밖에 들리지 않았다.

미국의 여론과 정서는 여전히 부시의 대중국 관계개선 노력에 회의적이었다. 미 의원들은 중국의 인권 유린 수준의 유혈 진압과 계속된 인권 탄압에 대한 불만을 삭힐 수 없었다. 이 모든 책임을 져야 할 중국공산당 지도자들이 여전히 건재했기 때문이다. 중국공산당에게 인권의 가치와 그 중요성은 물론이고 유혈 사태에 대한 책임 의식을 고양시키기 위해 미 의회는 결국 처단을 내린다. 중국의 인권 개선과 정치적 변화를 유발하는 것이 목적이었다. 고민 끝에 제시한 책략은 중국의 인권 상황 개선 여부에 따라 중국의 MFN 지위 부여를 결정하는 것이었다.

중국은 MFN 지위를 부여받아야만 미국이 다른 나라에게 부여하는 무역특혜를 향유할 수 있다. 즉, 동일한 관세율과 다른 혜택을 누릴 수 있었다.

---

11 White House press conference, January 24, 1990; and "Bush Finds It Harder to Defend China Policy," Wall Street Journal, May 17, 1990.

12 Testimony of Lawrence Eagleburger, "U.S. Policy Toward China," Hearing of the Committee on Foreign Relations of the United States Senate, February 7, 1990 (Washington, D.C. : GPO, 1990), pp. 13, 24~25.

이 지위가 없으면 중국의 대미 수출 제품에는 45%이상의 높은 관세가 매겨진다. MFN은 이른바 '관세일반협정(General Agreement on Tariffs and Trade, GATT)의 미가입국이 공정하고 공평하게 미국 시장과 교역할 수 있는 기회와 특혜를 보장하는 제도이다. 당시 중국은 GATT의 비회원국이었기 때문에 미국 시장에서 중국 제품의 경쟁력은 그야말로 MFN 지위의 부여 여부에 따라 결정되는 셈이었다.

중국은 수교 이후 '잭슨-밴닉 수정안(Jackson-Vanik Amendment)'에 따라 1980년부터 매년 이 지위의 부여 여부를 미 대통령이 결정했었다. 그러나 다행히도 역대 미 대통령들이 중국과의 관계를 매우 높게 평가해서 중국의 MFN 지위는 거의 자동적으로 매년 갱신되고 있었다. 미 의회가 이를 거부할 수 있었으나 미 의회 역시 중국의 경제 및 시장 가치를 높게 평가했었다. 중국의 MFN 지위는 천안문사태 당해 연도에도 갱신되었다.

그러나 미 의회는 1990년부터 중국의 MFN 지위 부여 문제에 제동을 걸기 시작했다. 1990년 3월 에드워드 케네디(Edward Kennedy) 상원의원이 총대를 멨다. 미 의회는 중국의 MFN 지위 문제를 중국의 인권문제와 결부시키기로 결정했다. 결정적인 원인이 두 가지 있었다. 하나는 소련공산당 총서기 고르바초프가 MFN 부여의 형평성을 신랄하게 비판한 것이었다. 다른 하나는 펠로시의 중국 유학생 비자 법안에 부시가 거부권 행사를 했는데 이를 번복하기 위한 상원의 표결이 부결된 것이다.

미국은 소련에게 MFN 지위를 부여하지 않았다. 소련의 고르바초프는 1980년대 중반에 개혁·개방정책(Glasnost, Perestroika)을 채택한 후 다년간 개혁과 개방의 가시적인 성과가 있었음에도 불구하고 MFN 지위를 취득하지 못했다.

이에 고르바초프는 1990년 5월의 미국 방문에서 천안문 유혈 사태의 장본인인 중국도 MFN 지위를 취득했는데 소련이 왜 거부당해야 하는지 강력하게 항의했다. 이에 미 상원의원 봅 돌은 소련의 발트 국가 정책에 개선이 없는 한 거부를 당할 수밖에 없다고 일축했다. 고르바초프는 당연히 발끈했다. 그는 소련이 중국처럼 리투아니아에 계엄령을 선포해야 MFN 지위를 받을 수 있겠느냐고 비아냥거렸다.

중국 유학생 법안에 부시가 거부권을 행사하면서 미 의회는 중국의 MFN

지위를 견제하기 시작했다. 하원에서는 390대 25표의 압도적인 표차로 부시의 거부권을 반대했다. 상원에서도 62대 37의 표차로 거부권을 부정했다. 그러나 이를 번복하기에는 재적의원의 2/3에서 4표가 모자랐다. 부시의 거부권에 대항할 새로운 대중국 압박 카드가 필요했다. 미 의회는 결국 중국의 MFN 지위 부여 문제와 관련해 1990년 5월 16일 청문회를 개최하기로 결정한다.

그러나 중국에 MFN 지위 부여를 거절하는 것 자체가 실제로 쉬운 일은 아니었다. 미국의 경제이익에 가져다 줄 손해가 자명했기 때문이다. 그래서 청문회 시작부터 포춘 500대 기업(Fortune 500)은 증인 출석에 응하지 않았다. 미국의 제조업에서부터 농업까지 모두 중국의 MFN 지위 거부에 찬성하지 않았다.

그래서 미 의회는 절충안을 고안해낸다. 당시 미 하원의 아시아외교위원회 위원장 스티븐 솔라즈(Stephen Solarz)는 로드 전 대사의 조언에 따라 1990년 중국의 MFN 지위를 조건부로 통과시켰다. 그 조건은 미 의회가 중국에게 제시하는 인권 개선 사안을 가지고 중국이 앞으로 1년 동안 성과를 올리는지의 여부에 따라 이듬해의 MFN 지위 갱신이 이뤄지는 것이다.

중국 유학생 법안과 MFN 문제를 두고 미 의회와 갈등을 빚고 있는 상황에서 부시는 중국 제재 조치의 일부를 완화한다. 두 번째 특사 귀국 후 1989년 12월 19일 부시는 미국 수출입은행이 중국에서 활동하는 미국 기업에 차관을 제공하는 것을 허락한다. 중국 내의 미국 기업에 대한 자금 지원이지만 사실상 미국 자금의 송출이 허락된 셈이었다. 그리고 휴즈 항공사 인공위성의 중국 수출을 승인한다.[13]

몇 주 뒤 부시는 중국 기업에 대한 일부 제재를 해제하는 몇몇 조치를 추가한다. 그 예로, 중국 국가해양석유총공사(CNOOC)에 대한 미국 수출입은행의 975만 달러 차관 제공이 승인됐다. 천안문사태 이후 중국에 처음 제공되는 미국 차관이었다. 이 차관의 용도는 CNOOC이 뉴올리언스의 석유 회사의 기술 지원을 지불하기 위한 것이었다.

부시는 일련의 대중국 경제제재 해제 조치의 결정을 경제적인 관점에서

---

13 Mann, p. 234.

정당화했다. 이 같은 결정은 중국 기업이나 경제에 도움이 될 뿐 아니라 중국과 비즈니스를 하는 미국 기업에도 이롭다는 논리가 복선에 깔렸다. 특히 중국 경제의 관점에서 나름의 논리가 있었다. 국제기관과 선진국의 대중국 차관 금지로 외국 기업 제품에 대한 중국의 구매력과 지불능력이 저하되는 것을 방지하기 위한 목적으로 합리화됐다.

부시의 대중 경제제재 완화의 행보는 이후 몇 달 동안 지속되었다. 그는 세계은행과 국제 금융기관이 중국에 차관을 제공할 수 있도록 제재의 완화를 종용했다. 세계은행의 제재는 사례에 따라 제공되는 조건으로 완화되었다. 그 사례는 지진과 같은 자연재해 사태에 대한 구호 목적이나 다른 '기초 인도주의적인 필요(basic human needs)'를 충족시키기 위한 것으로 국한되었다. 결국 부시의 노력이 국제금융기관의 대중국 차관 제재에 균열을 일으킨 것이다.

이런 미 행정부의 노력에 중국정부의 반응은 어땠을까? 중국정부는 우선 1990년 1월 11일 계엄령을 해제한다. 그리고 천안문사태로 체포된 573명의 반체제 인사를 석방했다. 그러나 미국은 이들에 대한 구체적인 인적 정보를 중국 당국으로부터 받지 못했다.[14] 미국이 더 실망한 것은 계엄령 해제 외에 중국 당국이 더 이상 별다른 조치를 취하지 않은 사실이었다. 중국이 상응하지 않는 태도로 일관하면서 미국의 양국 관계 복원 노력은 더 이상 진전을 보지 못했다.

이런 상황에 대한 미국의 좌절감은 3월 댄 퀘일(Dan Quayle) 부통령에 의해서도 전해졌다. 그는 결국 공개적으로 스코우크로프트 특사의 방문 결과가 매우 실망스러웠다고 밝혔다.[15] 아군을 직접 공개적으로 비판했다. 미국정부의 노력에도 불구하고 현실이 이데올로기나 사상의 괴리로 인한 높은 정치 벽을 극복하기가 불가능하기만 한 게 사실로 입증되었다.

미국은 결국 미중 양국의 제재 문제는 정치적인 방법으로 해결될 수밖에 없다는 판단을 하게 된다. 즉, 천안문사태의 상징적인 인물 중 하나인 천체물리학자 팡리즈 박사의 석방과 제재 해제 문제를 연계하는 방법에 의존할 수

---

14 Eagleburger Testimony, February 7, 1990, GPO, p. 10.
15 "U.S.-China Relations Reach an Unhappy Upcoming Anniversary," Lost Angeles Times, March 18, 1990.

밖에 없는 상황이 되었다. 미국 측은 그에게 있지도 않은 심장병을 이유로 인도주의적인 차원에서 그와 그의 가족(부인과 아들)의 석방을 요구했다. 석방되면 이들은 미국으로 망명할 것이었다.

중국 측은 이에 대해 그의 범법 행위에 대한 자백과 출국 이후 활동 제한 사항을 조건으로 내세웠다. 그는 결국 중국공산당 정권의 근간이 되는 이른바 '4개의 신성한 원칙(four cardinal principles)'에 대한 범법 행위, 즉 마르크스주의, 사회주의, 인민전제주의와 공산당의 영도력에 충성하지 않은 '사실'을 인정하고 자백했다. 이로써 그의 죄목은 중국의 헌법 위배로 정리되었다. 미국 망명 이후의 활동 제한 사항과 관련해서 그는 외국에서 (중국 지도자나 정부가 아닌) '중국'을 반대하는 정치 활동을 하지 않겠다고 서약했다.

그와 그의 가족은 6월 25일 미 대사관에서의 1년 이상의 '망명' 같지 않은 '망명' 생활을 청산했다. 미 정보원의 보호 아래 일본에서 날아온 미군 비행기를 타고 우선 영국으로 향했다. 영국에서 반 년 동안의 생활 후 미국으로 이주한 그는 프린스턴대학에서 잠시 연구한 뒤 애리조나대학으로 이직했다.

팡리즈 박사의 문제가 해결되자 부시의 기대대로 중국의 제재를 완전 해제할 수 있는 물꼬가 트였다. 당시 중국은 제재 이후 경제가 극심한 정체와 불경기를 겪고 있었다. 중국 경제 문제의 심각성은 1990년의 저조한 성장률에서도 나타났다. 개혁개방 실시부터 오늘날까지 4%의 성장률을 기록한 유일한 해였다. 중국 당국도 미국 제재의 완전 해제를 위한 정치적 협조를 진행할 수밖에 없는 상황이 연출된 것이다. 이 모든 것이 맞아 떨어졌기 때문에 팡리즈 박사의 석방 문제도 결국 1990년 봄에 급진전을 볼 수 있었다.

중국은 개혁개방을 계속 유지하기 위해서는 자금 압박의 문제를 해외 차관을 통해 해결해야만 했다. 즉, 천안문사태로 차관 제공을 중단한 제재의 해제가 필요했다. 중국 개혁개방의 해외 차관 의존도의 실상은 과거 사례에서도 역력하게 드러난다.

중국이 개혁개방 이후부터 천안문사태 전까지 약 10년 동안 세계은행으로부터 받은 차관 총액은 1,000억 달러 이상이었다. 그리고 1989~1990년 회기 연도 동안 23억 달러의 차관 제공에 합의했었다. 이중 절반 이상이 무이자 조건이었고 상환기간도 35년 장기였다. 이는 세계의 극빈곤국가에게만 제공되는 조건이었다. 극빈곤국가의 기준은 국민 개인의 연간 소득 수준에 의해 결정된다. 당시 중국은 이 조건을 충족했었다.[16]

팡리즈 박사의 석방으로 중국에 경제 차관의 제공이 재개됐다. 우선 일본과 세계은행의 차관이 진행되었다. 일본은 천안문사태 발생 이전에 이미 중국에 5년 동안 56억 달러의 경제 보조 차관을 제공하는데 합의했었다. 경제 보조 차관은 중국의 인프라 구축 사업에 참여하는 일본 기업의 건설비 등을 지불하는 데 쓰이는 차관을 의미한다.

1990년 여름이 되면서 미국은 일본 기업을 비롯해 다른 선진국과 다국적 기업들에게 대중국 제재의 완화를 촉구할 것을 종용하기 시작했다. 그 결과 팡리즈 박사 석방 2주 후인 7월 10일 미국과 우방국은 세계은행의 대중국 차관 제공 재개를 공식화했다. 미국 휴스턴에서 개최된 G-7 정상회의에서 이들 선진 7개국은 중국의 개혁개방을 위한 차관 제공에 모두 합의한다.[17]

일본은 정상회의 이후 즉각 대중국 차관 제공을 선언했다. 당시 일본 수상 토시키 카이푸(Toshiki Kaifu, 海部俊樹, 1989~1991)는 중국과 약속한 56억 달러의 차관 제공을 결정한다. 세계은행은 1990~1991년 동안 중국에 16억 달러의 차관을 제공했다. 이듬해 중국은 세계은행으로부터 23억 달러의 차관을 다시 제공받는다. 결과적으로 중국은 천안문사태 이전의 신용 수준을 회복하는데 3년도 안 걸린 셈이 되었다.[18]

---

16 Mann, p. 239.

17 "The Houston Summit : The Text of Political Declaration," New York Times, July 11, 1990, http : //www.nytimes.com/1990/07/11/world/the-houston-summit-the-text-of-the-political-declaration.html, (Accessed : June 22, 2016).

18 "The Chinese Economy in 1991 and 1992 : Pressure to Visit Reforms Mount," Global Economic and Technological Change : Former Soviet Union and Eastern Europe, and China, Hearing before the Subcommittee on Technology and Security of the Joint Economic Committee of the United States, July 27, 1992 (Washington, D.C. : GPO, 1993), pp. 143~175.

관세역전

천안문사태 이후 서구의 경제제재가 때론 점진적으로 때론 급진적으로 완화되는 양상이 나타났다. 그러나 분명한 것은 서구의 대중국 경제이익이 제재 완화의 결정적인 요인으로 작용한 것이다. 이 과정에서 앞에서 언급은 안되었지만 중국의 MFN 지위나 제재 문제에 있어 대만마저도 문제의 조속하고 원만한 해결을 지지하는 입장이었다. 왜냐하면 대만 기업들이 이 시기에 중국에 진출하면서 중국에서 생산한 제품을 미국과 서구 시장에 수출했기 때문이다. 대만도 중국 제재를 반대했다는 사실이 참으로 아이러니한 부분이다.

서구와 국제금융기관의 제재 완화로 중국은 이제 자신의 국가 이미지 개선과 제고에 집중하는 것으로 주의를 전환시킬 수 있었다. 즉, 경제제재의 해제로 외교 영역에서의 운신의 폭이 넓어진 것이다. 이 과정에서 중국이 채택한 전략은 작은 계기가 생기면 이를 놓치지 않고 소기의 목적을 달성하는 데 적극 이용하는 것이었다. 작은 호기를 계속 놓치지 않고 생길 때마다 자국의 전략적 이익 계산에 대입해 이익을 극대화하는데 정략적으로 활용하는 전략이었다.

미국과 서구의 제재가 진행되고 있던 중 중국 경제는 심각한 정체로 위기상황에 처하게 된다. 1989년 이전까지 중국은 두 자리 수 이상의 높은 경제성장률을 유지했다. 그러나 이는 1990년에 4%로 급락했다. 해외직접투자(foreign direct investment, FDI), 차관, 기술이전과 시장규제 등에 대한 제재의 결과였다.

민주화 운동에서 단식 투쟁하던 학생에 대한 동정 발언으로 자오쯔양 서기가 실각한다. 이에 장쩌민이 급조되어 자오를 대체했다. 장쩌민 체제의 신생 지도부는 서구 사회의 경제제재로 중국의 경제가 곤두박질치자 패닉상태가 되어버렸다. 제재의 악재를 어떻게 극복해 개혁개방을 유지해 나갈 것인지에 대해 갈팡질팡하고 있었다. 개혁개방의 지속 문제에 있어 중국 지도부 내에서는 혼선과 혼란만이 난무했다.

이를 보다 못한 덩샤오핑은 천안문사태 이후 대중 앞에서 모습을 감추었으나 1992년에 대중 앞에 다시 나타난다. 개혁개방 견지의 불가피성을 일깨워주기 위해서였다. 그런 그의 결의를 담은 것이 1992년의 유명한 일화 『남순강화(南巡講話)』였다. 그는 자신이 지정한 중국 최초의 경제특구를 순회하며 개혁개방의 필연성을 설명하는 시간을 가졌다. 그러면서 개혁개방을 견지하는 것만이 중국이 살 길임을 재차 강조했다.

서구의 경제제재가 완전히 해제되지 않은 상황에서 덩샤오핑과 중국공산당은 이들의 대체 재원을 물색해야만 했다. 그 결과 과감한 외교적 결정을 내린다. 그것은 제재의 돌파구를 주변지역 및 국가에서 찾는 것이었다. 즉, 중국의 개혁개방 이래 중국시장 진출을 적극 모색했던 미수교국이나 단교국 등과의 관계를 개선 또는 회복하는 것이었다.

덩샤오핑의 전략사상의 전환이 오늘날 잘 알려진 '선린우호정책'의 근간이 되었다. 이를 토대로 중국은 1990년부터 주변국과의 관계개선에 앞장선다. 1990년에 싱가포르와 수교하고, 1963년 외교관계가 단절되었던 인도네시아와 관계 정상화를 이룩한다. 1991년엔 대만과의 직접 교역을 허가한다. 그리고 1992년 한국 및 이스라엘과 수교한다.

주지하듯이 싱가포르와 인도네시아의 화교자본은 막강하다. 이 두 나라와의 수교로 중국은 새로운 투자원을 확보하는 데 성공한다. 한국과 대만 역시 새로운 투자원은 물론 기술이전 문제를 보완해줄 수 있는 대안이었다. 중국이 이스라엘을 정당하고 합법적인 국가로 인정한 사건은 미 재계와 유태인 사회에서 매우 고무적인 사건이었다. 미국의 재계를 주도하는 유태인계 미국인들이 대중국 제재의 완화를 위해 미국정부와 의회에 더욱 더 강력한 로비를 할 수 있는 전환점이 되었다.

남순강화로 중국 개혁개방 견지의 필연성 확인, 미국의 제재 완화, 중국의 MFN 지위 갱신과 중국 주변국 무역과 투자 증대로 중국 경제는 급속하게 회복됐다. 1992년에 성장률 12%를 기록하더니 1993년 상반기에는 14%를 기록했다. 경이적인 회생이었다. 1993년 5월 국제통화기금(IMF)이 처음으로 중국 경제 규모를 '구매력(PPP)'으로 산정한 결과 실제 경제 규모보다 4배나 더 큰 것으로 확인됐다. 그러면서 중국은 일본 경제력보다 조금 작으나 독일을 제치고 세계 3위의 경제대국으로 올라선다.[19]

동아시아 국가들과의 일련의 수교 성과는 중국에게 예상 밖의 전략적 이익도 가져다주었다. 일본이 중국시장에 더욱 적극적으로 달려드는 계기가 되었다. 외교 관계가 없거나 정치적 이유로 중국시장 진출이 원활하지 않았던 이른바 동아시아의 신흥 경제 세력(NIE), 즉 '네 마리의 용(홍콩, 대만, 한국, 싱가포르)' 또는 '네 마리의 호랑이'가 신흥 경쟁자로 출몰했다.

그전까지 일본은 동아시아 국가로는 중국시장에서 선점을 누렸고 중국에서 경제적 이득을 독점했다. 신흥 경제 세력의 중국 진출을 계기로 카이푸 총리는 일본의 경쟁력을 공고히 하기 위해 1991년 8월 북경 방문을 결정한다. 그는 제재 기간 동안 G-7 국가에서 중국을 공식 방문하는 첫 정상이 되었다.

영국도 이에 질세라 홍콩총독의 교체 문제를 빙자하여 수상이 중국을 방문한다. 표면적인 이유는 홍콩총독의 교체였으나 그 이면에는 영국의 경제이익 문제를 해결하기 위해서였다. 후자의 해결을 위해 영국이 선뜻 수상의 방중을 결정하기에는 서구 세계의 눈치가 보였다. 그래서 전자와 같은 명분을 설정했다.

영국은 당시 존 메이저(John Major) 총리의 측근인 크리스토퍼 패턴(Christopher Patten)으로 홍콩총독을 교체한다. 총독 결정 배경에는 홍콩의 신공항 건설 문제가 작용했다. 영국의 홍콩 신공항 건설 결정은 천안문사태 이전의 일이었다. 그러나 사태 이후 진행하지 못하고 있었다. 1997년 홍콩의 중국 반환을 앞두고 이 사업의 성사를 위한 시간이 촉박했다.

영국 기업은 1997년 이후에도 건설이 지속될 것이라 예측했다. 그러나 반환 이후 중국 당국의 사업에 대한 입장의 불확실성 때문에 사업 참여를 꺼리고 있었다. 중국은 사업 보장을 약속하며 이의 보장으로 메이저 총리의 방중을 요청했다. 중국의 초청에 메이저 총리는 겉으로는 마지못해 가는 식으로 1991년 9월 중국을 방문한다. 첫 유럽 정상의 방중이었다.

중국이 서구와의 관계와 국가 이미지를 제고하는데 결정적인 계기가 또 하나 발생한다. 아이러니컬하게 미국의 개입이 요구되는 전쟁이었다. 1990년 8월 이라크가 쿠웨이트를 침공하면서 미국은 이른바 '사막의 폭풍(Desert Storm)'이라는 작전명 하에 걸프전을 치르게 된다.

---

19 "New Tally of World's Economies Catapults China Into Third Place," New York Times, May 20, 1993.

미국 개입의 정당화를 위해 UN안전보장이사회의 결의가 전제됐다. 중국의 협조가 필수불가결한 상황에서 중국은 이 기회를 자국의 국가 이미지 제고와 서구와의 관계를 개선하는데 적극 활용하기로 결정한다. 그리고 11년 후 유사한 상황이 재연되었다. 2001년 미중관계가 악화되려고 할 때 미국은 이른바 '테러와의 전쟁'으로 이라크와 아프가니스탄에서의 전쟁을 위해 또 다시 중국의 협조가 필요했다. 소위 '상부상조' 덕에 미중관계는 더 이상의 악화를 피할 수 있었다.

중국은 미국의 협조 요청에 전제조건을 내세웠다. 그 조건은 중국이 안보리 결의안에 찬성하는 대가로 중국 외교부장 첸치천의 워싱턴 방문과 부시와의 회담을 수용하는 것이었다. 그러나 결과적으로 중국은 1990년 11월 30일 UN결의안의 표결에서 찬성하지 않고 거부권을 행사했다. 이에 당황한 미국은 진상 파악을 위해 나선다.

미국은 당시 국무장관이었던 제임스 베이커(James Baker)의 첸치천과의 통화 기록 내용을 재검토했다. 검토의 핵심은 베이커가 중국에 찬성표를 명확히 요구했는지, 아니면 거부권 행사만 하지 말라고 했는지를 파악하는 것이었다. 결과적으로 미국은 미국 측에 실수의 소지가 있다는 결론을 내린다. 그러나 첸치천의 워싱턴 방문을 받아들이기로 했다. 왜냐하면 쿠웨이트 전쟁 문제로 UN에서 중국의 협력이 더 필요할 것이라 예상했기 때문이다. 그리고 12월 1일 첸치천 외교부장은 1989년 6월 이후 미국을 공식 방문하는 첫 고위급 인사가 되었다.

미중의 갈등 II : 중국의 중동 무기 수출

중국의 외교적 공세에 미국은 수세적 상황을 전환시켜야 했다. 그리고 그 계기를 중국의 대량살상무기(weapons of mass destruction, WMD) 수출 문제에서 찾았다. 미국은 1980년대 말부터 중국이 미사일과 미사일 개발 관련 기술을 포함한 대량살상무기의 제3세계 국가 수출에 적지 않은 의구심을 가지고 있었다.

앞서 봤듯이 덩샤오핑은 1988년 미국에게 중거리 미사일 수출의 중단을 모호하게 약속한 적이 있었다. 모호했던 이유는 중국의 기준에서 중거리와 단거리 미사일의 차이점 때문이었다. 예로, 중국이 제3세계 국가에 수출한 M-11 미사일은 사거리가 180마일(288km)에 불과하여 중거리 미사일로 규정하기에는 좀 짧은 감이 있었다. 그렇다고 단거리 미사일로 보기에도 사거리가 좀 긴 면이 있었다. 미국 정보국은 결국 1991년 중순 중국이 미사일이나 미사일 제조 관련 기술을 파키스탄, 시리아와 이란에 판매하고 있다는 사실을 확인한다.

정보국은 또한 중국이 이란과 파키스탄의 핵무기 개발을 장기간 지원한 정황도 포착했다. 리비아에게는 대공 미사일을 판매한 사실도 확인했다. 리비아의 대공 무기 구입 명목은 화학무기 제조 공장을 방어하기 위한 것이었다. 이 중 결정타는 중국이 M-11 미사일의 발사대를 파키스탄에 판매한 사건이었다. 이에 미국은 1991년 4월 미국의 고속 컴퓨터와 인공위성 부품 판매를 제한하는 새로운 제재를 취한다.[20]

중국의 대량살상무기 판매 문제를 협상하기 위해 1991년 11월 베이커는 북경을 방문한다. 그의 중국 방문에는 또 다른 목적이 있었다. 중국 민주화 및 인권 운동 인사와 만나고 중국의 인권 개선에 대한 중국 지도부의 의사를 타진하는 것이었다. 결과부터 말하면 그의 방문은 아무런 성과도 올리지 못했다.

중국의 반체제 인사와의 만남은 중국 정보국의 방해로 당연히 불발됐다. 또한 중국 지도부와의 회담에서 베이커가 인권 상황이나 천안문사태에 대해 발언하면 그들은 한 결 같이 잘된 일이었고 잘 처리된 일로 대화를 일축시켜 베이커의 분노를 샀다.

베이커는 그러나 굴하지 않았다. 천안문사태 가담자에 대한 사면(amnesty)을 요청했다. 또한 국제적십자사의 중국 수용소 방문 허가도 요구했다. 첸치천은 이 모든 제안을 거절했다. 대신 일부 가담자의 출국 허용을 고려하겠다고 하면서 미국 측에 이들의 명단을 전달했다. 그러나 명단에 기재된 이들의

---

20 James Baker, Politics of Diplomacy, p. 588~589; and "Bush Bars Export to China of Satellite Parts," Los Angeles Times, May 1, 1991.

정보가 명확하지 않아 중국의 성의가 절로 의심스러워졌다.

첸치천은 대량살상무기 문제와 관련해서 처음으로 미사일기술통제기구(MTCR)의 합의 가이드라인에 따를 의사를 밝혔다. 이는 185마일(300km) 사거리와 500kg 탄두 미사일의 금수 규정을 수용한다는 의미였다. 이 규정에 따라 중국의 M-9 미사일의 금수를 확정지을 수 있었으나 M-11 미사일의 경우는 불확실했다.[21]

이에 중국은 M-11의 사양을 더 명확하게 제출하기로 약속했다. 이의 대가로 중국은 고속 컴퓨터와 인공위성의 부품 구매 허락을 미 행정부에 요구했다. 중국이 M-11의 사양을 문서화한다는 약속이 있은 지 3개월 후 미국은 중국의 요구를 들어줬다. 그러나 중국의 문서화 약속은 지켜지지 않았다. 베이커는 중국의 약속을 M-9와 M-11 미사일을 모두 포함한 의미로 잘못 받아들였다는 변명으로 미 국민들에게 자신의 과오를 간접적으로 시인했다.[22]

미중관계가 대량살상무기의 확산 문제로 갈등을 겪는 동안 중국과 유럽 관계는 개선되고 있었다. 1992년 1월 리펑(李鵬) 총리는 천안문사태 이후 중국 최고지도자로는 처음으로 유럽을 방문한다. 그리고 1월 31일 UN의 안보리 근처 사무실 안에서 그는 미 대통령 부시와 회담을 가졌다. 부시와의 만남이 가능했던 것은 UN이 중립 지역이었기 때문이다. 그러면서 중국 최고지도자의 미국으로의 회귀가 자연스럽게 이뤄진 셈이 되었다.

미중 갈등 III : 미국의 대만 무기 판매

1979년 미국의 〈대만관계법〉 제정 이후 1992년 부시 대통령은 처음으로 대만에 대한 그의 입장과 정책을 적극적으로 전환시킨다. 전환의 배경에는 대내외적인 요인이 있었다. 대내적으로 1992년은 미국 대선의 해였다. 재선

---

21 Shirley A. Kan, Chinese Missile and Nuclear Proliferation : Issues for Congress, (Washington, D.C. : Congressional Research Service, July 19, 1993), pp. 4~5 and 9 ~10.

22 Baker, Politics of Diplomacy, p. 394.

을 노리던 부시에게 야당은 당연히 부시의 취약점을 집중 공략했다. 우선 걸프전으로 인한 국내 경기의 악화 문제부터 중국 정책까지 모두 야당의 집중 포화 대상이었다. 경기 악화로 미 국방예산이 절감되자 미 군수업자들은 새로운 해외 시장이 필요했다.

대외적으로는 러시아 변수의 출현이다. 특히 미중 군사관계에서 러시아가 새로운 변수로 나타났다. 1991년 소련이 붕괴했다. 그러면서 탄생한 러시아는 미국의 주요 적국으로서의 지위를 상실한다. 더 이상 미국의 위협이 아니었다.

체제 전환기의 러시아는 상당한 경제적 어려움을 겪는다. 러시아가 경제적 난국의 타개 방안으로 주목한 것은 무기 수출 사업이었다. 냉전 기간 동안 축적한 무기와 관련 기술을 해외에 판매하는 사업이었다. 천안문사태 이후 미국과의 무기 분야에서의 협력이 타격을 받자 중국도 자연스럽게 러시아로 눈을 돌렸다.

1985년 중국의 F-8 전투기 개조를 위한 5억 5,000만 달러의 일명 '평화 진주' 사업이 천안문사태의 제재로 중단되었다. 중국은 제재가 해제되기만을 기다렸다. 왜냐하면 중국은 이미 2억 달러를 지불한 상태였기 때문이다. 그러나 제재로 사업이 지연되고 앞서 언급했듯이 전투기의 성능이 매우 열악해 개조가 아닌 제작 수준의 작업이 필요하게 되자 총 사업비는 8억 달러로 증가했다. 그러나 제재 해제의 조짐도 보이지 않자 중국은 1990년 5월 사업을 끝내 포기한다. 대신 중국은 러시아로 눈을 돌렸다.

릴리 대사를 포함한 미국의 대다수 중국 전문가들은 러시아를 중국의 대안으로 생각하지도 않았다. 아니 못했었다. 왜냐하면 우선 1990년 당시 미국과 고르바초프 간의 개인적 신뢰와 친분이 있었기 때문이다. 그러나 이는 미국의 오판이었다. 러시아는 돈이 필요했고 러시아의 기술자와 과학자들은 직장이 필요했다.

그리고 중국은 걸프전을 목격하면서 자국의 군 현대화와 과학화의 절박함을 느꼈다. 중국과 러시아의 이해관계가 맞아 떨어졌다. 더욱이 중국의 무기 체계가 소련의 것이었기 때문에 러시아 무기가 중국 군 현대화를 위해서는 더 적합했다. 한 마디로 미국이 중국에게 발목이 잡혀버린 것이다.

1992년 3월부터 양국의 무기 거래가 이루어지기 시작한다. 특히 러시아가 수호이(Sukhoi)-27 전투기 24대의 판매를 결정했다. 이른바 Su-27로도 알려진 이 전투기는 전천후의 선진 전투기였다. 비행거리도 2,400마일이 넘었다. 군 현대화의 시작을 알리는 거래였지만 시작은 그리 크지 않았다.

그러나 이 기종의 전략적 의미는 상당히 컸다. 중국이 방어 범위를 처음으로 국경 밖의 지역으로 확대하려는 의도가 밝혀진 것이다. 이 사건의 외교 군사적 의미도 심각했다. 미국의 대중국 군사 통제력의 실질적인 상실을 의미했다. 1980년대까지 미국은 하드웨어와 기술 제공을 통해 중국과 대만의 무기 개발과 군사력 발전을 통제할 수 있었다. 그러나 중국이 러시아에서 대체 시장을 찾으면서 미국과 대만의 군사관계에도 악영향이 생겼다. 대만이 중국과 같이 미국에게 선진화된 무기를 제공받지 못하면 대안을 모색하겠다는 식으로 미국을 협박하기 시작한 것이다.

이런 상황에서 1992년 9월 2일 부시는 F-16 전투기 150대를 대만에 판매한다고 선언한다. 대만은 지난 10년 동안 이 전투기의 구매를 위해 지대한 노력을 해오던 터였다. 미국의 결정 뒤에는 중국의 이란 무기 수출이 결정적이었다. F-16은 과거의 관례적인 무기 판매의 범주를 벗어나는 일대 사건이었다. 미국이 처음으로 가장 현대화되고 선진화된 무기를 대만에 팔기로 결정한 것이다. 탈냉전 후 미중관계의 변화와 대만에 대한 미국의 입장 변화를 알리는 신호탄이었다.

미국은 이 사건으로 대만과의 관계에서 중국을 더 이상 신경 쓰지 않는 입장으로 선회했다. 걸프전까지만 해도 미국은 대만 관계에 있어 중국을 매우 의식했다. 일례로, 미국은 우방국이 걸프전에 재정적으로 기여하길 희망했다. 당시 아미티지는 대만 방문을 미끼로 대만으로부터 3억 달러의 기부를 요청했다. 대만은 이를 수용했다.

당시 미국정부 내에서는 그의 대만 방문을 중국에 사전에 알리자는 의견이 대다수 존재했다. 다수를 쫓아 중국에 통보하자 중국은 당연히 철회할 것을 요구했다. 미국은 이를 받아들였다. 그리고 대만의 3억 달러 지원금을 포기했다. 그러나 F-16기 판매 결정으로 미국은 더 이상 중국을 과거와 같이 의식하지 않게 되었다.

중국의 입장에서 이 사건은 지금까지 쌓아온 미국에 대한 신뢰에 일대 타격을 가한 것이었다. 중국은 미국을 믿고 대만 군의 선진화 속도와 수준을 점차 감속시키면 대만을 다시 '해방'할 수 있는 기회가 도래할 것이라는 신념이 있었다. 그런데 이런 신념이 중국이 지금까지 '절친'이라고 생각해온 부시에 의해 깨져버렸다. 그야말로 '믿는 도끼에 발등 찍힌' 셈이었다. 중국으로서는 이 사건으로 부시에 대한 배신감이 극에 달했다.

더욱이 대만이 F-16기를 구매하면서 프랑스로부터 미라지(Mirage) 전투기 60대를 구매할 것을 당당히 선언할 수 있게 됐다. 상황은 중국에게 매우 심각해졌다. 중국은 미국에게는 제재를 가하지 못했으나 프랑스에는 제재를 결정했다. 중국의 제재는 광저우의 프랑스영사관을 폐쇄하고 광저우의 지하철 공사 사업 입찰에 프랑스 기업의 참여를 불허하는 것이었다.

사실 중국이 미국의 전투기 판매에 더 격하게 반응하지 못한 데엔 몇 가지 이유가 있었다. 당시 미국은 대통령 선거를 앞두고 있었는데 중국은 그의 재선 가능성에 피해를 주지 않기 위해 공개 항의를 자제했다. 또 하나는 미국이 1992년 9월 클라크 특사의 중국 방문을 통해 천안문사태 이후 중단되었던 사업의 재개 의사를 전했기 때문이었다. 미국이 전한 사업이란 미중 경제무역위원회의 재개와 대중국 군수장비 수출 등이었다. 군수장비에는 천안문사태 이전 수출 계약한 어뢰와 레이더 등이 포함되었다.

중국도 미국에게 발목이 잡혔다. 미국 정보국은 1992년 11월 중국의 M-11 미사일이 파키스탄 카라치 항구에서 하역되었다는 정보를 입수한다. 미국은 지난 4년 동안 중국 미사일의 수출 사업을 저지하기 위해 모든 노력을 해왔었다. 이런 노력이 1991년 베이커 국무장관의 방중으로 중국이 MTCR의 규정을 준수하겠다는 의사를 도출하는데 밑거름이 되었다고 확신하고 있었다. 그러나 문제는 중국이 특정 무기에 대한 언급을 하지 않았다는 사실이다. 베이커가 중국 측 발언을 오독한 것이었다. 그는 중국의 의사가 M-11 미사일까지 포함하는 것으로 이해했었다.

중국은 정작 미국에게 발각되자 M-11 미사일이 MTCR 규정에 살짝 못 미친다는 입장을 밝히면서 위반사항이 없다고 수출의 정당성을 주장했다. 이에 클린턴 신정부는 중국의 위반사항을 입증할 결정적인 증거가 없다고 결론 내리면서 제재 조치를 취하지 않기로 결정한다. 클린턴의 결정에는 미국의 국내 기업과 정계의 로비 요인도 크게 작용했다. 이를 주도한 인물이 휴즈 항공사의 사장(마이클 암스트롱)과 캘리포니아 주 상원의원이자 전 샌프란시스코 시장 다이엔 파인스타인(Dianne Feinstein)이었다.

암스트롱 사장은 클린턴의 큰 후원자 중 하나였다. 파인스타인은 샌프란시스코 시장 재임 시절 장쩌민과 친분을 쌓았다. 그리고 그녀의 남편은 중국에서 활발하게 사업을 하고 있었다. 암스트롱 사장은 휴즈 항공사의 대중국 인공위성과 부품 판매 실적이 연간 5억 달러의 매출을 기록한다며 중국의 M-11 수출 사건으로 제재 조치가 내려지는 일이 없기를 강력히 요청했다.[23] 그렇지 않을 경우 유럽 기업이 미국을 대체할 것이고 휴즈 항공사는 4,000명에서 5,000명의 노동자 해고가 불가피할 것이라고 호소했다.[24] 파인스타인도 그의 요청에 적극적으로 동참했다. 그러면서 결국 모양새는 미국과 중국 사이에 대만 무기 판매로 딜이 이뤄진 셈이 되어 버렸다.

23 "U.S. Punishes China Over Missile Sales," The Washington Post, August 26, 1993.
24 "Executive Press Clinton to Smooth U.S.-China Ties," Los Angeles Times, November 19, 1993; and C. Michael Armstrong speech to U.S. Army Missile Command at Redstone Arsenal, Alabama, November 9, 1993, text supplied by Hughes Aircraft Co.

제12장

빌 클린턴과 장쩌민 :
인권, MFN과 파트너십 관계

빌 클린턴(Bill Clinton) 대통령의 외교정책 기조는 두 개 단어로 형용될 수 있다. 바로 자유 무역과 상업 외교이다. 해리 트루먼부터 조지 부시까지 미국 역대 대통령의 외교 기조의 공통점은 소련의 억제를 통한 군사 안보 확충으로 세계를 끌어안는 것이었다. 그러나 클린턴은 달랐다. 그는 국제주의의 목표를 미국의 경제이익 확보라고 믿었다.

이런 신념에서 1993년 말부터 클린턴정부의 외교정책은 두 가지 현안에 자연스럽게 초점이 맞춰졌다. 북미자유무역협정의 체결을 통한 북미자유무역지대(North America Free Trade Areas, NAFTA) 창설과 GATT를 대체할 세계무역기구(WTO)의 출범이었다.

대중국 정책에 있어 그는 포용주의자였다. 즉, 포용정책이 중국에 제대로 침투되면 경제교류가 활성화될 것이고 교류의 증대가 중국 정치의 민주화와 정치제도의 개혁을 견인하는 효과를 발휘할 것으로 기대했다. 한 마디로 중국을 '포용'하여 그를 미국과 같은 나라로 만들겠다는 야심찬 희망이었다. 그래서 그는 중국의 MFN 지위 문제를 인권문제와 결부시켰다.

클린턴은 대통령 취임 전 중국 경험이 없었다. 대신 다른 대통령들과 마찬가지로 대만 경험이 풍부했다. 그는 아칸소(Arkansas) 주지사 재직 동안 대만을 4차례나 방문했다. 그 어느 나라보다 더 많이 방문했었다. 그중 가장 유의미했던 방문이 1985년 10월 10일의 건국절 행사 참석이었다. 그의 중국 입장이 처음으로 공개된 것은 대통령 선거 유세 기간이었다. 그는 중국의 MFN 지위 갱신에 조건부를 견지했다.

클린턴은 중국문제에 있어 자신감이 넘쳤다. 미국의 가치관과 이상, 그리고 미국의 기업 간에 어떠한 갈등도 없다고 생각했다. 중국 유학생과 미국 재계의 요구를 모두 충족시킬 수 있다고 믿었다. 대통령에 당선되었을 때, 그는 모든 권력을 가졌기 때문에 모든 이를 만족시킬 수 있다는 자신감에 들떠 있었다.

그러나 유세 때 강조했듯이 대통령 취임 후 그는 국내 경제 현안에 최우선적으로 집중했다. 중국은 그에게 뒷전이었다. 그도 그럴 수밖에 없는 것이, 당선 후 미 CIA는 그에게 미국 외교가 당면한 과제를 우선순위로 나열해줬다. 최우선순위의 국가는 러시아, 소말리아, 유고슬라비아였다. 그 다음 순위가 이라크, 아이티, 레바논, 이스라엘과 세계 무역 협상 등이었다. 중국은 CIA 브리핑의 우선순위에서 빠져 있었다.

∷ 클린턴과 MFN : 같으면서 다른 듯한 대응

클린턴의 외교팀은 워런 크리스토퍼(Warren Christopher) 국무장관과 국가안보보좌관 안소니 레이크(Anthony Lake)를 중심으로 짜졌다. 이들은 카터행정부 때 각각 국무차관과 정책기획국장을 지냈다. 그리고 두 사람 모두 중국수교 협상에 참여했었다. 이들은 또 인권 개선과 민주주의 확산에 대한 의지가 확고했다.

클린턴은 중국을 전담하는 임무를 동아시아차관보로 임명한 윈스턴 로드에게 주었다. 로드의 임명으로 클린턴의 대중국 정책은 가닥을 잡았다. 로드는 중국의 MFN 지위가 중국 인권 상황의 개선 결과에 따라 결정되어야 한다는 신념을 가진 인물이었다. 그의 신념에는 중국을 인권 개선의 방향으로 유도하려는 절충안이 내포되어 있었다. 즉, 클린턴행정부가 기대하는 정도로 중국의 인권 상황이 개선되면 부시 임기 말에 지향하던 대만 정책을 철회하겠다는 유화전략이었다.[1]

그러나 현실정치는 달랐다. 미 의회는 중국의 MFN 지위를 취소할 생각이 없었다. 중국 경제가 이미 미국 경제에 의미하는 바가 매우 컸기 때문이다. 그래서 미 의회는 천안문사태 초기의 강경한 입장에서 한 발 물러선다. MFN의 조건을 충족시키지 못할 경우 중국의 특정 기업이나 제품에 대해 제재를 가하는 것으로 입장을 바꿨다.

---

1 James Mann, About Face : A History of America's Curious Relationship with China, from Nixon to Clinton (New York : Alfred Knopf, 1999), p. 278.

MFN 문제를 중국의 인권 개선 노력과 연계할 것을 한때 강력하게 주장했던 미첼 상원의원이나 펠로시 하원의원의 입장 변화가 이를 대변했다. 이들은 중국의 MFN 지위 취소가 비현실적이라는 인식을 하게 된다. 미국 경제에 반사효과가 있을 것이 자명했기 때문이다.

이들은 대신 MFN의 조건부 승인을 견지하면서 기존의 조건에 한 가지 조건을 더 추가했다. 바로 중국의 대량살상무기 확산 문제였다. 중국의 개선 노력과 그 결과를 바탕으로 매해 MFN 지위 부여 문제를 논하자는 것이었다. 그리고 만약 중국이 미국의 요구조건을 충족시키지 못할 경우 중국 국유기업의 제품에 한해 제재를 가할 것을 주장했다.[2]

클린턴은 미첼과 펠로시의 조건이 맘에 들지 않았다. 그의 불만은 로버트 루빈(Robert Rubin) 국가경제위원회(National Economic Council) 위원장에 의해 전해졌다. 루빈은 우선 펠로시에게 더 이상의 증인이나 잠재적 동조 세력을 물색하지 말라고 요구했다. 이후 1993년 4월과 5월 양측은 몇 번의 협상을 통해 클린턴의 행정명령으로 이를 대처할 수 있는 방법을 타진했다. 결국 미첼과 펠로시는 클린턴 측의 요구를 수긍한다.

클린턴의 행정명령안은 미첼과 펠로시의 법안과 두 가지의 차이점이 있었다. 하나는 중국의 MFN 자격을 중국의 인권 개선에만 국한하고 무역 적자의 문제나 대량살상무기의 확산 조건은 배제하는 것이었다. 그리고 다른 하나는 무역 적자와 대량살상무기의 확산 문제를 MFN과 별개로 해결하자는 것이었다.

펠로시가 클린턴의 제안을 수용할 수 있었던 이유는 3년 전 자신이 발의한 법안도 MFN 지위의 쟁점을 인권에만 두고 있었기 때문이다. 그러나 당시 부시가 이를 거부했었다. 이제는 펠로시의 법안 핵심을 클린턴이 수용함으로써 원점으로 되돌아간 셈이었다.

클린턴은 과거와 같이 MFN을 둘러싸고 더 이상 미국의 정치가 양분화 되는 것을 원치 않았다. 미국이 앞으로 중국문제에 있어서만큼은 한 목소리를 내길 원했다. 그러면서 그는 1993년 5월 28일 첫 번째 중국 MFN 행정명령에 서명한다. 이에 화답이라도 하듯 중국은 국제적십자사의 정치 수용소 방문을

---

2 George Mitchell, "Dear Colleague," Letter to members of the Senate, April 6, 1993.

허용할 의사를 처음으로 내비쳤다.

그러나 클린턴의 행정명령은 완벽한 것이 아니었다. 무엇보다 미국 재계가 이를 지지하지 않았다. 클린턴의 행정명령은 미 의회의 분열을 막기 위해 설정된 것이지 미국 경제를 위한 것이 아니었다. 더구나 이는 클린턴이 미첼과 펠로시, 그리고 인권시민단체와 협의한 것이라 미 재계는 북경에게 이들과 동조한다는 인상이나 인식을 심어주고 싶지 않았다.

두 번째 문제는 행정명령 위반 시 중국에 부과되는 범칙(penalty)이 결여된 사실이다. 행정명령이 인권 개선을 전제했지만 이를 충족 못하거나 위배할 경우 상응하는 응징의 조치가 명확하게 기술되어 있지 않았다. 위반할 경우 고작 5%의 추가 과세를 부가하는 규정뿐이었다. 무엇보다 중국이 대량살상무기 관련 비확산 원칙을 어겨도 경제적인 응징이 불가능해졌다.

앞서 언급했듯 1993년 8월 25일 중국이 M-11 미사일 부품을 파키스탄에 수출하는 것이 확인되었다. 그러나 이를 MFN 지위 갱신과 연계할 수 없었다. 이에 미 국무차관 린 데이비스(Lynn Davis)가 미국의 대중국 인공위성 수출 금지를 발표한다. 그러나 이 발표도 곧 철회되었다. 미국의 인공위성 제조사와 정계와 경제계 간 로비의 결과였다.

마지막으로 행정명령 위반 시 중국의 경제 특혜를 감축하겠다는 의사를 클린턴이 실제로 실천할 의지가 있는지 매우 의문스러웠다. 행정명령은 중국에게 전하는 '최후통첩(ultimatum)'이 되었어야 했다. 그러나 주지하듯 클린턴은 국제주의와 포용주의를 외교정책의 기조로 삼았다. 그러면서 클린턴이 중국에 진심으로 응대하고 싶은 의사가 있는지에 대한 의구심이 사실로 입증되었다.

1993년 9월 클린턴은 대중국 '포용정책(engagement)' 추진을 선포한다. 즉, 그는 채찍보다는 당근으로 중국 관계를 개선·발전시키고 싶어 했다. 클린턴이 중국에 진심으로 응대하고 싶은 의사가 있는지에 대한 의구심이 현실화된 대목이다.

클린턴의 대중국 포용정책의 결정에 큰 기여를 한 대외적인 사건 중 하나가 1993년 9월에 불거진 북한의 1차 핵 위기 사태였다. 북한은 국제원자력기구(IAEA)의 핵 처리시설에 대한 감찰을 받느니 핵비확산조약(Non-proliferation Treaty, NPT)에서 탈퇴한다고 선언한다.

이에 미 국방부는 북한과 대립각을 세우는 것이 전쟁으로 이어질 가능성을 심각하게 우려했다. 그래서 선택한 것이 협상을 통한 평화적 해결이었다.[3] 그리고 협상에서 관건적인 역할을 할 수 있는 나라가 중국이었다. 미 국방부는 이 기회에 중국 군 지도부와의 접촉 제한을 해제할 것을 촉구한다.

외교적으로도 미국은 북핵 위기 사태의 해결을 위해 중국과의 협력이 더 필요해지는 심각성을 느끼게 된다. 1992년부터 북한은 영변 핵시설의 감찰을 IAEA로부터 6차례나 받았다. 감찰 결과 북한의 핵 처리기술 능력이 초급 수준에 불과하다는 결론이 내려졌지만, 미국은 이 조사결과에 많은 의구심을 가졌다.

그래서 미국은 1993년 2월 25일 결의안을 통과시키면서 북한에게 영변 핵시설의 '특별 감찰' 허가를 요구했다. 그리고 한국과 일본에게 북한의 핵문제가 해결되기 전까지 북한과의 관계개선을 위한 접촉을 삼가달라고 부탁했다. 미국의 이 같은 행동에 북한은 강력히 반발하면서 결국 NPT 탈퇴를 선언한다.

미 국방부장관 레스 애스핀(Les Aspin)은 중국에게 대북 영향력이 있으므로 중국의 협조를 통해 북한이 더 이상 긴장을 일으키지 못하도록 저지해야 한다고 주장했다. 행정부 내부에는 MFN 문제로 중국에게 정치적 협력을 강구하는 것은 어불성설이라고 반대하는 목소리도 있었다. 그러나 한반도의 긴장상황이 날로 악화되면서 이런 정치적 접근 외에 선택이 없었다.

결국 중국의 중재로 1993년 6월 북미 대표는 뉴욕에서 회담을 갖게 된다. 회담 결과 북미 양국은 사상 처음으로 연합성명을 발표한다. 이 성명서는 무력과 군사 위협을 사용하지 않는 것을 보장하고; 한반도의 평화와 안정, 그리고 비핵화를 보장하고; 주권의 상호존중, 내정불간섭과 한반도의 평화통일을 지지하는 내용을 포함했다. 그리고 북한은 NPT의 탈퇴를 일시적으로 보류할 것을 선언했다.[4]

---

3 Dan Oberdorfer, The Two Koreas : A Contemporary History, (Addison-Wesley, 1997), Chapter 13.

4 宮少朋, 朱立群, 周啓朋 主編, 『冷戰後國際關係』(北京 : 世界知識出版社, 1999), pp. 222〜223.

미 국방부의 주장에는 더 큰 전략적 함의가 내포되어 있었다. 그들의 계산에는 중국 인민해방군과의 교류 재개가 복선으로 깔려 있었다. 그들은 중국군의 고위급 접촉이 중국의 무기 수출을 억제하는 데 효과를 발휘할 것이라는 논리로 자신의 주장을 정당화했다.

이런 주장을 개진한 주요 인물들은 당시 국방차관이었던 윌리엄 페리와 국방부 국제안보국장 찰스 프리만(Charles Freeman) 등이었다. 1993년 7월 페리는 중국과 더 친밀한 관계로 발전할 것을 주장했었다. 그는 당시 미 국방부에게 북핵 문제가 제일 우려스러운 문제였기 때문에 이의 해결을 위해서라도 중국과 다시 정당한 관계를 복원하는 것 자체가 굉장한 인센티브라 조언했다고 회고했다.[5]

이밖에 미중관계는 불협화음의 연속이었다. 연일 사건과 사고의 발생이었다. 미국은 인권문제를 이유로 북경의 2000년 올림픽 개최 신청을 방해했다. 미 의회는 중국의 올림픽 유치를 반대하는 결의안을 통과시켰으며, 하원은 북경의 유치를 저지하는 결의안을 상정했다.[6] 결국 중국의 첫 올림픽 개최는 실현되지 못했다.

7월과 8월에는 미중 양국이 중국 화물선 '은하수(Galaxy)호' 문제로 갈등을 빚었다. 미 정보당국은 8월 말 은하수호가 생화학무기물질을 담은 782개의 상자를 이란으로 수송한다는 정보를 입수한다. 그리고 중국 당국에 선박 검사를 요청하지만 거절당했다. 결국 미 해군은 공해상에서 이를 추격했고 결국 9월 4일 사우디아라비아에 정박하게 만들어 검사했다.

그러나 미국의 정보가 잘못된 것이라는 게 밝혀졌다. 중국 외교부는 이에 공식 사과와 배상(1,400만 달러)할 것을 정식 요구했다. 이때부터 미국 국내외의 미국의 실수에 대한 여론이 돌아서기 시작했다. 이 사건을 계기로 미국 국내외의 여론들이 미국 백악관에 등을 돌리기 시작했다. 헤이그 역시 클린

---

5 제임스 만과 윌리엄 페리와의 1997년 1월 30일 인터뷰, Mann, About Face, p. 289.
6 "OLYMPICS; Congress Asked to Avoid Debate on Olympic Site," *New York Times*, July 15, 1993; H. Res. 108-To express the sense of the House of Representatives that the Olympics in the Year 2000 should not be held in Beijing or elsewhere in the People's Republic of China, July 26, 1993, https ://www.congress.gov/103/bills/hres188/BILLS-103hres188eh.pdf, (검색일 : 2016년 8월 2일).

턴의 중국 정책을 9월 북경 방문 중 공개 비판했다.

⋮ 포용정책의 압박

클린턴행정부는 국무부의 제언에 따라 포용정책을 심각하게 고려하지 않을 수 없게 되었다. 북핵문제와 국방부의 압력, 그리고 연일 계속되는 중국과의 갈등 등으로 키신저의 조언을 경청할 수밖에 없었다. 키신저는 클린턴행정부에 포용정책을 주장했다.

클린턴은 7월 말에 로드와 레이크가 작성한 정책 초안을 검토하고 9월 25일에 결국 이를 수용하기로 결정했다. 클린턴이 수용한 포용정책의 기본 내용은 다음과 같다. 1)고위급 인상의 상호방문 강화 2)APEC 회의에서 중국 국가주석과 회담 개최 3)미국 농업부장(1993년 9월), 재무부장(1994년 1월), 국방부 장관보(1993년 11월)의 중국 방문 진행 등이었다. 그리고 이를 9월 말 리다오위(李道豫) 주미대사에게 알린다.

어찌 보면 클린턴이 MFN 행정명령 서명 때 밝혔듯이 중국의 경제개발과 정치적 개방을 독려함으로써 민주화를 관철시킬 수 있다는 소신이 포용정책을 수용하는 데 큰 요인으로 작용했다. 그리고 당일 날 레이크 국가안보보좌관은 주미 중국대사 리다오위를 백악관에서 접견하면서 미국의 새로운 중국정책을 브리핑했다.

그러나 포용정책을 선언한 클린턴은 또 하나의 정치적 도전과제에 당면한다. 11월 시애틀에서 개최 예정이던 '아시아-태평양 경제회의(APEC)'에서 중국 최고지도자 장쩌민과의 회담 여부였다. 당시 중국 인권 상황 개선의 진전이 더디게 이루어지고 있었다. 클린턴은 장쩌민 회담의 명분과 당위성을 놓고 심각하게 고민하지 않을 수 없었다.

그는 결국 비공식 회담 형식으로 장쩌민을 만나기로 결정한다. 그러나 장쩌민의 워싱턴 방문은 배제하고 시애틀로 장소를 정했다. 대신 비공식이라는 명분으로 장쩌민과의 회담을 정당화했다. 동시에 이를 미중 양국의 고위급 인사 교류와 접촉 재개의 기회가 되도록 적극 유도하려 했다. 그 결과 미중 양국의 국방 교류가 재개되었다. 그 여파는 다른 영역으로도 확대되었다. 이후 미 재무장관 로이드 벤트센(Lloyd Bentsen) 등과 같이 다른 부처의 고위급 인사의 방중이 뒤를 이었다.

미국의 고위 경제 인사가 중국을 방문하기 전에 독일의 헬무트 콜(Helmut Kohl) 수상이 북경을 방문했다. 장쩌민을 만나기 위해 클린턴이 시애틀에 도착한 날 지역신문 1면에 콜 수상의 방중 결과가 대서특필되었다. 중국과 독일이 20억 달러 규모의 18개 경제 협력 사업을 조인한 소식이었다. 클린턴의 장쩌민 회견을 수행한 당시 재무장관 벤슨, 상무장관 론 브라운(Ron Brown), 미국무역대표부장 미키 캔터(Mickey Kantor)와 국가경제위원회 위원장 루빈에게 이 소식은 달갑지 않았다.

콜의 경제적 수확은 1994년 초 클린턴의 경제팀 내부의 중국 MFN 논쟁에 불을 지폈다. 당시 클린턴의 행정명령에 회의적인 인사들이 공개적으로 목소리를 높일 수 있는 기회로 작용됐다. 이들은 미국이 중국의 인권문제를 개선하고 싶으면 중국의 시장개혁과 교역 활성화가 반드시 전제되어야 한다고 주장했다.

이들 중에는 더 급진적인 주장을 하는 인사들도 있었다. 일례로, 과거 민주당 총수로서 부시의 MFN 정책을 강도 높게 비판했던 브라운은 상무장관에 부임한 후 중국의 MFN 지위의 무조건 부여를 주장했다. 그는 자신의 주장을 미국의 '경제안보'라는 개념을 사용해 경제안보가 미국의 국가안보와 직결된다는 논리로 합리화했다.[7]

국가안보회의 내에서도 이에 옹호하는 목소리가 나오기 시작했다. 국가안보부보좌관 샌디 버거(Sandy Berger)도 회의적이었다. 그는 그의 상관 레이크에 반대하는 입장이었다. 중국 MFN 옹호 인사들은 1993년의 행정명령이 미국 경제이익과 무관하거나 부적합하다는 인식을 가지고 있었다.

이런 분위기 속에 행정명령의 본질적인 문제가 본격적으로 거론되기 시작했다. 당시 주중 미국대사였던 로이는 중국이 만약 1993년 행정명령이 제시한 인권 조건을 충족시키면 1994년의 것에 새로운 조건이 추가될 가능성이

---

7 "Bentsen to Push China on Economic Reforms," Washington Post, January 10, 1994; and CNN interview with Ron Brown, March 14, 1994.

있는지 단도직입적으로 물었다. 그러나 그의 질문에 워싱턴은 묵묵부답이었다. 일각에서는 새로운 추가 조건이 제안될 것이라고 예측했다. 다른 일각에서는 아마도 없을 것이라는 전망을 내놓았다. 그만큼 행정부의 고위급 인사들 사이에서 행정명령의 실효성과 유효성에 대한 이견은 첨예하게 대립하고 있었다.

⋮ 실패한 클린턴행정부의 첫 고위급 인사 방중

국내외의 불협화음에도 불구하고 클린턴은 중국의 MFN 지위 부여 문제를 인권상황과 연계하는 입장을 고수하기로 마음먹었다. 그리고 이를 위해 국무장관 워런 크리스토퍼를 3월 11일 북경에 파견한다. 클린턴은 최종 결정에 앞서 중국의 인권 개선 상황을 직접 확인하고 싶어 했다.

그가 확인하고 싶어 했던 것은 행정명령과 같이 중국정부에 직접적인 압박이 중국의 인권 개선에 직접적인 영향을 주는지, 아니면 중국의 반체제 인사에 대한 미국정부의 공개적 지지와 성명이 중국 인권 개선에 영향을 주는지, 어느 것이 더 효력이 있는지 등이었다. 양자 중에 효력이 더 있는 것으로 클린턴은 선택하고 싶어 했었다.

클린턴과 크리스토퍼는 사전 작업으로 국무부의 인권차관보였던 존 셰턱 (John Shattuck)을 중국에 보내 웨이징성과 면담을 가지게 했다. 1994년 2월 27일 셰턱은 웨이와의 만남에서 인권문제에 대해 중국정부에게 MFN과 같은 직접적인 압박이 효과적인지, 아니면 단순히 중국 측에 인권 개선을 당부하는 간접적인 압박이 효과적인지를 물었다.

이에 웨이는 중국정부에 직접적인 압박을 가하는 것이 중국의 인권 개선 노력에 더 좋은 결과를 가져다줄 것이라고 답했다. 웨이는 클린턴에게 후퇴하지 말고 강경하게 중국을 압박할 것을 주문했다.

그러나 문제는 중국정부의 반응이었다. 중국은 셰턱과 웨이의 만남을 예상치 못했던 일인 것 마냥 경악을 금치 못했다. 그러나 중국은 이미 정보요원을 이용해 웨이를 24시간 감시하고 있었고, 그가 셰턱과 만나는 장소까지 이미 알고 있던 터였다. 중국의 의도는 이번 만남을 미국이 중국에서 '평화연변(즉, 사상 침투로 민심 동요와 인식 변화를 유발하여 정변의 소지를 제공하는 정치적 모략)'의 책략을 견지하고 있는 증거로 활용해 중국인들에게 경각심을 심어주자는 것이었다.

중국정부는 웨이를 다시 체포했다. 그리고 크리스토퍼의 워싱턴 출국 당일 날 중국 당국은 최소 15명의 반체제 인사를 체포했다. 호주를 경유하던 크리스토퍼는 중국 방문의 취소를 심각하게 고려한다. 그러나 그는 포용정책의 정신으로 (중국과의 대화 필요성과 중요성을 강조한 나머지) 방문을 취소하지는 않았다. 대신 중국 당국과 인사들 사이에 선을 명확하게 그었다. 중국 인사와의 사적인 식사는 물론 문화 탐방 및 체험(예컨대 만리장성 방문) 등도 모두 하지 않기로 결정했다. 공무에만 집중하기로 출국 전부터 공언한 것이 현실화된 것이다.

크리스토퍼는 리펑 총리, 장쩌민 주석과 첸치천 외교부장 모두를 만났다. 첸의 기자회견에 따르면 회담은 5개의 성과를 올리면서 성공적이라는 평가를 받았다. 성과는 미중 양국이 고위급 교류를 지속한다는 것; 미국이 중국의 GATT 지위 회복에 지지 견지; 군사교류 회복과 발전 동의; 베트남전쟁의 미군 실종 3인의 조사를 위한 소그룹을 중국에 조속히 파견해 공동 조사할 것; 중국 감옥 수감 노동력 생산 제품에 대한 비망록의 집행 협력 관련 성명서 체결 등이었다.

그러나 크리스토퍼의 입장은 달랐다. 그는 같은 회견장에서 미국의 실망감을 드러냈다. 미국이 중국에 제안한 235건의 MFN 조건 심리안의 보고, 국제적십자사의 감옥 상황 시찰과 수감자의 개별 접촉, '미국의 소리(Voice of America)' 방송의 재개 문제 등에서 '전면적이고 의미 있는 진전'을 중국에서 보지 못했다고 평가했다. 오히려 중국 측으로부터 엄중한 거절만 받았다고 밝혔다. 중국은 MFN과 인권문제의 결부를 반대하고 미국 대통령의 행정명령이나 미국의 법이 중국을 통제할 수 없다고 반박했다. 그러면서 중국 또한 이를 준수할 의무가 없으며 갈등은 평등한 협상과 담판만으로 해결될 수 있다고 역설했다.[8]

크리스토퍼는 이번 방문을 통해 중국과 말이 안 통하는 것을 알게 되었고 무엇보다 MFN 문제가 기로에 서 있다는 것을 깨닫게 된다. 미국 내에서는 그의 방문이 실패였다는 여론이 키신저, 이글버거와 밴스 등을 통해 확산되었다. 특히 밴스는 특정 이익으로 미중관계를 결정하는 것은 절대 안 된다고 목청을 높였다.[9]

크리스토퍼의 방문이 실패하자 클린턴은 마지막 희망을 로드와 레이크에게 걸었다. 클린턴의 희망을 안고 그들은 5월 10~12일 북경을 방문한다. 그는 중국 외교부 부부장 류화치우(劉華秋)와 만난 자리에서 MFN 승인을 위해 중국이 이행해야 할 조건 14개를 전했다. 이들 조건엔 인권, 무역과 비확산 등의 이슈들이 포함됐다. 중국은 당연히 반대했다. 13일 수확 없이 귀국하는 길에 그들은 동경에 들러 자신의 입장을 다시 한 번 밝혔다. 미국이 제시한 조건을 중국이 준수하지 않으면 MFN은 조건부가 될 것이라는 경고의 메시지였다.

그러나 그의 경고는 휴지 조각에 불과했다. 그의 귀국 후 크리스토퍼는 상원 외교위원회 청문회에서 이를 증명하는 입장을 드러냈다. 그는 로드의 방문이 소기의 목적을 달성하지 못했기 때문에 행정부가 앞으로 국회와 긴밀하게 협력할 것이라는 의사를 전했다. 그러면서 그는 의회가 MFN과 관련된 문제에 대해 좀 더 이해할 수 있는 마음으로 참석하길 바란다는 희망을 밝혔다.[10]

MFN 문제에 대한 중국의 강경한 반대 입장은 1994년 초부터 표출되었다. 공교롭게도 미국정부 고위급 인사들 사이에서 균열이 일어나기 시작한 시점이었다. 이러한 우연이 가능했던 이유는 중국 당국이 언론지상을 통해 이를 알게 된 후, 이를 이용하기로 마음먹었기 때문이다. 이를 호기로 본 중국은 외교부 부부장 류화치우를 워싱턴에 보낸다. 그는 북경이 굴복하지 않고 고집하면 미 행정부가 양보할 것이라는 판단을 가지고 국가경제위원장 루빈을

8 Warren Christopher, In the Stream of History : Shaping Foreign Policy for a New Era (Stanford, CA : Stanford University Press, 1998), pp. 152~154.

9 Patrick Tyler, A Great Wall : Six Presidents and China (New York : Public Affairs, 1999), p. p.409.

10 劉連第, 『中美關係的執迹軌-1993~2000年大事縱覽』 (北京 : 時事出版社, 2001), p. 9.

만났다.

1월 28일 그는 루빈과 만나는 자리에서 미국을 자극하는 제안을 한다. 이제 미국도 다른 나라와 같이 인권문제와 무역을 연계시키려는 노력을 포기하라는 것이었다. 그는 미국의 우방인 프랑스, 독일과 캐나다가 중국과 체결한 일련의 경제협약의 예로 설득하려 했다. 그러면서 그는 이들 국가들이 모두 인권문제를 간과하는 것처럼 미국도 그렇게 될 수밖에 없을 것이라고 거들먹거렸다. 이에 화가 난 루빈은 자신의 반대 입장을 철회하고 클린턴의 MFN 정책을 공개적으로 지지하면서 응대했다.

이런 분위기 속에서 크리스토퍼의 첫 북경 방문이 진행되었다. 시작부터 만만치 않았다. 공항에서 미 경호원과 중국의 공안 요원들이 몸싸움을 벌이는 것이 그 시작이었다. 또한 중국 당국은 크리스토퍼가 북경에 도착한 날 반체제 인사들을 선별해 북경에서 추방시켰다. 이들이 미국 측의 어떠한 인사와도 접촉하는 것을 사전에 막기 위해서였다. 이 중 체포되었던 웨이징성은 천진으로 보내졌다.

크리스토퍼의 북경 일정은 리펑 총리와의 회담으로 시작됐다. 리펑은 작심한 듯 중국의 강경한 입장 발언으로 포문을 열었다. 그는 중국이 미국의 인권 개념과 개선 조건을 절대 수용할 수 없다고 못 박았다. 중국에 1억이 넘는 빈곤층이 있으며 인권이 있기 전에 사람이 우선이라는 입장으로 이유를 밝혔다. 그러면서 그는 크리스토퍼의 회담에서 주장하는 입장도 클린턴행정부의 모든 사람의 입장이 아님을 강조했다.

크리스토퍼는 리펑에게 중국이 MFN 지위를 갱신받기 위해서 개선해야 할 인권 상황을 설명했다. 그러나 리펑은 그이 말을 즉시 무시해버렸다. 그는 주미 중국대사관의 사전 정보를 인용하면서 중국의 MFN 지위 갱신 문제를 논할 필요가 없다고 반박했다. 그의 자신감은 앞서 지적한 클린턴행정부의 내부 분열의 현실로부터 나온 것이었다.

리펑은 더 나아가 1992년 로스앤젤레스의 한인 타운에서 발생한 로드니 킹 사건을 지적했다. 로스앤젤레스 출신이었던 크리스토퍼에게 리펑은 미국에도 인종과 인권 문제가 심각하게 존재하고 있다는 방증이니 미국부터 이를 해결하라고 일침을 가했다.[11]

크리스토퍼와 리펑의 회담은 감정싸움으로 치달았다. 그 다음 첸치천 외교부장과의 회담에서도 미중 간 감정싸움은 계속되었다. 첸은 회담 시작부터 셰턱의 웨이징성과의 만남을 비판했다. 웨이는 집행유예 중인데 셰턱이 그를 만난 것 자체가 중국 법의 위반 사항이고 중국 내정을 간섭한 행위라고 지적했다. 중국 측으로부터 환대는커녕 비판만 받은 크리스토퍼는 첫날 일정을 마치자마자 즉시 귀국을 심각하게 고려했으나 어쨌든 마치기로 결정했다.

다음날 그의 일정은 미 상공회의소에서 미국 기업 대표자와의 조찬 간담회였다. 이 자리에서 아이러니컬하게 그의 불편한 심기는 미국인들에 의해 더 가중되었다. 그들은 크리스토퍼에게 클린턴의 인권정책과 MFN 문제를 연계하는 것 자체가 잘못된 정책이라고 호되게 비판했다. 11년 전 슐츠 국무장관의 방문 때와 똑같은 상황이 재연됐다. 그러나 크리스토퍼는 슐츠처럼 할 수 없었다. 1994년 미국 기업이 미국의 외교정책에 미치는 영향이 1983년 때보다 커졌기 때문이다.

이유는 간단했다. 중국을 포함한 아시아가 세계 3대 경제체로 부상했기 때문이다. 중국의 일례로, 1993년 5월 미국의 298개 대기업과 37개 무역 단체들이 공동명의로 클린턴에게 MFN의 무조건 연장을 촉구하는 서신을 보낸 일화가 있다. 이와 같은 미 재계와 기업계의 공동행동은 전례에 없던 사건이었다.[12]

이 사건은 5월 4~14일 중국 대외무역경제협력부 부부장 종즈광(宗志光)이 이끄는 중국고위경제무역대표단의 방미 이후 벌어졌다. 대표단은 방문 기간 동안 비행기, 자동차 등의 제품을 20억 달러어치 구매하는 계약을 맺었다. 그러면서 미 의회는 미국이 중국정책을 재고해야 한다는 분위기로 전환되었다.

1994년 3월 31일 크리스토퍼는 북경 미 상공회의소에서 300개의 미국 기업 대표들과 조찬을 가졌다. 기업 대표들은 그에게 무역과 인권을 결부하는 것은 퇴보를 의미한다고 비판했다. 1994년 3~5월 사이엔 약 800개의 미국 기업과 무역상사가 클린턴에게 전화와 서한을 통해 무역과 인권문제를 분리할

---

11 "U.S. China Trade Embittered Words on Human Rights," Los Angeles Times, March 13, 1994.

12 劉連第, 『中美關係的軌迹軌-1993~2000年大事縱覽』, p. 319.

것을 종용했다. 그리고 82개의 미국 기업은 자체 조사 보고서를 통해 미국 기업의 중국 활동이 중국의 인권 개선에 유리하게 작용한다는 결론을 제시했다.[13]

여담으로 1997년에는 3명의 전 대통령(포드, 카터, 부시), 6명의 전 국무부 장관(키신저, 밴스, 헤이그, 슐츠, 이글버거, 베이커 등)과 10명의 전 국방장관이 클린턴에게 중국의 MFN을 무조건 지원해야 한다는 서한을 보냈다. 그렇지 않을 경우, 홍콩에 소재한 1,100개의 미국 기업도 큰 타격을 면하지 못할 것이라는 게 핵심이었다.[14]

미국 재계와 기업의 로비는 미 학계와 의회, 심지어 행정부 내부에까지 영향을 미쳤다. 미 의회에서는 160명이 탄원서에 서명을 했다. 미국 최고의 중국전문가 도크 바넷(A. Doak Barnett)은 4월 랜드공사에 제출한 보고서에서 미국이 중국에 요구한 인권 개선 실천 방안은 미중관계를 인질로 만들어버린다고 지적했다. 바넷은 이런 결과가 미국에 실질적인 위협이라고 경고했다. 그러면서 클린턴행정부의 상무부, 국방부와 국가경제위원회는 국무부와 거리를 두기 시작했다.[15]

대외적으로도 클린턴의 MFN 정책은 호응을 얻지 못했다. 호주는 중국 MFN의 무조건적 부여를 지지한다고 크리스토퍼의 면전에서 밝혔다. 미국 언론사들도 클린턴의 대중 정책에 관한 일련의 사설들을 실으며 그 실효성에 의문을 제기했다.[16]

크리스토퍼의 방중 마지막 날 그는 첸 외교부장을 다시 만난다. 그 자리에서 첸은 반체제 인사(왕쥔타오와 첸즈민) 두 명의 석방 계획을 전했다. 대신 이를 당분간 비밀로 유지할 것을 당부했다. 비밀 유지의 이유를 첸은 중국 사법부의 독립성이 유효하다는 사실을 대내외적으로 알리기 위한 것으로 설

---

13 "Major U.S. Companies Lobbying Clinton to Renew China's Trade Privileges," Washington Post, May 6, 1994.

14 "Clinton Vows to Monitor Freedom in Hong Kong," International Herald Tribune, June 16, 1997.

15 "U.S. Stress on Rights Gives Way," Washington Post, May 27,1994.

16 "Trip Expectations Lowered, Christopher Concerned Beijing is 'Going in Wrong Direction'," Washington Post, March 10, 1994.

명했다.

중국정부는 둘의 석방이 적법한 절차를 통해 이뤄진 것으로 선전하려 했다. 왕과 첸은 각각 4월과 5월 초에 석방됐다. 미국 측의 기대에 미치지 못한 결과였다. 미국은 적어도 20~30명 정도의 석방을 내심 기대하고 있었다.[17]

크리스토퍼의 방중은 실패작이었다. 미중 외교장관 회담 후 공동기자회견도 없이 종결되었다. 두 외교장관은 각자 회담장을 빠져나왔다. 그 자리에서 첸은 성과 없는 회담에 대한 실망감을 여과 없이 토로했다. 미국의 중국 정책에 대한 실망감도 물론 빼놓지 않았다. 크리스토퍼는 당시에는 별말이 없었다. 그러나 3년 뒤 그는 방문 기간 동안 연속된 중국 측의 공격에 낙담했었다고 회고했다. 그리고 마지막 날 회담 성과에 만족했으나 중국 측의 회담에 대한 평가 태도와 내용에 실망했다고 실토했다.[18]

크리스토퍼는 귀국하면서 미국의 중국 MFN 지위 문제를 인권문제와 결부시키는 것이 더 이상 유효하지 못하다는 것을 깨닫는다. 클린턴행정부 내의 경제 관련 부처도 이미 이를 공감했다. 미국의 경제 관련 부처들은 미국 기업들과 같은 입장이 되었다. 중국의 MFN 지위 박탈을 완전히 반대하였다.

⋮ MFN과 인권문제의 결별

이제 공은 클린턴의 손으로 넘어갔다. 그에게 결정의 순간이 왔다. 지난 1년 동안 그는 이 문제를 놓고 정쟁을 피하고 싶어 했다. 취임 초기에 주장했듯 대중국 관계에 포용정책을 관철시키고 싶었다. 그 자신이 중국과 교류와 교역의 증대로 중국의 정치 개혁과 민주화를 유인하는 전략을 선호하고 있었기 때문에 그의 결정 결과는 자명했다고 할 수 있겠다. 이제 중국의 MFN 문제를 중국 정책에서 삭제할 때가 도래한 것이다.

클린턴의 속셈과 의지는 크리스토퍼의 귀국 후 두 달 동안 중국의 MFN 문제를 어떻게 철회할 것인지에 대한 준비 작업으로 이어졌다. 크리스토퍼는

---

17 Mann, About Face, p. 303.
18 "China Blames U.S. for Failed Mission," Washington Post, March 14, 1994.

귀국 후 백악관에서 중국 관련 모든 부처의 회의를 소집했다. 이 자리에서 그는 미국이 한목소리를 내야 한다고 주장했다. 이에 모두 동의하는 듯 했으나 실제로 이들은 이미 각자의 길을 가고 있었다. 이제 더 이상 미 국무부와 로드가 중국 정책을 장악하지 못한다는 반증이었다. 미국의 중국 정책의 주도권은 이제 국가안보보좌관 버거와 국가경제위원회 루빈에게로 옮겨 가고 있었다.

중국의 MFN 문제를 완전히 철회하기 전에 미국은 중국에게 인권문제를 마지막으로 호소한다. 1994년 캘리포니아의 닉슨 장례식에서 레이크와 루빈은 류화치우를 비밀리에 만났다. 그 사이에 미국은 국무부의 마이클 아마코스트(Michael Armacost)를 북경에 비밀 특사로 보냈다. 이 모든 것이 미국의 체면을 살리기 위한 마지막 발악이었다. 미국 측의 메시지는 중국이 미국이 1993년에 요구한 인권 개선 사항을 앞으로 1년 동안 충족할 것을 약속하면 MFN 문제에서 인권문제를 모두 배제하겠다는 것이었다.

미국의 기대와는 달리 중국 당국은 오히려 반체제 인사에 대한 탄압을 더욱 강화했다. 일례로, 웨이징성은 천진에서 체포된 뒤 1년 동안 기소 없이 투옥됐다. 그는 1995년 말 14년 형을 선고받는다. 이 상황에서 클린턴의 결정의 순간이 다가오고 있었다. 클린턴은 미 국민에게 중국의 인권 탄압이 강화되는 상황에서 MFN과 인권의 분리 문제를 어떻게 설명할 것인지에 대해 깊은 고민에 빠져 들었다.

다행히 두 가지의 선택이 있어 보였다. 하나는 과거 1년 동안 중국의 인권 개선을 위한 노력을 치하하면서 미 국민의 양해를 얻는 것이었다. 다른 하나는 소탐대실을 피하기 위해 큰 그림의 관점에서 중국이 인권 개선을 위한 제도적 개혁 노력 자체를 미국의 법리적 기대의 충족으로 미 국민을 설득시키는 방법이었다.

중국의 인권 개선을 위한 제도 개혁의 노력은 1991년 《인권백서》를 출간하면서부터 시작됐다. 관련법의 경우, 1992년 〈부녀자와 아동 보호법〉의 제정을 시작으로 1994년을 전후해 〈노동법〉과 〈죄수 보호법〉등을 제정하면서 인권 관련 제도 개혁에 정점을 찍었다.

그러나 중국 측의 개선 노력은 미국의 요구 관점에서 실질적으로 아무것도 없어 보였다. 중국이 미국에 언급했던 국제적십자사의 중국 정치수용소 방문도 성사되지 않았다. '미국의 소리' 방송 금지도 해제되지 않았다. 웨이징성은 다시 투옥됐다. 클린턴정부가 기대한 20~30명의 반체제 인사 석방도 이루어지지 않았다. 중국은 딸랑 2명의 반체제 인사만 석방했다.

클린턴의 체면 살리기 노력은 계속되었다. MFN 문제를 철회하는 대신 미국 내에서는 중국에 제한적 경제제재를 취하는 방법도 논의되었다. 두 가지 시나리오가 검토됐다. 하나는 국유기업의 제품에 한해 높은 관세를 징수하는 것이었다. 다른 하나는 중국의 인민해방군 소속 기업의 수출품에 관세를 증액하는 것이었다. 미국의 노동조합들은 후자를 선호했다.

그러나 클린턴 자신도 참석한 몇 차례의 시뮬레이션 검토 결과 두 가지 시나리오 모두 불가능하다는 결과가 나왔다. 중국의 대미 수출 제품에서 이들의 원생산자를 명확하게 식별하기가 거의 불가능했기 때문이다. 식별 방법 자체도 문제였지만 중국이 원생산자의 라벨을 바꿔치기만 하면 아무런 문제가 없다는 게 더 큰 문제였다.

클린턴은 결정을 내려야만 했다. 그의 결정에 가장 큰 영향을 미친 것은 시뮬레이션의 결과보다 미국의 재계와 전직 지도자들이었다. 특히 키신저와 카터 등은 MFN 문제에서 인권문제를 완전히 철회할 것을 강력히 추천했다. 클린턴은 결국 이들의 주장을 수용한다.

1994년 5월 26일 클린턴은 중국의 MFN 지위 갱신 문제를 더 이상 인권문제와 결부시키지 않겠다는 입장을 공식화한다. 그의 입장이 미국의 중국 인권에 대한 관심의 방기의 의미가 아니라는 사실을 명확히 하기 위해 그는 카터 전 대통령을 중국인권문제위원회의 위원장으로 지명했다.

클린턴은 그의 결정을 다음과 같은 이유로 정당화했다. 우선 그는 중국이 고립상황을 피할 수 있었던 이유로 그의 결정을 자화자찬했다. 미국과 중국의 교류와 접촉이 경제에만 국한된 것이 아니고 문화, 교육과 많은 다양한 분야에서 진행될 것이기 때문에 인권 분야에서 앞으로 더 진취적인 노력을 계속 추구할 수 있는 기회가 마련되었다는 것이다. 그리고 이를 통해 중국이 국내외적으로 더 책임 있는 역할을 수행할 수 있을 것이라고 믿어 의심치 않는다고 밝혔다.[19]

클린턴의 결정에 첸치천은 UN 뉴욕본부에서 가진 크리스토퍼와의 회담에서 장기적으로 중미관계가 나아가야 할 방향이었다고 극찬했다. 중미관계의 개선과 발전에 기여할 것으로 기대한다는 입장을 전했다. 이에 크리스토퍼도 미중관계가 순조롭게 새로운 발전 궤도에 올라섰다고 클린턴의 결정을 긍정적으로 평가했다.

이의 징표로 미 국방장관 차관보 찰스 프리만(Charles Freeman Ir.)이 1993년 11월 북경을 방문한다. 이는 1989년 이후 미 국방부의 첫 고위급 인사 방문이었다. 그는 1972년 닉슨 방중 때 통역을 담당했고 사우디아라비아 미국대사(1990~1992년)를 역임했다.

프리만은 페리와 함께 자신의 방문으로 재개된 미중 군사교류에 큰 의미를 부여했다. 미중 양국이 당면한 특수한 문제에 해결의 기회가 제공되었다고 평가했다. 양국은 상호신뢰의 증대를 위해 군사교류의 강화 방법을 상의했는데, 그 일환으로 중국의 UN평화유지군 참여 문제가 처음으로 논의되었다.[20]

클린턴의 결정은 사실상 중국에게 일거양득을 가져다 준 외교적·정치적 승리였다. 하나는 1994년의 중국 MFN 지위가 자동적으로 부여되었다. 동시에 이는 앞으로 중국에게 MFN 지위가 무조건적으로 부여될 것을 암시했다. 또 하나는 클린턴이 1993년에 제시한 인권 개선 사항을 중국이 준수하지 않아도 제재의 회피가 가능하다는 사실을 파악하게 된 것이다.

미중 양국의 인권 싸움은 결국 중국의 승리로 끝났다. 이 전쟁에서 클린턴에게 아군은 많지 않았다. 아군이라고 생각했던 미국정부 인사, 의원과 재계 인사들은 자신의 이득과 이익을 위해 적군에 동주하다 못해 동침도 원했던 세력들이었다. 이것이 미국의 정치·외교의 현실이라는 사실은 클린턴이 대통령 초년병이었던 취임 첫해에 얻은 귀중한 교훈이었다. 그는 더 나아가 미

19 陶文釗 著, 『中美關係史 1979~2000』 (下卷) (上海：上海人民出版社, 2004), p. 251.

20 Nancy Bernkopf Tucker, "The Clinton Years : The Problem of Coherence," in Ramon Hawley Myers, Michel Oksenberg, and David L. Shambaugh (eds.), Making China Policy : Lessons from the Bush and Clinton Administration, (Lanham, MD : Rowman & Littlefield Publisher Inc., 2001) p. 52.

대통령이 독자적으로 중국 외교정책을 좌지우지하던 시대가 종결되었다는 교훈도 얻었다.

3차 대만해협 위기사태의 전조 : 리덩후이의 방미

중국 외교의 교훈을 터득한지 얼마 안 되어 클린턴은 중국문제로 또 한 번의 시련을 겪게 된다. 이번의 시련은 중국 대륙이 아닌 대만에 의해 빚어진다. 중국의 MFN 문제에서 인권문제의 철회에 대한 공식 발표를 앞둔 1994년 5월 4일 대만정부 소유의 보잉 747기가 하와이 호놀룰루의 히크함 공군기지(Hickham Air Force Base)에 착륙한다.

비행기에는 대만 총통 리덩후이와 그의 수행원이 타고 있었다. 이들은 중앙아메리카를 방문하고 남아프리카의 넬슨 만델라(Nelson Mandela) 대통령 취임식에 참석하기 위해 비행하던 중이었다. 그리고 비행기의 주유를 위해 하와이를 기항한다.

중국을 의식한 미국정부는 리덩후이의 체류 가능 시간을 놓고 깊은 고민에 빠져들었다. 그리고 이를 다음과 같은 조건으로 제한하고 그의 체류를 일시적으로 허락한다. 결국 미국은 숙박 금지, 주유 동안 비행장 라운지 이탈 금지, 골프 금지 등의 몇 가지 조건 하에 그의 체류를 일시적으로 허락했다.

리덩후이는 1996년 대만인, 즉 대만 본토박이로서는 첫 '총통(우리 식의 대통령)'이었다. 그 전까지 대만의 총통은 단 두 사람밖에 없었다. 그리고 이들은 모두 1949년 중국공산당과의 내전('국공내전')에서 패한 뒤, 국민당정부를 대만으로 이전시켜 오늘날의 '중화민국'을 '건국'한 주역자 집안사람들이었다. 세습정치의 결과로 두 지도자의 독재가 약 40년 동안 이어졌다. 그 첫 번째 총통 독재자(1949~1975년)가 국민당 총수였던 장제스였다. 그리고 두 번째(1978~1988년)가 그의 아들 장징궈였다.

대만은 총통의 독재체제였기 때문에 장제스가 사망한 후 임시 과도기(1975~1978년)를 제외하곤 장씨 일가가 대만을 통치했다. 장제스가 1975년 4월 사망하자 그의 아들 장징궈는 1976~1977년까지 총통 권한 대행을 한 후, 정식으로 취임해 또 다른 독재 시대를 열었다. 1988년 1월 장징궈가 사망하자 뒤이은 리덩후이 역시 1990년까지 총통 권한대행을 한 뒤 총통 직에 정식 선출됐다. 그가 하와이에 도착했을 때는 총통 1차 임기(1990~1996년)의 종결 2년 전이었다.

리덩후이가 하와이에 임시 경유할 당시는 1996년 3월 23일에 치러질 대만 사상 최초의 직접 총통선거를 앞둔 시기였다. 독재 장기집권이 종결된 후에 대만 내에서는 대만의 정체성 문제가 처음으로 공론화되기 시작했다. 그리고 야당이었던 민진당이 이 논의에 앞장서면서 선거 분위기를 주도하고 있었다.

리덩후이도 이런 분위기에 편승해 중앙아시아와 남아프리카 순방길에 올랐다. 대만 출신 첫 총통으로 민진당이 제기한 정치적 이슈에 상응하는 외교적 행보를 취하고 있었다. 그는 특히 외교적으로 대만의 외교 지평을 확대하고 대만의 국제적 위상을 회복하는 데 집중했다. 동시에 대만 토박이로서 '대만인'들에게 그만의 대만 정체성에 대한 입장을 어필해야 했다. 그는 대만의 외교적 정체성을 UN의석의 회복으로 구현하고자 했다.

이런 의도를 담은 그의 첫 외교적 행보는 동남아 순방이었다. 하와이 기항 두 달 전부터 그는 동남아 일대에서 이른바 '바캉스 외교(vacation diplomacy)'를 개진했다. 1994년 구정(2월 19일) 연휴 때 그는 내각 수행원 40명과 인도네시아의 발리, 태국의 푸켓과 필리핀 등지를 돌았다. 그리고 모든 휴양지에서 그 나라의 대통령과 비공식 만남을 가졌다.[21]

리덩후이는 동남아 순방의 '성공' 분위기를 한껏 더 밀어붙였다. 그는 중앙아메리카 순방길에 미국을 경유해 미국에 첫발을 내딛는 대만 총통이 되려고 미국에 이를 타진했었다. 그러나 미국의 반응은 예상대로였다. 중국을 의식한 나머지 그가 미국 영토에 발을 들여놓는 것을 철저히 저지했다.

미국은 본래 리덩후이가 탑승한 비행기의 주유를 위한 일시착도 불허하려 했다. 그러나 결국 이를 조건부 허락하는 동시에 하와이 내 그의 활동 요청을 거부하기로 결정했다. 리덩후이는 미국 당국에 하와이 동서문제연구원(East-West Center)에서 중국 화교들과의 만남과 연설 기회를 요청했었다. 이

---

21 "Taiwan Pushes to Rebuild Its Position in Global Community," New York Times, June 26, 1994.

마저 거절당한 그는 몹시 불쾌해 했다.

그의 하와이 임시체류 허가 요청 거부 소식이 미 의회에 전해졌다. 이에 미 상원은 6월에 대만정부 관료에게 비자를 내주는 결의안을 94대 0 만장일치로 통과시켰다. 이에 클린턴행정부는 그 해 여름 대만 정책을 다시 검토하기 시작했다. 결과에 큰 변화는 없었다.

다만 작은 변화로, 종전의 대만 관료들의 백악관·국무부와 국방부 출입의 불허 입장은 유지하는 대신 다른 부처의 방문은 허락하기로 결정한다. 그리고 대만 총통을 포함한 최고지도부의 인사들에 대한 미국 비자 발급의 거부 입장을 견지하는 대신 미국 고위급 인사의 대만 방문을 경제 영역에서나마 허용하는 것으로 절충시켰다.

미 의회의 대만 입장과 태도가 바뀐 데는 대만의 민주화 성공이 가장 큰 이유였다. 또한 대만이 당시 미국의 6대 무역국인 사실도 요인이 되었다. 1993년 미국의 대만 수출 총액은 160억 달러였는데 이는 대중국 수출액의 2배 규모였다. 중국이 미국 기업의 미래 시장이었다면 대만은 미국의 이윤 시장(profit market)이었다. 또한 당시 미국은 대만 내 3,000억 달러 규모의 공공재 사업을 두고 유럽 기업과 경쟁하고 있었다. 미 국방부도 F-16 전투기 판매 사업을 통해 대만의 군수 시장 진출 확대 기회의 가능성을 타진하고 있었다. 대만에서의 사업 기회가 날로 커지고 있었다.

그러나 미국정부의 대만에 대한 기본 입장엔 변화가 없었다. '하나의 중국' 원칙을 견지하기 때문에 UN의석 회복을 위한 대만의 외교적 노력을 지지하지 않는다는 입장을 견지했다. 그럼에도 불구하고 리덩후이의 미국 진입 노력은 끊이질 않았다. 리덩후이의 부단한 노력 덕분인지, 미 의회의 분위기가 점점 그에게 유리한 방향으로 기울기 시작했다.

미 의회 분위기 전환의 일등공신은 1994년 11월의 중간선거였다. 2차 세계대전 이후 상하원을 처음으로 한 당이 석권한 것은 처음이었다. 공화당이 양 의원을 장악했다. 그리고 선출된 많은 의원들이 지난 20여 년 동안 중국과 아무런 관계가 없었던 이들이었다. 그래서 이들도 공화당의 대만에 대해 우호적인 전통 입장을 가지고 있었다. 공화당이 전통적으로 대만에 대해 우호적인 입장이었기에 그들 또한 대만을 우호적으로 생각하고 있었던 것이다.

리덩후이는 중간선거로 바뀐 미 의회의 분위기를 자신의 미국 진입을 위한 도구로 이용하기로 했다.

미국 진입을 위해 그는 30억 달러의 자산을 가진 국민당의 재력을 동원했다. 국민당은 1994년 초 이른바 '대만종합연구원(Taiwan Research Institute)'의 설립에 투자했다. 그리고 이 연구원은 풍부한 재력을 바탕으로 미국 워싱턴의 컨설팅 회사 캐시데이&파트너(Cassiday & Associates)와 3년에 450만 달러 규모의 사업을 계약한다. 사업 목적은 리덩후이의 미국 방문 허용을 취득해 내는 것이었다. 참고로 대만종합연구원은 계약이 만료되자 1997년 7월 1일 190만 달러의 계약을 또 체결했다.

리덩후이는 1968년 코넬대학에서 박사학위를 받았다. 모교의 동창회에 참석하고 싶다는 것이 1995년 당시 그가 내세운 미국 방문의 표면적인 이유였다. 그리고 그의 '친구'들은 그의 모교에 250만 달러를 투자해 이른바 '리덩후이 국제정치학 교수'직을 신설한다. 미 대학 출신이라는 신분과 막대한 투자의 결과로 미 의회의 대만에 대한 분위기가 호조를 보이기 시작했다.

공화당 의원들은 1995년 초부터 리덩후이의 방미 허용과 대만의 UN과 국제기구 재가입을 지지하고 나섰다. 3월에는 급기야 '의회 의향서' 결의안을 제출한다. 이들은 그 당위성을 대만이 민주주의 발전의 모범이고 외국의 좋은 사례가 된다는 사실에서 찾았다. 이를 미국이 마땅히 지지해야 한다는 것이다.

또한 경제적으로 당시 세계 2대 외환보유국이고 미국의 대중국 무역 총액보다 두 배 더 많은 교역을 하는 중요한 무역국이라는 사실이었다. 마지막으로 이들은 3월 15일 클린턴에 보낸 서신에서 대만 총통의 방미를 허가한들 중국 대륙과의 관계가 중단되는 것은 상상하기 어렵다는 의견을 냈다.[22]

그래도 미 행정부의 입장은 단호했다. 1995년 2월 15일 미 국무장관 크리스토퍼는 상원 외교위원회에서 그의 방문 허락은 미국의 〈대만관계법〉을 위반하는 것이라는 말로 미 행정부의 입장을 명확히 밝혔다. 그도 그럴 수밖에 없었던 것이 이와 비슷한 시기에 장쩌민 주석이 미국 방문을 타진하고 있었

---

22 Taiwan Communique, No. 66 (Maryland. : International Committee for Human Rights in Taiwan, June 1995), p. 2, http : //www.taiwandc.org/twcom/tc66-int.pdf (검색일 : 2015년 2월 11일).

기 때문이었다.

두 달 후인 4월 17일 크리스토퍼는 중국 외교부장 첸치천과의 조우에서 리덩후이의 비자 거절 입장을 밝힌다. 미 의회의 결의안 통과를 접한 첸은 그에게 미 행정부에 대한 의구심을 전했다. 미 행정부가 의회의 정치적 압력에 어떤 최종적 입장을 취할지 모른다는 경고성 발언이었다. 리덩후이의 비자 문제는 복잡한 양상을 띠기 시작했다.[23]

1995년 5월 초 미 하원에서 법적 효력이 없는 리덩후이의 비자 결의안이 만장일치(396 대 0)로 통과된다. 상원에서도 일주일 뒤 97 대 1로 결의안을 통과시켰다. 미 언론도 의회의 결의안 통과를 지지하는 사설을 연일 실었다. 대만이 고용한 워싱턴 로비스트의 노력이 거세지면서 미 국무부는 하와이로 그의 방문을 국한하려고 했다. 하와이에서 골프와 학술 교류를 허용하는 것이었다. 그러나 대만 로비스트의 초점은 이제 미 의회에서 미 대통령으로 옮겨가는 중이었다. 첸의 불길한 예감이 맞아 떨어지는 것처럼 보였다.

클린턴의 주지사 때 '외교' 행보를 다시 상기할 필요가 있는 대목이다. 앞서 언급했듯이 그는 주지사 시절 대만을 네 차례 방문한 적이 있다. 이 중 첫 방문은 미중수교 1년도 안 된 1979년이었고 마지막이 1985년 '쌍십절' 건국일 기념 행사였다. 그리고 대만에서 상당한 예우를 받았다. 그래서 그는 대만에 호의적이었다. 리덩후이의 하와이 방문 이전에 그는 리를 시애틀 APEC 회의에 초청하려 했었다. 그리고 대만에 F-16기의 판매도 지지했었다.

클린턴은 1992년 12월 대만의 '외교차관' 첸시판(陳錫蕃)과의 만남에서 미국과 대만 관계를 개선하고 싶은 의사를 밝혔다. 그는 우선 카터정부의 행정지시, 즉 국무차관보나 부장차관보 이상의 관료들은 대만 방문의 금지와 대만 관료의 미 국무원 방문 금지를 해제하고 싶어 했다. 또한 워싱턴의 북미사무협력위원회를 타이페이경제문화대표부로, 미국의 대만협회를 타이페이경제문화처로 명칭을 바꾸고 싶어 했다.[24]

---

23 Mann, *Ibid.*, p. 323.

24 Winston Lord, Taiwan Policy Review : Statement before the Senate Foreign Relations Committee, September 27, 1994, https : //web-archive-2017.ait.org.tw/en/19940927-taiwan-policy-review-by-winston-lord.html(검색일 : 2016년 8월 1일).

이런 그의 구상의 동력은 미 의회였다. 1993년 의회가 개회되자마자 2월부터 7월까지 대만을 포함한 태평양 연안지역의 국가 위주의 자유무역, 대만의 UN과 국제기구에서의 의석 회복 지지, 그리고 대만과 미국의 고위관료 상호 방문 허용 등의 의사일정이 상정되었다. 그러나 국무부가 반대하고 나섰다. 국무부는 이럴 경우 미중관계가 족히 20년, 즉 정상화 이전의 수준으로 도태할 것이라고 엄중 경고했다.[25]

클린턴은 이미 미국에서의 대만 세력을 인지하고 있었고 그의 대통령 선거 유세 때도 대만 세력으로부터 많은 기부와 지지를 받았었다. (이후 이것이 불법 정치자금으로 기소된 사건이 있었다.)

그가 대통령 취임 후 보여준 개인적인 외교 성향으로도 리덩후이의 방문에 대한 그의 입장을 충분히 유추할 수 있었다. 그는 미 대통령으로는 처음으로 팔레스타인의 지도자 야세르 아라파트(Yasir Arafat)의 백악관 방문을 허용했다. 영국의 반대에도 불구하고 아일랜드와 북아일랜드의 대표적인 야당 공화당(Sinn Fein) 지도자 게리 애덤스(Gerry Adams)의 미국 방문을 허락했다. 이 같은 선례만 봐도 리덩후이의 모교 방문은 어쩌면 그에게 이미 결정된 사안이었다. 더욱이 개인적으로 클린턴은 북경의 정치적 압박과 반대에 다시 굴하고 싶지 않았다.

5월 18일 클린턴은 상원의원 4명인 찰스 롭(Chalrels Robb), 샘 넌(Sam Nunn), 조세프 리버만(Josheph Lieberman), 존 브로(John Breaux) 등과 비자 문제를 상의했다. 내각에서는 레이크, 크리스토퍼와 국방장관 윌리엄 페리와 이를 논의했다. 미 국무부는 이때까지도 반대 입장을 고수했고 그 선봉에는 기획국장 제임스 스타인버그(James Steinberg)가 있었다. 그러나 클린턴은 거절할 경우 미 의회에서 법적 효력이 있는 법안으로 이에 대응할 가능성을 알고 있었다. 그래서 그는 더 이상의 정치화는 필요 없다는 생각을 가지고 결정에 임한다.

그리고 5월 19일 미국은 대만 측에 클린턴의 결정을 통보한다. 그 다음날인 20일, 주미 중국대사 리따오위에게 레이크와 국무차관 피터 타르노프

---

25 陶文釗 著, 『中美關係史 1979～2000』(下卷), pp. 254～255.

(Peter Tarnoff)가 전화로 소식을 전했다. 이에 리 대사는 앞으로 미국이 쿠바의 피델 카스트로(Fidel Castro)의 방문도 허락할 것이냐고 냉소적으로 반문하면서 불쾌감을 드러냈다.[26] 22일 미국은 클린턴의 결정을 공식화했다.

미 국무부는 이 같은 결정을 리덩후이의 '개인 방문'의 명목으로 정당화했다. 리의 미국 방문이 개인 신분으로 제한되기 때문에 공식적인 활동은 일절 없을 것이라고 강조했다. 미국이 대만과 비공식적인 차원에서의 경제와 문화 관계를 유지하는 입장은 불변하다는 사실도 재확인해줬다.[27]

리덩후이의 역사적인 미국 방문은 1995년 6월 7일 로스앤젤레스 도착으로 시작됐다. 그를 영접해준 첫 미국인은 당시 로스앤젤레스 시장 리차드 리오단(Richard Riordan)과 캘리포니아 주지사 피트 윌슨(Pete Wilson)이었다. 코넬 모교 방문에서는 미 상원의 현역 공화당 의원 3명이 그를 직접 영접했다.

중국의 반응은 강경했다. 중국은 우선 고위급 인사 교류의 전면 중단을 발표한다. 예정되었던 중국 국방장관 츠하오톈(遲浩田)의 미국 방문과 미국 군비통제군축 국장 존 홀럼(John Holum)의 북경 방문을 무기한 연장했다. 핵에너지와 미사일 기술 통제와 관련된 회담 역시 마찬가지였다.

이미 방미 중이던 인사들에 대해서도 전면적인 귀국 조치가 취해졌다. 당시 중국 공군 대표단이 워싱턴을 방문 중이었는데 이들은 즉시 귀국 명령을 받고 미국을 즉각 떠나야 했다. 6월 17일엔 주미 대사가 소환됐다. 그리고 중국은 미국의 신임 주중 대사 제임스 새서(James Sasser)의 승인을 연기했다. 1979년 미중수교 이후 1995년 여름 양국은 처음으로 양국 대사의 공백기를 겪게 된다.

미 국무부가 매우 우려했던 중국의 반응 중 하나가 군사적 대응이었다. 이는 결국 현실화되었다. 7월 19일 중국 당국은 향후 일주일 동안 대만의 동중국해에서 군사훈련을 실시한다고 발표한다. 다음날 중국 육군은 동중국해 연안에 M-9 미사일을 발포한다. 미중수교 이후, 그리고 1958년 2차 대만해협 위기 이후 처음으로 대만해협에서 실전 사격이 이뤄졌다. 이에 대만 독립에

---

26 Mann, p. 325.
27 梅孜, "美國國務院關于李登輝訪美的聲名, 1995年 5月 22日", 『美臺關係重要資料選編：1948. 11~1996. 4』 (北京：時事出版社, 1997), pp. 286~287.

대한 대만인의 지지율은 7% 하락했다.

중국의 대만해협 발포는 클린턴행정부 외교의 전환점이 되는 사건이었다. 그때까지만 해도 미국정부의 외교 초점은 러시아, 보스니아와 아이티와 소말리아 등 제3세계 지역의 문제에 집중되어 있었다. 중국은 우선순위에서 크게 밀려 있었다. 그러나 1995년 여름 중국의 대만해협 폭격 사건이 동아시아 동맹국의 불안감을 크게 상승시키면서 중국의 순위는 크게 상승했다.

사태가 이렇게 되자 중국문제를 논의하기 위해 레이크, 크리스토퍼와 페리는 러시아 문제를 논할 때만큼 잦은 회동을 가졌다. 그리고 중국의 분을 삭혀주기 위해 8월 클린턴은 장쩌민의 미국 방문 초청을 결정했다. 초청장은 크리스토퍼의 브루나이 방문에서 만난 첸치천에게 서한으로 직접 전달됐다.

이 서신에서 미국은 대만의 독립 노력을 반대하거나 거부할 것이고, '두 개의 중국'이나 '하나의 중국, 하나의 대만'을 조장하거나 지지하지 않을 것이고, 대만의 UN 가입을 지지하지 않을 것이라는 약속을 한다.[28] 이른바 클린턴정부가 대만에 대한 '3불 원칙'의 확립을 밝힌 것이다. 과거 닉슨과 키신저의 입장과 유사했지만 처음으로 패키지 형태로 중국에 전해졌다. 또한 클린턴행정부의 대만 입장이 처음으로 문서화 됐다. 이후 클린턴의 입장에 수정이 있었다. 그는 대만 독립 반대 입장에서 지지하지 않는 것으로 정정했다. 클린턴행정부의 공식 입장이 밝혀진 후 주미 대사 리따오위도 워싱턴으로 복귀했다.

┊ 3차 대만해협 위기 : 1995~1996년

미중 양국의 외교관계가 회복되었으나 대만을 둘러싼 동아시아의 안보 정세는 날로 더 악화되어 갔다. 3차 대만해협 위기가 1995년 7월부터 시작된다. 역내 불안정세에 한몫을 거들어준 게 북한의 1차 핵위기 사태였다. 이에 특히 미 국방부는 더욱 분주해진다. 이 두 사건은 미국을 곤혹스럽게 만들었다.

---

28 John Garver, Face Off, (Madison, WI : University of Wisconsin Press, 1977), pp. 79
~80.

미국이 딜레마에 빠진다. 1994년 제네바 합의서로 북한 핵개발 중지 노력을 확인하기 위해 중국의 협력과 대북 압박이 필요했다. 그러면서도 정작 대만해협에서는 맞대응 아니면 중국의 절제를 유인할 방책 마련도 필요한 정국이 연출됐다. 문제는 이 두 가지 사건이 호환성이 있는 사건은 아니었다는 점이다. 본질적으로 달랐기 때문이다. 미중 양국은 협력도 가능했지만 대립 역시 첨예해질 수 있었다.

1993년 북한의 NPT 탈퇴로 북핵 1차 위기 사태가 시작된다. 미국은 중국에게 북한의 핵개발 노력을 저지하는데 협조를 요청한다. 1994년 3월 19일, 판문점에서 열린 남북 특사교환 실무회담에서 북한대표 박영수 조선평화통일위원회의 부국장이 서울을 불바다로 만들 수 있다는 이른바 '불바다' 발언으로 한반도의 긴장은 극에 달한다.

이에 클린턴은 5월 18일 페리에게 항공모함 5척을 동해로 보내 '작전계획 5027'로 북한의 영변 핵시설을 공습하라는 명령을 내린다. 그러나 김영삼 전 대통령이 2시간 동안의 통화로 이를 만류했다. 이에 미국은 대신 항공모함 2척과 군함 33척을 파견하기로 9월에 결정했다. 그런데 이번엔 미국의 카터 전 대통령이 클린턴을 만류하기 위해 적극 가담하며 6월 15일 김일성 주석과의 만남을 자청했다. 다행히 긴장사태는 진정되었고 7월 8일 김일성의 사망으로 1차 북핵 위기 사태는 소강되었다.

6월 미국이 중국의 MFN 지위 문제를 더 이상 인권문제와 결부시키지 않겠다는 입장을 공식화한 2주 후 북한의 핵개발 저지를 위한 국제사회의 첫 행보가 이뤄진다. 그것은 UN의 대북 제재 결의안이었다. 미국은 MFN과 인권문제의 해결로 중국에게 모종의 상환 심리가 있었다. 그러나 결과는 기대 밖이었다. 중국이 반대표를 던진 것이다.

불행 중 다행이었던 것은 김일성의 사망으로 북한이 핵 프로그램의 일시 정지를 선언한 것이다.[29] 그리고 10월 21일 북한의 핵개발 포기와 미국의 원유 공급과 경수로 제공 조건을 교환하면서 이른바 '제네바 기본합의문(북미 간 핵무기 개발에 관한 특별 계약)'가 극적으로 체결된다. 이 합의서는 무기

---

29 "China Assisted U.S. Efforts on N. Korea, Officials Say," Lost Angeles Times, June 29, 1994; and Don Oberdorfer, The Two Koreas, pp. 320~321.

급의 플루토늄을 생산하는 원자로였던 흑연감속로를 발전용의 경수로로 대체하는 2003년까지 미국이 대체 연료로 연간 50만 톤의 중유를 북한에 공급하는 내용을 골자로 한 것이다. 이 과정에서 중국은 클린턴행정부의 요구로 북미회담을 중재했다. 이는 북한이 합의서를 수용하는데 중국이 압력을 행사한 첫 사례였다.

기본합의문 체결 직후 페리 국방장관은 천안문사태 이후 첫 미 국방장관으로 중국을 방문한다.[30] 그는 1994년 10월 15일 북경에 도착했고 미 국방장관으로는 사상 처음으로 17일 중국 국방대에서 강연을 했다.

페리가 북경에 전한 미국의 요구는 중국이 대북 제재 강화에 협조하라는 것이었다. 그는 중국이 북한에 더 강한 제재를 마련하는데 협조하지 않으면 군사적 대응이 불가피하다는 말로 중국을 압박했다. 그럴 경우 미국이 한국에 더 많은 병력을 급파할 수밖에 없고 전쟁 위험도 감수할 준비가 되어 있다는 경고였다.

다시 말해, 페리의 메시지는 북한이 핵시설을 폐쇄하지 않을 경우 무력 사용을 할 가능성이 있다는 미국의 입장이었다.[31] 이런 미국의 메시지가 북한에 실제로 전달되었는지는 확인하기 어렵다. 그러나 며칠 후 북한과의 경색 국면은 타파된다. 북한이 기존의 핵시설 중단을 문서화하겠다고 응한 것이다. 그 결과 1994년 기본합의문이 체결된다. 이것으로 미국은 겨우 한시름 놓을 수 있었다.

그러나 쉬는 것도 잠시, 3차 대만해협 위기사태가 발발한다. 3차 대만해협 위기사태는 중국이 해협에 세 차례의 미사일 폭격 세례를 한 사건이었다. 1차 폭격은 1995년 7월 21~26일, 2차 폭격은 8월 15~25일, 그리고 마지막 3차 폭격은 대만 총통선거 전의 1996년 3월 8~15일까지 이뤄졌다. 중국의 실탄 사격 훈련의 결정 이유는 대만의 총통선거 유세 과정에서 대만인들의 대만 독립에 대한 관심이 뜨거워지고 있었기 때문이라고 알려져 있다. 틀린 말은 아니다.

---

30 "Perry Visit Seeks to Rebuild Ties With Chinese Military," Washington Post, October 16, 1994.
31 제임스 만의 페리 국방장관 인터뷰 1997년 1월 30일, Mann, p. 332.

우리가 이렇게 이해를 하게 된 이유에는 지금까지 대만이 1995～1996년까지 진행한 일련의 군사훈련 사실을 간과했기 때문이다. 대만의 연속된 군사훈련을 중국은 자신의 인내력을 테스트하는 처사로 인식했다. 1995년 5월과 6월에 대만은 4차례 군사훈련을 가졌다. 그리고 1995년 1월에는 반잠수함 작전훈련이 있었고 2월에는 실탄 훈련이 있었다. 얼마 안 되어서는 대만 화렌(花蓮) 연해에서 반잠수함과 방공 훈련이 있었다.

중국의 입장에서는 이에 항의하기 위한 것이라고 자신의 7월과 8월의 대만해협 폭격 사건을 합리화했다. 이 와중에 미 항공모함 '니미츠(Nimitz)'호가 대만해협 부근으로 향했다. 이는 1979년 미중수교 이후 처음으로 미 항공모함이 대만으로 파견된 사건이었다.

이에 중국 당국은 외국 선박의 대만해협에서의 '무해적인 통항'은 허용할 수 있으나 대만해협의 긴장국면을 고려해 이를 매우 관심 있게 지켜보고 있다고 경고했다. 더불어 대만해협의 안정 유지를 희망하면서 외국의 어떠한 간섭도 반대한다고 덧붙였다.

중국의 메시지는 하나였다. '대만 독립 분위기에 본때를 보여주고(震懾臺獨), 미국을 일깨워주기(敲打美國)' 위한 것이었다. 그리고 이러한 정치적 슬로건은 중국이 강경하게 나올 수밖에 없었다는 입장을 대변하는 문구였다.[32] 중국의 군사적 대응 목적은 두 가지였다. 하나는 미국에게 대만문제의 민감성을 상기해주는 것이었다. 하나는 국제사회의 반 중국 세력에게 대만문제에 대한 중국의 마지노선을 시험하지 말라는 경고였다.[33]

3차 대만해협 위기는 시작부터 실마리를 찾기 힘든 사건이었다. 중국이 미국의 예상보다 매우 강경하게 반응했기 때문이다. 중국의 폭격 세례를 중단하기 위해 미국은 여러 방법을 동원했다. 외교적으로는 전직 실무급 인사 찰스 프리먼(Charles Freeman Jr.)을 1995년 10월 북경으로 보내 인민해방군과

---

32 Niu Jun, "Chinese Decision Making in Three Military Actions Across the Taiwan Strait," in Michael D. Swaine and Zhang Tuosheng (eds.) Making Sino-American Crises : Case Studies and Analysis, (Washington, D.C. : Carnegie Endowment for International Peace, 2006), p. 307.

33 錢其琛, 『外交十記』 (北京 : 世界知息出版社, 2003), p. 304.

정치 지도자들과 더불어 이 문제를 상의하게 했다. 그가 만난 인물은 송광카이(熊光凱) 부참모총장과 치아오스(喬石) 전국인민대표자대회 상임위원장 등이었다.

송광카이는 그에게 중국이 중국인 수백 만 명을 희생하고 수많은 도시를 전부 소멸하면서도 대만의 독립을 막기 위해 핵폭탄까지 쓸 용의가 있다고 밝혔다. 그러나 미국은 대만 방어를 위해 로스앤젤레스를 희생하지 못할 것이라고 공격했다.[34] 치아오스 상임위원장은 중국이 핵공격을 받으면 뉴욕에 핵반격을 할 수 있다고 공언했다.[35] (여기서 우리는 오늘날 미국의 북핵 시설에 대한 공격에 북한의 반격 경고가 중국의 것과 유사한 사실을 볼 수 있다.)

중국 지도자들의 발언은 공세적인 의도가 없는 방어적인 성격의 것이었다. 그들은 과거 50년대 대만해협 위기사태 때와는 다르게 이제 중국이 미국의 핵무기 위협에 더 이상 취약하지 않고 오히려 방어 능력을 갖췄다는 의미를 전달하려 했다. 즉, 이제는 상황이 다르다는 사실을 알려주기 위한 것이었다. 미국이 간과한 점을 일깨워주는 메시지였다.

군사적으로 미국은 1995년 12월 니미츠(Nimitz)호 항공모함을 대만해협에 항해하게 한다. 이때 미 항공모함을 호위하기 위해 순양함, 구축함, 군함과 두 척의 군수 지원함이 동원됐다. 그야말로 항공모함으로서 경고성 메시지를 극대화하기 위한 조치였다. 이후 미국 측은 이 항해 사건에 대해 기후의 악조건으로 인한 불가피한 선택이었다고 해명했다. 미 항공모함이 대만해협을 항해한 것은 미중관계 정상화 이후 처음 있는 일이었다.

미국의 군사적 경고와 외교적 타협 노력에도 불구하고 중국의 무력도발은 저지되지 못했다. 중국은 1996년 2월 남해연안에 15만 명의 군사를 집결하고 3월 8일부터 M-9 미사일을 다시 발포하는 대대적인 '군사 훈련'을 재개했다. 이는 대만 경제에 큰 타격을 입혔다. 일례로, 대만의 외환보유고가 5억 달러

---

34 "As China Threatens Taiwas, It Makes Sure U.S. Listens," New York Times, January 24, 1996.

35 "Chinese Scholar Says China May Use Force Against Taiwan," Kyodo New Service, January13, 1996; "Beijing Threat to Use Force on Taiwan," Singapore Straits Times, January 17, 1996; and "Account of Qiao Shi's Conversation Was Accurate, Says Writer," Singapore Strait Times, January 19, 1996.

에서 3억 달러로 급감할 정도의 대규모 인출이 발생했다.

중국의 대만해협에 대한 대규모 군사훈련 개시 전부터 미국은 중국과의 소통 채널을 다시 가동했다. 1996년 3월 7일 중국 외교부부장 류화치우가 인솔한 대표단이 워싱턴에 도착했다. 페리 국방장관과 레이크 안보보좌관은 대만에 대한 어떠한 군사적 행동도 중국에 엄중한 결과를 가져다줄 것이라고 경고했다. 닉슨의 대중국 문호 개방 이후 이 같은 경고를 미국이 중국에 한 적은 없었다.[36]

3월 8일 중국의 미사일이 대만해협에 떨어지기 시작했다. 9일 미 외교팀이 모두 국방부 페리 장관의 사무실에 모였다. 페리 장관을 비롯해 레이크, CIA 국장 존 더치(John Deutch), 존 샬리카쉬빌리(John Shalikashvili) 합동참모본부장과 로드 동아시아차관보 등도 참석했다. 이들은 모두 중국을 반격하는 데 동의했다. 이들의 논리는 이런 행동으로 동아시아 동맹국을 안심시킬 수 있다는 것이었다.

국무부의 기대에 부응해 페리는 항공모함 두 척의 파견을 결정한다. (미 군사학에서 항공모함 한 척의 파견은 상징적인 의미이고 두 척은 경고성, 세 척은 전쟁 선포를 의미한다.) 그러나 이들 항모들이 대만해협을 직접 항해하는 대신 대만 근처를 항해하는 조건으로 파견하기로 결정했다. 중국의 더 큰 도발이나 무력 대응을 우려했고 대만 측에서도 미 항모가 해협에 나타나는 것에 우려를 전해왔기 때문이다.

이들의 규모는 베트남전쟁 이후 가장 큰 것이었다. 항모 중 한 척인 인디펜던스(Independence)호의 호위함대로는 벙커 힐(Bunker Hill) 미사일순양함, 호위함 한 척, 구축함 두 척과 잠수함 두 척 등이 포함됐다. 다른 한 척인 니미츠(Nimitz)호는 페르시안 만에서 7척의 호위함과 함께 일주일 후에 대만 부근에 당도했다. 전투함 총 13척이 동원됐다. 2척의 항공모함에는 비행기 150대가 탑재됐다.

미국이 항모 두 척을 파견하면서까지 중국에 전하고 싶은 경고성 메시지

---

36 제임스 맨은 레이크와의 인터뷰로 이 같은 사실을 확인했다고 한다. 레이크도 당시 이 같은 사실을 확인하기 위해 중국 외교대표단과의 만남 이전에 미중관계 사료를 검토했다고 한다. Mann, p. 336.

는 하나였다. 중국에게 군사적 대국이나 서태평양에서 최강의 군사 대국이 미국이라는 사실을 알려주고 싶어 했다.[37] 3월 23일까지 소강상태를 유지한 결과 대만 총통선거의 중국 '북풍'은 리덩후이의 재선을 보장해줬다. 그는 55%의 지지율로 재선에 성공했다. 대만 선거가 끝나면서 중국의 대만해협 폭격이 종결되었고 클린턴은 항모 두 척의 회항을 명령했다.

중국의 3차 폭격이 지난 5월 17일 크리스토프의 미국외교위원회(CFR) 연설로 미중관계는 전환점을 찾을 수 있었다. 그의 연설 핵심은 한반도에서 남중국해 문제까지 중국 역할의 중요성을 강조한 것이었다. 중국의 태도에 따라 분쟁 지역이 안정되느냐 긴장 되느냐가 결정된다는 견해를 밝혔다. 그는 결국 미중관계의 발전을 위해서는 양국 정상과 고위 인사 간의 정기적 상호 방문이 관건이라는 견해로 결론을 맺었다.

중국은 이 연설로 클린턴이 중국의 중요성을 진심으로 깨달은 사실을 확인할 수 있었다. 그러면서 크리스토프의 연설대로 미중 간의 갈등과 이견을 해소하기 위해 고위급 인사의 상호방문 필요성의 의견을 수용한다. 이후 미중 양국의 고위급 인사 교류는 빈번해졌다.

7월 6~10일 레이크가 중국을 방문한다. 1996년 11월 19~21일에 크리스토프가 중국을 방문했다. 1997년 2월 24~25일 올브라이트가 북경에 오고 고어 부통령도 1997년 3월 24~28일 방중했다. 하원의장 뉴트 깅리치(Newt Gingrich)는 1997년 3월에, 미군 합동참모본부장 샬리카쉬빌리는 1997년 5월에 북경을 방문한다. 국가안보보좌관 버거도 1997년 8월 10~13일, 재정부장관 루빈이 9월 25~26일, 상무부장관 윌리엄 데일리(William Daily, 이후 오바마 첫 임기 중 비서실장에 발탁됨)가 10월 8~9일 중국을 방문한다. 1996년 미 의원들 중 39명이 중국을 방문했고 1997년 1~2월 사이에는 약 20%인 100여 명이 북경에 왔다.

중국 측은 국방부장 츠하오톈이 1996년 12월 5~18일, 참모부 부부장 궤이푸린(貴福臨)이 1997년 2월, 부총리 겸 외교부장 첸치천이 1997년 4월 28~30일, 외사판공실 주임 류화치우가 1996년 12월 16~19일과 1997년 10월 8~10

---

37 "U.S. Faces Choice on Sending Ships to Taiwan Strait," Los Angeles Times, March 20, 1996.

일 등에 미국을 연쇄적으로 방문했다. 그리고 1997년 3월 중국 인민해방해군의 '하얼빈'호, '난창(南昌)'호와 '주하이(珠海)'호가 하와이와 샌디에이고 항을 방문한다. 이에 미 해군 측은 양국의 해군이 '평화와 협력의 새로운 시기'의 장을 열었다고 고도의 평가를 내렸다. 이에 탄력을 받은 미중 양국은 5월 1일 홍콩 반환 후 미국 군함의 홍콩 정박 허용 협정서를 체결했다.[38]

3차 대만해협 위기사태는 미국의 동아시아 안보 정책과 전략에 지대한 영향을 미쳤다. 4월 클린턴이 일본을 방문하면서 당시 류타로 하시모토(橋本龍太郎, 1996~1998) 수상과 미일 방위조약의 확대 논의에 합의했다. 그 결과는 1997년 미일 안보조약, 이른바 "신가이드라인"으로 나타났다. 일본은 미군의 후방지원을 위해 군을 파병할 수 있게 되었다.

이에 일본 자위대의 방어 범위가 일본 본토에서 주변 지역으로 확대되었다. 더불어 일본 자위대의 후방지원에는 해외 파병 시 발포권도 부여되었다. 그야말로 일본 자위대가 정상적인 군으로서 활동할 수 있는 초석이 깔린 셈이었다.

그리고 이때부터 중국엔 소위 말하는 '청해 해군(Blue Water Navy, 藍水海軍)'의 이름하에 중국 해군의 현대화가 본격적으로 이루어지기 시작했다. 즉, 중국 연해지역의 방어 개념이었던 '녹해 해군(綠水海軍)'에서 연해를 벗어나 주변해역에서의 방어 능력 강화 필요성 인식이 3차 대만해협 위기 당시 미 항모의 개입으로 본격적으로 태동한 것이다.[39] 그리고 약 10년 후인 2005년 후진타오(胡錦濤) 전 주석이 중국 해군을 남해 해군으로서 육성하는 정책 방안을 공식 선포했다.

---

38 陶文釗 著, pp. 278~279.

39 미 국방부는 중국이 이른바 'A2AD(반(反)접근·지역거부)'의 작전 개념의 도입과 함께 러시아로부터 특히 잠수함의 대량 구매로 이어지면서 중국의 남해전략이 본격적으로 추진되었다고 본다. Department of Defense, Annual Report to Congress [on] Military and Security Developments Involving the People's Republic of China (Washington, D.C. : Office of the Secretary of Defense, 2011), p. 57.

⚬ 클린턴 시기의 미중 정상회담과 파트너십 관계 수립

닉슨의 중국 방문 후 미국의 역대 대통령의 대중국 관계는 대부분 일정한 패턴을 보였다. 미 대통령이 재선을 한다는 전제에서 보면 첫 번째 임기 때와 두 번째의 것이 상당한 대조를 보였다. 첫 번째 임기 때는 대내 문제에 우선 집중하고 취임 첫해 말이나 이듬해에 동아시아 및 지역 국가에 대한 정책의 청사진이 제시된다.

두 번째 임기 때는 동아시아 정책의 실천에 집중하는 경향을 보인다. 그래서 첫 번째 임기에는 전반적인 외교 관계에서부터 특정 국가와의 양자 관계까지 많은 혼선을 보였다. 대부분 다 강경한 정책과 입장을 개진함으로써 자신의 선거 공약을 지키는 양상을 보이려고 노력했다.

닉슨은 두 번째 임기를 채우지 못했지만 사실상 아시아에서의 데탕트를 구현하고 미중 양국의 수교를 실현하기 위해 노력했었다. 친대만 인사로 분류되고 공산주의를 그 어느 누구보다도 혐오했던 레이건은 취임하면서부터 중국에 강경한 입장을 취했다. 그러나 재임하면서 중국을 그 어느 누구보다 '사랑'하게 되었다.

클린턴도 자신의 대중국 공약 중 하나였던 중국의 인권문제를 무역과 결부시켜 미국 유권자들과 약속한 정치적 목적을 이루려고 부단히 노력했다. 그러나 자유와 민주주의를 수호하고자 대만 방어에 첫 군사적 조치를 취하면서 중국과 심각한 갈등에 빠졌었다. 덕분에 그의 두 번째 임기의 정책은 포용정책으로 전환되었다. 그는 중국을 방문하고 중국과 파트너십 외교 관계를 처음으로 수립한 대통령이 되었다.

아들부시의 경우도 취임 때부터 중국을 '전략적 경쟁자(strategic competitor)'로 규정하고 중국에 대해 강경한 억제 정책(containment policy)을 개진할 것을 시사했었다. 그러나 9.11 테러 사태로 중국의 협력이 필요해지면서 예고했던 강경 정책을 포기했다.

예외적인 경우도 있었다. 카터는 첫 임기 말에 미중수교를 완성시켰다. 그러나 그의 정치적 명성이 '인권 대통령'이었던 만큼 중국과 같이 인권문제가 심각한 나라에 냉소적이었다. 그는 그래서 미중수교를 끝까지 미뤘었다. 그의 미중수교는 중동 정책의 실패를 만회하고 재선을 위한 전술적 선택의 결과였다. 그럼에도 불구하고 그는 재선에 실패했다.

아버지부시는 레이건의 부통령 출신이고 대통령 당선 이전에도 중국과 인연이 깊은 인물이었다. 때문에 천안문사태에도 불구하고 중국의 전략적 가치를 중시하는 전통적인 이익 관점에서 중국과 긴밀한 관계를 유지하는 데 힘썼다. 그러나 그도 재선에 실패하면서 그의 중국 중시 정책은 중단될 수밖에 없었다.

오바마 대통령은 취임하면서부터 중국에 호의적으로 접근했고 취임 2년 차 때 중국을 방문하는 것으로 이를 증명했다. 그러나 코페하겐의 기후협약 회의에서 중국의 오만함을 경험한 뒤 중국에게 등을 돌렸다. 그리고 이후 다자회의(2014 북경 APEC 회의, 2016 항저우 G-20 정상회의 등)가 아니면 중국을 방문하지 않았다. 케네디, 존슨, 포드는 임기가 너무 짧았기 때문에 유형을 분석하는데 적절하지 못한 사례라서 언급을 피하겠다.

중국은 닉슨 이후 도널드 트럼프(Donald Trump) 대통령까지 총 11명의 미 대통령을 겪었다. 그래서 미 대선 때 중국의 여론이나 지도자들의 미 대선후보에 대한 지지 역시 일정한 유형을 보이고 있다. 이들은 재선을 노리는 대통령을 선호하는 경향이 있다. 그러나 재선의 임기 종결로 새로운 후보가 맞붙는 상황에서는 공화당의 후보를 지지하는 경우가 많았다. 포드 대통령 때가 그랬고 아들부시 때가 그러했다. 오바마의 임기가 끝나고 힐러리 클린턴과 트럼프가 붙었을 때도 마찬가지였다. 이의 가장 큰 이유는 공화당 출신 대통령의 외교에 대한 지식, 식견, 적극성과 딜을 할 줄 아는 노하우 때문이다. 이들이 닉슨의 중국 인식을 공유하고 있는 것도 하나의 이유이다.

클린턴이 재선을 노리면서 그의 중국을 포함한 동아시아 정책이 포용정책으로 전환된다. 그는 재선 선거 유세가 있던 1996년 7월 초 레이크의 방중을 통해 이 같은 사실을 알렸다. 레이크가 클린턴 대선 캠프의 대표자 자격으로 방문한 것은 아니었다. 공교롭게 레이크는 안보보좌관으로서는 처음이자 마지막으로 중국을 방문한 것이었다. 한 가지 흥미로운 사실은 대선 유세 기간 동안 중국을 방문한 캠프 관련 인사가 전무했다는 점이다. 그러다 공화당의 후보였던 밥 돌의 최측근인 로버트 엘스워스(Robert F. Ellsworth)가 그해 중국을 방문했다. 엘스워스는 닉슨 시절 나토 대사를 역임했었다.

레이크는 방중 기간 동안 류화치우 외교부부장, 첸치천 외교부장, 리펑 총리와 장쩌민 주석과 연쇄적으로 만났다. 그의 메시지는 두 가지였다. 하나는 미국의 대중정책의 본질적인 변화를 예고하는 것이었다. 다른 하나는 클린턴이 재선될 경우 장쩌민을 국빈으로 초청하고 클린턴도 방중을 희망한다는 내용이었다.

클린턴 재선과 관련된 메시지의 핵심 내용은 세 가지였다. 우선 중국이 이미 대국이고 미국이 중국을 존중한다는 인식을 가지고 있다는 것으로 미국의 대중 인식을 표했다. 두 번째 내용은 중국의 협력 강화를 희망하는 메시지였다. 미국은 중국이 21세기에 국제체제를 운영하는데 함께하길 원하는 동시에 체제 확립(design)에 도움을 줄 것을 요청했다.

마지막은 미국의 향후 아태지역의 전략 계획과 의도에 대한 설명으로 중국의 양해를 구하는 것이었다. 미국이 앞으로도 아시아-태평양 지역에 강력한 미군의 존속을 유지할 계획을 알리는 것이었다. 레이크는 미군의 주둔 이유를 중국을 억제하기 위함이 아니고 역내 안정을 보존하기 위한 것이라고 강조했다.[40]

이런 클린턴의 재선 이후의 대중국 전략 구상이 밝혀지면서 미중 양국의 협조와 양보가 순조롭게 진행되었다. 레이크의 방문 전 하원에선 큰 표 차(286대 141)로 중국의 MFN 지위가 갱신됐다. 레이크는 이 사실을 근거로 클린턴정부의 중국 정책에 긍정적인 변화가 이뤄질 것이라고 중국 지도자들에게 공언했다. 그는 미 의회와 인식일치를 본 클린턴의 재선 가능성을 전하면서 중국 지도자들의 지지를 확보하는 데 성공한다. 그러면서 미중 양국은 관계개선을 위한 우호적인 분위기 쌓기에 들어갔다.

그 첫 번째 사례로 미국은 레이크 방중 전부터 중국의 무기 확산 논쟁을 무마시켰다. 중국이 5월에 파키스탄의 국영 핵무기 실험실에 고체 고리자석을 판매한 사실이 밝혀졌다. 과거 같았으면 미국의 경제제재 대상이었다. 그러나 크리스토퍼 국무장관은 더 이상 이런 일이 없을 것이라는 중국정부 당국의 약속을 받아낸 것으로 사건을 진정시켰다.[41]

---

40 "Official Says U.S. Taking Softer Approach to China," Los Angeles Times, July 18, 1996.

41 "U.S. Won't Punish China Over Sale of Nuclear Great," New York Times, May 11,

두 번째 사례로 중국이 6월에 1995년 초에 약속한 지적재산권보호협약을 이행하기로 결정했다. 조족지혈의 규모였지만 중국 당국은 해적판 CD를 생산하는 12개 이상의 공장을 폐쇄했다.[42]

마지막은 클린턴이 1996년 가을에 중국의 세계무역기구(WTO) 가입 문제 가능성을 타진하기 위해 미국 무역협상단을 북경에 파견한 것이다. 클린턴은 재선에 성공한 일주일 후 중국의 WTO 가입 협상에 속도를 내고 싶다는 의사를 밝혔다. 그리고 내심 이 문제가 1년 내에 결실을 거둬 장쩌민이 방미 때 조인하기를 기대했었다.[43] 그러나 클린턴의 기대는 현실화되지 못했다. 중국은 클린턴정부가 원하는 만큼 교역관계를 심화시키고 싶은 마음이 없었다.

더 큰 이유는 클린턴의 정치자금 스캔들이었다. 클린턴은 재선 유세 기간 동안 아시아계 미국인 정치자금 모금 운동가들로부터 많은 정치자금을 받았다. 이에는 아칸사 주지사 재직 당시 친분이 있었고 중국 비즈니스를 하는 인도네시아의 금융인 목타 리아디(Mochtar Riady)와 그를 통해 알게 된 대만계 사업가 존 황(John Huang, 黃建南)과 찰리 트리에(Charlie Trie), 그리고 트리에를 통해 알게 된 중국인 왕쥔(Wang Jun) 등이 포함됐다.

미국 헌법 상 미국인 또는 미국의 합법적 거주자가 아닌 외국인에게 정치자금을 받는 것은 불법이다. 이 스캔들 사건으로 중국의 WTO 가입 문제는 제대로 협상의 발걸음도 떼지 못한 채 중단되었다. 그리고 북경을 방문한 협상단의 인사들도 귀국 후 사임했다.

미중 양국은 클린턴의 재선과 함께 고위급 인사 교류도 재개했다. 1996년 12월 8일 중국의 국방장관 츠하오톈이 중국 국방장관으로서는 최초로 미국을 방문했다.[44] 역사적인 사건이었다. 그의 방문은 2년 전 계획되었었다. 그러나 리덩후이의 방미로 1년 연기되었다가 3차 대만해협 위기사태로 무산되었다. 국방 교류부터 시작한 이유는 홍콩에 있었다. 1997년 7월 홍콩의 중국

1996.

42 "U.S. and China Agree on Pact to Fight Piracy," New York Times, June 18, 1996.

43 "U.S. to Spur Beijing and Trade Group Entry," New York Times, November 13, 1996.

44 중국 인민해방군 방문단에는 송광카이와 허펑페이(賀鵬飛, He Pengfei, 중국인민해방군 해군 부사령원, 혁명1세대 허롱(賀龍)의 아들) 등이 포함되었다.

반환을 앞두고 미국은 자국의 해군 군함이 홍콩 항구에 기항하는 문제를 협의하고 싶어 했다.

1997년 봄 미중 양국의 고위급 인사 교류는 지속되었다. 그해 봄 알 고어 (Al Gore) 부통령이 천안문사태 이후 미국 최고위급 인사로 북경을 방문한다. 이 자리에서 고어는 클린턴의 정치자금 스캔들이 미중 양국 관계에 악영향을 미치지 않을 것이라고 단언했다. 그러나 그의 방문을 취재하는 미 언론은 그의 발언에 호의적이지 않았다. 수사 중인 사건의 결과가 사실로 입증되면 그 파급효과는 매우 클 것이 자명했기 때문이다.

⋮ 장쩌민의 방미

장쩌민 주석의 방미 교섭은 1995년 7월 말부터 시작됐다. 즉, 3차 대만해협 위기사태가 있은 후였다. 크리스토프는 브루나이에서 만난 첸치천에게 클린턴의 서한을 전했다. 이 서한은 장쩌민에게 미국의 미국-대만관계에 대한 입장을 설명하는 것이었다. 그 내용은 미국이 대만의 독립을 지지하지 않고, '두 개의 중국'을 조장하지 않고, 대만의 UN 재가입을 지지하지 않는다는 것이었다.[45] 그리고 8월 말 국무부 차관보 로드가 북경을 방문할 때 장쩌민에게 클린턴의 방미 초대장을 건넸다.[46]

클린턴은 두 번째 임기를 시작하자마자 중국 국가주석의 국빈방문을 추진했다. 1997년 봄 신임 국무장관 매들린 올브라이트(Madeleine Albright)는 중국 외교부장 첸치천에게 당해 가을이 적합한 때라고 전했다. 그녀는 중국 지도자와의 회담에서 미중관계가 제일 중요한 양자 관계 중 하나라며 클린턴이 2차 임기 때 양국 관계를 강화하는 의미에서 파트너십 관계를 구축하고자 하는 뜻을 전했다.[47]

---

45 Mann, p. 355.
46 Robert L. Suettinger, "U.S. 'Management' of Three Taiwan 'Crises'," in Michael D. Swaine and Zhang Tuosheng (eds.), p. 277.
47 『1993~2000年大事縱覽』, pp. 137~138.

7월에 미중 정상회담을 준비하기 위한 협력팀이 조직된다. 미중이 이에 공을 들인 이유는 1985년 리셴녠 주석 이후 12년만의 첫 중국 국가주석 공식 방문이었기 때문이었다. 7월 26~27일 제4차 ASEAN지역포럼(ASEAN Regional Forum, ARF)에 참가한 미중 외교부장은 두 차례 회담을 가진다. 1997년에만 4번째 회담이었다. 이 자리에서 올브라이트는 21세기를 향한 전략적 동반자 관계의 수립이 중대한 의미를 가질 것이라는 데 미중 모두의 인식이 일치함을 확인했다.[48]

8월 10일 신임 국가안보보좌관 샌디 버거는 회담을 준비하기 위해 중국으로 날아갔다. 그의 회담 준비는 북경이 아닌 베이다이허에서 장쩌민, 리펑과 첸치천 등의 참석 하에 진행되었다. 이들은 클린턴과 장쩌민의 회담 이후 발표될 공동성명문의 초안을 논의했다. 이 자리에서 장쩌민은 미중 양국이 상호존중, 내정불간섭과 평등 협상의 원칙을 기반으로 장기적인 대국(大局)의 시각에서 양국의 인식을 확대하고 신뢰를 증대하고 이견을 줄이면서 공동으로 미래를 창출해나가자는 의미가 담겨지길 희망했다.[49]

준비회담에서 버거는 미국의 최우선 요구 사항을 전했다. 중국에게 이란의 핵개발 프로그램에 대한 지원과 도움을 제공하는 것과 미사일과 다른 무기의 판매를 중단할 것을 요구했다. 이와 더불어 반체제 인사의 일부 석방도 요청했다. 중국 역시 그들의 요구 사항을 제시했다. 미 의회가 중국을 겨냥해 제정하려는 법안을 미 행정부가 저지해줄 것과 천안문사태 이후 지속되는 제재안의 일부를 해제하는 것이었다. 그러나 무엇보다 더 중요했던 것은 미국이 대만을 더 이상 지원하지 않겠다는 약속이었다.[50] 서로의 의제를 간보기 한 셈이었다.

미중 정상회담은 9월 18일 제16차 전국공산당대표대회 이후 본격적으로 진행되었다. 장쩌민은 16차 당대회에서 그의 오랜 정치 라이벌인 치아스를 물리치고 정권을 완전히 장악했다. 그리고 5일 후 뉴욕에서 올브라이트와 첸치천은 만남을 가졌다. 첸은 그 자리에서 중국이 웨이징성을 포함한 반체제

---

48 陶文釗 著, p. 303.

49 『人民日報』, 1997年 8月 31日.

50 Mann, p. 334.

인사 몇 명의 석방을 고려하고 있다는 소식을 전했다. 10월에 중국 당국은 웨이징성을 회담 전후 석방할 것을 결정했다.

첸은 중국이 이란에 크루즈미사일 판매를 중단할 계획이라는 것도 알려주었다. 이란 핵과 관련 중국은 이란과의 핵 협력 중단 의사를 문서화할 용의도 있음을 전해왔다. 미국은 이의 대가로 12년 동안 유지한 민수 핵기술의 대중국 판매 제재 조치를 해제해야만 하는 국면에 처했다.

미중 정상회담의 공동성명문은 장쩌민 방문 2주 전 북경에서 준비되었다. 이를 위해 국가안보회의의 샌드라 크리스토프(Sandra J. Kristoff)가 파견되었다. 북경 측은 공동성명문에 1995년 여름에 클린턴이 대만과 관련해 약속한 '3불'원칙을 포함할 것을 요구했다. 크리스토프는 워싱턴의 지침에 따라 이를 거절했다. 결국 아무런 합의도 못 본 채 북경을 떠났다.

북경이 미국의 간을 본 것이다. 중국은 미국이 대만문제에서 어느 정도까지 양보할 수 있는지를 테스트한 셈이다. 크리스토프 일행이 이륙한 지 얼마 안 돼서 주미 중국대사관은 백악관에 전화해 장쩌민이 방문한 후에 공동성명문을 작성할 것을 요청했다.

10월 26일 장쩌민이 역사적인 미국 방문을 위해 출국한다. 그는 먼저 하와이에 도착해서 진주만의 아리조나호 기념관을 방문하고 헌화한다. 28일 오후 워싱턴에 도착한다. 그리고 즉각 비공식 회담을 갖는다. 29일 두 정상은 환영 만찬을 갖는다. 만찬 후 그들은 정식회담을 진행했다.

만찬과 회담이 진행되는 동안 크리스토프와 중국 측은 다시 공동성명문의 논의에 들어갔다. 이튿날 클린턴과 장쩌민의 공동기자회견 두 시간 전 극적으로 공동성명문이 완성되었다. 대만과 관련해 새로운 내용은 결국 포함되지 않았다. 미국이 제안한 웨이징성을 포함한 반체제 인사의 석방도 이뤄지지 않았다. 중국이 미국의 오렌지 수입 제한을 해제하길 거부하면서 중국의 WTO 가입 관련 일부 논의도 진전을 보지 못했다. 결과적으로 미중 양국은 기대했던 것을 모두 얻지 못했다.

그러나 미중 정상회담의 핵심 의제 중 하나였던 이란의 핵문제에서는 최선의 성과를 올렸다. 중국이 이란과 핵 협력을 중단하는 대가로 미국은 중국에 원자력 발전 설비와 기술의 판매를 허용하기로 결정했다. 중국은 또한 보

잉사의 비행기 50대(30억 달러)의 구매를 결정했다.[51]

장쩌민의 방문은 중국 지도자의 미국 국빈방문으로는 근 20년 만에 이뤄지는 것이었다. 덩샤오핑이 1979년에 미국을 방문한 이후 가장 큰 의미를 가진 방문이었다. 미중 양국 관계에 새로운 지평이 열린 것이다. 장쩌민이 워싱턴을 떠난 후 10월 31일 백악관 대변인이 미국의 대만 입장은 '3불' 원칙에 근거한다는 사실을 명백히 밝혔다. 미국의 대만 '3불' 원칙이 처음으로 공식화된 것이다.

이후 이에 상응하는 중국의 조치가 따랐다. 중국은 11월 11일 주중 대사 새서에게 병가를 이유로 웨이징성의 석방을 통보했다. 병가의 조건은 그가 중국에 잔류하는 것이 아닌 미국행이었다. 미국도 이를 수용했다. 5일 후 그는 미국행 비행기에 몸을 실었다.

⦂ 클린턴의 답방

1998년 초 백악관은 클린턴의 답방을 11월 정도로 계획하고 있었다. 11월 이면 미국의 중간선거도 치른 상태고 동아시아에서 다자 정상회의(APEC)가 개최될 예정이었기 때문이다. 동시에 이를 시작으로 클린턴의 아시아 순방외교가 가능하다는 판단이었다.

그러나 주중 미국대사 세서는 다른 생각이었다. 중국의 MFN 갱신 문제가 불거져 미중관계가 불편해질 가능성이 있기 전에 진행할 것을 주장했다. 클린턴의 답방이 1년 이상 미뤄지면 예상치 못하게 미중관계가 안 좋아질 수도

---

51 여기서 우리가 한 가지 짚고 넘어가야 할 사실이 있다. 우리는 북핵문제 해결에서 중국이 왜 이란 핵 해결 협상과 같이 적극적으로 임하지 않는지 궁금해 한다. 중국이 핵보유 5국 중의 하나가 아니고 이란 핵개발에 직접 가담했기 때문이다. 미국이 시작했고, 서독(독일)이 이를 이어받았고, 냉전 후에는 러시아와 중국이 완성시켰다. 그렇기 때문에 중국의 개입에는 명백한 물증이 있다. 이란 핵 해결 과정과 같이 중국을 북핵 해결에 적극 참여를 유발하기 위해서는 우리도 명백한 물증을 가지고 압박해야 할 것이다. 주재우, "中, 핵 협상 타결의 최대 수혜자: SOC 건설·자동차 수출 등 경협 다각화", 『Chindia』, September 2015, pp. 26-27.

있다는 우려에 근거한 것이었다. 이에 클린턴은 4월로 방중 일정을 결정했다. 이를 도와준(?) 것이 클린턴의 섹스 스캔들이었다. 그는 백악관 인턴(모니카 르윈스키, Monica Lewinsky)과 직원(폴라 존스, Paula Jones)과의 부적절한 관계로 곤혹을 치루고 있었다.

클린턴의 방중을 위해 크리스토프는 수행원 두 명, 국가안보회의의 제프리 베이더(Jefferey Bader)와 국무부의 차관보 수잔 셔크(Susan Shirk)와 함께 중국을 비밀리 방문한다. 이들의 북경 방문은 3월 7일에 이뤄졌지만 이들은 이미 2주 전부터 중국에 와 있었다. 이들은 클린턴의 조기 방문 성사를 제안했다. 대신 미국이 지난 8년 동안 벌여온 UN의 중국인권결의안 요구를 포기하겠다는 것이었다. 사실 여기엔 미국의 자발적인 동기보다는 타의적인 요인이 컸다. 1998년 3월에 들어서 EU를 포함한 많은 국가들이 이미 중국의 인권문제에 관심을 잃은 상태였다.

대신 미국은 중국에 두 가지 제안을 했다. 하나는 UN의 시민적 및 정치적 권리에 관한 국제규약(UN Covenant on Civil and Political Rights)에 중국이 서명하는 것이었다. 다른 하나는 천안문사태의 또 하나의 주동자였던 왕단(Wang Dan)의 석방이었다. 이에 첸치천은 동의한다. 이런 합의로 3월 12일 미 행정부는 클린턴의 방중을 6월 말로 공표했다. 이튿날 백악관은 중국 인권에 관한 UN결의안 통과 요청 포기를 공식화했다. 4월 18일 왕단은 석방되었고 19일 미국으로 추방당했다. 이로써 클린턴의 방중이 순조롭게 진행될 수 있는 여건이 마련되었다.

클린턴은 1998년 6월 25일 시안에 도착한다. 그리고 이튿날 북경에 국빈방문의 공식 일정을 가졌다. 첫 번째 일정은 천안문광장에서의 국빈방문 의식이었다. 이 의식 행사를 갖는 것에 대해 미 의회는 반대했었다. 1989년 천안문사태라는 참상의 자리에서 의식을 가지면 공산당 정권의 정당성을 인정해주고 미국이 사태를 잊었다는 오해를 전할 수 있기 때문이었다.

클린턴은 그러나 이에 개의치 않았다. 의식은 15분 동안 진행되었다. 그리고 중국 지도자와 바로 정상회담에 들어갔다. 회담 종결 후 클린턴과 장쩌민은 천안문광장 옆 인민대회당에서 공동기자회견을 가졌다. 기자회견은 미중 양국이 더 이상 서로를 적국으로 간주하지 않기 때문에 회담에서 합의한 양국 미사일의 상호조준 해제에 관한 협의가 달성될 수 있었음에 방점을 두었다.

그리고 천안문사태에 관해 클린턴은 무력 진압으로 인한 비극적인 사상의 발생은 잘못된 것이라는 미국의 입장을 밝혔다. 이에 장쩌민은 중국정부의 결단이 없었다면 중국은 오늘날과 같은 안정을 누리지 못했을 것이라고 대응했다.[52] 클린턴의 천안문사태에 대한 입장과 함께 앞서 언급한 중국 반체제 인사의 석방에 대해 미 여론은 호의적인 반응을 보이며 긍정적인 평가를 아끼지 않았다.

28일 가족들과 고궁과 만리장성을 방문한 클린턴은 그날 저녁 중국 지도자와 중남해(중국 국가주석의 공관)에서 비공식 회담을 가졌다. 29일 오전엔 미 대통령으로서는 처음으로 북경대학에서 강연을 했다. 이 강연에서 그는 아시아금융위기사태(우리에게는 IMF사태로 잘 알려짐)에서 중국이 세계와 지역의 안정을 위해 수행한 역할과 책임에 대해 높게 평가했다. 강연을 마친 오후에 그는 미중경제무역협의서를 체결했다. 총 규모 10억 2,000만 달러로 5개의 대형 프로젝트를 담은 합의서였다.

29일 클린턴은 상해에 도착한다. 중국에서 세 번째 도시 방문이었다. 그는 상해에서 가진 일련의 좌담회에서 공개적으로 미국의 대만에 대한 '3불' 원칙을 천명했다. 미국이 클린턴의 방중 전까지만 해도 이를 문서화하는 것에 반대하는 입장을 견지하고 있었기에 그의 공개 발언은 중국에게 있어 더할 나위 없는 호사였다. 이는 키신저의 방문 이후 중국이 가장 듣고 싶어 하는 말을 클린턴이 공식적으로 밝힌 사건이었다.

2일 클린턴은 계림을 방문하고 저녁에 홍콩에 도착한다. 미국 대통령으로서는 처음 있는 홍콩 방문이었다. 이것으로 그의 9일 간의 중국 방문이 종결됐다. 그는 귀국 비행기에서 기자들에게 그의 중국 방문에 미국과 중국이 빠져있다고 자화자찬했다. 그러면서 그는 미중 양국 정상회담이 정기화되길 바라는 발언으로 방문을 마쳤다. 그러나 그의 바람과는 달리 아들부시와 오바마 시기에 이 희망은 구현되지 않았다.

---

52 The President's News Conference with President Jiang Zemin of China in Beijing, June 27, 1998, http：//www.presidency.ucsb.edu/ws/?pid＝56229(검색일：2016년 11월 22일).

제13장

21세기의 미중관계 :
부시와 중국의 핵심전략

21세기는 우리에게 미중 양대 강국의 시대, 즉 "G-2(Group of Two)"로 알려졌다. G-2는 2005년 미국 경제학자이며 키신저의 안보보좌관 시절 경제차관보와 재무부의 경제차관보를 역임했던 프레드 버그스텐(C. Fred Bergsten)에 의해 소개됐다. 이와 동시에 당시 국무차관이었던 로버트 졸릭(Robert Zoellick)는 중국에게 높아진 국제적 위상에 맞게 '책임 있는 국가(a responsible state)'를 자청하라고 제언했다. 그러나 중국은 미국과 세계 문제를 공동으로 책임지는 데 부담을 느껴 G-2로 불리는 것을 정중히 거절했다. 대신 '책임 있는 국가'로 거듭나기 위해 현재도 노력 중이다.

한 가지 명백한 사실은 중국의 높아진 국제적 위상이다. 세계적인 수준은 아니더라도 중국은 최소한 지역강국으로 발돋움하는 데에는 성공했다. 이들 경제학자들의 눈에 중국은 이미 세계적인 대국이 되었는지도 모른다. 21세기의 중국은 지속적인 고도성장(2002~2007년 연평균 경제성장률 14%)을 유지하면서 세계 최대 외환보유국, 해외투자 최대수혜국, 최대 수출국(2009년), 2대 무역국(2010년)과 2대 경제 강국(2010년)으로 성장했기 때문이다.

아시아지역에서도 중국은 미국을 제치고 한국의 최대수출국(2003년)과 최대교역국(2004년), 그리고 일본의 최대수출시장(2004년)이 되었다. 2010년 ASEAN과의 자유무역협정(FTA)이 발효되었으며, 2015년엔 한국과의 FTA가 발효되었다. 중국이 지금 비록 과거의 두 자리 수의 성장률을 유지하지 못하고 있지만 국내총생산(GDP)의 규모를 보면 아직도 6~7%대의 높은 성장률을 기록하고 있다.

부상하는 중국과 세계 유일의 초강대국 미국이 공존하는 시대에 사는 우리는 이들의 행보에 민감할 수밖에 없다. 왜냐하면 '같은 하늘 아래 두 태양은 있을 수 없기' 때문이다. 그럼 미국과 중국 두 대국이 지향하는 세계는 무엇일까. 미국이 세계 유일 초강대국 지위를 유지하기 위해 취하는 전략은 무엇일까. 미국은 중국이라는 요소를 어떻게 다룰 것인가.

중국은 축적한 경제력을 바탕으로 군의 현대화와 선진화를 도모하고 있다. 이의 저의는 무엇일까. 미국은 이를 어떻게 인식할까. 미국은 경제대국에서 이젠 군사대국으로 나아가려는 중국의 노력을 어떻게 견제할까. 견제하는 과정에서 무력충돌은 불가피할까. 특히 중국이 자국의 이익을 추구하는 과정에서 최근 공세적인 행동을 보이는데, 이런 행동이 미중 양국 간의 무력충돌을 유발할 것인가.

이 같은 질문에 대한 해답을 우리는 갈구한다. 지리적으로도 두 태양 사이에 위치한 우리는 이 같은 질문의 해답을 늘 갈구한다. 지금으로서 우리에게 주어진 해답은 두 가지뿐이다. 무력적으로 충돌하거나 평화롭게 공존할 것이라는 대조적이고 극단적인 두 가지 견해뿐이다. 무력충돌이라는 결과를 주장하는 이들은 힘의 논리에 근거한다. 부상하는 세력과 기존의 패권세력 간에 세력 다툼으로 충돌이 불가피하다는 것이다. 이 주장의 대표적인 학파는 현실주의자들이다.

반면 두 대국의 공존을 전망하는 학파는 자유주의자들이다. 이들은 중국이 이미 국제질서의 제도권에 편입한 만큼 이를 수용하고 이에 적응하고 있기 때문에 국제제도가 중국의 호전적인 행위를 억제할 수 있다고 믿는다. 즉, 제도의 억지력을 믿는다. 그리고 중국이 제도권 내에서 더 많은 권리와 권익을 요구하게 되면 제도의 개혁을 통해 이를 충족시킬 수 있다고 설명한다.

그럼에도 불구하고 우리는 최근 중국의 공세적 외교 행태를 보면서 현실주의자의 주장에 더욱 마음이 기울고 있다. 더욱이 트럼프행정부가 오늘날 중국에 대한 압박을 다양한 영역으로 확대하는 모습을 보며 무력충돌에 대한 불안감은 더욱 커지고만 있다.

하나 흥미로운 사실은 미국의 강경파들이 미중 간의 전쟁 가능성을 일축한 적이 있다는 것이다. 앞서 언급했듯이 덩샤오핑이 1980년대 초 세계전쟁의 발발 가능성에 대한 회의론을 제기한 지 약 30년 만인 2000년대 초에 미국도 세계 대국 간의 전쟁 발생 가능성이 희박하다고 인식했다.[1] 이런 인식

---

1 "Defining US foreign policy in a post-post Cold War world," Ambassador Richard N. Haas, Director of Policy Planning Department, Department of State, remarks to the Foreign Policy Association, New York, April 22, 2002.

은 2004년 6월 당시 미 국방부장관 도날드 럼스펠드(Donald Rumsfeld)를 통해서 재확인됐다. 그는 테러와의 전쟁은 지속될 것으로 전망하면서도 대국간의 전쟁 가능성은 희박하다는 입장을 공식 표명했다.[2]

최근 중국의 공세적인 외교 행위가 혹자에게는 호전적으로 보일 수 있다. 그러나 21세기의 미국과 중국의 외교적 행보를 보면 자유주의자들의 주장이 더 실현 가능성 있어 보인다. 다만 우리가 촉각을 곤두세워야 할 부분은 중국이 자기에게 더 유리하게 제도 개혁을 요구하는 과정에서 미국과 타협점을 찾지 못할 때 중국의 최후 선택이 무엇일지다. 일련의 갈등과 협력 과정에도 불구하고 합의점에 이르지 못했을 때, 중국이 미국과 충돌할지 아니면 더 많은 인내력을 발휘해 절충점을 찾을지는 아무도 모른다.

미국의 부시, 오바마와 트럼프 등 세 정부, 그리고 중국의 후진타오와 시진핑 등 두 정권이 추구하는 외교 전략으로 미루어 볼 때 미중은 지금 아마도 '동상이몽'에 빠져 있다. 미중 양국은 평화공존이란 동일한 목표아래 상당히 대조적인 포석을 깔고 있다.

미중 양국이 두고 있는 포석은 세계 질서의 거버넌스(지배구조)에서 어떻게 우위를 잡고, 어떻게 장악할 것인가에 초점이 맞춰져 있다. 이 같은 양국의 포석은 미중 양국이 21세기에 들어와 각자 소개하는 일련의 새로운 전략 개념과 구상에서 구체화되고 있다. 이들이 두는 포석의 흐름을 보면 미중 양국은 지금 평행선을 걷고 있는 것으로 보인다.

미중 누구도 양보할 의향이 없는 가운데 중국은 최소한 자신의 주변지역에서나마 새로운 지역질서를 확립하기 위해 주력하고 있다. 그리고 중국 주변지역을 국익의 관건 지역으로 인식하고 있는 미국 역시 이러한 중국을 견제하는 일에 매진하고 있다.

---

2 Donald Rumsfeld Speech to Parliament of Singapore, June 5, 2004. Banning Garrett, "US-China Relations in the Era of Globalization and Terror : a framework for analysis," Journal of Contemporary China, Vol. 14, No. 48, 2006, p. 392 각주 5에서 재인용.

아들부시 : 일방주의와 신보수주의

부시(George W. Bush) 대통령은 아버지부시와 다르게 강경한 대중 정책을 취하고 싶어 했다. 그는 클린턴 시기 형성된 미국정부의 막대한 경제력을 바탕으로 미국을 세계의 유일한 강대국으로 만들고 싶었다.

이런 그의 강력한 의지는 이른바 '일방주의(unilateralism)'를 주된 전략으로 채택한 사실에서 입증된다.[3] 이른바 '신보수주의(neo-conservatism)'를 표방하는 부시행정부의 외교정책 최대 목표는 미국 중심의 국제질서를 구축하는 것이다. 신보수주의에 입각한 미국의 구상은 미국의 국가이익을 모든 수단과 방법을 동원하여 철저하게 수호하겠다는 결의를 담고 있다.

이런 맥락에서 신보수주의자들이 표방하는 미국 외교정책의 전략은 결국 미국의 국익에 도전할 수 있는 잠재세력을 철저하게 봉쇄하고 이들의 부상을 사전에 예방하는 동시에 이들의 대외 영향력을 미연에 차단시키는 것이다. 그리고 이런 전략을 효과적으로 운영하기 위해서 일방주의 전술에 의존하고 있다.

미국의 일방주의는 자국 이익 수호란 명제 하에 자국이 추구하는 가치관과 세계관을 기준으로 도전 세력의 여부를 판단한다. 외국의 대외적 행위 역시 이런 기준을 철저히 거친다. 그리고 이들의 행위가 미국의 국익에 위배된다고 인식될 경우, 미국은 자국의 가치관과 판단 기준에 따라 '적절한' 대응 조치를 타국이나 국제사회의 협의나 동의 없이 일방적으로 실행하는 동시에 정당화시키고 있다.

이러한 미국의 독단적인 행동은 군사적 우월성을 통해서만 외부로부터의 협박이나 위협을 견제하고 피할 수 있다는 확신에 근거한다. 그리고 미국은 어떠한 적이나 잠재적인 적도 미국의 군사력 또는 종합국력에 근접한 수준에 이르러서는 안 된다는 확고한 신념을 가지고 있다. 미국이 자국의 절대적 우월성 유지를 위해 구소련을 포함한 그 어떠한 나라도 용납이 안 된다는 원칙

---

3 부시행정부 출범 이전에 미국은 국익 수호, 위협과 위기 대응, 그리고 군사력 동원 결정에 일방주의를 적용한다는 원칙을 세웠다. A National Security Strategy for A Global Age (Washington, D.C. : The White House, December 2000), p. 9, 26, and 36.

을 세운 사실에는 일방주의가 미국의 외교 전략에서 차지하는 중요성과 심각성이 반영되어 있다.[4]

　미국의 일방주의에 대한 신념은 부시정부에서 그치지 않았다. 오바마정부에 와서도 이는 전략사상의 기본으로 존재했다. 오바마행정부 역시 〈국가안보전략(NSS) 보고서 2010〉에서 일방주의의 중요성을 강조했다. 동 보고서에 의하면, 미국이 전 영역(full spectrum)에서 최고의 훈련, 최고의 무장, 최고의 효과적인 군대로 국익, 핵심 이익과 국가를 위협하는 요소에 효과적으로 대응하기 위해서는 결국 미국은 일방주의에 의존할 수밖에 없다고 설명한다.[5]

　결국 자국의 이익을 위협요소로부터 수호하기 위한 미국의 종합 목표는 군사 작전에서 모든 영역을 지배할 수 있는 역량을 만들어 내는 것이다. 이는 평화 시에는 설득력 있고, 전쟁 시에는 결정력 있고, 갈등 시에는 독보적인 힘을 발휘할 것을 의미한다.[6]

　많은 이들이 미국의 신보수주의 외교정책의 연원을 2001년 부시 대통령 첫 취임 시기로 착각하고 있다. 하지만 신보수주의는 이미 그 이전부터 움직이고 있었다. 특히 1999년 당시 클린턴행정부(민주당)가 중국이나 북한, 그리고 중동지역에 대해 비교적 온화한 정책노선, 즉 포용정책을 추진하면서부터 공화당 진영에서는 이에 반대하는 노선으로 신보수주의 정책에 대한 준비를 사실상 해왔다.

　일례로, 우리는 미국이 중국을 '전략적 경쟁자(strategic competitor)'라고 간주하기 시작한 것이 2001년 부시대통령의 첫 임기가 시작되면서 부터로 알고 있으나, 사실상 이는 공화당 내부의 신보수주의 중진세력에 의해 이미 1999년부터 제기되고 있었다.

---

4 Department of State, Foreign Relations of the United States (Washington, D.C., 1984), p. 657; and Melvyn P. Leffler, "9/11 and American Foreign Policy" Diplomatic History, Vol. 29, No. 3, June 2005, p. 403.

5 National Security Strategy 2010 (Washington, D.C. : The White House, May 2010), p. 22에서는 국가와 국익 방어를 위한 일방주의에 대한 의존을 설명함. National Security Strategy 2015 (Washington, D.C. : The White House, February 2015), p. 14 에서는 미국의 핵심이익과 국가의 방어를 위한 일방주의에 대한 의존을 강조함.

6 Combined Joint Chiefs of Staff, Joint Vision 2020 : America's Military : Preparing for Tomorrow, 1.

542　한국인을 위한 미중관계사

신보수주의 진영이 이런 개념에 의거하여 외교적 역량을 확대해나간 시점 역시 이 시기였다. 이 같은 시기적 배경에는 결정적으로 1998년 미국 중간선거 당시 공화당의 승리가 있었다. 중간선거의 승리로 미 의회를 장악하게 된 공화당은 미국의 외교 의사결정 과정에 상당한 영향력을 발휘할 수 있게 되었다. 즉, 입김이 커진 공화당이 실질적으로 행정부의 외교정책에 제동을 걸기 시작한 것이다.

그리고 이후 미국의 일련의 외교적 결정과 사건에 신보수주의가 반영되기 시작했다. 가장 좋은 예로 당시 미 의회는 중국과의 WTO 양해각서에 대한 미 행정부의 동의안을 최대한 지연시키는데 성공하였고, 1999년 미 공군의 유고슬라비아 주재 중국대사관 오폭에 대한 중국의 사과 요청에 반대를 주도하였다.

신보수주의자들의 힘이 모든 사안에서 영향력을 발휘한 건 아니었다. 신보수주의자들은 미 행정부의 대북 중유공급에 대한 제재 완화를 강력하게 반대했으나, 대통령의 부결권 행사로 속수무책으로 당할 수밖에 없었다.

이런 배경 속에서 공화당 의원을 중심으로 한 미 의회의 분위기는 강경하고 강력한 외교정책과 노선을 요구하는 방향으로 발전할 수밖에 없었다. 그리고 이 과정에서 신보수주의가 맹아하기 시작한 동시에 급속하게 성숙하게 되었다. 그리고 미 의회의 강력한 지지와 지원에 힘입어 공화당은 2000년 대선에서 조지 W. 부시를 새로운 미합중국 대통령으로 선출시키는 데 성공한다.

부시가 대통령에 선출되면서 신보수주의 세력은 신보수주의와 일방주의를 동시에 표방할 수 있는 외교적 발판을 마련하는 데 성공했다. 이후 미국의 외교정책 기조는 미국의 가치관과 세계(질서)관에 도전할 수 있는 세력을 철저히 견제함으로써 미국의 국익을 수호하고 확장시키는 것으로 변모하게 된다.

부시는 대통령에 취임한 후 외교 관련 인사에 신보수주의자(이른바 '네오콘, neo-con')들을 대거 기용했다. 이는 신보수주의 노선 외교정책의 본격적인 전개를 의미했다. 그리고 이런 자신의 결심을 반영이라도 하듯 부시는 2000년 취임 후 그의 연두 교설에서 중국을 미국의 "전략적 경쟁자(strategic competitor)"로 천명하면서 중국에 대한 긴장을 늦추지 않고 견제하겠다는 강경한 입장을 공식적으로 표명하였다. 이를 지지하던 대표적인 인물들은 부통령 딕 체니(Dick Cheney)와 국방장관 도널드 럼스펠드(Donald Rumsfeld)였다. 반면, 중국 포용정책을 주장했던 이들은 당시 국무장관이었던 콜린 파웰(Colin Powell)과 미국 무역대표부 대표였던 졸릭 등이었다.

그리고 이듬해의 연두 교설에선 북한, 이란, 이라크 등 3개국을 이른바 '악의 축(Axis of Evil)'으로 명명하고, 이들에 대해 강경노선 정책을 펼칠 결의를 밝혔다. 미국의 악의 축 발언에 중국은 경악했다. 당시 중국은 자국의 지속적인 개혁개방을 위한 노력의 일환으로 선린우호 정책을 표방하고 있었다. 그러나 북한을 악의 축(axis of evil) 중 하나로 규정한 미국의 발언은 자국의 선린우호 정책에 제동을 거는 처사였다. 중국은 미국의 발언을 중국 인접지역의 불안 요인을 증강시키는 결정적 요인으로 간주했다. 결국 미국의 발언으로 중국은 미국에 대해 더 깊은 불신을 갖게 되었다.

그러나 2001년 9.11테러로 신보수주의자의 의도와는 달리 중국에 대한 미국의 강경노선 의지는 정책적으로 반영되지도 실천되지도 못했다. 9.11테러가 미국의 대중국 강경정책을 억제시킨 셈이다. 미국은 외교의 중심을 중국에서 즉각 '테러와의 전쟁(war on terrorism)'으로 전환시켰다.

이 전쟁을 효과적으로 수행하기 위해서 미국이 당면한 최우선적 정책과제는 우선 자국 외교의 새로운 목적과 기조에 인식을 같이하면서 이를 적극적으로 지원할 수 있는 세력을 판별하는 것이었다. 이는 테러와의 전쟁이 보이지 않는, 매우 기동적인 적과의 전쟁이기 때문에 국제사회와의 공조가 이의 성공을 위한 전제조건이라는 점을 인식하게 된 데 기인하고 있다.

이런 상황에서 부시 대통령을 위시한 네오콘들은 일방주의를 테러와의 전쟁의 중요한 전술로 활용하면서도, 자국 외교정책의 정당성과 당위성을 확보하기 위한 국제적 지원과 지지의 중요성을 심각하게 인식하게 되었다. 그리고 이 과정에서 미 행정부는 이른바 '나 아니면 그들'이라는 이분법적이고 냉전적인 사고로 '편 가르기'를 하면서 세계질서 재편 구상의 도안을 마련하기 시작하였다.

가. 부시와 중국의 첫 충돌 : 정찰기 EP-3 추락 사건

2001년 4월 1일 미국 정찰기 EP-3가 남중국해 공해상에서 정찰하다가 중국

공군 전투기 J-8 두 대와 추격전을 벌이게 된다. 이 중 한 대가 미 정찰기의 꼬리 부분을 스치면서 추락과 동시에 중국 조종사가 사망했고, 정찰기는 하이난다오(海南島)의 링쉐이(陵水) 공군기지에 비상착륙 했다. 미 정찰기 조종사와 비행원은 13일 동안 중국에 억류되었다. 사건 처리는 상당한 난항을 겪었다. 중국은 미국에 공식 사과와 배상을 요구했다. 미국은 정찰기와 승무원의 동시 귀환을 요구했다.

이 사건은 복잡하게 얽힐 수밖에 없었다. 사건이 발발한 시기가 사건을 그렇게 될 수밖에 없게끔 만들었기 때문이다. 당시는 1999년 5월 나토(NATO) 소속 미국 전투기가 유고연방소재 중국대사관을 폭격한 지 거의 2년이 안 된 시점이었다. 그리고 부시가 중국을 '전략적 경쟁자'로 정의하고 강경정책을 개진하려던 분위기가 팽배하던 시절이었다. 더불어 미국이 미사일방어시스템 구축의 명목 하에 서태평양에 군비를 강화하는 동시에 4월부터 대만에 무기 판매 논의와 결정을 가속화시키고 있던 시기였다.

사고 자체도 상황을 더 어렵게 만드는 데 한몫했다. 미국과 중국은 미국 정찰기 활동의 위법 여부 문제를 두고 첨예하게 대립 중이었다. 중국의 항의에 미국은 정찰기의 활동이 수십 년 동안 진행된 정기적인 활동에 불과하므로 다른 지역에서 진행하는 것과 별반 차이가 없다는 입장을 표명했다.

그러나 최근 들어 중국 전투기의 미 정찰기에 대한 접근이 점점 근접해지는 위험을 보이자 미국 측도 항의한 바 있었다. 해양에서의 해상과 공중에서의 군사 활동의 위험 수위가 고조되면서 1998년부터 미중 군사당국자들은 정기적인 협의를 진행해왔다. 2000년 5월 이들은 해상과 공중에서의 위험한 군사활동 방지를 위한 양해각서에 서명한다.

그럼에도 불구하고 공중에서 벌어진 양국 간 갈등은 사라지질 않았다. 사건 발생 전인 2000년 12월 주중 미 대사관의 군사담당관이 중국 전투기의 근접 비행 거리가 위험 수위를 넘고 있다며 중국 인민해방국 육군에 정식 항의했다. 양국 간 잦은 조우에도 불구하고 불길한 예감은 존재했고 결국 그 예감은 현실이 되었다.

이에 반해 중국은 정찰 활동이 중국의 주권을 '침해(infringement)'한 처사라고 강력히 반발했다.[7] 미국은 사건 발생 이틀 후인 4월 3일 사고에 대해 자국의 정찰기는 책임이 없다는 결론을 내렸다.

사고 발생 당일 주중 미 대사관은 인민해방군 참모본부와 외교부에 전화해 승무원의 상황을 알려줄 것을 요청했으나 답이 없었다. 사건 발생 7시간 후인 오전 10시에 중국 외교부 대변인이 처음으로 사건 발생을 인정했다. 양제츠 주미 대사는 미 국무부와 만나 정식 항의를 제기했다.

그리고 사건 발생 후 12시간 만에 북경에서 미중 간의 직접 대화가 이뤄졌다. 주중 미 대사 조세프 프루어(Joseph Prueher)가 외교부 부부장 저우원중(周文重)을 만났다. 중국 측은 미국 측에 사과를 요청했다. 그러나 승무원의 상황에 대한 미국의 정보 제공 요청은 거절했다. 중국 외교부도 공식 성명을 통해 미국에게 모든 책임을 요구했다.

여기서 주목할 만한 것은 중국정부가 대응 부서를 지정한 사실이다. 중국 지도부는 실무 책임 기관을 외교부로 공식 지명했다. 그리고 공식 성명의 발표도 외교부의 전권으로 결정했다. 언론매체의 보도 가이드라인은 중국공산당 선전부에서 작성되어 하달되었다.[8]

이번 사건에서 우리가 눈여겨봐야 할 두 가지가 있다. 하나는 방금 언급된 중국공산당 선전부가 언론을 장악했다는 사실이다. 이는 뒤에서 언급되겠지만 미국의 관점에서 사건의 전모가 왜곡된 것으로 보일 수밖에 없는 이유였다. 또 하나 기억해야 할 점은 중국의 국방부나 군부가 대외적인 소통과 대내 업무처리에서 배제되었다는 사실이다.

4월 2일이 되도록 미국에겐 원하는 소식이 전해지지 않았다. 아니 사건 발발 후 첫 4일 동안 중국은 미국의 어떠한 요구에도 반응을 보이지 않았다. 승무원의 상황에 대한 설명도 없었고, 미국의 공식사과가 있을 때까지 이들을 인질로 삼을지 말지에 대한 입장 규명도 없었다. 미국은 이런 중국의 행

---

7 "Sino-U.S. Negotiation on the Air-Collision Incident 20/04/2001," Embassy of the People's Republic of China in India, http : //www.chinaembassy.org.in/eng/zgbd/t59535.htm (검색일 : 2016년 5월 2일).

8 Zhang Tuosheng, "The Sino-American Aircraft Collision : Lessons for Crisis Management," in Michael D. Swaine and Zhang Tuosheng (eds.), Managing Sino-American Crises : Case Studies and Analysis (Washington, D.C. : Carnegie Endowment for International Peace, 2006), p. 395 and p. 397.

동에 의구심만 가지게 되었다.

중국의 입장과 태도는 단 하나였다. 모든 책임을 미국에게 전가하는 것이었다. 미국의 정찰기가 갑작스레 방향을 바꾸는 바람에 사고가 난 것이라고 주장했다. 결국 미국 탓이라는 게 중국의 결론이었다. 비록 공해상에서 발생한 사고였지만 엄격한 기준에서 보면 중국의 배타적 수역(EEZ) 상공에서 발생한 것이기 때문에 원인은 중국의 주권을 침해한 미국에게 있다는 논리였다. 더불어 사건이 미국의 불법적인 행동으로 벌어졌기에 중국에게 모든 수사권과 증거 수집 권한이 있음을 주장했다.

중국의 결론에 미국은 어이가 없었다. 아니 미국의 눈에 중국의 언행은 사건의 종말을 모두 왜곡하려는 의도로밖에 보이지 않았다. 그리고 그 저의는 향후 협상에서 레버리지를 확보하려는 전략으로 판단되었다. 다음 날 장쩌민이 발표한 왜곡된 사실로 가득한 성명문이 미국을 더 불리하게 몰아갔다. 그는 5일 당시 칠레 방문 중에 미국의 공식 사과를 요구했다.

정찰기 사건으로 미중관계가 경색국면을 맞이하자 당황한 것은 대중 강경 정책을 부르짖던 부시였다. 외교 경험이나 위기관리 대응 능력이 부족한 그로서는 외부의 자문이 절실했다. 그는 그의 아버지부터 스코우크로트 전 국가안보보좌관, 키신저와 베이커 전 국무장관에까지 중국 경험이 풍부한 이들로부터 조언을 받았다.[9]

사건 발발 후 4일, 파웰은 이미 3월에 한 차례 첸과 회담을 가진 상태였기 때문에 소통이 비교적 원활할 것으로 기대했었다. 파웰의 서한은 사건 해결을 위한 조치를 담고 있었다. 그는 우선 중국 조종사의 사망에 대한 '유감(regret)' 입장을 처음 표명했다.[10] 그리고 파웰은 그날 즉각 이 같은 입장이 미국의 입장임을 밝혔다. 미국의 입장 표명이 있던 4일 오후 탕자쉬안은 중국주재 미국대사를 만난다. 이후 6일부터 11일까지 중국주재 미국대사와 중국 외교부 부부장은 하루에 두 번씩 협의하는, 총 11차례의 협상회의를 가졌다. 협상의 초점은 미국의 공식 사과 내용이었다.

6일 첸은 파웰에게 회신하면서 유감 표명을 중국 측이 전적으로 수용하지

---

9 Zhang, "The Sino-American Aircraft Collision," *Ibid.*, p. 399.
10 "China Unmoved by U.S. 'Regrets,'" CNN, April 5, 2001.

못하지만 미국의 긍정적이고 실용적인 태도에 만족한다고 전했다. 그러면서 책임 인정과 공식 사과만이 사건 해결의 관건이라고 강조했다.[11]

4월 11일 부시와 파월은 외교부장 탕자쉬안에게 보내는 서한에 중국 조종사의 '실종(시신을 수습하지 못했기 때문에 엄격한 기준에서 실종 상태였음)'과 그의 유족에게 진심어린 유감을 표했다. 그리고 중국의 공해에 진입한 것과 착륙 시 사전 구두 허가 요청이 없었던 사실에 대해 공식 '사과(sorry)'를 전했다. 조종사의 사망이 확인된 13일 부시는 미국인을 대신하여 이에 '애도(sorrow)'를 공식 표명하는 메시지를 발표했다.

미국정부는 주중 대사에게 탕에게 보낼 공식 사과 서한 작성을 명한다. 이 서한에 담길 내용을 두고 미중 양국의 입장 차이는 뚜렷했다. 미국은 공식 사과가 아닌 애도와 유감의 의사를 표한 것이라고 했다. 그러나 중국 선전부 당국에서 미국의 사과 서한을 자기에게 유리하게 번역한 탓인지 공식 사과 서한으로 발표되었다. 이 서한에서 미국의 입장은 중국인과 조종사 및 유가족에게 보내는 '깊은 미안함(very sorry, 중국어로는 深表歉意)'으로 발표되었다.[12] 그러나 미 대사관에 의하면 '깊은 유감(deep regret, 深表遺憾)'이었다.[13]

중국은 부시의 애도 메시지를 들은 당일 날 미군 승무원의 석방을 선언했다. 이들은 하와이의 힉캠 공군기지(Hickam Air Force Base)로 귀환했다. 비행기 수리 문제를 둘러싸고 미국과 중국 사이엔 또 다시 치열한 신경전이 펼쳐졌다. 미국에게 정찰기의 기술 노출은 매우 민감한 사안이었다. 중국은 당연히 정찰기를 속속들이 들여다보고 싶었다.

미국은 하이난다오의 링쉐이 공군기지에서 이를 수리한 후 귀환 비행하길 원했다. 중국은 안보의 이유로 이의 허용을 원하지 않았다. 결국 정찰기를 4부분으로 분해해 러시아 수송기에 실어 옮기는 방식으로 합의가 이루어졌다. 중국은 나중에 미국으로 정찰기 귀환 비용을 청구했다. 그런데 그 비용이 미국의 상상을 초월하는 금액이었다. 이에 미국은 자신들의 계산법으로 재정산한 귀환 비용을 수표로 전달했다.[14]

---

11 『人民日報』, 2001年 4月 8日.
12 『人民日報』, 2001年 4月 12日.
13 Zhang, "The Sino-American Aircraft Collision," p.401 endnote No. 25 in p. 419.

승무원의 석방이 있은 후 사건은 '위기'에서 '이슈'로 하향했다. 그리고 이슈는 두 가지 문제로 축소됐다. 하나는 정찰기의 회수였고 다른 하나는 재발 방지를 위한 제도적 절차 마련이었다.

정찰기의 회수가 중요했던 이유는 세 가지였다. 첫째, 경제적인 이유였다. 비싼 비행기라 수리비가 들어도 수리해서 쓰는 게 더 경제적이었다. 둘째, 중국이 이를 선전의 도구로 활용하는 것을 저지하기 위한 것이었다. 셋째, 자체 검증을 위한 것이었다. 미 해군은 자체 검증을 통해 비행기의 결함이나 하자가 없었는지를 스스로 판단하고 싶어 했다.[15]

재발 방지를 위한 제도 절차는 향후 중국 해역에서의 평시 정찰의 안전을 고려해 전략적으로 중요했다. 정찰 비행기의 비행을 막는 것에 대한 절차상의 합의가 향후 사고를 대비해 구조와 조난 등을 위한 협력의 기반 마련에 시금석이 될 수 있다는 판단에서였다.

중국 대변인은 정찰기의 회수 문제를 두고 4월 18일부터 미중 양국이 협상을 시작할 것이라고 발표했다. 17일 미국 협상단이 북경에 도착한다. 협상을 앞둔 미국과 중국의 태도는 무척이나 강경했다. 조종사와 승무원의 귀환이 성사된 후 미국의 태도도 전보다 더 강경하게 변해 있었다.

미국은 정찰기의 회수뿐 아니라 정찰 비행의 합법성도 중국에 따지려고 작심한 상태였다. 더불어 중국이 불합리적으로 미국의 승무원을 장기 억류했다는 비판도 아끼지 않겠다는 결의에 차 있었다. 특히 처음으로 중국에게 유감을 표명한 파웰과 럼스펠드도 승무원 귀환 후 중국의 도발 비행이 사건의 원인이라며 목청을 높이고 있었다. 이들은 또한 중국 내에 발표된 미국의 '매우 미안함'이 사과가 아니라는 뜻을 중국에 확실히 알리고 싶었다.

미국의 태도가 강경해졌다고 해서 한발 물러설 중국이 아니었다. 중국도 외교부 대변인을 통해 미국을 공식 비판했다. 미 승무원 귀국 후 마라톤협상

---

14 Dennis C. Blair and David B. Bonfili, "The April 2001 EP-3 Incident : The U.S. Point of View," in Michael D. Swaine and Zhang Tuosheng (eds.), Managing Sino-American Crises : Case Studies and Analysis (Washington, D.C. : Carnegie Endowment for International Peace, 2006), p. 386.

15 Blair and Bonfili, "The April 2001 EP-3 Incident," *Ibid.*, p. 386.

분해되는 EP-3 정찰기

이 진행되던 중 중국은 정찰기에 대한 감찰을 완료했다. 그리고 29일 링쉐이 공군기지에서 미국의 감찰 요청을 수락했다. 5월 1일부터 5일까지 정찰기 제조사인 록히드 마틴(Lockheed Martin)에서 5명의 기술자들이 파견돼 정찰기 조사를 진행했다. 이들은 예정된 날짜대로 무사히 귀국했다. 그러나 정찰기는 중국정부로부터 이륙 허가를 받지 못했다.

5월 10일 중국 외교부 대변인은 중국 항공당국이 미 정찰기의 이륙을 불허하는 이유는 이 정찰기가 스파이용 비행기라는 '사실'때문이라고 설명했다. 13일 중국은 정찰기의 수리가 끝나도 귀국 비행은 불허한다는 입장을 내놨다. 17일 미국은 끝내 중국의 요구를 수용하고 만다. 그리고 마침내 28일 미 대사관과의 회의에서 러시아제 수송기 An-124로 실어 나르는 것으로 양국의 합의가 도출되었다.

6월 7일 미중은 수송 관련 기술적 협의를 시작했고, 마지막 분해분의 정찰기가 7월 3일 중국을 떠났다. 6월 25일 미국은 중국의 2008 북경 올림픽 유치 신청에 중립을 고수할 것을 선언했다. 6월 28일 파웰은 탕자쉬안에게 전화를 걸어 정찰기 사건의 공식적인 종결을 알렸다. 7월 5일 사건 후 부시와 장쩌민의 첫 전화통화가 이루어졌다. 통화에서 이들은 미중관계를 건설적인 관계로 발전시켜 나가자는 뜻을 공유했다. 그리고 7월 28~29일 파월이 중국을 방문한다.

미 정찰기 사건으로 중국과 한바탕 곤혹을 치렀음에도 부시의 중국 정책 기조에는 흔들림이 없었다. 여전히 강경한 정책을 견지했다. 아니 오히려 중국에 대한 불신과 불만만 강해졌다. 미국은 사건 해결 과정에서 중국이 보인 오만함과 무례함에 불쾌할 수밖에 없었다. 중국 지도부의 태도도 불쾌했지만 북경과 하이난, 즉 중앙과 지방 사이에서 겪은 고충과 불편함도 만만치 않게 불쾌했다. 무엇보다 미국에게 실망스러웠던 것은 향후 유사한 사고에 대한 공동 구조 작전이나 활동을 바라보는 중국의 무관심이었다. 미국은 협상하는 동안에도 정찰기를 계속 파견했고 중국 역시 계속 같은 방식으로 대응했다.

나. 9.11 테러와 미중관계의 전환점 I

미국의 대중국 강경 정책과 입장은 일대 전환기를 맞게 된다. 그 전환점은 2001년 발생한 9.11 테러사태였다. 중국은 알카에다(al-Qaeda)로부터 테러를 당한 미국에게 조의와 위로를 표하면서 미국의 '테러와의 전쟁(war on terrorism)' 노력에 협조할 것을 약속하였다. 이의 대가로 미국 역시 중국의 신장 위구르지역에 테러주의(terrorism)가 존재하는 것을 인정하면서 중국의 '대테러' 탄압정책에 지지를 보냈다. 기존과는 상이한 정책 기조였다. 그리고 이 같은 변화는 양국 관계의 개선에 긍정적인 영향을 미쳤다.

중국은 미국의 대테러전쟁의 일환으로 전개된 아프가니스탄 침공을 지지했다. 미국의 작전 성공을 위해 중국은 아프간에 대한 자국의 정보(intelligence) 공유와 전쟁물자 운송을 위한 자국의 기지를 미국에게 제공할 의사를 표명했다. 양국 관계 개선의 발판은 자연스럽게 만들어졌다.

중국은 이후 전개된 미국의 이라크전쟁에 대해 아프간침공 때만큼은 아니지만 어느 정도의 지지 입장을 밝혔다. 즉, 중국은 원칙적으로는 이라크문제 해결을 위한 미국의 방법론(대화 대신 전쟁)에 반대하였으나, 실제로는 미국의 테러와의 전쟁에 대한 지지를 계속 견지하는 이중적인 입장을 취했다. 또한 양국 관계가 크게 개선될 수 있었던 것은 대만 대통령선거 과정에서 불거진 독립문제에 있어 미중이 행보를 같이한 데 있다고 평가할 수 있겠다.

9.11 테러사태 이후 중국은 정치적 지지 역시 아끼지 않았다. 미국의 대테러 전쟁 노력에 즉각적인 지지 선언을 하면서 미국의 아프가니스탄 침공에 지원할 의사를 공표하였다. 중국은 미국이 아프가니스탄 침공을 준비하는 과정에서 미국의 군사 활동 지원을 위해 중국 내에 아프가니스탄의 인접지역 (예컨대 윈난성雲南省)을 미국에게 개방할 수 있다는 의사를 밝힌 바 있다.

또한 중국은 지난 1979년 말 소련의 아프가니스탄 침공 사태 때 수집한 아프가니스탄의 군사 및 지리 관련 정보를 미국과 공유할 수 있다는 입장도 밝혔다. 미국의 행보에 대한 적극적 지지를 통해 중국은 미국의 신망을 얻는 데 성공하였다.

중국의 미국 지지 입장은 2003년 3월 10기 전국인민대표자대회(전인대)에서 발표된 『정부공작보고서』에서도 역력하게 입증됐다. 동 보고서는 기존 대외정책 방향의 지속 문제와 더불어 중국 경제의 지속적인 성장에 더욱 중요한 위치를 점하게 된 안정적인 중미 협력관계의 유지 및 발전 문제를 특별히 부각시켰다.[16] 이는 중국이 국제 테러리즘에 반대하고 미국이 주도하는 반테러 국제연대에 적극 동참함으로써 부시행정부 출범 이후 악화된 미국과의 관계를 저비용의 안정적 관계로 유지·관리하려는 정책의지를 분명히 한 것으로 해석할 수 있는 부분이다.

중국이 반테러 국제공조에 적극 참여하는 것은 우선 대내적으로 중국 내 동투르키스탄 이슬람운동 등과 같은 분리주의 세력에 대해 보다 강경한 대응을 할 수 있는 국제적 명분을 확보할 수 있는 기회가 되기 때문이다. 뿐만 아니라 대외적으로 부시행정부 출범 이후 미국의 아·태전략상 상대적으로 약화된 중국의 전략적 위상을 제고하고, 특히 부시정부의 대중 강경노선이 구체적인 정책으로 발전해 가는 것을 방지할 수 있는 효과적인 수단이 될 수 있었다.

미국은 이런 중국의 적극적이고도 호의적인 지지와 지원에 감사를 표하는 동시에 이를 통해 테러주의(terrorism)에 대한 중국의 기본 입장을 파악할 수

---

16 趙霞, "中美日三角關係運作初探", 『明報月刊』, 1997年 第10月號, pp. 74~75 참조.

있었다. 중국의 미국의 테러와의 전쟁에 대한 지지 원인은 두 가지 요인에 있다. 우선 기본적으로 중국 역시 테러 위협에 노출되어 있기 때문이다.

그리고 중국정부 역시 테러문제가 비단 미국의 문제 뿐 아니라 세계화의 진화 과정에서 전 세계가 위협받는 문제로 인식하고 있었기 때문이다. 테러와의 전쟁은 양국의 불신과 오해가 불식되는 계기가 되었으며 동시에 양국 관계의 개선과 발전을 구현할 수 있는 공통분모로도 작용하였다.

테러와의 전쟁은 미국과 중국 양국 관계에 상당한 가시적 효과를 가져왔다. 일례로 2003년부터 양국의 고위급 국방회의 및 교류가 재개되었다. 그리고 콜린 파웰 전 미 국무부장관은 당시 미중관계를 '닉스-키신저의 극비 방문' 이후 최고의 절정기라고 호평하기도 하였다.

또한 북핵문제의 평화적 해결을 위한 국제사회의 압박과 압력의 존재에도 불구하고, 중국이 6자회담을 주관하고 개최하기로 한 결의 역시 이런 양국 관계 개선의 부산물이라고 할 수 있다. 이와 관련 미국의 외교적 지지 또한 미중관계의 발전에 밑거름이 되었다.

테러와의 전쟁을 두고 중미 양국 간에 이견이 없었던 것은 아니다. 2003년 3월에 발발한 이라크전쟁에 대해 중국은 공식적으로 반대 입장을 표명했다. 이는 이라크의 대량학살무기 체계에 대한 국제기구나 국제사회의 확인 절차 없이 미국이 일방적으로 전쟁을 진행했다는 불만에서 야기된 것이었다.

이에 대해 미국은 이라크의 대량학살무기에 대해 자국이 수집한 정보만으로도 이라크가 국제협약을 위배하고 테러를 지원하고 있다는 사실을 확신할 수 있기 때문에 이라크전쟁이 정당하다는 입장을 견지했다. 중국이 반대한 또 다른 이유는 미국이 전쟁을 자국의 경제안보 이익에 이용하려 들었기 때문이다.

중국은 이라크전쟁이 페르시안만 지역에 새로운 질서를 가져다 줄 수 있는 중대한 국제적 함의가 내재된 것인 만큼 국제사회와의 논의와 협의가 사전에 충분히 이루어져야 한다고 주장했다. 즉, 중국은 미국의 이라크전쟁의 의도와 목표를 이라크의 석유자원 선점과 중동지역의 석유수급 질서를 새롭게 개편하기 위한 것으로 판단하였으며, 전후 미국의 이라크 재건사업 역시 미국의 국익에 부합하기 위한 수단에 불과한 것으로 인식하였다.

그럼에도 불구하고 중국의 이라크전쟁 반대 입장은 성명 수준을 벗어나지 못한 동시에 어떠한 행동조차도 수반하지 않았다.

중국의 소극적 반대 입장에는 다음과 같은 몇 가지 원인이 작용하였다.

우선, 중동의 문제가 중국에게 직접적인 위해거리가 되지 못했기 때문이다. 중국은 국제문제가 자국의 국익을 직접적으로 위해하거나 위배하지 않을 경우, 당사국과 직접적인 충돌을 야기할 수 있는 행동은 자제하려 들기 때문이다. 대신 중국은 자국의 이익에 직접적인 위해를 가할 수 있거나 근린 지역에서 발생하는 위협에 대해서는 상당히 민감하게 반응하는 전통을 가지고 있다. 이 경우 중국은 외교적 수사를 넘어 상당히 적극적인 행동으로 자국의 반대 입장을 관철하여 왔다.[17]

둘째, 미국의 일방주의를 제약할 수 있는 세력 동원에 실패했기 때문이다. 이라크전쟁에 대해 UN안전보장이사국 5개국 중 러시아, 프랑스와 함께 중국 등 세 나라가 비록 반대 입장을 표명했지만, 이들에게는 공동으로 미국을 저지할 의지가 사실상 부족하였다. 미국을 저지하겠다는 세 나라 중 두 나라, 러시아와 중국이 미국과의 관계개선을 적극적으로 추진하는 과정에 있었기 때문이다. 이런 상황에서 프랑스와의 공조를 통해 미국을 저지한다는 것은 어불성설이었다.

셋째, 중동의 문제보다 더 큰 문제가 대두되고 있었기 때문이다. 당시 중국은 대만의 분리운동과 북한 핵문제에 직면해 있었다. 두 문제 모두 중국의 국익에 직접적이고도 중대한 영향을 미치는 것이었기에, 중국은 이들을 자국 외교의 우선과제로 인식할 수밖에 없었다. 대만의 분리운동 분위기는 2003년 초 대만의 대통령선거 운동과 함께 대두되기 시작했고, 북핵문제는 중국이 중재역할을 피할 수 없는 상황으로 치닫기 시작했다.

다. 2차 북핵 위기 사태와 미중관계의 전환점 Ⅱ

미국과 중국의 관계를 둘러싸고 이 같은 일련의 사건이 전개되는 과정에서 2002년 10월 제2차 북한 핵위기 사태가 발생한다. 이는 양국 관계에 새로

---

17 Wang Jisi, "China's Changing Role in Asia," The Atlantic Council-Asia Program, January 2004. (http : //www.acus.org/library-by_program-asia.asp)

운 도전(challenge)이었다. 중국에게 북한 핵문제는 우선 자국의 대한반도 정책기조와 기본목표에 도전하는 사건이었고, 미국에게는 테러위협의 증대를 암시하는 사건이었다. 지역적으로도 국제적으로 중대한 문제였던 만큼 북핵 문제 해결을 위해서는 중미 양국 간의 협력과 협조가 절대적으로 필요했다.

중국은 국제사회뿐 아니라 미국으로부터 북한을 대화의 장으로 이끌어내는 중재자 역할 수행의 압력을 지속적으로 받았고, 미국은 국제사회로부터 아프간과 이라크에서 보여준 강경책을 북한에게는 적용하지 말라는 압박을 받았다.

그럼에도 불구하고 중국은 2003년 3월 북경에서 3자회담을 개최할 때까지 대북 영향력 행사 문제에 대해 매우 소극적이었다. 중국이 중재자 역할 문제에 소극적으로 일관한 원인에 대해 많은 의견들이 제기되었다.

이를 종합적으로 정리해보면, 중국이 총체적 위기를 맞고 있는 북한 정권의 주요 지원국이긴 하나, 1992년 한중수교 이후 존속해온 북중 관계의 경색, 양국의 상이한 국가 목표 및 국내 상황, 그리고 북한사회의 폐쇄성 등이 중국의 소극적인 자세를 불러온 요인으로 작용하였다고 보인다.

그러나 소극적이었던 중국이 중재자로 입장을 급선회한 것에 대해서도 여러 의견들이 있다. 그중 미국의 요소가 결정적이었다는 견해가 있는데, 이는 중국이 한반도 내 자국의 영향력에 대해 남북관계 개선보다는 '미국변수'를 더 크게 본다고 여기는 인식에서 기인한 것이다.

이는 중국이 지금까지 유지하고 있는 대한반도 정책 기조에 내포되어 있는 기본입장과 일맥상통하는 것이다. 중국은 한중수교, 러시아의 대북 영향력 상실로 인해 한반도에 대한 총체적인 영향력 측면에서 우위를 점하고 있다는 인식을 갖고 있다. 중국의 입장에서 한반도 내 자국의 영향력 확대는 동북아를 비롯한 국제사회에서의 역할 및 지위 증진이라는 보다 높은 차원의 외교 목표 실현을 위한 기반 조성의 의미를 갖는다.

그럼에도 결국 중국이 미국의 요구와 압력에 대해 협조하고 수긍할 수밖에 없다는 결정을 내린 원인을 다음의 두 가지 요인으로 추론할 수 있겠다. 우선 중국의 문제 원인에 대한 인식이다. 중국은 대외적·공식적으로 '미국의 강경노선', 특히 미국이 북한을 '악의 축'의 일원으로 정의한 사실을 문제 발생의 원인으로 지목했다.[18] 때문에 역설적으로 미국과의 공조와 협력을 불가피한 것으로 판단해 그 같은 결정을 내렸다고 볼 수 있다.

또 하나의 짐작되는 요인은 북한문제의 심각성이다. 상기했듯 중국은 자국의 이익에 직접적인 위협이 되는 행위 혹은 발언을 묵과하지 않는다. 그리고 북한의 지속적인 핵문제 야기와 '전쟁불사' 발언은 한반도를 비롯해 역내 불확실성과 긴장감을 고조시켜 중국의 이익과 선린우호정책에 위협을 가할 수 있는 중대한 문제이다. 결국 중국은 북한문제의 심각성을 깨달아 그 같은 결정을 내린 것으로 판단된다.[19]

라. 동반자 관계의 재확인

2006년에 후진타오 주석과 부시 대통령은 세 번의 정상회담과 다섯 번의 전화통화를 진행했다. 특히 4월의 방미 때 후진타오 주석은 부시 대통령과 이른바 21세기의 건설적인 협력관계로 양국 관계의 발전 방향을 설정하는 데 성공한다. 이를 통해 양국은 "이해상관자(stakeholder)"로서, 건설적인 파트너

---

18 한·중 공동성명에서 한반도 핵문제의 원인 제공자로서의 북한에 대한 책임 거론 없이 "북한의 안보 우려가 해소되어야 한다(朝鮮的安全關切應得到解決)"고 중국 측이 주장한 사실이나, 한·중 정상 공동기자회견에서도 후진타오 주석이 "조선[북한]의 안보 우려를 고려해 (북핵문제가) 해결"되어야 한다고 언급한 것은 이 같은 중국의 공식적·대외적 입장 때문이라고 보아야 한다. "中韓發表聯合聲明 建立中韓全面合作伙伴關係,"『新華網』, 2003년 7月8日 및 대한민국 외교통상부(mofat. go.kr)『외교통상초점』, 2003년 7월 8일 참조.

19 2003년 3월 이후 북핵문제에 대한 중국의 보다 전향적인 태도 변화는 여러 측면에서 감지되고 있는데, 이에 대한 국외 주요 보도를 소개하면 다음과 같다. John Ruwitch, "China Cranks Up Diplomacy over Korean Nuclear Row," Reuters, July 6, 2003; Willy Wo-Lap Lam, "China Diplomacy Hinging on 'Korea Option'," CNN, June 3, 2003; David M. Lampton, "China : Fed Up with North Korea?" Washington Post, June 4, 2003, p. A27; and Nailene Chou Wiest, "North Korea the Focus of Foreign Minister's Trip," South China Morning Post, June 12, 2003 참조. 특히, 2003년 7월 초 중국은 북핵문제의 논의를 위해 외교부 부부장인 왕이(王毅와) 따이빙궈(戴秉國)를 각각 워싱턴과 모스크바에 동시에 파견하였는데, 이 또한 전례가 없는 조치이다. 劉屛, "王毅訪美 共商北韓核武問題,"『中國時報』, 2003年 7月 3日; "化解北韓核危機 中共高層赴美俄,"『中國時報』, 2003年 7月 4日; "China Sends Envoy," Moscow Times, July 4, 2003 참조.

로서 중장기적인 양국 관계 발전의 원동력을 다시 한 번 확인하게 되었다. 그리고 중국은 미국의 희망대로 더욱 "책임 있는 이해상관자(responsible stakeholder)"가 되겠다는 의지를 다시 한 번 밝힐 수 있는 기회가 되었다.

미중 양국의 건설적인 협력관계는 이후 6월에 개최된 G-8+5 회담에서도 다시 한 번 확인되었다. 양국은 이 회담에서 특히 이란 핵문제 해결을 위한 노력과 관련해 두 나라의 협력 가능성을 간접적으로 피력하는 데 성공했다. 동시에 국제문제의 평화로운 해결을 위한 대화와 협력을 적극 추진하는 데 있어 서방세계와 같은 입장을 견지할 것을 선언했다. 비록 이란의 핵문제에서 미중 간의 이견이 표출되었으나, 국제적인 차원에서, 그리고 큰 틀에서는 양국이 이란의 핵무기 개발 능력을 저지해야 한다는데 근본적으로 인식이 같다는 것을 확인하였다.

그러나 이를 달성하기 위한 방법론, 즉 수반되어야 할 전략과 접근 방법상에서는 양국의 이견차가 있다는 사실도 재차 확인하였다. 중국은 향후 이란 문제에 관해 미국과의 이견을 좁히지 않는 한, 이른바 '책임 있는 이해상관자'로서의 대외적 이미지를 수립하기가 쉽지 않을 것이다.

이밖에 미국은 중국이 발전중국가에 대해 국제규범에 반하는 외교적 행태를 지속하고 있다며 '책임 있는 이해상관자'로서 임무를 다할 것을 요구했다. 특히 수단과 나이지리아, 베네수엘라 등 미국의 국익과 국제인권헌장에 반하는 이들과의 지속적인 경제활동에 대해 자제할 것을 요청했으나 중국은 '내정 불간섭 원칙'을 내세우며 독자적인 노선을 견지했다.

몇몇 이견과 갈등 사항이 있긴 했지만, 그럼에도 불구하고 지역 안보 문제에 있어 미중 양국의 협력관계에는 상당한 진전이 있었다. 2006년 7월 북한의 탄도미사일발사시험(북한은 인공위성이라고 주상함)과 10월의 1차 핵실험 당시 중국이 UN결의안에 동의를 표했기 때문이다. 이는 거시적인 차원에서 북한문제에 대해 미국과 인식을 같이하겠다는 의사를 표방한 것이었다.

그러나 결의안이 채택되는 과정에서 중국은 미국과 일본이 제안한 보다 포괄적이고 구체적인 경제·군사 제재에 대해 다소 다른 입장을 드러냈다. 이는 미국에게 중국의 대한반도 정책이 자국 이익 중심주의에서 완전히 탈피하지 않은 것으로 인식되었다. 중국은 책임 있는 국가로서 국가 이미지를 제고하는 데 역행했다는 비판을 피하기 어려웠다.

비록 중국과 미국 간에 의견 차이가 있긴 했지만, 양국은 한반도 비핵화 원칙에 대한 공통된 인식과 목적을 이번 결의안의 통과로 확인할 수 있었다. 더불어 향후 북핵문제 해결과 한반도 비핵화 문제에 대한 양국의 협력 가능성이 더욱 증대하고 있다는 사실이 공고화되는 계기가 되었다.

그리고 양국은 향후 국제 및 지역 문제의 평화로운 해결을 위한 양국의 협력과 대화를 더욱 촉진시키기 위해 미중고위급대화(China-US Senior Dialogue)를 2005년에 출범시켰다. 이 대화 기제는 2004년 APEC 회의에서 후진타오가 부시에게 제언하면서 시작됐다. 동 대화는 미중 양국이 당면한 다양한 현안에 대해 고위급 인사들 간의 심도 있는 논의의 장을 제공하는데 그 목적이 있었다. 이후 대화는 연 2차례 (그러나 2006년과 2007년에 각 한 차례씩만 개최됨), 장소는 교차식으로 개최되었다.[20]

2007년 4번째 맞이한 고위급대화는 6월 20~21일 워싱턴에서 개최되었는데, 미국 측의 대표로는 존 네그로폰테(John Negroponte) 국무부 차관이, 중국 측 대표로는 따이빙궈(戴秉國) 외교부 부부장이 참석했다.

주요 의제로는 한반도 비핵화 문제, 이란의 핵무기 능력 억제, 다포의 인도적 사태, 동북아의 평화안보체제 구축, 인권문제, 기후변화, 에너지 안보, 대만문제, 대량학살무기 확산 억제, 미중 양자 관계 등이 제시되었다. 그리고 당시에 다룬 의제들은 이전의 고위급대화에 비해 그 영역과 범위가 전반적인 국제문제에서부터 구체적인 지역문제에까지 상당히 광범위하게 설정되어 있었다.

양측은 회담을 통해 아프리카, 중동, 중앙 및 남아시아, 동북아와 동남아 지역에서 양국이 당해 연도에 진행한 분과별 대화(sub-dialogue) 내용에 대한 상호 이해 정도를 검토할 수 있었다. 양국은 당시 회담이 상호 이해를 증진시킨 장이 되었다며 상당한 의미를 부여했다.

4차 고위급대화에서 양국은 또한 공동 이익의 확대, 평등과 상호 존중에

---

20 첫 대화는 2005년 8월 북경, 두 번째는 2005년 12월 워싱턴, 세 번째는 2006년 10월 북경, 네 번째는 2007년 6월 워싱턴, 다섯 번째는 2008년 1월 꿰이양(貴陽), 여섯 번째는 2008년 12월 워싱턴에서 개최되었다.

입각한 교류와 협력 증진, 양국 관계의 안정적이고 공고한 발전을 보장하기 위한 전략적 상호 신뢰의 제고 필요성을 인식하고 합의했다. 이밖에 양국은 민감한 사안인 대만문제도 다루었다. 이에 관해 양국은 적절한 방식을 통해 대만해협에 평화와 안정을 찾고, 양국 관계를 수호할 것을 합의했다.

중국과 미국은 협력과 대화의 관계를 공고히 하고 견지하는데 상호 이해와 신뢰가 필수조건임을 잘 알고 있다. 더불어 이 조건이 그들 사이에 아직은 부재하다는 것 역시 잘 알고 있다. 그렇기에 양국은 이를 제고하기 위한 노력을 현재도 배가하고 있다. 부단한 노력의 결과, 현재 양국은 외교·안보·군사 영역뿐만 아니라, 비정치적인 영역에서도 공통된 의식을 공유하고 있다.

2006년 12월 미중 양국은 북경에서 이른바 "중·미 전략적 경제대화(China-US Strategic Economic Dialogue, SED)"를 발족시켰다. 동 대화는 미국 측에서는 재무장관을 대표로, 중국 측은 국무원의 국가개혁발전위원회 위원장 겸 부주석을 대표로 하는 협상단을 주체로 하고 있다.[21]

2007년 5월 2차 전략적 경제대화가 워싱턴에서 개최되었다. 대화의 결과는 실질적인 내용의 부재라는 혹평을 받았지만, 양국 간에 적재된 수많은 통상문제를 해결하는 데 중요한 단초가 되었다는 평가 역시 뒤따랐다. 이후 전략적 경제대화는 세 차례 더 개최되고 '미중 전략경제대화(US-China Strategic & Economic Dialogue, US-China S&ED)로 2009년에 탈바꿈한다.

상호 이해와 신뢰를 위해 여러 다양하고도 지속적인 노력에도 불구하고 외교안보 분야에 있어 양국의 이익 갈등은 여전했다. 양국의 협력관계가 '신뢰 구축'과 같은 전제를 충족시키기 위해 긍정적인 방향으로 발전하는 양상을 띠었던 건 사실이지만, 그럼에도 군사 분야에서 양국의 이익 갈등은 날로 커져만 갔다.

양국 간의 갈등은 다양한 분야에서 일어날 수 있는 것이다. 그리고 갈등은 한 분야에서 일어날 순 있어도 그곳에서만 벌어지진 않는다. 한 분야에서 발

---

21 세 번째 대화는 2007년 12월 북경, 네 번째는 2008년 6월 메릴랜드 주의 아나폴리스, 그리고 다섯 번째 대화는 2008년 12월 북경에서 개최되었다. 미국 측 단장은 재무부장관이었던 헨리 폴슨(Henry Paulson)이 이끌었고 중국 측은 2006~2008년까지 부총리 우이(吳儀)가, 그리고 2008~2009년까지 왕치산 부총리가 이끌었다.

생한 갈등이라는 불은 다른 영역으로 쉬 확산될 수 있기 때문이다. 상기한 군사 분야에서의 갈등 역시 마찬가지다. 이는 비군사적인 분야, 특히 경제통상문제의 갈등으로 확장될 수 있는 것이기에 21세기의 군사적으로도 경제적으로도 대국인 두 나라에게 상당히 민감한 문제가 아닐 수 없다.

군사 분야 갈등의 확장 문제에 대한 미국의 입장은 2006년 2월 3일 미 국방부가 출판한《2006 국방보고서(Quadrennial Defense Review, QDR)》에 잘 드러나 있다. 미국이 동 보고서에서 중국을 향후 미국과 군사적 경쟁 가능성이 제일 큰 나라로 설정하고 있기 때문에 훗날 이의 경제적 파급효과는 자명할 수 있는 것으로 전망했다.[22]

비록 9.11테러와 북핵이라는 외부 요인의 도움으로 대중 정책의 기조를 전환시킬 수 있었지만, 부시는 미중관계를 전면적 동반자관계로 재설정함으로써 양국 사이를 한층 강화시킨 인물이 될 수 있었다. 그래도 미국은 중국 부상에 대한 경계심은 항상 긴장의 끈을 놓지 않았다.

⋮ 중국의 대미 전략 : 평화발전론, 신안보관과 핵심이익

21세기는 중국 역대 지도자들의 말대로 중국에게는 '전략적 기회'다. 중국은 2050년 선진국 수준의 경제력을 구현한다는 목표를 향해 전진하고 있으며, 이런 의지는 이른바 '샤오캉(小康, 의식주가 해결된 여유로운 중산층 생활) 사회 건설'과 '대동화(大同) 사회 건설'에서 잘 나타나고 있다. 이를 위해 중국공산당 당국은 2020년까지 국민총생산(GDP)을 2000년의 4배로 증가시키기로 중국공산당 제16차 전국대표대회(2002년)에서 확정지었으며, 제17차 공산당 전국대표대회에서는 1인당 국민소득을 2020년까지 2000년 대비 4배로 성장시킬 것을 국가 목표로 결정하였다.[23]

이를 중국 건국 100주년이 되는 오는 2050년경 중국이 선진국 수준으로 도약하는 밑거름으로 삼으려는 것이다. 중국은 2002년 16차 공산당대회에서

---

22 林宏宇, "2006年美國國家安保戰略報告解析", 『國際關係學院報』, 2006年 第3期, pp. 23～26.
23 후진타오의 제17차 중국공산당전국대표대회의 『工作報告』 참조.

21세기의 첫 20년을 전면적인 샤오캉 사회를 이룰 수 있는 '중요한 전략적 기회'의 시기라고 평가했다. 더불어 중국이 추구해야 할 3대 역사적 임무를 '현대화 건설 추진', '중국의 통일사업 완성', '세계평화의 수호와 공동 발전 촉진'으로 규정했다. 그러므로 중국의 외교정책 기조 역시 이에 부합하는 방향으로 전개되고 있다.[24]

중국의 외교안보 정책은 자국의 경제발전과 현대화의 구현을 위한 객관적 조건, 즉 주변 국제환경의 안정과 평화를 조성하고 유지·발전시키는데 그 목적이 있다. 그리고 평화 외교를 전개하면서 자국에 부합하는 이익을 최대화시키는 데 주력하고 있다. 어쩌면 국제사회에서 커져가는 중국 부상에 대한 우려의 목소리는 자연스러운 것일지도 모른다.

이 같은 견해는 미시적으로는 세력전이론(power transition)이나 거시적으로는 현실주의의 이론에 근거하고 있다. 즉, 중국의 축적된 경제력과 증대된 국력이 대외적으로 팽창하는 것은 필연적이라는 주장이다. 다시 말해 중국이 자국의 이익을 위해 대외적 영향력 증대를 모색할 수밖에 없어 결국 기존의 대국 세력에 도전적인 세력으로 부상한다는 것이다. 이는 이른바 '중국 위협론'으로 귀결된다.

21세기에 오면서 중국은 21세기의 국제질서 목표를 "조화로운 세계(이하 '조화세계(和諧世界)')"의 창조로 설정하고, 이의 구현을 위한 전제조건을 중국의 "평화적 발전(和平發展)"으로 내세웠다.[25] 이런 새로운 자국의 국제질서관을 관철하는 데 있어 중국은 다자주의의 중요성과 글로벌 거버넌스 구축의 필요성을 인식하기 시작했고, 이를 적극 지지하는 입장을 취하게 된다. 또한 본격적으로 국제사회가 공동으로 대화와 협력을 통해 지구촌의 주요 이슈와 비전통적인 위협을 해결하고 대처하자는 수장을 전개하게 된다.[26]

---

24 제16차 중국공산당전국대표대회에서 발표된 후진타오주석의 『工作報告』 참조.

25 '평화발전론' 이전에 중국공산당 당국은 중국의 평화적 부상을 의미하는 '和平崛起'를 소개한 바 있었다. 이 개념은 2003년 11월 3일 中國共產黨 中央黨校 商務副校長 이었던 鄭必堅의 〈中國和平崛起新道路和亞洲的未來〉 강연에서 처음으로 제기되었다. 제4세대 지도부 등장 이후 중국의 긍정적인 외교적 태도변화에 대해서는 Evan S. Medeiros and M. Taylor Fravel, "China's New Diplomacy," Foreign Affairs, vol. 82, no. 6 (November/December 2003), pp. 22~35 참조.

중국의 조화로운 세계의 기반이라고 할 수 있는 이른바 "평화발전론(和平發展論)"은 후진타오 총서기를 중심으로 중앙영도집단지도부가 제시한 중국이 나아가야 할 발전 방향의 나침반이라 할 수 있다. 이는 시대적 특징과 중국의 국정(國情)에 대한 심도 있는 이해를 기반으로 중국 국내외의 전반전인 정세를 총체적으로 분석하고, 다른 대국의 발전 경험에 이를 접목하여 추출한 교훈이다. 평화발전론은 평화적 부상이라는 염원이 담긴 중국의 "발전 전략의 중대한 선택"인 동시에 "대외전략의 중대한 선언"으로 평가된다.[27]

2002년 중국공산당은 16차 전국당대표대회에서 "평화적 발전"을 국제정세의 발전에 대한 정확한 이해에서 출발한 중국의 장기적인 국가전략과 외교전략으로 승화되었음을 강조하면서, "평화, 발전, 협력"과 "조화세계"를 21세기 중국 국제 전략의 추구 목표로 제시했다.[28] 2002년 중국공산당 16대 전당대회에서 발표된《공작보고》에 의하면, "중국은 역사의 조류에 순응할 것을 주장하면서 전 인류의 공동 이익을 보호해야 한다"고 강조했다. 그리고 4년 뒤인 2006년 16대 전당대회 4중전회 때 중국은 "평화, 발전, 협력의 기치를 높이 들고, 독립 자주적 평화 정책을 견지하면서 평화 발전의 길을 나아가며 영원히 패권을 추구하지 않을 것"이라고 선언했다.[29]

2005년 3월 중국 전국인민대표대회 당시 원자바오 총리는《정부공작보고》에서 "평화적 발전"에 대한 의미의 해석을 다음과 같이 설명했다.

"중국의 사회주의 현대화 건설의 길은 평화적 발전의 길이다. 이 길은 세계 평화의 유리한 시기의 이용을 통해 자신의 발전을 실현시키고, 자신의 발전으로 세계 평화를 더욱 촉진시키고 소호해야 할 것이다. 이는 경제의 세계화와 지역 협력에 적극 참여하는 동시, 주로 자신의 능력과 개혁에 의존하면서 발전을 이룩하는 것이다. 그리고 대외 개방을 견지하면서 평등호혜의 기초 위에 세계 각국과의 협력을 적극 발전시키는 것이다. 또한 한 마음 한 뜻으로 발전을 모색하면서 평화적인 국제환경과 양호한 주변 환경을 장기적으로 소호하는 것이다. 더 나아가 패권을 영원히 추구하지 않으면서 세계 평화를 소호하고 공동발전을 도모하는 견고한

26 張沱生, "中國的國際安全秩序觀：歷史的回顧與思考", 『國際政治研究』, 2009年 第4期, p. 93.
27 戴秉國, "中國國務委員戴秉國：堅持走和平發展道路", 『人民日報』, 2010年 12月 6日.
28 礎樹龍, 郭宇立, "中國'和平發展'戰略及模式", 『現代國際關係』, 2008年 第2期, p. 1.
29 劉振民, "當代國際秩序與中國的和平發展道路", 『國際問題研究』, 2005年 第1期, pp. 6～9.

중국은 '평화적 발전'을 중국의 미래 국가 발전의 기조이자 전략으로 채택했다. 동시에 이를 통해 국제사회에게 중국의 부상을 평화적인 목표와 방향을 지향하는 것으로 설득하고자 현재도 노력하고 있다. 그리고 중국은 이런 평화적 발전 의지를 반영하는 중국 외교의 새로운 이념과 목표를 '조화세계(和諧世界)'의 창조로 정의했다.31

중국의 평화적 발전 의지와 결의는 2007년 제17차 전국당대표대회에서 발표된 후진타오 총서기의 《공작보고》 외교 부분 제목의 변화에서도 확인되었다. 과거 16차 당대회 《공작보고》 외교 부분의 제목은 "국제정세와 대외공작"이었던 데 비해, 17대의 것에서는 "중국은 시종일관 평화적 발전의 길을 걸을 것이다"로 바뀌었다. 이런 변화는 중국의 평화적 발전에 대한 변함없는(不移) 의지와 결의를 반영한 것으로 볼 수 있다.

동 보고에서 후진타오 총서기는 "중국은 시종일관 평화적 발전의 길을 걸을 것이다. 이는 중국정부와 국민이 시대적 발전 조류와 자신의 근본 이익에 따라 결정한 전략적 선택이다"라고 강조했다.32 후진타오의 발표는 "평화적 발전"이 중국 국가 부상과 발전의 전략적 선택, 국가 기본 전략 및 외교 전략, 그리고 중국의 미래 발전 방향이며 중국의 국제적 이상이자 주장으로 자리매김했다는 함의를 내포하고 있다.33

평화적 발전이 국가 전략으로 그 실효를 보기 위해서는 중국이 최종적으로 유념하고 있는 세계관이 수반되어야 한다. 기존의 중국 외교가 표방한 세계관(질서관)은 '평화공존'이었다. 이는 냉전적인 사고에서 출발하여 주권중심적이고 양극체제라는 성형화된 틀 안에서 동서진영 간의, 그리고 진영 내

---

30 溫家寶, "政府工作報告-2005年3月5日在第十屆全國代表大會第三次會議上", 『人民日報』, 2005年 3月 5日.

31 胡錦濤, "努力建設持久和平, 共同繁榮的和諧世界", 『人民日報』, 2005年 9月 16日; 胡錦濤, "促進中東和平 建設和諧世界", 『人民日報』, 2006年 4月 24日.

32 "高擧中國特色社會主義偉大旗幟爲闘爭全面建設小康社會新勝利而奮闘-胡錦濤同志代表第16屆中央委員會向大會作的報告摘登", 『人民日報』, 2007年 10月 16日.

33 礎樹龍, 郭宇立, "中國'和平發展'戰略及模式", 『現代國際關係』, 2008年 第2期, p. 1.

부 국가와 외부 국가 간의 평화적인 공존을 희망하는 질서개념이었다. 이 같은 질서관은 세계화, 지역화와 상호의존의 심화, 그리고 단다극체제의 부상과 이데올로기 대신 국가 이익 중심의 국제관계 등 21세기 탈냉전시기의 국제체계의 변화에 부응할 수 없는 것이었다.

이 같은 배경 속에서 중국공산당은 2003년 "조화세계"의 창조를 앞으로 중국이 추구하는 국제질서의 기조로 채택했다. 이후 중국 공산당과 정부의 모든 주요 문건은 조화세계를 21세기의 중국 외교가 지향하는 미래 세계상으로 설명했다. 그리고 조화세계를 중국 외교 전략 기조의 기반으로 규정하고 그 의미를 다음과 같은 논리에 근거하여 설명했다.

조화세계는 결국 중국이 어떤 세계, 어떤 국제질서를 구축하고자 하는지, 그 노력에 대한 답으로서 그 실체는 중국공산당의 국제질서에 대한 주장과 행위규범이다. 평화적 발전의 길을 견지하는 것은 조화세계 건설 추진의 기조이며 전제인 동시에, 역설적으로 조화세계의 건설을 추진하는 것은 평화적 발전의 길을 견지하기 위한 필연적 요구에 의한 것이다.[34]

조화세계 창조를 실현하기 위해 중국은 두 개의 당면과제를 해결해야 했다. 하나는 중국 스스로가 어떻게 평화적인 발전을 할지 그 답을 찾는 것이었고, 다른 하나는 외국과의 갈등 또는 분쟁을 어떻게 해결해야 하는지에 대한 해답을 제시하는 것이었다.

전자의 경우 중국은 '패권을 추구하지도 않을 것이고 패권국가로 성장하지도 않을 것'이라는 의지와 결의로 답을 제시했다. 후자의 경우 중국은 1999년에 공식화된 이른바 '신안보관(新安全觀)'으로 분쟁문제에 대한 해답을 제시했다. 중국이 제시한 신안보관이란, 우선 평등한 조건 아래 서로가 서로의 안보 이익을 존중하는 것을 전제로 둔다. 그리고 이 같은 전제 위에 다자적 협상과 협력을 진행함으로써 상호신뢰를 증대시키고 결국에는 국제문제의 평화적 해결책을 도출해내고자 한다.

중국의 '평화발전론'은 2004년, 2005년 중국공산당 지도부에 의해 제기되었으며 이의 내용을 중국 국무원은 2005년 12월《평화발전의 길》이라는 백서

---

34 戴秉國, "中國國務委員戴秉國：堅持走和平發展道路".

(White Paper)로 출간하였다. 동 백서는 중국의 평화발전을 중국의 현대화를 위한 불가피한 길로 설명하는 동시에 중국의 성장으로써 세계의 평화와 발전에 기여하는 방법을 소개하고 있다.

세계 평화와 발전에 기여하는 방법으로는 자국의 국력, 개혁, 혁신에 의존하면서 발전하고, 기타 국가와 상호이익과 공동발전을 추구하고, 지속적인 평화와 공동번영으로 어우러진 조화로운 세계를 구축하는 것이라고 설명하고 있다.[35] 즉, 중국의 평화발전론은 오늘날 세계적인 조류가 평화, 발전, 협력을 기본으로 하고 있는 상황에서 중국의 부상이 이에 기여할 수 있는 구체적인 방법을 논하는 담론이라고 할 수 있다.

중국의 부상이 전통적으로 평화로웠다는 사실을 강조하면서[36] 이런 전통을 계승하여 중국의 향후 증대하는 국력과 영향력을 통해 세계 평화와 발전에 이바지하는 것이 21세기의 국가적 사명이라고 천명하고 있다. 이런 공헌을 통해 이른바 '조화로운 세계'를 창출해 내고 모든 인류가 공동으로 번영·발전하는 목적을 달성할 수 있도록 공동의 노력을 촉구하고 있다.[37]

가. 신안보관과 중국의 핵심 이익

1999년 3월 26일 장쩌민 당시 국가주석은 스위스에서 개최된 군축협상회의에서 중국의 신안보관 개념을 처음으로 설명했다. 중국 신안보관의 주요 내용룰 "상호신뢰, 상호이익, 평등, 협력(互信, 互利, 平等, 協作)"으로 축약할 수 있다. 장쩌민에 의하면 "상호신뢰"는 신안보관의 전제이며, "상호이익"은 신안보관의 목적이고, "평등"은 신안보관의 보장이며, "협력"은 신안보관의 방식이다.[38]

---

35 동 백서의 내용은 中國网에서 다운로드가 가능하다. "White paper on peaceful development road published," China.org.cn, http : //china.org.cn/english/2005/Dec/ 152669.htm, (검색일 : 2006년 11월 20일).

36 전통적인 관점에서 중국의 부상이 평화로웠다는 점을 강조한 논쟁은 데이비드 캉에 의해 구체적으로 분석되고 있다. David Kang, "Getting Asia Wrong : The Need for New Analytical Framework," International Security, Vol. 27, No. 4, pp. 57∼85.

37 肖楓, "從'和平外交'到'和諧外交'", 『當代世界』, 2006年 第8期, pp. 7∼9.

38 倪建民, 陳子舜, 『中國國際戰略』 (北京 : 人民出版社, 2003), p.317.

2002년 중국은 "신안보관(新安全觀)"에 표방하는 안보 개념의 범위를 주권 안보와 국가안보이익으로 확정지었다. 이는 더 나아가 종합안보로서의 개념으로 국가의 안위와 이익을 협력의 방법으로 수호하겠다는 의미다. 이 개념을 또한 경제(안보)이익의 개념과 유기적으로 접목하면서 영역을 경제 분야로 확장했다.[39]

오늘날 중국의 신안보관 관점에서 주목할 만한 외교 전략은 '협력'이다. 중국은 과거 주권이익을 지고무상(至高無上)한 국가이익으로 인식하는 강박관념에 사로 잡혀 비록 정치대국으로 군림하고 있었지만 외교안보 영역에서 쌍무차원이나 다자차원에서 타국과 협력하는 것에 매우 회의적이고 비관적인 입장을 견지해왔다. 그러나 신안보관에서 협력은 국제규범과 규칙을 일정 정도 수용하는 것을 의미하기 때문에 이의 수용은 곧 전통적인 의미에서의 주권이익을 타협하는 것으로 받아들여졌다.[40]

예외도 있다. 중국은 2003년 신안보관에 의거하여 협의할 수 있는 국제문제의 범주에서 예외사항을 결정했다. 이런 예외적인 경우를 중국은 이른바 "핵심이익"으로 규정하고 중국의 핵심이익과 연계된 분쟁 또는 갈등 문제만큼은 협상 대상에서 완전히 제외된다고 설명했다.

이 같은 결정은 2003년부터 대만에서 대만 독립에 대한 논의가 본격적으로 시작되고, 2001년 9월 11일 미국 테러사태 이후 분리주의자를 포함한 테러주의자들이 기승하면서 티베트와 신장 위구르 자치구의 분리운동을 지원하는 동투르키스탄 이슬람운동 세력으로 변모하자 이를 억제하기 위한 역사적 배경과 원인에 근거한 것이다.

중국이 대만문제를 핵심이익으로 공개 표명한 것은 2003년 탕자쉬안(唐家璇) 전 외교부장과 콜린 파웰 전 국무장관의 회담이었다.[41]

티베트에 대한 중국의 핵심이익 첫 공식 발언은 2006년 4월 보아오 아시아 포럼(Boao Forum for Asia, 博鰲亞洲論壇, 이하 '보아오포럼')에서 쩡칭훙(曾慶

---

39 張沱生, "中國的國際安全秩序觀", p. 94, 각주 2 참조.

40 閻學通, "中國冷戰後的安全戰略," 閻學通 等著, 『中國與亞太安全 : 冷戰後亞太國家的安全戰略走向』(北京 : 時事出版社, 1999), pp. 18~62.

41 "Tang, Powell Pledge to Enhance Cooperation," China Daily, January 21, 2003.

紅) 국가부주석과 스리랑카 총리와의 고위급 회담에서 이루어졌다.[42]

　신장 위구르 자치구를 중국의 핵심이익으로 첫 공표한 것은 2008년 후진 타오 총서기의 파키스탄 강연에서였다. 동 강연에서 후진타오 총서기는 동투르키스탄 세력을 억제하는 것이 중국의 핵심이익의 일부라고 설명했다.[43]

　핵심이익의 개념화 이후 중국의 대만문제에 대한 재정의는 중국이 2005년 3월 대만 분리주의 세력에 대한 맞대응의 조치로 입법화시킨 이른바 대만 '반분리법(anti-secession law)'과 무관해 보이지 않는다. 이런 과정을 거치면서 핵심이익의 개념은 중국 외교안보 정책에 공식적으로 반영되었고, 중국정부의 공식 외교 문서에도 채택되었으며, 이는 여전히 중국의 외교에서 중요한 자리를 점하고 있다.

　중국의 핵심이익 개념이 보다 구체화된 것은 2010년이다. 그해 12월 따이빙궈가 이 개념을 정리해 발표했다. 그는 자신의 개념 정리가 비록 사견이라고 주장했지만, 중국 최고지도부의 일원으로서 처음으로 개념 정리를 했기 때문에 그 의미를 무시할 순 없다.

　따이빙궈에 따르면 핵심이익의 개념은 다음과 같은 세 가지 영역에서 정의될 수 있다.

　첫째, 중국공산당의 통치권과 통치 방식에 대한 절대적 수호이다. 중국의 국가 정치체제("國體"), 정권의 구성형식("政體")과 정치적인 안정은 곧 공산당의 영도, 사회주의제도 및 중국특색사회주의의 길을 보장한다는 의미이다. 그러므로 공산당의 영도와 사회주의제도에 대한 타협을 불허한다는 것이다.

　둘째, 중국의 주권 안보, 영토 완정과 국가 통일 문제는 그 어느 나라와도 절대적으로 협상 불가라는 것이다. 셋째, 중국 경제사회의 지속가능 발전을 보장하는 것이다. 이를 침범하거나 파괴하는 것은 용납될 수 없다는 입장이다.[44] 즉, 어떠한 발전 경로도 국가의 중요이익 특히 핵심이익을 희생시킬 수 없으며, 더욱이 이를 희생시키면서까지 대가를 얻을 순 없다는 것이다. 종합

---

42 "曾慶紅分別會見出席博鰲亞洲論壇年會的外國政要", 『人民日報』, 2006年 4月 23日.

43 "中國的'核心利益'", 『文化縱橫』, 2011年 第3期, http://www.21bcr.com/a/shiye/yuwai/ 2011/0627/2939.html, (검색일: 2011년 7월 2일).

44 戴秉國, "中國國務委員戴秉國：堅持走和平發展道路".

해보면, 중국에게 있어 핵심이익이란 침해를 받을 수도 없는 것인 동시에 파괴될 수도 없는 영원불멸의 가치인 셈이다.[45]

이후 모든 고위급 회담이나 정상회담에서 중국은 신안보관의 전제 부분에서 강조되었던 '서로가 서로의 안보이익을 존중하는' 부분을 '서로의 핵심이익을 존중하는'으로 대체하여 중국의 핵심이익의 의미와 중요성을 널리 각인시키고 있다. 미중 공동성명을 포함한 대부분의 성명서 유형의 문건에는 상호간의 핵심이익을 존중하고 고려해주면서 그 외의 민감한 문제는 협상을 통해 처리한다는 입장 내용을 포함하고 있다.[46]

핵심이익의 개념 도입은 중국의 주권 안보와 이익을 위협하는 요소들이 강경화, 가식화, 본격화된 데서 비롯됐다. 이는 중국이 평화적 발전을 위해 주권국가로서 절대적으로 수호해야 할 최소한의 국가이익을 규정하는 이론적 근거가 되었다. 오늘날 중국의 핵심이익 개념은 평화적 발전을 추구하는 중국이 국가전략 차원에서 절대 양보할 수 없는 개념으로 정의되는 동시에 보편적으로 인식되고 있다.[47]

중국이 평화적으로 발전하고 부상하면서 중국 대내외 지역의 평화와 안정, 그리고 발전과 번영에 기여하겠다는 결의나 의지에는 변함이 없다. 그러나 자국의 핵심이익에 대한 절대 수호 권리는 이른바 중국의 "국가 대전략의 전제들" 중 하나인 필연적 산물로 외국과 타협이 용납되지 않는 부분이다.[48]

그러나 중국의 모든 영토주권의 문제, 즉 조어도, 이어도, 남지나해 등의 영토분쟁 문제들이 모두 중국의 핵심이익 문제로 분류되지 않고 간주되지도 않는다. 이 같은 중국의 입장은 2011년 6월 17일 싱가포르에서 개최된 샹그릴라 대화에서 중국 국방부장관이며 국무위원인 량꽝리에(梁光烈) 장군에 의해 밝혀졌다.

량 장관은 핵심이익을 강조하는 것이 중국의 도광양회에 기반을 둔 군사

---

45 戴秉國 : "堅持走和平發展道路", 『當代世界』, 2010年 第12期.

46 張沱生, "中國的國際安全秩序觀", p. 94, 각주 1 참조.

47 "北大敎授 : 中國將南海乘級爲'核心利益'极不明智", 『國際先驅導報』, 2010年 8月 24日.

48 Wang Jisi, "China's Search for a Grand Strategy : A Rising Great Power Finds Its Way," Foreign Affairs, 2011 March/April, p. 71.

외교 정책에 전혀 도움이 되지 않으며 오히려 국제사회로부터 오해와 적을 초래한다고 문제를 제기했다.[49] 중국 군 장성이 중국 핵심이익에 대해 언급한 것은 두 번째로, 첫 번째는 2009년 미국을 방문한 중국 인민해방군 총참모 총장 첸빙더(陳丙德) 장군이었다.

미중관계에서 중국이 핵심이익을 처음 피력한 것은 2009년 7월 워싱턴에서 개최된 미중전략경제대화 당시 중국 대표단의 수장이었던 따이빙궈에 의해서였다.[50] 그리고 같은 해 11월 오바마 대통령의 중국 방문 결과로 채택된 〈공동성명〉에 중국의 핵심이익이 미중관계 사상 처음으로 언급되고 포함되었다.

이후 미중 고위급회담은 물론 정상회담에서도 중국의 핵심이익이 계속 언급되었고 강조되었다. 2011년 1월 후진타오 총서기의 방미 때 대만 독립 문제와 관련하여 중국은 대만 독립 문제가 중국 핵심이익의 일부라고 강조했으나,[51] 〈미중공동성명〉에는 채택되지 않았다.

나. 신형 대국관계

자국을 세계 최대 국가 중 하나로 인식하고 있는 중국은 자국과 대국 간의 관계에 구조적 재정비를 노리고 있다. 이런 노력의 결정체가 최근 자주 언급되고 있는 (중미 간의) "신형 대국관계" 개념이다.

신형 대국관계 개념은 과거 중국의 부상 초기 단계에서 중국이 기타 대국과의 관계 정립을 위해 수립했던 이른바 '대국관계'에 그 기원이 있다. 90년대 후반부터 '대국관계'는 중국이 대국으로 성장하는 과정에서 기존의 대국과의 관계를 어떻게 설정하고 어떠한 위치에서 이들을 대해야 하는지에 대한 고민을 담고 있다.

이는 중국의 지속적인 국력 향상이 불러온 국제체제의 다극화에 대한 신

---

49 "梁光烈訪問新加坡時全面間述中國的核心利益", 『中國新聞網』, 2011年 6月 17日.

50 "怎樣理解'國家核心利益'?" 紅旗文稿, 2011年 2月, p. 38; and "首輪中美經濟對話：除上月球外主要問題均已談及", 『中國新聞網』, 2009年 7月 29日.

51 "胡錦濤：建設相互尊重，互利共贏的中美合作伙伴關係-在美國友好團體歡迎宴會上的講話", 『人民日報』, 2011年 1月 20日.

념의 표본이라 할 수 있다. 중국은 당시 중미관계, 중-EU관계, 중일관계, 중러관계 등을 대국관계의 전형적인 표본으로 인식하고 이에 대한 관계 정립에 나서기 시작했다.

자국의 위상 변화에 대한 이 같은 인식은 16차 당대회 공작보고에도 본격적으로 반영되기 시작했다. 이후 역대 당대회 공작보고서는 외교 분야에서 '대국관계'를 기존의 주변국 관계나 발전중국가와의 관계보다 더 중시하는 경향을 보여왔다.

그러나 2011년 중미 정상회담에서 채택된 공동성명문 이후 중국은 '신형 대국관계'라는 새로운 개념을 정립하기 시작했다. 이는 더욱더 높아진 중국의 국제적 위상에 대한 중국 최고지도부의 새로운 인식을 반영한 결과물이라 해도 과언이 아니다.

대국관계는 일반적으로 국제정세 발전에 지대한 영향을 미치는 중요한 요인으로서, 중국은 신형 대국관계가 국제관계 역사상 최초로 도입된 개념이라고 자부하고 있다. 이 개념의 역사적 배경은 중국과 미국 양국이 서로의 핵심이익을 상호존중하고 협력하는 윈-윈 관계를 적극적으로 구축하는 것이 중미 양국은 물론 세계의 공동이익에도 부합한다는 인식을 공유한 데 있다.

이런 맥락에서 중국은 모든 대국과의 관계에 있어 이들의 전략적 의도를 객관적이고 이성적으로 이해할 것이며, 각자의 이익을 존중하고, 중요한 국제 및 지역 문제에 대해 협력을 강구할 것이라는 입장을 견지하는 것을 주요 내용으로 삼고 있다.[52]

---

52 "習近平在'世界和平論壇'開幕式上的致詞(全文)", 『中國共産黨新聞』, 2012年 7月 7日.

제14장

오바마와 트럼프,
그리고 시진핑

2009년 버락 오바마(Barack Obama) 행정부의 출범과 함께 미국의 아시아 정책은 본질적인 변화를 겪게 된다. 이런 변화는 21세기에 들어오면서 미국이 이른바 '테러와의 전쟁(war on terrorism)'을 진행하는 동안 아시아지역 국가들과의 관계가 소원해지고 역내에서의 리더십과 영향력이 상대적으로 취약해졌다는 인식에서 기인한 것이다. 당시 미국의 외교정책은 테러와의 전쟁으로 인해 자연스럽게 중동 및 서남아시아지역으로 집중되었다.

이 과정에서 미국과 아시아, 특히 동아시아지역 국가들의 관계는 소원해졌고, 미국의 역내 입지도 상대적으로 약화되었다. 동 기간 동안 동아시아지역에서 상실된 미국의 존재감은 중국으로 대체되었다고 해도 과언이 아니다. 중국은 계속된 고도의 경제성장과 함께 역내 국가들과의 경제관계를 지속적으로 강화시켰다. 그리고 이의 여파는 정치·외교·안보·문화 영역 등에까지 상당한 영향을 미쳤다. 그러면서 중국의 이른바 '선린우호정책'은 많은 영역에서 괄목할만한 성과를 올렸다.

미국의 아시아 외교정책 기치는 시대적 과점에서 보든 역사적 관점에서 보든 기로에 서 있었다. 오바마행정부의 외교 기치, 즉 '아시아로의 회귀'는 오바마행정부 이전 부시행정부가 그동안 아시아에 대해 소홀하고 관심을 제대로 가지지 못했음을 방증했다. 이를 의식이라도 한 듯 오바마행정부는 미국이 아태지역의 파트너로서 "귀환(back)"했을 뿐 아니라 상주(stay)할 것이라고 선언했다.[1]

미국이 다시 아시아로 눈을 돌리게 된 데는 중국 요소가 강력하게 작용했다. 부시행정부는 출범하자마자 9.11 테러사태를 겪게 되면서 모든 외교·정치·경제·군사 정책의 초점을 이른바 '테러와의 전쟁'에 맞추지 않을 수 없었

---

1 Office of the Spokesman, "Secretary Clinton's Address Caps Year of U.S. Engagement and Leadership in Asia-Pacific," Washington, D.C., January 12, 2010.

다. 그리고 부시 재임 기간 8년 동안 중국은 급성장했다. 미국이 테러와의 전쟁에 몰두하고 있을 동안 중국은 급속도로 부상했고, 테러와의 전쟁이 종결된 후 중국은 이미 아시아의 지역강국으로 정착할 기세였다. 중국은 미국이 테러와의 전쟁을 치르는 동안 정치·외교·경제·군사·문화 등의 다양하고 많은 영역에서 미국 다음으로 아시아에서 영향력이 강한 국가로 성장했다.

부시 정부 기간 동안 중국이 지역강국으로 부상할 수 있었던 가장 큰 원인 중의 하나는 지역다자협의체에 대한 부시정부의 무관심과 불신이었다. 부시정부는 테러와의 전쟁에 집착한 나머지 동아시아지역의 변화, 특히 다자협의체의 변화에 대해 과할 정도로 무관심했다. 콘디 라이스 전 미 국무장관은 재임 기간 4년 동안 동아시아정상회담(EAS)에 2번 밖에 참석하지 않았다.

비로소 동아시아지역 협력체에 관심을 가졌을 때 미국정부는 이들 협력체를 테러와의 전쟁 문제와 접목시키고 싶어 했다. 일례로, 부시정부는 경제 문제를 논의하는 APEC의 의제를 테러와의 전쟁으로 변환시키려고 시도했었다.[2] 그러나 테러와의 전쟁이 이슬람 세력과의 투쟁으로 집중되자 이는 동남아지역에서의 반미 감정에 불을 붙인 셈이 되어버렸다. 특히 인도네시아와 말레이시아에서 표출된 극렬한 반미 감정은 미국과의 연대(align)를 어렵게 만들었다.[3]

APEC 의제의 안보화 실패와 동남아의 반미 감정 상승으로 미국의 동아시아 다자협의체에 대한 불편함과 불신은 커져만 갔다. 결국 부시정부는 지역 다자협의체의 효능에 대해 의구심을 가지면서 우후죽순처럼 생겨나는 협의체 중 신뢰할 만한 것을 찾질 못했다.[4]

---

2 Amit Baruah, "A New APEC Agenda, Frontline, Vol. 18, November 10~21, 2001, http : //www.hindu.com/fline/fl823/18230580.html (검색일 : 2001년 12월 1일); and Gary LaMoshi, "APEC Terrorized Out of Focus," Asia Times, October 31, 2002, http : //www.atimes.com/atimes/Asian_Economy/DJ31Dk1.html (검색일 : 2002년 11월 4일).

3 2003년 당시 인도네시아의 미국에 대한 호감도는 15%에 불과했다. Pew Research Center, Global Attitudes Survey, June 12, 2008, http : //pewglobal.org/files/pdf/260.pdf (검색일 : 2010년 3월 22일).

4 Jefferey A. Bader, Obama and China's Rise : An Insider's Account of America's Asia Strategy (Washington, D.C. : Brookings Institution, 2012), p. 4.

▮ 오바마의 재균형 전략(Rebalancing strategy) : "중국 최우선 정책"

오바마는 스스로를 '아시아 대통령'이라고 자칭했다. 개인적으로 인도네시아에서 유년기를 보냈고, 이복형제가 장기간 중국에서 거주했기 때문이다. 그리고 무엇보다도 아시아의 중요성을 인식했기 때문이다. 또한 미 행정부 내부적으로는 미국의 아시아 내에서의 존재감과 외교 관계 재설정의 필요성을 주장하는 목소리가 출범 때부터 나왔다. 이를 주장한 대표적인 인물이 국가안보회의 아시아 선임보좌관 톰 도닐론(Tom Donilon)과 국가안보회의 총참모장 데니스 맥도너프(Denis McDounough)였다. 이를 수용한 오바마는 미 행정부 역사상 전무후한 외교적 행보를 취한다.

오바마는 행정부의 출범과 함께 미국의 외교정책보다 아시아 정책을 먼저 발표했다. 지역 정책이 국가 정책보다 일찍 발표되는 것은 매우 이례적이었다. 미국의 아시아에 대한 의지를 입증하기 위해 국무부의 아태 담당 차관보에 예정되었던 커트 캠벨(Kurt Campbell)의 종용 하에 신임 국무장관 힐러리 클린턴의 취임 후 첫 공식 해외 순방 지역이 동아시아지역으로 결정된다. 신임 국무장관의 첫 공식 해외 방문이 아시아인 것은 1961년 딘 러스크 이후 처음 있는 일이었다. 그리하여 그녀는 2009년 2월 15일부터 일본(15~17일), 인도네시아(17~18일), 한국(19~20일), 중국(21~22일) 등 동아시아 4개국을 순방했다.

그러나 무엇보다도 중요한 것은 2009년 오바마행정부가 출범과 함께 미국의 최우선순위(a top priority)를 중국과의 관계로 설정했다는 사실이다.[5] 당시 오바마행정부가 당면한 외교 과제를 보면 중국은 매우 중요한 위치를 점하고 있었다. 미국은 2008년의 세계금융위기로부터 세계 경제의 회복을 강구해야 했다. 이란과 북한의 핵문제를 해결해야 했다. 뿐만 아니라 다포의 집단학살과 아프가니스탄과 파키스탄의 알카에다 세력 축출과 기후협약 문제 등, 미국이 해결해야 할 과제는 그야말로 산더미였다. 그리고 이 모든 과제를 해결해야 하는 미 대통령으로서 오바마의 눈에 아시아의 맹주 중국은 매우 중요

---

5 Office of the Vice President, "Remarks by Vice President Biden on U.S.-China Relations," Sichuan University, Chengdu, China, August 21, 2011.

한 존재로 떠올랐다.

그는 중국에 대한 접근 방법에 있어 미국의 역대 대통령이 지난 100여 년 동안 해왔듯이 민주주의와 국제 규범을 기반으로 국제주의를 확산하는 데 중점을 뒀다. 더불어 이의 구현을 위해 전통적인 국가 대 국가의 관계와 중국처럼 부상하는 세력에게 선택권을 제공한다는 원칙을 기초로 삼고, 외교와 군사력을 도구삼아 아시아 정책을 수립해야 한다는 믿음이 확고했다.[6]

오바마정부의 중국 정책은 한 세대 내에 중국이 세계에서 두 번째로 영향력 있는 대국으로 성장할 것이다, 라는 전제 하에 수립되었다. 그렇기 때문에 미국의 중국 정책은 중국이 평화와 균형에 위협이 아닌 안정적이고 건설적인 세력으로 최대한 성장하게끔 도와주는 데 방점이 있었다. 그래서 그는 강하고 성공한 번영의 중국을 항상 환영하면서 이런 중국이 국제문제에서 강력한 리더십을 발휘할 것이라고 극찬을 아끼지 않았다. 나아가 그는 미국의 중국 정책이 억제가 아닌 포용이라는 점도 재차 강조했다.[7]

이런 전제 하에 미국의 전략은 세 가지 관점에서 수립되었다. 첫째, 중국의 출현(emergence), 영향력(influence)과 정당한 역할 확대(legitimate expanded role)를 환영하는 것; 둘째, 중국의 부상이 국제법과 규범에 일관성 있게 부합하는지의 여부를 확인하는 것; 셋째, 아태지역의 안보 환경이 중국의 부상에 안정적인 요소로 작용하게끔 하는 것이었다.[8]

오바마 자신 또한 중국과 면대면 대화를 선호했고 적극 추진했다. 그는 이런 의지를 취임한 후 바로 후진타오에게 전화한 사실로 입증했다. 상호 방문을 적극 추진한 결과 첫 번째 임기에 이를 달성한 첫 대통령이 되었다. 또한 G-20, G-8, UN과 APEC 등과 같은 다자협의체에서 중국 지도자와의 만남을 꼭 갖기 위해 노력했다. 오바마와 후진타오의 첫 만남은 2009년 4월 런던에서 개최된 G-20 정상회의에서 이루어졌다.

그의 중국 정책 기조는 2009년 11월 14일 일본 방문 중 동경 연설을 통해

---

6 Bader, Obama and China's Rise, p. 6.

7 "President Obama Delivers Remarks at U.S.-China Strategic and Economic Dialogue," Washington Post, July 29, 2009.

8 Bader, *Ibid.*, p. 7.

대외적으로 알려지게 된다. 이 자리에서 그는 미국이 중국을 억제하는 정책(containment policy)을 추구하지 않을 것이며, 대중관계 강화는 미일 동맹관계의 약화를 의미하는 것이 아니라고 강조했다. 즉, 미중관계의 발전이 미국과 동맹국 관계에 '제로섬'이 아니라는 점을 시사했다. 그는 대신 강하고 번영한 중국의 부상은 국가공동체(community of nations)의 구현을 위한 원동력이 될 수 있다고 설명했다.[9]

미 행정부 내부에서는 11월 아시아 순방 길에서 중국 방문을 선언할 것을 추천했다. 그러나 클린턴이 반대했다. 이유인 즉 두세 개 정도의 이슈에서 중국의 진정성을 먼저 확인해야 협상의 주도권(leverage)을 유지할 수 있다는 것이었다. 클린턴을 반박했던 이들은 그럴 경우 중국의 의구심만 증대되고 일만 더 꼬여서 결실을 맺을 수가 없다는 논리를 내세웠다. 또한 지난 행정부의 중국 접근을 보면, 조건을 단 경우 모든 조건이 취소되는 결과만 보았을 뿐 기대했던 결과는 본 적이 없었다고 반론했다. 결국 오바마는 11월 북경 방문에서 중국의 공식 방문 희망 의사를 전하기로 결정했다.

11월 방문에서 오바마는 북핵 개발 프로그램의 해체(roll back), 북한의 미사일 발사 시험 대응, 이란의 핵프로그램 중단, 세계 경제와 기후변화의 대응에 미중 양국의 협력 필요성을 강조했다. 또한 인권문제와 달라이 라마와 티베트의 미래에도 우려를 표명했다. 이에 후진타오는 북한과 이란의 핵 반대, 미국의 북한과 이란과의 대화, 그리고 '하나의 중국' 원칙 존중과 대만 무기 판매 중단 등을 강조했다.

이후 오바마 대통령의 중국 외교는 그 어느 대통령보다 활발하고 역동적으로 전개되었다. 2011년 8월까지 미중 양국 정상은 총 9차례의 회동을 가졌다. 2011년 5월 미중 전략경제대화의 일환으로 양국 간 첫 안보전략대화가 개최되었다. 동 대화에서 미중 양국은 많은 동질의 위협과 다양한 동질의 목적과 책임을 공유하고 있음을 확인했다.

그리고 미중 양국은 양국이 당면한 위협과 도전을 서로 다른 관점에서 인식하고 있기 때문에 양국 고위급 인사, 특히 국방 분야에서의 고위급 인사

---

9 "In Japan, Obama Stresses Asia's Role in U.S. Economy," Washington Post, November 14, 2009.

교류가 외교관들처럼 빈번하게 이뤄지고 의제도 확대되어야 한다는 데 의견을 같이했다. 이 밖에 양국은 양국 관계를 긍정적이고 협력적인 관계라 평하면서, 양국 관계를 종합적인 관계로 발전시켜야 한다는 데 의견을 모았다.

양국은 또한 앞으로 공동의 목표를 같이 모색하고 이견에 대해서는 서로 존중해주는 입장을 유지하는 데 인식을 같이할 것을 약속했다. 미중 양국은 서로 간 입장 차이를 존중할 수 있게 된 이유를 양국 관계가 이견을 다룰 수 있을 정도로 성숙해진 사실에서 찾았다. 그들은 인식을 같이하는 이슈와 장기적으로 중요한 안보 및 번영 문제에 대해 공동으로 협력하기로 합의했다.[10]

오바마 시기의 미중관계는 원만하게 진행되다가도, 몇몇 국제 및 지역 문제에 있어서는 첨예하게 대립하는 양상을 보였다. 미국은 미중관계가 상당히 중대한 기로(critical juncture)에 서 있다고 판단했다. 그리고 오늘날 양국이 설정하는 관계가 향후 양국 관계의 발전 방향이 될 것이라고 예측했다.[11]

결국 오바마는 이를 위해 두 가지 전제를 내걸게 된다. 중국과의 신뢰 구축과 미중 양국이 공동으로 당면한 도전과제를 솔직하게 공표하는 것, 이 두 가지였다. 즉, 오바마는 양국이 공동으로 당면한 금융위기, 경제 불황, 핵확산, 테러주의, 공해상의 해적 문제 등에 대해 공동으로 노력하여 공동으로 해결하는 관계로 미중관계가 진화하길 바랐다.[12]

상기한 인식 속에서 오바마행정부의 대중국 정책은 미중수교 이후 중국에 가장 호의를 가진 모습으로 출발했다. 역대 행정부와 대통령을 모두 비교해도 오바마 대통령과 그의 행정부만큼 중국에 대해 상당히 좋은 인식과 감정을 가지고 접근한 선례가 없었다.

---

10 Kurt M. Campbell, "Regional Overview of East Asia and the Pacific," Statement Before the House Committee on Foreign Affairs Subcommittees on Asia, the Pacific, and the Global Environment, Washington, D.C., March 3, 2010.

11 Hillary Rodham Clinton, "Inaugural Richard C. Holbrooke Lecture on a Broad Vision of U.S.-China Relations in the 21st Century," Benjamin Franklin Room, Washington, D.C., January 14, 2011.

12 Clinton, "Inaugural Richard C. Holbrooke Lecture on a Broad Vision of U.S.-China Relations in the 21st Century," January 14, 2011.

오바마 대통령은 전임자들과 다르게 취임 전부터 중국의 전략적 중요성을 강조하면서 미국의 국익에 상당히 중요한 대상국으로 인식하고 있다는 입장을 강력하게 피력했다. 그리고 역대 대통령과 달리 첫 임기 동안에만 두 차례에 걸쳐 북경과 워싱턴에서 정상회담을 가졌다. 미국의 대통령이 한 임기 동안 중국의 최고지도자와 두 차례나 개별 정상회담을 가진 것은 극히 이례적이며 이는 클린턴 대통령 2차 임기 때가 마지막이었었고 유일무이했다.

오바마 대통령의 경우 취임 이전에 발생한 미국의 금융위기 사태와 외교안보 영역에서의 양국 간의 긴장 고조 사태가 정상회담 개최라는 결과를 낳았다. 금융위기 사태에 대한 심도 있는 논의를 위해 오바마 대통령은 2009년 11월 북경을 공식 방문했고, 외교안보 영역에서의 긴장을 완화하기 위해 2011년 1월 워싱턴에서 양국 정상회담을 개최했다.

오바마행정부는 출범 초기부터 중국에 대한 호감과 우호적인 언행을 노골적으로 표현하면서 미중 양국 관계에 대한 긍정적인 진척을 기대했었다. 이런 기대는 클린턴 국무장관과 제임스 스타인버그 국무차관의 발언에서도 잘 나타났다. 클린턴 국무장관은 취임 후 첫 연설에서 부상하는 중국을 적대시하는 태도를 타파해야 미중 양국이 서로의 성공에 기여할 수 있게 되는 동시에 양국 모두 이득을 취할 수 있게 된다고 강조했다.[13]

이후 클린턴 국무장관은 한 발 더 나아가 2009년 2월 북경 방문에서 경제위기 해결, 청정에너지와 기후변화에서의 동반자관계 구축과 공통된 국제안보문제 등에 공동 대응하는 문제에 있어 미중 양국 간의 협력이 중요함을 역설했다.[14] 스타인버그 국무차관은 그해 4월 오바마행정부의 대중 정책의 기본 관념을 "21세기를 위한 긍정적이고 협력적인 전면적 미중관계"라고 처음으로 공식 선언했다.[15]

---

13 Hillary Rodham Clinton, "US-Asia Relations : Indispensible to Our Future," remarks at the Asia Society, New York City, February 13, 2009, http : //www.state.gov/secretary/rm/2009a/02/117333.htm (검색일 : 2009년 2월 25일).

14 Hillary Rodham Clinton, "Remarks with Chinese Foreign Minister Yang Jiechi," Beijing, China, February 21, 2009, http : //www.state.gov/secretary/rm/2009a/02/119432.htm (검색일 : 2009년 2월 25일).

15 James B. Steinberg, "Engaging Asia 2009 : Strategies for Success," remarks at

오바마행정부는 2015년 기존의 '제한적 개입주의'로부터 새로운 '역외 균형 전략(offshore balancing strategy)'으로 그 대외정책 기조를 바꾸었고 2016년은 이를 이행하기로 결정한 해였다.[16] 즉 2015년 《국가안보전략보고서(National Security Strategy)》발간 이후 오바마행정부는 지역 동맹국 및 파트너들을 중심으로 미국의 패권을 유지하고 지역 안정을 꾀하려는 전략을 추진하고 있으며, 이는 특히 아시아지역에서 두드러지고 있다. 2016년 미국은 이러한 역외 균형전략을 적극적으로 추진하기 위한 노력에 주력했다.[17]

미국은 현재 중국의 부상에 대해 환영하는 입장은 아니지만, 중국의 역할과 미중 간 상호의존성을 인정하고 있다. 2016년 미국의 대중국 정책은 2015년 가시화된 경제력의 회복에 힘입어 차기 미 행정부의 대중국 정책의 본격적인 전개를 위한 프레임을 형성하는 데 초점이 맞추어졌고 실제로 '제8차 미중 경제전략대화'에서 마련되었다는 것이 전반적인 평가다.

가. 오바마와 북핵

힐러리의 첫 아시아순방에서 드러난 미국의 한반도문제에 대한 입장은 북핵문제에 있어 오바마행정부에 대한 한국의 신뢰를 증강하는 것이었다. 즉, 부시행정부 시기에 상실한 한국의 신뢰를 회복하는 것이었다. 이전 부시정부는 북핵과 관련해 내부적인 잡음이 끊이질 않았었다.

부시의 부통령 딕 체니를 위시로 한 대북 강경파는 백악관과 국무부의 비확산정책팀이 주요 세력이었다. 이들은 북한과의 모든 협상을 유화책으로 보고 북한의 정권교체를 강력하게 원했다. 북한의 정권교체 수단이 불확실했음에도 말이다. 이들에게 정권교체 외의 정책은 모두 임시방편의 것으로 무시되었다.[18]

National Bureau of Asian Research Conference, Washington, D. C., April 1, 2009, http : //www.state.gov/s/d/2009/121564.htm (검색일 : 2009년 4월 4일).

16 Daniel Drezner, "The curious case of offshore balancing," Washington Post, June 15, 2016.

17 John J. Mearsheimer and Stephen M. Walt, "The Case for Offshore Balancing : A Superior U.S. Grand Strategy," Foreign Affairs, July/August 2016, pp. 70~83.

18 Bader, p. 26.

협상을 선호하는 세력은 2기 부시행정부에 와서야 그 두각을 나타냈다. 크리스토퍼 힐(Christopher Hill) 국무부 아태 담당 차관보가 이의 선두주자였다. 그는 부시와 국무장관 라이스의 지지를 얻었다. 그러나 부처 간 라이벌 의식이 고조되면서 협상의 방향을 잡는 데 애로사항이 많았다.[19] 그래도 그나마 부시 2기 때 6자회담이 진전을 보이고 성과를 올릴 수 있었던 건 부시와 라이스의 지지, 그리고 힐의 역동적인 추진력 덕분이었다.

클린턴의 첫 한국 방문 때 구체적인 협상 전략이 마련되지 않았던 것은 사실이다. 한 가지 확실했던 것은 6자회담의 핵심국인 한국, 일본과 중국과의 관계를 돈독히 하면서 앞으로 효과적인 정책 조율을 위한 기초를 닦는 것이었다. 왜냐하면 북한은 자신의 의사와는 무관하게 핵개발 프로그램을 결코 포기하지 않을 것이라는 게 오바마행정부와 미 정보국의 당시 판단이었다.[20] 이에 따라 오바마행정부는 6자회담이 견지되어야 한다는 결심이 섰다.

그러나 힐러리는 6자회담에 유보적인 입장이었다. 그녀는 회담의 재개를 반복적으로 강조하는 것은 북한에게 미국이 더 간절해 한다는 인상을 줄 수 있어 미국의 레버리지를 약화시키는 결과만 초래할 것이라고 반박했다. 미국이 더 유보적으로 나가면 6자회담을 자신의 외교적 전리품으로 여기는 중국이 북한을 설득하려고 더 적극적으로 나설 것이라는 게 클린턴의 논리였다. 클린턴의 설득력이 빛을 발했는지 미국은 6자회담이 비핵화라는 목적 달성을 위한 수단이지 회담의 재개를 위한 재개가 아니라는 점을 공식 밝혔다.

오바마행정부는 6자회담에 대한 자신만의 네 가지 목표를 고안해낸다. 첫째, 완전하고도 검증 가능한 불가역적인 비핵화이다. 이는 북핵이 미국 뿐 아니라 한국과 일본 등 북한의 주변국에게도 위협이었기 때문이다. 둘째, 북한의 핵물질, 탄도미사일 및 기술의 확산을 금지하는 것이다. 셋째, 북핵 프로그램을 제거하기 전 중단이나 해체도 가능하다는 것이다. 넷째, 미국의 동맹국과 긴밀한 조율을 위해 외교적 채널로 활용하는 것이다. 부시정부 시기에 서울과 동경은 미국이 중국과 더 협조적이라는 인상을 받아 각자 다른 길을 선택했었다. 때문에 오바마는 이들 간의 통합 필요성을 느꼈다. 일본이

---

19 Bader, *op. cit.*, pp. 12~13.
20 *Ibid.*, p.28.

더 강경한 대북정책을 표방했던 반면, 한국은 북한을 더 포용하고 있었다.[21]

그렇다고 2009년 오바마 취임 이후 북한의 유사 사태에 대해 우려하지 않은 것은 아니었다. 3월 오바마는 국가안보회의를 주재하면서 이 문제를 논의했다. 그리고 전략사령부와 태평양사령부에게 미 본토에 위협이 발생할 경우 모든 권한이 이들에게 있음을 재확인했다.

이와 더불어 그는 지난 역대 정부의 대북 행태를 뿌리 뽑을 수 있는 정책 마련을 촉구했다. 클린턴정부 후반기부터 미국이 북한의 도발, 강탈과 배상의 전략 굴레에 말려들었다는 사실을 반면교사로 활용할 것을 강조했다. 이를 위해 북한이 자기 계획대로 움직일 수 없게 예상 밖의 수로 선공하자는 아이디어를 제시했다. 이에 국방장관 로버트 게이츠(Robert Gates)는 경제적 인센티브로 북한을 대화의 장으로 유인하는 책략에 더 이상 의존하지 말 것을 제언했다. 오바마도 이에 동의했다.[22]

4월 5일 북한은 3단계 발사체 미사일을 시험 발사했다. UN안전보장이사회가 개최되었다. 중국은 러시아와 함께 어떠한 행동이나 결의안 채택에도 반대했다. 중국은 인정하고 싶지 않은 어조로 북한의 미사일 발사체가 '인공위성'이었기 때문에 지난 2006년 UN결의안 1718에 위배되지 않는다고 주장했다. 결국 UN은 안보리 의장성명만 채택했다.

이에 북한은 당시 영변 핵시설을 감찰 중이던 IAEA 직원들을 추방하고 시설의 봉인을 개방했다. 오바마행정부에게는 이 모든 북한의 처사가 다음 핵실험을 위한 계획된 행동으로 인식되었다. 왜냐하면 과거의 행태와 같았기 때문이다.

북한의 워싱턴 위협은 이후 계속되었다. 4월 말 평양은 핵폭탄을 터트리고 미국까지 날아갈 수 있는 대륙간탄도미사일(ICBM)을 개발할 것이고 우라늄을 더 농축해 경수로를 만들겠다고 협박했다.[23] 이에 워싱턴은 북한의 대량 살상무기와 관련 기술의 확산에 대한 강경한 입장뿐 아니라 동맹국을 보호하겠다는 단호한 의지를 밝혔다.[24]

---

21 Bader, *op. cit.*, pp. 28~29.

22 *Ibid.*, p. 31.

23 "N. Korea Issues Threat on Uranium," New York Times, April 29, 2009.

북한의 협박은 현실이 되었다. 2009년 5월 25일 두 번째 핵실험을 자행했다. 이에 미 국무차관 스타인버그는 그의 중국 경험에 비춰 중국이 북한에 압박을 가하지 않을 것이라고 판단했다. 중국의 대북 압박은 북한의 행동이 중국의 안보이익을 직접 위해할 때만 있을 것이라는 게 그의 주장이었다.

그런 중국으로부터 UN안보리 결의안에 대한 협조를 모색하기 위해 미국은 6월 초 북경으로 특사단을 파견한다. 이들은 따이빙궈와 외교부장 양제츠(楊潔篪) 등을 만나 북핵 결의안을 위한 협력 약속을 받아냈다. 이후 입장 차이로 갈등은 겪었지만 북한 핵이나 미사일 도발에 대한 미중 간 UN에서의 협력은 이제 시작되었다.

11월 12일 북한은 우라늄 농축 시설을 미국의 핵전문가 지그프리드 헤커(Siegfried Hecker)박사에게 공개했다. 헤커는 핵시설의 가동 여부에 대해서는 확신하지 못했으나 생각한 것보다는 정교해 보였다고 증언했다. 이로써 미국이 오랫동안 의심했던 북한의 핵개발이 플루토늄이 아닌 다른 방법으로 가능하다는 것이 증명되었다.[25]

2010년 11월 서울에서 개최된 G-20 정상회의에서 오바마는 후진타오와 조우했다. 오바마는 후진타오에게 헤커의 북핵 시설에 관한 증언을 전하면서 북한이 이미 위험한 수준을 넘어섰다고 경고했다. 나아가 북한의 탄도미사일, 핵개발 및 실험, 새로운 우라늄 농축 시설과 정권의 호전성 등을 고려하면 북한의 행위는 세계 평화 뿐 아니라 미국의 국가안보에도 위협이 된다고 지적했다.

북한에 대한 경고와 더불어 오바마는 북한의 위협 해소를 위해 미국이 가장 선호하는 방법은 중국과의 협력이라고 강조했다. 협력을 할 수 없다면 미국의 국가안보를 보호하기 위해 지체 없이 모든 수단을 사용할 것이라고 했다. 후진타오는 오바마의 격앙된 목소리와 신빙성 있는 증언에 대본에도 없던 질문을 던졌다. 그는 오바마에게 더 구체적인 설명을 요구했다.[26]

---

24 "North Korea Is Warned by Gates on Testing," New York Times, April 29, 2009.
25 Siegried S. Hecker, "What I Found in North Korea," Foreign Affairs, December 9, 2010.
26 "Obama Urges China to Check North Koreans," New York Times, December 6, 2010.

같은 회의장에서 이명박 대통령과 오바마가 만났다. 오바마는 북한의 위협이 증강하는 상황에서 열흘 안에 미국의 항공모함 조지 워싱턴(George Washington)호를 서해로 파견하겠다고 했다. 11월 23일 연평도에서 실탄 사격 훈련을 하던 한국 해병대에 북한의 폭격이 떨어졌다. 연평도 폭격으로 중국 당국은 미 항모의 서해 파견에 대해 공식적인 반응을 드러낼 수 없었다.

미국의 스타인버그와 국가안보회의의 특별고문 제프리 베이더(Jefferey Bader)가 북경으로 급파됐다. 이들은 미국이 앞으로 북한의 비핵화를 위해 중국과 협력하고 싶다는 오바마의 요청을 전했다. 미국의 제안에 중국은 6자회담의 긴급 소집을 제안했다. 그러나 뜻밖에도 미국이 이를 거절하고 나섰다.

미국 측의 거절 이유는 두 가지였다. 하나는 6자회담이 북핵문제를 다루기 위한 것이지 남북문제를 다루는 게 아니라는 것이었다. 다른 하나는 6자회담이 북한의 도발에 의해 개최되는 것을 수용할 수 없다는 것이었다. 즉, 6자회담이 북한의 도발로 개최됨으로써 북한의 핵능력 과시에 이용당하는 것을 용납할 수 없다는 뜻이었다.[27] 이를 수긍하듯 중국은 남북대화를 촉구했다. 그리고 따이빙궈를 북한에 파견해 한국의 군사훈련에 반응하지 말 것을 엄중 경고했다.

오바마행정부의 6자회담에 대한 입장은 명확했다. 북한이 비핵화에 대한 진정한 성의를 보일 때, 즉 핵실험 동결, 탄도미사일 발사 실험의 동결, IAEA의 우라늄 농축 시설 동결이 검증 가능하고 확실할 때 등의 전제가 충족되면 6자회담의 개최가 가능하다는 게 오바마행정부의 공식 입장이었다.

나. 오바마정부와 중국의 갈등 : 남중국해와 기후협약

앞서 얘기했듯 오바마는 중국을 매우 우호적으로 생각하고 매우 우호적으로 대한 대통령이었다. 그런데 이런 그가 중국에 등을 돌리게 된다. 그리고 그 계기는 공교롭게도 그의 첫 중국 방문 직후에 발생했다. 이 사건의 발단은 2009년 12월 17~18일 덴마크 코펜하겐에서 개최된 기후협약회의였다. 기후변화에 대응하기 위한 국제적 논의는 90년대 초부터 시작됐다. 그리고 첫

---

27 Bader, *op. cit.*, pp. 89~90.

번째 합의서로 도출된 것이 바로 교토의정서였다.

기후변화 문제는 비단 세계의 문제뿐만이 아니었다. 이는 특히 미중 양국 사이의 뜨거운 감자였다. 이산화탄소 배출 문제를 놓고 미중 양국은 합의점 도출에 상당한 곤혹을 치렀다. 중국은 세계의 공장이자 세계 2대 경제대국이란 호칭을 지니고 있었다. 그러나 국민 연평균 소득을 기준으로 보면 중국은 여전히 개도국을 벗어나지 못하고 있었다. 모든 면에서 경제대국으로 발돋움하고 싶었던 중국으로선 기후문제, 특히 탄소 배출량 문제에 민감할 수밖에 없었다. 두 나라는 이 문제를 둘러싸고 첨예하게 대립했다. 중국은 개도국 수준의 제한을 원했다. 반면 미국은 중국이 개도국이 아닌 수준의 제약을 원했다.

기후협약회의에서 다룰 주요 의제가 미중 양국 모두에게 민감한 것이었던 만큼 오바마는 이 문제를 가지고 두 나라가 대립할 것을 몹시 우려했다. 그래서 오바마는 회의가 개최되기 전 후진타오에게 당부의 서신을 보냈다. 이 서신에는 미국의 요청사항이 가득했다. 오바마는 중국이 탄소 배출량 감소 의지를 확인시켜주길 바라는 동시에 양국이 약속한 바를 각자 준수하고 있는지 그 여부를 확인할 수 있도록 서로 협력하자는 요청의 메시지를 보냈다.

또한 약속한 바가 모두 구속력 있는 것이라는 사실에 양국의 이해가 일치하길 바란다는 바람도 적어 보냈다. 이에 중국 측은 2020년까지 탄소 배출량을 현재 수준의 40~50%까지 감축해나가겠다고 긍정적인 회신을 보냈다. 중국의 회신에 흡족해진 오바마는 코펜하겐 기후협약회의에 참석하기로 결정했다.

오바마는 후진타오의 회답에도 마음이 완전히 놓이지는 않았던 모양이다. 그는 후진타오에게 이번엔 전화를 걸어 또 하나의 당부를 전했다. 합의 도출이 실패할 경우 두 나라가 공동으로 책임을 지자는 것이었다. 이번 협의가 양국 중 한 국가의 잘못으로 실패하는 위험 부담을 줄이자는 의도에서였다. 오바마의 당부에는 미국이 유럽이 제시한 수준을 수용할 수 없다는 함의가 내포되어 있었다. 오바마가 유럽과의 협상에서 중국의 협력을 강구한 셈이다.

12월 18일 오바마는 중국 측 대표 원자바오 총리를 만나 1시간의 회담을 가졌다. 이 회담에서 양측의 이렇다 할 합의는 없었으나 오후에 양국의 2개

오바마 대통령과 냉랭한 표정의 원자바오 총리

협상팀이 각각 만나 협의를 계속하기로 약속했다. 오후가 되어 약속한 두 개의 미팅이 시작되었다. 한 팀은 오바마와 원자바오 간의 미팅이었다. 다른한 팀은 만났으나 합의를 도출해내지 못했다. 20개 주요국이 참석한 총회에원자바오는 출석하지 않았다.

원자바오는 차관을 대리 출석시켜 오바마와 메르켈 독일 수상, 사르코지프랑스 대통령, 브라운 영국 총리와 루드 호주 총리 등과 협상케 했다. 원자바오의 대리인이 총회에서 개도국을 위한 신탁자금의 성격과 적절성을 운운하면서 이의 수용 거부 의사를 개진하자 오바마는 분노했다. 결정권도 없는,급이 맞지 않는 이가 나왔다는 이유에서였다. 그는 이 같은 협상이 계속될필요가 없다고 강하게 불만을 토로했다.

비록 총회에서 감정이 상하긴 했으나 오바마는 원자바오를 한 번 더 만나고 싶어 했다. 그날 저녁 6시, 오바마는 귀국 비행기 탑승 한 시간 전에 만나기로 원과 약속을 잡았다. 오바마는 원을 기다렸다. 그러나 얼마 후 원으로부터 약속을 7시로 연기하자는 요청이 전해졌다. 오바마는 이를 수락했다.

기다리는 사이 오바마는 남아프리카 대통령과 인도 총리에게 다 같이 만날 것을 제안했다. 그러나 그들은 이미 원자바오와 만나고 있었다. 오바마는 원자바오를 예정 시간인 7시에 만나면서 인도, 남아프리카와 브라질 지도자와도 같이 만날 기대를 품었다. 오바마 수행원들이 이 같은 그의 의향을 중국에게 직접 전하지는 않았지만 자연스럽게 다 같이 만날 수 있을 것이라 기대했다.

얼마 못가 미국 측의 기대는 산산이 부서지고 만다. 약속한 시간인 7시가 되자 클린턴과 오바마 수행원들이 원자바오가 있는 방으로 다가갔다. 그런데 뜻밖에도 이들을 저지하는 움직임이 있었다. 바로 중국 측 비밀요원들이었다. 이들이 저지당하는 사이 오바마가 나타났다. 수행원들은 중국 비밀요원들을 뚫으며 오바마에게 길을 터줬다. 겨우겨우 오바마가 원자바오가 있는 방안으로 진입했다. 원은 놀란 기색을 감출 수 없었다.

방으로 들어선 오바마는 자신이 친구로 여겼던 룰라 브라질 대통령 옆에 착석했다. 그리고 그가 구상한 기후협의안을 제시했다. 이는 모든 국가들이 약속한 사항을 확인할 수 있는 장치를 만드는 것이었다. 준수사항은 유럽 수준의 것으로 하고 이를 확인할 장치는 구속력을 갖춰야 한다는 것이 오바마 안의 요지였다. 설명을 마친 오바마는 방에 있던 중국, 인도, 남아프리카와 브라질에게 동의를 요청했다.

반응은 예상 밖이었다. '친구인' 룰라부터 시작해서 모두가 반기를 들었다. 원자바오를 수행하던 국가개발개혁위원회의 부위원장 씨어전화는 얼굴을 붉히면서 오바마에게 틀렸다고 소리쳤다. 그가 두 번씩이나 격한 반응을 보이자 불편해진 오바마는 통역을 시켜 조용히 않으라고 씨에에게 차가운 명령을 보냈다.

한 바탕 소동이 지나간 뒤 원은 오바마에게 질문을 던졌다. 그는 오바마에게 그의 제안을 G-77, 즉 개도국들에게 설득시킬 수 있는지에 대해 질문했다. 이에 오바마는 우선 EU와 선진국 대표들과 상의해본 뒤 그들의 동의를 구하겠다고 대답했다. 시간 관계상 모든 이들의 동의는 이끌어 내지 못하더라도 할 수 있는 것은 최대한 하겠다고 약속했다. 자리에 있던 이들이 마지못해 오바마의 제안에 찬성했다. 종결 시간이 찾아오면서 미중 양국은 기후협의 실패의 책임을 피할 수 있었다. 두 나라는 일단 갈등의 위기를 한 번 넘겼다.

그러나 더 큰 위기 상황이 양국을 기다리고 있었다. 2010년 7월 ASEAN 지역 포럼(ARF)에서 터진 남중국해 영토분쟁 문제였다. 이 포럼에서 미중 양국 대표, 즉 클린턴과 양제츠가 만나기 전부터 미중 양국 관계는 갈등을 향해 달려가고 있었다.

포럼 이전 미국이 중국에게 실망하게 된 사건이 하나 있었다. 바로 2010년 3월 26일 벌어진 천안함 폭침 사건이었다. 사건에 대한 중국의 반응은 중국에게 러브콜을 보내고 있던 오바마를 실망시켰다.

우선 국제합동조사단의 참여에 묵묵부답이었다. 그리고 조사단의 결과 즉, 북한의 책임에 동의하지 않았다. 미국은 결과를 중국 측에 직접 설명하기 위해 방문을 요청했으나 돌아온 것은 거절뿐이었다. 마지막으로 중국은 서해에서의 한미군사훈련을 공식적으로 반대했다. 서해를 중국의 '앞바다'로 규정하면서 미 항모의 진입에 강력히 항의했다.

사건이 발생하기 전 미국과 북한은 2009년 12월 뉴욕에서 고위급 회담을 가졌다. 미국 측 인사로는 스티븐 보스위스(Stephen Bosworth) 전 대사, 북한 측 인사로는 김계관 외무상이 참석했다. 뉴욕 회담에서 이들은 4월에 또 다시 만날 계획을 세웠다. 천안함 사건은 미북이 두 번째 만남을 준비하는 가운데 발생한 비극이었다.

그리고 6월 캐나다 토론토에서 개최된 G-20 정상회의에서 오바마와 후진타오는 북한에 대해 설전을 벌였다. 오바마는 북한의 도발 책임을 묻지 않으면 중국에게 대북 책임을 반복해서 요구할 것이라고 강력히 경고했다.

반면 후진타오는 중국이 남북 사이에서 균형을 유지해야 한다고만 답했다. 그의 답변은 오바마를 자극했다. 오바마는 중국이 북한의 도발을 용인할 것이라면 지역의 평화에 미칠 수 있는 잠재적 위험 또한 부담해야 할 것이라고 항의했다. G-20 폐막날 오후 기자회견에서 오바마의 비판은 더 노골적으로 터져 나왔다. 그는 중국의 '의도적인 눈감아주기(willful blindness)'와 '잘못된 균형(misguided evenhandedness)' 정책의 위험성을 강력히 지탄했다.

클린턴은 부시정부의 중국 대화 채널에 한 가지 불만이 있었다. 바로 미중 전략경제대화가 다루는 의제의 중요도였다. 그녀는 당시의 대화가 정치와 안보 문제에 상대적으로 무관심했다고 생각했다. 그래서 정치와 안보 문제 역시 경제만큼 중요하게 다루어야 한다는 게 그녀의 주장이었다. 그녀는 안보와 경제 이슈가 불가분인 동시에 상호작용하는 관계에 있기 때문에 이들을 분리해 다루는 것은 어불성설이라는 입장을 견지했다. 그녀의 단호한 태도는 결국 미 재무부와의 갈등을 초래했다.

미중 전략경제대화에서 안보 이슈를 좀 더 중요하게 다루고 싶다는 클린턴의 의지가 통했는지 이를 실현시킬 중재안이 국가안보차석급회의에서 마련되었다. 미중 양국의 대화 대표단에 국무부장관과 재무부장관을 각각 포함시키는 것이었다. 그래서 미국 측은 미 국무부와 재무부, 그리고 중국 측은 국무원의 외교국무위원(당시 따이빙궈)과 경제재무 담당 부총리(당시 왕치산, 王岐山)를 대표로 선정했다.

기존의 대화에 변화를 가하려는 노력이 진행되는 와중에 2009년 4월 1일 런던에서 오바마와 후진타오는 미중 전략경제대화(US-China Strategic and Economic Dialogue, S&ED)의 발족을 함께 선포했다. 이 대화는 매년 개최되는 것으로 결정됐다. 이런 구조의 전략 대화는 미국 외교사에서 전무한 것이었다. 동시에 이는 오바마행정부가 중국과의 관계를 얼마나 중시했는지의 방증이었다.

오바마정부의 국무장관 힐러리 클린턴은 중국과 안보문제를 논의하는데 있어서 상당한 집착증 환자 같았다. 그녀의 집착증은 2010년 7월 하노이에서 개최된 ARF에서 제대로 표출되었다. 클린턴은 중국과의 양자회담이나 중국과 동남아국가와의 다자회담에서 남중국해의 분쟁 중인 영토문제를 먼저 공격했다. 그 덕에 중국과의 양자회담은 끝내 설전으로 이어졌다. 다자회담에서 그녀는 동남아국가를 종용하는 세력으로 활약했다.

미국은 남중국해 영토분쟁에 있어 기본적으로 중립을 유지했다. 2월 스타인버그와 베이더가 북경을 방문했는데 당시 그들은 분쟁 중인 영토의 주권이 명백히 중국의 것임을 중국 당국을 통해 인지하게 되었다. 이들의 귀국 후 국무부 아태차관보 캠벨은 클린턴의 성명문을 준비하면서 영토분쟁에 대한 기존의 입장에 한 가지를 더 추가했다. 바로 미국의 이익이 남중국해에서의 '항해의 자유(freedom of navigation)'에 있다는 것이었다.

클린턴은 ARF 비공개회의 석상에서 이 같은 미국의 입장을 밝혔다. 12개

국가들이 미국의 원칙에 강력한 지지 발언들을 쏟아냈다. 그러나 지지 발언들이 끝난 후, 중국 외교부장 양제츠의 고성이 25분간 이어졌다. 양제츠는 우선 클린턴의 발언을 직접 공격했다. 남중국해에 아무런 문제가 없다고 못 박았다. 그리고 ASEAN 국가들이 외세에 동조하는 행태를 극렬히 비판했다. 그는 특히 베트남을 지목했다. 동료 사회주의 국가로서 사회주의를 경멸하는 나라에 동조하는 것은 옳지 못하다는 비난을 퍼부었다.

양제츠의 언행은 도를 넘은 감이 있었다. 25분 동안의 고성에도 분이 안 풀렸는지 양제츠는 결국 '중국이 대국이고 여기에 모여 있는 어느 나라보다도 더 크다'라는 다소 오만방자한 문장을 내뱉었다.[28] 양제츠의 격앙된 발언은 우리가 2010년을 기점으로 중국 외교가 공세적으로 변했다고 규정하는 이 정표적인 사건이었다.

다. 후진타오의 방미

2010년 6월 토론토의 G-20 정상회의에서 오바마는 후진타오에게 미국 방문을 직접 제안했다. 오바마의 후진타오 초청은 2009년 11월 오바마의 방중에 대해 답방을 해달라는 요청이었다. 후진타오의 방미 의제는 단연코 경제였다. 미국의 대중 무역 적자, 세계금융위기와 미국의 재정적자로 인한 중국의 미국 국채 매입 의존도 상승 등의 문제였다.

오바마 취임 당시 미국의 대중 무역적자는 연간 2,000억 달러를 기록 중이었다. 세계금융위기사태로 인해 중국은 내수 진작을 위해 4조 위안을 시중에 풀었다. 동시에 인플레이션의 발발 가능성을 저지하기 위해 수출을 포함한 해외에서 획득한 외환을 미국의 국채 매입에 투자했다. 2009년 기준 중국은 미국 국채의 최대 보유국으로 등극했다. 중국이 매입한 총액은 1조 달러를 넘었다.

무역적자 해소를 위해 부시행정부는 몇 가지 제재 방안을 고려한 적이 있었다. 모든 중국 수입품에 27.5%의 관세를 책정하거나 무역구제조치의 관세를 징수하는 것이었다. 이 모든 조치는 중국의 위안화 절상 문제 해결에 대

---

28 Bader, *op. cit.*, p. 105.

한 성의 부족 태도에 대응하기 위해 고안된 것들이었다. 그러나 고관세 조치는 중국 위안화 절상 문제의 근본적인 해결책이 아니었다. 도리어 미국에게 더 큰 손해로 돌아올 수 있는 것이었다. 때문에 이 정책에 대해 대내적인 반대가 적지 않았다.

오바마정부는 상대적으로 온건한 보복 조치에서부터 강경한 조치까지 다양한 전략 옵션 마련에 주력했다. 특히 오바마는 중국의 불공정 무역에 대해 더 강경한 대책을 원했다. 그래서 그의 정부는 우선 환율과 관련해 양자와 다자 차원에서 중국을 압박할 수 있는 방편을 모색했다.

2010년에 이 논의를 주도했던 대표적인 인물은 국가경제위원회의 주임 래리 서머스(Larry Summers)와 재무부장관 티머시 가이트너(Timothy Geithner)였다. 이외에 논의 참석자로 서머스의 차관보 마이크 프로만(Mike Froman), 도니론, 재무부 차관 레이얼 브레이너드(Lael Brainard), 국가경제위원회의 선임 주임 데이비드 립턴과 베이더 등이 참석했다.

이들은 1974년 미국 무역법 제421조를 적극 활용하는 것도 고려했었다. 이는 수입의 급증을 방지하고 지적재산권을 위해하는 기업의 미국 시장에 대한 투자 저지, WTO 제소와 환율조작국으로 지정하는 조치 등을 포함하고 있었다. 그러나 이 조항은 그리 효과적이지 못했다. 일례로, 2009년 중국의 자동차 타이어 수입에 이 조항을 적용하려 했으나 미 기업의 호응이 거의 없었다.

여러 옵션 가운데 오바마행정부는 중국 위안화의 절상이 최상의 선택이며 이는 미국 경제에도 긍정적인 영향을 미칠 것이라고 결론을 내렸다. 그러나 의아스러운 것은 이들이 논의는 했으되 아무런 결정도 내리지 않았다는 것이다. 이는 세 가지 이유가 있었다.

첫째, 중국의 불공정한 무역이 미국 경제에 주는 영향이 미미하다는 이유였다. 또한 역으로 긍정적인 조치 역시 미국 경제에 미치는 영향이 거의 없다는 것이다. 둘째, 국제규범을 경시하는 중국의 보복 조치에 많은 위험부담을 느꼈기 때문이다. 그리고 마지막은, 미국정부의 무역 보호주의에 따른 미 시장의 잠재적 반응에 대한 우려 때문이었다.[29]

---

29 Bader, *op. cit.*, pp. 113~114.

590   한국인을 위한 미중관계사

행정부는 앞으로 있을 후진타오의 미국 방문(2011년 1월)과 미국이 앞으로 어떻게 자국의 경제이익을 더 효과적으로 방어하는지에 따라 향후 행보를 결정하기로 유보했다. 후진타오의 성공적인 방미를 위해 7월 도니론과 서머스가 북경을 방문한다. 이들의 방문 목적은 정상회담의 의제를 논의하는 것이었다. 의제에는 한반도, 이란, 대만, 티베트, 기후변화, 해양, 위안화, 중국시장 개방, 중국의 인터넷 검열과 미국 기업의 지적재산에 대한 해킹과 인권문제 등이 포함됐다.

중국 측은 이들을 위해 후진타오부터 원자바오, 왕치산, 인사부 부장 리위안차오(李源潮), 따이빙궈, 양제츠, 중국인민은행장 저우샤오촨(周小川)와 중앙군사위원회 부위원장 쉬차이허우(徐才厚) 등과의 만남을 주선했다. 이들과의 회담에서 도니론은 국제문제에서의 중국의 협력과 신뢰의 중요성을 특히 강조했다. 특히 이란의 비확산 문제, 한반도의 전쟁 억제, 테러와의 전쟁과 파키스탄의 안정화, 세계의 안정과 기후변화 억지 등의 문제에 있어 중국의 협조가 관건이라는 오바마의 메시지를 전했다.

미중 양국 관계에 있어 가장 조망 받았던 의제는 무역이 아닌 군사교류 문제였다. 도니론은 양국의 고위급 군사교류가 재개되어야 한다고 설명하면서 로버트 게이츠(Robert Gates) 국방장관의 북경 방문을 타진했다. 양국의 군사교류는 2010년 미국의 대만 무기 판매가 선언된 뒤 중단된 상태였다.

미국은 교류의 당위성을 두 강대국 간에 군사교류가 부재할 경우 나타날 수 있는 결과에서 찾았다. 교류가 없다면 양국 군은 고립될 것이고 이는 결국 더 많은 긴장과 대립 양상을 조장할 것이라는 게 도니론이 내세운 이유였다. 오바마행정부는 당시 군사적 교류를 누가 누구의 부탁을 들어주는 문제가 아닌 대국으로서의 책임과 의무의 문제라고 인식하고 있었다.[30]

미중 양국의 경제무역 문제들과 관련하여 서머스가 브리핑할 기회가 있었다. 그는 미중 양국의 경제 문제가 서로 상이한 구조를 가진 데서 발생한다고 설명했다. 즉, 원인을 중국 사회의 고저축율, 저소비율, 부실한 사회보장제도와 현명하지 못한 화폐정책 등에서 찾았다. 서머스는 문제의 해결책으로

---

30 Bader, *op. cit.*, p. 117.

미국을 방문하여 오바마와 만나는 후진타오

위안화 절상을 제언했다. 절상이 안 될 경우 인플레이션이 발생할 것이고 이
는 중국 경제의 경쟁력은 물론 사회에도 악영향을 미칠 것이라고 설득했다.

이번에는 미국으로 초점을 옮겼다. 서머스는 미국 경제가 저저축율, 고소
비율, 재정과 경제 회복 등의 구조적인 문제에 당면해 있는데 이를 효과적으
로 해결하지 못할 경우 내부에서 대대적인 중국 응징 조치 요구가 터져 나올
것이라고 설명했다. 논의 과정에서 중국 측 인사들은 각자 지정된 의제를 가
지고 중국의 입장을 설명했다.

리위안차오는 중국이 미국의 글로벌 리더십에 도전하는 일은 없을 것이며
중미 간 불가피한 갈등요인도 없다고 설명했다. 따이는 중국의 북핵 반대 입
장 견지를 설명했다. 원자바오는 대만 무기 판매, 쉬차이허우는 군사교류의
재개 등에 대한 중국의 입장을 설명했다.

상술했듯 오바마는 후진타오에게 중국 방문을 초청했다. 후진타오는 그의
초청을 수락했다. 중국정부는 그의 방문 일정을 2011년 1월 18~20일로 결정
했다. 그러나 그의 방미는 그리 순조롭게 진행되지 않았다. 11월 한국의 연평
도에서 폭격 사건이 발발했기 때문이다. 연평도 사건으로 중국은 난처한 입
장에 처하게 되었다. 북한에 대한 중국의 면죄부 인상이 날로 강해지는 가운
데 북한문제가 정상회담의 핵심 의제로 등극할 가능성이 점점 농후해 보였

다. 이런 상황에서 중국은 따이빙궈를 통해 이른바 '평화발전론'을 《인민일보》에 게재했다.

후진타오의 평화발전론 발표 배경에는 2010년 중국의 공세적인 외교에 대한 국제사회의 우려가 있었다. 후진타오는 이번 발표를 통해 국제사회가 가지고 있는 자국 외교에 대한 우려를 불식시키는 동시에 인식을 바꾸고자 했다. 더불어 이번 발표가 중국의 책임 의식을 전 세계에 알리는 데 일조할 것이라는 신념에서 발표를 지지했다.[31]

다행히 미중 정상회담은 성공리에 끝났다. 공동성명문 작성 때도 별다른 문제가 발생하지 않았다. 미국이 요구하는 바를 후진타오가 동의하면서 양국의 회담은 순조롭게 진행되었다. 우선 북핵과 관련해 미중 양국은 함께 우려를 표했다. 더불어 2005년 〈9.19 공동성명〉을 위배하는 모든 행위를 반대하고 북한에게 국제적 책임을 촉구하는 문구를 작성하는 데 합의했다.

무역 문제 역시 중국이 보잉사의 비행기 200대를 구매하기로 결정하면서 별다른 문제없이 종결되었다. 위안화 절상 문제의 경우 가이트너가 문제의 심각성을 불식시키는 연설을 후진타오 방문 이후 미국 언론을 통해 발표했다. 인권문제도 1월 14일 클린턴이 미중관계의 기회와 도전을 설명하는 강연 자리에서 중국 인권문제의 심각성을 부각시키면서 비판을 무마시키는 것으로 조용히 마무리 되었다. 그리고 2주 후 오바마도 인권 사회단체 등에게 해명하는 자리를 따로 가졌다.

┋ 시진핑과 트럼프 시기

가. 시진핑의 대미 전략

2012년 11월 중국공산당은 18차 전국대표자대회(이하 '18차 당대회')에서 향후 10년 중국을 이끌어갈 새로운 지도부, 즉 시진핑, 리커창, 왕치산 등을 핵심으로 한 5세대 지도부의 출범을 알렸다. 그리고 2013년 3월 중국 제12차

---

31 Bader, *op. cit.*, p. 123.

전국인민대표자대회의 개최와 함께 5세대 지도부의 중국이 시작되었다.

시진핑 체제 10년은 중국의 원대한 국가 목표 구현에 매우 중요한 전략적 시기이다. 우선 개혁개방 초기에 설정한 두 번째 목표인 소강사회가 2020년에 구현되어야 한다. 그리고 개혁개방의 마지막 목표, 즉 사회주의 초기단계의 진입을 알리는 "부강한 민주문명의 조화로운 사회주의 현대화 국가"를 2050년 이룩해야 한다는 것이다.[32]

중국의 국제적 위상에 대한 시진핑 집단지도부의 인식은 다음과 같다. 첫째, 중국은 미국과 함께 세계에서 대국 중 하나이다.[33] 둘째, 중국의 경제성장이 세계경제 성장에 대한 기여도가 과거 5년 동안 20% 이상이었고, 앞으로 5년 동안 중국의 총수입액은 8조 달러에 이를 것이며, 매년 해외투자액도 1,000억 달러를 돌파하는 등 결국 중국은 세계적인 경제대국이 될 것이다. 그러나 중국은 아직도 세계에서 제일 큰 발전중국가이다. 중국의 국민소득은 90위 밖이며, 1억 5,000만 명 이상의 인구는 생활비가 1달러가 안 되는 빈곤층에 속한다.[34]

셋째, 국가안보와 발전이익의 관계가 밀접해지는 가운데 어떠한 국가도 단독으로 문제를 해결하기 어려운 상황에 놓여 있는데 중국 역시 예외는 아니다.[35] 넷째, 신형 대국의 방향과 원칙은 2011년 후진타오의 방미 당시 이미 확정되었다. 후주석이 언급했듯 "목표를 이룰 때까지 포기하지 않는 결심과 믿음, 돌을 더듬어 가며 강을 건너는 인내심과 지혜를 가지고" 이 문제를 접근해야 할 것이다.[36]

결국 시진핑 체제의 외교정책과 대외전략 역시 역대 체제의 근본적인 목표나 목적, 그리고 성질 면에서 다를 바 없을 것이다. 즉, 경제발전을 위한 국제 주변환경의 평화와 안정을 조성하고 유지하는 것이다.

그러나 시대적 환경의 변화에 따라 시진핑 체제는 특히 후진타오 체제의

---

32 "習近平：着眼長遠 携手開創中美合作新局面", 『中國共産黨新聞』, 2012年 2月 19日.

33 "習近平同美國副總統拜登會談", 『中國共産黨新聞』, 2012年 2月 15日.

34 "習近平接受〈愛尔蘭時報〉書面采訪", 『中國共産黨新聞』, 2012年 2月 20日.

35 "習近平集體會見上合組織成員國安全會議秘書會議代表團團長", 『中國共産黨新聞』, 2012年 4月 13日.

36 "習近平會見美國總統特別代表國務卿克林頓和財長蓋特納", 『中國共産黨新聞』, 2012年 5月 4日.

외교정책과 대외전략과는 차별성을 구비해야 할 것이다. 왜냐하면 중국의 국제적 위상이 현격하게 달라지고 있으며, 중국의 협력이 국제분쟁이나 문제의 해결에 있어 관건이 되고 있기 때문이다.

시진핑정부의 중국 발전 전략은 국내 문제의 해결, 중국 경제와 사회 발전의 보장에 초점이 맞춰져 있기 때문에 중국 외교에도 적지 않은 영향을 미칠 것이다. 우선 중국 외교는 과거보다 주변정세의 안정과 발전을 더 강조할 것이다.

중국은 최근 영토분쟁 문제와 같이 압박이 심한 일련의 외교문제에서 제어력을 상실하고 정치와 외교 대화의 과정이 교착상태에 빠지는 면모를 보여주고 있다. 대신 실질적인 행동으로 주변 안보환경을 개선하는 데 주력하고 있다. 이런 방침은 중국 신정부의 외교방향이라고 할 수 있다.

2013년 7월 1일 진행된 ARF에서 중국 외교부장 왕이는 중국이 ASEAN과의 행동준칙(COC) 협상을 받아들일 수 있다고 선언했고 남중국해 영토분쟁 해결에 적극적인 태도를 보였다. 중일 간의 조어도 문제에서는 북경과 동경 간에 교착상태를 단기간 내에 타파하지 못할 것으로 보였다. 그러나 '개인적인 채널'을 통해 북경 당국이 정상회담을 포함해 외교적인 접촉을 시도하고 있다는 보도가 있었던 것으로 보아 해결 가능성이 아주 없다고 할 순 없는 것 같았었다.[37]

중국은 이와 관련 중일 양국이 동시에 따아위다오에 대한 순시함의 공적 순항을 중단하는 것을 정상회담의 조건으로 제시한 바 있다. 그러나 아베총리정부는 7월 21일 일본 의회의 선거 상의 이유로 중일 간에 존재하는 영토분쟁을 내정의 도구로 활용하기 위해 거절했고 중일 간의 조어도 위기 상황은 나아지지 않고 있다.

중국의 신정부는 '신형 대국관계' 구축을 대대적으로 추진하고 있으며, 중미관계 안정과 중미 협력을 중국 외교의 주요 전략으로 채택했다. 2013년 6월 7~8일 중국의 시진핑 국가주석과 미국의 오바마 대통령은 캘리포니아에서 비공식 정상회의를 통해 양국의 주요 관심사인 국내외 정치에 대해 진솔

---

37 "王毅：警惕个別國家爲一己私利在南海興風作浪", 『新華网』, 2013年05月02日,

한 대화를 나눈 뒤 의견을 교환했다. 중미 양국 정상은 공유하는 컨센서스를 핵심으로 양국 관계를 발전시키고 신형 대국관계를 추진하는 데 합의했다.

이를 기반으로 양국 정상은 모든 문제에 대해 모든 차원에서 대화를 추진하는 '긴밀한 협력 정신'을 추구하는 데 합의했다. 그리고 7월 10~11일 미중 양국은 워싱턴에서 개최된 제 5차 중미 전략경제대화(SED)에서 환경문제, 에너지문제와 투자보호협정에 대한 협력의 필요성과 당위성에 동의하면서 이에 대한 논의를 진행하는 데 합의했다. 특히 이 대화 기간 동안 중국의 부총리이며 개혁파를 대표하는 인물인 왕양(汪洋)이 중국 신정부의 대미전략사상을 명료하게 진술하면서 중미관계가 '부부관계'이자 '이혼을 할 수 없는' 관계라고 설명했다.

더 나아가 중미 양국은 지속적이고도 양호한 발전을 위해 '공동생활의 기초'를 닦아 나가는 데 동의했다. 그러나 미국이 만약 중국의 핵심이익을 위해하는 '언행'을 일삼을 경우 중국은 이 같은 제언을 수용할 수 없다는 입장을 표명한 바 있다.

중국의 대미 전략적 입장에 관해 왕양은 시진핑 주석의 6월 오바마 대통령과의 정상회의에서 언급한 '토끼가 다급해지면 독수리를 걷어찬다'는 말을 인용하면서 미국에게 중국의 새로운 지도부들이 미중 전략관계를 '토끼'와 '독수리'의 관계로 인식하고 있다고 소개했다.[38]

나. 트럼프 시기의 대중 전략

트럼프가 본인의 대중국 인식과 관련해 유세 기간 동안 빠지지 않고 언급한 것이 하나 있다. 그는 중국을 미국인의 직장을 갈취하고, 불공정하게 경쟁하고, 환율을 통제해 경제 도깨비와 같은 존재로 군림해온 세계 2대 경제대국이라고 정의했다.

대선 유세 기간 동안 보여준 그의 중국 인식은 두 가지 발언으로 표출되었다. 하나는 중국이 환율조작국이라 관세율 45%를 적용해야 한다는 발언이다. 다른 하나 역시 중국을 향한 경고성 발언이다. 트럼프는 북핵문제 해결을 위

---

38 "汪洋 : 習近平曾告訴奧巴馬兎子急了也蹄鷹", 『中國新聞網』, 2013年 7月11日,

해 중국을 압박해야 한다고 강하게 주장했다.

이들을 귀납해보면 우리는 트럼프가 취할 법한 몇 가지 조치들을 유추해 볼 수 있다. 그는 중국의 무역관행, 통화조작, 지적재산권 보호 문제, 산업 스파이 문제 등에 있어 중국에게 강경한 입장을 취할 것이다.

특히 트럼프 당선자는 유세 중 이러한 대중 전략을 단순히 미국 내 고용문제 개선 차원 뿐 아니라 북한 핵문제 해결을 위해 중국의 협조를 실질적으로 이끌어 내는 압력 수단으로도 활용할 것이란 관점을 강조했다.

트럼프가 선거 유세 기간 동안 상투적인 동맹 이야기만 한 것은 외교나 국제정세 및 관계에 대한 그의 무지를 역력하게 드러낸 것으로 해석할 수 있다. 그래서 그의 자문관과 전문가 집단의 역할이 초반에는 상당한 영향을 미칠 것이나 트럼프의 성격을 봐선 독자적인 행보, 판단과 결정이 단기간 내에 시작되리라 예상된다.

우선 트럼프가 유세장에서 제시한 중국이 '환율조작국이라는 이유로 중국 제품에 관세 45% 적용'은 실현 가능성이 매우 희박하다는 것이 미국과 중국 전문가들의 공통된 평가다. 우선 환율조작국 문제는 지난 20년 동안 미국에 의해 지속적으로 제기된 문제이나 이를 실질적으로 규제하기 어려운 것이 현실이다.[39]

환율조작국으로 규정되기 위해서는 미국 재무부가 설정한 세 가지 기준 가운데 두 개 이상을 충족해야 한다. 그러나 중국은 한 개의 기준만 충족하고 독일, 일본과 한국은 두 가지를 충족하고 있다. 환율조작국으로 규정해서 페널티를 부과하려면 결국 이 기준을 바꿔야 한다는 의미다.

물론 환율조작국 지정 외에도 트럼프가 사용할 수 있는 카드는 몇 가지 더 있다. 트럼프는 45%의 관세를 중국 제품에 적용하기 위해서 몇 가지 국내

---

39 환율조작국으로 지정되기 위해서는 미국 재무부의 세 가지 기준 중 두 개 이상을 충족시켜야 한다. 재무부는 미국을 상대로 상당한 규모의 무역수지 흑자를 유지하고, 해당국 국내총생산(GDP)의 3% 이상의 경상수지 흑자를 유지하면서, 해당국 통화가치의 상승을 막기 위해 외환시장에서 일방적이고 반복적인 개입을 하는 3가지 기준을 새로 도입해 주요 교역대상국이 미국 달러화에 대한 환율을 조작했는지를 판단한다. "한국, 美재무부 환율조작국 지정은 모면…'관찰대상국'에 올라(종합2보)", 『연합뉴스』, 2016년 4월 30일.

법을 동원할 수 있다. 그러나 이는 국가 안보 위협과 같은 구체적이고 특별한 상황에서만 가능하다. 법리적으로 더 많은 무역 구제 행동(trade remedy actions)을 활용해 이를 관철할 수 있는 여지가 있긴 하지만, 이들 행동 즉, 반덤핑, 상계관세와 세이프가드 등은 이미 WTO 협정에 부속된 것들이다.

그러나 만약 이 같은 조치가 실행된다 하더라도 해당되는 제품의 교역량을 감안하면 그 양이 상당히 적어 미치는 영향 또한 상당히 제한적일 것이다. 실제로 미국이 1930년 "스무트-홀리 관세법(Smoot-Hawley Tariff Act)"으로 12개 국가에 보호무역조치를 취했는데 결과는 오히려 역효과가 일어났고 혹자는 이것이 대공황의 원인을 제공했다고 평가한다.[40]

유세 기간부터 미국의 이익을 끔찍이도 강조해 온 트럼프는 적극적인 보호무역주의자다. 그의 보호무역주의 관점이 실현되기 위해서는 두 가지 선결조건이 필요하다. 하나는 미 의회다. 공화당이 장악한 의회가 이에 동조할지의 여부가 관건이다. 아직까지 미 국내전문가들은 이에 회의적이다.[41]

다른 하나는 역외 국가들의 반응이다. 트럼프가 실제 이를 적극적으로 단행할 경우, 역외 국가들은 반대로 더 큰 개방, 더 넓은 자유무역지대를 형성하려 들 것이다. 이는 결국 미국의 손실을 불러올 것이고 트럼프에게 미국의 보호무역주의가 미국에게 미치는 타격을 알게 할 것이다.

미국의 센서스총국의 통계에 따르면, 미중 양국의 교역 규모는 2015년 5,992억 달러였다. 그중 미국의 대중 수출이 1,160억 달러를 기록했고 대중국 수입은 4,832억 달러를 기록했다. 양국의 불균형한 무역 구조 상황에서 미국의 보호무역주의는 미국에게 손실만 입힐 것이다. 실례로 2009년 중국의 대미 수출이 감소했을 때 미국 제조업의 고용자수는 13만 명이나 감축되었다.[42]

40 Steven Suranovic, "Trump trade deal pullout would hurt US most," Global Times, November 22, 2016.

41 Richard Haas, "Foreign policy expert to Trump : Begin with 'calling your allies'," www.cnbc.com, November 9, 2016, http : //www.cnbc.com/2016/11/09/ foreign-policy-expert-to-trump-begin-with-calling-your-allies.html (검색일 : 2016년 11월 12일).

42 Chen Qingqing, "Trump won't affect US-China trade ties," Global Times, November

그가 안보 고립주의자 인상을 갖게 된 이유는 유세 현장에서 오바마의 안보정책을 비난한 데서 비롯되었다.[43] 단지 우리와 매체가 그의 발언을 그렇게 해석한 것이다. 그는 오바마의 잘못된 안보정책이 다음과 같은 병폐를 자아냈다고 비판했다. 세계화에 악영향을 미쳤고 국내 정책의 우선순위까지 잘못 책정시켜 버렸다고 질책했다.

그리고 그 덕에 주변의 위협을 미 군사력의 확장으로 대응하는 선택이 시행되었고 이는 결국 미 군사력의 '핵심(core)'적인 문제의 취약점을 노출시켜 버렸다고 비판을 쏟아냈다. 트럼프는 잘못된 안보정책에 대한 과도한 집중이 미국의 국내 경제와 사회간접자본에 대한 무관심으로 이어져 오늘날 미국 경제가 어려움을 겪는 근본적인 원인이 되었다며 유세 기간 동안 격양된 어조를 감추지 않았다.

안보 때문에 미국 경제가 희생되는 일은 없어야 한다는 발언 역시 오해의 소지가 다분했다.[44] 특히 그가 미국의 경제와 안보에 있어 미국에 더 유리하게 협상하겠다고 유권자의 표심에 호소하기 위해 발언한 것이 이런 오해의 근원이었다.[45]

그래서 트럼프는 레이건 대통령의 안보 슬로건이었던 '힘의 평화'를 추구하기로 결정했다. 이는 무엇보다 자동예산삭감 명령을 폐지하기 위한 의회의 초당적인 지지를 전제한다. 트럼프는 미군의 배치가 아시아 태평양 지역에 매우 필요한 만큼 이를 적극적으로 이끌어내고자 한다.

이와 더불어 미국의 새로운 대통령은 미 해군 함대 증대를 목표로 설정했다. 함대를 지금의 274척에서 350척으로 증대시키겠다는 것이다. 이것이 필요한 이유는 중국이 2030년까지 태평양에 415척의 구축함과 100척의 잠수정을 배치하겠다는 계획을 발표했기 때문이다.[46]

22, 2016.

43 Douglas Paal, "Sino-US relations in Trump era," China Daily, November 17, 2016.

44 Alexander Gray and Peter Navarro, "Donald Trump's Peace Through Strength Vision for the Asia-Pacific," Foreign Policy, November 7, 2016.

45 Douglas Paal, "Sino-US relations in Trump era," Ibid.

46 Gray and Navarro, "Donald Trump's Peace Through Strength Vision for the Asia-Pacific," Ibid.

트럼프는 또한 동맹국에게 미군 주둔에 대한 비용 부담 증가를 요구할 것이다. 그의 논리는 현재의 한국과 일본을 만드는 데 도움을 준 미국 정부와 미 국민의 지원을 전제로 한다. 미국의 세납자들이 전쟁 후 일본과 한국의 재건과 발전을 도와줬고, 이들은 미국의 돈과 피로써 지난 반세기 동안 민주주의 국가와 선진국으로 성장했기 때문에 미국의 요구는 공정한 처사라는 게 그의 입장이다. 그렇기 때문에 트럼프는 동맹국의 미군 주둔 분담금 증액을 확실히 요구할 전망이다.

그러나 이것이 트럼프가 동맹을 포기한다는 의미는 아니다. 오히려 역내 미국의 안보 존재감을 더 강화시킬 것이다. 지금까지의 언행으로 볼 때 트럼프의 대중 관심사는 양자 간의 경제관계이지 지정학 전략에는 관심이 덜한 것으로 보인다는 것이 일반적인 평가다.[47]

미국 대선과 함께 치러진 총선의 결과는 공화당이 상하원을 모두 석권한 예상 밖의 대승이었다. 이런 의회 구조는 트럼프 당선자가 선거 유세 때 발언한 고립주의, 보호무역주의와 미국 우선주의 등을 효과적으로 견제하는 제동장치로 작용할 것이다.[48] 전통적으로 공화당은 국익을 중시하긴 하지만, 고립주의나 무역보호주의를 표방하진 않았다.

공화당은 전통적으로 미국의 국익을 국제사회와의 교류와 해외에서 확보하는 등 비교적 효율적인 방식을 취해왔다. 그렇기 때문에 공화당은 민주당보다 동맹체제에 대한 가치, 필요성, 정당성, 당위성을 더 중시하는 동시에, 국제사회에서 미국의 위상과 역할, 작용과 영향력을 의식하는 외교 노선을 지향해 왔다.

마지막으로 트럼프는 기존 FTA에 대한 새로운 입장을 내놨다. 기존의 내용이 미국에게 불리하므로 이를 부분이든 전면이든 수정을 가해야 한다는 것이다. 이 같은 그의 입장은 주변의 우려를 샀다. 그리고 주변은 여전히 이에

---

47 Shannon Tiezzi, "Is Donald Trump Really Good News for China?" The Diplomat, November 10, 2016.

48 Richard Haas, "Foreign policy expert to Trump : Begin with 'calling your allies'," www.cnbc.com, November 9, 2016, http://www.cnbc.com/2016/11/09/foreign-policy-expert-to-trump-begin-with-calling-your-allies.html (검색일 : 2016년 11월 12일).

불안한 눈빛을 보내고 있는 중이다. 그러나 기존 FTA의 수정은 무역 시장과 질서에 혼란을 야기할 수 있다. 더구나 이는 미국에게 단기적인 손실을 입힐 수 있다. 결국 트럼프는 자신이 공언했던 바와 달리 이 문제에 신중하게 접근하게 될 것이다.

다. 시-트럼프 정상회담

2017년 4월 6일 미국의 신임 대통령 도널드 트럼프와 중국 국가주석 시진핑의 회담은 의제가 없었던 초유의 사태였다. 정상회담이 결정되기도 전에 너무나도 많은 것이 비정상적이었다. 우선 정상회담의 일정부터가 비정상적이었다. 미중 정상회담의 일정은 개최 1주일 전인 3월 31일에 갑자기 공개되었다. 불과 2주 전인 3월 14일경만 해도 세계는 4월초에 개최된다는 것 외에 아는 바가 없었다.[49] 다만 2월 10일 두 정상 간의 통화 사실을 근거로 그때 트럼프가 시진핑에게 미국 방문을 초청한 것으로 미루어 짐작할 수 있을 뿐이다.

그리고 이번 회담의 결과를 설명해주는 그 무엇도 없었다. 공동성명문은 물론 기자회견조차도 가지지 않았다. 두 정상 간에 오간 이야기는 두 정상 간에 비밀로 부쳐진 듯하다. 미중 정상이 정상회담을 갖고 공동성명문이 없는 것은 1975년 12월 포드 전 대통령의 방중 이후 처음 있는 일이었다. 심지어 기자회견조차 없었던 것은 이번이 처음이었다.

마지막으로 트럼프는 시진핑을 만나기 전부터 중국에 대해 강력한 발언을 수많은 자리에서 수없이 쏟아냈음에도 불구하고, 정작 만났을 때는 아무런 합의도 도출해내지 못한 것 같다. 트럼프는 회담 첫날 만찬 전에 기자에게 시진핑과 장시간 대화를 했지만 얻은 것이 아무것도 없었다고 노골적으로 불만을 표시했다. 그러나 시진핑이 알래스카로 이동한 후에 미중 양국 관계와

---

49 미 국무부장관 렉스 틸러슨이 중국을 방문(3월 18~19일)할 때까지도 '가까운 미래(near future)'에 미중 양국 정상의 회담 개최만 언급했고 명확한 날짜는 밝히지 않았다. Office of Spokesperson, "Secretary Tillerson's Meeting With President Xi Jinping of the People's Republic of China (P.R.C.)," March 19, 2017, https：//www.state.gov/r/pa/prs/ps/2017/03/268524.htm, (검색일：2017년 4월 12일).

당면 과제에 대해 생산적인 대화를 가졌고 앞으로 현안 해결을 위해 양국이 광범위한 영역에서 긴밀하게 협력할 의사를 확인하는 계기를 가졌다고 호평했다. 사실 미중 양국의 무역 불균형 구조 개선 방안을 중국이 준비하기 위해 이른바 '100일 계획'에 합의한 것 외에는 아무런 소득이 없었던 것 같다.

세계는 트럼프가 평소에 중국에 대해 강경한 발언을 너무 많이 쏟아냈기 때문에 이번 정상회담에서 시진핑이 그의 상당한 정치적·외교적 압박을 피하기 어려울 것이라고 전망했었다. 그러나 결과는 예상 밖이었다. 아무것도 없었기에 이번 정상회담을 '세기의 회담'으로 간주한 세계 언론이 무색할 정도였다. 오히려 트럼프가 종전의 강력한 입장에서 선회해 시진핑에게 대화를 통해 해결하자고 제언하면서 예상과는 달리 더 수세적이고 방어적인 자세로 회담에 임한 인상을 줬다.

아직도 세계는 두 정상 간의 대화 내용은커녕 서로가 어떠한 문제의식을 가지고 있고 이에 어떠한 입장을 취하고 있는지조차 모른다. 실로 혼란만 더 가중시킨 미중 정상회담이었다.

제15장

미중의 동아시아 지역질서
주도권 경쟁 : 왜 '동상이몽'인가

2009년 미국은 21세기 동아시아의 지역질서 구상으로 '아키텍처(architecture)'라는 개념을 공식 제기하면서 미국 국내외 전문가들 사이에서 많은 논쟁을 불러 일으켰다.[1] 이런 논쟁이 전문가들 사이에서는 아직까지 지속되고 있으나 정부 차원에서는 오바마행정부 1기의 임기 만료 1년 전인 2011년에 일단락을 맺었다. 오늘날까지 논쟁이 지속되는 가장 큰 이유는 미국의 아키텍처에 대한 구상의 저의와 의도가 중국을 포위하는 것이 아니냐는 의구심 때문이다.

이런 이유로 국가 차원에서는 미중 간에 미국의 아키텍처에 대한 논쟁이 끊이지 않고 있다. 중국이 미국의 저의를 의심하지 않을 수 없는 이유는 역사 때문이다. 지금까지 국제지역질서는 주도권을 가진 국가의 의지·목표와 전략에 따라 결정되었다. 대부분의 국제지역질서의 개편은 전쟁의 종결과 함께 이뤄졌는데 보통 전승국들이 뜻한 바대로 이뤄졌다. 그러므로 동아시아 지역질서의 주도권을 미국이 선점하고 주도하려는데 대한 중국의 우려가 자연스럽게 커질 수밖에 없다. 중국은 '중국위협론'의 관점을 버리지 못하는 미국이 동아시아 질서를 주도하려는 의도와 목적이 자국을 견제하기 위한 것이라는 인식에서 탈피하지 못하고 있다.

그러나 오늘날 동아시아의 상황은 과거와는 확연하게 다르다. 특히 동아시아 지역질서의 구축이라는 명제 하에 움직이는 미국과 중국의 행보는 전쟁의 결과가 아닌, 중국이라는 신흥부상세력의 출현에 따른 힘(power)의 재분배 결과물이다. 이런 힘의 재분배의 과정에서 급부상하고 있는 중국이 미국을 제약하지는 못하지만 미국은 부상하는 중국을 의식할 수밖에 없고 견제할 수밖에 없는 상황이 연출되고 있다. 그러므로 미국은 동아시아 지역질서 개

---

1 본 장은 저자의 "미·중의 동아시아지역 질서관 비교 분석-미국의 '아키텍처' 개념을 중심으로", 『아태연구』, 제20권 제1호, 2013년, pp. 59~95를 재정리한 것임.

편 문제에서 주도권을 장악하려는 외교적 노력을 부단히 개진하고 있으며, 중국은 미국 중심의 개편 방향을 견제하려는 양상을 보이고 있다.

이 같은 양상이 나타나는 근본적인 이유를 다음 두 가지 요인으로 설명할 수 있다. 첫째, 동아시아 역사상 처음으로 미국과 중국 등 지역 강대국 두 나라가 같은 지역 같은 시대에 군림하고 있다. 미국은 당대 세계 유일의 초강대국이자 패권국이다. 중국은 현재 부상하고 있는 지역 신흥세력이지만, 전통적 지역패권국이다.

역사적으로 국제질서 구축 문제가 패권국 간에 타협이나 협상의 결과로 평화롭게 구축된 사례는 찾아보기가 힘들다. 물론 역사적 사례가 아예 없다는 말은 아니다. 극소수에 불과하지만 적절한 사례를 유럽에서 찾아볼 수 있다. 유럽에선 정책적 조율이라는 이른바 '강대국 협조체제(Concert of Great Powers)'의 형식으로 질서 개편이 '평화롭게' 이루어진 적이 있다.

그러나 이것이 가능했던 이유는 유럽 대륙 내 수많은 국가들이 대등한 국력, 같은 인식, 이념과 가치를 공유하고 있었기 때문이다. 그리고 역외세력이 지역패권국가로 존재하지 않았다는 사실도 이들 간의 정책 조율을 가능케 하는 근간으로 작용했다. 한 마디로 당시 유럽은 비슷한 사람들이 모여 사는, 거기다 불청객의 방해가 없는 평화로운 동네였다.

이를 제외한 대부분의 경우 패권국들은 전쟁의 결과로 얻은 힘의 재분배 기회를 통해 '세력(sphere of influence) 확장'이라는 수단으로 국제질서를 창출했다. 그러나 미국과 중국은 과거 패권국들과는 매우 상이한 특징을 가지고 있으며, 양국 간의 관계도 과거 패권국들 간의 관계와 다르다.

미국은 민주주의와 자본주의에 입각하여 다자주의를 표방하면서도 양자관계를 핵심 축으로 국제질서를 개편하려 한다. 중국은 사회주의 국가로 국제질서의 개편을 암묵적으로 추진하고 있으나, 방법론에 있어 모든 국가가 평등하게 서로 '윈-윈(win-win)'하면서 공존하는 체제질서를 선호하고 있다. 미중 간의 권력구조도 과거 패권국들과 같이 균등하지 않다. 또한 이들 두 나라의 가치관과 대외적 인식관 역시 근본적으로 다르다.

둘째, 새로운 미래질서에 대한 불확실성이다. 국제정치학 이론도 미중 양국이 협력을 통해 국제(지역)질서를 창출할 수 있는지에 대해 명쾌한 해답을 제시하지 못하고 있다. 오히려 논쟁을 부추기는 실정이다. 이런 논쟁의 근원에는 미국과 중국의 근본적으로 다른 국가체제가 있다. 이런 이유로 애런 프리드버그(Aaron L. Friedberg)와 같은 현실주의자들은 동아시아에 다자협력이나 지역주의에 기초한 협력체를 기대하는 것은 어불성설이라고 주장한다.

그럼 두 국가가 이처럼 상이한 제도를 갖게 된 근본적인 이유는 무엇일까. 이유는 간단하다. 미국과 중국 양국이 서로 다른 이념과 가치관을 추구하기 때문이다. 상이한 이념과 가치관은 곧 국가나 세계를 바라보는 상이한 시각을 낳는다. 그리고 상이한 시각 속에 자연히 상이한 통치제도와 대외관이 싹튼다. 동시에 이러한 차이점들은 서로 간에 괴리와 충돌을 야기하는 직접적이고도 근본적인 원인이 된다.

반대로 존 아이켄베리(John Ikenberry)와 같은 (신)자유주의자들은 비록 중국이 급부상하고 있지만 그가 국제질서에 본질적인 변화를 가져오진 않을 것이라는 입장을 내놓는다. 이들은 중국이 개혁개방정책 채택 이후 기존의 국제질서에 편승하기 위해 상당히 노력해왔으며, 그 결과물로 세계무역기구(WTO) 등을 포함한 국제기구에서 중국이 보여준 행태를 제시하고 있다.

자유주의자들은 중국이 다자협력체에서 입증한 외교 행태를 기존의 질서·관례·규범과 규칙을 최대한 준수하고 존중하고 있다는 의미라고 주장한다. 그러므로 중국이 기존의 국제질서를 뒤흔드는 대신 이를 '수용(embracing)'할 것이라고 해석한다. 그렇기 때문에 세계의 우두머리(primacy)로서 심지어는 '패권국가(hegemone)'로서 미국의 지위는 중국의 부상에도 불구하고 유지될 것으로 전망한다.

중국의 부상이 향후 동아시아 질서 구축에 미칠 영향에 대한 상반된 평가 속에서 미중 양국이 이 문제를 어떻게 접근할지에 대해 전망하는 것은 쉽지 않다. 특히, 동아시아 지역질서의 기반이라고 하는 다자협력체의 제도화 수준에 대해서부터 미중 양국 간에 인식의 차가 존재하고 있는 것이 현실이다.

일례로 미국과 중국은 최소한 이론적으로나마 국제문제가 지역기구의 제도를 통해 해결되어야 한다는 데 이견이 없다.[2] 그러나 통치체제 제도화의

---

2 『求是』, 2012年 3月 16日

미흡함으로 '법치주의'를 실천하는 데 어려움을 겪고 있는 중국이 지역협력 차원의 외교에서 지역기구의 제도를 수용할 수 있는 능력과 의지가 있는지에 대해 의문이 들 수밖에 없다. 다시 말해, 안에서 새는 바가지 바깥에서도 새지 않을까 하는 걱정이 드는 것이다.

자유주의자들이 주장하듯 중국은 경제통상 분야에서 국제제도의 요구조건을 거의 모두 수용해왔다.[3] 이것이 가능했던 가장 근본적인 원인은 국내 경제통상제도의 개혁을 향한 중국의 꾸준한 노력에 있다. 그러나 이 문제를 정치외교안보 영역에 적용할 때 얘기는 달라진다. 중국은 정치외교안보 영역에서 국제기구의 제도적 요구에 여전히 소극적이고 부정적이다.

동아시아 지역질서에 대해 미국과 중국이 가지고 있는 인식·이념과 가치관의 차이는 서로 다른 질서 구축 목표의 출발점으로 작용하고 있다. 서로 다른 인식과 가치관에서 출발한 상이한 목표는 질서의 체계·구도·운영방식·운영수단과 운영전략에서도 차이점을 유발할 수밖에 없다. 그리고 그 차이는 미국의 부시 때부터 스멀스멀 미국에게 위협으로 다가오기 시작했다.

┇미국의 동아시아 아키텍처 구상의 배경

미국이 동아시아 아키텍처 구축의 필요성을 주장하기 시작한 것은 첫 번째 오바마행정부(2009~2012년)가 출범하면서부터다. 오바마 1기 행정부는 세계금융위기의 발발과 중국의 급격한 위상 제고, 그리고 테러와의 전쟁 종결 등으로 양산된 새로운 국제정세가 미국의 리더십과 국제적 위상에 미칠 영향을 감지하게 되었다. 그 결과 미국은 자국의 리더십과 위상의 장기적인 존속을 위한 외교적 대안을 고심하기에 이르렀다. 이런 고민 끝에 미국은 향후 100년 동안 미국의 리더십이 존속할 수 있는 당위성과 대안을 이른바 '아키텍처'에서 찾아냈다. 그리고 이와 같은 의지를 힐러리 클린턴 전 국무장관이 2009년 9월 미국 외교위원회(Council on Foreign Relations)에서 가진 강연에서 밝혔다. 그녀는 미국의 외교

---

3 『中國共産黨新聞』, 2011年 12月 11日

는 향후 100년 동안 미국의 리더십이 존재할 수 있는 기반을 닦는 초석을 놓는 일이 될 것이라고 설명했다.[4]

클린턴은 당대의 국제정세로 운을 뗐다. 그녀는 오늘날 상호의존이 심화되고 초국가적 도전이 동시다발적으로 출현하는 상황에서 이의 평화적 해결을 위해서는 전 지구적 협력이 필수불가결하다고 설명했다. 그리고 이런 협력의 전제조건으로 강대국의 리더십을 꼽았다. 더불어 그녀는 현 상황에서 전 지구적인 리더십을 제공할 수 있는 나라는 미국밖에 없다는 사실로 미국 리더십의 중요성과 존재의 당위성을 강조했다.

그러나 미국의 '쇠퇴론', '세력전이론' 등과 같은 학설이 팽배한 가운데 미국의 리더십이 장기적으로 견고하게 존재할 수 있는지에 대한 많은 의구심들이 제기되기 시작했다. 클린턴 전 국무장관은 이들의 우려에 대해 2009년 7월 다음과 같이 반박했다.

그녀는 먼저 미국의 리더십을 향한 몇몇 급부상 중인 국가들의 불신으로 포문을 열었다. 그녀는 현재 미국이 경제적 위기로 인해 국력이 약해지면서 주위로부터 그 리더십을 의심받고 심지어는 '믿을 수 없는 국가(an unaccountable power)'로까지 간주되고 있다고 안타까움을 토로했다. 뿐만 아니라 그들이 미국의 리더십을 무시한 채 자신의 판단에 따라 제 이익을 챙기는 데만 급급해하고 있다고 역설했다. 클린턴은 그러나 이것은 잘못된 판단이라고 날을 세웠다. 그녀는 미국은 쇠퇴하고 있지 않으며, 미국은 오히려 이를 리더십을 강화하는 기회로 역이용해야 한다고 못 박았다.[5]

또한 세력전이론에 관해 미국은 신흥세력과 갈등이나 충돌을 일으키지 않을 것이라고 입장을 공식화했다. 그 근거로 다음의 네 가지 이유를 제시했다. 첫째, 21세기의 종합국력의 구성 요소와 구조가 근본적으로 변했다는 사실이다. 과거 20세기의 국력은 천연자원의 보유량, 국토면적과 인구의 크기, 군사

---

4 Josh Rogin, "Clinton pledges another century of American global leadership," Foreign Policy, September 8, 2010, http://foreignpolicy.com/2010/09/08/clinton-pledges-another-century-of-american-global-leadership/ (검색일: 2010년 9월 10일).

5 Hillary Rodham Clinton, "Foreign Policy Address at the Council on Foreign Relations." Washington, D. C., July 15, 2009, http : //seoul.usembassy.gov/rok_07509.html. (검색일: 2009년 7월 16일 검색)

적 효능(potency) 등으로 평가되었다.

그러나 오바마 1기 행정부는 21세기 국력의 기준을 국민의 창조적 마인드 와 창의력, 그리고 새로운 상품과 산업을 창조해낼 수 있는 기술로 규정했 다.[6] 특히 오바마는 미국의 종합국력을 평가함에 있어 상기한 요소들을 간과 하는 것은 미국이 가진 군사기술과 소프트파워의 우월성을 무시하는 처사라 고 강조했다. 이런 맥락에서 오바마행정부는 성장률에 근거한 중국 국력에 대한 평가가 매우 단편적이라고 냉소했다.

무엇보다 미국의 국력은 동맹을 기초로 하고 있으며, (현재로선) 가장 유 연한 이데올로기를 가지고 있다. 그리고 미국의 동맹국과 이데올로기는 현 시대에 가장 광범위하게 퍼져 있는 것들이다. 동시에 이는 미국을 과거의 패 권국과 다르게 만드는 점인 동시에 중국이 부상함에도 미국을 넘을 수 없게 만드는 특별한 요소이다.

둘째, 세력전이론이 21세기의 권력구조나 국제체제의 변화 방식을 설명하 기에 설득력이 부족하다는 것이다. 21세기의 국제관계를 '제로섬(zero-sum)' 게임으로 인식해서도 안 되는 동시에 21세기에 세력전이론으로 패권국가의 쇠퇴 과정을 정형화하는 것도 비현실적이라는 것이다.

오바마행정부는 세력전이론을 과거의 패러다임으로 간주한다. 그래서 과 거의 관점으로 지금의 21세기의 진화를 설명하는 것은 도리어 중국과 같은 신흥세력이 더 모험적인 정책을 추진하도록 여지를 제공하는 동시에 미국이 이에 과도하게 대응하도록 소지를 제공할 수 있다고 경고한다.[7]

오바마행정부가 보기에 21세기 미국의 도전과제는 미국의 쇠락을 어떻게 극복할 것이냐가 아니다. 그보단 세계 최강임에도 불구하고 다른 나라의 협 력과 협조 없이 원하는 결과를 얻지 못하는 현재의 한계를 극복하기 위해 어떤 외교를 펼치느냐는 것이다.[8]

---

6 Office of the Vice President, "Remarks by Vice President Biden on U.S.-China Relations," Sichuan University, Chengdu, China, August 21, 2011.

7 Joseph S. Nye, "The Future of American Power : Dominance and Decline in Perspective," Foreign Affairs, Vol. 89, No. 6, Novemeber/December, 2010, pp. 2-12.

8 Joseph S. Nye, "The Future of American Power," Ibid.

셋째, 21세기엔 대국 간의 전쟁이 불가능하다는 인식이다. 이는 9.11테러사태로 인한 국가안보의 위협 주체가 과거와는 다르다는 인식에 기반한다. 과거에는 적대적 주체와 그 실체(즉, 국가)가 명확했으나 이제는 비대칭적이고 무형적이며 산발적으로 존재하는 주체(즉, 테러집단과 요원 등)로 전환되었다.

아이러니컬하게 덩샤오핑이 1980년대 초 세계전쟁의 발발 가능성에 대해 회의론을 제기한 지 약 30년 만에 미국도 세계 대국 간의 전쟁 발생 가능성을 희박하다고 인식하기 시작했다.[9] 그리고 이런 인식이 확고해진 것은 2004년 6월의 일이다. 당시 미 국방부장관 도날드 럼스펠드(Donald Rumsfeld)의 말은 이를 역력히 보여준다. "미래 위협의 원천은 더 이상 대국 간의 전쟁에 있는 것이 아니고, 유동적이고 경고 없이 공격 가능한 작은 세포조직과 같이 활동하는 적에 있다. 이들은 급진적으로 기술을 가공할 수 있는 능력과 첨단 무기에 용이하게 접근할 수 있는 능력을 모두 갖추고 있기 때문이다."[10]

마지막으로, 오늘날 세계가 당면하고 있는 도전과제의 본성이다. 21세기 세계가 직면하고 있는 도전과제의 본성은 초국가적이며 전 지구적이다. 미국의 관점에서 세계가 당면한 도전과제는 이란과 아프가니스탄 등 두 개의 전쟁, 중동 갈등, 폭력적인 극단주의와 핵 확산의 위협, 세계공황(recession), 기후변화, 기아와 질병, 빈부격차, 약체국가(weak states), 불량국가(rogue states), 범죄 집단(criminal cartels), 테러주의, 빈곤, 그리고 에너지 안보 문제 등이다.

미국은 21세기 세계가 당면한 도전과제 해결을 위해서는 미국의 리더십이 전제된 국제사회의 공동대응 노력이 필요하다고 인식한다. 이 같은 인식은 미국의 적극적 개입 정책을 정당화하는 논리의 근간이며, 미국의 리더십 강화의 필요성을 정당화하는 기반이 되고 있다.[11]

---

9 "Defining US foreign policy in a post-post Cold War world," Ambassador Richard N. Haass, Director of Policy Planning Department, Department of State, remarks to the Foreign Policy Association, New York, April 22, 2002.

10 Donald Rumsfeld Speech to Parliament of Singapore, June 5, 2004. Banning Garrett, "US-China Relations in the Era of Globalization and Terror : a framework for analysis," Journal of Contemporary China, Vol. 14, No. 48, 2006, p. 392 각주 5에서 재인용.

11 Kurt M. Campbell, "Principles of U.S. Engagement in the Asia-Pacific." Before the Subcommittee on East Asian and Pacific Affairs Senate Foreign Relations Committee.

이런 맥락에서 클린턴 전 국무장관은 2009년 4월 22일 미 하원 외교위원회에서 21세기 국제문제의 평화적 해결 조건으로 미국의 리더십을 강력히 주장했다.[12] 그리고 이런 도전과제들로 말미암아 국제협력의 새로운 장이 열리고 있는 상황에서 미국은 이를 장악하여 리더십을 한층 더 공고화하는 기회로 삼는 것을 아키텍처 구상의 기본 출발점으로 소개했다.[13] 결국 미국의 리더십 문제는 미국이 21세기를 주도할 수 있느냐, 해야 하는가의 문제가 아닌 어떻게 구현해야 하는가가 관건이라는 의미를 내포하고 있다.[14]

미국은 기본적으로 세력전이론과 상반된 입장이다. 역사를 되짚어보면, 부상하는 새로운 세력이 쇠퇴하는 기존의 패권을 대체하는 과정에서 이들 간 충돌은 필연적이었다. 그러나 이를 피할 수 있는 전략의 개발이 가능하다는 것이 미국의 기본 입장이다. 미국의 전략은 기본적으로 세력전이과정에서 신흥세력을 위한 공간을 마련해줌으로써 그들이 평화적으로 부상할 수 있게 하고 국제체제의 안정에 기여할 수 있는 기회를 유기적으로 창출해내는 것이다.[15]

미국은 향후 100년 동안의 세계 평화와 안정, 그리고 발전과 번영을 위해서 미국의 강력한 리더십 불가피론을 확산시켰다. 미국의 리더십 불가피론의 핵심 주제는 미국이 21세기를 '이끌 수 있고(can lead)', '이끌어야 하고 (must lead)', '이끌 것(will lead)'이라는 것을 모토로 하고 있다.[16]

미국은 리더십의 정당성을 오늘날 세계가 당면한 도전과제의 복잡성과 개

January 21, 2010.

12 Merle David Kellerhals, Jr.,. "U.S. to Spend $187 Million on Lower Mekong Initiative." Lower Mekong Initiative, July 22, 2010, http : //lowermekong.org/news/us-spend-187-million-lower-mekong-initiative (검색일 : 2010년 8월 1일).

13 Hillary Rodham Clinton, "New Beginnings ; Foreign Policy Priorities in the Obama Administration." Opening Remarks Before the House Foreign Affairs Committee. Washington, D. C., Arpil 22, 2009.

14 "Remarks by Secretary of State Hillary Rodham Clinton Foreign Policy Address at the Council on Foreign Relations," Washington, D.C., July 15, 2009.

15 Kurt M. Campbell, "Regional Overview of East Asia and the Pacific." Statement Before the House Committee on Foreign Affairs Subcommittees on Asia, the Pacific, and the Global Environment. Washington, D. C., March 3, 2010.

16 Hillary Rodham Clinton, "Remarks on United States Foreign Policy," Council on Foreign Relations, Washington, D.C., September 8, 2010.

연성(connections)이 미국에게 "새로운 결정적인 순간(a new decisive moment)"의 기회를 제공하기 때문에, 이 기회를 선점하여 세계가 요구하는 미국의 리더십을 제공해야 한다는 논리에서 찾고 있다. 또한 자국의 리더십이 미국의 개방성, 창의성과 핵심가치에 대한 의지와 헌신에 기반하고 있는 만큼 세계가 이런 리더십을 더욱 필요로 하고 있다는 역사적 필연성을 강조하고 있다. 결국 미국은 스스로를 '결정적인 순간'을 장악할 수 있는 유일한 국가이자 동시에 세계의 이익을 보장할 수 있는 진정한 진보 세력으로 자각하고 있는 셈이다.[17]

⦂ 미국의 아키텍처 기본 구상 및 핵심 내용

1기 오바마행정부는 향후 100년 동안 미국의 글로벌 리더십을 공고히 하고 이를 바탕으로 미국의 국익을 수호하고 확대하기 위한 21세기형 새로운 외교적 아키텍처의 구축 필요성을 선전해왔다. 그리고 이의 내용을 담은 구상이 2010년 1월에 발표되었다. 이 구상의 주요 목적은 우선 미국의 지속적인 개입(engagement) 유지, 역내 리더십의 공고화, 그리고 다자협력을 강화하는 데 있다. 그리고 그 내용은 다음과 같다.

첫째, 아키텍처의 구심점은 역내 동맹국가의 참여를 전제로 한 미국의 동맹체제이다. 즉 일본, 한국, 호주, 태국, 필리핀 등과의 협력을 통해 안보와 안정을 확보하고 보증하는 것이 아키텍처 성공의 필수조건이다. 이밖에 인도, 중국 등 신흥세력과의 전략적 대화를 추진함으로써 이들과의 협력을 강화하는 것이다.

일례로 미국은 인도와는 전략대화, 중국과는 경제전략대화를 통한 협력을 구현하고자 한다. 그리고 그밖의 국가들과는 파트너십으로 관계를 규정하고 이들과의 협력을 추진하는 것이다. 그 예로 인도네시아와는 전면적 협력동반자관계, 베트남과 신생파트너십, 싱가포르와 지속적인 파트너십 국가관계를

---

17 Clinton, "Remarks on United States Foreign Policy," *Ibid.*

구축한 사례들이 있다. 결론적으로 미국은 이렇게 구축된 양자 간 파트너십 관계를 기초로 다자협력을 추진 및 강화하고자 한다.

둘째, 역내 국가들 사이에 명확한 목적의식이 공유되어야 한다. 미국은 역내 국가들이 공통된 의식을 가지고 지역 기구와 조직에 적극 참여하기를 바란다. 그래서 지역 평화와 안정을 증대시키고, 경제 발전의 기회를 증가시켜 민주주의와 인권이 동 지역에서 확립되길 희망한다.

이 같은 희망의 실현을 위해 미국은 영역별로 다음과 같은 의제를 논의하고 싶어 한다. 먼저 지역 평화와 관련된 핵확산 문제, 영토분쟁과 군비경쟁에 대한 심도 있는 논의를 벌이고자 한다. 경제 발전의 기회 확대 문제와 관련해선 무역 투자 장벽의 축소, 시장의 투명성 제고, 균형적 경제 발전의 촉진을 위한 제도 마련에 대해 논의코자 한다.

미국은 이런 논의의 장으로 APEC이 더욱 활성화되어야 한다고 강조한다. 즉, 민주주의와 인권문제의 확립을 위해 역내 국가 간 개방이 실현될 수 있도록 더 많은 지원과 방안 마련에 노력하겠다는 것이다.

미국은 이런 사회의 구현이야말로 미국이 역내에서 포용정책을 적극 추진할 수 있는 전제조건이라고 역설한다. 민주주의와 인권을 촉진하는 것은 미국 외교정책의 기본 목표이며, 인권은 미국 가치의 핵심일 뿐 아니라 보편적 가치이다. 미국은 이런 가치의 실천이야말로 민주주의의 규범을 더 광범위하게, 그리고 심도 있게 확산시킬 수 있는 동력이라고 주장한다.[18]

셋째, 역내 기구와 조직들이 보다 효과적인 결과를 창출할 수 있는 능력을 갖춰야 한다. 이는 오바마 대통령의 취임 첫날부터 강조된 부분이다. 오바마 대통령은 이를 위해 역내 조직과 기구의 효율적인 거버넌스 구조가 구축되어야 한다고 강조했다. 이런 거버넌스 구조를 갖추기 위해서는 역내 국가들이 효과적인 정책결정 과정 체제의 확립과 책임 분담에 대해 의식을 같이하는 것이 필수조건이다.

넷째, 역내 국가들이 유연한 사고를 가져야 한다. 유연한 사고는 이들이 참여하는 다자협력체 운영의 윤활유가 될 수 있다. 그러나 현재 대부분의 역

---

18 Campbell, "Principles of U.S. Engagement in the Asia-Pacific." *Ibid.*

내 대규모성 다자기구 및 조직에 문제 해결을 위한 수단과 도구가 현저하게 부족한 현실이다. 이를 극복하기 위해 비공식 채널의 대화가 활성화되어야 하며, 차지역(sub-region) 차원에서 다자협력의 장도 창출되고 운영되어야 한다. 2009년 11월 미국-ASEAN 정상회의와 2010년 1월 6일 승인된 메콩강 하류지역 이니셔티브(Lower Mekong River Initiative)는 이 같은 미국의 인식을 잘 보여준 외교 행보라 할 수 있다.

다섯째, 지역기구에 대한 개념 정의가 필요하다. 미국은 기존의 역내 기구 및 조직에 대해 기본적으로 존중하는 입장을 견지하고 있다. 그리고 오바마 행정부는 이런 기구와 조직에 더욱 적극적으로 참여할 것이고, 이들에 대한 지원도 증대하겠다는 입장을 밝혔다. 특히 ARF와 같은 역내 유일한 다자안보 대화의 장을 지역 안보문제를 심층적으로 논의하고 해결책을 강구할 수 있는 장으로 전환하는 데 지원을 아끼지 않을 것이라는 입장이다.

아키텍처에 대한 미국이 가지고 있는 기대효과는 법과 책임의 의무 체계를 공고히 하고 지적재산권의 보호부터 항해의 자유를 보장함으로써 공정한 국제질서의 초석이 될 수 있다는 것이다. 아키텍처가 새로운 지역질서의 초석이 될 수 있는 논리는 간단하다. 다자주의의 구조 속에서 책임 있는 행동을 하는 국가는 존중과 정당한 보상을 받게 하고, 평화와 번영에 반하는 행동을 하는 국가는 이에 상응하는 책임을 지게 하는 데 그 당위성이 있다.[19]

⁝ 미국의 아키텍처 구현을 위한 영역별 노력

가. 외교안보

중국의 급부상과 미국발 금융위기는 미국에 경종을 울렸다. 미국의 위기감은 결국 새 행정부 출범과 함께 외교 분야에서 단행된 일련의 개혁조치에서 방증되었다.[20] 오바마 1기행정부는 위협받는 미국의 리더십을 수호하기

19 Clinton, "Inaugural Richard C. Holbrooke Lecture on a Broad Vision of U.S.-China Relations in the 21st Century."
20 외교 분야에서는 소프트파워의 강화와 미국의 국가이미지 개선을 위한 스마트외교

위한 방편으로 향후 100년 동안 미국이 리더십을 발휘할 수 있는 기반을 마련하는 데 주력하기로 결정했다.

그리고 그 시작은 외교의 무게를 아시아지역으로 옮기는 것이었다. 그렇다면 오바마 1기행정부는 왜 아시아에 관심을 집중하게 되었을까. 여기엔 다음과 같은 몇 가지 요인들이 작용했다.

첫째, 21세기 아시아지역의 중요성이 부각되었기 때문이다. 아시아는 이제 국제 경제·안보·정치·문화 등의 많은 영역에서 매우 중요해졌다. 우선 경제분야에서 아시아는 세계 3대 경제 성장 원동력의 한 축으로 성장했다. 중국을 필두로 한 21세기 아시아의 경제 성장세는 세계 모든 지역을 초월하고 있다.

이는 중국의 고도성장 뿐 아니라 에너지 자원이 풍부한 러시아, 중동, 중앙아시아와 동남아시아지역 국가들이 '테러와의 전쟁(war on terrorism)' 기간 동안 경험한 유가와 천연가스의 가격 상승의 수혜 효과에 기인한다. 물론 고유가가 아시아 모든 지역에 이익을 가져다준 건 아니었다. 에너지 소비 10대국 중 3개 나라가 집중된 동부아지역의 경우 소비경제에 막대한 타격을 입었다.

그러나 전반적으로 아시아는 고유가의 혜택을 톡톡히 입었다. 일례로 러시아는 1999년에 선언한 '국가부도(moratorium)' 상황을 탈피하고 경제신흥강국으로 탈바꿈했다. 중앙아시아지역 국가들도 상당한 고유가 덕에 급속한 발전을 시작할 수 있었다.

둘째, 역사적으로 미국 외교가 중대한 기로에 서 있기 때문이다. 오바마 1기행정부는 과거 10년(2001~2011년) 동안 미국이 테러와의 전쟁에 집중하고 있는 사이 신흥세력들의 급부상으로 세계 권력(power)의 재분배가 급격

를 강조하는 방향으로 개혁과 개선 작업이 단행되었다. 특히, 21세기의 세계의 관건이 성장과 발전으로 축약되고 있는 상황에서 이에 부합하는 외교 전략의 추진이 요구되었다. 오바마행정부는 이와 관련 대민, 민간 차원에서의 공공외교(public diplomacy)에 주력하기 시작했다. 그리고 공공외교의 건설적이고 효과적인 발전을 위해 2011년 미국 역사상 처음으로 〈외교와 개발 4년 계획보고서(Quadrennial Diplomacy and Development Report, QDDR)〉을 발간했다. 동 보고서에 의하면 미국무성은 개발외교와 공공외교를 위해 더 많은 예산을 배정 받았고, 이에 전문적으로 투입하기 위해 1,700명의 인력을 충원했다.

히 진행되기 시작했다는 사실을 인지하게 되었다. 그리고 그 신흥세력의 발기는 대부분 아시아에서 나타났다. 이런 상황에서 오바마 1기행정부는 앞으로 미국이 신흥부상세력과의 관계 설정을 어떻게 하느냐가 미국의 향후 100년의 리더십은 물론 이들과의 관계 발전 방향에도 지대한 영향을 미칠 것으로 판단했다.[21]

오늘날 세계 어느 나라도 독립적으로 자력에만 의존하여 당면한 문제를 해결할 수 없다. 이제는 외국과의 협력을 통해 자국의 이익을 추구할 수밖에 없는 것이 현실이다.[22] 그러므로 당면한 도전의 성질이 전 지구적이든 지역적이든 앞으로 이의 해결은 결국 세계의 모든 국가나 역내의 모든 국가와의 협력을 전제로 한다. 미국도 예외가 아니다.

이런 맥락에서 미국은 앞으로 기존의 동맹국 및 신흥부상세력과의 협력 관계, 그리고 '새로운 포용의 장(new avenue for engagement)'을 어떻게 추구하느냐에 따라 미국의 향후 100년의 리더십의 위상을 결정지을 것이라는 인식을 하게 되었다.[23]

마지막으로, '이익의 공동성(commonality of interest)' 의식을 가로막는 장애요인 때문이다. 세계 모두가 문제 해결의 전제가 협력임을 인지하고 있다. 그러나 세계 어느 나라도 다른 나라와 동일한 역사·지리·이념이나 관성(inertia) 등을 갖고 있지는 않다. 각 국가가 가진 상이한 조건들은 자연스레 상이한 국가의 모습을 만들어낸다. 이러한 차이점은 공유하고 있는 의식, 즉 '이익의 공동성' 의식이 실천으로 옮겨지지 못하게끔 하는 장애요인이 되어버린다.

결국 세계가 공동으로 당면만 위협과 도전을 효과적으로 해결하자면 '집단

---

21 미국 외교정책이 중대한 기로에 서있다는 표현은 비록 중국의 관계에서 공개적으로 강조되었으나 신흥부상세력과의 관계에도 어느 정도 의미가 있다는 함의가 내재하고 있다. Clinton, "Remarks at the Inaugural Richard C. Holbrooke Lecture on Broad Vision of US-China Relations in the 21st Century."

22 "Clinton Discusses Wide-Range U.S. Diplomatic Agenda," The House Foreign Affairs Committee, April 22, 2009, http∶//seoul.usembassy.gov/gov_042209.html (검색일∶ 2009년 4월 29일).

23 Clinton, "New Beginnings."

행동문제(collective action problems)'나 '협력의 장애(obstacles to cooperation)' 라는 근본적인 문제부터 해결해야 한다는 의미다. 이를 극복하는 데 가장 효과적인 매개는 강력한 리더십이며, 미국은 미국만이 이런 리더십을 제공하고 발휘할 수 있다는 신념을 가지고 있다. 미국의 논리는 그 어떠한 국가도 세계가 당면한 위협을 독자적으로 해결할 수 없는 동시에, 그 어떠한 도전과제도 미국 없이는 해결될 수 없다는 입장이다.[24] 오바마행정부의 눈에 이러한 장애요인이 가장 크게 존재하는 곳, 그래서 미국이 꼭 개입해야 하는 곳이 다름 아닌 아시아대륙이었다.

여기서 주목할 만한 사실은 오바마가 자신의 1기행정부 출범과 동시에 아시아 정책을 최우선적으로 발표했다는 것이다. 미국 행정부가 총체적인 외교 정책을 발표하기에 앞서 지역정책을 먼저 발표한 것은 매우 이례적이었다. 이는 그만큼 중국의 부상에 미국이 상당한 위협감을 느꼈다는 것을 보여주는 대목이다.

미국의 이런 위기의식은 오바마 1기행정부 출범 이후의 외교 행보에서도 잘 나타났다. 오바마 대통령 취임 이후 힐러리 클린턴 전 국무장관의 첫 공식 해외순방지역이 동아시아지역이었다. 클린턴 전 국무장관은 2009년 2월 15일부터 일본, 인도네시아, 한국, 중국 등 동아시아 4개국을 순방했다.

클린턴 전 장관은 한중일 등 동북아지역 국가들을 방문하면서 한국과 일본과의 동맹관계의 전통과 확고함을 재확인했고, 중국과는 향후 양국 관계가 건설적으로 발전할 수 있는 환경을 조성하는 데 초점이 맞췄다.

지역안보 분야에서 미국은 특히 남지나해를 둘러싼 역내 분쟁이 외교적으로 해결되도록 노력했다. 미국은 ASEAN과 중국 간에 신뢰구축 조치를 추진하고 남지나해에서의 공동 프로젝트 추진 합의를 재차 확인했다. 또한 미국은 태평양 국가이자 이 지역의 '상주 세력(resident power)'으로서 항해의 자유, 아시아 해양 영역에 대한 개방된 접근권, 평화와 안정의 유지, 남지나해의 국제법 준수 등 몇 가지 원칙을 제시했다. 그리고 남지나해의 영토문제에서 무력이나 위협을 통해 이익을 추구하는 것에 반대하는 입장을 강력히 표

---

24 Clinton, "Foreign Policy Address at the Council on Foreign Relations."

명했다.[25] 이런 미국의 원칙과 입장은 ASEAN과 ARF의 회원국을 넘어 국제사회의 모든 해양국의 지지를 받았다.

나. 경제

오바마 1기행정부 출범 이후 미국의 동아시아지역 내에서의 다자협력은 지역 및 차지역 차원에서 활발하게 진행되었다. 우선 지역경제협력에서 미국은 APEC을 적극 활용하려는 의지를 강력하게 피력했다. 미국에게 있어 APEC은 (경제적으로) 매우 중요한 시장이다. APEC은 2009년 기준 세계 GDP의 53%를 차치하고 있는 동시에, 미국이 생산한 상품의 58%를 구매하는 수출시장이며, 27억의 소비자 시장이다.[26]

미국은 아태지역에 천의무봉의 경제체제를 구축하길 원한다. 그리고 이를 법적 구속력이 있는 협력체로 격상시켜 지역 경제의 통합을 실질적으로 추진할 수 있는 기반이 되길 희망한다.[27] 이는 오늘날 날로 깊어지는 세계화와 상호의존의 추세에 맞춰 국내 경제를 대외적으로 융합할 수 있는 정책 기반의 마련을 의미한다.

21세기 아시아의 신흥경제세력들이 비교적 탄탄한 국내경제의 기반을 토대로 효과적인 대외 경제 활동을 할 수 있게 함으로써 국제경제 체제를 더욱 효율적으로 개편할 수 있다는 논리에서 비롯된 사고이다. 미국은 자신이 그 선봉에 서길 바란다.

'범태평양 파트너십(Trans-Pacific Partnership, TPP)'은 이러한 미국의 의지가 발현된 결과물이라 할 수 있다. TPP의 근본 목적은 역내 국가의 양적 성장보다는 질적 성장을 추구하는 데 있다. TPP에서 추구하는 목표는 근로자·환경·지적재산권·창의성에 대한 견고한 보호; IT의 자유로운 이전과 녹색기술의 확산; 규제체제의 일관성과 공급체인의 효율성을 촉진하는 것이다.[28]

---

25 Office of the Spokesperson, U. S. Department of State. "Clinton Statement on South China Sea." July 22, 2012.

26 Campbell, "Principles of U.S. Engagement in the Asia-Pacific."

27 MacKenzie C. Babb, "U.S. Deepens Economic Ties with Asia-Pacific Through Trade, Job." America New & Views, September 16, 2011.

28 Clinton, "Foreign Policy Address at the Council on Foreign Relations."

TPP의 기본적인 개념은 다자자유무역을 위한 고도의 기준을 창출하고 새로운 시장에 대한 용이한 접근을 보장함으로써 타 국가들도 이에 자발적으로 참여할 수 있게 유도하는 것이다.

미국은 TPP를 통해 지역 통합을 촉진시킴으로써 아태지역에 진정한 자유무역지대를 창출하는 데 앞장서고자 한다.[29] TPP는 역사상 처음으로 중소기업에 대한 무역/투자 장벽의 축소를 구현한 첫 무역협약이라는 데 그 의의가 있다.

미국 국무성의 경제·에너지 및 농업사무 차관보 로버트 호마츠(Robert Hormats)는 미국이 이렇게 적극적으로 다자무역협의체를 추진하는 이유로 더 많은 아태지역 국가를 국제금융체계에 참여시키고자 하는 미국의 인식을 꼽았다.

2009년 힐러리 클린턴이 미 국무장관으로서는 처음으로 인도네시아 자카르타에 소재한 ASEAN의 비서국을 방문했다. 그녀는 ASEAN에 미국 사무국(Mission)을 설치할 것을 제언하면서 다자협력체에 대한 미국의 입장을 밝혔다.[30] 7월에는 ARF회의에 참석하여 ASEAN과 '우호협력조약(Treaty of Amity and Cooperation, TAC)을 체결하고 뒤이어 베트남, 라오스, 태국, 캄보디아 등의 국가들과 메콩강 하류 이니셔티브를 체결했다.

11월에는 필리핀, 싱가포르, 중국 등을 방문했다. 미국은 자국의 동아시아 외교 행보를 미국이 동 지역과의 교류와 관계 강화를 위한 노력 증대를 입증하는 단편적인 사례라고 자체 결론을 내렸다.[31] 이밖에 미국은 2011년 하와이에서 APEC 정상회의를 개최했다. 오바마 대통령은 1기행정부 출범 후 첫 국빈으로 인도의 싱 총리를 맞이하기도 했다.

미국이 참여하는 대표적인 다자협의체로는 2010년부터 참석하고 있는 동

---

29 Hillary Rodham Clinton, "Remarks on Principles for Prosperity in the Asia- Pacific." U.S. State Department, July 25, 2011, https : //2009~2017.state.gov/secretary/2009 2013clinton/rm/2011/07/169012.htm (검색일 : 2011년 7월 28일).

30 Kurt M. Campbell, "Regional Overview of East Asia and the Pacific." Statement Before the House Committee on Foreign Affairs Subcommittees on Asia, the Pacific, and the Global Environment. Washington, D. C.. March 3, 2010.

31 Campbell, "Regional Overview of East Asia and the Pacific."

아시아 정상회의(East Asia Summit, EAS)가 있다. 동 회의에 대한 미국의 기대는 동 회의에 대한 미국의 참석 원칙에서 유추할 수 있다. 먼저 미국의 EAS 참석 목표는 이를 정치와 전략적 이슈를 다룰 수 있는 중요한 지역기관으로 성장시키는 것이다.

미국의 참석 원칙은 네 가지다. 첫째, 동 제도에 대한 확고부동한 의지(commitment) 견지; 둘째, 동 기구의 ASEAN 중심론에 대한 확고한 지지; 셋째, 지역의 긴박한 문제(핵확산, 재래무기 증가, 해양안보, 기후변화, 공통 가치와 시민사회 촉진 등)의 해결 노력 지지; 넷째, 동 회의와 기타 협의체와의 연계를 적극 지원하는 원칙이다. 특히 미국은 EAS를 역내 기타 다자협력기구, 즉, ARF, APEC, ASEAN 국방장관회의 등에서 협의된 사안과 추진하는 사업이 관철될 수 있도록 적극 지원해주는 조직으로 양성하고자 한다.

미국의 EAS 참여 전략은 동맹관계에 기반을 둔 양자관계의 장점을 이용하면서 EAS와 다른 지역기구의 참여를 병행하는 것이다. 또한 미국은 이 같은 역내 다자협력기구의 적극적인 참여를 신흥 파트너십과의 관계 발전의 기회로 활용하겠다는 의지를 품고 있다.[32]

차지역 차원에서 미국은 이른바 "미니다자주의(mini-lateral)"를 적극 추진하고 있다. 우선 2010년 7월 22일 ASEAN 회의에서 메콩강 하류 이니셔티브를 통해 동 지역의 개발을 위해 총 1억 8,700만 달러를 투자하기로 결정했고, ASEAN과 협약을 체결했다. 그러나 동 사업의 실질적 협력은 유역 국가, 즉 캄보디아, 라오스, 태국, 베트남 등의 국가에 집중되었다.

동 협약으로 미국은 2010년 한 해에만 2,200만 달러의 예산을 투입했다. 뿐만 아니라 2010년도 보건(위생)환경 개선을 위한 연구개발 사업에 1억 4,700만 달러를 투자했고 환경 및 보건 교육 분야에도 1,800만 달러를 지출했다.[33]

차지역에서의 양자 간 협력의 대표적인 예로는 미국과 베트남의 보건외교

---

32 Hillary Rodham Clinton, "Intervention at the East Asia Summit." U.S. State Department. October 30, 2010, https：//2009~2017.state.gov/secretary/20092013 clinton/rm/2010/10/150196.htm (검색일 : 2010년 11월 2일).

33 Kellerhals, Jr., "U.S. to Spend $187 Million on Lower Mekong Initiative."

가 있다. 미국은 베트남과 "에이즈 긴급 구호 계획(US President's Emergency Plan for AIDS Relief (PEPFAR)"을 통해 보건외교를 개진했다. 이는 2003년에 체결된 뒤, 5년 동안 약 4억 달러가 투자된 베트남 최대의 보건프로그램이다.[34] 그리고 양국은 2010년 클린턴 전 국무장관의 방문을 계기로 동 계획을 양국의 민간분야의 지침서가 될 수 있는 "파트너십 프레임워크(partnership framework)"로 격상하는 데 합의했다.

⋮ 중국의 동아시아지역 질서관

2011년은 중국이 자국의 지역질서관에 관한 공식적인 견해와 입장을 많이 발표했던 한 해였다. 동시에 중국이 WTO의 가입 10주년을 맞이한 해였고, 중국이 상해협력기구(SCO)와 보아오포럼(Boao Forum) 등 지역협력포럼을 발족한지 10주년이 되는 해였다.

중국은 특히 상해협력기구와 보아오포럼 10주년 행사에서 자국의 지역질서관을 공개해 이에 관한 연구에 매우 유의미한 단초를 제공했다. 중국 지역질서관의 기초는 평화적 발전을 장기적인 기본방침으로 견지하면서 영원히 패권을 추구하지 않는 전제 하에 중국외교정책의 '목적(宗旨)'인 세계 평화를 수호하고 공동 발전을 촉진하는 데 있다.[35]

중국은 이 같은 외교적 이상과 염원을 지역질서에 관철하길 희망한다. 이런 배경에는 중국이 주변국과 평화발전의 길로 변함없이 가기 위해서, 그리고 변함없이 상호이익과 '윈-윈(win-win)' 관계를 실현시키기 위해서 주변지역인 아시아를 중요시할 수밖에 없다는 객관적 사실이 큰 영향을 미쳤다.

이런 의미에서 중국은 "주변 국가와의 선린(與隣爲善), 주변 국가와의 파트너(以隣爲伴)" 관계를 유지하는 것을 주변국과의 외교방침으로 정한 지 오래다. 중국의 대주변국 외교방침의 주요 핵심내용은 아시아 각국과 선린우호

---

34 Stephen Kaufman, "Clinton says U. S. Seeks Expanded Relationship with Vietnam," American News & Views, July 23, 2010.

35 『中國共産黨新聞』, 2011年 7月 1日

관계 속에서 상호이익을 추구할 수 있도록 이들과 협력을 적극 추진함으로써 상호이해와 신뢰를 부단히 증진시켜 아시아의 모든 국가와 좋은 이웃, 좋은 친구와 좋은 파트너로 영원히 공생하는 것이다.[36]

중국은 주변지역 국가와 평화공존하고 역내 국가들과 조화세계를 창출하기 위해 다같이 노력할 것을 기본원칙으로 삼고 있다. 그리고 이 같은 맥락에서 중국은 지역질서 구축을 위한 다섯 가지 전략 기조를 주장한다.

첫째, 다양한 문명을 존중하면서 선린우호를 촉진한다. 이는 모든 국가들이 각자의 발전 방식을 가지고 있다는 전제에서 출발한다. 그리고 이는 곧 다양성을 의미한다. 중국은 이러한 다양성을 인정하고 존중하여 이를 아시아 내 교류와 협력을 강화하는 원동력으로 활용하는 동시에 모든 영역에서의 협력 수준을 제고하는 활력소로 이용해야 한다고 주장한다.

둘째, 발전 모델의 전환을 통해 전면적인 발전을 꾀하는 것이다. 최근 세계 발전 과정에서 나타나는 새로운 추세는 경제발전 모델의 전환을 요구한다. 이는 적극적으로 대내외적 경제구조의 조정, 과학기술의 창의능력 제고와 녹색 경제 발전을 도모하는 가운데 내수와 외수의 균형적 발전을 구현하는 것이다.

셋째, 발전 기회를 공유하면서 각종 도전에 공동으로 대처한다. 이는 거시 경제정책의 적극적 조정을 통해 공동이익의 기반을 부단히 확장하고, 역내국 가와의 발전을 함께 이뤄야 한다는 의미를 담고 있다. 다시 말해, 이의 현실적 의미는 역내 모든 국가들이 서로 협조하면서 기회를 같이 장악하고 어려움에 공동대응하면서 이로 인해 발생하는 발전의 결과를 역내 모든 국가에게 혜택으로 승화시킬 수 있는 체제 확립의 마련이다.

넷째, '구동존이'의 틀 속에서 공동의 안보를 모색한다. 이는 냉전적 사고의 탈피를 선결조건으로 둔다. 과거의 이분법적인 사고에서 벗어나 상호신뢰, 상호이익, 평등과 협력을 기반으로 신안보관을 적극 도모해야 한다는 의미이다. 또한 이에 준하여 국제 분쟁이나 문제를 협상과 대화를 통해 해결함으로써 지역안보 협력을 적극 추진하고 지역의 평화와 안정적인 환경 조성을 위해 노력해야 함을 의미한다.

---

36 『中國共產黨新聞』, 2011年 4月 16日

마지막으로, 상호이익과 '윈-윈'을 통해 지역협력을 심화시킨다. 지역협력을 강화할 수 있는 기회 마련에 주력하면서 이의 구현을 위해 노력한다는 의미다. 중국은 개방적 지역주의를 지지하고 있는 상황에서 역외 국가의 참여와 이익 추구를 존중하며 이들의 적극적인 협력을 적극 환영하고 있다. 중국은 이를 통해 아시아의 평화, 안정과 번영이 공동의 노력을 통해 촉진되길 원한다.[37]

중국은 탈냉전시기 지역주의에 대한 논쟁이 일어나고 지역국가들이 지역화에 참여하기 시작할 때부터 자신이 추구하는 지역주의에 대한 정의를 일찍이 내린 바 있다. 중국이 구상하는 지역질서관의 최종 목표는 '공동 발전과 조화로운 공존'에 기반을 둔 동아시아질서이며, 이를 수반하는 제도적 근간은 개방적(open)이고 느슨한(loose) 지역주의이다.

중국이 주장하는 '개방적' 지역주의의 의미는 지역에 설립되는 기구와 조직, 그리고 제도가 배타적이지 않고 역내 국가는 물론 역외 국가에게도 개방되어야 한다는 의미다. 즉, 역외 국가도 지역 발전과 개발에 공헌할 수 있고 역내 국가에게 이익을 창출시켜 줌으로써 참여 효과를 발휘할 수 있으면 이들의 참여를 배제하지 않는다는 입장이다.

다음으로 중국이 표방하는 지역주의 개념에서의 '느슨함'이란, 제도적 구속력이 법적 구속력을 구비하지 않으나 일정 정도 구속력을 갖추더라도 국가의 주권을 침해하지 않는 범위 내에서 수용이 가능하다는 의미다. 즉, 역내 국가의 컨센서스에 의해 확립된 제도가 제도 자체로서 역내 국가의 존중을 받고, 이 제도에 대한 역내 국가들의 존중의 의미로 제도를 준수하는 노력이 요구되나 법적 책임과 의무를 요구하는 것은 아니다.

중국은 개방적이고 느슨한 동아시아질서 구축을 지지하는 입장을 견지하는 동시에 이의 구심점은 ASEAN이 되어야 한다고 주장한다. 10＋1이 되었든 10＋3의 형식이든, 동아시아정상회의(EAS)가 제도화되고 기제화가 되어 동아시아질서 아키텍처 구상의 기본 판형이 되어도 그 중심에는 ASEAN이 있어야 한다는 의미다. 그래야 동아시아 협력이 건설적인 발전을 할 수 있다는

---

37 『中國共産黨新聞』, 2011年 4月 16日

것이 중국의 확고부동한 입장이다.[38] 이처럼 중국은 동아시아질서 구상에서 ASEAN의 중추적 역할에 대한 신념이 확고하며 동아시아 지역협력의 기제화와 제도화 문제에서도 ASEAN이 구심점 역할을 해야 한다는 인식을 가지고 있다.

중국은 동아시아지역의 새로운 질서가 개방적이고 느슨한 지역주의에서 출발해야 하는 당위성을 역내 국가 간의 경제발전 수준의 차이에서 찾고 있다. 역내 국가 간의 경제 수준의 차이는 역내 경제주체 간 상호보완적 구조와 상호의존도의 강화라는 이중 효과를 발휘할 수 있다는 이점을 가지고 있다. 이런 구조 속에서 역내 개별 국가들의 발전 동기와 추구하는 이익은 서로 다르게 나타날 수밖에 없다. 즉, 앞서 언급한 역내 국가의 다양성이 존중되어야 하는 객관적 사실 배경을 상기시키는 대목이다.

그러므로 중국은 역내 국가들이 추구하는 지역주의의 목표와 내용 역시 상이할 수밖에 없다는 판단에서 개방적이고 느슨한 지역주의가 동아시아지역의 새로운 질서의 기본 틀이 되어야 한다고 주장한다. 일례로, 일본의 지역질서의 핵심은 시장, 자원과 동아시아 협력의 주도권 확보가 주된 목적이고, 한국은 시장과 자원 획득을 중시하고, ASEAN은 시장, 기술과 안보에 가치를 두는데, 중국은 시장과 자원의 안정적 확보와 평화적이고 안정적인 주변안보 환경의 조성에 역점을 두고 있다. 이런 동상이몽과 같은 지역질서관 때문에 이들 개별 국가들이 추구하는 지역질서의 형상에는 구조적인 모순과 경쟁적 관계가 동시에 내포될 수밖에 없다.

중국은 지역질서를 구상하는 가장 관건적인 문제로 역내 국가들 간 다양성에 대한 상호간 존중 의사의 공유를 꼽는다. 중국은 이의 당위성을 세계문명의 기본 특징과 맥락을 같이하는 관점에서 찾고 있다.

중국이 주장하는 다양성은 "차이를 의미하는 것으로 이런 차이성으로 인해 교류가 요구되고 교류가 발전을 촉진시킬 수 있다. 각종 문명이 교류를 통해 얻는 학습효과로 문명의 다양성에 대한 이해를 향상시킴으로써…(세계가) 원기 충만해지고 활력을 얻을 수 있는" 요소라는 것이다.[39] 즉, 역내 국가 간

---

38 『中國共産黨新聞』, 2011年 5月 1日
39 『新華社网』, 2003年 5月 29日

의 다양성을 인정함으로써, 다양성에서 비롯되는 신뢰부족, 소통부족, 상이한 비전과 인식 차이 문제를 교류와 접촉, 그리고 대화로 극복할 수 있다는 의미다. 이런 의미에서 중국은 역내 국가의 다양성을 먼저 인정하는 것을 새로운 지역질서의 판을 짜는 데 충족되어야 할 전제조건으로 간주하고 있다.

중국은 느슨한 지역주의에서 비롯된 법적 구속력이 없는 지역 기구와 조직의 거버넌스 문제를 극복하는 방안으로 국제관계의 민주화를 제시하고 있다. 중국이 규정하는 국제관계의 민주화는 서구의 정형화된 민주제도나 민주화를 의미하는 것이 아니다. 대신 모든 국가가 평등하게 공동 협상과 의사결정 과정에 참여할 수 있도록 보장하는 것을 의미한다.

이와 관련하여 후진타오 전 총서기는 2003년 모스크바에서 개최된 상해협력기구 정상회의에서 중국이 주장하는 국제관계 민주화의 기본 요지를, "세계 사무 중 평등협상, 우호협력 등과 같은 민주정신이 존중되어야 각국의 공식을 효과적으로 확산시킬 수 있으며, 공동의 이익을 심화하여 공동으로 도전과제에 대응할 수 있는 전제조건을 성립할 수 있다. 이럴 때 세계의 평화와 안정과 번영이 구현될 수 있다"라고 설명했다.[40]

그리고 국제관계 민주화의 두 가지 중요한 원칙을 소개했다. 하나는 평등참여의 원칙이며, 다른 하나는 공동협상의 원칙이다. 후진타오 총서기는 동 회의에서 "중국은 국제관계의 민주화를 주장한다. 각국이 평등하게 국제문제 논의에 참여하고 협상을 통해 공동으로 당면한 국제문제를 해결해야 한다"는 원칙의 의미를 설명했다.[41]

중국이 희망하는 지역질서의 발전 방향과 기능에 대한 구상은 후진타오 전 총서기의 지난 상해협력기구 10주년의 연설문에서도 엿볼 수 있다. 중국은 우선 지역질서가 선린우호의 관계를 바탕으로 조화로운 지역을 구축하는 데 이바지해야 한다고 주장한다. 이를 핵심이익 문제와 같은 지역의 중대 사항을 평화적으로 해결하기 위한 전제조건으로 규정한다.

조화로운 지역을 구축하기 위해서는 첫째, 역내 국가 간의 소통과 협상력, 상호신뢰 구축 강화에 노력해야 한다. 둘째, 지역의 안정과 평화를 위협할

---

40 『新華社網』, 2003年 5月 30日
41 『新華社網』, 2003年 5月 30日

수 있는 요소들을 사전에 철저히 억제하여 지역기구의 장기적인 거버넌스와 영구적인 안정체계 마련에 힘써야 한다. 셋째, 지역경제의 통합 실현을 위해 적극 노력하여 지역 각국의 공동 발전을 촉진시킨다. 넷째, 인적 문화 교류를 강화하여 세세대대로 우호적인 환경에서 모든 국가들이 공존할 수 있는 터전을 마련한다.[42]

중국은 향후 5년 동안 세계 경제 거버넌스와 지역협력에 적극 참여하면서 국제경제·금융체계의 개혁, 균형적이고 윈-윈 할 수 있는 다자적 무역체제의 구축, 그리고 각종 보호주의 장치의 반대 등을 촉구하면서 새로운 국제경제 질서가 보다 공정하고 합리적인 방향으로 발전하는 데 기여하겠다는 의지를 밝힌 바 있다.

중국은 이런 노력의 일환으로 10+1, 10+3, 동아시아정상회의(EAS)와 한중일 회담에 적극 참여하고, 중국-ASEAN 자유무역의 안정적인 발전을 도모하려 한다. 그리고 교통, 에너지 수송관, 정보통신, 인터넷 등의 영역에서 역내 국가들과의 협력을 강화시키는 동시에 이들과 소통의 네트워크를 구축하는 데 주력하고자 한다. 이밖에 중국은 여행, 문화, 교육, 청소년 등의 영역에서 교류 증대를 적극 추진함으로써 중국인과 아시아인들과의 상호 이해와 우호 증진에 앞장서는 데 외교적 노력을 배가시킬 것이다.[43]

▮ 동아시아 아키텍처와 미중의 전략적 차이점

상기한 바와 같이 미국과 중국의 동아시아질서에 대한 구상은 본질적으로 다르다. 미중 양국 간의 동아시아질서에 대한 본질적인 입장과 견해의 차이는 미래 동아시아질서의 발전 과정에서 적지 않은 갈등 요인 내지 불협화음을 자아낼 수 있는 잠재적 갈등 요인이 될 수 있다. 이런 잠재적 갈등 요인의 분포를 일목요연하게 목표·주체·원칙·전략 등의 측면에서 아래의 〈표 1〉과 같이 정리해 볼 수 있다.

---

42 『中國共産黨新聞』, 2011年 6月 15日
43 『中國共産黨新聞』, 2011年 4月 16日

〈표 1〉에서 나타나듯 동아시아 지역질서의 아키텍처에 대한 미국과 중국의 기본 구상은 우선 개념적인 차원에서부터 매우 상이하고 재밌는 양상을 보이고 있다. 우선, 미국과 중국이 동아시아 지역질서의 아키텍처에서 추구하는 목표와 목적이 서로 다르다. 미국의 목표는 미국의 리더십, 우월성(primacy)과 영향력의 유지·발전을 통해 미국 가치 중심의 질서를 구현하는 것이다. 이에 반해 중국은 역내외 국가들이 공동 발전할 수 있는 객관적 국제환경의 조성, 즉 조화세계를 지역에 창출함으로써 이들이 모두 평화롭게 공존하는 것이다.

〈표 1〉 미중의 동아시아지역 아키텍처 구상 비교 분석표

	중국	미국
목표	공동 발전과 조화세계	미국의 패권 유지와 가치관 중심의 질서 구축(자유, 인권, 민주)
추구하는 이상/가치/목적	평화, 발전, 협력	자유, 민주, 인권(liberty, democracy, freedom)
지역질서의 체계	다자협력체계	양자동맹체계를 수반하는 다자주의 체계
운영 원칙	다양성 존중, 국제관계의 민주화	동질적 가치/이념 공유. 확고한 의지(commitment)와 국제법 준수
운영원칙의 근거	국제법, 규범, 국제관계의 규칙	국제법과 규범
주도 국가	중국	미국
주체(구심점)	ASEAN	미국과 동맹체제
참여국	동아시아 역내 모든 국가와 역외 기여 가능 국가	미국의 동맹국가 및 지역국가
개방성	개방주의 유지 및 확대	폐쇄적이고 배타성 강함
구속력	느슨한 지역주의	법적 제도화/기제화
이론적 근거	다자주의	동맹이론
체계안정의 근원	공동이익과 신안보관	강대국의 리더십, 우월성(primacy), 영향력에 기초한 세력 균형
두 개 체계 간의 경쟁 결과	다자협력체계와 양자동맹체계의 마찰과 상호수용(兼容)	

자료 : (祁煥高 2010, 64)를 참조하여 재구성한 것임.

동아시아 아키텍처 구축을 통해 미국과 중국이 표방하는 이상과 가치, 그리고 목적도 다르다. 미국은 동아시아에 '자유(freedom)', '민주(democracy)', '인권/

권리(liberty)' 등의 가치 정착이 질서의 기본 바탕이 될 것을 요구한다. 중국은 이른바 '공동이익'의 개념을 매개체로 지역 및 역내 국가의 평화, 발전과 협력이 촉진되는 아키텍처를 구상하고 있다. 아키텍처의 체계 면에서 미국과 중국의 구상은 상이하나 동일한 면도 있다. 미국과 중국 모두 다자주의 체계를 동아시아 아키텍처의 기본 체계로 인식하고 있다는 점이 바로 그러하다.

그러나 미국과 중국은 동아시아 아키텍처 내 다자주의의 역할 및 기능에 대한 정의를 서로 다르게 내리고 있다. 미국은 다자주의를 동맹 중심의 체계를 수반하는 2차적이고 부수적인 체계 구조로 인식하고 있는데 반해, 중국은 다자주의 중심의 협력체계를 구상하고 있다.

이런 체계에 대한 인식 차이는 체계의 운영원칙 상에서의 입장 차이의 근간이 된다. 미국은 양자동맹체계 중심의 다자주의를 주장하며 참여국들의 확고한 의지 및 결의가 전제된다는 가정 하에서 국제법과 규범을 준수하는 운영체계를 선호한다.

중국은 이에 반해 역내외 국가의 다양성을 존중하는 범위 안에서 이른바 '국제관계의 민주화' 형식으로 다자주의 체계가 운영될 것을 기대한다. 즉, 역내외 국가의 평등한 의사결정권 공동참여와 국제 분쟁이나 갈등 문제의 해결 수단으로서 다자 협의와 협력을 주장한다.

미국과 중국이 보는 동아시아 아키텍처의 주도국과 구심점도 다르다. 미국은 미국이 주도하는 것을 당연한 것으로 인식하고 이 주도권을 수반하는 주체로 미국의 동맹국을 선호한다. 중국은 동아시아질서의 새로운 개편에 있어 중국의 노력과 기여를 약속하나, 이 과정에서의 주체는 ASEAN이라는 불변의 입장을 견지하고 있다.

이런 인식의 차이는 동아시아 신질서의 참여국에 대한 양국의 범위 규정에서도 나타난다. 미국은 동맹국 및 지역국가만을 포함한다는 입장이다. 반면, 중국은 동아시아의 역내 모든 국가를 포함해 동아시아와 같이 발전과 번영을 희망하는 역외 국가의 참여도 배제하지 않겠다는 입장이다.

아시아 아키텍처의 개방성과 법적 구속력 문제에서도 미국과 중국은 대조적인 견해를 보이고 있다. 미국은 참여국을 역내 국가로 제한한 만큼 폐쇄적이고 배타성이 강한 질서체계를 구상하고 있다. 중국은 개방주의를 유지하면서 이를 확대·발전시키길 희망하는 동시에 구속력이 배제된 느슨한 지역주의를 주장한다. 그러면서 글로벌 차원이든 지역 차원이든 상관없이 조화세계가 우선적으로 이뤄진 쪽에서 긍정적인 영향을 미쳐 다른 쪽에 동일한 결과와 효과가 나타나길 기대한다.

동아시아 아키텍처의 안정과 평화의 근원에 대한 미국과 중국의 시각 차이도 역력하게 나타나고 있다. 미국은 강대국의 리더십, 우월성과 영향력에 기초한 역내의 세력균형 유지를 아키텍처의 평화와 안정을 보장하는 장치로 보고 있다. 중국은 공동이익의 추구와 신안보관의 실천과 더불어 역내외 국가의 핵심이익에 대한 상호존중을 지역 평화와 안정 수호의 전제조건으로 본다.

미국과 중국의 동아시아 아키텍처의 구상 내용을 비교 분석해보면, 중국의 구상에 설득력이 부족하다. 이의 가장 근본적인 이유는 중국의 구상에 가치적 근거가 결여되어 있기 때문이다. 한마디로 역내외 국가를 설득할 수 있는 중국만의 무기가 없다.

중국은 지금까지 지역질서의 가치적 근거를 '공동발전', '공동번영', '공동안보' 등의 공동이익의 이명(異名)으로 제시해왔다. 그러나 이는 공동이익을 추구하지 못하거나 공동발전이 현실적으로 어렵거나 공동번영이 불가능할 때, 그리고 공동의 안보가 보장되지 않을 때 이에 대한 대안적 가치를 제시할 수 없다는 맹점을 안고 있다.

미국이 추구하는 지역질서의 기본 가치관은 역내외 국가에게 모두 어필할 수 있고 수용될 수 있는 것들로 구성되어 있다. 즉, 자유, 인권, 민주주의의 가치를 토대로 짜일 동아시아 아키텍처에 대한 이견이 거의 없을 수밖에 없다. 이에 근거한 신질서를 반대할 국가가 거의 없다. 다시 말해, 미국이 짤 동아시아의 청사진엔 의심할 여지가 없다. 그러나 중국이 제시한 청사진엔 여기저기 구멍이 가득하다.

중국이 주장하는 공동이익의 가치 개념은 상이한 이익에 대한 해결 방법에 명쾌한 해답을 제시하고 있지 못하다. 특히 신안보관이 이를 충족시키지 못하고 있다. 그리고 그 이유 중 하나가 중국이 신안보관과 동시에 취하는 안보전략과의 모순 때문이다.

중국은 개혁개방 이후 채택한 이른바 "유소작위(有所作爲, 할 수 있는 것을 하는)"와 "구동존이"를 국제 분쟁이나 갈등 문제에 적용하는 전략으로 채택하여 지극히 신중하거나 소극적인 접근 태도를 정당화시켜 왔다.

그러나 남중국해(South China Sea)에서의 쟁점들을 보류하고 공동이익을 추구하자는 덩샤오핑의 전설과 같은 외교 원칙도 오늘날 상황에선 그 효력을 발휘하지 못하고 있다. 갈등이 유발되는 이익갈등 문제에 관해 상기한 외교 원칙이 중국이 주장하는 질서관에 미칠 악영향은 충분히 가늠해볼 만하다.

마지막으로 중국은 '핵심이익' 개념을 도입하면서 이를 위해하거나 이에 대한 협의조차도 용납할 수 없다는 입장을 견지하고 있다. 중국의 핵심이익은 주권의 안정, 영토주권과 통일, 그리고 경제발전권으로 구성되어 있다. 주변국들이 모두 인권과 보편적 가치를 공동의 가치로 수용하고 있는 상황에서 중국만이 유독 주권 안정, 통치 주권의 정당성 문제에 대한 이견이나 협의 제안을 수용하지 않는 입장으로 일관하고 있다.

중국은 정권의 정당성이나 통치주권과 연계되는 사안에 대한 논의 및 협상을 철저히 배제하고 있다. 중국이 협상불가로 규정하거나 구동존이 또는 유소작위로 규정한 문제에 대해 중국이 주장하는 국제관계의 민주화에 준하는 해결 방식이나 국제법과 규범의 철저한 준수, 그리고 거버넌스 제도의 의무와 책임이 적용될 것이라고 기대하기 어렵다는 의미다. 현실적으로 역내 국가들은 이런 문제를 실질적으로 경험하고 있다.

영토주권 문제의 경우 역시 마찬가지다. 중국은 중국의 영토, 영해, 영공의 주권에 대해서 협상불가의 입장을 고수하고 있다. 남중국해의 모든 해역을 자국의 영해로 선언한 중국은 이 문제가 아세안지역포럼(ARF)이나 동아시아 정상회의(EAS)에서 논의 대상도 아니고 다자적으로 협력해서 해결할 사안도 아니라는 입장을 견지하고 있다.

중국통일 문제를 역시 협상대상에서 제외한 것은 대만해협 문제와 관련된 기타 문제에 대한 국제 협의의 여지를 사전에 차단하는 행위라고 볼 수 있다. 세계에서 가장 불안한 두 지역이 한반도와 대만해협인데도 불구하고 동 지역의 안정과 평화를 위한 어떠한 협의 가능성도 사전에 차단하는 것은 중국이 표방하는 신안보관이나 다자협력 안보 원칙과 상충된다. 한마디로 중국은 자가당착(自家撞着)에 빠져 있다.

제16장

8가지의 제언

미중관계의 역사적 진화를 통해서 우리는 몇 가지 교훈을 얻을 수 있다. 그중 저자로서 특히 강조하고 싶은 것은 설득력의 기본조건이 되는 전략적 사고의 중요성이다. 그리고 설득력은 역지사지하는 태도에서 생긴다. 누군가를 설득하려면 상대가 이해할 수 있는 사례로 설득하는 게 중요하다. 나 혹은 우리 자신만이 이해할 수 있는 사례가 아닌 상대가 마음으로 뼛속까지 느끼고 이해할 수 있는 사례를 이용해야 한다.

우리가 우리의 사례로 이해를 강구하면 그들은 머리로는 이해할 수 있을 것이다. 이성으로는 이해할 것이다. 그러나 그뿐, 가슴에 와 닿지는 않을 것이다. 반면에 상대방의 과거 사례나 과거 전력으로 이해를 도우려고 할 때, 상대방은 우리의 이야기를 가슴으로 느끼게 될 것이다.

우리가 대미·대중의 전략을 수립할 때도 마찬가지다. 우리가 확정한 전략이 그들에게 설득력을 갖추기 위해서는 우리 전략의 근거가 그들이 용납 또는 납득할 수 있는 사례가 되어야 한다. 그러기 위해서 우리는 무엇보다 다층적이고 다차원적이고 입체적인 유연한 사고 능력을 갖춰야 한다.

그러나 우리의 외교에서 상기한 능력을 찾기란 어려운 일이다. 우리는 우리의 이야기만 일방적으로 하는 경향이 짙다. 우리의 사정은 다른 나라들도 매체와 연구를 통해 모두 알고 있다. 우리의 이야기만 하는 것은 그들의 이해를 돕는 데 결코 유용하지 않다.

그들은 그들만의 사고를 가지고 있다. 그 사고는 자신들의 오랜 경험을 통해 축적된 가치관에 근거해 형성된 논리의 결정체다. 그렇게 형성된 관념에 근거해 그들은 인지하고 인식한 상황을 판단해 정책과 전략을 짠다. 그러므로 다른 나라에게 우리의 사정을 제대로 전하기 위해서는 그들의 독특한 사고방식에 우리의 사정과 입장을 제대로 투영할 수 있어야 한다. 그럼 우리 사정의 긴박감과 절실함의 뉘앙스를 제대로 정확하게 전달하기 위해서 우리는 어떻게 해야 할까.

최선의 방법은 그들의 사고방식으로 우리의 사정을 이해할 수 있게 하는 것이다. 상대국의 과거 경험과 이를 통해 얻은 교훈을 기반으로 그들 고유의 사고방식을 제대로 이해하는 것이 그 시작이다. 그리고 이를 토대로 이에 견줄 수 있는 사례를 정확히 파악하는 것이 그 다음이다. 결국, 미중의 이해를 이끌어내기 위해 우리가 가장 먼저 해야 할 것은 과거 미중 양국이 겪었던 일을 하나하나 되짚어보는 것이다.

AIIB 가입 문제, 사드 배치 문제, 북핵 문제, 북한 문제 등에 있어서 과거 그들이 겪었던 유사한 사례만 제대로 이해해도 우리의 외교는 좀 더 수월할 것이다. AIIB에 대한 미국의 압력에 그토록 고민할 필요가 없었을 것이다. 사드 배치도 미국의 ABM 배치 때 중국의 대응, 미국의 재균형 전략의 저의, 중국의 제재 패턴과 동북아의 먹이사슬 구조를 알고 이를 복합적으로 활용할 수 있었으면 한중관계의 악화를 좀 더 완화시켜줄 수 있었을 것이다.

과거 사례를 보면 중국의 제재 기간은 대부분 짧으면 1년, 길면 2년이다. 이 책의 집필이 완성되는 시점이 중국이 사드 보복을 시작한 지 거의 1년째 되는 시기이다. 지난 4월 왕이(王毅) 외교부장이 우리에게 전한 메시지가 있다.

"방울을 건 사람이 빼라"

우리에게 앞으로의 방안을 제시하라는 메시지였다. 그러나 우리는 중국의 메시지에 담긴 함의를 파악하지 못하고 중국의 보복을 자동 연장해주는 데 일등공신이 되어버렸다.

중국은 현재 한국에 배치된 사드가 이미 엎질러진 물이라는 사실을 잘 알고 있다. 중국이 가장 우려하는 것은 앞으로의 우리 입장이다. 사드가 완전체를 이루기 위해서는 앞으로 몇 개의 포대가 더 배치되어야 한다. 중국은 사드가 완성되기 전에 우리의 입장이 한미일 연맹의 강화인지 혹은 미국의 동북아 MD에 편입하고자 하는 것인지를 듣고 싶어 한다.

북핵 문제도 마찬가지다. 북한의 핵 당위성, 필요성, 정당성, 합리성 주장은 모두 중국이 핵개발을 할 때와 매우 유사하다. 중국은 50년대 미국에게

매 4년마다 핵 위협을 받았다. 소련의 위협도 있었다. 자신을 둘러싼 위협 앞에 중국은 살고자 핵을 개발할 수밖에 없었다. 이런 경험에서 북한을 바라보는 중국의 입장은 측은지심이다.

북한도 냉전 내내 미국의 한반도 전술핵무기를 두려워했다. 매 4년마다 있은 위협이 아니고 상시 존재한 위협이었다. 미국의 전술핵무기 철수가 때늦은 감이 있었던 건 사실이다. 그래서 중국은 북핵 개발의 책임 당사자를 미국과 북한이라고 주장한다.

이에 우리의 반박은 한미동맹에서 출발한다. 미국과 덩달아 중국의 대북 압박 강화를 주장한다. 문제는 미국이 중국에게 주문하는 대북 압박 강화의 의미를 우리가 파악하지 못하는 안타까운 현실이다. 미국은 이미 알고 있다. 중국의 대북 영향력이 없다는 사실을. 80년대 초에 이미 덩샤오핑을 통해 직접 들었다.

최근 불거지는 미국의 북한 핵시설에 대한 선제타격, 정밀타격, 예방전쟁 등은 과거 중국의 사례에서도 입증되듯 불가능하다. 1964년 미국의 중국 핵시설에 대한 공격 위협이 있었고 1969년엔 소련의 위협이 있었다. 중국은 너무 잘 알고 있다. 불가능하다는 사실을 말이다. 미국이 대북 핵시설을 공격하기 위해선 최소한 중국의 묵인이나 협조가 필요하다.

그래서 우리는 미국이 중국에게 요구하는 대북 압박 강화의 진정한 의미를 제대로 알아야 한다. 이는 대북 제재를 강화하거나 UN결의안을 더 충실하게 이행하라는 것이 아니다. 우리의 사드 문제와 마찬가지로 중국이 북핵이나 북한 문제 해결을 위해 주장하는 6자회담 외에 "진짜" 중국의 입장을 밝히라는 것이다.

한반도 유사시 중국의 개입 문제부터 북핵의 6자회담이나 평화적 해결을 위한 결과의 책임과 의무에 대한 중국의 입장을 밝히라는 것이다. 6자회담의 중단은 엄밀히 말해 중국이 해결에 대한 책임을 회피한 결과다. 북한의 핵개발 중단을 담보로 5개의 실무그룹이 설립되었었다. 이 실무그룹들이 계획대로만 진행되었다면 중국에게 극히 불리한 상황이 연출될 뻔했다.

중국은 북한의 핵개발 중단에 대해 정치적·경제적·재정적 대가를 지불하고 싶지 않았다. 핵을 담보로 에너지 지원 비용부터 미북·일북 수교의 외교적 대가, 평화체제의 정치적 대가와 북한 재건에 대한 재정적 부담 등을 지기 싫었다. (중국 뿐 아니라 6자회담의 모든 구성원에게 모두 부담스럽게 느껴지는 대가들이었다.)

이 모든 대가의 부담은 중국이 주변국과 함께해도 중국에게 절대적으로 손해다. 중국의 대한반도 영향력의 대대적인 감소가 자명한데 아직 이에 대한 중국의 대응 준비가 미비하다. 그러나 미국은 북핵 해결을 위한 중국의 대응전략을 알고 싶어 한다.

스스로의 대응전략을 마련하지 못하고 있는 상태에서 미국과 덩달아 자꾸 시끄럽게 구는 우리를 중국이 달가워할 리 만무하다. 이 같은 중국의 기분은 우리 정부가 북한에 평화체제와 남북대화를 제기했을 때 반색하면 반가워하는 모습에서 증명된다.

앞으로 우리의 대미·대중 전략을 수립하는 데 우리 외교가 고려해볼만한 전략을 다음과 같은 7개의 제언으로 정리해본다.

첫째, 우리 스스로가 미중 양국을 '모 아니면 도' 식의 이분법적 사고로 파악하는 외교 패러다임으로부터 자유로워져야 한다. 미국과 중국은 지난 70년간 동맹이 아닌 자국의 전략적 이익에 따라 철저히 행동해왔다. 미중 양국의 전략이익이 일치할 때 한반도의 안정이 더 쉽게 유지되어 왔다. 그러나 한반도의 안정을 위해 양국이 합심해야 한다는 인식은 미국과 중국 그 누구에게도 있지 않다.

특히 탈냉전시기에 미중관계가 양호하다고 북한의 도발이 감소되거나, 갈등을 겪는다고 중국이 북한을 더 끌어안거나 하는 경우는 거의 없었다. 이의 방증이 김대중과 노무현 정부 시기다. 당시 미중관계, 한중관계와 남북관계가 모두 양호했으나 북한의 도발은 이와 무관하게 끊이지 않았다. 우리는 미중관계는 갈등기였지만 한미관계와 한중관계가 양호했던 박근혜정부 시기에 시진핑이 한국을 선(先)방문한 사실을 기억한다. 그가 한국을 먼저 찾은 것은 '한국을 위해서'가 아니었다. 그가 북한보다도 한국을 먼저 택한 건 중국의 경제적 전략이익 때문이었다. 한 나라의 사고와 행동의 중심엔 자기 나라만이 존재할 뿐이다.

그러므로 이제는 더 이상 미중관계의 성질에 종속되지 말고 이를 우리의 대미·대중 전략의 기반으로 활용하는 것이 우리의 국가이익을 보다 독립·자주적으로 추구하는 데 유리할 것이다.

둘째, 동북아 역학구조에서 먹이사슬을 파악하자. 우리가 주변 정세를 입체적이고 다차원적이고 다층적으로 볼 수 있는 시각이나 전략적 구상 능력을 갖추기 위해서는 역학관계에서 먹이사슬 구조를 파악해야 할 것이다.

이를 위해서는 미국과 중국의 전략 구상의 방정식을 면밀히 검토해야 한다. 이들의 전략 구상의 방정식에는 미중미, 미중일, 러중일, 중남북, 한미중, 미북중, 러북중, 한중러 등의 3각 관계 구도나, 미중남북, 미중한일, 미중북일, 미중러일, 미중북러, 미중한러 등의 4각 관계의 구조가 존재하고 있다. 미중 양국은 이들 속에서 국가 간 상호 작용을 전략적으로 고려하고, 상호 작용이 국가에 미치는 영향을 판단하고, 이에 근거한 결론을 도출한다.

그러므로 미국과 중국의 안보전략 구상에 단순히 한반도만 존재하는 것이 아니라는 사실을 명심해야 한다. 중국의 한반도 전략은 주변국가와의 관계에 따라 설정되고, 그 전략적 행위는 주변국과의 상호작용과 상호영향을 모두 종합적으로 판단한 결과에 따라 실천되는 양상을 보이기 때문이다.

셋째, 대 주변국 외교 전략의 명제를 우리 스스로 확립해 주변국의 전략에 동요되지 않고 오히려 역으로 이들을 설득시킬 수 있는 전략적 사고 능력의 고양과 지혜의 발휘가 필요하다. 통일과 대북 관계에서 우리가 제일 우려하는 것은 통일을 저해하고 한반도에 불안 상황을 초래하는 주변국의 강경한 대북 정책이다. 그러므로 주변국의 역학관계와 상호 전략 인식을 간파해서 이를 우리의 주변국 외교 전략의 명제로 수용하는 것이 필요하다.

그리고 그 명제는 미국과 중국의 직접적인 무력충돌/전쟁 불가능, 중국의 안보 아킬레스건은 일본이고 '일본 카드' 적극 활용, 미국과 중국의 북한에 대한 단독 행동 역시 불가능하고 상호 양해와 이해, 그리고 협조나 묵인이 전제되는 것 등이다. 과거의 사례를 연구함으로써 이에 효과적으로 대응할 수 있는 만반의 준비를 갖춰야만 한다.

사드 배치 문제에서도 우리가 일본 카드를 좀 더 전략적으로 활용했으면 좋았을 것이다. 안보적인 측면에서 중국은 일본의 군국주의 부활과 일본의 정상국가화 야욕을 제일 두려워한다. 다시 말해, 일본은 중국에게 가장 큰 안보 위협이다. 중국의 지역안보 외교에서 가장 큰 목표이자 핵심은 일본을 군사적으로나 외교적으로 견제하는 것이다. 과거 러시아와의 세 개 동맹조약이 이를 방증한다.

그러므로 우리의 입장에서 보면 일본과의 군사협력 강화는 중국에게 가장 큰 골칫거리가 될 것이다. 미국도 이를 원하고 있다. 일본도 원하고 있다. 그러나 우리는 과거사 문제로 일본과의 군사적 유대관계나 동맹을 맺는 것을 아직까지 꺼리고 있다.

우리와 일본이 아직까지 동맹수준의 군사관계로 가지 못하는 것이 현실이지만 외교의 가상 세계에서는 우리가 이를 포기할 필요가 없다. 외교는 카드 게임이다. 조커도 있고 뻥카도 있고 액면가로 밀고 나갈 수도 있다. 즉, 패를 변화해줄 수 있는 조커 카드도 활용하고 패에 없지만 있는 척하면서 상대방을 제압할 수도 있어야 하고 보여주는 패만으로도 상대방의 기를 꺾을 수 있는 배짱도 있어야 한다.

우리가 일본과의 관계가 온전치 못하다고 해서 일본 카드를 우리 외교 전략 상 그냥 버릴 필요는 없다. 때로는 이를 흔들면서 조커로도 활용하고 뻥카로도 이용해야 한다. 일본과의 관계가 두터워지고 강화되는 것을 중국이 가장 두려워 한다는 전제 하에 우리는 일본 카드를 제대로 활용해야 한다. 그러나 안타깝게도 우리는 일본과의 군사관계를 강화하는 첫 단추였던 한일정보보호협정(GSOMIA)이라는 카드를 전략적으로 활용도 못해보고 버렸다.

사드 배치 문제로 한중관계가 급랭했고 중국의 간접적인 제재를 막기 위해 우리는 외교적 노력을 아끼지 않았다. 우리 정부와 많은 전문가들이 다양한 경로를 통해 중국의 이해를 구하기 위한 수많은 설득 작업을 펼쳤지만 수포로 돌아갔다. 이유는 간단하다. 설득력이 없었다. 대신 중국의 간접 제재만 계속되었다.

우리가 중국에게 사드 배치 대신 정보력과 대응능력이 강한 일본에 의존하겠다는 일본 카드를 꺼냈으면 중국의 반응은 어땠을까. 일본과 군사관계를 강화하고 협력을 증대하겠다고 했으면 말이다. 궁극적으로, 장기적으로 일본과 군사협력을 동맹수준으로 승화시키고 미국이 바라는 한미일 군사동맹 체제로 가겠다고 했으면 중국이 어떻게 반응했을까.

아마도 키신저와 닉슨이 미중관계 정상화 회담에서 일본 카드를 꺼냈을 때처럼 중국은 마오쩌둥이나 저우언라이와 유사한 반응을 보였을 것이다. 일본 카드는 외교적으로나 군사적으로 우리의 대중 외교에서 활용도가 매우 높은 가치 있는 카드가 될 수 있었다. 그러나 이를 제대로 사용 한번 못해보고 사드는 사드대로, GSOMIA는 GSOMIA대로 가버렸다.

넷째, 한반도 통일과 관련된 우리의 전략적 대비가 필요하다. 우리의 통일 외교는 지금까지 우리의 통일 방안의 지지를 확보하는 데만 초점이 맞춰져 온 것이 사실이다. 이제는 냉전적 사고의 굴레에서 벗어나 남북 대결 및 경쟁 구도 속에서 통일을 지지하는 나라를 확보하는 데만 급급해 하지 말아야 할 것이다.

통일은 갑작스럽게 찾아온다. 그 시작은 한순간이고 갑작스러운 돌발 사태 같이 일어날 것이다. 때문에 주변국의 즉각적인 개입이 어려울 것이다. 결국 당사자인 우리의 용단과 즉각적인 행동이 요구될 것이 자명하다. 그렇기 때문에 우리의 대중국 통일 외교는 통일 방식과 무관하게 통일이 발생하면 중국의 개입 가능성을 최소화 또는 억제하는 데 그 초점이 맞춰져야 할 것이다.

현재 한미상호방위조약으로는 미 의회의 승인 없이 주한미군이 북한에 진입하는 것이 불가능하다. 기존의 한미동맹체제에서는 북한의 침략 없이 한미연합군의 즉각적인 진군이 허용되지 않는다. 미 대통령이 북한의 유사시 사태나 통일 사태에 선전포고의 형식으로 한미연합사의 진군을 명령하지 않는 한 미 의회의 승인을 받아야 한다.

그러므로 중국의 선제 개입이 자명하다는 전제에서 우리는 과거 대만에 대한 미군의 즉각적 개입을 가능케 했던 '포르모사(Formosa)결의안(이하 〈대만결의안〉)'과 같은 특수한 법안의 제정을 미국에게 요청해야 한다.

미 대통령이나 한미연합사령관의 재량과 판단에 따라 사태에 대응하고 진군할 수 있는 권한이 미국의 특별법 제정으로 보장되어야 할 것이다. 이렇게 되어야 중국의 북한 유사시에 대한 개입 가능성을 최소화하고 억지할 수 있을 것이다.

다섯째, 주한미군사령부의 전시작전권 회수 문제도 상기한 절충 장치가 전제되어야 한다. 우리나라는 어떤 연유에서인지 모르겠지만 외교·안보 문제를 주권(主權)과 결부하려 한다. 사드도 안보주권이요, 전시작전권도 안보주권으로 정당화한다. 21세기에 독립투사로서 우리의 국제적 성격의 안보 문제를 해결하려 한다.

현실은 그러나 냉정하다. 중국은 사드를 반대한다. 미군은 미국의 명령 체제 하에서만 존재한다. 다른 나라의 명령 체제에서는 존재하지 않는다. 특히 전시작전권이 미군의 손을 떠나면 미군들도 전장을 떠난다. 그래서 NATO도 전시작전권은 미군 NATO사령관에 있다. 우리나라는 전시작전권을 환수하는 대신 미국 측과 협의를 통해 절충안을 마련하려 한다. 그러나 어떠한 절충안이 마련돼도 미군은 외국군 장성의 명령에 따르지 않을 것이다.

전시작전권 환수가 이뤄지면 미군의 한국 주둔 목표에 대대적인 변혁이 뒤따를 것이 자명하다. 목표가 우리와 북한의 군사적 침공을 공동으로 방어할 필요에서 미국의 동(북)아시아의 전략이익 수호로 전환될 것이다. 이 경우, 주한미군의 주된 임무는 동(북)아시아에서의 미군의 전진배치와 전략투사에 집중될 것이기 때문에 주한미군의 규모는 축소될 것이나 더 많은 무기가 이를 대체하게 될 것이다. 뿐만 아니라 중국으로부터의 더 많은 제재를 감수해야 할 것이다.

또 하나의 암담한 현실은 북중동맹의 유지로 한반도 유사시 중국의 개입을 우리가 단독으로 저지할 능력이 없다는 사실이다. 한미연합사령부가 해체되고 주한미군이 축소되고 미군의 자동개입을 보장하는 〈대만결의안〉과 같은 제도적 장치도 없는 상황에서 중국의 한반도 유사시 행동을 방지할 대안이 없다. 중국의 자동개입을 제도적으로라도 제어할 만한 장치를 사전에 마련해야 한다. 한국이 전시작전권의 환수를 진심으로 원한다면, 이 같은 제도적 장치 마련을 위해 미 의회에 로비라도 해야 할 것이다.

여섯째, 대국 외교에서 가장 강조되는 것이 소통이다. 소통은 나라 간 외교에서 필수요소로서 부단한 노력을 통해 강화 및 유지해 나가야 하는 것이다. 그러므로 소통을 강화하고자 한다면 무엇보다 다양한 대화 방법을 모색하고 채널을 구축하는 데 노력을 아끼지 말아야 한다. 이에는 실무진의 접촉, 교류, 대화, 협의를 위한 기제 운영도 포함된다.

지금까지 우리의 주변 4강 외교의 가장 큰 문제점은 이들의 수장을 직접 만나는 정상회담을 선호해왔다는 점이다. 전시성 효과를 기대해서인지 이 방식을 가장 선호해왔다. 그래서인지 우리 외교의 현주소는 대통령부터 시작해서 모든 유관 부처 장관 모두 상대방의 동급 인사와 소통하는 것만이 정답이라는 인식에 멈춰있다.

이제는 실무진에게도 협상력을 부여해야 한다. 부처 장관은 그야말로 사안의 최종 결정권에 대한 승인만 책임지면 된다. 우리는 장관에게 모든 협상부터 결정까지 일괄 책임질 것을 기대한다. 그러나 이는 장관이 할 일이 아니다.

또한 국내에서 우리의 사용 가능한 대화 채널을 더 적극적으로 활용해야한다. 즉, 주한 대사를 통한 소통과 대화 방식도 더 적극적으로 활용해야 할 것이다. 지금까지 우리는 사후 처리를 위해 주한 대사를 초치하는 데만 급급해 했다. 사전 협의를 위한 채널로 활용하지 않았다.

미중 관계나 북중·러(소련)중·중일 관계의 발전사를 보면 우선적으로 이들 강국은 자국의 수도에 머무는 상대국 대사들과의 대화를 꽤 빈번하게 갖는 양상을 보였다. 대사를 활용하는 것은 이점이 있다. 사전 협의를 비공개적으로 할 수 있다. 여기서는 상대국의 의사를 먼저 타진해 볼 수 있다. 즉, 간보기가 가능하다는 것이다.

논의하고 싶은 현안에 대한 우리 스스로의 판단이 있겠지만, 판단의 정확성을 대사와의 사전 논의를 통해 확인할 수 있다. 이것이 대사와의 대화가 갖는 두 번째 이점이다. 대사는 본국의 최고지도자에게 직보가 가능한 인물이다. 모든 사안이 자국의 원수에게 직보가 되는 것은 아니다. 그러나 현안의 중요도에 따라 직보가 가능하다. 그리고 대사의 회답이나 회신은 본국의 결정에 따른 것이기 때문에 그 나라의 입장을 더욱 정확하고 명확히 알 수 있는 확실한 근거가 된다.

대사와의 대화가 갖는 또 다른 이로운 점은 대화의 장소가 홈코트라는 사실이다. 홈코트는 심리적 압박감이나 부담감을 지울 수 있는 것부터 종용할 수 있는 레버리지, 그리고 결과를 우리 쪽으로 유리하게 유도할 수 있다는 시간적·공간적 이점이 있다.

시간적 이점은 우리의 타임 테이블을 설정해놓고 대화를 이끌 수 있다는 것이다. 공간적으로도 우리의 청사나 대통령의 공관 등에 초대해 주도권이 우리에게 있다는 인식을 심어줄 수 있다. 심리적으로도 피초청인인 대사가 더 많은 압박과 부담을 느끼게 만들 수 있어 우리가 선호하는 방향으로 정식 대화를 이끌 수 있는 사전 공략이 가능하다. 우리는 이들을 좀 더 똑똑하게 사용할 줄 알아야 한다.

일곱째, 우리 외교 패러다임을 '사후 처리 외교'에서 '사전 협의의 외교'로 전환해야 한다. 지금까지 우리의 외교는 '사후 처리'에 집중하는 양상을 보였는데 이는 엄밀히 말하면 영사 외교 차원에서 나타나는 행태로 볼 수밖에 없다. '사전 협의 외교'는 신뢰 부족 국가와는 신뢰를 구축할 수 있는 계기를 제공한다. 그리고 신뢰 국가와는 신뢰 강화의 계기를 제공한다.

우리가 독일 통일 외교를 논하면서 콜 수상의 외교력은 높게 평가하면서 그의 통일 관련 주변국과의 협의 외교가 통일 전에 이뤄진 사실은 간과하는 경향이 있다. 사드 문제도 우리가 사전에 중국 측과 향후 계획에 대해 일정 부분 공유만 했어도 오늘날과 같이 사후 처리 외교에 매진하게 되는 결과를 피할 수 있었을 것이다.

여덟째, 비선 방식의 소통은 금물이다. 문재인정부 출범 전부터 오늘날 여당은 야당 시절부터 사드와 관련해 중국공산당이나 중국정부의 고위 관료와의 접촉에서 비선 라인을 통해 대화를 추진했다. 비선 라인을 통한 중국과의 대화는 우리를 참으로 어렵게 만들 수밖에 없기 때문에 앞으로는 피해야 할 것이다. 우리가 국익 수호를 위해 조금이라도 더 주도적으로 더 전략적으로 중국과 대화하기 위해서는 비선 라인 식의 대화 방식은 피해야 한다.

제임스 만(James Mann)의 책《체면에 관하여(About Face)》에서도 자주 지적되었듯이 비선의 대화 방식에는 내재적인 문제가 도사리고 있다. 우선 비선 대화 방식은 중국이 우위를 점할 수밖에 없는 구조를 생성한다. 비선을 통해 우리가 먼저 접근하기 때문이다. 우리는 자진해서 중국공산당의 고위 인사는 접근하기가 힘들고 대신 비공개 대화나 장소를 선호한다는 식으로 스스로에게 최면을 걸고 있다. 그리고 이런 것이 오늘날에도 우리 의식 속에 신화로 존재한다.

이젠 신화에서 벗어날 때다. 21세기의 중국과는 공개적인 루트를 통해 공개적인 장소에서 공개적으로 기록에 남는 대화를 해야 한다. 중국도 이를 선호한다. 중국을 포함한 나라들이 비공개적인 대화를 선호할 때는 극단적 사안을 다룰 때뿐이다. 실무 차원에서 때론 민감한 사안을 협상하기 위해 진행될 수 있다. 또는 사안의 민감성과 입장의 불확실성으로 국내 정치의 반향이나 혹평을 일시적으로나마 의식적으로 피할 필요가 있을 때 이뤄질 수 있다.

그러나 모든 사안을 비선을 통해 진행하면 상대방이 그럴 가치가 없다고 생각하는 데서부터 첫 단추가 잘못 꿰어질 수밖에 없다. 사드 문제도 이미 공개화 되고 공론화된 문제이다. 비선을 통해 접근해 대화의 장이 마련되어도 우리의 주도권은 상실될 수밖에 없다.

미국은 천안문사태 시기에 비밀 대화를 진행했다가 그것이 뼈저린 실수였다는 것을 뒤늦게 깨달은 경험이 있다. 물론 닉슨과 키신저, 특히 키신저가 냉전이라는 특수한 국제적 배경 하에 중국과의 비선 대화를 선호한 것이 사실이다. 그러나 이것이 누적되면서 중국과의 대화에 있어 미국은 항상 수동적으로 끌려 다니는 게 관습화되어 버렸다. 일례로 키신저가 아젠다나 의제를 제안할 수 있었지만 이의 결정권은 항상 중국에 있었다.

결국 중국이 원하지 않거나 피하고 싶은 의제에 대한 논의는 미룰 수밖에 없는 형국이 연출되었다. 미국이 대화를 능동적으로 주도하기 어려운 구조를 키신저가 일단 깔아놓고 들어간 셈이었다. 미중 대화가 항상 중국의 요구나 중국이 원하는 대로 결과를 양산한 것도 이 같은 비선 대화를 선호한 이유 때문이다. 미국은 결국 중국과의 대화에서 자가당착과 같은 결론을 피할 수 없었다.

중국과의 비선 대화는 공개 논의가 끝난 후에 중국 인사들과 개인적인 만남에서 이뤄져야 한다. 처음부터 비선 대화를 진행하면 공개 논의의 결과가 비선 대화가 설정한 범주에서 벗어나기 어렵다. 무조건적인 비선 대화가 능사는 아니라는 것이다.

특히 중국과의 1대 1 대화에서 국력이 상대적으로 불리할 수밖에 없는 우리에게는 공개적인 것이 유리하다. 몸집이 작은 친구가 몸집이 두세 배 되는 친구와 언쟁이나 싸움을 할 때, 아무도 안 보는 골목길에서 맞짱을 뜨는 것보단 사람들 앞에서 하는 것이 유리하다. 극도로 불리해지면 외부의 도움을 빌릴 수 있기 때문이다.

오늘날 미국이 중미경제전략대화의 큰 틀 안에 70여 개가 넘는 실무회담 기제를 설정하고 양국의 현안을 이들 회담 기제를 통해 대화로 해결하고자 하는 의도는 바로 이 같은 역사적 교훈으로부터 나온 것이다. "삼인행필유아사(三人行必有我師)"라 했다. 더 나은 외교, 더 똑똑한 나라가 되고자 한다면 우리 역시 이웃의 사례로부터 교훈을 얻어야 할 것이다.

: 마지막으로, 남북관계의 개선은 북한의 주변관계가 편해질 때,
  좋아질 때 이뤄진다.

대미 전략이든 대중 전략이든 외국과 외교를 할 때 가장 중심에 둬야 할 것은 다름 아닌 자국, 우리 자신이다. 그러나 우리는 특별한 사정으로 한국을 넘어 한반도 전체의 안위와 발전을 생각해야 한다. 비록 이 책이 중미관계사를 중심으로 좀 더 나은 대중·대미 전략을 소개하기 위해 집필되었으나, 우리의 특수한 상황에 맞춰 남북관계의 개선에 대한 몇 마디 말도 함께 첨가하고자 한다.

우리는 우리가 북한에 대화를 제안하고 경제적 지원을 더해주면 관계 회복이 이뤄질 것으로 생각한다. 착각은 금물이다. 우리 제언의 수용은 결국 북한이 결정한다. 그럼 북한은 어떻게 결정하나? 국내정치적인 요소도 있겠지만 대외적인 요인이 결정적인 영향을 미친다. 과거 1972년의 〈7.4 공동성명〉 때부터 회고하면 감을 잡을 수 있겠다.

문재인 대통령은 지난 7월 17일 북한에 남북군사회담과 적십자회담 개최를 제안했었다. 제안 때 그는 남북군사회담의 일정을 21일로 확정했다. 북한의 답이 없자 대한적십자사가 8월 1일에 회담 개최를 다시 제안했다. 이에 북한 당국은 《노동신문》 사설을 통해 남한의 제안을 어불성설이라며 단호하게 거절했다. 남북관계 개선의 첫 시도가 낭패를 봤다.

이런 수모를 겪을 수밖에 없는 이유는 한반도의 판세를 명확히 읽지 못하

는 데서 비롯됐다. 아니면 과거 김대중과 노무현 정신을 계승하는 정권이라 북한이 쌍수를 들고 환영할 것이라는 자만심과 착각 때문인지도 모른다.

우리 정부에겐 북한이 진보정권에 더 호의적일 것이라는 기대가 있었을 것이다. 김대중과 노무현 전 대통령들의 대북 정책과 정신을 계승하겠다는 이 정권에 관대할 것이라고 믿었을 것이다.

더욱이 노무현 대통령을 수행했던 이가 또 대통령이 되었으니 말이다. 우리 정부는 과거 정상회담을 일궈낸 경험이 있기 때문에 옛정을 생각해서 북한이 제안을 수용하거나 최소한 긍정적으로 반응할 것을 기대한 것 같다.

그러나 우리 정부는 한 가지 사실을 망각했다. 즉, 두 차례의 남북정상회담이 개최되었을 때는 한반도와 북한의 외교 환경이 매우 좋았다는 사실이다. 김대중과 노무현 전 대통령의 대북정책의 결과가 아니었다. 북한이 남북정상회담에 응한 가장 큰 이유는 북한의 대외적 환경이 상당히 양호해 북한 외교의 운신의 폭이 매우 컸기 때문이다.

2000년 첫 남북정상회담으로 거슬러 올라가보자. 회담의 대가로 지불한 돈 문제를 떠나서 말이다. 2000년 전후 북한의 주변 4강과의 관계는 매우 좋았다. 클린턴정부와의 고위급 접촉이 성행했다. 윌리엄 페리 전 국방장관이 1999년 5월에 평양을 방문했었다.

1999년부터 2000년 5월까지 미북 고위급 회담이 5차례 개최됐다. 1999년부터 2000년 6월까지 미 국무부의 고위급 인사가 8차례 방북한다. 1999년 9월과 1차 남북정상회담 개최 직전인 2000년 6월 19일에 클린턴 미 대통령은 대북제재 일부 완화 조치를 각각 발표했다.

북한도 협조의 의미로 성의를 표한다. 금창리 핵시설 사찰도 1999년 5월과 2000년 5월에 각각 수용했다. 2000년 10월에 조명록 차수가 북한 고위급 인사로 인민군복을 입고 미국을 사상 처음으로 방문했다. 10월에는 매들린 올브라이트 전 국무장관이 평양을 찾았다.

1999년 6월 김영남 최고인민회의 상임위원장의 방중에서 북중관계의 정상화가 선언됐다. 2000년 5월 김정일 전 위원장은 중국의 초청을 받아 북경을 비공식 방문했다. 7월에는 푸틴 러시아 대통령도 60년대 이후 러시아 정상으로서는 처음으로 북한을 방문했다. 물론 정상회담 전에 고위급 실무회담이 진행된 사실을 간과하는 것은 금물이다.

우리의 경쟁자 일본의 경우도 마찬가지다. 1995년 중단되었던 북일 수교 회담이 고위급 접촉 이후 재개되었다. 1999년 12월 무라야마 전 총리를 단장으로 하는 초당파 의원 대표단이 평양을 방문하여 북한 노동당 김용순 비서와 수교 회담을 재개한다는 성명을 발표했다.

북일 양국은 2000년 4월부터 10월까지 3차례 회담이 진행되었으나 일본의 조총련에 대한 수사로 결렬되었다. 그럼에도 불구하고 관계개선의 분위기 결과는 고이즈미 준이치로 전 수상의 2002년 9월과 2004년 5월두 차례 방북으로 이어졌다.

이후 북일 양국의 납치문제 협의를 위한 실무급 접촉이 꾸준히 이뤄지고 있었다. 일본과의 관계도 납치자 문제가 고이즈미의 방북 이후 처음으로 논의되기 시작했다.

미국도 실무급 차원에서 대북 접촉을 왕성하게 개진하고 있었다. 김정일의 중국 방문도 빈번했고 2005년에 중국 원자바오 총리와 우이 상무부장이 각각 평양을 방문했다. 러시아와도 2000년 푸틴 방북 이후 2011년까지 김정일의 방러가 몇 차례 더 이뤄질 정도로 돈독해졌다.

여기서 우리만 소외되었고 노무현정부는 정상회담을 성사시키려고 막판까지 노력했었다. 한반도 주변정세의 완화로 북한의 외교적 입지가 양호해지면서 2차 남북정상회담이 성사될 수 있었던 객관적 요인으로 작용했다.

우리는 1999년 6월과 7월 남북차관급당국회담을 북경에서 두 차례 가졌다. 이후 2000년 3월부터 5월까지 싱가포르, 중국과 판문점에서 남북정상회담 개최 관련 특사 접촉을 가졌다.

이렇게 북한과 주변 4강의 대북 외교 및 접촉이 활발하게 진행되면서 북한외교가 고무되었다. 외교적 공간이 확보되고 주변국의 북한에 대한 호의적인 태도가 첫 남북정상회담 성공의 밑받침이 되었다는 의미다. 돌이켜 보건데 우리의 첫 고위급 남북회담과 〈7·4 공동성명문〉도 세계의 데탕트 물결을 잘 탄 덕분인 것 같다.

2007년 2차 남북정상회담이 성사될 수 있었던 가장 큰 이유 역시 비슷했다. 북한이 2006년 첫 핵실험을 단행했지만 6자회담이 진행되고 있었다.

2007년 3월 미국이 방코델타은행 제재를 해제하자 북한은 6월 영변핵시설 중단을 선언한다. 그리고 7월 국제원자력에너지기구(IAEA)의 감사로 핵시설 중단이 확인되었다.

덕분에 일시 중단되었던 6자회담이 7월과 9월에 재개되었다. 특히 9월의 6자회담은 북한이 영변핵시설에 대한 미중러 특별 사찰단을 수용하면서 가능했다. 미국은 회담 개최의 보상으로 테러리스트 리스트에서 북한을 삭제했고 미국의 대북 제재 중 하나였던 적국과의 교역 금지를 해제했다. 즉, 당시 북한과 주변 4강과의 외교 접촉이 꾸준히 이루어지고 있었다.

일본은 2006년 2월부터 국교정상화 협상을 재개했다. 2006년 10월 일본은 북한의 9월 대포동 미사일 발사시험에 제재를 취했으나 2007년 2월 6자회담의 관계정상화 실무그룹을 설치하고 3월과 9월에 실무급 회담을 두 차례 가졌다.

남북관계 개선을 위해 노력했던 당국 관련자와 지도자의 노력을 과소평가하거나 폄훼하고자 하는 것은 아니다. 노력이 있었기에 결실도 있었다. 그러나 과거 남북정상회담을 포함한 고위급 회담이 성사될 수 있었던 결정적인 요인에 대해 현 정부가 잘못 판단하고 있어 안타까운 마음이 크다.

현 정부가 과거 정부의 성공 사례에 빗대어 지금 북한에 오만하게 접근하고 있기 때문이다. 자기들의 과거 노력을 과대하게 맹신하고 다른 성공 여건들을 모두 무시하고 있다. 외교 성과는 대내외적인 여건과 환경과 타이밍이 모두 절묘하게 맞아 떨어져야 기대한 결과를 볼 수 있다.

진보정권으로서 보수정권과는 본질적으로 다른 대북정책을 구사하고 싶은 마음은 이해가 간다. 그러나 문제는 판세를 올바르게 보는 것이다. 지금 정부는 이를 제대로 읽지 못하고 있는 것 같다.

가장 비근한 예로 현 정부는 G-20 정상회의를 전후해 미중일러 정상이 모두 이구동성으로 외친 우리 대통령의 남북관계 개선 노력에 대한 지지 발언을 잘못 이해하고 있다. 이들의 말엔 판세를 잘못 읽고 있는 우리 대통령의 의사에 혼자서 알아서 하라는 무성의하고 무관심적인 뉘앙스가 가득 담겼다.

허나 지금도 안 늦었다. 겸손한 자세로 과거의 성과를 냉철하게 성찰해야 할 것이다. 과거의 업적을 바탕으로 이번에도 잘할 수 있다는 자신감 하나로 북한에 접근하면 큰 코 다치는 결과를 피할 수 없을 것이다.

주재우(朱宰佑)

현재 경희대학교 중국어학과 교수로 재직 중이다.

국가안보정책연구소(현 국가안보전략연구원), 무역협회 무역연구소(현 국제무역연구원)의 연구위원을 역임했다.

스웨덴의 안보개발정책연구소(ISDP, 2003), 싱가포르국립대학교 동아시아연구원(2005, 2006, 2008), 조지아공대(Georgia Tech) 샘넌국제관계학원(Sam Nunn School of International Affairs, 2011~12)과 브루킹스연구원(Brookings Institution, 2014) 등에서 펠로우십(fellowship)을 받았다.

아시아 타임즈(Asia Times, 2002~05), International Public Policy Review (IPP Review, 2016~현재)와 環球時報 영문판 Global Times(2014~현재)에 한반도문제 관련 기고가로 활동하고 있다.

학력으로 미국 웨슬리언대학교(Wesleyan University) 정치학 학사(1989), 북경대학교 국제관계학원 석사(1994), 박사(1997) 학위를 취득했다.

연구 관심 분야는 중국대외관계, 미중관계, 북중관계, 다자안보협력 등이다. 현재 *China-North Korea relations in Kim Jong-Il era*, 『북중관계의 오독과 현실』, *China's foreign policy and strategies* 등을 집필 중에 있다.

한국인을 위한 미중관계사
- 6·25한국전쟁에서 사드 갈등까지

2017년 09월 15일 초판 1쇄 발행
2017년 12월 11일 초판 2쇄 발행

지 은 이   주재우

발 행 인   한정희
발 행 처   경인문화사
총 괄 이 사   김환기
편 집 부   김지선 박수진 한명진 유지혜
마 케 팅 부   김선규 하재일 유인순
출 판 신 고   제406-1973-000003호
주   소   파주시 회동길 445-1 경인빌딩 B동 4층
대 표 전 화   031-955-9300   팩 스   031-955-9310
홈 페 이 지   http://www.kyunginp.co.kr
이 메 일   kyungin@kyunginp.co.kr

ISBN 978-89-499-4294-0   93340
값 48,000원